U0879858

中国社会科学院法学研究所私法研究中心主办
中国·香港连慧仪律师事务所协办

私法

第5辑·第2卷(总第10卷)

Private Law Review

Vol.5 No.2

主　编　易继明
副主编　刘承韪
本卷编辑部成员　(按姓氏拼音顺序排列)
邓建鹏　杜　颖　李　扬　李红海
梅夏英　林瑞珠　刘承韪　滕　锐
王　迁　王海燕　易继明　尹　飞

北京大学出版社
PEKING UNIVERSITY PRESS

图书在版编目(CIP)数据

私法.第5辑.第2卷/易继明主编.—北京:北京大学出版社,2005.12
ISBN 7-301-10286-0

Ⅰ.私…　Ⅱ.易…　Ⅲ.私法-研究-丛刊　Ⅳ.D90-55

中国版本图书馆 CIP 数据核字(2005)第144567号

书　　　名:私　法(第5辑·第2卷)
著作责任者:易继明　主编
责 任 编 辑:邹记东
标 准 书 号:ISBN 7-301-10286-0/D·1397
出 版 发 行:北京大学出版社
地　　　址:北京市海淀区成府路205号　100871
网　　　址:http://cbs.pku.edu.cn
电　　　话:邮购部62752015　发行部62750672　编辑部62752027
电 子 信 箱:pl@pup.pku.edu.cn
排　版　者:北京高新特打字服务社　82350640
印　刷　者:北京原创阳光印业有限公司
经　销　者:新华书店
787毫米×1092毫米　16开本　33.75印张　530千字
2005年12月第1版　2005年12月第1次印刷
定　　　价:50.00元

未经许可,不得以任何方式复制或抄袭本书之部分或全部内容。

版权所有,翻版必究

《私法》学术顾问委员会

（按姓氏拼音顺序排列）

崔建远（清华大学法学院教授）
方流芳（中国政法大学民商经济法学院教授）
江　平（中国政法大学民商经济法学院教授）
梁慧星（中国社会科学院法学研究所研究员）
刘剑文（北京大学法学院教授）
罗玉中（北京大学法学院教授）
马俊驹（清华大学法学院教授）
孙宪忠（中国社会科学院法学研究所研究员）
王保树（清华大学法学院教授）
王利明（中国人民大学法学院教授）
王卫国（中国政法大学民商经济法学院教授）
吴汉东（中南财经政法大学教授）
吴志攀（北京大学法学院教授）
谢怀栻（中国社会科学院法学研究所研究员）
徐国栋（厦门大学法学院教授）
尹　田（北京大学法学院教授）
张新宝（中国人民大学法学院教授）

目　录

Contents

谢怀栻教授序

中国自古以来没有“私法”。人民之间不存在“私法关系”。就连婚姻关系，也是受统治的(受家长、族长和父母官的管制)。新中国成立以后，仍旧不承认“私法”，把民法作为公法。婚姻方面，虽然提倡“婚姻自由”，但是婚姻登记还是被“组织”或“单位”所控制，所掌握。甚至对民事诉讼，也要讲“无限制干预”。这种情况极大地阻碍了我国的发展。

直到20世纪80年代，情况才大变，“私法”概念得到承认，“私人”之间的“私法关系”得到承认，企业之间的“私法关系”也得到承认。“私法”与“公法”(宪法、刑法、诉讼法)能够并肩而立了。

正因如此，在我国的法学中，对私法的研究仍较薄弱。私法方面的一些原理，一直没有得到充分彻底的阐述和研究。可是一个国家的法律文化中，私法文化如果得不到充分的发展，这样的法律文化必将是虚弱的。因此，要提高我国的法学理论水平，丰富我国的法律文化，就必须特别加强对我国私法的研究，特别是提倡私法精神，发扬私法文化。

北京大学的一些中青年法学者有鉴于此，特别办了《私法》这个出版物，聚集了一些对私法研究特别有认识、有兴趣的学者，致力于私法的研究，将他们的研究成果发表出来，为我国私法文化的建设贡献力量。这是一件非常值得称道的事。我相信他们的努力一定会成功，特书数语以表祝贺。

谢怀栻

2001年4月

王利明教授序

《私法》的主编易继明博士请我为他的出版物作序，我感到非常高兴。

公法、私法之分肇始于罗马法时代。此后，在欧洲漫长的历史长河中，私法不仅吸收了教会法、各地习惯法等营养，而且借助于资本主义经济和思想文化的蓬勃发展，逐渐形成了一种内涵丰富、影响深远的私法传统以及私法文化。这种私法传统和私法文化，一方面为西方文明的产生、发展和繁荣提供了思想动力和制度保障；而另一方面，西方文明的兴盛也为私法制度和私法精神的完善、深化与发展提供了原动力和物质基础。因此，可以说，私法传统和私法文化是欧洲资本主义发展的重要元素之一。

众所周知，私法传统在我们国家一直未能形成与发达，其中的原因较为复杂，既有经济方面的原因（比如资本主义生产方式在我国迟迟不能发展），也有社会文化方面的原因（比如儒家的道德规范对整个中华文明的影响）。在我看来，私法传统对于一个民族来说非常重要。它不仅影响到法律制度及其法律文化，而且对于一个民族的制度选择、思维习惯、行为方式等等也产生着广泛而深远的影响。现阶段，我国正在致力于社会主义市场经济建设和民主法制建设，努力实现中华民族的伟大复兴，在这个过程中，加强民商立法、弘扬民法精神、培育私法文化对于我们实现这一伟大目标将发挥着举足轻重的作用。

加强民商立法，在当前主要是制订民法典。我国民法典的制定自20世纪50年代初期以来，曾为无数的学者所呼吁和企盼。迄今为止，我国几个重要的法律部门如刑法、刑事诉讼法、民事诉讼法都已制订了较为系统完备的法律。它们尽管在名称上未被称为法典，但实际上已具备了法典的特点和功能。然而，民法典至今仍未出台，许多学者曾呼吁，在刑法典的修改工作完成以后，民法典的起草工作应尽快地提上议事日程。我认为民法典的制订的必要性并不仅仅在于法律工作者的热烈企盼，而主要在于我国经济和社会发展的迫切需要。民法典的制订，正是实行依法治国战略，完善社会主义市场经济的法律体系的重要标志。通过制订民法典，全面地将公民法人的民事权利法定化、明确化，充分保护其合法权益，并使人民法院审理民事、经济案件有法可依、有章可循。通过制订民法典，可以为交易当事人从事各种交易行为提供明确的行为规则，使其明确自由行为的范围，逾越法定范围的后果和责任，从而对其行为后果便有合理预期，这就能从制度上保障市场经济的良性运转，从而有利于市场经济秩序的建立。通过制订民法典，还能够弘扬人格独立、人格平等、契约自由、责任自负等理性的精神，这些都是建立法制社会所必需的。

随着我国《合同法》的制订颁行，市场经济合同活动的规则由以前纷繁、复杂、冲突与落后的状态走向统一和谐与完善。作为民法典重要组成部分的《合同法》的出台，是我国民法典制订工作的一个重要步骤。在《合同法》制订以后，如何加快民法典其他部分的制订步伐呢？考虑到我国民法典不太可能采取“一步到位式”的法典编纂方法，而只能采用分段制订最后通过汇编整理修订的方式来完成。因此，我们目前应该着重考虑民法典体系的总体设计，我认为我国民法典总体上应采用大陆法系的民法典体系，同时应采用潘得克顿式(德国式)的模式。既要有总则，又要明确区分债权与物权。但传统的大陆法系民法典体系具有的几个缺陷应加以克服。首先，在传统民法典的体系中缺乏独立的人格权制度。而人格权制度既无法在总则的“民事主体制度”中作出规定，也不能在侵权法中规定。因此，人格权制度应该独立成编，并置于分则之首。其次，传统大陆法系的民法根据债的发生原因，将侵权行为法仅仅作为债法的组成部分，这种模式强调了侵权行为制度与债法其他制度的共性，却忽略了侵权制度所具有的更强的个性。而且由于债权总论中的许多规则无法适用于侵权制度，从而造成了债法体系的不和谐。同时，将侵权法放在债法之中也限制了极为复杂的侵权制度的发展。因此，我认为侵权法应该从债法中分离出来，作为民法分则中的一个独立制度。侵权法与债法的分离，并不意味着债法制度的消亡，债法的基本规则仍将与合同法及其他债法制度(如无因管理、不当得利)共同组成“债与合同法制度”，放在侵权制度之前。

在民法典体系确立之后，我们需要分阶段、分步骤，根据社会生活的实际需要程度展开民法典的制订工作。我认为，当前要做的第一项工作应当是加快物权法的制订工作。作为调整人对生产资料、生活资料的支配与使用的重要法律制度,物权法是市场经济最基本的法律规则。如果缺少了一个系统合理的物权法律制度,市场经济所需要的法律体系和规则便难以真正建立和完善。在制订物权法的同时,需要加紧修改《婚姻法》、《继承法》及知识产权法的工作。第二项工作就是,制订完善的侵权行为法与人格权法。目前对人格权和侵权责任加以规定的主要法律就是《民法通则》,但《民法通则》的规定过于简略,远远不能适应社会生活与司法实践的要求。因此,应当制订一部完善的侵权行为法与人格权法。与此同时,应该加紧对民法总则的修订工作。鉴于《民法通则》主要是关于民法总则内容的规定,因此可以在《民法通则》的基础上完善民法总则内容的修订工作。

迈向新世纪的中国,需要一部民法典。由于我国市场经济体系的建立为民法典的制定奠定了经济基础,我国司法实践中已为民法典的制定工作积累了丰富的实践经验,广大民法学者也做了大量的理论准备,因此颁行一部体系完整、内容充实、符合中国国情的民法典,是完全可行的,并将为我国在21世纪经济的腾飞、文化的昌明、国家的长治久安提供强有力的保障。我们有充分的理由相信,一部有中国特色的、先进的、体系完整的民法典的问世在不远的将来,将成为现实。如果说19世纪初的《法国民法典》和20世纪初的《德国民法典》的问世,成为世界民法发展史上的重要成果,则21世纪初《中国民法典》的出台,必将在民法发展史上留下光辉的篇章。

由于历史及文化的原因,我国的私法传统过于薄弱,学界对其重视和研究尚不够。为此,我们需要大力弘扬民法精神、培育私法文化。这种精神和文化的培育和发扬,需要一大批人持久而踏实的努力。今天,一批青年学者能够通过连续出版严肃的学术出版物的形式,来弘扬和发展这种传统和精神,确实是难能可贵的。我想,他们应该得到所有法学界人士、甚至是整个社会的支持和认同,因为这不仅是为我们法学界的学术研究做贡献,同时也是在为我们这个社会、为我们的民族做贡献。

祝愿《私法》系列出版物越办越好,也祝愿我国私法研究日益繁荣与昌明。

王利明

2002年6月

梁慧星教授序

私法和公法的划分,是大陆法系区别于英美法系的重要特征之一。作为公法的对称,私法是市民社会的基本法,它调整市民社会中一切私人性质的人身关系和财产关系,在一国法律体系中居于重要的基础性地位。通过物权界定资源归属,通过契约实现资源流动,通过侵权责任救济受到损害的社会关系,通过亲属和继承给个人以家庭的温情与扶助,这些形成了大陆法国家对社会进行治理的基本模式。这种通过私法来实现社会治理的模式,可以有效地将国家权力排除在私人生活之外,实行私人生活的非政治化和非意识形态化,从而实现私人生活的自由、平等与博爱,这是对人的一种终极关怀。

私法在大陆法国家法律体系中具有核心地位,也决定了私法制度、私法理论与私法文化的研究在大陆法国家的法学研究中占有举足轻重的地位。众所周知,在我国,由于历史文化方面的原因,私法一直没有得到很好的发展。清末改制后引进欧陆民法,形成了大陆法传统。但其后民国法统被废除,转而实行高度集中的计划经济,根本谈不上有什么真正意义上的"私法",甚至对"私人"性质的东西都畏如蛇蝎。《私法》的创办,弥补了中国没有以"私法"命名刊物的缺憾,倡导了一种"私的"精神和理念,也为国际民商法苑增添了一道中国的风景线。

近些年来,法学教育、法学研究逐渐呈现出欣欣向荣的景象,这是一件值得我们欢欣鼓舞的事情。然而,相对中国社会转型的发展方向而言,我们的法学研究和民事立法仍然也有些不成熟的表现。早年《民法通则》的制定,就曾遭到一些经济法学学者们的反对,嗣后又有民法与经济法长达数年的论战,不仅民法经济法学者系数卷入,许多法理、宪法和行政法学者也被潮流所挟,所发表文章数量之巨,所耗费的人力、物力,难以计数。实际上,以今天将私法作为市民社会基本法的观点来看,这些都是一些无谓的争论。私法本身包含了所有与建构市民社会有关的"私人性"的法律,具有其自身的一般价值和完整体系,是可以作为一个整体的理论而存在的。而且,这种理论也并不排斥具有一些"社会性质"但以

“私的”价值为追求目标的成分(如反垄断法和反不正当竞争法)。

《私法》倡导将私法作为一个整体的学问进行整合性研究,特别重视私法基本理论,是一个非常有创见、有理论品位的学术刊物。事实上,现在提交到全国人大常委会审议的民法草案出现了一些立法随意性倾向,也是缺乏私法一般理论研究、特别是缺乏将私法作为一个整体进行研究的结果。没有对私法制度、私法理论与私法精神的统摄性研究,就很难保证民法典有一个完备的体系,民法也就会失去作为市民社会一般法所应当具有的包容性,也很容易使我们在制定中国民法典的过程中迷失方向。

在这个意义上,我欣喜地关注着《私法》的诞生与成长,希望《私法》能一如既往地奉行严格的学术标准和严谨的学术规范,为中国法学的发展留下一笔厚重的财富。

梁慧星

2003 年 4 月

中华人民共和国物权法草案*

河　山**

第一章　总　则

第一条　为保障国家、集体和公民、法人对物的占有和支配，巩固公有制为主体、多种所有制经济共同发展的基本经济制度，促进社会主义现代化建设，制定本法。

第二条　本法所称的物，是指存在于一定空间能够为民事主体所支配的有体物。

物可分不动产和动产。土地和定着于土地的建筑物、树木等有体物，以及土地之外的空间、地身和定着于空间、地身的频道、航道、轨道、管道等是不动产。不动产之外的用品、电、气、货币、作为物权凭证的有价证券等有体物是动产。

第三条　物权是支配有体物并排除他人干涉的财产权利，包括所有权和用益物权。

第四条　同一物上不容许内容相同的两个物权并存。

第五条　物权交易实行公示、公信原则。

不动产登记簿记载的人，动产占有人，推定为不动产、动产权利人。

基于公示、公信进行的交易活动，受法律保护。

第六条　知识产权可以适用物权相关规定的，适用该规定。

---

* 2000 年 11 月 10 日，著者完成《中华人民共和国物权法草案》，搁置了五年。今物权立法正如火如荼，现略作修改后公开发表，以期有益于立法和研究之参考。

** 河山，男，北京大学法学院法律硕士研究生指导导师。

第七条 物权的行使,应当遵守法律,尊重社会公德,禁止权利滥用。

第二章 所 有 权

第一节 一般规定

第八条 所有权是所有人在法律规定的范围内全面支配所有物并排除他人干涉的权利。

第九条 所有权具有占有、使用、收益、处分等权能。占有指对物的实际控制。使用指不毁坏其物,按照物的性能加以利用。收益指取得由物产生的利益。处分指对物在事实上或者法律上的处理。

占有、使用、收益权能能够与所有权分离。处分权不能与所有权分离,法律另有规定或者当事人另有约定的除外。

第十条 所有权不羁于时效的限制。

第十一条 同一物上因其他物权的设立,可以使所有权的内容部分转移。其他物权消灭,被转移的权利回归所有权。

第十二条 对所有权占有的保护,适用于因法律行为而发生的其他占有。法律对无权占有另有规定的,依照其规定。

第二节 所有权的取得

第十三条 所有权的取得,应当符合法律规定。

违法取得所有权的,应当承担法律责任。

第十四条 不动产所有权因法律行为而取得、变更或者丧失,经登记,始发生效力。

不动产所有权因生产、继承、判决、征收等事实和行为而取得,经登记,始能处分。

第十五条 买受人购买不动产后,出卖人又把不动产卖给第三人,并办理登记。第三人善意的,取得不动产所有权,原买受人可以向出卖人请求双倍赔偿。第三人恶意的,原买受人可以向登记机关请求撤销登记,或者向出卖人请求双倍赔偿。

第十六条 土地所有权的支配力及于地面，并及于行使利益范围内的地面之下的地身和地面之上的空间。

第十七条 数人区分同一建筑物而各有一部的，为建筑物区分所有。各区分所有人按照所占建筑面积的价值与整体建筑面积的价值的比例享有建筑物区分所有权。

第十八条 动产所有权的让与，经交付，始发生效力，法律另有规定或者当事人另有约定的除外。

第十九条 出让人可以直接将动产交付于受让人所有。

第二十条 受让人因租赁、借用、保管、雇用、出质等关系已经实际占有该动产，动产转让合同成立，视为出让人实际交付，受让人取得动产所有权。

第二十一条 出让人让与动产所有权后，仍继续占有该动产，出让人与受让人应当订立相应合同，使受让人取得间接占有，以代交付。相应合同的成立，视为出让人实际交付，受让人取得动产所有权。

第二十二条 让与动产所有权，但动产为第三人占有，出让人应当将请求第三人返还的请求权让与受让人。出让人将返还请求权让与，视为实际交付，受让人取得动产所有权。

第二十三条 出让人将仓单、提单等动产所有权凭证交付于受让人，需背书的应当背书，即为权利凭证所载的动产交付，受让人取得所有权。

第二十四条 出让人代办托运或者邮寄的，出让人办理托运或者邮寄手续后即为交付，受让人取得动产所有权。

第二十五条 买受人购买动产后，出卖人又把动产卖给第三人，并交付。第三人善意的，取得动产所有权，原买受人可以向出卖人请求双倍赔偿。第三人恶意的，原买受人可以请求撤销该买卖，或者向出卖人请求双倍赔偿。

第二十六条 受让人以动产所有权转移为目的，善意受让而占有该动产，即使出让人无转移所有权的权利，受让人仍取得其动产所有权。

不动产善意取得适用前款规定。

第二十七条 出让人让与的动产若是货币或者无记名有价证券之外的盗赃物或者遗失物，受害人或者遗失人有权向善意取得人请求返还原物。善意取得人应当返还,善意取得人返还后可以向让与人追偿。但如果该动产是由善意取得人在拍卖市场、公共市场或者在贩卖与其物同类之物的商人处购得的,受害人或者遗失人需偿还其购买的价金,方能取回其物。

第二十八条 公民、法人以所有的意思,在法律许可占有或者按照习惯允许占有的情形下,可以先于他人占有无主的废弃动产或者某些自然生成的动产,取得其所有权。

第二十九条 遗失物是非故意抛弃而丢失的物品。

公民、法人拾得遗失物,知道遗失物所有人的,应当通知其领取,或者送交遗失物。

拾得人拾得遗失物,不知道遗失物丢失人的,可以张贴招领告示,寻找遗失物丢失人。也可以将遗失物上缴公安机关或者有关单位。有关单位收到遗失物,应当查找遗失物丢失人,请其认领。无人认领的,上缴公安机关。

公安机关收到遗失物,应当查找遗失物丢失人,请其认领。或者存放遗失物品招领处,待人认领。自公安机关收到遗失物之日起六个月无人认领的,遗失物归国家所有。公安机关可以拍卖、变卖遗失物,所得价金上缴国库。

遗失物不易保管或者保管费用过高的,公安机关可以及时拍卖、变卖,保存价金。拾得人和有关单位不能自行拍卖、变卖遗失物。

拾得人因拾得遗失物、寻找遗失物丢失人而支付的费用,可以按无因管理请求遗失物所有人偿还。无人认领的,由公安机关在上缴国库前支付。

拾得人隐匿遗失物据为已有的,构成侵犯所有权。遗失物所有人可以请求拾得人返还,公安机关可以责令拾得人缴出。拾得人丧失管理费用请求权。拾得人将数额较大的遗失物占为已有,拒不交出构成犯罪的,追究刑事责任。

第三十条 漂流物是指漂流在水上的遗失物。失散的饲养动物是指走失的他人饲养的动物。拾得漂流物、失散的饲养动物,适用拾得遗失物的相关规定。

第三十一条 沉没物是指沉没于水下的物品,沉没物所有人明确,沉没地点明确,他人不得打捞沉没物。所有人不打捞或者打捞不到沉没物,他人征得沉没物所有人同意可以打捞沉没物。打捞沉没物的费用与利益,由双方协议。

沉没物所有人不明,他人经营性打捞的,适用有关规定;其他打捞,适用拾得遗失物的相关规定。

沉没物属于文物,适用文物保护法相关规定。

第三十二条 埋藏物是指埋藏于地下的物品。

公民、法人发现埋藏物,可以按照下列情形分别处理:

(一) 能够判定埋藏人,且埋藏物不易为他人发现,发现人可以不挖取埋藏物,并将埋藏物继续掩埋好,还应当将发现情况告知埋藏人。

(二) 能够判定埋藏人,且埋藏物易为他人发现,发现人可依前种情形处理,也可以将埋藏物挖出,交还埋藏人。

(三) 不能判定埋藏人,且埋藏物不易为他人发现,发现人可以不挖取埋藏物,并将埋藏物继续掩埋好。发现人可以将发现情况告知有关单位或者公安机关。

(四) 不能判定埋藏人,且埋藏物易为他人发现,发现人可依前种情形处理,也可以挖取埋藏物。挖取埋藏物,适用拾得遗失物的相关规定。

发现人发现的埋藏物属于文物的,应当依照文物保护法处理。

第三十三条 隐藏物是隐藏于它物之中的物品。发现隐藏物适用发现埋藏物的相关规定。

第三十四条 一人的动产附合于另一人的不动产,成为不动产的组成部分的,动产的所有权归属于不动产所有人,动产所有人的所有权消灭。动产所有人因此遭受损害的,可以按照不当得利向不动产所有人求偿。动产所有人因此侵害不动产所有人的权益的,应当承担侵权责任。

第三十五条 不同所有人之间的动产相附合成一物,非加毁损不能分离,或者虽能分离但分离费用过高的,各动产所有人,可以按照动产附合时的价值,共有合成物。附合的各动产有主物从物之分的,主物的所有人取得合成物的所有权,从物所有人的从物所有权消灭。从物所有人因此遭受损害的,可以按照不当得利向合成物所有人求偿。

第三十六条 不同所有人之间的动产相混合成一物,混合物不能识别混合的各个动产,或者识别的费用过高的,混合物的所有权,由各动产所有人按照动产混合时的价值共有。混合时各动产有主物从物之分的,主物所有人取得合成物所有权。从物所有人的权利因此受到损害的,可以按照不当得利向混合物所有人求偿。二动产混合时,一方侵犯另一方权益的,应当承担侵权责任。

第三十七条　加工他人动产,使其成为新的一物的,加工物的所有权归属于材料的所有人。加工物因加工所增的价值明显超逾材料的价值的,该加工物的所有权归属于加工人。加工他人动产构成侵权的,加工人应当承担侵权责任。加工物所有权归材料所有人的,加工物所有权人应当对加工人的加工给予补偿。

第三十八条　恶意的附合、混合、加工人不能取得添附物所有权，或者成为共有人。

恶意的不动产所有人附合他人动产，取得动产所有权。附合人应当承担故意侵权的责任。

第三节　所有权的种类

第三十九条　国家财产所有权属于中华人民共和国。

第四十条　国家财产包括：

(一) 矿藏、水流和国家所有的土地、山岭、森林、草原、滩涂、野生动物、频率等自然资源；

(二) 国家所有的企业、事业单位、社会团体、机关的财产；

(三) 国家所有的文物、生物化石；

(四) 国家在国外的财产；

(五) 国家所有的其他财产。

第四十一条　城市的土地属于国家所有。农村和城市郊区的土地,法律规定属于国家所有的,属于国家所有。

第四十二条　国家为了公共利益的需要,可以依法对集体所有的土地实行征收。

第四十三条　土地之外的空间和地身属于国家所有。

第四十四条　国家所有的森林资源属于国家所有。

第四十五条　国家所有的草山和草地属于国家所有。

第四十六条　矿藏是国家专有财产,不因其所依附的土地的所有权或者使用权的不同而改变。

第四十七条　地表水资源、地下水资源和海洋属于国家所有。

第四十八条　珍贵、濒危的陆生、水生野生动物和有益的或者有重要经济、科学研究价值的野生动物属于国家所有。

第四十九条 频率资源属于国家所有。

第五十条 中央人民政府和地方人民政府在国有资产管理中,可以分别代表国家履行出资人职责,行使国家财产所有权权能。

第五十一条 社会主义的公共财产神圣不可侵犯。禁止任何组织、个人哄抢、私分、截留以及用其他方式侵占或者破坏国家财产。

第五十二条 劳动群众集体的财产属于劳动群众集体所有,劳动群众集体是集体财产的所有人,对集体财产享有占有、使用、收益和处分的权利。

第五十三条 劳动群众集体的财产包括:

(一) 集体所有的土地和山岭、森林、草原、滩涂等;

(二) 集体经济组织的财产;

(三) 集体所有的建筑物、水库、农田水利设施和教育、科学、文化、卫生、体育等设施;

(四) 集体所有的其他财产。

第五十四条 农村和城市郊区的土地,除法律规定属于国家所有的以外,属于农民集体所有。

农民集体所有的土地属于村农民集体所有的,由村民委员会或者村集体经济组织经营、管理。农民集体所有的土地分别属于村内两个以上村民小组或者集体经济组织的农民集体所有的,由村内各该村民小组或者集体经济组织经营、管理。农民集体所有的土地属于乡、镇农民集体所有的,由乡、镇农村集体经济组织经营、管理。

农民集体所有的土地,由县级人民政府登记造册,核发证书,确认所有权。

第五十五条 集体所有的森林资源属于集体所有。集体所有的森林、林木和林地,由县级以上地方人民政府登记造册,核发证书,确认所有权。

第五十六条 集体所有的草原属于集体所有。集体所有的草原由县级人民政府登记造册,核发证书,确认所有权。

第五十七条 城镇中工业、建筑业、运输业、商业、服务业等行业各种形式的合作经济,是社会主义劳动群众集体所有制经济。农村中生产、供销、信用、消费等各种形式的合作经济,也是社会主义劳动群众集体所有制经济。城乡集体经济组织的财产,属于城乡劳动群众集体所有。

第五十八条 劳动群众集体所有的财产受法律保护,禁止任何组织、个人哄抢、私分以及用其他方式侵占、破坏或者非法查封、扣押、冻结、没收。

第五十九条 个人财产所有权属于公民。

第六十条 公民的个人财产,包括收入、房屋、生活用品、文物、图书资料和法律允许个人所有的生产资料以及其他合法财产。

第六十一条 公民的合法收入,是指公民通过劳动或者其他合法方式取得的收入。

公民的合法收入,可以是货币,也可以是法律不禁止个人占有的其他财物。

公民的个人独资企业,是公民个人的财产。

第六十二条 公民的个人财产受法律保护,禁止任何组织、个人侵占、破坏或者非法查封、扣押、冻结、没收。

第六十三条 公司由股东出资设立。公司的股东可以是同一所有制的人,也可以是不同所有制的人。

股东是公司财产的所有人。

第六十四条 基金会等财团法人对其财产享有所有权。

第六十五条 宗教团体对其财产享有所有权。

第六十六条 下列财产享有豁免权,不得用于清偿债务,不受强制执行:

(一) 涉及国家主权、安全的财产;

(二) 国家机关执行公务的财产;

(三) 承包地、宅基地等农民赖以生存的集体所有的土地;

(四) 涉及社会公共利益的财产;

(五) 公民必需的生活物品。

第四节 共 有

第六十七条 两个以上的公民、法人,可以对同一财产共同享有所有权。

第六十八条 共有人可以按照各自的财产份额对共有财产分享权利、分担义务。每个按份共有人应当按照对共有财产占有的比例分享权利,分担义务。比例不明的,推定为占有的份额均等。

第六十九条 按份共有人对共有财产享有占有、使用、收益和处分的权利。按份共有人使用和处分共有财产时,有协议的,按照协议办理;没有协议的,应当通过协商取得一致意见;意见不一致的,按照拥有财产份额一半以上的共有人的意见办理,但不得损害其他共有人的利益。

第七十条 除物的使用目的不能分割共有财产,或者共有人协议不能分割共有财产外,按份共有的每个共有人都有权要求将自己的份额分出或者转让。但在出售时,其他共有人在同等条件下有优先购买的权利。

第七十一条 分割共有财产时,应当按份分配。

第七十二条 按份共有关系因下列原因终止:

(一) 一共有人取得他共有人的全部应有份额;

(二) 共有财产分割完毕;

(三) 共有物转让、灭失。

第七十三条 各共有人可以基于共同关系不分份额地对共有财产享有同等权利、承担同等义务。每个共同共有人对共有财产有平等的所有权,各共有人之间享有同等的权利,承担同等的义务。

第七十四条 对共同共有财产的使用、处分,除共有人另有约定的以外,应当取得全体共同共有人的同意。

共有人在共同关系存续期间,不得请求分割共同财产,共有人另有约定的除外。

共同关系终止,引起共同财产分割。

第七十五条 共同共有因下列原因终止:

(一) 共同共有关系解除;

(二) 共有物转让、灭失。

第七十六条 共有物的管理费用及其他负担,由共有人按照其应有份额的比例分担或者平均分担,共有人另有约定的除外。

共有人中的一人,支付的负担数额超出其应当分担的数额的,有权向其他共有人追偿。

第七十七条 共有的财产分割,应当有利于生产、生活,不损害财产的效用。

共有财产是可分物的,可以实物分割。

共有财产是不可分物的，可以作价补偿，由取得财产的人对没有取得财产的人予以补偿。

各共有人都不愿意取得共有物的，可以变价分割，以拍卖、变卖共有物的价金分配给各共有人。

第七十八条　家庭共有财产，归家庭成员共有。

家庭成员在分割家庭共同共有财产时，应当按照和睦团结、互助互让的精神协商处理，可以根据共有人对家庭的贡献大小，经济状况，每人的生产和生活实际需要，确定各自应得的份额。

分家析产时，对于缺乏劳动能力又缺乏生活来源的家庭成员应当予以照顾。

夫妻离婚分割财产时，应当照顾女方、子女和无过错方。

第七十九条　分割后，共有人取得分得部分的所有权。

分割后，发现分得部分有瑕疵的，分得人可以请求其他共有人分担瑕疵担保责任。

第八十条　区分所有的建筑物，其共同部分为区分所有人互有。互有部分的维修等费用由各互有人按其所有部分的价值比例分担。

互有人对建筑物共同部分无权请求分割。

第八十一条　数人共同享有他物权、知识产权的，准用所有权共有的原则。

第五节　相邻关系

第八十二条　不动产相邻各方，应当按照有利生产、方便生活、团结互助、公平合理的精神，正确处理截水、排水、通行、通风、采光等方面的相邻关系。

第八十三条　在防治污染的相邻关系上，排放废水、废渣、废气不得超过国家规定的标准，影响邻人的生产、生活。

修建厕所、牲畜栏厩，堆放腐烂物、放射性物、易燃易爆物、有毒物等，应当与邻人生活居住、生产工作的建筑物保持适当距离，或者采取相应的防护措施。

相邻的一方不得以噪音、喧嚣、震动妨碍邻人的工作、生活。

第八十四条　在用水的相邻关系上，相邻各方对于自然流水的利用，应当合理分配。

相邻各方对于自然流水的排放，应当尊重自然形成的流向。

第八十五条 在通行的相邻关系上，对于历史形成的通道，土地的所有人或者使用人不得任意堵塞，妨碍邻人的通行。

第八十六条 在建筑的相邻关系上，建筑施工、地质勘探、科学实验等单位，在进行作业过程中，应当尽可能地减少对周围邻人生产、生活的影响。

作业完毕后，应当对道路、场地、树木等，负责整修、平复、重新栽培。

建筑人开掘地面或者为建筑时，不得因此使邻人的地基动摇或者建筑物受到损害。

相邻一方修建房屋，应当与邻人房屋保留一定距离，不得影响邻人房屋的采光、通风。

相邻一方在修造建筑物时，应当采取相应措施，不得使滴水注泻邻人的建筑物。

相邻一方的建筑物有倾倒的危险，致使邻地有损害可能的，邻人有权请求消除危险，防止侵害。

第八十七条 相邻一方铺设电缆、水管、气管、油管等管线，需要通过邻人的土地的，应当选择损害最少的处所和方法，并支付补偿金。

相邻一方在邻人土地之下的地身修建地铁，铺设电缆、水管、气管、油管等管线，给邻人造成损失的，应当支付补偿金。邻人行使土地所有权或者使用权，不得妨害地铁和电缆、水管、气管、油管等管线的安全。

第八十八条 法律等规范性文件对相邻关系有规定的，适用该规定。没有规定的，应当根据本法第八十二条的原则，并参照民间习惯妥善处理相邻关系。

第三章 用益物权

第八十九条 用益物权是在他人物上设立以使用、收益为目的的他物权。用益物权人在授权的范围内对标的物享有所有权的部分权能。

第九十条 国家所有的土地、山岭、林地、草原、滩涂、水域、频率等自然资源，可以交由全民所有制单位、集体所有制单位或者公民使用。国家保护其占有、使用、收益的权利，使用人有管理、保护、合理利用的义务。

第九十一条 国有土地和农民集体所有的土地，可以交由单位或者公民使用。单位或者公民依法使用的国有土地，由县级以上人民政府登记造册，核发证书，确认使用权。中央国家机关使用的国有土地的具体登记发证机关，由国务院确定。农民集体所有的土地用于非农业建设的，由县级人民政府登记造册，核发证书，确认建设用地使用权。

第九十二条 国家所有的林地，可以交由单位造林。造林单位的林地使用权和收益权受法律保护。

国家或者集体所有的林地，可以交由公民造林。公民使用的林地，由县级以上人民政府登记造册，发放证书，确认使用权。公民的林地使用权和收益权受法律保护。

第九十三条 国家所有的草原，可以交由全民所有制单位或者集体所有制单位使用。全民所有制单位使用的草原，固定给集体组织长期使用的全民所有的草原，由县级以上地方人民政府登记造册，核发证书，确认使用权。

第九十四条 县级以上地方人民政府根据国家对水域利用的统一安排，可以将规划用于养殖业的全民所有的水面、滩涂，确定给全民所有制单位或者集体所有制单位从事养殖生产，核发养殖使用证，确认使用权。

渔民集体对国家确定由其长期用海的海域享有使用权。

第九十五条 国家可以将空中航道、频率范围划归单位使用。

国家可以将地身使用权交划归单位修建地铁，铺设电缆、水管、气管、油管等管线。

第九十六条 国有土地使用权可以经划拨取得。国有土地使用权划拨，是指经县级以上人民政府批准，在土地使用者缴纳补偿、安置等费用后将该幅土地交付其使用，或者将国有土地使用权无偿交付给土地使用者使用的行为。以划拨方式取得的国有土地使用权可以不设使用期限。

国家机关用地和军事用地，城市基础设施用地和公益事业用地，国家重点扶持的能源、交通、水利等项目用地以及法律、行政法规规定的其他建设用地，可以由县级以上人民政府批准划拨国有土地使用权。

第九十七条 矿藏、水流和土地、山岭、草原、滩涂、频率的所有权不得买卖，或者以其他形式非法转让，但使用权可以依法转让。

第九十八条 公民、集体依法对集体所有的或者国家所有由集体使用的土地的承包经营权，受法律保护。承包双方的权利和义务，依照法律由承包合同规定。

公民、集体依法对集体所有的或者国家所有由集体使用的森林、山岭、草原、荒地、滩涂、水面的承包经营权，受法律保护。承包双方的权利和义务，依照法律由承包合同规定。

第九十九条 宅基地是农村集体所有制组织分配给农民长期使用的土地。宅基地的所有权属于集体，农民享有占有、使用的权利。

第一〇一条 企业对国家、集体授予它经营管理的财产依法享有经营权，在授权范围内对企业财产享有占有、使用、收益和处分的权利。

公司享有由股东投资形成的全部财产的经营权，按照章程对公司财产享有占有、使用、收益和处分的权利。

第一〇二条 国家在救灾、战争等紧急情况下，为了公共利益的需要，依照法定权限和程序，可以临时征集调用法人、公民的动产、不动产。使用完毕后，应当归还。造成损失的，给予补偿。

第一〇二条 其他法律对用益物权有规定的，适用该规定。

第四章 法律责任

第一〇三条 物权归属发生争议，物权人可以请求有关机关或者人民法院确认物权归属。

第一〇四条 侵害物权的，物权人可以请求防止侵害、停止侵害、排除妨害、返还原物、赔偿损失、赔礼道歉。

物权人可以行使一种或者数种请求权。

第一〇五条 物权面临遭受侵害的危险，存在被侵害的可能的，物权人有权请求防止侵害，消除既存的危险，以避免侵害的发生。

第一〇六条 对于正在实施的侵害物权行为，物权人可以请求侵权人停止侵害行为，也可以请求有关机关或者人民法院制止侵权行为。

第一〇七条 物权遭受妨害的，物权人有权请求排除妨害。

第一〇八条 物权人的物被他人侵占的，物权人有权请求返还原物。

第一〇九条 物权受到侵害，给物权人造成损失的，物权人有权请求赔偿损失。

赔偿损失的种类有恢复原状和金钱赔偿、代物赔偿。恢复原状指回复到损害发生前原有的状态。不能恢复原状，或者当事人不愿意恢复原状的，可以用金钱赔偿、代物折抵赔偿。

侵害物权造成的损失，包括直接损失和间接损失。直接损失指财产的直接减少，间接损失指丧失的可以获得的预期利益。

第一一〇条 物权受到侵犯，物权人有权请求赔礼道歉。

第一一一条 物权人对于正在进行的侵夺、妨害其占有的行为，可以以自己的力量实施防御。

第一一二条 物权人对于已被侵夺的占有物，可以以自己的力量当场夺回。

第一一三条 对于已实施完毕的对占有的侵害，物权人在来不及请求有关机关救助的情形下，可以采取自助行为，排除对占有的侵害。

第五章 附 则

第一一四条 本法自____年____月____日起实施。

对物权法草案(第三次审议稿)的修改意见

梁慧星*

第一编 总 则

第二条第二款:本法所称物权,指自然人、法人直接支配特定的物的权利,包括所有权、用益物权和担保物权。

建议增加排他性效力,修改为:本法所称物权,指自然人、法人直接支配特定的物并排除他人干涉的权利,包括所有权、用益物权和担保物权。

理由:物权具有"排他性",具有"排除他人干涉"的效力,这一点具有非常重大的意义。公权力和私权利的界限在什么地方?就在物权的"排他性"。一家人住在房子里,国家机关的公务员就不能随便往里面闯,那个界限就是物权的"排他性"。由于物权具有排除他人干涉的法律效力,这就划分了公权力和私权利的界限:房屋大门之外,是公权力活动的范围,房屋大门之内是私权利的活动空间,公权力要跨越这个界线,唯有两条:一是物权人同意;二是持有搜查证。

物权法草案中规定物权的定义,一定要明文规定物权的"排他性"。物权的"直接支配性",是人类的本能,是"自然属性",谁都懂。唯独这个"排他性",是"法律属性",要通过法律的明文规定并且向整个社会灌输,使我们的人民尤其公务员认识物权的"排他性",明确公权力和私权利的界限。不然的话,像现在警察动不动往人家家里闯,动不动就没收人家的三轮车、摩托车,就强拆人家的房屋,

* 梁慧星,中国社会科学院法学所研究员,山东大学法学院院长。

这些违法行为就得不到纠正,依法行政就会遥遥无期。

民事权利有多种,唯具有“排他性”的权利才受刑法的保护、受侵权法的保护。进入他人房子偷东西的,构成盗窃罪;当街抢夺财物的,构成抢夺罪。为什么?因为人家的物权具有“排他性”。不具有“排除他人干涉”的效力的权利,如合同上的权利,只能受违约责任的保护。司法实践中,经常涉及“罪与非罪”的界限,而“罪与非罪”的界限,就在于受侵害的权利有没有“排他性”。侵犯具有“排他性”的权利,构成犯罪行为,当然就是“罪”(轻的也要构成侵权责任);侵害不具有“排他性”的权利,只能追究违约责任,当然就是“非罪”。

物权的“排他性”,还与判断证据有关。若干年前美国那个杀害前妻的“辛普森案”,为什么法官当庭宣判辛普森不构成犯罪?关键在于,法庭查明联邦警察是在没有搜查证的情形,翻墙进入辛普森的住宅搜出凶器和血手套的。因为私人住宅所有权具有“排他性”,联邦警察在既没有得到房主同意也没有取得搜查证的情形翻墙进入,就构成“违法行为”,而“违法行为”取得的证据属于“非法证据”,当然不具有“证据效力”。我国最高人民法院关于证据的解释文件也规定,“违法取得”的证据,不具有证据效力。什么叫“违法取得”?没有事先取得搜查证进入私人住宅、进入具有排他性的物权效力范围,就属于“违法取得”。

第三条:物权的种类和内容,由本法和其他法律规定。

建议增加第二款:当事人违反本条第一款规定而创设的物权,不具有物权的效力。

建议增加第三款:当事人改变本法和其他法律规定的物权内容的约定无效。

理由:物权法定原则不仅是制定物权法的指导性原则,而且是操作性规则。法官于案件裁判中往往以是否符合物权法定原则作为判断标准。符合物权法定原则的有效,违反物权法定原则的无效。物权法定原则的意义,实际上就是排除当事人的意思自治,就是排除当事人创设、变更物权的自由:当事人自己创设的物权无效,当事人改变物权内容的约定无效。为便于正确理解和适用,建议规定第二款和第三款。

第四条:物权应当公示。记载于不动产登记簿的人是该不动产的权利人,动产的占有人是该动产的权利人,但有相反证据证明的除外。法律规定不经登记即可取得物权的,依照其规定。

建议分别规定物权公示原则和权利推定原则:

第四条:物权应当公示。法律规定不经公示即可取得物权的,所取得的物权在进行公示前不得处分。

第　条:记载于不动产登记簿的人是该不动产的权利人,动产的占有人是该动产的权利人,但有相反证据证明的除外。

理由:物权公示原则与不动产登记的权利推定原则和动产占有的权利推定原则,是显然不同的。物权公示原则,属于物权法基本原则。不动产登记的权利推定和动产占有的权利推定,是据以转换举证责任的操作性规则。第四条仅应规定物权公示原则,另设专条规定不动产登记的权利推定原则和动产占有的权利推定原则。

建议在本节恢复物权法草案(第二次审议稿)第八条关于物权优先于债权原则的规定:

第　条:在特定的不动产或者动产上,既有物权也有债权的,优先保护物权。但法律另有规定的除外。

理由:"物权优先于债权原则",是处理物权与债权冲突的基本规则。是法官在司法实践当中最常用的裁判规则之一。主要适用于两类案件:一是在"一房多卖"案件中,据以判决已经办理产权过户的买房人得到争议房屋;二是在企业破产和清产还债案件中,据以判决抵押权人优先受偿及出租人取回租赁物。这一原则的例外规则,即条文"但书"所谓"法律另有规定":一是《合同法》第二百二十九条关于买卖不破租赁的规定;二是企业破产法关于优先清偿工人工资的规定。如果物权法不作规定,法律素养高的法官仍会将此原则作为法理规则而予以适用,法律素养较低的法官就往往会无所适从,势必影响裁判的统一和公正。

第十六条第一款:不动产登记簿记载的事项,是物权归属和内容的根据。

建议修改为:不动产登记簿是物权归属和内容的根据。

理由:按照证据法原理,证据分为"人证"和"物证"。所谓"物证",指以"有形物"作为"证据",包括"文书"和"检证物"。现行《民事诉讼法》第六十三条将具有证据资格的"文书"称为"书证",将"检证物"称为"物证"。"书证"再分为"公文书"和"私文书"。不动产登记簿,属于"公文书"。无论是根据证据法原理,或者根据现行民事诉讼法,唯属于"有形物"的不动产登记簿,才能成为法官据以判断案件事实的“证据”，而不动产登记簿所“记载的事项”绝非“证据”。本条规定的目的，是要赋予“不动产登记簿”以“证据资格”，而绝对不是要赋予不动产登记簿“记载的事项”以“证据资格”。正如本法第十七条规定“不动产权属证书”，而不是不动产权属证书“记载的事项”，是权利人享有该不动产物权的证明。

第十八条：登记机构应当向权利人和利害关系人提供查询、复制登记资料的便利，同时应当对涉及国家机密、商业秘密和个人隐私的内容保守秘密。

建议修改为：登记机构应当提供查询、复制登记资料的便利。

理由：国家建立不动产登记制度的目的，就是要贯彻物权公示原则，将不动产物权变动和不动产物权状况公开出来。因此，不动产登记簿具有公开性，登记机构应当为查询、复制不动产登记簿提供方便。无论企业或者个人，其不动产状况，不是商业秘密或者个人隐私，更与国家机密无关，登记机构不承担保密义务。

第十九条：利害关系人对不动产登记簿记载的物权归属等事项有异议的，可以申请异议登记。登记簿记载的权利人书面同意异议登记或者人民法院裁定予以异议登记的，登记机构应当将该异议记载于不动产登记簿。

申请人自登记簿记载的权利人书面同意异议登记之日起三个月内不起诉也不申请更正登记的，或者自人民法院异议登记裁定生效之日起十五日内不起诉的，该异议登记失效。

有证据证明异议登记不当的，权利人有权申请登记机构注销异议登记。异议登记造成权利人损害的，权利人可以向异议登记的申请人请求损害赔偿。

建议恢复物权法草案(2004年8月稿)第十七条和第十八条的规定：

利害关系人对不动产登记簿记载的物权归属等事项有异议的，可以申请异议登记。登记机构应当将该异议记载于不动产登记簿。

申请人自异议登记之日起三个月内不起诉也不申请更正登记的，该异议登记失效。

异议登记不当造成权利人损害的，权利人可以向异议登记的申请人请求损害赔偿。

理由：设立异议登记制度的目的，就是要阻止不动产登记簿上的所有人抢先下手转卖房屋。如果李四认为房子不是张三的，他到法院起诉前就可以直接到登记机构申请异议登记，登记机构受理申请后，就在不动产登记簿上进行“异议登记”,即将“该异议记载于不动产登记簿”。“异议登记”的作用,并不是“禁止”张三转让该房屋,并不是“限制”张三的“处分权”,而仅仅是“提醒”打算购买房屋的第三人注意:该房屋产权存在“争议”。按照一般社会生活经验,打算购买房屋的人看到该房屋产权归属存在“争议”,将不会贸然签订买卖合同,至少他会“暂停”签订合同,等待“争议”的解决。就是用这个办法来“阻止”张三抢先下手转让争议房屋产权,以保证将来李四胜诉后可以持判决书到登记机构变更登记,能够实实在在地得到这个房子的所有权。

按照异议登记的政策目的,“异议登记”应当有期限限制,异议登记的申请人在“有效期”内既未申请“更正登记”也未向法院“提起诉讼”的,该“异议登记失效”。另外,在提起诉讼的情形,如果最后法院判决没有支持异议一方的诉讼请求,亦即判决认定不动产登记簿上的记载并无错误、登记簿上的“名义人”是真正的“所有权人”,则该所有权人有权请求异议登记的申请人承担损害赔偿责任。这样使异议各方的正当利益得到兼顾,避免异议登记制度的滥用。而物权法草案(第三次审议稿)第十九条,把一个简单方便的“行政(登记)程序”,变成了两个程序:一个“诉讼(裁定)程序”再加一个“行政(登记)程序”。

按照物权法草案(2004 年 8 月稿)第十七条、第十八条的规定,当事人对登记的不动产物权有异议的,直接到登记机构申请作个异议登记,然后到法院起诉最终解决争议。现在的草案,要求必须先到法院申请,由法院作出异议登记的裁定(登记簿记载的权利人绝不可能同意异议登记),然后再到登记机构申请作出“异议登记”,而要真正解决争议还要再到法院提起诉讼,经过法院审理作出胜诉判决,再拿着法院的判决书到登记机构申请“更正登记”。本来很简单,到登记机构去登记一个异议就成,现在改为必须两次到法院。法院本来是解决争议,只需要一个“诉讼程序”,现在预先加上一个异议登记的“裁定程序”。法院作出异议登记的裁定时要不要审查?如果要审查则法院对这个裁定的审查和诉讼当中的审查怎么区分?如果法院在诉讼程序中作出异议申请人败诉的判决,则是否说明法院此前作出的“裁定”错误?现在的草案把问题复杂化了,至少是增加了诉讼成本,增加了当事人的负担,增加了法院的负担。还是恢复到物权法草案(2004 年 8 月讨论稿)的规定为好。

第二十条:利害关系人认为不动产登记簿记载错误的,有权申请更正登记。

有证据证明登记确有错误的,登记机构应当予以更正。

登记更正后,原权利人在异议登记期间对该不动产作出的处分,登记更正后的权利人未追认的,不发生效力。

修改意见:删去第二款。

理由:异议登记的目的和作用,只是提醒打算购买不动产的人注意存在产权争议,按照一般社会生活经验,可以在实际上阻止登记簿上的权利人转让该不动产。如果打算购买该不动产的人,看到登记簿记载有异议登记仍然购买了该不动产,一旦最终法院判决异议登记申请人胜诉,即判决争议不动产的所有权属于异议登记申请人,则该不动产买卖合同就成为"无权处分合同",该不动产的买受人就构成"恶意第三人",将注定不能获得该不动产所有权。本条第一款规定更正登记,没有必要涉及异议登记。因此删去第二款。

第二十一条:债权人因购买期房等原因,为限制债务人处分该不动产,保障将来取得物权,可以向登记机构申请预告登记。债权人已经支付一半以上价款或者债务人书面同意预告登记的,登记机构应当进行预告登记。

预告登记后,债务人处分该不动产,未经债权人追认的,不发生效力。

建议恢复物权法草案(第二次审议稿)第二十二条的规定:

债权人因购买期房等原因,为限制债务人处分该不动产,保障将来取得物权,可以向登记机构申请预告登记。

预告登记后,债务人处分该不动产的,不发生物权效力。

理由:按照预告登记制度,只要张三与开发商签订了商品房预售合同,张三就可以拿着买卖合同书去登记机构办理预告登记,由登记机构在登记簿上记载某号房子已经卖给了张三,办理预告登记后,开发商要把这套房子再卖给其他任何人,都"不发生物权效力"。例如开发商把已经出卖给张三的房屋,再出售给李四,因为张三已经去登记机构办理了"预告登记",开发商与李四之间的买卖合同将"不发生物权效力",注定李四不可能得到那套房屋的所有权。这样就保障办理了预告登记的买房人张三,在房屋建成后能够得到那套房屋并办理产权过户得到所有权。可见,预告登记制度的立法目的,就是用预告登记来限制开发商"一房多卖",而不是禁止"一房多卖"。债权平等的原则依然存在,无论你把一套商品房卖给多少买房人,这些买卖合同仍然有效,但只是办理了"预告登记"的那个买房人才能最终得到房屋所有权。这样一来,只要办理了“预告登记”,其余的买房人就已经知道自己不可能得到房屋所有权,当然也就不买了。这就达到了限制“一房多卖”的目的。质言之,“预告登记”是不动产物权变动的一种特殊的公示方法,而所登记的并不是“物权”,仅仅是买卖合同上的“债权”。因为办理了“预告登记”,使该债权具有了对抗其他买房人的债权的“物权效力”。第二次审议稿第二十二条规定,比较完整准确地体现了设立预告登记的政策目的。而第三次审议稿第二十一条所作的改动,背离了预告登记的政策目的,并使问题复杂化了。

第二十三条:基于不动产登记簿享有的物权受法律保护,但记载于不动产登记簿的权利人在取得权利时知道或者应当知道权利有瑕疵的除外。

建议修改为:基于不动产登记簿取得的物权受法律保护,但在取得权利时知道或者应当知道权利有瑕疵的除外。

理由:本条规定不动产登记的善意保护制度,亦即教科书上所谓不动产登记的公信力制度。这个制度的关键,是以不动产登记簿为根据“取得”的不动产物权,受法律保护,不允许任何人以任何理由予以剥夺。其政策目的是保护不动产交易的善意第三人,而不是保护不动产登记簿上记载的权利人。原条文说“享有”的物权,而不说“取得”的物权,不能体现保护交易第三人的政策目的,并与不动产登记的“权利推定”制度发生混淆。应该将“享有”改为“取得”。

第二十四条第二款:因登记错误,给他人造成损害的,登记机构应当承担赔偿责任;登记机构赔偿后,可以向造成登记错误的责任人追偿。

建议修改为:因登记错误,给他人造成损害的,登记机构应当承担赔偿责任;登记机构赔偿后,可以向因该登记错误不当得利的人追偿。

理由:登记机构的原因造成登记错误,给他人造成损害,理应由登记机构承担赔偿责任。但因登记错误造成某个权利人或者利害关系遭受损害的,必定有某个第三人获得不当利益。正如“物质不灭定律”,有人受损害,必有人得利益。既然登记机构并未获得利益,则登记机构在承担损害赔偿责任之后,应有权依据不当得利规则向获得不当利益的人追偿。造成登记错误的责任人,作为登记机构工作人员,靠公务员工资生活,仅应受纪律处分。原条文规定“向造成登记错误的责任人追偿”,根本不现实。一个登记错误可能造成几十万、几百万甚至更大的损失，一个公务员如何赔偿得起！其实，因登记错误造成的损害可能数额巨大，让登记机构承担全部赔偿责任，也是不适当的。进一步的修改建议是，登记机构依据国家赔偿法承担赔偿责任，而由登记错误的受害人自己向因该登记错误获得不当得利的人追偿。

第三十一条：动产物权转让前，出让人应当将该动产交付给受让人，但双方约定由出让人继续占有该动产的，物权自约定生效时发生效力。

建议修改为：出让动产物权时出让人有必要继续占有该项动产的，可以与受让人设定一项由受让人作为出租人的租赁合同关系，以代替实际交付。

理由：这是针对"卖出租回"这种融资租赁合同形式的特殊规则。假设某个企业急需资金而又没有银行愿意贷款给它。于是它找到一家租赁公司签订一份买卖合同，将自己最值钱的一条生产线的设备出卖给租赁公司，取得一笔价款以解决生产资金的急需；但是它并不是真的要出卖这套生产线，相反它还要靠这条生产线进行生产，因此它"有必要继续占有"这些已经出卖给租赁公司的设备。这种情形，显然不能把这些设备"交付"给买受人租赁公司，以完成设备所有权的移转。怎么样才能够既使该企业"继续占有"这些设备又实现其所有权向租赁公司的移转呢？办法就是，该企业再与该租赁公司签订一份租赁合同，把这套生产线的设备再租回来。实际上该生产线的设备原地未动，因现行《合同法》第二百四十二条明文规定"出租人享有租赁物的所有权"，虽然没有现实的"交付"，但因为签订了租赁合同，这个租赁合同代替了设备的实际"交付"，而实现了设备所有权向租赁公司的移转，并同时使该企业作为承租人继续占有这些设备。可见，关于"占有改定"的特殊规则，正是针对现实生活中的"卖出租回"这种特殊融资租赁合同形式的，其实质是用一项"租赁合同关系"实现标的物所有权移转，并满足出卖人继续占有该标的物的需要。

如果按照原文，一份买卖合同中"双方约定由出让人继续占有该动产"，则这个合同条款"剥夺了"买受人请求出卖人交付标的物并移转标的物所有权的"主要权利"，"免除了"出卖人交付标的物并移转标的物所有权的"主要义务"。如果属于"格式合同"，法院将依据《合同法》第四十条的规定认定该条款无效；如果不属于"格式合同"，法院将认定构成《合同法》第五十四条"显失公平"的合同，而根据买受人的请求予以撤销或者变更。可见，原文规定"双方约定由出让人继续占有”,是绝对行不通的。

第三十三条:因继承取得物权的,自继承开始时发生效力。

建议增加第二款:因遗赠取得物权的,准用本条第一款的规定。

理由:原文未涉及遗赠。因遗赠取得物权,应当适用与继承同样的规则。

第三十四条:因合法建造、拆除住房等事实行为设立和消灭物权的,自事实行为成就时发生效力。

建议修改为:因事实行为设立和消灭物权的,自事实行为成就时发生效力。

理由:事实行为,除建造房屋外,还有制造宇宙飞船、飞机、船舶、汽车、火车、机器设备,制作家具、玩具、生活用品及缝制衣服等等,难以一一列举,何以单举“建造住房”一项?不如不作列举,以“事实行为”一语涵盖无遗。原文“合法”二字尤为不妥。所谓“违章建筑”,也同样发生建筑物所有权,唯有城市规划部门才有权责令拆除或者给予处罚,其他任何人要擅自予以拆除、毁损,也将构成侵犯财产权的违法行为。

第三十五条:依照本法第三十二条至第三十四条的规定,导致不动产物权设立、变更、转让和消灭的,应当依照法律规定办理登记;未经登记,不得对抗善意第三人。

建议修改为:依照本法第三十二条至第三十四条规定发生的物权变动,如为不动产物权而未进行不动产登记的,如为动产物权而未交付占有的,权利取得人不得处分。

理由:上述三种情形发生的物权变动,如为不动产物权而未进行不动产登记的,如为动产物权而未交付占有的,法律限制所有权人的处分权,即限制“进入市场交易”。其政策目的,是为了建立市场交易的物权法律秩序,为了避免不动产登记制度被“架空”。此与物权公示原则的“登记对抗主义”是不同的。但第三次审议稿正好混淆了这一点。按照现在的条文,建造的房屋、继承的房屋、判决取得的房屋,未办理登记前就可以转让、可以设定抵押,不动产物权变动的“登记生效主义”,就变成了“登记对抗主义”。本法第九条关于登记生效主义的规定,就毫无意义了。本法规定不动产登记制度的政策目的,也将因而落空。此外,本条原文未提及一般动产,则制作的动产、判决取得的动产、继承取得的动产,还没有交付给所有权人“占有”,权利人就可以处分,显然会导致经济生活的混乱。

第三十九条:造成不动产或者动产毁损的,权利人可以请求恢复原状;不能恢复原状或者恢复原状后仍有损失的,可以请求损害赔偿。

修改意见:删去本条。

理由:"物权请求权"是专门针对"物权"的法律救济措施,是"物权"的特殊保护方法。为什么在侵权责任制度之外,还要有一个"物权请求权"制度?"物权请求权"制度与"侵权责任"制度的区别何在?二者的区别,主要是"构成要件"不同,"物权请求权"只有一个构成要件,即存在"物权",而一般侵权责任的构成要件包括"加害行为"、"损害后果"、"因果关系"和"过错",即使特殊侵权责任也须有前三项要件。物权请求权的优点,也正是在于其"构成要件简单",因此物权请求权行使的程序就特别方便,只须证明自己享有"物权"就足够了,法院也仅凭享有"物权"这一点就给予保护。这就使请求权人避免了就侵权责任的"构成要件"举证的麻烦。因此,民法在侵权责任制度之外,特别规定"物权请求权"制度,作为保护"物权"的特殊救济措施。反过来,物权请求权也有局限性,这就是行使物权请求权一定要有"物权"存在。"物权"什么时候存在?"标的物"存在,"物权"就存在。标的物一旦"毁损、灭失",例如房屋都已经烧毁,汽车已摔下悬崖变成一堆废铁,手机已经灭失,这时"物权"(所有权)已经消灭,你就不能再行使物权请求权,你只能向法院提起侵权责任之诉。这就是为什么在物权请求权之外,物权还受侵权责任制度保护的理由。不动产或者动产一经毁损,原物权已不存在,行使物权请求权的基础已经丧失,权利人只能依据侵权责任请求保护,本条显然属于侵权责任制度。

第四十二条:侵害物权,造成权利人损害的,权利人可以请求损害赔偿。

修改意见:删去本条。

理由:本条规定"侵害物权,造成权利人损害的,权利人可以请求损害赔偿",导致了"物权请求权"制度与"侵权责任"制度的混淆。按照本条规定,凡物权受侵害,受害人都必然依据本条行使属于物权请求权性质的"损害赔偿请求权",民法侵权责任制度就被取代了。而在物权受侵害的情形,法院仅根据"物权"存在一项要件,完全不考虑"加害行为"、"损害结果"、"因果关系"、"加害人过错"等要件,怎么可能作出合情、合理、合法的损害赔偿判决?!

第四十四条:权利人请求排除妨害或者消除危险,不适用诉讼时效。

建议修改为:第三十七条规定的确认物权请求权、第四十条规定的排除妨害请求权和第四十一条规定的消除危险请求权,不适用诉讼时效。第三十八条规定的返还请求权,应当适用诉讼时效,但已登记不动产、动产的所有人行使返还请求权的除外。

理由:按照确认物权请求权的政策目的,是要尽量通过法院解决产权争议,以恢复正常的物权秩序,因此确认权利请求权不应适用诉讼时效。"返还请求权"虽然性质上属于"物权请求权",但与属于"债权请求权"的"履行请求权"、"损害赔偿请求权"类似,按照类似问题同样处理的类推法理,应当同样适用诉讼时效。但如果请求返还的财产是办理了登记的财产(不动产、船舶、飞机、机动车),因为诉讼时效期满而允许无权占有人拒绝返还,就势必与登记制度的效力发生冲突。而登记的公示效力、对抗效力、权利推定的效力,是不应该因时间的经过而消灭的,否则就将否定登记制度本身。因此,请求返还办理了登记的动产、不动产的请求权,不应当适用诉讼时效。

第二编　所　有　权

第四十九条:为了公共利益的需要,县级以上人民政府依照法律规定的权限和程序,可以征收、征用自然人、法人的不动产或者动产,但应当按照国家规定给予补偿;没有国家规定的,应当给予合理补偿。

建议分别规定征收和征用,本条仅规定征收:

第四十九条:为了公共利益的需要,县级以上人民政府依照法律规定的权限和程序,可以征收自然人、法人的不动产,但应当按照国家规定给予补偿;没有国家规定的,应当给予合理补偿。

建议恢复第二次审议稿第四十八条关于征用的规定:

第　条:因救灾、战争等紧急需要,县级以上人民政府依照法律规定,可以征用自然人、法人的不动产或者动产。被征用的不动产或者动产使用后,应当归还被征用人。被征用的不动产或者动产毁损、灭失的,应当给予补偿。

理由:征收和征用是既有联系又有区别的两项法律制度。其共同点在于强行性。征收的实质是强制收买，它的补偿金就是代价，是商品交换关系，应当大体符合等价交换的原则。征收的对象限于不动产，主要是土地所有权和土地使用权。征用是强制使用，它并不取得什么权利，强行使用之后归还原物，归还不了的照价赔偿。征用的对象包括不动产和动产。征收是和平环境的法律制度，征用是紧急状态下的特别措施。因为征收是和平环境的法律制度，实行征收就可以从容不迫地履行法律规定的权限、程序和手续。政府制作发布的征收命令属于单方意思表示，必须采用书面形式。国家征收法将规定征收文件的形式要件。反之，征用是紧急状态之下的特别措施，在战争环境之下、紧急状态之下，或者抢险、救灾之时，不能要求履行什么法定程序，不能要求制作什么征用文件。国家或者某个地区进入紧急状态，在此紧急状态之下，就可以实行征用。例如长江大堤缺口的时候，只要在现场指挥抢险的人就可以下命令拦人家的卡车，就可以调人家的货船来堵缺口，这个时候没有办法遵循什么"法律规定的权限和程序"。因此，征用就一个条件：紧急状态。宣布全国进入紧急状态，或者宣布某一地区进入紧急状态，就可以实施征用，使用之后原物归还，还不了就照价赔偿。

第五十条：国家维护公有制为主体、多种所有制经济共同发展的基本经济制度。

修改意见：删去本条。

理由：本法第一条已经明文表述"维护国家基本经济制度"的立法目的，无须重复规定。

第五十一条：矿产资源、水资源以及城市的土地等属于国家所有。国家所有，即全民所有。

建议修改为：宪法及法律指定的城市市区土地为国家所有。国有土地的所有权由国务院统一行使。

另设一条规定矿藏和地下水：

第　条：矿藏和地下水，属于国家所有。矿藏和地下水的开发，依照法律特别规定。

理由：查现代汉语词典（商务印书馆1997年新版），"资源"指生产资料或生活资料的天然来源（1662页）。"矿藏"指地下埋藏的各种矿物的总称（763页）。"矿产"指地壳中有开采价值的物质（763页）。照此解释，原文"矿产资源"一语，是指“地壳中有开采价值的物质”的“天然来源”,使人难以理解。不如“矿藏”一词,含义明确。且《宪法》第九条第一款已规定“矿藏”“属于国家所有”。因此建议采用“矿藏”概念,取代“矿产资源”一语。

原文“水资源”,若解释为“水”的“天然来源”,也难于理解。实际上,就是指“水”。“水”分为“地表水”和“地下水”。地表水,包括江河湖泊中的水和地面积储的雨水。如果将“地表水”规定为国家所有,其必然的逻辑结果是,遇江河湖泊洪水泛滥及暴雨成灾,造成人民的生命财产损失,就应该由国家承担全部赔偿责任。再说,既然江河湖泊的水是国家财产,则长江、大河昼夜不息,流入东洋大海,岂不是最严重的国有资产流失,应该由哪一个国家机关来承担渎职犯罪的责任?其实,包括江河湖泊的水在内的“地表水”,各国都是用传统民法相邻关系上的取水、用水、排水的制度来解决,不必要也不应该将其规定为国家所有。且江河湖泊的水,无法特定,不能直接支配,不具有排他性,不符合物权的定义,规定为国家所有,也与法理相悖。至于“地下水”,即蕴含于底层中的水,与矿藏类似,可以与矿藏同样对待。

第五十二条:森林、山岭、草原、荒地、滩涂等自然资源,属于国家所有,但法律规定属于集体所有的除外。

建议修改为:森林、山岭、草原、荒地、滩涂,属于国家所有,但法律规定属于集体所有的除外。

理由:删去“等自然资源”五字,更为准确。

第五十三条:农村和城市郊区的土地、野生动植物资源等,法律规定国家所有的,属于国家所有。

建议修改为:农村和城市郊区的土地,法律规定国家所有的,属于国家所有。

理由:按照现代汉语词典关于“资源”的定义,“野生动植物资源”的含义是:野生动物和野生植物的“天然来源”,使人难于理解。其实,所谓“野生动植物资源”,就是指“野生动物”和“野生植物”。“野生植物”是土地的附着物,归属于土地的所有权人。国有土地上的“野生植物”自然属于国家所有,无须法律特别规定。同理,集体土地上的“野生植物”当然属于集体所有,私人享有使用权的土地上的“野生植物”当然属于私人所有。怎么能够设想,“法律规定”集体土地和私人享有使用权的土地上的“野生植物”“属于国家所有”?

保护野生动物,本属于公法上的义务,且首先是国家的义务、整个社会的义务。如将“野生动物”规定为“属于国家所有”,则按照民法原理,应由所有人国家自己承担全部保护义务,广大人民群众就当然被解除了保护义务。再说,规定珍贵的、有价值的野生动物归国家所有,与情理不合。为什么有害的野生动物,如苍蝇、蚊子、老鼠不规定为国家所有?为什么专挑珍稀的、有价值的野生动物规定为国家所有?其次,将野生动物规定为国家所有,于法理不合。因为野生动物,如穿山甲,今天在云南、广西境内,明天可能就在越南、缅甸境内。如天鹅、大雁、红嘴鸥等候鸟,冬春飞来中国境内,夏天飞往西伯利亚,如规定为归中国国家所有,其飞往西伯利亚岂不成为对俄罗斯领土的侵犯?如果俄罗斯也规定这些野生动物为国家所有,岂不要产生国际争端?其实,野生动物,不具有特定性和直接支配性,在被捕获之前,不构成物权的客体。按照传统民法,野生动物属于无主物,国家保护野生动物,只须对民法先占取得加以限制即可。如规定禁渔期、禁猎期,划定野生动物保护区,禁止猎取、捕捞国家保护的野生动物就够了,不必要也不应该规定为国家所有。

第五十四条:道路、电力、通讯、天然气等公共设施,依照法律规定为国家所有的,属于国家所有。

建议修改为:国家投资的道路、电力、通讯、天然气等公共设施,属于国家所有。

理由:即使是“公共设施”,也仍然适用“谁投资归谁所有”的民法原理。国家投资的“属于国家所有”,集体投资、私人投资的,属于集体所有、私人所有。立法机关能够制定法律规定集体投资、私人投资的公共设施属于国家所有吗?!

建议增加一条规定宗教财产的归属:

第　条:寺庙、宫观、教堂、清真寺的不动产和动产,属于宗教法人所有。

理由:宗教财产,包括佛教的寺庵、道教的宫观,天主教、基督教和东正教的教堂,伊斯兰教的清真寺,及供奉各种神明的庙宇。根据现行的国家政策,教会(天主教、基督教和东正教)的房产,为中国教会所有。佛教和道教的庙观及所属房产为社会所有(僧道有使用权和出租权),带家庙性质的小尼庵为私人所有,伊斯兰教的清真寺及所属房屋则为信教群众集体所有。在实际房屋产权登记中,无论何种寺庙宫观,均将宗教协会登记为所有权人。首先,“社会所有”一词只能代表不确定的人群,而不能形成明确的、肯定的法律关系主体;把宗教财产规定为社会所有,实际上是把宗教财产当成了无主财产,给侵犯宗教财产提供了可乘之机。其次,规定为“信教群众集体所有”也不妥,因为信教群众既然已经把钱物捐了出去,主观上不存在作宗教财产所有人的意思。且信教群众从来就没有形成一个成员固定的组织形态,不能成为宗教财产的所有权主体。第三,规定为宗教协会所有,违背了信教群众捐献财产的心愿,信教群众并不是要捐给僧众道徒组成的宗教协会,而是通过寺庙等给予他们心中的神仙、上帝、真主;由宗教协会所有,也有违宗教教规信条——僧众道徒等不能成为宗教财产的所有人。依据民法原理并参考发达国家的经验,建议规定一切宗教财产,包括不动产和动产,都属于作为宗教法人的寺庙宫观所有。物权法明文规定宗教财产归宗教法人所有,有利于对宗教财产的法律保护,有利于切实贯彻国家宗教政策和民族政策。第三次审议稿不规定宗教财产的归属,令人费解!

第六十五条:私人对依法取得的房屋、收入、生活用品等生活资料享有所有权。

私人对依法取得的生产工具、原材料等生产资料享有所有权。

建议修改为:私人对依法取得的不动产和动产享有所有权。

理由:生活资料、生产资料是经济学上的术语,不能代替民法上的动产、不动产概念。

第六十六条:国家保护私人储蓄、投资及其收益。

国家保护私人的财产继承权及其他合法权益。

修改意见:删去本条。

理由:储蓄、投资和财产继承,非物权关系,不属于本法第二条规定的调整范围。

第六十八条:国家、集体和私人依法可以设立合资经营企业、合资经营企业,也可以设立独资企业。国家、集体和私人所有的不动产和动产,投到企业的,由出资人按照出资比例享有资产收益、重大决策以及选择经营管理者等权利。

修改意见:删去本条。

理由:非物权关系,不属于本法第二条规定的调整范围。

第七十条:国有企业、集体企业直接负责的主管人员,以无偿或者低价折股、低价出售等手段将国有企业、集体企业的财产转让,造成国有企业、集体企业财产流失的,应当依法承担民事责任和行政责任;构成犯罪的,依法追究刑事责任。

修改意见:删去本条。

理由:非物权关系,不属于本法第二条规定的调整范围。应当由国有资产管理法、刑法予以规定。

第七十一条:国有企业、集体企业直接负责的主管人员严重不负责任,造成国有企业、集体企业破产或者严重亏损的,应当依法承担民事责任和行政责任;构成犯罪的,依法追究刑事责任。

修改意见:删去本条。

理由:非物权关系,不属于本法第二条规定的调整范围。应当由国有资产管理法、刑法予以规定。

第一百一十条:无处分权人将不动产或者动产转让给受让人的,所有权人有权追回,但符合下列情形的,受让人即时取得该不动产或者动产的所有权:

(一) 在受让时不知道或者不应当知道转让人无处分权;

(二) 以合理的价格有偿转让;

(三) 转让的财产依照法律规定应当登记的已经登记,不需要登记的已经交付给受让人;

(四) 转让合同有效。

受让人依照前款规定取得不动产或者动产的所有权的,原所有权人有权向无处分权人请求赔偿损失。

当事人善意取得其他物权的,参照前两款规定。

建议修改为:无处分权人将动产转让给受让人的,所有权人有权追回,但符合下列情形的,受让人即时取得该动产的所有权:

(一) 受让人在受让时不知道或者不应当知道出让人无处分权;

(二) 以合理的价格有偿转让;

(三) 转让的动产已经交付给受让人。

受让人依照前款规定取得动产的所有权的,原所有权人有权向无处分权人请求赔偿损失。

当事人善意取得其他物权的,参照前两款规定。

理由:基于特殊保护善意第三人的政策目的,用不动产登记的"善意保护"制度,保护不动产交易的善意第三人。因为一般动产没有登记簿,不得已创设动产善意取得制度,以保护一般动产交易的善意第三人。原文规定"即时取得该不动产或者动产的所有权",起草人居然忘记了本法第二十三条已经规定了不动产登记的"善意保护"制度,把实现同样政策目的的两个制度弄混淆了。原文规定以"转让合同有效"为发生善意取得的前提条件,则更是匪夷所思,如果"转让合同有效",则受让人基于有效的买卖合同当然取得标的物所有权,还有规定"善意取得"制度的必要吗?起草人显然未弄懂"善意取得"制度的立法目的,正是针对无权处分合同无效,而强行使善意第三人"原始取得"标的物所有权。

第一百一十七条:遗失物自发布招领公告之日起半年内无人认领的,归国家所有。

建议修改为:遗失物自发布招领公告之日起半年内无人认领的,归拾得人所有。

理由:遗失物价值甚微,规定为"归国家所有",对国库并无补益,反有与民争利之嫌,不如采各国通例,规定为"归拾得人所有"。

第一百二十一条:因加工、附合、混合而产生的物的归属,有约定的,按照约定;没有约定或者约定不明确的,依照法律规定;法律没有规定的,依照充分发挥物的效用以及保护无过错的当事人的原则确定。因一方当事人的过错或者确定物的归属给另一方当事人造成损失的,应当给予赔偿。

修改意见:删去本条,代之以关于加工、附合、混合的具体判断标准。

关于加工,恢复第二次审议稿第一百一十九条(删去第三句):

第　条:加工他人的动产的,加工物的所有权属于材料的所有权人。但加工增加的价值显著大于原材料的价值的,由加工人取得加工物的所有权。

关于附合,以第二次审议稿第一百二十条的规定为基础稍作修改:

第　条:动产因附合而成为他人不动产的重要成分,且不能分离或分离不符合经济原则的,由对不动产享有物权的人取得该动产的所有权。

动产与他人动产附合,且非毁损不能分离或分离不符合经济原则的,由主物所有人取得合成物的所有权。

动产与动产混合,不能识别,或识别不符合经济原则,准用本条第二款的规定。

理由:明文规定加工、附合、混合的判断标准,方便法院裁判。

建议增加一条规定货币和有价证券所有权归属的判断标准:

第　条:占有货币者取得货币的所有权。

无记名有价证券所有权的取得,准用本条第一款的规定。

记名有价证券与指示有价证券所有权的取得,依照有关法律的规定。

理由:明文规定货币和有价证券归属的判断标准,方便法院裁判。

建议增加关于取得时效的规定:

第　条:以所有的意思,十年间和平、公然、连续占有他人之动产者,取得其所有权。但其占有之始为善意并无过失者,为五年。

第　条:现时登记为不动产所有人,虽未实际取得该项权利,但占有该不动产并依所有人身份行使其权利的,自其权利登记之日起满二十年而未被涂销登记者,实际取得该不动产所有权。

本条规定可准用于建设用地使用权、土地承包经营权、地役权和典权。

第　条:以自主占有的意思,和平、公开、持续占有他人未经登记的不动产满二十年者,可以请求登记为该不动产的所有权人。

本条规定,不适用于国有土地所有权。但可准用于建设用地使用权、土地承包经营权、地役权和典权。

第　条:取得时效的中止、中断,准用关于诉讼时效的规定。

理由:各国民法均规定取得时效制度。按照取得时效制度,张三所有的某项财产被李四占有,经过法律规定的期间之后,李四即可取得该财产的所有权,而张三对该财产的所有权因此消灭。取得时效制度的合理性在于:第一,非权利人李四自以为自己是所有人,长期占有该项财产,经过相当长的时间之后,人们已经相信李四是该财产的所有权人,并与其发生各种法律关系。这种情形,如果要恢复张三对该财产的占有,势必要推翻这些已经存在的法律关系,引起法律秩序的混乱。第二,由于李四占有该财产已经过相当长的时间,例如20年,证明该财产所有权归属的证据已经很难收集,即使收集到一些证据,也往往难辨真假,直接以该财产的占有事实为根据,使占有人李四取得所有权,可以避免法院收集和判断证据的困难,可以减少讼累。第三,张三虽然是该财产的所有权人,却长期未行使其权利,李四虽然不是真正的所有权人,却长期实际行使权利,与其保护长期不行使权利的所有权人张三,不如保护长期积极行使权利的非所有权人李四,更能发挥该财产的效用。第四,当就某项财产的所有权归属发生争执时,通常要求双方举出证据,证明自己是该财产的所有权人。但经常发生这样的情形,因为年代久远,证据湮灭,证人死亡,很难判断该财产真实的权属。现实占有该财产的一方,就可以援引取得时效制度保护自己的利益。他只要证明自己占有该项财产已经达到法律规定的时效期间,法院就应当根据取得时效制度,认定他为该项财产的所有权人。因此,取得时效制度,是现实占有财产的一方获得胜诉判决的最简便、有力的方法。第五,我国自 1949 年以来,农村历经土地改革、互助组、合作社、大跃进、公社化等运动,城市国有企业、集体企业也经历多次合并、分立、转制,导致财产关系混乱和产权界限不清。因土地、建筑物归属发生争执,以致发生大规模的暴力事件。如果物权法规定取得时效制度,将有利于减少这类事件的发生,有利于财产关系和社会秩序的安定。

第三编　用益物权

第一百二十五条:国家实行自然资源有偿使用制度,但法律另有规定的除外。

修改意见:删去本条。

理由:自然资源包括土地、矿藏、地下水、野生动物等。其中,"土地"实行有偿使用制度,"矿藏和地下水"实行有偿取得制度,一般"野生动物"实行无偿取得(先占)制度。因此说"实行自然资源有偿使用制度"不妥。且本条性质上属于宪法内容,不宜在本法规定。

第一百二十九条:耕地承包经营权的期限为三十年。草地承包经营权的期限为三十年至五十年。林地承包经营权的期限为三十年至七十年;特殊林木的林地承包经营权的期限,经国务院林业主管部门批准可以延长。

修改意见:土地承包经营权的期限一律为五十年。现存土地承包经营权的期限不足五十年的,延长为五十年。

土地承包经营权期限届满时,按原设立条件期限自动延长。但土地承包经营权人明确表示不愿延长的除外。

理由:针对土地的不同用途规定不同的期限,将使农用土地法律关系和法律秩序复杂化。国家仅应限制农业用地转为建设用地。在农业用地范围内,仅对将林地改为耕地有所限制。原则上,将土地用于耕作、养殖、畜牧或者栽种林木,属于承包经营权人的自主权,并且可以根据自然条件和市场条件的变化而适当改变,例如耕地改为林地,耕地改为草地,草地改为林地。对种植林木的种类,更无预先加以限定之理。如预定种植松树,批准承包经营权期限三十年,若干年后决定改种银杏树,是否主管部门必须批准将承包经营权期限延长为七十年?如预定种植银杏树经批准承包经营权期限七十年,若干年后发现种植松柏更划算,于是拔去银杏树苗改种松柏,主管部门是否应主动查处并将承包经营权期限改为三十年或者五十年?这种以种植什么树种决定承包经营权期限长短的想法,不仅难于实行而且可笑。同是农民,同是土地承包经营权人,张三的权利期限三十年,李四的权利期限五十年,王五的权利期限七十年,是否符合平等、公平的基本原则?农民自己会怎么想?农民同意不同意?出于物权法定原则和农用土地法律秩序统一的要求,土地承包经营权的期限应当统一。因此,建议土地承包经营权期限统一规定为五十年,并设第二款规定期满自动延长,以保障农业经济长期稳定发展。

第一百三十二条:土地承包经营权人有权依法自主决定土地承包经营权以转包、出租、互换、转让或者其他方式流转。

修改意见:土地承包经营权不得转让和抵押。但国有或集体所有荒山、荒地等以拍卖方式设立的土地承包经营权除外。

理由:如果允许土地承包经营权转让、抵押,用不了多少年,就要出现数以千万计甚至数以亿计的丧失土地的农民,而我们的城市绝对容纳不下这么大的人口。真要出现数千万甚至上亿的无地农民,且不说如何解决就业、安置的难题,这一事态本身就意味着巨大的社会危险。因此,从法律政策上不宜允许土地承包经营权转让和抵押。农民生产、生活中的资金需求,如购买农用机具、子女上学、生病住院等急需资金,国家应当专设一套简便的小额贷款制度予以解决。

第一百三十三条:土地承包经营权人将土地承包经营权以转包、出租、互换、转让或者其他方式流转,当事人应当采取书面形式订立相应的合同,但流转的期限不得超过原土地承包经营权合同剩余的期限。将土地承包经营权转让的,应当经发包人同意;将土地承包经营权转包、出租、互换或者以其他方式流转的,应当报发包人备案。

修改意见:土地承包经营权人将土地以转包、出租、互换或者其他方式流转,当事人应当采取书面形式订立合同,但流转的期限不得超过原土地承包经营权合同剩余的期限。

土地承包经营权人将土地转包、出租、互换或者以其他方式流转的,应当报发包人备案。

理由:删去"转让",理由同上。

第一百三十四条:土地承包经营权人将土地承包经营权互换、转让,当事人要求登记的,应当向县级以上地方人民政府申请土地承包经营权登记;未经登记,不得对抗善意第三人。

修改意见:土地承包经营权人将土地互换的,应当向县级以上地方人民政府申请土地承包经营权登记;未经登记,不得对抗善意第三人。

理由:删去"转让",理由同上。

建议增加规定建设用地使用权期间届满后地上建筑物的处理规则:

第　条:建设用地使用权期限届满未续期的,建设用地使用权人可以取回其建筑物及其他附着物,并应恢复土地原状。但土地所有人提出以时价购买建设用地使用权人的建筑物及其他附着物时,建设用地使用权人无正当理由,不得拒绝。

建设用地使用权期限届满,建设用地使用权人不取回其建筑物及其他附着物的,可请求土地所有人给予补偿。土地所有人可请求建设用地使用权人在其建筑物及其他附着物可使用期限内,延长建设用地使用权的期限。建设用地使用权人拒绝延期的,不得请求土地所有人补偿。

理由:本条第一款规定,建设用地使用权期限届满时,如果不续期而终止建设用地使用权,建设用地使用权人可以取回属于自己所有的地上物。土地所有人在建设用地使用权人行使地上物取回权时,提出以时价购买建设用地使用权人的地上物的,建设用地使用权人无正当理由不得拒绝。这样规定,既可维护建设用地使用权人对地上物的权利，又可不增加土地所有人恢复原状的负担，并有助于既存建筑物等的充分利用。

本条第二款规定，建设用地使用权人不行使地上物取回权，并且土地所有人也不行使买取请求权时，建设用地使用权人可以请求土地所有人按照地上物的状况和时价予以补偿。在建设用地使用权人行使地上物补偿请求权时，土地所有人有权要求延长原建设用地使用权的期限，以替代补偿。这样规定，有利于双方合法权益的协调。

第十五章 居住权（第一百八十一条至第一百九十二条）

修改意见：删去本章。

理由：因欧洲一些国家在19世纪制定民法典，未实行男女平等原则，父亲去世，母亲不能继承遗产，遗产全归子女继承，为解决母亲的居住问题特设居住权制度。20世纪中期以后，这些国家通过对民法典的修改，已经实行了彻底的男女平等原则，承认了妻对夫的继承权，居住权制度已经丧失其存在意义。可见居住权是一种落后的、过时的制度。日本制定民法典时，起草人明确表示日本无规定居住权的必要。韩国民法典也不规定居住权。中国自20世纪30年代以来即实行男女平等原则，夫妻相互为继承人，因此中华民国民法未规定居住权。我国现行继承法规定夫妻相互为第一顺序继承人，现行婚姻法规定子女有赡养父母的义务，因此迄今未发生所谓父母居住问题。因改革开放前长期实行公房制度，双职工由男方单位分房，离婚时住房常被判归男方，为解决女方暂时居住困难，法院判决女方可继续居住直至再婚。这种裁判上不得已的做法，与所谓居住权无关。现今实行住宅商品化政策，公房制度已经废止，夫妻关系存续中取得的房屋为夫妻共有财产，离婚时当然可以根据情况判给任何一方或者由双方分割。如有个别案件，为解决离婚一方暂时居住困难，仍可按照此前的做法，判决他或她在原房屋中暂时居住直至再婚。至于为个别家庭解决保姆终身居住问题，创设一个新的法律制度，更是不合逻辑。如个别人订立遗嘱载明让保姆终身居住，法院仍可沿用此前的做法，通过在继承人的房屋所有权上设立一个负担来解决。绝无必要创设所谓居住权。

建议恢复第二次审议稿"第十五章典权"（第一百九十一条至第二百零五条）

理由：典权为中国固有物权制度，对东亚各国均有影响，韩国现行民法典仍规定有典权。中国传统思想,绝不轻易出卖祖产,遇急需资金或生活困难无其他解决办法时,以设立典权作为替代。出典人将自己所有的不动产交付典权人占有使用收益,以换取相当于卖价之金额,而保留该财产的所有权,待日后有能力时可以原价赎回。典权人以支付低于买价之典价,而取得典物之占有使用收益权,且日后还有取得典物所有权的可能。出典人与典权人两全其美,各得其所。典权制度因此而兴起,经历代而不衰。但均属于习惯法制度。后因民国时期民法典明文规定典权,而变为成文法制度。1949 年后,因我中央人民政府明令废除民国时期的六法,该法典仅在台湾地区生效,在我国大陆典权再次成为习惯法制度。

制定物权法应如何对待我国习惯法上的典权,学者意见分歧,分为典权保留论与典权废止论。典权保留论的主要理由:1. 典权为我国独特的不动产物权制度,充分体现中华民族济贫扶弱的道德观念,最具中国特色,保留典权有利于维持民族文化,保持民族自尊;2. 典权可以同时满足用益需要和资金需要,典权人可取得不动产之使用收益及典价之担保,出典人可保有典物所有权而获得相当于卖价之资金运用,以发挥典物之双重经济效用,为抵押权制度所难以完全取代;3. 随着住宅商品化政策之推行,人民私有房屋增加,其有房屋因种种原因长期不使用而又不愿出卖者,设定典权可以避免出租或委托他人代管的麻烦,因此应保留典权。

典权废止论的主要理由:其一,典权之所以产生,在于我国传统观念认为变卖祖产属于败家,受人耻笑,而现今市场经济发达,人民观念改变,于急需资金时出卖不动产或设定抵押,为正常的经济行为,因此典权无保留必要;其二,随着国际贸易的发展,国内市场与国际市场沟通,导致民法物权制度的趋同,称为物权法的国际化,典权为我国特有制度,现代各国无与之相同者,为适应物权法国际化趋势,宜予废止;其三,我国实行土地国家所有和集体所有制度,就土地设定典权已不可能,就房屋设定典权虽无统计数字,但依法院受理案件的情形推论,出典房屋的实例也极少,保留典权价值不大。

考虑到我国地域辽阔,各地经济发展不平衡,传统观念与习惯之转变不可能整齐划一,纵然少数人拘于传统习惯设定典权,物权法上也不能没有相应规则予以规范。曾设想废止典权而对于少数人拘于习惯设立的典权关系准用关于附买回权的买卖的规则。但附买回权的买卖为债法制度,其效力较物权弱,一旦买受人将标的物转让他人,买回权势必落空,致出典人利益遭受损害。而依典权制度,典物所有权仍归出典人,其回赎权不致因典物的转让而落空,如其放弃回赎权,则典权人可取得典物所有权。可见,典权制度确有利于当事人利益之保护,并且较为灵活方便。尤其对于因种种原因长期不使用房屋而又不愿出让房屋所有权的人而言,将该房屋设定典权可以避免出租或委托他人代管的种种不便和麻烦,使典权在现代社会具有生命力。随着住房商品化政策之推行,人民所有不动产将大量增加,物权法规定典权,增加一种交易、融资途径,供人民选择采用,于促进经济发展和维护法律秩序有益而无害。

考虑到我国政府和最高人民法院一直承认典权制度的效力,人民依习惯法成立的典权关系,受到人民政府的承认和人民法院的保护。如内务部《关于土地改革地区典当土地房屋问题的处理意见》(草案)(1950 年 9 月 30 日)第三项规定:"农民间的典当关系,其契约继续有效,可继续承典,亦可依契约自由回赎。"司法部《关于典当处理问题的批复》(1951 年 11 月 9 日)规定:"一般的农村典当关系,今天仍准其存在。"国家房产管理局《关于私房改造中处理典当房屋问题的意见》(1965 年 12 月 3 日):"今后对于出典房屋一般仍应按照典当关系处理。"最高人民法院《关于贯彻执行民事政策法律的意见》(1979 年 2 月 2 日)规定:"劳动人民的房屋典当关系,应予承认。典期届满,准予回赎。"最高人民法院《关于贯彻执行民事政策法律若干问题的意见》(1984 年 9 月 8 日)第五十八条规定:"对法律、政策允许范围内的房屋典当关系,应予承认。"迄今最高人民法院关于典权案件的批复,有十数件之多。物权法如果不规定典权,因物权法定原则之贯彻,无论旧有典权或者新设典权,将一律无效,当事人正当利益难于获得保护,致人民政府和人民法院坚持数十年承认和保护典权关系的法律政策立场突然中断,使人民法院丧失裁判典权案件之判断基准,实非所宜。

第四编　担保物权

第二百一十五条:抵押期间,抵押人经抵押权人同意转让抵押财产的,应当将转让所得价款向抵押权人提前清偿债权或者提存。转让的价款超过债权数额的部分归抵押人所有,不足部分由债务人清偿。

抵押期间,抵押人未经抵押权人同意转让抵押财产的行为无效。

修改意见:抵押期间,抵押人转让抵押物的,抵押权人的权利不因此而受影响。

取得抵押物所有权的第三人,可以代替债务人清偿抵押担保的全部债务或者提存经抵押权人同意的金额,而消灭抵押权。

理由:抵押权是存在于抵押物上的物权,抵押人转让抵押物的,对抵押权不发生影响。凭借抵押权所具有的追及力,抵押权人当然可以对已归受让人所有的该抵押物行使权利。因此,抵押人转让抵押物,不必征得抵押权人的同意。取得抵押物所有权的第三人,因抵押权的存在将面临抵押物被扣押、拍卖的风险,因此设本条第二款关于涤除权的规定。

第二百二十七条:最高额抵押担保的债权确定前,部分债权转让的,最高额抵押权不得转让,但当事人另有约定的除外。

修改意见:最高额抵押担保的债权确定前,部分债权转让的,最高额抵押权不得转让。

理由:最高额抵押权与其所担保的债权之间不具有从属性。最高额抵押权并不从属于特定债权,而仅从属于基础关系。最高额抵押担保的债权确定前,部分债权的让与,仅使得该部分债权脱离最高额抵押权的担保范围,最高额抵押权并不随该部分债权的转让而转让。不容许当事人作相反的约定。因此删去“但书”。

建议在动产质权一节增加关于“营业质权”的规定。

第　条:营业质权,是指当铺营业人以约定的期限和利息向借款人出借款项,并以借款人交付占有的动产为标的而设定的质权。银行存单、存折、股票、债券等有价证券,不得设定营业质权。

当票为营业质权设定的书面凭证。

当铺营业人不得将质物转质。

当铺营业人与借款人在设定营业质权时可以约定,借款人在约定期限届满经过五日仍不能偿还借款本息的,当铺营业人即取得质物的所有权,其所担保的债权亦同时消灭。

当铺营业人与借款人无前款约定的,借款人在约定期限届满时不能偿还借款本息的,当铺营业人得以拍卖或者其他方法变价质物。当铺营业人变价质物所得全部价款,归当铺营业人所有。变价质物所得价款不足清偿当铺营业人的债权时,当铺营业人不得向借款人追偿。

理由:营业质权因当铺(典当行)营业而发生。当铺(典当行)为我国民间长期存在的一种资金融通方式,对于普通人解决一时的资金困难,具有显而易见的好处。新中国建立后,当铺(典当行)营业逐渐消亡。自改革开放以来,各地纷纷开设当铺(典当行),从事以动产质押担保的小额借款业务。中国人民银行将当铺业务归类于非银行金融业务,经中国人民银行批准经营当铺业务的机构,为非银行金融机构。但因缺乏相应法律规则,而致所发生的纠纷难以裁判,影响到当铺(典当行)营业的健康发展。按照现行《担保法》第六十六条关于禁止流质和第七十一条关于清算的规定,现在的当铺(典当行)营业,显然构成违法。因此,建议物权法对营业质权设明文规定,为当铺(典当行)营业提供法律依据,以利于保护当事人合法权益,建立当铺(典当行)营业合法、公正、健康、有序的法律秩序。

因营业质权为特殊的动产质权,本条规定了区别于一般质权的特殊规则:(一)质物仅以动产为限。银行存单、存折、股票、债券等有价证券,虽在法律上视为动产,但其本身代表一定数额的金钱,持有人不必借助于当铺获取资金。且有价证券权利有其特殊变现方法,若允许以有价证券设定营业质权,因营业质权不适用禁止流质约款规则,难保不损害借款人的利益。因此明文规定银行存单、存折、股票、债券等有价证券,不得设定营业质权。(二)当铺营业人在借款人偿还所借全部本息时,应当将质物交还给借款人。若当铺营业人将质物转质,则可能会影响借款人取回质物。且当铺营业人向借款人出借资金,一般期限较短,金额不大,若允许当铺营业人转质质物,对借款人不利。因此,本条规定当铺营业人不得将质物转质。(三)考虑到借款人通过当铺融通资金,一般期限不长,借款数额和质物的价值也都不大,若严格要求按质权实行方法实行营业质权,不经济、不方便,且与当铺营业从来的习惯相悖。因此,本条明文规定,当铺营业人与借款人在设定营业质权时可以约定,借款人在约定期限届满时不能偿还借款本息时,质物的所有权转移为当铺营业人所有,其所担保的借款债权同时消灭。换言之,营业质权不适用禁止流质约款的规则。(四)鉴于当铺业务的特点在于期限短、金额不大,若要求当铺营业人行使营业质权进行清算,势必增加交易成本,妨碍业务的开展。因此,本条规定,借款人在约定期限届满时不能偿还借款本息时,当铺营业人得以拍卖或者其他方法变价质物。当铺营业人变价质物所得全部价款,归当铺营业人所有。变价质物所得价款不足清偿当铺营业人的债权时,当铺营业人不得继续向借款人追偿。

建议恢复第二次审议稿关于"让与担保"的规定

理由:我国商品房"按揭"贷款中所谓"按揭"和抵押不同。抵押担保,必须先有房屋所有权,然后在房屋所有权之上设定一个抵押权。不能在"债权"之上设定抵押权。大陆法系物权法及我国现行担保法,不承认"债权"抵押,抵押的标的必须是"所有权"(我国还有土地使用权)。在日本、德国等大陆法国家,把我国现在的"按揭"担保称为"让与担保"。可以设立"让与担保"的,既可以是债权,也可以是所有权,还可以是知识产权。所谓商品房按揭,就是买房人把自己根据商品房预售合同享有的债权和将来取得的房屋所有权,一并让与银行,用来担保银行的借款债权。签订按揭协议后的一段时间里,银行手中只有债权,当开发商交房并办理产权过户之后,银行手中的债权消灭,换成房屋所有权。因此可见,按揭担保有一个从债权担保转变成所有权担保的过程,和抵押担保不同。

为什么不叫"按揭担保"呢?因为"按揭"是广东话,写在法律上也不好看,也不知道是什么意思。有人说,人家香港人把这个"按揭"叫做"楼花抵押"。"楼花"就是合同上的"债权"。即使在香港地区,"楼花抵押"也不是真正的"抵押"。在中国内地,现行担保法规定,只有所有权、土地使用权,亦即现实存在的动产、不动产才能抵押。"让与担保"是一个新的制度,是用来整合、规范现在的商品房"按揭"的。

必须指出,按照"让与担保",按揭银行的利益将得到妥善的保障。如果在开发商交房并办理产权过户之前按揭人陷于不能支付,按揭银行可以直接行使受让的合同债权,请求开发商对自己交房并办理产权过户,直接从开发商得到房屋和房屋所有权。如果在开发商交房并办理产权过户之后按揭人陷于不能支付,则按揭银行有权自己决定行使让与担保权的方式,以按揭房屋变价受偿,或者直接从按揭人手中收回按揭房屋,自己成为真正的所有权人。"让与担保"的最大优点，正是其行使简便，可以回避抵押权实行的严格程序、手续和方法。

反之，物权法不规定“让与担保”，不仅现实中的商品房按揭没有法律依据，因商品房按揭所发生的纠纷案件难以裁判，按揭银行的利益也不可能获得妥善保障。如果在开发商交房和办证之前按揭人陷于不能支付，因为没有办理抵押登记，按揭银行没有抵押权，其借款债权属于无担保债权，不可能阻止开发商向买房人交房和办理产权过户；如果在开发商交房、办理产权过户并同时办理抵押登记之后按揭人陷于不能支付，按揭银行虽然可以行使抵押权，但必须遵循物权法关于抵押权行使程序、手续和方法的规定。

除此之外，“让与担保”还与融资租赁有关。现行合同法第十四章规定“融资租赁合同”，这是一种新的合同类型。企业与租赁公司签订一个融资租赁合同，由租赁公司替该企业垫付购买设备的价款。按照融资租赁合同的“所有权转让条款”，企业把打算购买的设备所有权转让给了租赁公司。实际是租赁公司替企业支付购买设备的价款，而企业预先把设备的所有权转让给租赁公司，以担保租赁公司的垫款债权。供应商虽然对企业交付设备，但这个企业只得到设备的使用权，设备的所有权已经转让给了租赁公司。因此，《合同法》第二百四十二条规定：“出租人享有租赁物的所有权”。须注意的是，虽然所有权归了租赁公司，但租赁公司并不是真正的所有权人，只是用这个所有权作为担保手段。以后这个企业把租赁公司的租金还清以后，租赁公司必须把设备的所有权归还给企业。这是典型的让与担保，和“按揭”是同样的原理。所以说，物权法规定让与担保制度，虽然是一个新创，但并不是凭空产生的，一是针对现实中的商品房预售中的“按揭”担保，要用“让与担保”制度来规范、整合现实中的“按揭”担保；二是针对我们合同法上融资租赁合同中的“所有权让与”担保，为融资租赁合同所规定的“所有权让与”条款提供法律根据。

对物权法草案公开征求意见稿的修改意见*

魏振瀛**

内容提要：物权法草案(征求意见稿)较第二次审议稿有了较大改进，但仍然存在诸多不足。草案在物权主体、物权定义、物权保护、征收制度、不同主体动产与不动产的范围与行使和诉讼时效等问题的规定都有一些缺陷，作者针对这些问题进行分析并提出了自己的建议和看法。

关键词：物权法草案　物权主体　物权定义　物权保护　征收制度　诉讼时效

Abstract: Although *Real Right Law Draft* (The Third Draft for Examination and Approval) has made progress apparently in comparison to The Second Draft of Real Right Law, there are still many incorrect regulations concerning the subject of real right, the definition of real right, the protection methods of real right, the system of expropriation, the scope and exertion of different subjects' property and system of limitation. The author analyzed these questions and provides his own proposals and opinions.

Key Words: *Real Right Law Draft*, Subject of Real Right, Definition of Real Right, Protection of Real Right, System of Expropriation, System of Limitation

---

* 2005年8月18日全国人大法律委员会和全国人大常委会法制工作委员会在人民大会堂云南厅召开物权法草案座谈会，我应邀与会。会前我根据座谈提纲和我想讲的问题准备了发言稿，以上八个问题是在我准备的发言稿的基础上改写的。

** 魏振瀛，男，北京大学法学院教授。邮编：100871；个人电子信箱：wei_61703@yahoo.com.cn。

一、关于物权主体的规定

第1条规定:“为明确物的归属,保护权利人的物权,充分发挥物的效用,维护社会主义市场经济秩序,维护国家基本经济制度,制定本法。”建议改为:为明确物的归属,保护自然人、法人、其他组织和作为民事主体(参与民事法律关系主体)的国家的物权,充分发挥物的效用,维护社会主义市场经济秩序,维护国家基本经济制度,制定本法。并增加一款:对国有的不动产和动产,分别由中央人民政府和地方人民政府依法代表国家行使所有权。国家机关、国有独资企业和国家举办的事业单位,对其支配的不动产和动产,享有占有、使用的权利,依照法律或者行政法规享有收益、处分的权利。国家对国家机关、国有独资企业和国家举办的事业单位参与的民事法律关系不承担民事责任。理由是:

1. 物权主体是民事主体,民事主体的概念和类型在民法中应当一致。上述修改与《民法通则》及《合同法》的规定基本一致,而且不矛盾。

2. 其他组织主要是指合伙企业和非法人社会团体,这些组织拥有相对独立或者独立的财产,承认其民事主体资格不等于承认合伙企业的成员对合伙的债务不承担连带责任。承认这类组织有民事主体资格有利无弊,至少利大于弊。

3. 国家是全民所有制财产权的主体,国家在一定范围参与民事关系是不可缺少的。作为民事主体的国家,不同于作为主权国家的地位,也不同于国家的经济地位。国家可以成为民事主体在理论上成立,在立法上有先例。1959年颁布的《匈牙利民法典》第二部分人,其中第1编作为权利主体的人,第2编作为权利主体的国家,第3编法人。现行《俄罗斯联邦民法典》第2分编人,分为3章,其中第3章公民(自然人),第4章法人,第5章俄罗斯联邦、俄罗斯联邦各主体、地方自治组织参加民事立法所调整的关系(注:该法典第124条规定,俄罗斯联邦各主体包括各共和国、个边疆区、各州、各联邦直辖市等)。

从民法理论上讲,国家也可以列入法人的范围,因此民法上可以不规定作为民事主体的国家。由于物权法与我国改革开放政策关系密切,而且是具有敏感性的问题,所以在物权法中明确规定国家所有权有现实意义,在这种情况下国家作为民事主体出现是不好回避的。

4．增加一款的目的，一是对行使国家所有权的代表作解释，二是说明国家对国家机关、国有独资企业和国家举办的事业单位参与的民事法律关系不承担民事责任。

5．将国家作为民事主体，有利于人们理解作为民事主体的国家与其他民事主体的地位是平等的。“草案”规定矿藏等自然资源归国家所有，为了公共利益的需要，县以上人民政府依照法律规定的权限和程序征收法人、自然人的不动产或者动产，这些规定是对国家特殊的经济地位的确认，这与参与民事法律关系、作为民事主体的国家与其他民事主体的平等地位并不矛盾。依法取得物权的国家、集体和私人，在物权关系中地位都是平等的，私人不得侵害国家或者集体的所有权，反之，国家或者集体也不得侵害私人的所有权。区别不同的经济主体地位和平等的民事主体地位，有利人们正确理解和适用法律。

6．将国家作为民事主体与“草案”第2条“本法调整平等主体之间因物的归属和利用而产生的财产关系”的规定相一致。如果不将国家作为民事主体，而又规定国家所有权，容易产生国家、集体和私人在物权关系中的地位不平等的误解。

7．在物权法中没有必要将集体列为主体，与自然人、法人、其他组织和作为民事主体的国家并列，因为集体经济组织具有法人资格，可以包括在法人中；没有法人资格的，可归入其他组织。一个自然村分为两个以上的集体组织或者为一个集体组织，这些集体组织都享有土地所有权，均可成为土地承包经营权的发包人，它们一般还有其他财产，因此它们都具有法人资格。

8．在物权法中的主体概念应统一，建议将第49条中的“单位”和“个人”分别改为“法人”和“自然人”。

二、关于物权定义的规定

第2条第3款规定：“本法所称物权，指权利人直接支配特定的物的权利，包括所有权、用益物权和担保物权。”建议改为：为本法所称物权，指自然人、法人、其他组织和作为民事主体的国家直接支配特定的物并排除他人干涉的权利，包括所有权、用益物权和担保物权。理由：① 物权具有排他性，物权的排他性是物权区别于债权的特征，只讲对物的直接支配，不讲排除他人的干涉，不能完整地反映物权的本质特征。② 物权是对物权还是对人权，学理上曾有争论，有对物权说、对人权说和折中说，折中说认为物权有对人权和对物权两个方面，折中说更为合理。"排除他人干涉"，是指排除物权人以外任何人的干涉，是从对人权的角度讲的，在物权的定义中是不应缺的。③ 物权的定义如果不加"排除他人干涉"的内容，"草案"第56—57条规定的国家机关和事业单位"直接支配的不动产或者动产"，容易和所有权概念相混淆。

三、关于物权保护的规定

1．第39条规定："造成不动产或者动产毁损的，权利人可以请求恢复原状；不能恢复原状或者恢复原状后仍有损失的，可以请求损害赔偿。"第42条规定："侵害物权，造成权利人损害的，权利人可以请求损害赔偿。"有学者认为应当删去这两条，我赞成保留这两条。理由：① 这两条是以《民法通则》为基本依据规定的。《民法通则》规定了多种民事责任形式有理论根据，近二十年的司法实践证明是好的。② "草案"第3章的规定比较灵活，为今后制定侵权责任法（民法侵权责任编）或侵权行为法（民法侵权行为编），留下了可研究的空间。将来民法典采取《民法通则》规定的多种民事责任形式，还是采取德国式的物权请求权的立法模式，或者二者兼而采之，可进一步研究。实际上德国法上的妨害除去和妨害防止的起点不是侵权行为法而完全是所有权法，导致了一系列问题，对此，有学者包括德国学者（属于少数派）早已提出了批判。在这方面，至今《德国民法典》仍维持原有模式，有其理由；我们维持《民法通则》规定的多种民事责任形式，有我们的道理。③ 将赔偿损失作为物权保护的一种方法，在民法典物权保护的章或者节中规定已有先例，例如，《意大利民法典》第3编所有权的第2章第4节为"保护所有权的诉讼"，第948条规定"返还所有物之诉"，该条第1款后段规定："在无法追回的情况下，除赔偿原告损失以外，还要向原告支付相当于物品价值的价款。”

2. 建议对第39条和第42条的文字作些修改。将第39条改为:造成不动产或者动产毁损的,权利人可以请求恢复原状;不能恢复原状或者恢复原状后仍有损失的,可以请求赔偿损失。将42条改为:侵害物权,造成权利人损失的,权利人可以请求赔偿损失。理由:损害赔偿是德国式民法典上的概念,其含义广泛,包括回复原状、金钱赔偿,甚至侵权法上将返还原物也作为回复原状的一种方式,即损害赔偿的一种方式。德国法上的“损害”与“妨害”两个概念如何区分?曾经是困扰德国学者和法官的一个问题。《民法通则》没有用损害赔偿的概念,而分别规定了返还财产、恢复原状、赔偿损失等,其含义比较清晰。即使对其含义有分歧,也容易界定,至今在实践中没有发现这样规定不妥,因此建议物权法中不用“损害赔偿”而用“赔偿损失”的概念,与《民法通则》的规定保持一致。

3. 建议增加一条:自然人、法人、其他组织和作为民事主体的国家的不动产和动产受同等保护。理由:① 各种民事主体均具有平等地位,这是民法的基本原则。② 规定这一条有利于人们增强民事权利观念,正确理解和适用法律。③ 符合改革开放的政策,有利于国民经济的发展。

四、关于征收不动产或者动产的规定

第49条规定:“为了公共利益的需要,县以上人民政府依照法律规定的权限和程序,可以征收、征用单位、个人的不动产或者动产,但应当按照国家规定给予补偿;没有国家规定的,应当给予合理的补偿。”建议将征收和征用作为两条分别规定。建议对征收一条改为:为了公共利益的需要,县以上人民政府依照法律规定的权限和程序,可以征收法人、自然人的不动产或者动产,但应当给予补偿。征收条件和补偿标准依照法律规定。理由:① 征收不动产或者动产是关系自然人和法人的利益与社会利益平衡的大问题,应当明确规定依照法律规定办理,“按照国家规定”含义不确定,“合理补偿”的伸缩性大,实践中会产生因掌握征用条件和补偿标准不同而引起社会矛盾。② “公共利益”是个原则性概念,在不同的国家、不同的时期、不同的领域会有不同的含义,属于需要根据不同情况灵活掌握的法律问题。“草案”规定征收不动产或者动产是“为了公共利益的需要”是正确的。但是在物权法中难以对“公共利益”作出界定性一般规定。与其在物权法中界定内容不确定、适用范围广的“公共利益”，不如通过特别法规定“征收条件和补偿标准”。补偿标准应当体现等价原则。

建议恢复物权法(草案)第二次审议稿第 48 条关于征用的规定：因救灾、战争等紧急需要，县级以上人民政府依照法律规定，可以征用自然人、法人(注：另加其他组织)的不动产或者动产。被征用的不动产或者动产使用后，应当归还被征用人。被征用的不动产或者动产毁损、灭失的，应当给予补偿。

五、关于国家、集体和私人的不动产和动产的范围的规定

(一) 关于国有的不动产和动产的范围的规定

1. 从理论上讲，国家所有权的客体范围是不受限制的。从立法技术上讲，法律规定国家所有权的客体范围有两层意义：一是规定某些客体归国家专有(应限于自然资源)或特有(农民集体也有特有的自然资源)，以维护全民利益；二是用“排除法”限制集体和私人所有权客体的范围，即除国家专有和特有的客体外，其他客体均可归集体或者私人所有。

2. 第 51 条规定：“矿藏、水流、海域和城市的土地等属于国家所有”，建议删去其中的“等”字。理由：① 矿藏、水流、海域和城市的土地是很确定的客体范围，加一个等字反而范围不清。② 加一个等字可以被理解为与矿藏、水流、海域和城市的土地类似的国家所有权的客体还有其他，实际上另有第 52—53 条的规定，多年的实践看不出需要再加一个等字。

3. 第 53 条规定：“农村和城市郊区的土地、野生动植物资源等，法律规定国家所有的，属于国家。”建议改为：农村和城市郊区的土地，法律规定国家所有的，属于国家所有。理由：① 第 52 条有了“等自然资源”的规定，这里规定是重复。② 野生动植物资源问题比较复杂，外国法有不同的规定，学理上有不同的观点。在第 52 条作原则性规定比较灵活。

4. 第55条规定:“道路、电力、通讯、天然气等公共设施,依照法律规定为国家所有的,属于国家所有。”建议删去本条规定。理由:① 道路、电力、通讯、天然气等公共设施并非全是国家独资建成的,不属于国家专有或者特有的财产。② 如果上述客体有需要国家专营的,可通过行政法规定。

(二) 关于农民集体的不动产和动产的范围的规定

第59条规定:“集体所有的不动产和动产包括:(一) 法律规定属于集体所有的森林、山岭、草原、荒地、滩涂;(二) 集体所有的建筑物、生产设施、农田水利设施;(三) 集体所有的教育、科学、文化、卫生、体育等设施; (四) 集体所有的其他不动产和动产。”建议删去该条。理由:① 从立法技术上讲,对于集体所有权的客体范围也应当用“排除法”,即除国家专有和特有及农村集体特有的所有权客体外,其他客体均可成为农民集体、城市集体的所有权客体。实际上“草案”第51—53条规定国家专有和特有的所有权客体的同时,已经规定了农村集体特有的所有权客体。② 本条规定的是农村集体所有权客体的范围,其中第1项在第52条已有规定。③ 第2、3项规定的客体不周全,也难以周全,例如,1993年的宪法修正案第6条规定 “农村经济的组织形式”,其中讲的集体经济包括生产、供销、信用、消费等各种形式的合作经济。这些集体经济所有权的客体不限于第59条第2、3项的规定,如商品等。④ 第4项规定了“其他”,似乎全面了,但是列举这样多,不如采用“排除法”一目了然。

(三) 关于城镇集体和私人的不动产和动产的范围的规定

建议另设2条:

第　条:除国家专有和特有及农村集体特有的自然资源外,均可成为国家、集体和私人不动产和动产。

第　条:历史遗留的城镇集体企业的不动产和动产的归属由特别法规定。理由:① 第60条规定:“城镇集体所有的不动产和动产,属于劳动群众集体所有。”是指通常的城镇集体经济组织而言,不能适用于历史遗留的城镇集体企业。② 历史遗留的城镇集体企业几经变迁,企业的财产权早已模糊不清,这种模糊状态不应再继续下去了。如果对此不在物权法上增设一个条文,规定历史遗留的城镇集体企业的财产权通过特别法规定处理办法，将会对物权法规定的城镇集体企业的不动产和动产的归属产生歧义。

六、关于国家、集体和私人的不动产和动产的所有权行使的规定

1. 第50条规定："国家维护公有制为主体、多种所有制经济共同发展的基本经济制度。"建议删去这一条。理由：第1条"维护国家基本经济制度"的规定已包含了第50条的内容，删去本条即减少原则性、非规范性的条文，可减少适用法律中不必要的自由裁量权。

2. 第54条规定："矿藏、水流、海域和国家所有的土地、草原等自然资源，由国务院代表国家行使所有权。"建议改为：矿藏、水流、海域和国家所有的土地、草原等自然资源，依照法律规定分别由中央人民政府和地方人民政府代表国家行使所有权。理由是：① 自然资源事关重大，自然资源所有权的行使问题应由法律规定。② 自然资源的所有权难以全部由国务院代表国家直接行使，由中央人民政府和地方人民政府分别依法代表国家行使所有权比较便捷。

3. 第56条规定："国家机关对其直接支配的不动产和动产，享有占有、使用以及依照法律和国务院的有关规定处分的权利。"建议改为：国家机关对其支配的不动产和动产，依其设立的目的享有占有、使用的权利，依照法律和行政法规享有处分的权利。理由是：① 将"或者"改为"和"，因为国家机关既有不动产，又有动产。② 增加"依其设立的目的"，有利于确定不动产和动产的适用的范围，限制目的范围外的使用。③ 国家机关对其支配的不动产和动产的处分是重大法律问题，应由法律或行政法规规定。"国务院的有关规定"含义不清。

4. 第57条规定："国家举办的事业单位对其直接支配的不动产或者动产，享有占有、使用以及依照法律和国务院的有关规定收益、处分的权利。"建议改为两款。第1款：国家举办的事业单位对其支配的不动产和动产，根据其设立的目的享有占有、使用的权利，依照法律和行政法规享有处分的权利。第2款：事业单位依其设立的目的，对其在事业活动中积累的资金依照法律和行政法规享有

收益、处分的权利。理由是:① 第1款将“或者”改为“和”,理由同对第56条的修改理由。② 第57条规定“收益”的权利,与通常设立事业单位的目的不符合,事业单位通常没有收益的权利。③ 所谓“积累的资金”是指事业单位依其设立的目的,在其事业活动中创造的收入,例如,科研机构因发明、专利取得的收入,高等院校进行专业培训取得的收入等,这些收入不同于国家的拨款。

5. 第58条规定:“国家投资设立的企业,由中央人民政府和地方人民政府依照法律、行政法规规定分别代表国家履行出资人职责,享有所有者权益。”建议改为:由中央人民政府和地方人民政府投资设立的独资企业,投资者依法分别代表国家享有出资者权利,企业依法享有法人财产权,具体办法由特别法规定。理由是:① 为调动中央和地方两个积极性,应将中央投资和地方投资分开。② 用“出资者权利”,不用“所有者权益”,避免误解为由国家对国有独资企业的债务承担无限责任,也有利于避免“政企不分”。第69条后段规定:“国家、集体和私人所有的不动产和动产,投到企业的,由出资人按照出资比例享有资产收益、重大决策以及选择经营管理者等权利。”同理,国家对国有独资企业也享有资产收益、重大决策以及选择经营管理者等权利,这种权利可称为“出资者权利”或称“出资者权益”。“出资者权益”并不小于“所有者权益”。从民事法律关系上看,出资者对其出资创办的独资企业享有出资者权利,企业对其支配的财产享有法人财产权,这样才能理顺出资者与企业的内部关系,理顺企业对外与其他民事主体的关系。我国传统观念往往从所有制与所有权的关系角度认识所有权,说所有权是所有制在法律上的反映或表现,这是讲所有权的经济实质,而不是有权的法律定义。我国传统观念还往往把所有权看作是财产权中最高的权利,其实不然。从法律上讲,财产权包括物权(物权包括所有权)、知识产权、债权等。物权、知识产权和债权是性质不同的财产权,所有权不能包括知识产权和债权,法律上没有什么“知识产权所有权”、“债权所有权”。

按民法理论说,企业享有法人财产权是企业具有法人资格的必要条件。企业法人如果没有法人财产权,对外就不能独立承担民事责任。在企业不能偿还债务的情况下,企业的债权人有权请求其出资者偿还债务。企业享有法人财产权,并不能对抗其出资者的权利,例如,国有独资企业的利润分配不能由企业自己决定,必要时出资者可以改变国有独资企业的命运,例如国有企业的合并、分立或者撤销。再如,公司的股东有权决定公司财产的转让,解散公司等。国有企业的财产权是涉及调动企业的积极性和全民利益与企业利益的平衡的重大问题,对国有企业财产权和经营管理权,应当制定法律做出具体规定,故在本条特别强调具体办法由特别法规定。

6. 第61条第2款规定:“下列事项应当依本集体村民会议讨论决定……”其中第5项规定“法律规定的其他事项”。建议本项改为:法律和章程规定的其他事项。理由是:应当提倡农民集体组织依法制定章程,既可使农民集体组织的管理规范化,又利于增强农民的民主管理意识。

7. 第62条规定:“集体所有的土地和森林、山岭、草原、荒地、滩涂,依照下列规定行使所有权:(一) 属于农民集体所有的,由村集体经济组织或者村民委员会代表集体行使所有权;(二) 分别属于村内两个以上农民集体所有的,由村内各集体经济组织或者村民小组代表集体行使所有权;(三) 属于乡(镇)农民集体所有的,由乡(镇)集体经济组织代表集体行使所有权。”建议改为:农民集体所有的土地和森林、山岭、草原、荒地、滩涂,依照法律、章程,通过集体组织的成员会议行使所有权,或者由集体组织成员选举的领导机构(例如村民委员会或者村民小组等)依照法律、章程及集体组织的成员会议的决定行使所有权。理由是:① 集体组织是个抽象的概念,集体所有权难以由抽象的集体行使,而应通过集体组织的成员会议行使,或者由集体组织成员选举的领导机构行使,正如公司的所有权不能由抽象的公司行使,而是由公司的股东会或者股东大会行使,或者依照法律、章程,由董事长行使。② 规定“由集体组织成员选举的领导机构(例如村民委员会或者村民小组等)”,一是说明集体组织的领导机构必须由集体成员选举产生,二是表示不排除其他领导机构形式,以体现法律的稳定性和灵活性。

8. 第64条第1款规定:“集体经济组织或者村民委员会的管理人员作出的决定侵害集体成员的合法权益的,该集体成员可以请求人民法院予以撤销。”建议改为:集体组织成员会议或者领导机构及管理人员作出的决定侵害集体成员合法权益的,该集体成员在其知道或者应当知道其合法权益受侵害时起一年内,有权请求人民法院予以撤销。第2款规定:“村民会议通过的决定侵害集体成员合法权益的,该集体成员可以请求人民法院予以撤销。”建议改为:集体经济组织成员会议通过的决定侵害集体成员合法权益的,该集体成员在其知道或者应当知道其合法权益受侵害时起一年内,有权请求人民法院予以撤销。理由是:① 作出的决定侵害集体成员合法权益的有集体经济组织成员会议、领导机构和管理人员。② 规定1年的除斥期间,有利于稳定经济秩序。③ 该条规定既可适用于农村集体经济组织,也可适用于城镇集体经济组织。

9. 第65条规定:“集体经济组织或者村民委员会应当依照法律、行政法规、章程、村规民约向本集体成员定期公布集体财产的状况。”建议改为:集体经济组织应当依照法律、行政法规、章程、集体经济组织成员约定,由集体经济组织的领导机构定期向本集体成员公布集体财产的状况。理由是:本条既适用于农民集体组织,也适用于城镇集体经济组织。

10. 第66条规定:“私人依法取得的房屋、收入、生活用品等生活资料享有所有权。私人对依法取得的生产工具、原材料等生产资料享有所有权。”建议将本条删去,理由是:① 如前所述采用“排除法”,对不动产和动产的客体范围比较清晰,该条的列举难以周全。② 生活资料、生产资料、生产工具、原材料等是政治经济学的概念,规定在物权法中增加了解释法律和适用法律的负担。

11. 第67条规定:“国家保护私人储蓄、投资及其收益。国家保护私人的财产继承权及其他合法权益。”建议将本条删去。理由是:① 如前所述采用“排除法”,对不动产和动产的客体范围比较清晰。② 储蓄的性质是什么?在学理上有不同观点,通说认为是债权债务关系,都不认为是物权。③ 继承的标的有物权、债权、知识产权等,还可能涉及债务,继承不仅涉及物权,而且继承法已有规定,不必在物权法上再作规定。④ “其他合法权益”含义不清,不宜在物权法中规定。⑤ “投资”在第69条已有规定。

12. 第69条规定:“国家、集体、私人依法可以设立合资经营企业、合作经营企业,也可以设立独资企业。国家、集体和私人所有的不动产和动产,投到企业的,由出资人按照出资比例享有资产收益、重大决策以及选择经营管理者等权利。”建议改为:国家、集体和私人依法可以设立独资企业,也可以与他人联合设立合伙企业或者法人企业。国家、集体和私人的不动产或者动产,投到合伙企业或者法人企业的,由出资人按照出资比例享有资产收益、重大决策以及选择经营管理者等权利。理由是:① 国家、集体、私人都不能独立设立合营企业或者合作企业,必须与他人共同出资才能设立合营企业或者合作企业。② 合资企业与合作企业不是法律意义上的企业分类,法律意义上的企业分类为:独资企业、合伙企业和法人企业。在我国合资企业与合作企业一般是指涉外“三资企业”中的两个类型,中外合作企业既有合伙型的,也有法人型的,将独资企业与合营企业及合作企特并列不够严谨。③“由出资人按照出资比例享有资产收益、重大决策以及选择经营管理者等权利”适用于合伙企业和法人企业,不适用于独资企业,因为独资企业不发生出资比例问题。

13. 第70条第2款规定:“企业法人以外的法人,其不动产或者动产的归属,依照法律或者章程的规定。”建议改为:企业以外的法人与其他组织支配的不动产和动产的归属及占有、使用或者收益、处分,依照法律或者章程的规定。理由:① 用“其不动产或者动产”可解释为归其所有的不动产或者动产,用“支配的不动产或者动产”与第56—57条的用语一致。② 加“占有、使用或者收益、处分”,因为不动产和动产不仅有归属问题,而且还有占有、使用或者收益、处分问题。

七、关于“草案”第5章的体系问题

1. 第5章全文的体系不够鲜明,建议将分为两节,第一节为:国家所有、集体所有和私人所有的不动产和动产的范围。属于本节的有第51—53条,第55条,第59条,第66—67条。第2节为国家、集体和私人的不动产和动产所有权的行使。属于本节的为除应当列入物权保护或者所有权一般规定的条文以外的条文。

2. 第68条规定:“国家保护私人的所有权。禁止以搬迁、征收等名义非法改变私人财产的归属关系。拆迁、征收私人的不动产,应当按照国家规定给予补偿;没有国家规定的,应当给予合理补偿,并保证被搬迁人、被征收人得到妥善安置。违法拆迁、征收,造成私人财产损失的,应当依法承担民事责任和行政责任,构成犯罪的,依法追究刑事责任。”建议改为:国家保护集体和私人的所有权,禁止以征收、搬迁等名义非法改变集体或者私人财产的归属关系。征收、拆迁私人的不动产,应当按照法律规定给予补偿,并保证被征收人、被搬迁人得到妥善安置。违法征收、拆迁，造成集体或者私人财产损失的，应当依法承担民事责任和行政责任，构成犯罪的，依法追究刑事责任。并建议将本条原分为3款，合并为1款，作为第49条的第2款。理由是：① 征收涉及集体的不动产和动产，故应加上“集体”。② 这一条属于所有权保护问题，作为第5章的组成部分显得体系不够严谨。

3．第71条规定：“违反国家规定，以无偿或者低价折股、低价出售等手段将国有财产、集体财产转让，造成国有财产、集体财产流失的，应当依法承担民事责任和行政责任，构成犯罪的，依法追究刑事责任。”第72条规定：“国有企业、集体企业直接负责的主管人员严重不负责任，造成国有企业、集体企业破产或者严重亏损的，应当依法承担民事责任和行政责任，构成犯罪的，依法追究刑事责任。”建议将第71—72条分别作为第43条的第2款和第3款。第2款为：被授权行使国家、集体和私人的不动产和动产所有权的负责人和管理人员，违反法律或者章程的规定，以无偿或者低价折股、低价出售等手段将国有财产、集体财产、私人财产转让，造成国家财产、集体财产、私人财产损失的，应当依照法律或者章程承担民事责任、行政责任，构成犯罪的，依法追究刑事责任。第3款为：国有企业、集体企业直接负责的主管人员严重失职，造成国有企业、集体企业、私人企业破产或者严重亏损的，应当照法律或者章程承担民事责任、行政责任，构成犯罪的，依法追究刑事责任。理由是：① 将第71—72条的内容列入物权的保护一章，体系比较严谨。② 加上对私人财产的保护，体现对国家财产、集体财产和私人财产同等保护。③ 将“严重不负责任”改为“严重失职”，体现法律上区别义务、职务与责任的不同概念。将“流失”改为“损失”，与《民法通则》的用语相一致。④“违反国家规定”改为“违反法律或者章程的规定”，因为“国家规定”的含义不明确。

八、关于诉讼时效的规定与取得时效问题

“草案”第44条规定：“权利人请求排除妨害或消除危险，不适用诉讼时效。”这一条可以在民法总则中规定，也可以在物权法中规定，由于民法总则的制定尚

未提到立法的议事日程,因此这条规定很有必要。权利人请求排除妨害或消除危险,是否应当适用诉讼时效,是个值得研究的问题。德国新时效法规定不作为请求权和排除妨碍请求权适用普通诉讼时效(3年)。官方的解释是:"在实践中,没有将30年时效期间适用于不作为请求权的必要,因为每次出现违反行为都将重新出现该不作为请求权。同样,也没有必要将此种30年的时效适用于源于绝对权的排除妨碍请求权,因为如果适用的话,将会造成区分此种排除妨碍请求权与侵权法上排除妨碍请求权的困难,而侵权法上的排除妨碍请求权的时效期间为3年。另外,依据新法第199条的规定,不作为请求权和排除妨碍请求权的时效期间始于请求人获知存在请求权和违反行为,这样足以保护其免于突如其来的权利损失。"德国新时效法的上述规定和官方解释值得我们参考,至少在理论上值得我们参考。权利人请求排除妨害或消除危险是否适用诉讼时效,我国学者有不同的观点,有肯定说和否定说。我认为肯定说更为符合诉讼时效的基本原理,否定说在适用法律时操作上较为方便。立法上如何规定,涉及立法政策问题,立法机关权衡利弊,最终确定"草案"第44条的规定,并无不可。

问题在于,既然"草案"对排除妨害和消除危险的诉讼时效作了规定,就应当对返还原物的诉讼时效作出规定。《民法通则》规定的普通诉讼时效期间为2年,没有规定物权人请求返还原物适用长期诉讼时效或不适用诉讼时效。在审判实践中,如果义务人主张时效利益,以诉讼时效期间已满为理由,拒不返还其占有的物,法官没有理由判决他败诉。根据《民法通则》规定,诉讼时效期满后,虽然权利人的实体权利并不消灭,但权利人丧失了原物返还请求权,就会产生严重的后果。物权法规定物权人请求返还原物(被占有的动产和未经登记的不动产)适用长期诉讼时效(例如规定为10年)更为符合诉讼时效的基本原理。如果物权法规定排除妨害和消除危险不适用诉讼时效,则应规定返还原物也不适用诉讼时效。究竟采取哪个方案为好,请立法机关权衡利弊而确定。

"草案"不仅应当规定诉讼时效,而且还应当规定取得时效。诉讼时效不能代替取得时效,即使返还原物不适用诉讼时效,也不能代替取得时效,因为诉讼时效期满,占有人并不能因而取得所有权或用益物权,当事人之间的法律关系仍处于不稳定状态。过去在法律没有规定取得时效的情况下,中央主管机关曾经采用部门规章的形式,解决因所有权归属多次变动所引起的土地、山林、水利纠纷,参照取得时效的基本原理确定了权利归属,是不得已而为之的行政行为(这本来是民法应规定而未规定的问题)。关于民法中应当规定取得时效的问题,我国民法学者在理论上早已达成共识,实务上不是不需要,物权法中不规定取得时效不是上策。取得时效应当在物权法的所有权一章规定,而不宜在将来的民法总则中规定,因此建议在物权法中规定取得时效。因考虑到“草案”各章节条文的比例,取得时效的条文应当从简,可仅用两个条文分别规定动产和不动产的取得时效。

民法法典化、法典解构化及法典重构化

——二百年民法典发展历程述评

魏磊杰　王明锁*

内容提要:19世纪理性主义民法典的产生有其特定的社会和思想基础。但由于自身的固有局限,随着时代的发展,这类民法典不可避免地呈现出解构化的样态。但这并不意味着法典化时代的终结。伴随法典解构化进程而出现的各种类型的法典重构化运动昭示着民法典的编纂理念进入了实用主义的新时代。

关键词:民法典　法典化　法典解构　法典重构

Abstract: The codification of the idealized civil code of 19 century has its specific social and ideological background. Due to the intrinsic limitation of its self, these civil codes suffer inevitablely from the destiny of decodification with time going on. However, it doesn't follow that the process of codification is dying out. The recodification movement of one kind or another against the decodification process indicates the codification idea of civil code has been turning into the pragmatism suitable to the need of the new era.

Key Words: Civil Code, Codification, Decodification, Recodification

* 魏磊杰(1981—),河南项城人,河南大学法学院研究生;王明锁(1954—),河南林州人,河南大学法学院教授。

一、19世纪的民法法典化

民法典是大陆法系私法发展的最高形式与必经阶段。从大陆法系私法发展史可以看出，私法发展的规律是从习惯法到成文法，再发展为法典法。从词源学的角度进行探讨，西方文献中的“法典”（英文和法文皆为“Code”，德文为“Kode”，意大利文为“Codice”西班牙文为“Código”）一词是古法语的表达，其源于中世纪的拉丁语“Codex”，意为由“Codex”制成的箱型的固定书写板①。后来，逐渐引申为“书”的含义。公元四世纪至公元五世纪，罗马法学家们开始了编纂皇帝宪令的尝试，这些首次被编纂成册的宪令汇编是以“书”的方式出版的，这就是“艾尔莫折尼亚诺法典”（Codice Ermogeniano）和“格来高利亚诺法典”（Codice Gregoriano）。就这样，到公元5世纪时，在语言学上“Codice”一词除了一般意义上的“书”的含义以外，又增加了一个新的、特殊的含义——“完整、系统的法律汇编”。公元6世纪，由优士丁尼完成的三部完整、系统的法律汇编——《优士丁尼·法典》、《学说汇纂》和《法学阶梯》（*Codex*，*Digesta*，*Institutiones*）也被称为“Codici”，并且最终确定了“Codice”在罗马法系中法律术语的含义——法典②。尽管如此，现在多数学者所言的“法典法”、“法典编纂”一般专指发轫于19世纪大陆法系的一种独特的社会和历史现象。在这一进程中，编纂的法典无论在形式上还是在理念上既不同于罗马法、教会法等图具法典之名的汇编类法律，同时也异于英美法系国家肇始于19世纪中后期并延及晚近的“法律重述化运动”而产生的诸类“法典”和“重述”类法律（如《美国统一商法典》、《加利福尼亚民法典》等）③。申言之，他们所谓的“法典法”意指：大体排除纵向上的资产阶级革命前

① *See Merriam Webster's Dictionary of Law*, Massachusetts: Merriam-Webster, Incorporated Springfield, 1996, p.82.

② 参见〔意〕桑德多·斯奇巴尼：《法典化及其立法手段》，丁玫译，载《中外法学》2002年第1期。

③ 梅利曼教授认为只有对法律一知半解的人才会认为两大法系的区别在于是否法典化。同时，他又指出人们应当了解比较法所提到的法典的意义。虽然在美国加州和其他一些州有许多被称为法典的规范，《统一商法典》在大多数州也都适用，虽然这些法典在形式上同大陆法系的法典别无二致，但其基本思想——法典的概念及其在法律程序中的作用是不同的。参见〔美〕约翰·亨利·梅利曼：《大陆法系》，顾培东、禄正平译，北京：法律出版社2004年版，第26—27页。

法典以及横向上的英美法系国家的法典，以一定的主题编排在一起的对法或法律原则的系统化的汇编和修订。本文主要的研究对象大体上也是如此。[①]

19世纪欧洲大陆的法典化运动其思想根源于18世纪的启蒙运动，在此进程中产生的民法典，大多渗透着浓重的理性主义的自然法、资产阶级自由主义以及国家主义的哲学和政治思想。这些思想对当时的社会、法律、经济和国家提供了一种新的思维方式，这种思维方式随着资产阶级革命在欧陆的胜利而成为其安邦定国的指针和导引。同时，也对两大法系的分野产生了极其决定性的影响。诚如Wieacker教授所言："法典化不在于汇集、汇编、提高或改进现存的科学性的法律，而是借助于新的系统性和创造性法律构建一种更好的社会制度。"[②]承载先导性哲学和政治思想的民法典在其被编纂之时就被深深地烙上了鲜明的政治化使命的色彩。以极具代表性的《法国民法典》为例，革命前思想先哲们的权力分立学说必然在革命胜利后制定的法典中得到迫切的张扬，而封建时代司法专横的惨痛记忆也必然使人民把司法权的滥用视为洪水猛兽而倍加警惕，由此体现到法典中"立法万能"，"绝对排斥司法裁量的介入"，"法官仅为说出法律的机器"等立法导向也就成为了必然的逻辑结果。立法者所欲完成这样一部法典：他们力图把法律的调节之手伸进社会生活的每一角落，追求详尽具体、无微不至的规定以使法官无论遇到多复杂的情况都能在庞大的法典中像查字典一样检索到现成的解决方案的"决疑式"的法典。[③] 此种政治性的立法构想恰恰契合了肇端于17世纪笛卡儿创立的以科学主义为特征的理性主义哲学思想，因为在理性主义哲学家眼中，人是至高无上的社会动物，凭借其自身的理性，人可以算计出整个过去和未来的历史，穷尽一切的绝对真理。就这样，政治性的立法构想和理性的结盟，促成了《法国民法典》的诞生。具体言之，早在共和七年的民法典草案中就明确规定："如果法律条文是明确的，则不得以尊重法律精神为借口逃避应用法律条文。尤其不允许为了逃避合法禁令，武断地引进例外情况来取代具有普遍性和强制性的规定。"[④]《法国民法典》第5条以更为简洁和直截了当的方

---

① 如无特别说明，下文的所表述的"法典"一词专指民法典。

② Maria Luisa Murillo, "The Evolution of Codification in the Civil Law Legal Systems: Towards Decodification of Recodifition", in *Journal of Transnational Law & Policy*, Fall, 2001, p.158.

③ 参见徐国栋：《民法基本原则解释》，北京：中国政法大学出版社2004年版，第211页。

④ 〔法〕亨利·莱维·布律尔：《法律社会学》，上海：上海人民出版社1987年版，第69页。

式加以承袭。该条明确规定:“审判员对于其审理的案件不得用确立一般规则的方式进行判决。”法国的立法,一方面采用严格规则的风格,力求不给法官留下解释法律可能之空间;另一方面,在万一出现法律需要解释时,也不允许法官解释法律,而是将有关法律提交一个专门的“上诉法院”进行解释。在此情形下,判决成了“法律严格的复印”,法官则系“宣告法律语言的哑巴,系无能力或无意志自行左右自己之生物”,而法典俨然成为“本身业已构成的完整自足之法源体系,系为被写下来的理性。”[①]

同《法国民法典》的革命性、理性主义和无技术性相较,1900年的《德国民法典》则是历史上具有适用性、科学性和专业性的法典。在某种程度上《德国民法典》号称自己是“反《拿破仑民法典》的”,它抱着战胜伟大“弧形敌人的法典”(指法国民法典)的决心而踏上了欧洲舞台[②]。《德国民法典》为德国历史法学派理论催生的产物。该学派代表性人物萨维尼认为德国法律之编纂绝不能一味依据“理性主义”及“自然法思想”,并主张所有的法律都是历史上生长的法律,因此他和他的继承者都将注意力放在了历史发展的法律上。他们相信《民法大全》中有可以利用的具有永恒价值的法律财富,如果将其恰当整理并系统化则直接可以作为实施的法律。萨维尼特别是其追随者,从普赫塔到温特沙伊德都未忽略整理、系统化和概念训练等方面的努力,于是历史法学派又孕育出了潘德克吞学派。依该学派的观点,法律秩序体现为一个以罗马法为基础而发展的制度、概念和原则的完整体系;通过逻辑的因而也是科学的适用就能获得对所有法律案件的判决。在此情形下,法律的适用就降为一种纯技术过程,一种只听从抽象概念那种臆想的逻辑必然性的计算过程,而对实际的理智、对社会的评价、对伦理的、宗教的、法律政策及国民经济的权衡斟酌则根本不发生联系。[③] 由此,可以必然推演出以下之结论:(1) 法典为国家唯一的法源;(2) 法律体系的完足性;(3) 对法律的解释侧重于逻辑的解释;(4) 否定司法活动的造法功能;(5) 法学是一门

① 参见杨仁寿:《法学方法论》,北京:中国政法大学出版社1999年版,第51—52页。

② 〔德〕克里斯蒂·冯·巴尔:《欧洲:多部民法典的大陆,或者走向单一民法典的大陆?》,张小义译,张新宝校,载《法学家》2004年第1期。

③ 参见〔德〕K.茨威格特、H.克茨著:《比较法总论》,潘汉典、米健、高鸿钧、贺卫方译,北京:法律出版社2003年版,第212—215页。

纯粹的理论认识活动，法官无须为价值判断。[①] 从这里，我们不难看出，历史法学派虽是反理性主义和自然法思想的，但在其孕育下诞生的潘德克吞学派所主张的思想和观念必然会导致趋向于主张编纂一部具有教条性质的理性化法典。[②]《德国民法典》虽然在编排体系、概念、语言及立法技术等诸方面皆大大迥异于《法国民法典》，但两者却由于不同的编纂思想和历史际遇而殊途同归地被涵摄和统构于“理性主义法典”这一具有特定含义的上位概念之中。事实上也是如此。作为《德国民法典》主要起草人的温特沙伊德将其学派已经臻于完善的理念完全适用于其进行的法典编纂之中，以至于《德国民法典》第一草案被德国学者冠以“温特沙伊德民法典”的称号，甚至也曾有人撰文说该法典是以分段落形式出现的温特沙伊德所著的《学说汇纂》。[③] 与法国一样，德国人也把严格的分权原则吸收到他们的法律制度和政府制度中去，规定立法只能有立法者进行，法官不能立法。虽然德国人更深深地认识到制定一个完整、连贯和清晰的法典并非易事，但他们仍坚定的为实现这一目标而努力[④]。

马克斯·韦伯认为，欧洲的法律都具有逻辑性形式理性的特征，实际上此种逻辑性形式理性在私法方面的显著表现就是民法典。通过以上对《法国民法典》、《德国民法典》编纂理念进路的历史性考察，我们可以得出这一结论：他们所呈现的形式理性之特性，无不根源于三种思想：政治上的国家实证主义、三权分立的宪政主义以及自然法上的理性主义。一部大而全面，富有系统性、逻辑性的，能够表达其阶级之意愿和声音且可通行万世而不惑的法典，对于国家建立初始急欲彰显自身、巩固并发展政权的统治者而言无疑是具有巨大诱惑力的。但是，作为法典编纂思想基础的理性主义所倡理念之本身可能却是非理性的：首先，立法者不是万能的上帝，由于时代和自身能力的限制，其不可能将所有的情

---

① 参见杨仁寿：《法学方法论》，北京：中国政法大学出版社 1999 年版，第 68 页。

② 现在越来越多的学者认识到，历史法学派只是在一些理论观点和主张上与自然法学派学说相左，而在本质上是一样的，它仅仅在自然法的内容上加上了人文主义国民意识等内容，使其更为丰富更加适应社会现实。尤其是其孕育下诞生的潘德克吞学派，其体系和概念大都属于自然法学。详见铃木禄弥译：《近世私法史》第 465 页，创文社 1978 年版。转引自何勤华：《西方法学史》（第二版），北京：中国政法大学出版社 1996 年版，第 206 页。

③ 〔葡〕叶士朋：《欧洲法学史导论》，吕平义、苏建译，北京：中国政法大学出版社 1998 年版，第 200 页。

④ 〔美〕约翰·亨利·梅利曼：《大陆法系》，顾培东、禄正平译，北京：法律出版社 2004 年版，第 32 页。

形都预先规定在法典之中。即使如爱尔维修所言,人凭借自身的无限认知而穷尽了世间的绝对真理,但他们仍不能将所有事无巨细的问题纳入法典,因为简明、清晰而富有逻辑感乃为理性法内涵的应有之意;其次,形式理性本身代表着对价值理性的追求,这种形式理性,克服了司法者的主观任意的癖好,使法的价值的追求可以通过非人格的制度来实现。但是,形式理性和价值理性并非总是契合的,当体现为形式理性的法典无法或不能彰显价值理性或有悖于价值理性之时,如司法者仍被当成消极机械的法律操作员的话,则法典所标榜的理性最终只能导致非理性,而这无疑是对理性化法典最大的嘲弄和讽刺。再次,调整对象的不同决定了社会科学不能像自然科学那样适用简单的因果律——借助预先发现或设定的所谓"理性的规则"进行由因导果式地推论。社会是复杂的,作为社会主体的人也各如其面,各不相同。法典把多样的社会和活生生的人硬性地抽象为理性的社会和理性的人进行规制,其本身就是一种削足适履的蛮横做法。这种附着于理性法典肌体上的"先天性的疾病"随着社会的不断发展而可能日趋严重。诚如罗伦茨·冯·施坦因所言:"现行法不是一堆固定而静止的法律规范,它是不断变化和成长的生命。"[①] 梅因先生也指出:"社会的需要和社会的意见常常是或多或少地走在'法律'的前面的。我们可能非常接近地达到它们之间的接(结)合处,但永远存在的趋向是要把这缺口重新打开来。""因为法律是稳定的;而我们所谈到的社会是进步的,人们的幸福的或大或小,完全决定于缺口缩小的快慢程度。"[②] 所以,或许"只有在社会初建时期,法律才能完全合乎逻辑"[③]。随着社会的不断变化,不能与时俱进的理性法典必然会产生各种各样的矛盾和问题,而对这些矛盾和问题处理和解决就像一条金线,贯穿于20世纪大陆法系法学发展进程的始终。

---

① 〔德〕伯恩·魏德士:《法理学》,丁小春 吴越译,北京:法律出版社2003年版,第233页。

② 〔英〕梅因:《古代法》,沈景一译,北京:商务出版社1959年版,第15页。

③ 〔法〕托克维尔:《论美国的民主》(上卷),董果良译,北京:商务印书馆1997年版,第132页。

二、民法典的解构化趋势

美国著名的比较法学者梅利曼教授认为,法律根植于文化之中,它在一定的文化范围内对特定社会在特定的时间和地点所出现的特定需求做出回应。从根本上说,法律是人们认识、阐述和解决某些社会问题的一定的历史方法。① 以法典——这一成文法最高表现形式而体现出的法律乃是根植于特定社会需求土壤之中的特定产物,其本身也是以特定的时空坐标来进行适当定位和发展的。尽管法典中所蕴含的人类共同的一些价值诉求可能永世长存,但是随着特定时空的变迁,新的社会需求的渐次涌现,力求"逻辑自足"的理性法典与鲜活的社会现实不可能不出现抵牾和矛盾。似乎从理性法典诞生之时起,围绕着其本身就一直涌动的两股强烈的潮流:一种来自其内部,要求采用公平合理的方式来克服片面追求过分的形式理性而滋生的种种弊端,以使法典的适用者能够依靠良好的法律适用程序而实现真正意义上的实质理性;另一种导源于其外部,主要是由于社会环境的变迁所引发的各种诉求迫切要求法典给予相当的回应。从19世纪直至晚近以来,整个世界发生了巨大的变化,政局的变动、社会的多元、经济的一体化、国际贸易、工业和后工业革命的发展以及科技的发达、法律的社会化的趋势等等的一系列各种因素的冲击之下,以《法国民法典》、《德国民法典》为代表的大陆法系的民法典面临着可谓内忧外患之形势。一部贯穿统一的法律精神、条文逻辑一致、内在和谐的法典,到了今天,我们看到的可能却是一个对旧条文重新阐释的和加满了新条文的补丁连补丁的集合体。2004年是《法国民法典》诞辰200年,在这200年中,该法典已经过百余次的修改。据学者统计,至1999年,已全部或者部分修改的条文达855条,占全部条文的37.5%;已全部或部分废除的条文为184条,占全部条文的8.06%;新增的条文为456条,占全部条文的20%。② 1981年,《德国民法典》问世尚不足百年,德国开始了对其《民法典》

---

① 〔美〕约翰·亨利·梅利曼:《大陆法系》,顾培东、禄正平译,北京:法律出版社2004年版,第155—156页。

② 王云霞:《〈法国民法典〉的时代精神探析》,载《法学家》2004年第2期。

债编的修正进程,在调查过程中,联邦法务部却发现大约存在2700个民法条文散见于250部单行法中。[1] 这一系列冷冰冰的数字不能不说明一些问题:曾经被奉为圭臬和神祇的至上法典在经历世事沧桑的冲击之后已经变的支离破碎甚乎到了差不多崩溃的边缘。如此重大之变迁是逃不脱学者敏锐的目光和缜密的思维的。在此背景之下,意大利罗马第一大学教授 Natalino Irti 在1978年发表题为"L'età della decodificazione"(民法典的分解时代)的演说,在法学界上首次提出"法典解构化"(De-codification)理论,从而掀开了世界反法典化思潮的序幕。[2]其实,Irti 教授所言"法典解构化"这一提法不过是对由于社会之变迁而对民法典固有理念和外在形式所生之扭曲影响的一种形象化的表达。从约二百年以来的世界私法发达史观之,基于这种扭曲之影响而生的"法典解构化"趋势主要是以下几个方面使然:

(一) 民法典外大量单行法的出现

狭义意义上的"法典解构化"就是指由于这种情况的出现而导使民法典被架空甚或废弃之情势(Irti 教授所言"法典解构化"主要指此种情况)。由于社会的变动发展与人类预见性及法典的制定本身的固有的局限性,无可厚非,民法典不可能容纳社会生活的一切,单行法律不可避免的在法典之外"安营扎寨"。[3] 同时,西方社会在多重因素的助成之下其价值和利益趋呈多元化之态势,而古老法典意味的和谐一统之秩序理念,却与此多元社会之禀性不合,而相对乖张的紧急法、个案法、限时法、措施法等单行法却能生立竿见影之功效,私法之整体图像呈鹑衣百结之样态也自在情理之中了。一般而言,单行立法旨在细化和说明法典调整的事项,澄清法典的立法本旨,但其中大部分在立法精神上却远远偏离了民法典之本旨而日趋表现出向公法靠拢之动向,如劳动法、城市土地租赁法、消费者保护法等。这些单行法脱离民法典的涵摄范围而形成一个个独立的"微系统"(micro-systems)的法律区域,不仅在外在形式及内在理念上对民法典进行肢解

① 苏永钦:《民法典的时代意义》,载王利明(主编):《中国民法典基本理论问题研究》,北京:人民法院出版社2004年版。

② Maria Luisa Murillo, "The Evolution of Codification in the Civil Law Legal Systems: Towards Decodification of Recodifition", in *Journal of Transnational Law & Policy*, Fall, 2001, p.170.

③ 许中缘:《论民法典与我国私法的发展》,载易继明(主编):《私法》,2004年第8卷。

和分割,而且在司法运行中也和民法典进行“竞争”:案件主要以特别立法为裁判依据。只有在特别立法没有相关规定的时候,才转向传统法典以寻觅判案的依据。[①] 就这样,无论在行为规范抑或裁判规范,传统民法典发挥作用之领地变得越来越小,以前的那种唯己独尊的地位也随之消减。具体到各国情况而言,除去多如牛毛的针对个别条文的民事条例和规范不谈,法国现今就存在《劳动法典》、《消费法典》、《环境法典》和《交通法典》等条款多达上百条的50多种各类单行法典,意大利大约也有10种。[②] 上文所言的“2700个民法条文散见于250部单行法中”也可以充分地说明德国的与之类似的情况。总之,试图通过一部民法典来详细具体调整所有民事法律制度的做法已经被历史证明是不可能实现的乌托邦。民法典之外不断涌现大量单行立法,正逐渐侵蚀甚或掏空民法典。私法体系中核心地位的渐趋丧失,在一定程度上可以说,民法典确实已经被边缘化、被解构化了。

(二)大量法官法(judge-made law)的出现

梅因爵士曾言:“几乎绝大部分的人类,在其民事制度因被纳入某种永久记录中而第一次使其具有外表的完善性时,就绝少有表示再加以改进的愿望。”[③] 大陆法系民法典的发展历程真实地印证了这一结论。法典的制定完成后,广大学者与法律适用者的任务是如何使该法典适应社会发展的需要,如何使该法典更好的规范现实生活而不是过多的逾越法典。由此必然产生笃信“立法者万能”“法典万能”,主张严格限制法官“造法”,以法条为基石、以注释为能事的概念法学派。但是,诚如上文所论,理性法典的不周延性和僵化性再加上所用语言符号的非直接性和非确定性,必然导致法律规则的模糊、不完整和疏漏,且此种情况随着时代的发展将变得愈加严重,因为,现行的法典对许多新发生的问题甚至根本没有也不可能涉及,而在这些问题面前,再确定和清晰的条文也会变得苍白和无力。随着法典的式微以及欧陆力倡法官灵活释法之自由法学派、利益法学派

---

① 参见〔美〕约翰·亨利·梅利曼:《大陆法系》,顾培东、禄正平译,北京:法律出版社2004年版,第159页。

② 那达林诺·伊尔第:《欧洲法典分解和中国民法典的未来》,张礼洪译,上海:华东政法学院,2005年4月2日—3日“民法法典化与反法典化国际研讨会”提交论文。

③ 〔英〕梅因:《古代法》,沈景一译,北京:商务出版社1959年版,第14页。

等诸学者的大肆鼓燥抑或确实基于判案之所需，法官也日趋大胆起来。逐渐的这种“不安分”的动向成为了理所应当的行为，且对此行为人们渐趋持肯认甚乎放任之态度。“也许在所有那些拥有一种在时间上可作历史追溯的法典编纂的国家里，这种认识都得到了贯彻：哪怕是一种在布局上包罗广泛的法律编纂也正好有其漏洞，而这些漏洞必须由法官来弥补。”① 在这种大的趋势之下，每年数以万计的判例被大陆法系的法官“创造”出来，法官在判决时可能所持的理由是完全遵从立法者之最初意愿，但事实上，为了迎合社会新的诉求而力图达到个案的公平妥当之解决，法官创造出的判例常常或多或少地偏离甚或超越了所谓的立法者之本意。具体言之，法国民法中契约形成的规则完全是由判例形成的，因为在民法典中没有关于解决要约和承诺问题的任何条款。根据《法国民法典》第1384条的规定，法国判例为1898年《生产不幸事故法》的颁布作了准备。这种法充分考虑了现代高科技社会中的特别危险，比民法典中设定的损害赔偿制度(过错责任)更为可取。同样，第1121条以含混的语言就利他契约作了部分肯定和部分否定的规定，而判例以此为基础发展了有关保险契约的规定，而这些规定于1930年由立法机关以小节形式补充制定。另外，还有权利滥用理论、不当得利制度等等不胜枚举的例子也皆为判例法所创。② 较之于法国法官对法典的改进只是在缺漏和技术上的缺陷方面，德国的同行们主要是以民法典的第138、157、242、826条等一般性条款为基础而发展了一些极其重要的原则性范例，如情势不变条款、交易基础消灭、权利滥用等等。这些范例，一方面作为“一种法律的安全阀，防止了法典因经济关系的根本转变而被胀裂”③（如发展起来的积极侵害债权、缔约过失责任及终止继续性债务关系等法典根本未予涉及但现实急需的制度规范）；另一方面，也在很大程度上修正了法典强烈个人主义的僵硬性，像润滑剂一样滋润了古老的民法典，使其更易与法律社会化之紧促步伐相合拍。尽管没有像英美法系那样的“遵循先例”的正式原则，尽管仍不承认判例是制定

① 〔德〕H. 科殷：《法哲学》，林荣远译，北京：华夏出版社2002年版，第225页。

② 参见〔德〕K. 茨威格特、H. 克茨：《比较法总论》，潘汉典、米健、高鸿钧、贺卫方译，北京：法律出版社2003年版，第146页。

③ 〔德〕拉德布鲁赫：《法学导论》，米健、朱林译，北京：中国大百科出版社1997年版，第71页。

法之外另一种可供选择的法律渊源[1],但实际上,司法活动却常常受到判例的极大影响:作为案件辩护人或代理人而准备出庭的律师,总是把活动重点放在对大量判例的研究上,并在辩论中加以引证;法官也常常参照判例判案,因为他们不想冒自己所作判决被上诉审撤销的风险。[2] 总之,判例大量地被创造和被援用,在标示法官"准立法者"角色被确立的同时,在客观上消解了传统民法典作为唯一法源之机能,使民事法律规范渐趋呈现泛多元化之态势。

(三) 公法在私法关系上效力的扩充

所谓公法在私法关系上效力的扩充,是指基于某些至关重要利益之考量,公法上(主要为宪法和行政法)规定之事项可以通过某种形式或方式以超越私法之规定而在私法关系中产生直接或类同直接之效力的一种法律发展趋势。此种趋势主要基于西方宪政主义的日臻完善以及分权理论的不敷实用而致使行政权力优位的日渐确立而生,可以说是"公法私法化"的一种显著表现形式。

(1) 宪法领域之私法的"非宪法化"。宪法属于公法范畴,它主要规定公法的关系,即国家机关与国家机关以及国家和公民之间的关系。但是有时它也"越俎代庖"地规定一些私法关系,这种作法大约肇端于1919年德国的《魏玛宪法》。该宪法产生于一战之后,其起草者认为,只凭民法典之规定尚不足以保障基本权利,故而直接在宪法中规定"言论自由"(第118条)与"结社自由"(第159条)不能在私法关系中被剥夺和被约束,这样这项规定可以直接取代有关民事规定,直接适用于私法案例之中。[3] 此种做法为1949年《德国波恩宪法》(德国基本法)所承继——宪法的起草者将规定公民基本人权和民权的19个条款置于宪法之首。虽然这些规定之初衷主要在于保障公民免受国家公权力滥用之侵害,但或许正是基于这些彰显性权利在宪法中的存在,使得对民法规定的违宪审查成为可能。德国、奥地利及意大利的宪法法院,西班牙的宪法法庭、法国的宪法委员

① "但德国的法学者虽然认为法院的判决可以补充和修改法典和法规的实质内容,但却不承认这是制定法之外又一种可供选择的法律渊源。"参见罗伯特·霍恩、海因·科茨、汉斯·莱塞:《德国民商法导论》,楚建译,北京:中国大百科出版社1996年版,第63页。

② 参见〔美〕约翰·亨利·梅利曼:《大陆法系》,顾培东、禄正平译,北京:法律出版社2004年版,第47页。

③ 王涌:《宪法与私法关系的两个基本问题》,载吴汉东(主编):《私法研究》(创刊号)。

会以及拉美和日本的最高法院,长期以来都具有违宪审查权。通过权力的行使,民事判决可能因有违宪法上的基本权利而被撤销而相应的民事立法也可能随之无效。例如,1953年9月6日,基于被废除的《波恩宪法》第117条,德国联邦法院和宪法法院联合宣布民法典第1354条和第1387条与宪法的男女平等原则不符而应予废除。这样就使整个婚姻法陷入“无法”状态之中,而由法院独自修改,使之符合宪法。这种状况一直延续到了1957年6月18日的有关私法领域男女平等法案的生效。西班牙的情况也大体如此。西班牙宪法的调整范围与西班牙民法典有诸多重合之处(如家庭、民事权利、社团及基金的规定)。根据宪法立法精神所主导的宪法性原则,法典文本常常可作新的解释,而西班牙宪法正是在这些新的解释基础上来主导整个立法进程的改革。[①]梅利曼教授在论及大陆法系之最新发展时,曾谈到新的宪政主义的兴起的一个标志即为刚性宪法在各国的逐步确立。“很大程度上,作为革命目标的历史上的个人权利(这些权利在民法典中得到了宪法性的保护),如人格权、财产权以及缔约权均通过普通法院在适用传统法律渊源及方法的过程中得以悄然实现和加强。宪法渐渐成为个人新权利的发端,这些新权利通常通过宪法诉讼得以界定和强化。在某种程度上,宪政主义的兴起意味着非法典化的开始……”[②]

(2) 行政法领域之“委托立法的大量出现”。三权分立有利于权力互相制衡,并能够对损害个人权利的潜在危害进行监督以保护个人的自由。所以,此原则从19世纪以来一直是西方制宪和政治运作的指导性理念。但至从资本主义“个人社会”进入“福利国家”阶段之后,资本的集中要求权力的集中和效率化,较之于议会而具备此种种优点的行政部门无疑为最佳之寄托对象,于是行政权力的不断扩大就成为资本主义国家权力运用的必然趋势。伴随这一趋势,行政立法的膨胀开始了对议会立法权的蚕食过程——委托性立法大量的涌现。法国1946年宪法第13条规定:“国民议会单独有立法权,该权力不得委托行使。”而1958年宪法第38条却规定:“政府为执行其施政纲领,可以要求议会授权自己

① 参见“民法法典化与反法典化国际研讨会”(上海:华东政法学院,2005年4月2日—3日) *Dra. Esther Arroyo I Amayuelas* 教授提交论文: *The Plurality of Civil Codes in Spain: Spanish Decodification Versus Catalan Codification*。

② 〔美〕约翰·亨利·梅利曼:《大陆法系》,顾培东、禄正平译,北京:法律出版社2004年版,第163页。

在一定期限内以法令的方式采取通常属于法律范围内的措施。”[①] 这一变化就明显代表了大陆法系(甚或英美法系)国家这一大的趋势。虽然委托性立法规范在内容、效力期限和空间等诸方面受到基础法律之限制,但它却更为“灵活”和“机动”,能够对民众产生更为直接的影响和制约,因为其较之与庞大的民法典来说规定的更为具体、更具可操作性,更利于法官“搜寻”,特别是在一些间处于私法和公法交织的边缘性问题的规定方面。

(四) 超国家性立法[②] 对内国民法典调整领域的“侵夺”

在中世纪的欧洲,存在着各国或地区共同承认或援用的欧洲“普通法”(jus commune)。但随着17、18世纪民族国家的建立,国家实证主义思想的勃兴,各国法律从其本国的具体情况出发独立发展,由此形成了各具民族特色的法律文化。但在二战以后,由于经济交往的更趋频繁,客观上要求消除法律互异带来的障碍,西欧各国法律形成了向统一化发展的新趋势,除各国法律之间继续相互借鉴、吸收外,欧洲共同体法的出现就是这种统一趋势的集中体现。欧洲共同体的法律(主要为条例和指令),恰如美国宪法下的联邦法,具有最高效力:其采用直接适用原则,不需要经过成员国立法的认可或再制订,即可直接适用于成员国、成员国法人和公民,其效力高于内国法,并由独立于内国法院系统的欧洲法院统一行使。[③] 成员国法官也有义务拒绝适用与共同体法有冲突的内国法。在涉及共同体法解释事项时,成员国法院必须向欧洲法院寻求解释。就这样,欧洲共同体法通过这一系列的运作规则整合了各国法律文化的差异和不同,而这种偏重于私法制度方面的整合,在一定意义上为一部统一的“欧洲民法典”的制定奠定了基础。可以预料,将来的欧洲也会再现诸国共同适用一种“普通法”的历史情景,而这种种预示未来的表象(如1995年的《欧洲合同法原则》、1999年的《欧洲

---

① 参见由嵘(主编):《外国法制史》,北京:北京大学出版社2003版(第二版),第189页。

② 所谓超国家性立法(super-national legislation),不同于国家间法律(如国家间的条约),前者可以直接在内国发生效力,而后者只能经内国立法机构批准后,才能作为内国法律的渊源,且不得与内国根本法之规定相悖。

③ 勒科特:《欧洲法官》,1976年英文版,第248页。转引自由嵘(主编):《外国法制史》,北京:北京大学出版社2003版(第二版),第190页。

合同法典》等)也似乎昭示了欧陆各内国民法典在一定程度上的渐趋消解。[①]

(五) 小结

通过对以上导致法典产生解构化趋势的四类原因的简要解读,似乎可以在民法法典化的成因与法典解构化的原因之间粗略地构建起一定的因果必然联系:理性主义的固有缺陷必然导致法典的不周延,而借助各种单行立法弥补其不足,也就理所当然;而法官"造法"大量出现及委托立法的大行其道也在很大程度上是导源于"三权分立"理论的不敷时势所需;国家实证主义向政治实体一元化的大跨度的倾斜之态势,要求订立跨国性立法作为其"开路先锋",更是必然性之选择。总之,不能与时俱进的理性化法典在其问世之时就已经预示必然走向解构化的道路。虽然法典的解构使得法律变得更加不确定、复杂和特殊了,虽然法典的编纂可能就意味法典解构的开始,但我们不能由此认为法典已经失去了其应有的价值。法律制度从单一向多元的演进是社会向更为复杂和多元化迈进的必然反映。对此种演进,我们所做的回应不应是因噎废食地主张彻底废弃或不采用民法典,而是采用何类方式对民法典(无论新的还是老的)进行重构或重塑以更好地应对法典解构化之挑战。发端于 20 世纪中前期并延及晚近的民法编纂运动在实践上佐证了这一点。

三、民法典重构化趋势

诚如 Murillo 教授所言,随着社会的发展,"古老"的法典在新的社会与法律秩序中已经得到了改变,"表征法律变化的动力有多种因素,其中两个更具有关

① 德国 2002 年债法改革的决定性推动力就来自欧盟的三个指令:2002 年 1 月 1 日之前必须转化的《欧盟消费者买卖指令》,2002 年 8 月 7 日之前必须转化的《欧盟支付迟延指令》以及 2002 年 1 月 16 日之前必须转化的《欧盟电子商务指令》。事实上,2002 年 1 月 1 日生效的《德国债法现代化法》的内容绝大多数也是依这三个指令为基础而制定的。(参见杜景林、卢谌:《德国债法改革——〈德国民法典〉的最新进展》,北京:法律出版社 2003 年版,第 2—3 页)同样,法国也是如此,《欧盟产品责任指令》、《欧盟电子商务指令》也带给了古老的《法国民法典》几乎全部全新的条文。参见"民法法典化与反法典化国际研讨会"(上海:华东政法学院 2005 年 4 月 2 日—3 日)*Bertrand Fages* 教授提交论文:*The French Experience of Codification*。

联性的特征就是法典的解构(de-codification)与重构(re-codification)过程。"①而所谓法典重构化在狭义上是与狭义上的法典解构化是对应的,即为通过对法典的修订,将分散于外的各单行法有选择的纳入新法典进行整合的趋势。但在事实上,学者在论述中很大程度上泛化地使用这一概念,也即将20世纪中叶并延及晚近的各国或地区对民法典所进行的修订或重订运动都纳入这一概念范畴。质言之,广义上的法典重构化是指,通过对旧有法典的修订抑或对新法典的重造的方式,对传统法典理念进行完善和再塑,以使其尽可能克服解构化所引发之弊端而更好地发挥其规范和裁判功能的一种趋势或过程。

(一)宏观性的扫描:各国法典重构化进程的发展

如果说1912《瑞士民法典》的制定表现出这种重构化趋势的些微苗头的话,则在二战后(甚至早从1942年《意大利民法典》制定开始),这种趋势日渐呈风起云涌之样态,延至20世纪90年代便渐入佳境,直至掀起世界民法典编纂和修订的"第三次浪潮"(主要以1992年的新荷兰民法典、1994年的俄罗斯民法典、蒙古民法典、魁北克民法典、1996年的越南民法典、哈萨克斯坦民法典、1998年的土库曼斯坦民法典、1999年的塔吉克斯坦民法典、阿塞拜疆民法典、乌兹别克斯坦民法典、2000年乌克兰民法典、2002年的新德国民法典、西班牙加泰罗尼亚民法典、2003年巴西民法典为代表),此浪潮直至今日仍就方兴未艾(秘鲁、波多黎各、魁北克、墨西哥、玻利维亚、哥斯达黎加和阿根廷等国家的新民法典草案或民法典修正案都在酝酿之中②)。正如波多黎各美洲大学法学院教授路易斯·拉菲尔·李维拉·李维拉(Luis Rafael Rivera Rivera)模仿《共产党宣言》的笔调在《民法宣言》一文中,幽默地所说的:"一个幽灵,一个重订法典的幽灵在美洲徘徊。所有的美洲新力量,教士和美元,拉希克(原教旨主义分子)和藤森(秘鲁前任国家元首),安第斯山的原教旨主义者和加勒比海地区的激进分子,组成了神圣十字

① Maria Luisa Murillo, "The Evolution of Codification in the Civil Law Legal Systems: Towards Decodification of Recodifition", in *Journal of Transnational Law & Policy*, Fall, 2001, p.165.

② 拉美国家的情况参见路易斯·F.P.雷瓦·费尔南德斯教授在厦门大学所作的讲座:"阿根廷共和国民法典:过去、现在与未来"罗马法教研室:http://romanlaw.cn/subm-7.htm;访问时间:2005年3月27日。

军追赶这一幽灵。”[①] 在广阔的美洲大陆,正在渐趋形成一个浩浩荡荡的重订民法典的运动。其实,“幽灵”徘徊的地点又何止偏在美洲一隅,而是遍及全球:中国、柬埔寨、罗马尼亚、匈牙利、波兰、捷克、斯洛伐克等诸多国家也纷纷加入或正欲加入这一行列。[②] 总之,民法典的整体发展趋势恰如费尔南德斯教授所言:“法典化的进程正在加强。当前,20世纪的非法典化进程已经日薄西山,法典解构化正在向法典重构化转变。”[③]

(二)微观性的分析:民法典重构化进程所呈现的特点

法典重构化的潜在驱动力大体有两种:一种是为尽量解决法典解构化所引发的种种弊端而要求对原有法典进行重新调适与修订的力量,这类力量主要存在于拥有固有民法典的国家和地区(如西欧、拉美的多数国家或地区);另一种是力求在新的基础上制订优于前人的完善法典以维护本国自由经济之健康发展的力量,这类力量主要存在于以前没有自己的民法典或类同没有传统民法典的国家和地区(如前殖民地国家和前社会主义国家或地区)。虽然两种驱动力量所体现的诉求有所不同,但从实质层面进行考量,两者却皆可统辖于这种相同的目的之下:即,本国的民法典可以与时俱进而不会被来至自身抑或外部的因素过早的解构掉。在这一共同的理想之下,尽管各国或地区进行法典重构的动因、方式、目的可能千差万别,但仍可以从这一进程中提炼出他们大体上所具有的共同特点:

(1)明确承认法官造法,将判例及单行法整合进民法典中

1912年的《瑞士民法典》开篇明文规定:“如本法无相关规定时,法官应依据惯例;如无惯例时,依据自己作为立法人所提出的规则裁判。”(第1条第2款)“任何人都必须诚实、信用地行使权利并履行义务。”(第2条)此规定之本质在于,明文肯定了法官在一定范围内的衡平权和候补立法权,为相对刚性之法典与

---

① 参见徐国栋:《〈法国民法典〉模式的传播和变形》,载《法学家》2004年第2期。

② 根据欧盟同八个位于中东欧的新成员国(2004年5月1日正式成为)签订协议书的第67、68条之要求,这些国家要使其本国法律同欧盟的法律保持一致。所以,这些国家,同原欧盟国家一样(如德国、荷兰等),应当依欧盟指令相应修改或变更其相关立法。

③ 参见路易斯·F.P.雷瓦·费尔南德斯教授在厦门大学所作的讲座:“阿根廷共和国民法典:过去、现在与未来”(英文),罗马法教研室:http://romanlaw.cn/subm-7.htm;访问时间:2005年3月27日。

纷繁芜杂、瞬息万变的社会建立了沟通的桥梁。特别是对诚实信用之一般条款的设置，更为刚性法典增添了“柔性”机制，使法官得以跨越法源之次序限制而直接造法。《瑞士民法典》的做法为后世法典不同程度的所借鉴，如1926年的《土耳其民法典》、1930年我国台湾“民法典”、1935年的《泰国民商法典》、1942年的《意大利民法典》以及1992年的《荷兰民法典》等。虽然衡平权和候补立法权的明确授予不可避免地产生大量判例而致使法典的被架空，但当今大陆法系通常的做法却是：“法律的解释和诠注一经生效，其结果将反过来被法典所吸收，并自此之后成为法典的组成部分……由于法典能够反映法律的变革和新的经验，因此它能够延存下去，并适应新的任务和发展。”[①] 其实，为避免从法典中脱离出去的日渐增多的特别或单行立法在法律适用上引起的混乱和不确定，它们也常常借助法典重构化将这些特别立法整合到民法典之中。例如，2002年的德国债法改革是将《一般交易条款规制法》、《部分时间居住权法》等五部单行法整合进了新的《德国民法典》之中[②]。而1992年的新《荷兰民法典》更是将以前的公司法、保险法、运输法、消费者法以及劳动法统统纳入了新法典中[③]。

(2) 法典体系性向实用性的转变以及编纂过程中的兼收并蓄

晚近以来，由于社会价值的日趋多元，法典编纂采用的模式也渐趋脱离传统的固定框架。立法者往往更加务实地把考量的基础放在如何实用，如何适合本国的国情方面。意大利旧民法(1865)原来主要借鉴拿破仑法典采三篇制，但现行民法(1942)则受到德国潘德克吞学派的影响，同时又刻意与德国民法区隔，首创不同以往的六编架构(序编、人与家庭、所有权、债、劳动和权利保护)。1838年的《荷兰民法典》，大体为《法国民法典》的移译。后来也“德”化日深，1992年的新《荷兰民法典》糅合“法学阶梯体系”与“潘得克吞体系”两种模式从而形成了具有独特风格的实质民商合一型的十编制。[④] 特别需要指出的是第八编的“交

① 参见罗伯特·霍恩、海因·科茨、汉斯·莱塞：《德国民商法导论》，楚建译，北京：中国大百科出版社1996年版，第65页。

② 参见杜景林、卢谌：《德国债法改革——〈德国民法典〉的最新进展》，北京：法律出版社2003年版，第15—16页。

③ *S. Hartkamp: Judicial Discretion Under the New Civil Code of the Netherlands*。http://w3.uniroma1.it/idc/centro/publications/04hartkamp.pdf；访问时间：2005年3月28日。

④ 第一编自然人；第二编法人；第三遍财产法总则；第四编继承法；第五编物权；第六编债法总则；第七编各种合同；第八编运输法；第九编人的创造性成果；第十编国际私法。

通运输法”，一些学者认为这与其他各编在形式搭配上明显不相称，有欠理性之考虑。其实，如果考虑到规范本身的重要性对这样一个水、陆、空运的大国而言，就不难体量到荷兰立法者务实地良苦用心了。[①] 同样的 1942 年《意大利民法典》的“劳动”编，包含了合伙、公司、合作社、企业的商号、标识与商标、智力作品权与工业发明权、竞争等内容，看似庞杂不堪，其实也蕴含着立法者的特殊考虑。[②] 实质性民商合一立法模式由于内容庞杂，不易条理化而历来为追求形式理性法典编纂者所不采，但晚近以来，1935 年的《泰国民商法典》、1942 年《意大利民法典》、1984 年《秘鲁民法典》、1992 年《荷兰民法典》、1994 年《魁北克民法典》以及正在讨论的 1998 年阿根廷的《整合了商法典的民法典草案》都采实质上的民商合一型立法模式，这在一定程度上说明了民法典的编纂开始从体系性渐趋向实用性转变。此外，晚近以来的立法者在编纂法典时更多地采用了比较立法的方法：吸收国外专家作为本国立法或修法顾问（如越南、柬埔寨及罗马尼亚等），翻译他国优秀民法典作为参照（如越南、荷兰等）甚或直接聘请外国或国际组织专家为本国制定法典（1960 年《埃塞俄比亚民法典》即为适例）等。“法律主要通过借鉴而发展，就利用最少资源获得最好的法律而论，一项具体的制度发展的捷径就是仿效。”[③] 由于各国交往的日渐深入和社会文化发展的多元，各国立法者在立法或修法时往往以一个世界性的目光对有待解决的问题进行审视，此种思想在立法上就表现为打破法系隔膜，“只要材料合用，不管来至何方”式的多方面借鉴和吸收。以 1992 年《荷兰民法典》为例，该部法典主要受德国民法的影响，但在代理人责任和物件责任方面却深受法国和比利时民法的影响；同时，英美普通法（如错误陈述、不当影响、预期违约等制度）和 1964 年、1980 年的《联合国国际货物销售合同公约》也在买卖法和合同的形成和不履行制度方面对其影响巨大。[④] 此外，《荷兰民法典》采用各编条文单独编码的编纂方式使其更为开

---

① 苏永钦：《民法典的时代意义》，载王利明（主编）：《中国民法典基本理论问题研究》，北京：人民法院出版社 2004 年版。

② 参见费安玲：《1942 年〈意大利民法典〉之探研》，载梁慧星（主编）：《民商法论丛》第 10 卷，北京：法律出版社 1998 年版。

③ 〔美〕艾伦·沃森：《民法法系的演变和形成》，李静冰、姚新华译，北京：中国政法大学出版社 1992 年版，第 257—258 页。

④ *S. Hartkamp: Judicial Discretion Under the New Civil Code of the Netherlands*。http://w3.uniroma1.it/idc/centro/publications/04hartkamp.pdf；访问时间：2005 年 3 月 28 日。

放(比如 Art.2:270IIBW 即指荷民第二编第270条第2款)——各编如往后增加条文不至影响其他各编的条次。[①] 此种高超的立法技术很有可能也采至美国的《统一商法典》。

四、结　语

人,都是有缺陷的,要由有缺陷的人来编纂出毫无缺陷的法典,也许这种想法本身就是有缺陷的。人类理性的有限性与社会实践不断发展的无限性的必然矛盾注定了法典的"解构"和"重构"螺旋式循环往复的宿命进程:整合—分解—再整合—再分解……在这一进程的任一阶段断言法典至上万能抑或法典日渐衰亡,都是武断和非理性的。这是法典——这一人类特殊智力产物——所必经的进程。或许恰恰在这种循环往复的不断取舍的进程中,民法典才能不断地随时代进行调整,才能历久而不衰。我们所做的应当是把握时代的契机,运用超前的智慧和务实的精神,努力完成我们的历史使命——制定出能够很好地契合此种进程的《中华人民共和国民法典》。

① 此种编排技术也为2002年的西班牙加泰罗尼亚民法典草案所采,此在一定程度上体现了未来民法典是朝着"开放型"发展的动向。

《中华人民共和国民法(草案)(第八编):侵权责任法》中英文加汉语拼音对照*

乔治·康克** 译

Chinese-Pinyin-English Version of *Civil Code of the People's Republic of China, Tort Liability of* (*Draft*)

George W. Conk

《中华人民共和国民法(草案)》(2002年12月17日)

Zhonghua Renmin Gongheguo Minfa (cao'an), 2002 Nian 12 Yue 17 Ri

---

* © 英文翻译版权属于乔治·W.康克(George W. Conk)教授(© English translation *copyright George W. Conk, 2005*)。本刊获得版权人授权许可刊发。该翻译由版权人乔治·康克(George W. Conk)教授在白海涛(Hal Blanchard)、李汉君(Hanjun Li)、谭哲隽(Susan Zhejun Tan)等人协助下完成。这里特别致谢如下:如果没有福尔德姆大学法学院(Fordham Law School)的合作者法律博士(J.D.)白海涛,法律硕士、法律博士生(将于2007年获得法律博士学位)李汉君、法律硕士及法律博士生(将于2007年获得法律博士学位)谭哲隽的合作,我不会完成这项工作。这些合作者帮我录入,准备了拼音版,并完成了英文译本的草译。特别要感谢我的汉语老师,即纽约市立大学(City College of New York)城市学院亚洲研究系教授姬建国博士,是他激励我,并以古典的教学方式——也就是福尔德姆大学校长最近所称的"将语言简化为语法和词典"的方式——教授我汉语,还向我展示了语言的音乐之美、韵律之雅、音节的对称以及遣词酌句。

当然,如果没有《私法》创办者及主编法学博士易继明教授的约稿和邀请,没有法学博士王迁副教授翻译我的文章,就不会激发我对中国以及中国法的兴趣,也就不会有这项工作。同时,感谢在过去两年内邀请过我进行学术访问的华中科技大学法学院、中国社会科学院法学研究所、北京大学法学院、华东政法大学知识产权学院,感谢丹·凯普拉(Dan Capra)教授和福尔德姆法学院协助研究,感谢美国国务院福布莱特高级访问学者项目,感谢国际交流学者委员会。另外,还要感谢威特摩尔·格雷(Whitmore Gray)教授,他翻译的1986年《中华人民共和国民法通则》给了我许多教诲与激励。

** 乔治·康克,纽约福尔德姆法学院教授、新泽西州最高法院民事出庭律师和美国法律协会推选会员。版权人电子邮箱:gconk @ law.fordham.edu。

Civil Code of the People's Republic of China (Draft, December 17, 2002)

第八编　侵权责任法

Di Ba Bian　Qinquan Zeren Fa

Part Eight　Tort Liability Law

目录

Mulu

Contents

第一章　一般规定

Di Yi Zhang　Yiban Guiding

Chapter I　General Provisions

第一条　由于过错侵害他人人身、财产的,应当承担侵权责任。

依照法律规定,推定侵权人有过错的,受害人不必证明侵权人的过错;侵权人能够证明自己没有过错的,不承担侵权责任。

Di Yi Tiao　Youyu guocuo qinhai taren renshen caichan de, yingdang chengdan qinquan zeren.

Yizhao falv guiding, tuiding qinquanren you guocuo de, shouhairen bubi zhengming qinquanren de guocuo; qinquanren nenggou zhengming ziji meiyou guocuo de, bu chengdan qinquan zeren.

Article 1　One who through his fault causes bodily injury or damage to the property of another shall bears tort liability.

Where the law stipulates that a tortfeasor is presumed to be at fault, the victim need not prove the tortfeasor to be at fault; if a tortfeasor can prove itself/himself to have no fault, he has no liability in tort.

第二条　没有过错,但法律规定应当承担侵权责任的,应当承担侵权责任。

Di Er Tiao　Meiyou guocuo, dan falv guiding yingdang chengdan qinquan zeren de, yingdang chengdan qinquan zeren.

Article 2 There may be no fault, but if the law stipulates that tort liability should be borne in such cases, tort liability will be imposed.

or: *The law may require that tort liability be borne, even in the absence of fault*.

第三条 二人以上共同侵权造成他人损害的,应当承担连带责任。

Di San Tiao Erren yishang gongtong qinquan zaocheng taren sunhai de, yingdang chengdan liandai zeren.

Article 3 Two or more persons who together tortiously cause harm to another shall bear joint tort liability.

第四条 承担侵权责任的方式主要有:

(1) 停止侵害;

(2) 排除妨碍;

(3) 消除危险;

(4) 返还财产;

(5) 恢复原状;

(6) 修理,重作,更换;

(7) 赔偿损失;

(8) 消除影响,恢复名誉;

(9) 赔礼道歉。

以上承担侵权责任的方式,可以单独适用, 也可以合并适用。

Di Si Tiao Chengdan qinquan zeren de fangshi zhuyao you:

(1) tingzhi qinhai;

(2) paichu fang'ai;

(3) xiaochu weixian;

(4) fanhuan caichan;

(5) huifu yuanzhuang;

(6) xiuli, chongzuo, genghuan;

(7) peichang sunshi;

(8) xiaochu yingxiang, huifu mingyu;

(9) peili daoqian.

Yishang chengdan qinquan zeren de fangshi, keyi dandu shiyong, ye keyi hebing shiyong.

Article 4 The principal ways to bear liability in tort are:

(1) stopping the violation or infringement;

(2) removing obstacles;

(3) eliminating the danger;

(4) returning the property;

(5) restoring to original condition;

(6) repairing, reworking, replacing;

(7) compensating for loss;

(8) eliminating ill effects and rehabilitating reputation;

(9) making a full apology.

The above ways of bearing tort liability may be applied singly or in combination.

第五条 受害人应当证明侵害行为与损害后果之间存在因果关系。

法律规定应当由侵权人证明因果关系不存在,如果侵权人不能证明的,视为存在因果关系。

Di Wu Tiao Shouhairen yingdang zhengming qinhai xingwei yu sunhai houguo zhijian cunzai yinguo guanxi.

Falv guiding yingdang you qinquanren zhengming yinguo guanxi bu cunzai, ruguo qinquanren bu neng zhengming de, shiwei cunzai yingguo guanxi.

Article 5 The victim must prove the existence of a cause-effect relationship between the injurious conduct and the resulting harm.

Where the law stipulates that a tortfeasor must prove that a cause effect relationship does not exist, and the tortfeasor is unable to prove that, the law presumes that a causal relationship exists.

第六条 受害人死亡的,受害人的配偶、父母、子女有权要求侵权人承担侵权责任。受害人没有配偶、子女或者配偶、父母、子女死亡的，其兄弟姐妹、祖父母、外祖父母、孙子女、外孙子女有权要求侵权人承担侵权责任。

Di Liu Tiao Shouhairen siwang de, shouhairen de pei'ou, fumu, zinv youquan yaoqiu qinquanren chengdan qinquan zeren. Shouhairen meiyou pei'ou, zinv huozhe pei'ou, fumu, zinv siwang de, qi xiongdi jiemei, zufumu, waizufumu, sunzinv, waisunzinv youquan yaoqiu qinquanren chengdan qinquan zeren.

Article 6 In case of the victim's death, the victim's spouse, parents, and children have the right to demand that the wrongdoer bear tort liability. If the victim has no spouse or children, or the spouse, parents, and children are dead, his brothers and sisters, paternal grandparents, maternal grandparents, paternal grandchildren, maternal grandchildren have the right to demand that the wrongdoer bear tort liability.

第七条 有关侵权行为的内容、责任方式、免责事由等，产品质量法、环境保护法等法律另有规定的，依照其规定。

Di Qi Tiao Youguan qinquan xingwei de neirong, zeren fangshi, mianze shiyou deng, chanpin zhiliangfa, huanjing baohufa deng falv lingyou guiding de, yizhao qi guiding.

Article 7 Regarding issues such as standards for defining tortious conduct, ways of imposing liability, and legal defenses, etc., if laws such as the Product Quality Law and the Environmental Protection Law contain specific requirements, then those requirements shall govern.

第二章 损害赔偿

Di Er Zhang Sunhai Peichang

Chapter Ⅱ Compensation for Harm

第八条 侵害他人人身、财产造成损害的，侵权人应当赔偿损失。

Di Ba Tiao Qinhai taren renshen, caichan zaocheng sunhai de, qinquanren yingdang peichang sunshi.

Article 8 One who causes bodily injury or property damage to another shall, as a tortfeasor, pay compensation for the damage done.

第九条 因防止、制止他人人身、财产遭受侵害而使自己受到损害的,由侵权人承担赔偿责任,收益人也可以给予适当的补偿。

Di Jiu Tiao Yin fangzhi, zhizhi taren renshen, caichan zaoshou qinhai er shi ziji shoudao sunhai de, you qinquanren chengdan peichang zeren, shouyiren ye keyi jiyu shidang de buchang.

Article 9 If a rescuer, by preventing or avoiding damage to the person or property of another, himself suffers bodily injury or property damage, compensation is owed by the tortfeasor [to the rescuer]. The beneficiary of the action may also give compensation to the actor, [for which the tortfeasor is likewise responsible].

第十条 侵害他人人身造成伤害的,应当赔偿医疗费,因误工减少的收入等合理的费用。致人残疾的,并应当赔偿残疾用具费、残疾赔偿金;致人死亡的,并应当赔偿丧葬费、死亡赔偿金。

Di Shi Tiao Qinhai taren renshen zaocheng shanghai de, yingdang peichang yiliaofei, yin wugong jianshao de shouru deng heli de feiyong. Zhiren canji de, bing yingdang peichang canji yongjufei, canji peichangjin; zhiren siwang de, bing yingdang peichang sangzangfei, siwang peichangjin.

Article 10 A tortfeasor who causes physical injury to another shall pay reasonable compensation for medical treatment expenses, and reduced income due to missed work. For resulting disability the tortfeasor should compensate the disabled person for prostheses and other useful devices. If death resulted, funeral and burial expenses and compensation for death should be paid.

第十一条 因误工减少的收入、残疾赔偿金、死亡赔偿金应当根据受害人的丧失劳动力状况、年龄、受教育程度、职业、收入等因素确定。

Di Shiyi Tiao Yin wugong jianshao de shouru, canji peichangjin, siwang peichangjin yingdang genju shouhairen de sangshi laodongli zhuangkuang, nianling, shou jiaoyu chengdu, zhiye, shouru deng yinsu queding.

Article 11 Wage loss, disability compensation and death benefits shall be determined based on factors (including) the victim's age, degree of disability, level of educational attainment, profession, and income, etc.

第十二条 受害人得到赔偿后发现新病情或者健康严重恶化,赔偿数额明显难以补偿损失,如果证明与侵权人的行为有因果关系的,受害人有权请求增加赔偿费用。

Di Shi'er Tiao Shouhairen dedao peichang hou faxian xin bingqing huozhe jiankang yanzhong ehua, peichang shu'e mingxian nanyi buchang sunshi, ruguo zhengming yu qinquanren de xingwei you yinguo guanxi de, shouhairen you quan qingqiu zengjia peichang feiyong.

Article 12 If after a victim has received compensation a new illness is discovered which may bring serious deterioration in the health (of the victim), and the compensation received is clearly insufficient, the victim has the right to request an increase in compensation, if it is proved that there is a causal relationship with the tortfeasor's conduct.

第十三条 侵害他人姓名权、名誉权、肖像权、隐私权等,侵权人应当按照因此获得的利益给予赔偿,也可以按照受害人的损失给予赔偿。侵权人获得的利益或者受害人的损失不能确定的,应当根据侵权行为的情节,给予十万元以下的赔偿。

Di Shisan Tiao Qinhai taren xingmingquan, mingyvquan, xiaoxiangquan, yinsiquan deng, qinquanren yingdang anzhao yinci huode de liyi jiyu peichang, ye keyi anzhao shouhairen de sunshi jiyu peichang. Qinquanren huode de liyi huozhe shouhairen de sunshi bu neng queding de, yingdang genju qinquan xingwei de qingjie, jiyu shiwan yuan yixia de peichang.

Article 13 If one violates another's rights—to his good name, reputation, right of publicity (right to one's own likeness), his privacy, etc., the tortfeasor shall give compensation according to the gain he obtained and may pay compensation according to the loss suffered by the victim. If neither the gain of the tortfeasor nor the loss of the victim can be determined, then compensation according to the circumstances of the wrongful conduct shall be given in an amount up to 100,000 RMB.

第十四条 侵占他人财产的,应当返还财产;不能返还财产的,应当折价赔偿。

损坏他人财产的,应当恢复原状或者折价赔偿。

受害人因此遭受其他重大损失的,侵权人并应当赔偿损失。

Di Shisi Tiao Qinzhan taren caichan de, yingdang fanhuan caichan, bu neng fanhuan caichan de, yingdang zhejia peichang.

Sunhuai taren caichan de, yingdang huifu yuanzhuang huozhe zhejia peichang.

Shouhairen yinci zaoshou qita zhongda sunshi de, qinquanren bing yingdang peichang sunshi.

Article 14 One who trespasses against another's property shall restore the property; if he cannot do so he should reimburse the property's cost.

One who damages the property of another shall restore it to its original condition or pay cash compensation.

If the victim suffers significant consequential damage, the tortfeasor shall also compensate for that loss.

第十五条 妨害他人行使物权造成损害的,侵权人应当赔偿损失。

Di Shiwu Tiao Fanghai taren xingshi wuquan zaocheng sunhai de, qinquanren yingdang peichang sunshi.

Article 15 Any person who foreclose other person from exercise property rights and cause losses shall compensate the losses.

or: If conduct impairs the property rights of another, the tortfeasor shall pay compensation for the loss.

第十六条 侵害他人的人格权或者毁损他人具有人格象征意义的特定物品的,受害人有权要求精神损害赔偿。

Di Shiliu Tiao Qinhai taren de rengequan huozhe huisun taren jvyou renge xiangzheng yiyi de teding wupin de, shouhairen youquan yaoqiu jingshen sunhai peichang.

Article 16 If someone harms the personal dignity of another, or the possessions that particularly symbolize that dignity, the victim has a right to seek compensation for the consequent emotional loss.

第十七条 精神损害赔偿的具体数额应当根据以下因素确定：

(1) 侵权人的过错程度；

(2) 侵害的手段、场合、行为方式等具体情节；

(3) 侵权行为所造成的后果；

(4) 侵权人获利的情况；

(5) 侵权人承担责任的经济能力；

(6) 受诉法院所在地平均生活水平。

Di Shiqi Tiao Jingshen sunhai peichang de juti shu'e yingdang genju yixia yinsu queding：

（1）qinquanren de guocuo chengdu;

（2）qinhai de shouduan, changhe, xingwei fangshi deng juti qingjie;

（3）qinquan xingwei suo zaocheng de houguo;

（4）qinquanren huoli de qingkuang;

（5）qinquanren chengdan zeren de jingji nengli;

（6）shousu fayuan suozaidi pingjun shenghuo shuiping.

Article 17 The following factors shall determine the amount of non-economic damages：

（1）the tortfeasor's level of fault;

（2）the means, manner, occasion and circumstances of the tortious conduct;

（3）the effects of the tortious conduct;

（4）the gain by the tortfeasor;

（5）the tortfeasor's financial ability to bear the liability;

（6）the average income level in the jurisdiction of the court.

第十八条 损害赔偿费用应当一次性支付。一次性支付确有困难的，可以定期支付。

Di Shiba Tiao Sunhai peichang feiyong yingdang yicixing zhifu. Yicixing zhifu que you kunnan de, keyi dingqi zhifu.

Article 18 Compensation for damages shall be paid in a lump sum. If a single payment puts (the tortfeasor) in financial straits, payment may be made in fixed instalments.

第十九条 因同一侵权行为在造成损失的同时,受害人受有利益的,应当依照有关法律规定从赔偿额中扣除应当扣除的利益。

Di Shijiu Tiao Yin tongyi qinquan xingwei zai zaocheng sunshi de tongshi, shouhairen shouyou liyi de, yingdang yizhao youguan falv guiding cong peichang'e zhong kouchu yingdang kouchu de liyi.

Article 19 If as a consequence of the tortious conduct the victim receives some benefit, the benefit received shall be deducted from the compensation awarded, in the manner stipulated by law.

第二十条 当事人对造成的损害都没有过错的,可以根据实际情况,由当事人分担损失。

Di Ershi Tiao Dangshiren dui zaocheng de sunhai dou meiyou guocuo de, keyi genju shiji qingkuang, you dangshiren fendan sunshi.

Article 20 If, among parties who have caused harm, no fault can be identified for any particular party, responsibility for the damage shall be apportioned among the parties according to the particular circumstances.

第三章 抗辩事由

Di San Zhang Kangbian Shiyou

Chapter III Defenses

第二十一条 因正当防卫造成损害的,不承担侵权责任。正当防卫超过必要的限度,造成不应有的损害的,应当承担适当的侵权责任。

Di Ershiyi Tiao Yin zhengdang fangwei zaocheng sunhai de, bu chengdan qinquan zeren. Zhengdang fangwei chaoguo biyao de xiandu, zaocheng bu yingyou de sunhai de, yingdang chengdan shidang de qinquan zeren.

Article 21 If proper self-defense causes harm, one bears no tort liability. But if the act exceeds the limits of defensive necessity, causing unwarranted damage, tort liability shall be apportioned appropriately (in light of the unwarranted harm done).

第二十二条 因紧急避险造成损害的,由引起险情发生的人承担侵权责任。如果危险是由自然原因引起的,紧急避险人不承担侵权责任或者承担适当的侵权责任。因紧急避险采取措施不当或者超过必要的限度,造成不应有的损害的,紧急避险人应当承担适当的侵权责任。

Di Ershi'er Tiao Yin jinji bixian zaocheng sunhai de, you yinqi xianqing fasheng de ren chengdan qinquan zeren. Ruguo weixian shi you ziran yuanyin yinqi de, jinji bixianren bu chengdan qinquan zeren huozhe chengdan shidang de qinquan zeren. Yin jinji bixian caiqu cuoshi budang huozhe chaoguo biyao de xiandu, zaocheng bu yingyou de sunhai de, jinji bixianren yingdang chengdan shidang de qinquan zeren.

Article 22 If avoiding danger causes harm, the one who caused the danger to occur shall bear tort liability for the harm done. In the case of danger arising from natural causes, one who takes emergency action to avoid or reduce the harm bears no tort liability, or may bear appropriate tort liability. If in acting to avoid the urgent danger, one takes measures that are inappropriate, or exceed the limits of necessity, causing unwarranted damage, the emergency actor shall bear appropriate tort liability.

第二十三条 在自己的合法权益受到不法侵害,来不及请求有关部门介入的情况下,如果不采取措施以后就难以维护自己的合法权益的,权利人可以采取合理的自助措施,对侵权人的人身进行必要的限制或者对侵权人的财产进行扣留,但应当及时通知有关部门。

错误实施自助行为或者采取自助措施不当造成损害的,应当承担侵权责任。

Di Ershisan Tiao Zai ziji de hefa quanyi shoudao bufa qinhai, laibuji qingqiu youguan bumen jieru de qingkuang xia, ruguo bu caiqu cuoshi yihou jiu nanyi weihu ziji de hefa quanyi de, quanliren keyi caiqu heli de zizhu cuoshi, dui qinquanren de renshen jinxing biyao de xianzhi huozhe dui qinquanren de caichan jinxing kouliu, dan yingdang jishi tongzhi youguan bumen.

Cuowu shishi zizhu xingwei huozhe caiqu zizhu cuoshi budang zaocheng sunhai de, ying dang jianqing qinquan zeren.

Article 23 Under circumstances in which one suffers unlawful infringement of his legal rights or interests and there is insufficient time to request intervention by a proper agency, and not taking measures would jeopardize one's rights and interests, a right-holder can undertake reasonable self help—such as imposing necessary physical restraint on the wrongdoer or detaining the tortfeasor's property. But he must inform the proper agency without unreasonable delay.

If self-help is undertaken in error, or if such measures cause unwarranted damage, the actor must bear tort liability.

第二十四条 受害人对于损害的发生也有过错的,可以减轻侵权人的侵权责任。

Di Ershisi Tiao Shouhairen duiyu sunhai de fasheng ye you guocuo de, keyi jianqing qinquanren de qinquan zeren.

Article 24 When the victim is also at fault for the occurrence of the damage, the tort liability of the tortfeasor may be reduced.

第四章 机动车肇事责任

Di Si Zhang Jidongche Zhaoshi Zeren

Chapter IV Motor Vehicle Accident Liability

第二十五条 运行的机动车对非机动车或者行人造成损害,该机动车已参加第三者责任强制保险的,由保险公司在保险金额内予以赔偿。损失超过投保金额的部分,由机动车所有人承担损害赔偿责任,但机动车一方能够证明自己尽到注意义务的,可以减轻或者免除机动车所有人的损害赔偿责任。

运行的机动车对非机动车或者行人造成损害,该机动车没有参加第三者责任强制保险的,机动车所有人应当承担赔偿责任,但机动车一方能够证明自己尽到注意义务的,可以减轻或者免除机动车所有人的损害赔偿责任。

(另一方案:在封闭的道路上运行的机动车造成他人损害,机动车所有人有过错的,应当承担损害赔偿责任。在非封闭的道路上运行的机动车造成他人损害的,机动车所有人不能证明自己没有过错的,应当承担损害赔偿责任。)

Di Ershiwu Tiao Yunxing de jidongche dui feijidongche huozhe xingren zaocheng sunhai, gai jidongche yi canjia disanzhe zeren qiangzhi baoxian de, you baoxian gongsi zai baoxian jin'e nei yuyi peichang. Sunshi chaoguo toubao jin'e de bufen, you jidongche suoyouren chengdan sunhai peichang zeren, dan jidongche yifang nenggou zhengming ziji jindao zhuyi yiwu de, keyi jianqing huozhe mianchu jidongche suoyouren de sunhai peichang zeren.

Yunxing de jidongche dui feijidongche huozhe xingren zaocheng sunhai, gai jidongche meiyou canjia disanzhe zeren qiangzhi baoxian de, jidongche suoyouren yingdang chengdan sunhai peichang zeren, dan jidongche yifang nenggou zhengming ziji jindao gaodu zhuyi yiwu de, keyi jianqing huozhe mianchu jidongche suoyouren de sunhai peichang zeren.

Lingyi fang'an: zai fengbi de daolu shang yunxing de jidongche zaocheng taren sunhai, jidongche suoyouren you guocuo de, yingdang chengdan sunhai peichang zeren. Zai feifengbi de daolu shang de jidongche zaocheng taren sunhai, jidongche suoyouren bu neng zhengming ziji meiyou guocuo de, yingdang chengdan sunhai peichang zeren.

Article 25 If a moving motor vehicle strikes a non-motorized vehicle or a pedestrian and causes harm, and the above motor vehicle is part of the compulsory third-party (liability) insurance plan, the insurance company, within the limits of insurance, shall pay compensation. Responsibility for loss in excess of the amount of insurance is borne by the owner of the motor vehicle—but if it can be shown that the vehicle operator exhausted safety measures, responsibility to pay compensation for the damage can be reduced or avoided.

When operation of a motor vehicle causes damage to a non-motorized vehicle or a pedestrian, and the motor vehicle does not participate in the mandatory third party insurance plan, the motor vehicle owner is responsible for compensation for the damage. But if it can be shown that the vehicle operator exhausted [reasonable] safety measures responsibility to pay compensation for damage can be reduced or avoided.

Alternate Version: If a motor vehicle while being operated on a limited access road causes harm to another, and the vehicle operator is at fault he shall bear responsibility to pay compensation for the damage. But if a vehicle operated on a limited access road causes damage and that vehicle cannot show itself to be without fault, the vehicle's operator or owner shall be responsible for paying compensation for the damage.

第二十六条 机动车之间发生碰撞造成他人损害,机动车参加第三者责任强制保险的,由保险公司在保险金额内予以赔偿。损失超过投保金额的部分,由有过错一方的机动车所有人承担损害赔偿责任。

机动车之间发生碰撞造成他人损害,机动车没有参加第三者责任强制保险的,有过错一方的机动车所有人承担损害赔偿责任。

Di Ershiliu Tiao Jidongche zhijian fasheng pengzhuang zaocheng taren sunhai, jidongche canjia disanzhe zeren qiangzhi baoxian de, you baoxian gongsi zai baoxian jin'e nei yuyi peichang. Sunshi chaoguo toubao jin'e de bufen, you guocuo yifang de jidongche suoyouren chengdan sunhai peichang zeren.

Jidongche zhijian fasheng pengzhuang zaocheng taren sunhai, jidongche meiyou canjia disanzhe zeren qiangzhi baoxian de, you guocuo yifang de jidongche suoyouren chengdan sunhai peichang zeren.

Article 26 When a motor vehicle collision occurs, causing damage to another, and a motor vehicle is in the mandatory third party liability insurance plan, the insurance company shall pay compensation within the insured amount (insurance policy limits). For the part of the damage in excess of the insured amount, the owner of the vehicle at fault bears the responsibility of paying compensation.

If a collision between motor vehicles causes damage, and the vehicle does not have the mandatory third party liability insurance, the vehicle at fault bears responsibility to pay compensation for the loss.

第二十七条 出租、出借的机动车在运行中造成他人损害的,机动车所有人与承租人、借用人承担连带责任。机动车所有人对损害的发生没有过错的,向受害人赔偿后,可以向承租人、借用人追偿。

承租人使用融资租赁的机动车在运行中造成他人损害的,由承租人承担侵权责任。

Di Ershiqi Tiao Chuzu, chujie de jidongche zai yunxing zhong zaocheng taren sunhai de, jidongche suoyouren yu chengzuren, jieyongren chengdan liandai zeren. Jidongche suoyouren dui sunhai de fasheng meiyou guocuo de, xiang shouhairen peichang hou, keyi xiang chengzuren, jieyongren zhuichang.

Chengzuren shiyong rongzi zulin de jidongche zai yunxing zhong zaocheng taren sunhai de, you chengzuren chengdan qinquan zeren.

Article 27 If a leased or borrowed vehicle is so operated so as to cause damage to another, the vehicle owner, renter, and borrower bear joint liability. A vehicle owner without whose fault damage occurs, after paying compensation to the victim, can seek payment from the renter or borrower.

If a lease-financed vehicle is so operated as to cause damage to another, the lessee bears tort liability.

第二十八条 盗窃的机动车在运行中造成他人损害的,盗窃人应当承担侵权责任,但机动车的所有人对机动车的管理有过失的,应当承担补充赔偿责任。

Di Ershiba Tiao Daoqie de jidongche zai yunxing zhong zaocheng taren sunhai de, daoqieren yingdang chengdan qinquan zeren, dan jidongche de suoyouren dui jidongche de guanli you guoshi de, yingdang chengdan buchong peichang zeren.

Article 28 If a stolen motor vehicle is operated so as to cause harm to another the thief shall bear tort liability but if the vehicle owner is at fault in managing the vehicle he shall bear the responsiblility for the banlance of the compensation owed.

第二十九条 机动车在送交修理、委托保管或者出质期间,承修人、保管人或者质权人擅自驾驶车辆造成他人损害的,承修人、保管人或者质权人应当承担侵权责任。

Di Ershijiu Tiao Jidongche zai songjiao xiuli, weituo baoguan huozhe chuzhi qijian, chengxiuren, baoguanren huozhe zhiquanren shanzi jiashi cheliang zaocheng taren sunhai de, chengxiuren, baoguanren huozhe zhiquanren yingdang chengdan qinquan zeren.

Article 29 If a motor vehicle is under repair or in the custody and care of another, or is held as security for an obligation, and the repairar, the custodia, or the mortagee in possession without authorization causes harm to another then the repairar, custodian or mortagee in possession should bear tort liability.

第三十条 分期付款买卖的机动车转移占有给买方后在运行中造成他人损害的,由买方承担侵权责任。

Di Sanshi Tiao Fenqi fukuan maimai de jidongche yizhuan zhanyou gei maifang hou zai yunxing zhong zaocheng taren sunhai de, you maifang chengdan qinquan zeren.

Article 30 In an installment sale, after the purchaser takes possession of a motor vehicle and the vehicle is operated so as to cause damage to another the buyer bears tort liability.

第五章 污染环境责任
Di Wu Zhang Wu'an Huanjing Zeren
Chapter V Environment Pollution Liability

第三十一条 因污染环境侵害他人人身、财产的,有关单位或者个人应当承担侵权责任,但法律规定有免责情形的,依照其规定。

Di Sanshiyi Tiao Yin wuran huanjing qinhai taren renshen, caichan de, youguan danwei huozhe geren yingdang chengdan qinquan zeren, dan falv guiding you mianze qingxing de, yizhao qi guiding.

Article 31 If environmental pollution causes harm to the person or property of another, the organization or individual involved shall bear tort liability unless it is within the legal provisions for exemption from liability.

第三十二条 排污符合规定的标准,但给他人造成明显损害的,有关单位或者个人应当承担侵权责任。

Di Sanshi'er Tiao Paiwu fuhe guiding de biaozhun, dan gei taren zaocheng mingxian sunhai de, youguan danwei huozhe geren yingdang chengdan qinquan zeren.

Article 32 If pollutants are discharged within the stipulated/prescribed limits, yet it resulting in identifiable/evident harm to another, etc. the organization or individual involved shall bear tort liability.

第三十三条 导致污染的单位或者个人不能证明污染行为与损害后果之间没有因果关系的,视为因果关系存在。

Disanshisan Tiao Daozhi wuran de danwei huozhe geren bu neng zhengming wuran xingwei yu sunhai houguo zhijian meiyou yinguo guanxi de, shiwei yinguo guanxi cunzai.

Article 33 If an agency or person who discharges a pollutant cannot prove that there is no causal relationship between the toxic discharge and consequent damage, a causal relationship shall be presumed to exist.

第三十四条 因污染环境对他人造成损害,不能确定具体的加害人的,由与损害后果具有联系的排污单位或者个人根据其排放量的比例承担相应的侵权责任。

Di Sanshisi Tiao Yin wuran huanjing dui taren zaocheng sunhai, bu neng queding juti de jiahairen de, you yu sunhai houguo juyou lianxi de paiwu danwei huozhe geren genju qi paifangliang de bili chengdan xiangying de qinquan zeren.

Article 34 In the case of environmental pollution causing harm to another, and the particular party causing harm cannot be identified, the unit or person shall be responsible for the damage related to the discharge based on the proportion of pollutant discharged.

第六章 产品责任
Di Liu Zhang Chanpin Zeren
Chapter VI Product Liability

第三十五条 因产品存在缺陷造成人身、财产损害的,生产者应当承担侵权责任。

生产者能够证明有下列情形之一的,不承担侵权责任:

(1) 未将产品投入流通的;

(2) 产品投入流通时,引起损害的缺陷尚不存在的;

(3) 将产品投入流通时的科学技术水平尚不能发现缺陷存在的。

Di Sanshiwu Tiao Yin chanpin cunzai quexian zaocheng renshen, caichan sunhai de, shengchanzhe yingdang chengdan qinquan zeren.

Shengchanzhe nenggou zhenming you xialie qingxing zhiyi de, bu chengdan qinquan zeren:

(1) Wei jiang chanpin touru liutong de;

(2) Chanpin touru liutong shi, yinqi sunhai de quexian shang bu cunzai de;

(3) Jiang chanpin touru liutong shi de kexue jishu shuiping shang bu neng faxian quexian cunzai de.

Article 35 In case of a defect in a product causing bodily injury or property damage, the manufacturer shall bear tort liability.

If a manufacturer can show one of the following circumstances, it does not bear tort liability:

(1) The product has not yet been placed into circulation;

(2) When the product was placed in circulation, the injury-causing defect did

not yet exist;

(3) At the time the product was placed into circulation, science and technology was such that one could not discover the existence of the defect.

第三十六条 由于销售者的过错使产品存在缺陷,造成人身、财产损害的,销售者应当承担侵权责任。

销售者不能指明缺陷产品的生产者也不能指明缺陷产品的供货者的,销售者应当承担侵权责任。

Di Sanshiliu Tiao Youyu xiaoshouzhe de guocuo shi chanpin cunzai quexian, zaocheng renshen, caichan sunhai de, xiaoshouzhe yingdang chengdan qinquan zeren.

Xiaoshouzhe bu neng zhiming quexian chanpin de shengchanzhe ye bu neng zhiming quexian chanpin de zihuozhe, Gonghouzhe de, xiaoshouzhe yingdang chengdan qinquan zeren.

Article 36 If a seller's fault causes a product to have a defect, causing injury to the person or property of another, the seller shall bear tort liability.

In the case of a seller unable to identify the defective product's manufacturer and unable to identify the defective product's distributor, the seller shall bear tort liability.

第三十七条 因产品存在缺陷造成人身、财产损害的,受害人可以向产品的生产者要求赔偿,也可以向产品的销售者要求赔偿。

产品缺陷由生产者造成的,销售者赔偿后,有权向生产者要求追偿。

因销售者的过错使产品存在缺陷的,生产者赔偿后,有权向销售者追偿。

Disanshiqu Tiao Yin chanpin cunzai quexian zaocheng renshen, caichan sunhai de, shouhairen keyi xiang chanpin de shengchanzhe yaoqiu peichang, ye keyi xiang chanpin de xiaoshouzhe yaoqiu peichang.

Chanpin quexian you shengchanzhe zaocheng de, xiaoshouzhe peichang hou, youquan xiang shengchanzhe yaoqiu zhuichang.

Yin xiaoshouzhe de guocuo shi chanpin cunzai quexian de, shengchanzhe peichang hou, youquan xiang xiaoshouzhe zhuichang.

Article 37 If a defect in a product causes bodily injury or property damage, the victim can demand compensation from the manufacturer, and can demand compensation from the seller.

If a product defect was caused by the manufacturer, the seller, after paying compensation, has the right to demand reimbursement from the manufacturer.

If a seller's fault makes a product defective, the manufacturer, after paying compensation, has the right to demand reimbursement from the seller.

第三十八条 因产品的说明错误,造成人身、财产损害的,产品的生产者、销售者应当承担连带责任,但人身、财产损害是由于受害人使用不当等原因造成的,产品的生产者、销售者不承担侵权责任。

Di Sanshiba Tiao Yin chanpin de shuoming cuowu, zaocheng renshen, caichan sunhai de, chanpin de shengchanzhe, xiaoshouzhe yingdang chengdan liandai zeren, dan renshen, caichan sunhai shi youyu shouhairen shiyong budang deng yuanyin zaocheng de, chanpin de shengchanzhe, xiaoshouzhe bu chengdan qinquan zeren.

Article 38 If a product's faluty [inadequate] instructions for use causes bodily injury, or damage to property, the manufacturer and seller bear joint liability, but if bodily injury or property damage is due to misuse by the victim, the product manufacturer and seller does not bear tort liability.

第三十九条 因产品缺陷严重威胁使用者或者第三人的人身、财产安全的,使用者或者第三人有权要求生产者、销售者承担消除危险、排除妨碍等侵权责任。

Di Sanshijiu Tiao Yin chanpin quexian yanzhong weixie shiyongzhe huozhe disanren de renshen, caichan anquan de, shiyongzhe huozhe disanren youquan yaoqiu shengchanzhe, xiaoshouzhe chengdan xiaochu weixian, paichu fang'ai deng qinquan zeren.

Article 39 If a product defect threatens serious harm to a user's or third party's personal safety or property, then the user or third party has the right to demand the manufacturer, seller or third party bear the burden of eliminating the danger, removing the obstacle, etc.

第四十条 因运输者、仓储者等第三人的过错导致产品存在缺陷,造成人身、财产损害的,产品的生产者、销售者赔偿后,有权向第三人追偿。

Di Sishi Tiao Yin yunshuzhe, cangchuzhe deng disanren de guocuo daozhi chanpin cunzai quexian, zaocheng renshen, caichan sunhai de, chanpin de shengchanzhe, xiaoshouzhe peichang hou, youquan xiang disanren zhuichang.

Article 40 In the case of a transporter or warehouseman, or other third party's fault causing a product to have a defect, which causes bodily injury or property damage, the product manufacturer, or seller, after paying compensation, has the right to demand the third party reimburse the cost.

第七章 高度危险作业责任
Di Qi Zhang Gaodu Weixian Zuoye Zeren
Chapter VII Liability for Ultrahazardous Activity

第四十一条 从事高空、高压、易燃、易爆、剧毒、放射性等对周围环境有高度危险的作业造成他人损害的,应当承担侵权责任。如果能够证明损害是由于受害人故意或者不可抗力造成的,不承担侵权责任。

Di Sishiyi Tiao Congshi gaokong, gaoya, yiran, yibao, judu, fangshexing deng dui zhouwei huanjing you gaodu weixian de zuoye zaocheng taren sunhai de, yingdang chengdan qin(g)quan zeren. Ruguo nenggou zhengming sunhai shi youyu shouhairen guyi huozhe bukekangli zaocheng de, bu chengdan qinquan zeren.

Article 41 If one injures another by engaging in activity involving work at a height, high voltage, highly combustible materials, explosives, radiation, or the like which is highly dangerous to the surroundings, he shall bear tort liability. But if it can be proven that the damage is due to the victim's intentional act or is caused by force majeure [an irresistible force], tort liability shall not be imposed.

第四十二条 航天器、航空器在运行中造成他人损害的,航天器、航空器的作业人应当承担侵权责任,但航天器、航空器的作业人能够证明损害是由于受害人故意造成的,不承担侵权责任。

Di Sishi'er Tiao Hangtianqi, hangkongqi zai yunxing zhong zaocheng taren sunhai de, hangtianqi, hangkongqi de zuoyeren yingdang chengdan qinquan zeren, dan hangkongqi, hangtianqi de zuoyeren nenggou zhengming sunhai shi youyu shouhairen guyi zaocheng de, bu chengdan qinquan zeren.

Article 42 If during operation, a spacecraft or aircraft causes damage to another, the operator [of the aircraft or spacecraft] shall bear tort liability. But if the operator can prove that the damage is due to the intentional act of the victim, the operator shall not bear tort liability.

第四十三条 核设施中[的]以及为核设施运输的核燃料、核废料及其他核物质,因其放射性、剧毒性、爆炸性或者其他危害性,造成他人损害的,核设施的所有人或者国家授权的经营人应当承担侵权责任,但核设施的所有人或者国家授权的经营人能够证明损害是由于受害人故意造成的,不承担侵权责任。

Di Sishisan Tiao Hesheshi zhong yiji wei hesheshi yunshu de he ranliao, he feiliao ji qita hewuzhi, yin qi fangshexing, juduxing, baozhaxing huozhe qita weihaixing, zaocheng taren sunhai de, he sheshi de suoyouren huozhe guojia shouquan de jingyingren yingdang chengdan qinquan zeren, dan he sheshi de suoyouren huozhe guojia shouquan de jingyingren nenggou zhengming sunhai shi youyu shouhairen guyi zaocheng de, bu chengdan qinquan zeren.

Article 43 If in the operation of a nuclear facility, or in transport, nuclear fuel, nuclear waste or other nuclear materials, cause injury to others due to their radioactivity, toxicity, explosive, or other hazards, the owner or government licensed [authorized] nuclear facility manager shall bear tort liability; but if the owner or manager can show that the injury is due to the victim's intentional conduct, then tort liability will not be imposed [on the owner or manager].

第四十四条 以高压制造、储藏、运送电力、液体、煤气,蒸汽等,因高压作用造成他人损害的,其所有人、占有人或者管理人应当承担侵权责任,但所有人、占有人或者管理人如果能够证明损害是由于受害人故意或者不可抗力造成的,不承担侵权责任。

Desishisi Tiao Yi gaoya zhizao, chucang, yunsong dianli, yeti, meiqi, zhengqi deng, yin gaoya zuoyong zaocheng taren sunhai de, qi suoyouren, zhanyouren huozhe guanliren yingdang chengdan qinquan zeren, dan souyouren, zhanyouren huozhe guanliren nenggou zhengming sunhai shi youyu shouhairen guyi huozhe bukekangli zaocheng de, bu chengdan qinquan zeren.

Article 44 If the manufacture, storage, or transport of electricity, liquid, gas or steam, because of the high power they contain, causes harm to another, the owner, person in possession, or manager shall bear tort liability. But if the owner, possessor, or manager can show the damage is due to the victim's intentional act, or that its cause is force majeure, then tort liability shall not be imposed.

第四十五条 制造、加工、使用、利用易燃、易爆、剧毒、放射性等高度危险物,因物的危险性质造成他人损害的,其所有人、占有人或者管理人应当承担侵权责任,但其所有人、占有人或者管理人如果能够证明损害是由于受害人故意或者不可抗力造成的,不承担侵权责任。

Di Sishiwu Tiao Zhizao, jiagong, shiyong, liyong yiran, yibao, judu, fangshexing deng gaodu weixianwu, yin wu de weixian xingzhi zaocheng taren sunhai de, qi suoyouren, zhanyouren huozhe guanliren yingdang chengdan qinquan zeren, dan qi suoyouren, zhanyouren huozhe guanliren nenggou zhengming gai sunhai shi youyu shouhairen guyi huozhe bukekangli zaocheng de, bu chengdan qinquan zeren.

Article 45 If manufacturing, processing, use, or employment of combustible, explosive, toxic, radioactive things of great danger, which because of their hazardous character cause injury to another, the owner, possessor, or manager shall bear tort liability; but if that owner, possessor, or manager can prove/show the injury is due to the victim's intentional act or to force majeure, he shall not bear tort liability.

第四十六条 在所有人、占有人或者管理人之间运输的易燃、易爆、剧毒、放射性等高度危险物,因物的危险性质造成他人损害的,所有人、占有人或者管理人应当向受害人承担连带责任。实际承担责任的一方可以依据合同法关于风险负担的规定,向另一方追偿。

对运输中高度危险物因其危险性质造成的损害,运送人如果不能证明自己对损害的发生没有过错的,应当承担连带责任。

Di Sishiliu Tiao Zai suoyouren, zhanyouren huozhe guanliren zhijian yunshu de yiran, yibao, judu, fangshexing deng gaodu weixianwu, yin wu de weixian xingzhi zaocheng taren suhai de, suogyouren, zhanyouren huozhe guanliren yingdang xiang shouhairen chengdan liandai zeren. Shiji chengdan zeren de yifang keyi genju hetongfa guanyu fengxian fudan de guiding, xiang ling yifang zuichang.

Dui yunshu zhong de gaodu weixianwu yin qi weixian xingzhi zaocheng de sunhai, yunsongren ruguo bu neng zhengming ziyi dui sunhai de fasheng meiyou guocuo de, yingdang chengdan liandai zeren.

Article 46 Among owner, possessor, or manager transporting combustibles, explosives, poisons, radioactive material and other things of highly dangerous nature, if due to the matter's dangerous nature damage is caused to another, the owner, possessor, or manager shall bear joint tort liability. On the basis of principles in the law of contract regarding the bearing of risk, any party who actually satisfies the liability, may recover compensation from other parties.

If an ultra hazardous material, due to its dangerous character, causes damage while in transport, a transporter who cannot show himself to be without fault in the occurrence of the injury shall bear joint tort liability.

第四十七条 未进行使用,仅由自己占有中的易燃、易爆、剧毒、放射性等高度危险物放射性等高度危险物因其危险性质造成他人损害的,物的所有人应当承担侵权责任。

未进行使用,交由他人储藏中的易燃、易爆、剧毒、放射性等高度危险物因其危险性质造成他人损害的,物的仓储人和所有人应当承担连带责任。

不同所有人的高度危险物储藏在一处,因其危险性质造成他人损害的,如不能证明损害不是由于自己的物品造成的,仓储人与各所有人应当承担连带责任。

Di Sishiqi Tiao Wei jinxing shiyong, jin you ziji zhanyou zhong de yiran, yibao, judu, fangshexing deng gaodu weixianwu yin qi weixian xingzhi zaocheng taren sunhai de, wu de suoyouren yingdang chengdan qinquan zeren.

Wei jinxing shiyong, jiao you taren chucang zhong de yiran, yibao, judu, fangshexing deng gaodu weixianwu yin qi weixian xingzhi zaocheng taren sunhai de, wu de cangchuren he suoyouren yingdang chengdan liandai zeren.

Butong suoyouren de gaodu weixian wu chucang zai yichu, yin qi weixian xingzhi zaocheng taren sunhai de, ru buneng zhengming sunhai bushi youyu ziji de wuping zaochengde, cangchuren yu ge suoyouren chengdan liandai zeren.

Article 47 When not in use, but while in possession of combustibles, explosive, toxic, radioactive, etc. highly dangerous materials, that dangerous character does harm to another the material's owner shall bear tort liability.

When not in use, but another stores combustibles, explosives, toxics, radioactive and other such highly dangerous matter, which because of its dangerous character causes damage, the warehouseman/bailee and the owner shall bear joint liability.

If different owners store highly dangerous materials at the same place, which, because of their dangerous character cause injury to another, and one cannot show that the damage is not due to his own product, the warehouseman/bailee and the owner shall each bear joint liability.

第四十八条 列车在运行中造成他人损害的,列车作业人应当承担侵权责任,但能够证明损害是由于受害人的故意或者不可抗力造成的,不承担侵权责任;列车作业人能够证明受害人对损害的发生有过失的,应当减轻其侵权责任。

Di Sishiba Tiao Lieche zai yunxing zhong zaocheng taren sunhai de, lieche zuoyeren yingdang chengdan qinquan zeren, dan nenggou zhengming sunhai shi youyu shouhairen de guyi huozhe bukekangli zaocheng de, bu chengdan qinquan zeren; lieche zuoyeren nenggou zhengming shouhairen dui sunhai de fangsheng you guoshi de, yingdang jianqing qi qinquan zeren.

Article 48 If a train while in operation causes injury to another, the train operator shall bear tort liability. But if the operator can show that the injury is due to the victim's intentional conduct or by force majeure (irresistible force), it shall not bear tort liability; if the train operator can show that the injury to the victim occurred due to his fault, the operator's liability shall be reduced or mitigated.

第四十九条 由于第三人的过错导致高度危险作业对他人造成损害的,高度危险的作业人赔偿后,有权向第三人追偿。

Di Sishijiu Tiao Youyu disanren de guocuo daozhi gaodu weixian zuoye dui taren zaocheng sunhai de, gaodu weixian de zuoyeren peichang hou, you quan xiang disanren zhuichang.

Article 49 In case a third party's fault results in an ultra hazardous materials use/employment causing injury to another, the ultra hazardous material operator, after paying compensation, has the right of recoupment (indemnification) from the third party.

第五十条 遗失的高度危险物因其危险性质造成他人损害的,由其所有人或者遗失人承担侵权责任。

被抛弃的高度危险物因其危险性质造成他人损害的,由其原所有人或者抛弃人承担侵权责任。

Di Wushi Tiao Yishi de gaodu weixianwu yin qi weixianxing zhi zaocheng taren sunhai de, you qi suoyouren huozhe yishiren chengdan qinquan zeren.

Bei paoqi de gaodu weixianwu yin qi weixian xingzhi zaocheng taren sunhai de, you qi yuan suoyouren huozhe paoqiren chengdan qinquan zeren.

Article 50 If abandoned or lost ultrahzardous material due to its hazardous nature causes injury to another, the owner or the one who abandoned it bears tort liability.

If abandoned ultra-hazardous material due to its dangerous character causes injury to another, the original owner or one who lost it bears tort liability.

第五十一条 非法占有的高度危险物造成他人损害的,由非法占有人承担侵权责任。该物的所有人不能证明自己对防止他人非法占有高度危险物尽到高度注意义务的,应当承担补充赔偿责任。

Di Wushiyi Tiao Feifa zhanyou de gaodu weixianwu zaocheng taren sunhai de, you feifa zhanyouren chengdan qinquan zeren. Gai wu de suoyouren buneng zhengming ziji dui fangzhi taren feifa zhanyou gaodu weixianwu jindao gaodu zhuyi yiwu de, yingdang chengdan buchong peichang zeren.

Article 51 In case of unlawful possession of ultra-hazardous material which causes injury to another, liability shall be borne by the one who unlawfully possesses the material. If the material's owner cannot show that he himself fulfilled the obligation to [safeguard the material by] prevent[ing] unlawful possession, he shall bear the responsiblility for the banlance of the compensation owed.

第五十二条 在依法划定的高度危险活动区域或者高度危险物存放区域内，他人未经许可进入该区域受到损害，高度危险的作业人采取足够安全措施尽到充分的警示、保护义务的，高度危险作业人对受害人在该区域内所遭受的损害不承担侵权责任。

Di Wushi'er Tiao Zai yifa huading de gaodu weixian huodong quyu huozhe gaodu weixianwu cunfang quyu nei, taren weijing xuke jinru gai quyu shoudao sunhai, gaodu weixian de zuoyeren caiqu zugou anquan cuoshi jindao chongfen de jingshi, baohu yiwu de, gaodu weixian zuoyeren dui shouhairen zai gai quyu nei suo zaoshou de sunhai bu chengdan qinquan zeren.

Article 52 If in a legal area for ultrahazardous activities or storage of hazardous materials, someone without permission enters that (hard hat area) workzone and suffers injury, and the area or facility operator took sufficient safety measures (precautions) to warn and protect others, the operator, does not bear tort liability for the injuries suffered by the victim in that zone.

第八章 动物致人损害责任

Di Ba Zhang Dongwu Zhi Ren Sunhai Zeren

Chapter VIII Liability for Damages Caused by Animals

第五十三条 饲养的动物造成他人损害的，动物饲养人或者管理人应当承担侵权责任,但动物饲养人或者管理人能够证明损害是由于受害人的过错造成的除外。由于第三人的过错造成损害的,第三人应当承担侵权责任。

Di Wushisan Tiao Siyang de dongwu zaocheng taren sunhai de, dongwu siyangren huozhe guanliren yingdang chengdan qinquan zeren, dan dongwu siyangren huozhe guanliren nenggou zhengming sunhai shi youyu shouhairen de guocuo zaocheng de chuwai. Youyu disanren de guocuo zaocheng sunhai de, disanren yingdang chengdan qinquan zeren.

Article 53 If a domesticated animal causes harm to someone, the animal's keeper or manager shall bear tort liability, except that if the keeper or manager can show that the injury is due to the victim's fault, or if due to a third person's fault which causes injury, the third party shall bear tort liability.

第五十四条 自然保护区内的野生动物造成他人损害的,由管理单位承担赔偿责任,但管理单位能够证明损害是由于受害人的过错造成的除外。由于第三人的过错造成损害的,第三人应当承担侵权责任。

Di Wushisi Tiao Ziran baohuqu nei de yesheng dongwu zaocheng taren sunhai de, you guanli danwei chengdan peichang zeren, dan guanli danwei nenggou zhengming sunhai shi youyu shouhairen de guocuo zaocheng de chuwai. Youyu disanren de guocuo zaocheng sunhai de, disanren yingdang chengdan qinquan zeren.

Article 54 If a wild animal in a wildlife/nature reservation causes injury to someone, the managing agency bears the obligation to compensate the victim, except if the agency can show the injury is due to the victim's fault. If a third party's fault causes harm that the party shall bear liability.

第九章　物件致人损害责任

Di Jiu Zhang　Wujian Zhi Ren Sunhai Zeren

Chapter IX　Liability for Damages Caused by Objects

第五十五条 建筑物或者其他设施以及建筑物上的搁置物、悬挂物发生倒塌、脱落、坠落情形造成他人损害的，它的所有人或者管理人应当承担侵权责任，但能够证明自己没有过错的除外。

Di Wushiwu Tiao Jianzhuwu huozhe qita sheshi yiji jianzhuwu shang de gezhiwu, xuanguawu fasheng daota, tuoluo, zhuiluo qingxing zaocheng taren sunhai de, ta de suoyouren huozhe guanliren yingdang chengdan qinquan zeren, dan nenggou zhengming ziji meiyou guozuo de chuwai.

Article 55 If a building or any other installation, or any fixture or hanging thing collapses, or comes loose, or falls down, causing injury to another, its owner or manager shall bears tort liability, unless he can show himself to be without fault.

第五十六条 从建筑物中抛掷的物品或者从建筑物上脱落、坠落的物品致人损害，不能确定具体的侵权人的，由该建筑物的全体使用人承担侵权责任，但使用人能够证明自己不是具体侵权人的除外。

Di Wushiliu Tiao Cong jianzhuwu zhong paozhi de wupin huozhe cong jianzhuwu shang tuoluo, zhuiluo de wupin zhiren sunhai, buneng queding juti de qinquanren de, you gai jianzhuwu de quanti shiyongren chengdan qinquan zeren, dan shiyongren nenggou zhengming ziji bushi qinuanren de chuwai.

Article 56 If an object thrown from within a building or something hanging on a building comes loose, or falls off, causing personal injury, and one cannot determine the specific wrongdoer/tortfeasor, then every user/occupant of the building shall bear tort liability, excerpt if a user/occupant can show that he himself is not a wrongdoer.

第五十七条 堆放物倒塌造成他人损害，堆放人不能证明自己堆放物品时尽到合理的注意义务或者对堆放物履行管理义务的，堆放人应当承担侵权责任。

Di Wushiqi Tiao Duifangwu daota zaocheng taren sunhai, duifangren buneng zhengming ziji duifang wupin shi jindao heli de zhuyi yiwu huozhe dui duifangwu lvxing guanli yiwu de, duifangren yingdang chengdan qinquan zeren.

Article 57 If the collapse of a stack causes injury to another, and the stacker cannot prove 1) that he took [exhausted] all reasonable care when stacking the material, or 2) that he executed the management duties, the stacker shall bear tort liability.

第五十八条 在公共通道上设置妨碍通行的障碍物造成他人损害的,设置人应当承担侵权责任。

Di Wushiba Tiao Zai gonggong tongdao shang shezhi fang'ai tongxing de zhang'aiwu zaocheng taren sunhai de, shezhiren yingdang chengdan qinquan zeren.

Article 58 If someone places an obstacle on a public way, causing injury [harm] to another, the one who placed the obstacle shall bear tort liability.

第五十九条 因林木折断、果实坠落造成他人损害,林木、果树的所有人或者管理人不能证明自己没有过错的,应当承担侵权责任。

Di Wushijiu Tiao Yin linmu zheduan, guoshi zhuiluo zaocheng taren sunhai, linmu, guoshu de suoyouren huozhe guanliren buneng zhengming ziji meiyou guocuo de, yingdang chengdan qinquan zeren.

Article 59 If a tree [or branch] breaks, or fruit falls, causing injury to another, the tree or fruit tree owner or manager who cannot show he is without fault shall bear tort liability.

第六十条 在公共场所、道旁或者通道上挖坑、修缮、安装地下设施等,没有设置明显标志和采取安全措施造成他人损害的,施工人应当承担侵权责任。

因井等地下设施造成他人损害,地下设施的管理人不能证明自己尽到管理义务的,应当承担侵权责任。

Di Liushi Tiao Zai gongong changsuo, daopang huozhe tongdao shang wakeng, xiushan, anzhuang dixia sheshi deng, meiyou shezhi mingxian biaozhi he caiqu anquan cuoshi zaocheng taren sunhai de, shigongren yingdang chengdan qinquan zeren

Yin jing deng dixia sheshi zaocheng taren sunhai, dixia sheshi de guanliren buneng zhengming ziji jindao guanli yiwu de, yingdang chengdan qinquan zeren.

Article 60 If in a public place, on the wayside, or thoroughfare one digs, makes repairs, installs underground equipment, etc. without warning clearly by signs or taking safety measures, causing harm to another, the worker shall bear tort liability.

If operations in underground facilities cause harm to another, and the below ground facility manager cannot prove himself to have met his management duties, he shall bear tort liability.

第十章　有关侵权责任主体的特殊规定

Di Shi Zhang　Youguan Qinquan Zeren Zhuti de Teshu Guiding

Chapter X　Special Provisions regarding the Subject of Tort Liability

第六十一条　无民事行为能力人、限制民事行为能力人造成他人损害的,由监护人承担侵权责任。

有财产的无民事行为能力人、限制民事行为能力人造成他人损害的,从本人的财产中支付赔偿费用。不足部分,由监护人赔偿。

Di Liushiyi Tiao　Wu minshi xingwei nengli ren, xianzhi minshi xingwei nengli ren zaocheng taren sunhai de, you jianhuren chengdan qinquan zeren.

You caichan de wu minshi xingwei nengli ren, xianzhi minshi xingwei nengli ren zaocheng taren sunhai de, cong benren caichan zhong zhifu peichang feiyong. Buzu bufen, you jianhuren peichang.

Article 61　If a person without legal capacity, or with restricted legal capacity, causes harm to another, the guardian shall bear tort liability.

If a person without legal capacity or with restricted legal capacity who has assets causes harm, he shall pay costs from those assets. Any deficiency shall be satisfied by the guardian.

第六十二条　法人的工作人员因执行职务侵害他人人身、财产的,法人应当承担侵权责任。

法人赔偿后,可以向对造成损害有过错的工作人员追偿。

Di Liushier Tiao　Faren de gongzuo renyuan yin zhixing zhiwu qinhai taren renshen, caichan de, faren yingdang chengdan qinquan zeren.

Faren peichang hou, keyi xiang dui zaocheng sunhai you guocuo de gongzuorenyuan zhuichang.

Article 62 If a legal person's staff, in carrying out duties, harm another physically, or in his property, the legal person shall bear tort liability.

After paying compensation, the legal person can pursue compensation from the employees whose fault caused the harm.

第六十三条 网站经营者明知网络用户通过该网站实施侵权行为,或者经权利人提出警告,仍不采取删除侵权内容等措施消除侵权后果的,网站经营者与该网络用户承担连带责任.

Di Liushisan Tiao Wangzhan jingyingzhe mingzhi wangluo yonghu tongguo gai wangzhan shishi qinquan xingwei, huozhe jing quanliren tichu jinggao, reng bu caiqu shanchu qinquan neirong deng cuoshi xiaochu qinquan houguo de, wangzhan jingyingzhe yu gai wangluo yonghu chengdan liandai zeren.

Article 63 If a website operator [permits and allows] an internet user to commit tortious acts, or if after being warned by a right holder the operator still does not take measures to eliminate the consequences of the wrongful act by taking measures such as removing the tortious content, then the website operator and the user of the site shall jointly bear tort liability.

第六十四条 权利人要求提供通过该网站实施侵权行为的网络用户的注册资料,网站经营者无正当理由拒绝提供的,应当承担相应的侵权责任。

Di Liushisi Tiao Quanliren yaoqiu tigong tongguo gai wangzhan shishi qinquan xingwei de wangluo yonghu de zhuce ziliao, wangzhan jingyingzhe wu zhengdang liyou jujue tigongde, yingdang chengdan xiangying de qinquan zeren.

Article 64 If a right holder demands an infringing website user's registration information, and the website operator without good cause refuses to provide the information, the operator shall bear related tort liability.

第六十五条 旅馆、银行的客户以及列车的乘客,在旅馆、银行、列车内受到他人侵害的,侵权人应当承担侵权责任。

在无法确认侵权人或者侵权人没有能力承担赔偿责任的情况下，旅馆、银行、列车的所有者或者经营者尽到保护义务的，不承担责任；未尽到保护义务的，应当承担补充赔偿责任。

Di Liushiwu Tiao Lvguan, yinhang de kehu yiji lieche de chengke, zai lvguan, yinhang, lieche nei shoudao taren qinhai de, qinquanren yingdang chengdan qinquan zeren.

Zai wufa queren qinquanren huozhe qinquanren meiyou nengli chengdan peichang zeren de qingkuang xia, lvguan, yinhang, lieche de suoyouzhe huozhe jingyingzhe jindao baohu yiwu de, bu chengdan zeren; wei jindao baohu yiwu de, yingdang chengdan buchong peichang zeren.

Article 65 If customers of an inn, a bank, or a train's passengers, at the inn, bank, or on the train suffer injury by another the tortfeasor shall bear tort liability.

In circumstances in which there is no way to identify the tortfeasor or the tortfeasor does not have the ability to bear compensation responsibility, if the inn, bank, or railroad owner or manager has fulfilled its safety obligations, it shall not bear tort liability; but it shall bear responsibility to make the victim whole if the obligation to protect the customer or passenger has not been fulfilled.

第六十六条 教唆他人实施侵权行为的人，为共同侵权人，应当承担连带责任。

教唆限制民事行为能力人实施侵权行为的人，为共同侵权人，应当承担主要责任，与限制民事行为能力人的监护人承担连带责任。

教唆无民事行为能力人实施侵权行为的人，为侵权人，应当承担侵权责任。

Di Liushiliu Tiao Jiaosuo taren shishi qinquan xingwei de ren, wei gongtong qinquanren, yingdang chengdan liandai zeren.

Jiaosuo xianzhi minshi xingwei nengli ren shishi qinquan xingwei de ren, wei gongtong qinquanren, yingdang chengdan zhuyao zeren, yu xianzhi minshi xingwei nengli ren de jianhuren chengdan liandai zeren.

Jiaosuo wu minshi xingwei nengli ren shishi qinquan xingwei de ren, wei qinquanren, yingdang chengdan qinquan zeren.

Article 66 One who instructs another to carry out a tortious act is a joint tortfeasor, and shall bear joint liability.

One who instructs a person of restricted legal capacity to carry out a tortious act is a joint tortfeasor and shall bear principal liability; if the person of restricted legal capacity has a guardian, he shall bear joint tort liability.

If one instructs a person without legal capacity to carry out a tortious act, he acts as a tortfeasor and shall bear tort liability.

第六十七条 二人以上同时实施同一种类的危险行为,其中一人或者数人的行为造成他人损害,行为人能够证明具体侵权人的,由该侵权人承担侵权责任;行为人不能证明具体侵权人的,行为人承担连带责任。

Di Liushiqi Tiao Erren yishang tongshi shishi tongyi zhonglei de qinquan weixianxingwei, qizhong yiren huozhe shuren de xingwei zaocheng taren qinghai, xingweiren nengguo zhengming juti qinuanren de, you gai qinquanren chengdan qinquan zeren; xingweiren buneng zhengming juti qinquanren de, xingweiren chengdan liandai zeren.

Article 67 If two or more persons together engage in the same kind of dangerous conduct, and between one or the others the conduct causes harm to another, the actors can show/prove the specific tortfeasor, the tortfeasor shall bear tort liability; if an actor cannot show who is the specific torfeasor, the actor shall bear joint liability.

第六十八条 二人以上因分别行为造成同一损害,能够确定责任大小的,应当各自承担相应的侵权责任;不能确定责任大小的,应当平均承担侵权责任。

Di Liushiba Tiao Erren yishang yin fenbie xingwei zaocheng tongyi sunhai, nenggou queding zeren daxiaode, yingdang gezi chengdan xiangying de qinquan zeren; buneng queding zeren daxiao de, yingdang pingjun chengdan qinquan zeren.

Article 68 If one or more persons' separate conduct causes the same harm, and one can determine the extent of the responsibility, each shall respectively bear proportionate tort liability; if one cannot show the specific extent they shall each bear the mean tort liability.

财产社会关系论*

〔美〕Stephen R. Munzer** 著

彭 浩*** 译 Wei GAO**** 校

内容提要：某些法律现实主义者(F.S. Cohen, Robert Hale)以及某些批判法律学者(Dunkan Kennedy, Joseph William Singer)认为财产是一组社会关系。这一独特的观点对财产的理解提供了或多或少有条理的视角。本文即是这些学派以外的人对此观点加以考察的最初尝试。这一视角既有见地也有缺点。其见地包括它使人们意识到市场、收入及财富的分配，特别是政府的规章或管理是如何以多种方式影响所有从事商务的人的。其突出缺点是，这一视角并未表明哪些社会关系构成或有助于构建财产。此外，这一视角经常建立在对强制、权力与自由的有瑕疵的分析之上。它关于自治及自我的观点也不令人完全满意。本文还在结尾处指出了这一视角与关于财产的政治自由主义理论(John Rawls, Jeremy Waldron 及 Stephen R. Munzer)之间的相似性及区别。

关键词：财产　权力　自治　自由主义　批判法律研究

Abstract: The view that property is a set of social relations is held by some

---

* 选自 Stephen R. Munzer, ed., *New Essays in the Legal and Political Theory of Property*, Cambridge: Cambridge University Press, 2001, pp. 36—75.

** Stephen R. Munzer 是加利福尼亚大学洛杉矶分校法学院的法学教授。其著述涉及法律及政治理论、生物技术以及宗教哲学。他还是 *A Theory of Property*(剑桥大学出版社,1990)一书的作者。我感谢 Toby Bordelon、Gary Chartier、William Fisher、J. W. Harris、Virginia Held、Emily Mah、Randall Peerenboom、J. E. Penner、Seana Shiffrin、Jeremy Waldron、一些匿名读者、我的同事和研修班学生以及法律与哲学讨论小组(Law and Philosophy Discussion Group)成员的有益意见。

*** 汉坤律师事务所合伙人。

**** 加利福尼亚大学洛杉矶分校法学院学生。

Legal Realists (F.S. Cohen, Robert Hale) and some Critical Legal Scholars (Duncan Kennedy, Joseph William Singer). This article is the first effort by someone outside these schools to examine property as social relations as a distinctive and more or less coherent perspective on property. This perspective has both insights and flaws. The insights include an awareness of the many ways in which market forces, the distribution of income and wealth, and especially government regulation affect all who engage in commercial transactions. A salient flaw is that this perspective does not show which social relations are, or help to constitute, property. In addition, the social-relations perspective frequently rests on flawed accounts of coercion, power, and freedom. It also often adopts unsatisfactory positions on autonomy and the self. This article concludes by pointing out the similarities and differences between the social-relations perspective on property on the one hand and political-liberal theories of property (John Rawls, Jeremy Waldron, and Stephen R. Munzer) on the other hand.

Key Words: Property, Power, Autonomy, Liberalism, Critical Legal Studies

一、引　言

本文考察了法律和政治理论中将财产关系视为一组社会关系的学说——或者,简而言之,即财产为社会关系。这一主题并非 Hohfeld-Honoré 的正统理论,即将财产权当作人与人之间关于物的法律关系的一个重要子集。①相反,本文的主题是关于这一观点,既最好将财产视为人与人之间关于物的社会关系。在法

① 参见 Wesley Newcomb Hohfeld, *Fundamental Legal Conceptions as Applied in Judicial Reasoning*, ed. Walter W. Cook and forword by Arthur L. Corbin, Westport. Conn.: Greenwood Press, 1978[1919]; A.M. Honoré, "Ownership," *in* A.G. Guest, ed., *Oxford Essays in Jurisprudence*, Oxford: Clarendon Press, 1961, pp.107—147. Versions of the orthodoxy include Lawrence C. Becker, *Property Rights: Philosophic Foundations*, London, Henley and Boston: Routledge & Kegan Paul, 1977, pp.7—23.

律现实主义者中,*Felix* S. *Cohen*[①]和 *Robert* L. *Hale*[②]以及其他一些人持有此种关于财产的观点。在批判法律研究中, Duncan Kennedy[③] 和 Joseph William Singer[④],以及其他一些人,采取这一有关财产的学说。加拿大政治理论家 C. B. Macpherson 和 Jennifer Nedelsky 也持有财产即为社会关系的观点。[⑤]在下文中,我同等地使用关于财产为社会关系的"学说(approaches)"和关于财产为社会关系的"观点(views)"。

我试图通过考察这一社会关系观点来填补现存有关财产理论的文献中的空白。这一观点几乎完全为自由主义者、传统马克思主义者以及各种政治派别的分析哲学家所忽略。与此同时,后来当今的法律现实主义者以及批判法律研究的拥护者很少能以一种富有成果的方式引起偶尔与其他有关财产的理论学派的

① 参见 Felix S. Cohen, "Dialogue on Private Property," *in Rutgers Law Review*, 9 (1954), pp. 357—387.

② 例如 Robert L. Hale, "Bargaining, Duress, and Economic Liberty," *in Columbia Law Review*, 43 (1943), pp. 603—628; Robert L. Hale, "Coercion and Distribution in a Supposedly Non-Coercive State," *in Political Science Quarterly*, 38 (1923), pp. 470—94.

③ 参见 Duncan Kennedy, "The Stakes of Law, or Hale and Foucault!," *in Legal Studies Forum*, 15 (1991), pp. 327—365 (下文中简称"Hale 与 Foucault"). 经非常微小的修改后再版于 Duncan Kennedy, *Sexy Dressing Etc.*, Cambridge, Mass. and London: Harvard University Press, 1993, pp. 83—125. 页码分别参见原版及再版的版本,以斜线隔开。如果语言上不同,我引用再版的文章。

④ Joseph William Singer, *Property Law: Rules, Policies, and Practices*, New York: Aspen Law & Business, 1997, 2nd ed., pp. 20—23; Joseph William Singer, "The Legal Rights Debat in Analytical Jurisprudence from Bentham to Hohfeld," *in Wisconsin Law Review* (1982), pp. 975—1059; Joseph William Singer, "The Reliance Interest in Property," *in Stanford Law Review*, 40 (1988), pp. 611—751 (以下简称"Reliance Interest"); Joseph William Singer, "Re-Reading Property," *in New England Law Review*, 26 (1992), pp. 711—729; Joseph William Singer and Jack M. Beermann, "The Social Origins of Property," *in Canadian Journal of Law and Jurisprudence*, 6 (1993), pp. 217—48; Joseph William Singer, "Sovereignty and Property," *in Northwestern University Law Review*, 86 (1991), pp. 1—56.

⑤ 例如 C. B. Macpherson, "The Meaning of Property" and "Liberal-Democracy and Property," *in* C. B. Macpherson, ed., *Property: Mainstream and Critical Positions*, Toronto and Buffalo: University of Toronto Press, 1978, pp. 1—13, 199—207; C. B. Macpherson, "Capitalism and the Changing Concept of Property," *in* Eugene Kamenka and R. S. Neale, eds., *Feudalism, Capitalism and Beyond*, Canberra: Australian National University Press, 1975, pp. 104—124; Jennifer Nedelsky, "Law, Boundaries, and the Bounded Self," *in Representations*, 30 (Spring 1990), pp. 162—189.

注意并产生成效学说交战。[①] 一名该学科领域内的人类学家也许会得出这样的结论,即关于财产社会关系论者以及与之竞争的财产理论者很大程度上各行其是,未曾时常努力考察对方的成果以寻求理解及批判。[②]

本文结构如下:第二节更为详细地描述了社会关系学说。第三节指出社会关系观点中修正财产概念与攻击财产的合理性之间的一处模棱两可之处。第四节考察强制(coercion)、权力与自由之间的联系。在第四节考察的基础上,第五节研究了数种有关自治(autonomy)以及自我的本质(the nature of the self)的观点。然后第六节解决一些关于社会关系的性质及其在财产中的作用的重要问题。第七节试图在社会关系观点和某种政治自由主义之间建立和解。第八节指出财产社会关系论者将来发展其观点可能会处理的一些关键问题。

我的目标不仅在于批判地评价而且在于探索可能的共同观点。财产社会关系论观点中确实存在不少可批判之处。它们常常建立在有缺陷的关于强制、权力和自由的分析之上。它们不时采取不令人满意的有关自治和自我的观点。最为严重的是,它们未能充分地分析何种社会关系构成或有助于构建财产。

社会关系观点也产生了一些有洞察力的见解。它们阐明了市场、收入和财富的分配以及政府规章或管理是如何以多种方式影响产品和服务的购买者和出售者的。它们注意到了个人和政府之间力量的不同。最为重要的是,它们使人理解到国家并不是中立的,因为国家确立并强迫执行财产及契约的权利。

本文必须保持一种微妙的平衡。一方面,财产社会关系论的大背景必须一直牢记在心。否则就会一叶障目不见森林。另一方面,依赖于某些人可能会认为是典型的财产社会关系论的某一版本或某些混合的版本是错误的。因此,仔细地探察思想家个人的著述很重要,即使冒着被指责为追寻皮毛的风险。

---

① 例外包括 Duncan and Frank Michelman, "Are Property and Contract Efficient?," *in Hofstra Law Review*, 8 (1980), pp.711—770,其考察了法律与经济学学说;以及 Singer, "The Legal Rights Debate in Analytical Jurisprudence from Bentham to Hohfeld,"虽然其没有研究源于其他传统的规范性理论,但其研究了哲学家们重视的关于法律权利的理论家。

② 本文取代了 Stephen R. Munzer, "The Special Case of Property Rights in Umbilical Cord Blood for Transplantation," *in Rutgers Law Review*, 51 (1999), pp.493—568(以下简称"Special Case")一文中第562—568 页关于社会关系学说的评论。

二、作为社会关系的财产纲要

起源和发展。为使本文易于理解,我首先概括置于财产社会关系论这一论题下的各种观点。这一学说起源于20世纪初的法律现实主义运动。这一运动反对将法律描绘为法官几乎机械地将一套清晰的正式规则适用于事实,从而得出个别案件的判决。法律现实主义者在不同程度上怀疑法律规则的清晰性、对事实的认知以及法官在没有将道德、政治和社会价值注入其对法律和事实的诠释的情况下得出判决的能力。有影响的法律现实主义者包括 Karl Llewellyn、Jerome Frank、Morris R. Cohen、Felix S. Cohen 以及 Hale。

就财产而言,Cohen 一家占据着特殊的位置。Morris Cohen 有影响的论文"Property and Sovereignty"将与财产拥有相关的权力比作主权。①他提议,不同种类的财产要求不同的正当理由,就像对财产的拥有赋予了主权,财产的正当理由应当类似于主权的正当理由。Felix Cohen 的论文"Dialogue on Private Property"再现了苏格拉底式的交流,参与者试图就私有财产的定义达成一致。就我所知,他是第一位使用"作为社会关系的财产"这一短语的作者。②

Hale 受过律师和经济学家的教育。在其事业的不同时点,他曾任教于哥伦比亚大学法学院和经济学系。作为法律现实主义者,Hale 缺乏 Llewellyn 和 Frank 的杰出名声,不过作为经济学家,他所受的训练足以与当时的正统经济学相较量。Hale 的著述不仅涉及财产与经济学,而且涉及公用设施收费费率这一(沉闷)主题。他批判性地评价了当时占有主导地位的新古典主义经济学说和市场论。他的作品影响了 Kennedy、Singer 及其他批判法律学者,正是他们在一定程度重新唤起了对 Hale 文集的兴趣。③

Kennedy 是批判法律研究的奠基者,他的许多论文影响了一代纯理论式律

---

① Morris R. Cohen, "Property and Sovereignty," *in Cornell Law Quarterly*, 13 (1927), pp. 8—30.

② Cohen, "Dialogue on Private Property," at 361.

③ Barbara H. Fried, *The Progressive Assault on Laissez Faire*: *Robert Hale and the First Law and Economics Movement*, Cambridge, Mass. and London: Harvard University Press, 1998。该著作的研究是很出色的。

师中的重要一群。在本文中讨论 Kennedy 的作品起初可能看起来奇怪,因为 Kennedy 并无清晰表达的财产理论。但是,Kennedy 关于 Hale 和 Foucault 的论文借助 Foucault 对于权力的分析,发展了 Hale 关于强制的论述,而对于强制和权力的分析是关于财产的社会关系观点的根本。而且,Kennedy 是法律和经济学坚持不懈的评论家。① 他的批评增进了人们对于财产社会关系论的思想者是如何反对对财产进行法律和经济学分析方法的理解。

Singer 不同于 Kennedy,他是理论的建设者。他与众不同地诠释了法律现实主义及其与市场、法律和经济学以及某些形式的自由主义的关系。②在财产社会关系论的各类人物中,Singer 关于财产的著述最广泛、最系统。本文中即将展现,他的此类观点最为清晰。

在本文中占据重要地位的最后两位思想家既不是经济学家,也不是纯理论式的律师,而是政治理论家。他们都与批判法律研究没有直接联系。Macpherson 著有数本得到高度评价的政治哲学书籍以及多篇论文。③他特别强调用社会关系来修正对财产的理解的概念。Nedelsky 的有关美国宪法在麦迪逊主义视角下私有财产的性质的著作,拥有众多读者。④她对于自治和自我本质与财产的关系有独到的理解。

---

① 除前注引用的 Kennedy,"Hale and Foucault!";Duncan and Frank Michelman,"Are Property and Contract Efficient?";Singer,"The Legal Rights Debate in Analytical Jurisprudence from Bentham to Hohfeld"及后注引用的 Kennedy,"The Structure of Blackstone's Commentaries"外,参见 Duncan Kennedy,"Law-and-Economics from the Perspective of Critical Legal Studies," *in* Peter Newman, ed., *The New Palgrave Dictionary of Economics and the Law*, London: Macmillan Reference Limited, 1998, vol. 2, pp.465—74,以及书目中引用的 Kennedy 文章。

② 参见 Joseph William Singer,"Legal Realism Now," *in California Law Review*, 76 (1988), pp.465—544.

③ 参见 C.B. Macpherson, *The Political Theory of Possessive Individualism: Hobbes to Locke*, Oxford: Oxford University Press, 1962; C.B. Macpherson, *Democratic Theory: Essays in Retrieval*, Oxford: Clarendon Press, 1973;以及前注引用的 C.B. Macpherson,"The Meaning of Property" and "Liberal-Democracy and Property," *in* C.B. Macpherson, ed., *Property: Mainstream and Critical Positions*, Toronto and Buffalo: University of Toronto Press, 1978, pp.1—13, 199—207; C.B. Macpherson,"Capitalism and the Changing Concept of Property," *in* Eugene Kamenka and R.S. Neale, eds., *Feudalism, Capitalism and Beyond*, Canberra: Australian National University Press, 1975, pp.104—24; Jennifer Nedelsky,"Law, Boundaries, and the Bounded Self," *in Representations*, 30 (Spring 1990), pp.162—89.

④ 参见 Jennifer Nedelsky, *Private Property and the Limits of American Constitutionalism: The Madisonian Framework and Its Legacy*, Chicago and London: University of Chicago Press, 1990.

八个命题。财产社会关系论的观点也许与该理论的倡导者一样多,但是对其作一全面描述不无裨益。下述八个命题提供了一宽泛的描述。不过它们可作不同的阐释,并缺乏系统的表述——如果这种表述实际上是可能的话。赞同全部八个命题者拥有财产社会关系论的一套完整理论。赞同大部分命题者拥有财产社会关系论的一套理论。赞同其中数个命题但并不过于强烈地背离其他命题者支持作为财产社会关系论学说或财产社会关系论观点。在陈述每一命题后,我会解释接受这一命题如何可能与其他命题形成对照,以及如何可能对某些人有巨大吸引力。

1. 自我是非个人主义的,主要通过人类之间的各种社会关系来诠释

这一命题区别于多数自由主义者以及多数新古典法律和经济学学者的观点。它之所以吸引其他学者,部分是由于对于这些学者而言它看起来是真实的,部分是由于它为拒绝自由主义者以及法律和经济学学说的结论提供了基础。就财产社会关系论作者们提及自我的社会阐释而言,常常不清楚他们指的是每一特定的自我、自我的概念,抑或是在各种道德、政治或法律理论中对于自我的理解。

2. 社会关系范围包括与陌生人的短暂接触、市场交易和业务往来乃至亲密、持久的家庭内部关系

该命题构成财产不是或不仅是法律关系问题这一观点的起点。它吸引着那些相信法律最好不应被视为一套整齐有序和确定的规则的那些人。对社会关系的关注看来可证实财产法正处在变迁中且不确定,它为与法律规则导致的结果不同并在直观上更吸引人的诉讼结果提供了依据。例如,在 Local 1330, United Steel Workers of America v. United States Steel Corporation 一案中,钢铁公司计划关闭两家钢铁厂。原告请求判决公司或者维持钢铁厂的营运,或者将其出售给原告工会。法庭根据其对法律的理解,作出了对美国钢铁公司有利的裁判。Singer 的社会关系观点主张,在公司作为一方,工人、他们的家庭和城镇作为另一方,双方之间持久的相互依存关系赋予后者在工厂的财产权利。对该权利的认可会导致不同的诉讼结果。

3. 各种权利,包括财产权利,来自于社会关系

如果说关于权利和财产概念的分析法学看上去乏味甚至缺乏新意,而强调

社会关系对于权利和财产的相关性则似乎活跃和丰富了财产权利的研究。财产权利产生于社会关系不仅是个历史问题,而且是个规范性理论的问题。因此,采纳社会关系学说者倾向于批判建立在父权制、自然权利或遵从现状之上的对财产所作的保守的历史论述和古典分析。①

4. 权力的差异影响人类之间的关系以及由此产生的财产权

虽然一些其他学说认为现有的财产制度和分配或多或少是良性的,但权力在社会和经济生活中是无所不在的。财产是一个永恒的力量较量问题。因而正视权力(Kennedy)——或类似权力的强制(Hale 和 Singer)——的学者可能注意了其他人忽视或低估的一个现象。

5. 权力的差别和财产的分配使某些人能限制他人的自由,甚至强制他人

这一命题与大多数关于财产的自由主义学说相悖。②它还背离了有关财产(和契约)的自由市场模型,因为这些模型过度强调了据信是个人之间自愿产生的关系。但是,一位不那么偏激的理论家也会承认,财产法的规则限制了那些行为受其约束的当事人的自由。个人满足其偏好的能力部分取决于其拥有的权力和财产的数量。

6. 权力、强制以及很大程度上由社会建构的自我本质的存在,限制了被理解为高度个人主义自我管治(self-government)的自治(autonomy)的空间,虽然这一命题可能指向关于自我和自治的不同的分析

这一命题表明了在理解财产时有关自我和自治的角色的各种反差。这些反差的全部意义只有随着本文的展开才变得明显。就自我而言,财产社会关系论思想家区别于多数自由主义者以及视个人为理性的偏好满足最大化者的律师—经济学家们。他们还区别于,或至少看起来不同与于大多数的政治自由主义者之处在于,政治自由主义者据说对多重力量可能社会性地建构和影响自我的方式轻描淡写。

就自治而言,反差更为微妙。在当代政治理论中,政治自由主义者认为自治

① 例如 Duncan Kennedy, "The Structure of Blackstone's Commentaries," in *Buffalo Law Review*, 28 (1979), pp. 205—382.

② 我突出想到的自由主义是 Robert Nozick, *Anarchy*, *State*, *and Utopia*, New York: Basic Books, 1974, pp. 150—182 中的权利理论(entitlement theory)。还参见 Loren E. Lomasky, *Persons*, *Rights*, *and the Moral Community*, New York and Oxford: Oxford University Press, 1987, Ch. 6.

是有价值的和重要的。但是“自治”的含义如何？财产社会关系论思想家们拒绝简单地将自治草率地理解为自我管治。他们也注意远离将自治视为自我管治的心理能力的见解——该能力构成自治的道德权利的部分基础。在这一点上财产社会关系论思想家们有分歧。一些人似乎将自治视为虚幻之物或者也许根本不存在。其他人似乎视自治为复杂的、非个人主义的事物,涉及受到各种束缚的选择和产生于社会关系的公共约束。财产社会关系论的吸引力部分在于其关于自我和自治的见解,该见解在其倡导者看来,比与之竞争的自由主义者、律师—经济学家以及自由主义思想家们关于自我和自治的理解更为准确。

7. 国家并非中立的一方,因为它规定并强制执行财产权利

这一命题现在可能是乏味的,不过当法律现实主义者在20世纪上半叶提出时,它是非常新颖和有争议的。通常,对涉及财产和合同案件进行裁判的法官书写其意见的方式给人留下的印象是,得出的案件结果是不可避免的。例如,在 *Coppage v. Kansas* 案[①]中,最高法院判定雇主可以解雇试图成立员工联合会的工人。虽然最高法院承认雇主可能比雇员拥有更多财产权,不过它裁定：

除非所有财产都是共同拥有,一些人必定比他人有更多财产。既然这一点是不言自明的,那么支持契约自由和私有财产而不承认行使这些权利所必然造成的财富不均为合法是不可能的。[②]

法律现实主义者及其现在的继承者强调,在现行法律下法官可以基于社会关系而作出选择。与此相关, Morris R. Cohen 强调,……将所谓的劳动合同拟制为自由交易……模糊了在商业经济中财产作为主权权力的特性。实际上需要工作的钢铁工人或矿工几乎没有讨价还价的自由……[③]

况且,立法和行政部门在制定和执行有关财产和合同的法律时有选择的自由。做出这些选择时应当注意到受到影响的当事方之间的社会关系。

---

① 236 U.S. 1 (1915).

② 参见 Singer, “Reliance Interest”, at 614—623, 655—663, 701—749 及各处。还参见 *Hitchman Coal & Coke Co. v. Mitchell*, 245 U.S. 229 (1917)(禁止工会组织与雇主签订了以不加入工会为条件的雇佣契约的雇员)； *Adair v. United States*, 208 U.S. 161 (1908)(废除了宣告铁路公司解雇加入工会的雇员为非法的法令).

③ Cohen, “Property and Sovereignty”, at 12. 还参见 Fried, The Progressive Assault on Laissez Faire, pp. 29—107; Singer, “Legal Realism Now”, at 475—503.

8. 改革制度有时必须改变基本的财产法规则。

这一命题可以多种方式详细解释。其一是,修正现存的缺陷并不总是能够通过支付金钱来实现。Singer 关于 *United Steel Workers* 一案的论述并非赞同向雇员支付货币赔偿,而是支持在社会关系的基础上对现行法律进行变革,保持工厂营业或要求公司将工厂出售给雇员。另一评论者主张,财产法的改革是必需的,因为征税和转移支付的再分配方式"只满足预先存在的需要",而变革财产规则"能使人们再次处于容许更大自由的境地"。[①]这些主张似乎使社会关系观点显示出比很多形式的政治自由主义更为激进的倾向。

以上概括了财产社会关系论的八个命题。从概述中很明显地看出,这一主题由一系列不同但是相关的主张组成,这些主张将财产与社会力量的复杂情况(这些社会力量外在于自我,自我由这些社会力量构成)联系起来。在我讨论过的人物中, Singer 可能是唯一赞同这一套完整理论的。Nedelsky, 也许还有 Kennedy 和 Macpherson, 各自提出了财产社会关系论的一套理论。Hale 和 Felix S. Cohen 各自具有关于财产为社会关系的观点。我将他们挑选出来讨论,因为他们对列出的八个命题中的一个或多个提出了最引起争论的和最有影响的论述。我将主要的派生思想家作为背景,即使他们同意多数命题。[②] 对于一些作者,他们独创的和令人感兴趣的见解与财产社会关系论有些相似,但是引入共和党、实用主义者、女权主义者或批判种族理论的因素,或者其主要关注点在其他方面,我只是顺便提起。[③]

方法。其后的讨论是法律和政治理论而不是知识史。它不可避免地抹平了在本文所思考的观点的推导过程中的微妙之处——例如, Hegel 和 Marx 的贡

① "Distributive Liberty: A Relational Model of Freedom, Coercion, and Property Law," *in Harvard Law Review*, 107 (1994), pp.859—876, at 867.

② 正如本书简介(第 5 页脚注 13)中提到的,篇幅的限制阻止我讨论明显的非派生思想家,如 Seyla Benhabib, Carol C. Gould, Richard Dien Winfield 以及 Ross Zucker。

③ 例如 William W. Fisher III, "Restructing the Fair Use Doctrine," *in Harvard Law Review*, 101 (1988), pp.1659—1795, at 1744—1795; William H. Simon, "Social-Republican Property," *in UCLA Law Review*, 38 (1991), pp. 1335—1413; Patricia Williams, "Fetal Fictions: An Exploration of Property Archetypes in Racial and Gendered Contexts," *in Florida Law Review*, 42 (1990), pp.81—94. 至于 Margaret Jane Radin 的成果,我在 Munzer, "Special Case,"第 560—562 页以及 Stephen R. Munzer, "An Uneasy Case Against Property Rights in Body Parts," *in Social Philosophy & Policy*, 11, no.2 (Summer 1994), pp.259—286 第 263—266 与 270—271 页中几乎穷尽了我要表达的观点。

献,Cohen一家及其他人推翻19世纪和20世纪早期法律正统的具体方式,以及Hale,一位反叛的“进步”经济学家,作为批判法律研究的主要影响者的出现。由于篇幅所限,不能在上文的粗略勾勒之外对法律现实主义和批判法律研究进行描绘。

下文并未按顺序探讨每一命题。那样会难以置信地令人乏味,并且集中于相当抽象的命题可能在读者心理产生疑问,本文中所回顾的作者是否实际上赞同我所阐述的命题。所以,我谨慎地考虑了这些作者表述其思想的字句。因此,财产社会关系论的概要仅用作一般指南,本文探讨的每一位人物都有机会用其自己的字句发表意见。读者可能发现下述的结构有帮助作用。关于强制、权力及自由的第四节讨论了Hale和Kennedy(命题(3)、(4)、(5)和(7))。关于自我和自制的第五节涉及Felix S. Cohen、Kennedy及Nedelsky(命题(1)、(3)、(4)、(5)和(6))。第六节集中讨论了Kennedy和Singer(命题(1)至(8))。不过,首先有必要识别社会关系观点一处可能的含糊,并揭示它会导致一个容易纠正的问题。

三、识别一处反复出现的含糊

前述概要掩盖了一处可能的含糊:即社会关系观点是修正财产概念的一种尝试,抑或是对某些常见的有关财产合理性的抨击。实际上,虽然社会关系作家在这一点上似乎并不总是明确,但在不同时期,它们二者兼具。

一方面,财产社会关系理论有时显得是修正概念的:财产不是人们之间关于物的法律关系,而是社会关系。不过,从这一角度考虑,并不清楚,就定义财产而言,法律关系如果在社会中得到接受是否成为社会关系,以及全部或者仅某些社会关系构成或有助于构建财产权。

另一方面,财产社会关系理论有时似乎基于规范性理由抨击其他关于财产的理论。假定有人主张,私有财产是有益的,因为它促进个人的自治。一个可能的反驳是,对社会关系现实的关注表明前述命题是错误的。私有财产并未促进自治,因为也许并不存在可分的个人。或者,也许由于他人的权力和强制,可分的个人没有自治。或者,也许由于私有财产的不平等分配使某些人比他人有更多自治,而除非其在所有人之间产生平等的自治,私有财产的存在是不合理性的。

刚才描述的含糊很重要,未能注意到它会削弱某些财产社会关系论思想家的某些论点。例证之一是,Macpherson 对主要是一种对某物的排他性权利的财产概念的批评,以及提议的新的财产概念——即"对于一组社会关系的权利,对于某种社会的权利"。[①]但是 Macpherson 认为既存在善的社会关系也存在恶的社会关系,并试图调整财产的概念,使其仅包括善的社会关系。当财产的概念属于规范性的论争时,他因而恰到好处地处理了财产的概念。[②]

我此处观点只是,社会关系思想家必需清楚地表明他们在做什么。显然,任何理论家可以既主张对财产的概念进行修正又抵制某些常见的有关财产的正当理由。不过通常这些论点各自的根据是不同的。前一类主张常常指向某些法律或社会的变迁——例如,尽管财产权利的客体过去是有体物(土地、房屋、工具),而现在还包括无体物(著作权、专利、商标)。后一类主张经常指出规范性的正当理由中的某些缺陷——例如,前提之一是错误的,或者推理有缺陷。偶尔这两类主张可能联系起来。因而,有人可能主张,关于有体物(如工具)财产权利的特定正当理由对无体物(如著作权)财产权利不适用。更广泛来说,概念的修正可能改变我们关于事物的观念,而这是需要正当理由的。而联系的存在并不要求两类主张是相同的。

在下文中我不时指向一些段落,在这些段落中特定的作者似乎如所描述的那样含糊。通过将概念性的主张从辩护性的主张中清理出来,以及强调修正财产概念会影响但不会终结关于正当理由的争论,这一缺陷大体可得到纠正。因此,同时主张财产实际并不是个人主义的以及财产是恶的因为它是个人主义的,仍会令人混淆。不过,既主张财产不是某些人认为的个人主义的概念,又主张关于财产的个人主义的正当理由是无效的,这是一致的。

---

① Macpherson, "Capitalism and the Changing Concept of Property", at 121.

② 参见 J. W. Harris, *Property and Justice*, Oxford: Clarendon Press, 1996, pp. 154—161. Harris 最先引起我对该含糊的注意。

四、强制、权力和自由

社会关系思想家经常以权力或者强制以及由此导致那些拥有很少或没有财产者自由的丧失来表述其关于财产的观点。这些讨论涉及了很多不同的事情，将它们清理出来是有益的。本节试图分开下列解释性和评论性的要点：Hale的立场；挑选强制作为核心概念的可辩护性；对强制中性和非中性的使用；对“强制”等动词的成功与努力解读的对立(success versus effort reading)；强制与国家的非中立性；从强制到权力的变换；以及强制与自由的关系。

(1) 即使经济权力的细微差别也会牵扯到略微富有的一方的强制，这一对于Hale-Singer关于财产社会关系论的论述至关重要的观点，大多数哲学家会持怀疑态度。“强制”的一种含义是“使用物理或道德力量强迫行为或同意”。[①] 与“强制(force)”相比，“强迫”常常“暗示不道德的、不正当的迫使，如通过威胁”[②]。一位看过Hale未公开的论文的评论家注意到，“Hale长期感觉到‘强制’是一个不恰当的术语，并寻找其替代物，在传达其预想的有限的中性的含义之外没有其他含义”。[③]Hale考虑过并有时替代使用“迫使(compulsion)”、“压迫(pressure)”、“强制(force)”、“影响(influence)”、“胁迫(duress)”以及“压制(oppression)”等术语。[④]

(2) 问题不在于Hale未能找到一个比“强制”更好的词语，而在于Hale显然相信存在一个最好的词语。Hale考虑过的替代术语分辨了不同的现象，选择其中任何一个都是误导。被枪指着头部的银行出纳是处于“胁迫(duress)”而不是“影响(influence)”之下。在武力威胁下被命令去采棉花的奴隶处于“强制(coerce)”而不是“影响(influence)”之下。处于语音学课程或计算机制造商销售手

---

① *Webster's Third New International Dictionary*, Springfield, Mass: G. & C. Merriam Co., 1981, s.v. “coercion,” p.439 (第1a释义)。

② Ibid., p.887 (同义词第1条)。

③ Warren J. Samuels, “The Economy as a System of Power and Its Legal Bases: The Legal Economics of Robert Lee Hale,” *in University of Miami Law Review*, 27 (1973): 261—371, p.280.

④ Ibid.

段之下的父母也许易受销售方的“影响”，如果将这种形式描述为“强制”、“迫使”、“胁迫”、“强迫”或“压制”就会歪曲日常英语。

(3) 虽然 Hale 及其当代追随者可能想中性地使用“强制”这一词语，但是他们有时会使用该词的通常意义，即含有由于威胁而被不正当地迫使(unjust compulsion)的内涵。例如，Kennedy 运用 Michel Foucault 的方式提出了关于社会关系的论述，超越了 Hale。Kennedy 准确指出，Hale 断言，财产分配对于法律以及法律的效果[①]至关重要，法律在“设定”有关分配的冲突的“背景条件”[②]时发挥作用。

不过这一准确并不能防止 Kennedy 非中性地使用强制这一术语。因而，Kennedy 赞同“重新定性”劳工与资本之间的协议为互相强制与强迫的结果，因为“它戳穿了[现实主义者]时代保守经济学的花言巧语”。[③]对于现实主义者而言，“资本主义如同社会主义一样是强制性的”。[④] 不过比较一下两种不同的戳穿：爆裂(blowout)与缓慢渗漏(slow leak)。如果社会主义强制优于资本主义强制，那么针对关于自由的保守派分析就会爆裂。不过，确立这种优越性需要规范性的论证，而不仅是对强制的异乎寻常广泛的理解。如果只表明资本主义在某种意义上是强制性的，而根本不提及社会主义，那么关于自由的保守分析只是缓慢渗漏。当然，Kennedy 可能在以“强制”的言辞来反对“自由”市场的言辞。不过，我们所需要的是超越“自由”为一方而“强制”为另一方的言辞的滥觞，从而关注社会和经济生活的复杂情况。

(4) 现在区别对于强制的两种不同理解。一方面，说某人使用强制是强调他或她取得了成功(*succeeds*)。另一方面，也可能强调他或她尝试了(*tries*)。因此，如果“强制”是成功动词(success verb)，说 A 强制 B 就意味着 A 成功地使 B 做 A 所希望的事情。如果“强制”是努力动词(effort verb)，说 A 强制 B 就意味着 A 试图使 B 做 A 所希望的事情，不过 A 是否成功则未解决。B 可能反抗 A，如果 A 的反抗足够强硬，则可能挫败 A 的努力。同样的区别适用于相关的动词

① Kennedy, “Hale and Foucault”, at 337—8/pp.96—97.
② Kennedy, “Hale and Foucault”, at 340/p.99.
③ Kennedy, “Hale and Foucault”, at 328/p.85.
④ Kennedy, “Hale and Foucault”,(省略了引号)。

如“迫使(compel)”、“强迫(force)”、“压制(oppress)”和“影响(influence)”以及动词短语如“施加胁迫(exert duress)”。

作为通常语言,就成功动词与努力动词的区别而言,这些动词不易细分。如果使用过去式,“A强制了B”、“A迫使了B”或者“A强制了B”之类的句子通常默示着A取得了成功。“A压制了B”、“A影响了B”以及“A对B施加了胁迫”之类的句子常常并不暗示A的成功。如果使用现在进行时,往往并不暗示成功,即使结果成功得以发生。因此,诸如“A正在影响(或压制)B(或正在对B施加胁迫)”此类的句子,可能与B成功地抵制A的努力并不矛盾。尽管如此,诸如“A正在强制(或迫使、强迫)B”此类的句子可能带有以下含义,即如果A坚持,并且B抵制的努力并未增加,A将最终成功地使B做A希望的事情。

Hale如何使用“强制”一词及其同源词呢?虽然其原文可能并不完全前后一致,他几乎始终将“强制”及其相关动词作为努力动词使用。必然的结果是,他对“强制”的使用并不暗示成功。例如,他写道:

> 强制人们为工厂的业主工作的是财产法——虽然我们不久会看到,工人将能够施加充分的反强制,在很大程度上限制业主的控制力。①

这样,Hale考虑到“充分的反强制”暗示着,对他而言,即使关于强制的过去式叙述也并不意味着,无论什么或无论谁强制——不论“财产法”还是“工厂业主”——就会成功地得到其所希望的事物。这一暗示反过来暗示着他希望以一种专门的、技术性的方式使用强制这一术语。

以上分析,除了阐明Hale的观点之外,有助于澄清非中性地使用有关强制、强迫及权力的语言的另一层面。我的意思不是说中性/非中性的区分追随着努力/成功的区分。显然,两种区分是分开的。如果A设法强制或强迫B交出B的金钱,A不公正地对待了B,不论A是否成功。尽管如此,如果A成功了,对B的损害则大于在A经过尝试后失败的情形下对B的损害。从这一观点可得出两点结论。第一,即使社会关系思想家们追随Hale,将强制作为努力动词使用,这也不能为他们未能中性地使用强制一词开脱。第二,在以一种假设成功的方

---

① Hale, “Coercion and Distribution in a Supposedly Non-Coercive State,” at 473.

式使用强制、强迫、权力这些术语时,社会关系思想家必须特别谨慎。假定成功意味着施加更大的伤害,从而增加了非中性使用该词的倾向性。此外,如果提供就业包含了要么工作要么挨饿的选择,并且如果强制的存在取决于一个底线,那么,只有在底线是被提供就业者虽然拒绝所有工作但还应当能有饭吃的情况下,提供就业在作努力性理解或成功性理解时都是强制性的。

Kennedy 在一段中赞扬了现实注意者对法律规则的作用的洞察,不过却误用了 Hale 或错误地分析了问题。"就这些规则影响结果而言,强迫当事人接受共有产品的百分之 x 而不是百分之 y,国家被牵连进结果中。"[①]Kennedy 并未表明国家被牵连是因为其强制执行而不是创造了规则,抑或是因为其创造且强制执行规则。后一种阐释更符合 Kennedy 的评论的激进特性,因为国家卷入得更深。Kennedy 也未澄清"强迫"这一分词源自我所称呼的成功动词还是努力动词。如果它来自成功动词,国家以一种特别有害的方式被牵连了进来,不过却背离了 Hale 的用法。如果它来自努力动词,Kennedy 与 Hale 的用法一致,不过是国家是以一种危害较轻的方式被牵连进来,因为双方当事人可能成功地抵制了国家。

(5) Kennedy 对国家的牵连的论述突出了澄清第二部分中命题七的必要:就何种意义或哪个方面而言,国家并非中立的当事方?如果国家创造或规定财产法的规则,在国家的代表有意识地偏袒某集团(工人)超过另一集团(雇主)时,国家不是中性的。如果其代表试图避免偏袒任何集团但最终结果却更有利于,则国家在较弱的意义上是非中性的。如果国家只是强制执行规则,而所有集团同意该规则,则国家仍然在较弱的意义上是非中性的。现在国家可能在某种方式上看起来像强制执行规则的棒球、网球裁判或者拳击、足球裁判,理论上在几乎所有方面是中立的。不同的是,有人可能放弃所有集团同意规则这一不现实的假设,并加入现实主义的假设,即国家的代表易受说服的影响—例如对立法者的竞选捐款或游说。那么,就与设法影响财产法规则使之对其有利者串通一气而言,国家看来是非中立的。财产社会关系论思想家聪明地利用了法律现实主义者关于国家是非中性的这一见解,但是,要阐明其非中性的各种不同本质,还

① Kennedy, "Hale and Foucault!", at 329/pp. 85—86.

有很多工作要做。

(6) 后来 Kennedy 将 Hale 及 Foucault 联系起来[①],不过并未确立其想要的基于对强制或权力的中性解释的、与资本主义、社会主义或混合经济下的财产有关的结论。Kennedy 准确地指出 Hale 与 Foucault 的相同和不同。他将 Hale 的"强制"类比为 Foucault 的"权力"。[②]

不过,对权力的描述,作为分析的一部分,如同假定的对强制的中性描述不能削弱经济保守主义一样,并不能挫败科学马克思主义的主张。[③]确实,科学马克思主义与经济保守主义都可能假定工人与生产资料所有者之间的合同有不变的价值:对科学马克思主义者而言总是坏的价值,对自由主义的保守派而言总是好的价值。证明这些合同内的权力关系比其中任何一分析所假定的都复杂,只是更准确地描述这些讨价还价过程的第一步。然而在两种情况下,都需要独立的道德及政治理由。我不是要过分地批评 Kennedy;我对其文章很感兴趣;他将其谦虚地描述为"对 Hale 及 Foucault 原文片段的粗陋使用,而不是对其思想的研究"。[④]但我仍然看不出如何基于对强制(或权力)的中性解释能推断出关于资本主义、社会主义或各种混合经济下的财产的规范性结论。

(7) 到目前未止我们讨论了强制和权力,现在来探讨强制与自由之间的关系。某些近来的哲学文献通过各种假设的例子来着手研究,其中之一被称为好色的百万富翁:B 的孩子将死亡,除非其接受昂贵的手术,而国家不会承担费用;A,一位百万富翁,提出,如果 B 成为共情妇,将承担手术费用。[⑤]A 的提议是强制性的吗?一种分析认为它是强制性的,至少是从 B 的角度,因为 A 利用其金钱

---

① Kennedy, "Hale and Foucault," at 351—362/pp. 111—125.

② Kennedy 详细地引用了 Michel Foucault, *The History of Sexuality*, *Volume* 1: *An Introduction*, Robert Hurley trans. New York: Pantheon Books, 1978, pp. 92—96. 在其中一段 Foucault 提供了两种不同的关于权力的描述——其一,作为"多种强制关系",其二,作为"强制关系的活动基础。"Foucault, pp. 92—93, 引文见 Kennedy, "Hale and Foucault," at 352/pp. 112—113. 但是权力不能既是一组关系又是这些关系固有的基础。这两种描述可能反映了权力与特征之间的混淆。即使关系起源于基础,他们不是同一的。即使基础决定关系,它也不是与之相同的。关系可能是多方面的或各种各样的,但基础不必如此。

③ 参见 Kennedy, "Hale and Foucault," at 360/p. 122.

④ Kennedy, "Hale and Foucault," at 327/p. 84.

⑤ 参见 Joel Feinberg, "Noncoercive Exploitation," *in* Rolf Sartorius, ed., *Paternalism*, Minneapolis: University of Minnesota Press, 1983, pp. 201—235, at p. 208.

构建了B的可能性选择，即B必须在成为A的情妇与子女的死亡之间作出选择。[①]另一分析主张，A的提议不是强制性的，因为A给予B一项她以前没有的选择项，从而相当于增加了B的自由。第二种分析区分了强制与利用(exploitation)。A的提议是利用性的，因为A抓住机会利用了B的不幸处境。强制并不存在，因为A并未造成B的处境，还增加了B的选择项。“强制更甚于利用，不论后者在道义上多么令人反对。”[②]

这两种分析对于财产的社会关系观点的相关性如下。首先，这些分析，以及多数其他哲学讨论，视强制为道德上错误的，或某种程度上是令人厌恶的。强制性的出价是一种威胁，强制性的出价及建议不同于非强制性的出价及建议，即使界限难以划分。因此，Hale及他人假定的对“强制”一词的中性使用背离了一般的哲学观点以及通常用法和字典定义。因此Hale的某些追随者无意中从对强制的中性理解陷入对强制的非中性理解，是容易使人误解的。

其次，虽然不必在此就这两种分析作出选择，但其根据上的不同点有助于理解财产及权力。如果财产的确涉及Hale所称的强制及反强制，重要的是要发现首先是谁制造了相对弱势(relative vulnerability)的形势。如果就财产的某种特定使用而言能识别该实体——在工厂关闭案中可能是美国钢铁公司——在其他条件一样的情况下，相对于公司只是利用工人及小镇的处境而言，其行动似乎更令人反感。其行动之所以更令人反感，依照第二种分析，是因为这是一个与强制和利用都有关的案例。即使更喜欢第一种分析者也可能争论说，如果强制造成弱势形势，那么强制更糟糕。现在大多数财产社会关系论观点强调相互交织的关系网以及强制与反强制的无所不在。因此，不论作为一般政策性考虑还是在特定情况下，确定哪一方(如果有)制造了脆弱，比在关于强制的哲学文献中存在的很多假定例子中更难。如果财产社会关系论思想家对于批判作为整体的私有财产及提出完全不同的替代物，比确定特定当事方的道德、政治或法律责任更感兴趣，区分强制与利用可能看起来不那么重要。

---

① 参见 Joel Feinberg, *Harm to Self*, New York and Oxford: Oxford University Press, 1986, pp.189—268，特别是 pp.229—249.

② David Zimmerman, “Coercive Wage Offers”, in *Philosophy & Public Affairs*, 10 (1981), pp.121—145, at 134. 有大量有关这些及其他分析的次要文献。特别是 Alan Wertheimer, *Coercion*, Princeton: Princeton University Press, 1987.

五、Kennedy 及 Nedelsky 论自我及自治

如果视财产为权力、强制及社会关系的问题，则它蕴涵关于自我及自治的含义。Singer 关于自治及自我的性质的观点在第六节中能得到更为公正全面的论述，不过，现在提前获得与一些有关联的观点是有益的。讨论是在这样的情况下展开：如果视财产为社会关系，那么弄清楚社会关系是什么、与哪些社会关系有关以及这些社会关系存在于何人之间，至关重要。但是发展了有关财产为社会关系观点的思想家们是如此不同，假定他们对这些事项持同样见解是莽撞的。

假定集中于几位著名的思想家以及独立分析其观点是合理的。Felix S. Cohen，如我所述，看来是首先使用"财产为社会关系"这一短语者之一的人。[①]但是他将其视为"模糊的一般性(vague generality)"，[②]对于关系所维系的当事人，并无特别的观点——他们只是"人类(human beings)"或"人们(people)"。[③]他并没有说财产是他们之间的一切社会关系[④]，并认为其"关于私有财产的现实主义定义"的益处之一是它"有助于我们避免感情的纠缠"。[⑤]关于社会关系观点的发展，特别是涉及自治及自我的本质，有必要注意后来的思想家。本节探讨 Kennedy 及 Nedelsky 的一些作品。

Kennedy. Kennedy 再次从 Foucault 处获得提示，他写道：

> 不过在不平等关系中权力发展的另一产品是知识，指对世界及其运行方式的特定理解。知识制约评价过程(valuation process)，实际上创造评价对象(valuing subjects)，以及评价对象的特定价值。[⑥]

这一段很重要，因为关于社会关系所维系的当事人，它采纳了一种可能引起

---

① Cohen, "Dialogue on Private Property", at 361.

② Cohen, "Dialogue on Private Property", at 365.

③ Cohen, "Dialogue on Private Property", at 365, 378.

④ 财产是"人类之间的一组社会关系。" Cohen, "Dialogue on Private Property", 第 365 页。

⑤ Cohen, "Dialogue on Private Property", at 378, 379.

⑥ Kennedy, "Hale and Foucault", at 361/p. 124.

争议的见解。这些社会关系涉及权力，权力导致财产的分配。[①] 这一见解至少有两个特点值得注意。其一是，人——“评价对象”——是需要、目标及偏好或多或少在持续变动的实体。这一解读得到 Kennedy 评论的支持，“个人……通过行使权力而重构自我，权力的行使看来只是有助于实现预先存在的目标。然后他们从新的起点开始再次讨价还价。”[②]

Kennedy 见解的这一特色可能引起争论。确实，位于批判法学研究之外并且未受 Foucault 影响的很多思想家相信人的偏好，可能还有其需要及目标，随时间而变化。变化的特性随诸多因素而不同。例如，在大多数文明中，青少年的偏好比中年人的偏好变化得更快。此外，某些个人的偏好相当稳定，而其他人则反复无常或易变。

可能致使 Kennedy 的观点受到怀疑的是个人通过行使权力得以重构这一评论。对重构的字面理解暗示着个人被社会性地分解为组成部分，然后以不同的形式重新装配。如果这是 Kennedy 的见解，则会使其有关财产为社会关系观点的版本核心不稳。社会关系必须存在于特定的、可识别的以及可再次识别的实体之间。如此理解个人的重构，会使再次识别社会关系维系的个人——评价对象——很困难。

不过，也可以以一种避免该异议的更为温和、宽容的方式解读 Kennedy 关于重构的讨论。他并未考虑到转变是如此彻底，以至使个人不能维持与他人的社会关系。尽管如此，比起仅仅宣称个人在其目标上随时间展示的变化比多数财产理论家更多，他的见解更有力。Kennedy 看来是在宣称行使权力引起偏好变化，这使得其见解在以下方面是动态的。社会关系不仅提供理解财产的方法，而且提供理解涉及财产的人的方法，因为给财产设定价值的相同力量也引起评价对象自身的变化。不过，这一见解可能以损害偏好形成的长期模式为代价，而过分强调短暂的行使权力。如果基本的社会决定因素通常是相当稳定和持久的，

① “法律是构成私人及公共生活整个领域中人们讨价还价能力的事物之一。该能力产生的事物之一是收入的分配，即对人们评价为稀缺的任何事物的分配。” Kennedy, “Hale and Foucault”。我认为在这一段中，Kennedy 多多少少如同其在文章别处使用“财产”一样使用“收入”。稀缺通常被视为对于能被视为财产权利客体的事物的预先假设。

② Kennedy, “Hale and Foucault”。还可参见“Foucault 还增加了另一因果循环以及稳定或不稳定均衡的体系。” Kennedy, “Hale and Foucault!”, at 361/p. 123.

那么行使权力可能维持和复制评价对象稳定的偏好，而非重构评价对象。[1]这一观点还提出以下问题，即，如果行使权力导致评价对象的变化，那么其明显的选择是否只是行使权力的结果。

另一种较温和的解读甚至给对 Foucault 缺乏敏感的我留下了印象。也许 Kennedy 关注的是人作为经验核心而不是个人识别的主体的重构。该关注将重点从哲学转移到心理学。不过，这一解读不如前一较温和的解读符合 Kennedy 的原文（“个人……自我重构”）。而且，除非主体是随时间流逝的个人，重构可能是不适当的。依照 Foucault 的见解，制度和权力塑造和决定——构成——人在世界上的收获，说这些就足够了。即，概念范畴、含义、愿望构成、亲身经验通过制度和权力的“约束”而构建。假如读者始终坚持重构，如同前一较温和的解读一样，Kennedy 是否过分强调短暂而不是持久的权力行使，以及评价对象的选择是否只是行使权力的结果，仍留待解决。

Kennedy 的观点的又一相关的特色与个人或评价对象的自由有关。他写道：

> 权力遍布社会生活的全部，决定着人们的意识，人们在历史的任何特定时刻，通过那些权力的战略布置，追求在其看来似乎是其“自由选择的”或只不过是其“自然的”“人类”目标。[2]

重点是将该段中无关紧要的内容与重要的内容分离开。拥有芭比娃娃或精工手表不是“自然的”或（普遍的）“人类”目标。在形成这些以及许多其他目标和偏好之前，个人受到父母的影响、同龄人的压力或广告的劝诱。这也不只是品牌问题。各种影响关系到个人对于娃娃或手表的选择。在这个意义上，Kennedy 的见解不会引起争议，但是无关紧要。

不过，如果 Kennedy 将“自由选择的”加引号是因为他认为没有目标是自由选择的，只不过看起来像是如此，那么他毫无疑义采取了一种有争议的见解。假定福柯式的权力（Foucauldian power）是无所不在和渗透的，将该信念归于

① 也许某些稳定的权力行使影响评价对象如何随时间审视其利益。参见 Steven Lukes, *Power: A Radical View*, London: Macmillan, 1974, and the participant-observer study of John Gaventa, *Power and Powerlessness: Quiescence and Rebellion in an Appalachian Valley*, Oxford: Clarendon Press, 1980.

② Kennedy, "Hale and Foucault!", at 361/p.123.

Kennedy 似乎是合理的。如果他持有此信念,注意到其后果。自由选择不仅不存在于诸如攒足够的钱买娃娃或刀叉一类的乏味目标中。在更崇高的目标中,诸如写一篇文章分析“晚期资本主义社会中法律在再现社会不公平中的角色”这一目标,也缺乏自由选择。[1] 然而,我的意思不是使 Kennedy 背上决定论观点的包袱,即排除假定的自由选择的道德义务。[2]我也不是暗示财产理论家不能假定所有的人类行动是被决定了的,或如果假定所有的人类行动是被决定了的,决定论并不排除道德义务。[3]我想说的是,因为 Kennedy 使用的语言暗示着自由选择的缺失,他是否相信一切人类行动是不自由的,以及这将如何影响道德义务,在他对此作出说明之前,他的见解不是完全清晰的。

有一种考察我对 Kennedy 的见解的上述两个特色的评论的方式,能减轻我的评论的批判力量,不过我认为,该方式的后果是较大地减少了其观点的智力吸引力。该方式将一切转移到修辞的层面(rhetorical plane)。Kennedy 的维护者可能承认,他没有展开与关于自由意志与决定论的争论有关的论证。他们也可能承认他在适中的批判(某些选择比其他选择更自由)与偏激的批判(没有自由的选择)之间徘徊。不过,辩护者们可能提出,Kennedy 试图破坏一种关于财产、权力与自我和自由之间的关系的稳定的讨论。这一破坏性的批评构成一项可能的学术项目。不过,就我所见,该项目具有适中的智力吸引力,除非其讨论建立在关于自由意志与决定论的论证之上。

但是,以另一方式审视我的评论会提出,Kennedy 可能意识到某种具有深度兴趣的事物。该方式回到对 Kennedy 关于重构的两种温和的解读的后一种。如果福柯式权力的约束结构构成主观经验,那么问题比宣称行使权力导致偏好和选择更复杂。关于自由与决定论的问题也不是唯一的问题。另一问题是,我们认为我们是处于影响我们思考方式的社会母体之外的自由主体,是否是虚幻的。

---

① Kennedy, “Hale and Foucault”, at 327/p.84. 在该页 Kennedy 使用了“动机”而不是“目标”一词。

② 有关决定论排除自由意志与道德义务的观点,例如 C.A. Campbell, “Is ‘Freewill’ a Pseudo-Problem?,” in *Mind*, 60 (1951), pp.441—465.

③ 有关决定论与道德义务相一致的“兼容论”观点的精妙论述包括 Harry G. Frankfurt, “Alternate Possibilities and Moral Responsibility”, in *Journal of Philosophy*, 66 (1969), pp.829—839; Harry G. Frankfurt, “Freedom of the Will and the Concept of Person”, in *Journal of Philosophy*, 68 (1971), pp.5—20; John Martin Fisher, *The Metaphysics of Free Will: An Essay on Control*, Oxford and Cambridge, Mass.: Blackwell, 1994.

有判断力的读者可能反对这样的回答,即因为在福柯式构建之下,我们都是同等地不自由,所以 Kennedy 的观点只是修辞性的。我认为这一反对是夸大其词的。无疑,如果 Kennedy 抓住自由意志与决定论的根源,其见解会博得更多兴趣。不过,即使按照原状,Kennedy 利用 Foucault 的观点强调了权力动态在塑造经验以及对我们自身和世界的理解中普遍存在。以这一方式审视 Kennedy 方案的一项特别回报是,它提出了财产法通常反映,而不是决定或削减,已在社会中占优势的制度。

***Nedelsky*.** 在一篇著名的文章中,Nedelsky 论述了法律、财产及自我。[①]与 Kennedy 不同,她集中探讨了坚持人与人之间界限的所谓不利之处。简单概括,她的观点是,美国宪法创立了权利,尤其是财产权,在权利持有者与其他人之间起到界限的作用。"受限自我(bounded self)"的隐喻对于关于宪法的这种见解至关重要。它提供了"一幅人类从有限范围的角度展望其自由与安全的图画。"[②]但是,Nedelsky 认为,这一图画以及作为限定的权利理念,代表一种被误导的处理"个人与集体之间不可避免的矛盾"的努力。[③]在 Nedelsky 看来,"作为处理人类自治的实际问题的重要隐喻界限是破坏性的。"[④]因而她开始寻找"一种法律语言,其隐喻结构强调而不是隐藏其概念所含有和反映的关系模式"。[⑤]

于是,Nedelsky 认为自我的社会性质对于思考法律、政治及财产很重要。她的实例既提出了自我是社会性的这一描述性的主张,也提出了自我的社会性质是人类兴盛的重要要素这一规范性的主张。她拒绝通常设想的自治应当是重点这一观点。相反,她提出,我们应将关注点转移到创建及维护正当有序的关系,并在其中得以构建某种经修正的自治的概念。首要的是,她提出,受限的自我是虚幻的,试图创设界限是有害的。

Nedelsky 提出了一种巧妙的和煽动性的对自我的分析,不过在至少三点上存在保留。首先,我怀疑她在处理方法上本末倒置。如果问题在于如何提供关于社会关系中的财产权、自我及自治的最佳论述,应当从关于这一复杂事项的最

---

① Nedelsky, "Law, Boundaries, and the Bounded Self."
② Nedelsky, "Law, Boundaries, and the Bounded Self", at 163.
③ Nedelsky, "Law, Boundaries, and the Bounded Self", at 162.
④ Nedelsky, "Law, Boundaries, and the Bounded Self", at 163.
⑤ Nedelsky, "Law, Boundaries, and the Bounded Self."

有力的观点着手。提供该论述之后,或者在阐明该论述的过程中的一定范围内,可以寻找"新的神话结构、新的视野及隐喻"来表述。[①]首先去寻找这些结构、视野及隐喻会将探索限制在现存或容易出现在脑海中的结构、视野及隐喻。还存在着忽略仔细论证而得到松散的用法及臆测的材料的风险。如果 Nedelsky 的观点是,只有通过特定的隐喻才能领会关于财产的任何论述,那么其明显的假设就是人人都能理解隐喻而不理解非隐喻的表达方式,这一假设需要某种辩护。但是,在构筑有力论证的同时研究结构、视野及隐喻以便形成关于社会关系中的财产权、自我及自治的最佳论述,是合理的。不论如何,Nedelsky 通过揭示关于界限的隐喻的某些含意而作出了贡献,尽管在这方面,由于发起对替代隐喻的探求,她削弱了这一贡献。所以此处教训的一部分是,集中于隐喻不如清晰的思考有益。

其次,由于试图摆脱受限自我以及作为限定的权利,Nedelsky 看来在各方面走入歧途。(1) 除了连体婴儿,每个人在身体上受他或她的皮肤的限制,有时具有反抗侵害的正当权益。在广义上,权利的部分要点在于拒绝他人及国家的权力。财产权的特定功能之一是在追寻合法权益时排除他人及国家的干涉。财产权与隐私、对个人生活的控制以及个性的发展有重大关系。[②](2) Nedelsky 关于所有权与共享的讨论[③]看起来混淆了两种共享的观念,或者至少过于迅速地从讨论一个观念转变到讨论另一观念。其一是允许他人分享属于我的事物意义上的共享。另一是从开始就拥有共有权意义上的共享。(3) 在抚养孩子[④]及其他情况下,设定界限并非常常对关系不利。只有当个人存在拥有某种拒绝他人的权力及某种与他人互动的自由权利时,人际及社会关系才有意义。

不过 Nedelsky 触及到有意义的问题,其设想可以作出调整而变得完善。完全抛弃界限的概念是不对的, 其理由至少有二。它会模糊个人与大量(即使不是全部)社会抗议所依赖的个人意志力之间的可区别性。它会使描述很多人,特别是女人,在关系中遭受的伤害变得不必要地困难。即便如此,有时从不同方面来看,界

① Nedelsky, "Law, Boundaries, and the Bounded Self."

② 参见 Stephen R. Munzer, *A Theory of Property*, Cambridge: Cambridge University Press, 1990, Ch. 5.

③ 参见 Nedelsky, "Law, Boundaries, and the Bounded Self", at 172.

④ 参见 Nedelsky, "Law, Boundaries, and the Bounded Self", at 171—176.

限对于关系的创立及维持是既不可或缺又有威胁。在人际及社会关系中,某种脆弱性是不可避免的。如果可能,应当改造 Nedelsky 的设想,保存某些个人界限与某些作为限定的权利及某些经修订的自治概念,同时强调社会的连带性。

再者,我怀疑在 Nedelsky 的文章中潜在着某种类似于第三节中所揭示的含糊之处。最初,可能看起来她于规范性的原因而批判涉及自治与财产的主张。不过经检验,规范性的论证结果至多是薄弱的。其批判的分量在于修正了概念。"人类自治的真正问题"并不依附于涉及受限自我之间的法律权利的某一财产概念。它们依附于一种不同的财产概念——自我不是受限制的,重点在于"关系模式"。[①]如果如此解读 Nedelsky 是正确的,她对于财产及自治的批判主要依靠概念的运用。她的财产概念是模糊的,因为她没有表明不受限制的自我是什么,以及何种关系模式是相关的。最后,她对于财产及自治的批判,不论如何有吸引力,很少建立在详尽的规范性或概念的论证之上。

六、Kennedy 与 Singer 论社会关系

财产社会关系论观点的中心在于对社会关系的论述。现在该是时候研究其中最为著名的论述了。

Kennedy:从 *Hale* 到 *Foucault*。Kennedy 提出,Hale 的著作,虽然具有高度的启发性,但在三方面有所不足。首先,Hale 从未将其关于"法律对讨价还价能力的影响"的论述应用于"立法或司法过程"。[②]其次,Hale 集中探讨工人与业主之间以及消费者与生产者之间的冲突,"完全忽视了其他用 Foucault 的措辞来说是'多种贯穿于作为一个整体的社会主体的分裂'"。[③]再者,Hale 假定,经济参与者"在斗争、讨价还价以及合作时,是独立于这些活动而存在的'主体'(即,作为自治的、个体的人),其目标在分析中是已知的"。[④]

---

① Nedelsky, "Law, Boundaries, and the Bounded Self", at 163.

② Kennedy, "Hale and Foucault", at 360/p.123.

③ Kennedy, "Hale and Foucault", at 361/p.123.

④ Ibid.

Kennedy 认为,Foucault 的分析在两方面对 Hale 作出了改进。

其一是,他[Foucault]认为力的作用遍及社会关系的所有方面,特别包括诸如监狱、医院和家庭以及性行为领域的制度。另一是,他认为权力的分配是确定人类知识向一个方向而不是另一方向演进的因素之一。①

第一点没有提供"社会关系"的定义,但是确实有助于说明社会关系。它表明,社会关系能存在于制度内部和外部。Kennedy 没有定义"制度"一词,不过在目前,假定制度是由达到某种或多种目标的规则和惯例构成的组织就可以了。监狱、医院、及家庭在这个意义上都属于制度。在这些例子中还可以增加俱乐部、宗教组织、兄弟会、商会、证券市场以及很多其他机构。引用的段落举出了明显不属于制度的社会关系的一个例子——"性行为领域。"Kennedy 很清楚该行为可能在某种制度中发生,他在后来关于婚姻的讨论中阐明了这一点。②不过该段落的措辞暗示着,性行为可能在任何此类制度之外发生。两个人可能见面,在激情的促使下可能发生性行为。

如果这是对 Kennedy 从 Foucault 所摘录的第一点的一种可能的解释,至少会产生两个问题。一个问题是,是否所有关系都是社会性的。我对诸如数学关系或太阳系中行星之间的距离关系等吹毛求疵的例子不感兴趣。对于是否所有社会关系都是人与人之间的关系也没有兴趣;很清楚不是,因为人们对于其宠物有社会关系,这些关系甚至可能涉及机构,例如美国育犬协会(American Kennel Club)。相反,我的兴趣在于是否人们之间的所有关系都是社会关系。如果 Kennedy 认为它们是,那么这是一种对于社会关系的非常广泛的理解,因为看起来一切人际关系是社会关系,或社会关系的特定子集。但是,如果 Kennedy 认为并非人们之间的所有关系都是社会关系,那么就需要论述某些人际关系如何没能成为社会关系。

另一问题是,是否所有社会关系是财产,或至少有助于构成财产。就法律关系是社会关系的特定子集而言,很多法律关系有助于构成财产。这一命题对于房东与租户、抵押人与抵押权人、公司与股东、银行与存款者以及很多其他法律关系而言是正确的。不过主张所有社会关系是财产或有助于构成财产看起来并

① Kennedy, "Hale and Foucault", at 361/p. 123.

② 参见 Kennedy, "Hale and Foucault", at 361—362/p. 124.

不可行。考虑一下法官与法警、监狱警卫与犯人、总统与国会之间的法律关系。当然,也存在介乎两者之间的情况,尤其是在所谓的新财产领域,[①]例如福利机构与领取福利者之间的法律关系。如果并非所有社会关系都是财产或有助于构成财产,那么Kennedy应该向读者说明何种社会关系是财产或有助于构成财产,以及何种社会关系不是。[②]

***Singer*论自由市场与社会关系。**Singer对于财产社会关系论的阐述不同于Kennedy。他没援引Foucault。处于最显著位置的是所谓的自由市场个人主义与处于社会关系网络之中的社会个人的对比。Singer在一处论述各种财产社会关系论的方法,如同它们是学派一样。[③]这一描述并无裨益,因为它没有阐明所有财产社会关系论方法的核心,以及如何系统地区分各种"学派"。在另一处,Singer与一名合著者论及财产起源这一相关话题时写道:"确认财产的社会起源,我们认为,财产权不具有可以通过从财产的概念或使用财产的社会惯例而逻辑推理出而可识别的、内含的、固有的结构。"[④]这一陈述以错误的二分法为前提,抨击了无意义的东西。只有最不谨慎的抑或大胆的当代财产理论家会赞同该段所反对的见解。

不过,Singer关于财产的著述的最佳部分相当有说服力,因此我集中讨论其著名的文章"The Reliance Interest in Property"。他在文中对比了对于财产的两种分析方法:"自由市场模型"与"社会关系分析。"前者据说展示了以下特点:

(1) 它鼓励我们将人们理解为自治的个体;(2) 它通过集中于自愿的协议及国家先验地规定的权利,限制了与法律分析有关的社会关系的类型;(3) 它将权利描述为是在特定决策点一当国家最初分配财产权及规定个人的安全权利时,以及当个人订立合约时一得以完全表达的;(4) 它将我们的注意力集中于两个问题:(a) 谁是所有人? 以及(b) 公司承诺了什么?[⑤]

---

① 参见Charles Reich, "The New Property", in *Yale Law Journal*, 73 (1964), pp.733—787.

② 适当的分析可能考虑介乎两者之间的情况,并区分财产关系(或权利)与个人关系(或权利)。参见Munzer, *A Theory of Property*, pp.24, 44—56.

③ Singer, *Property Law: Rules, Policies, and Practices*, p.21, 提到"多种学派,包括女权主义法律理论、批判种族理论以及批判法律研究。"

④ Singer and Beermann, "The Social Origins of Property", at 228.

⑤ Singer, "Reliance Interest", at 655.

虽然某些思想家可能运用了 Singer 描述的模型，但是，正如以下讨论所指出的，他对定冠词的使用——那个自由市场模型——是错位的。首先，在“自治”一词的某种含义上，大多数个人是“自治的”。自治，就我所理解，是自我管理的心理能力，构成被视为自我管理的道德权利的部分根据。[①]相反，至少在其关于“自由市场模型”的阐述中，Singer 理解自治的个人为“根本上彼此独立；他们独自处在世界上。他们基本上是自私的，其利益互相冲突。”[②]难以想像市场的敏锐捍卫者视个人为“独自处在世界上。”这种观点还有讽刺意味，因为市场的用处在于便利人们之间的自愿交易。认为市场重要者不必认为“个人”像原子一样彼此隔离、“独立”，因为个人生活在社会中，而将市场等同于社会将是一个草率的错误。市场的捍卫者也不必视个人“基本上是自私的”——而且其利益“互相冲突”。至少自从 18 世纪早期以来，哲学家们已经认识到个人的利益不一定与他人的利益相对立，因为人们有时对于他人的利益有利害关系。[③]社会调节以及自然情感例如同情，都会导致在某种程度上协调的利益。Singer 关于个人的论述的难点的来源之一在于他吸收了 Hobbes 与 Locke 的观点，并被新古典经济学家同化，以及对 Macpherson 关于占有式个人主义论述的依赖。[④]

其次，考虑“自由市场模型”据说对与法律分析相关的社会关系类型施加的

---

① Munzer, *A Theory of Property*, p.39.

② Singer, “Reliance Interest”, at 652.

③ 例如 Joseph Butler, *Fifteen Sermons Preached at the Rolls Chapel* [1726], W.R. Matthews, ed., London: G. Bell & Sons, 1964 [1914], 特别是 Sermon XI（自爱与仁爱之间不一定存在对立）; David Hume, *Enquiry Concerning the Principles of Morals* [1751], Sec. IX, Pt. 1, Para. 220, *in Enquiries Concerning the Human Understanding and Concerning the Principles of Morals*, L.A. Selby-Bigge, Oxford: Clarendon Press, 1966 [1902], 2nd ed., p.271（宣称“一些仁爱灌输进我们内心，不论如何少”）; Adam Smith, *The Theory of Moral Sentiments* [1759], Pt. I, Sec. I, Chs. I—II, pp.9—16, D.D. Raphael and A. L. Macfie, eds., Indianapolis: Liberty *Classics*, 1982 [1976]（采纳了类似 Butler 与 Hume 的立场）。关于对这些与财产有关的哲学家的评论，见 Munzer, *A Theory of Property*, pp.105—107.

④ 参见 Singer, “Reliance Interest”, at 652. Macpherson 的 *The Political Theory of Possessive Individualism* 一书虽然经典，还是需要从后来的有关 Hobbs 与 Locke 的作品的观点予以重新审视。例如 Jean Hampton, *Hobbs and the Social Contract Tradition*, Cambridge: Cambridge University Press, 1986; Matthew H. Kramer, *John Locke and the Origins of Private Property: Philosophical Explorations of Individualism, Community, and Equality*, Cambridge: Cambridge University Press, 1997; James Tully, *A Discourse on Property: John Locke and His Adversaries*, Cambridge: Cambridge University Press, 1980; Jeremy Waldron, *The Right to Private Property*, Oxford: Clarendon Press, 1988, pp.137—252; 以及本书中 Seana Valentine Shiffrin, “Lockean Arguments for Private Intellectual Property”.

限制。Singer 宣称市场的捍卫者们集中于自愿协议,这是正确的。合同无疑是市场交易的标记。他提出,市场的捍卫者们常常接受国家规定的权利,虽然这些权利几乎不可能是“先验地规定的”,这也是正确的。将这一观点与洛克联系起来则是错误的,洛克认为个人可以无需他人同意并先于社会或国家的存在而通过劳动取得财产。①但是,并不清楚为什么市场的捍卫者们应被限制于自愿协议以及国家产生的权利。可以想象,他们可能考虑对习俗产生的财产权利的法律认可。他们也可能承认,可称之为关于财产的争议可能在法律制度之外得以解决。②

对于权利被“完全表达(fully articulated)”的“特定决策时刻(specific decision points)”,也需要某些修正。③无疑,有些市场的捍卫者们会再次强调合同以及国家产生的权利。不过,他们可能也允许习俗及对关系的准法律调整。他们可能,如同统一商法典,认为履行过程及交易过程影响合同当事方的立场。④他们可能也承认特别的法律关系及概念,例如正当持票人的概念,其权利大于先前分配给持票人的转让人的任何国家产生的权利。⑤

最后,在关闭工厂的情况下,Singer 认为,市场的捍卫者们会寻找一位单一的所有者,并集中于该所有者,通常是公司,承诺过的东西。可能某些法官和思想家,包括某些市场的捍卫者们在内,可能进行寻找。然而很多人不会。在律师—经济学家以及所有类型的学者律师中,被称为所有权的完整权利集合可以分割为小的集合,为不同实体所持有,以至于不存在单一“所有者”,这已是老生常谈。Singer 归因于市场捍卫者的中心点还遗漏了关于禁止翻供原则(doctrine of equitable estoppel)的分析,该原则考虑一方作出的非允诺性的陈述,他方合理地依赖该陈述从而受到损害。

有人向我提出,Singer 在表述“自由市场模型”时,提供的是一个理想的类

---

① Singer, “Reliance Interest”, at 652, 655. Contrast John Locke, *Second Treatise of Government* [1690], Secs. 25—51, in *Two Treatises of Government*, Peter Laslett, 2nd ed., Cambridge: Cambridge University Press, 1967.

② 例如 Robert C. Ellickson, *Order Without Law: How Neighbors Settle Disputes*, Cambridge, Mass. and London: Harvard University Press, 1991.

③ Singer, “Reliance Interest”, at 655.

④ 参见 U.C.C. Sec. 2—208.

⑤ 参见 U.C.C. Secs. 3—302, 3—305.

型,并不意味任何理论家赞同模型的每一特点。然而,其文章的原文并不适于这种诠释。如果这种诠释符合 Singer 的想法,那么,不经探求可能被视为自由市场学说的倡导者所采用的确切言语,而将一堆有弱点的观点归因于某种关于财产的学说,这是一种奇怪的研究方法。在本文中,我已尝试采用一种不同的方法来考察社会关系观点:在第二部分概括这些观点,然后在其后的章节中考察包括 Singer 在内的各个人物的原文,他们被视为财产社会关系论观点的解说者。

如果 Singer 在某种程度滑稽模仿"自由市场模型",那么他赞同的"社会关系学说"令人惊讶地是以一种有几分弱点的方式展示的:

(1) 它鼓励我们视人们为持续地处于与他人的各种关系之中;(2) 它将社会关系描述为由陌生人之间的短暂关系,到市场中的持续关系,直至家庭中的密切关系组成的一个系列;(3) 它理解权利为产生于随关系的过程而发展的共识中,而不是在清晰的决策时刻得以完全表达;(4) 它鼓励我们就当事人之间的关系提出各种问题。[①]

上一段提供了目前可得到的财产社会关系论的倡导者作出的整洁、清晰陈述,虽然它提出了新问题。首先,虽然在诉讼中法院将当事人置于相互间关系的发展中加以考虑是有益的,尽管合同法包含关系原则例如交易过程和履行过程,但是 Singer 没有解释社会关系学说的这一界限。此外,虽然 Singer 正确地指出存在很多类型、不同期间的关系,如 Kennedy 一样,他没有解释何种社会关系构成或有助于构建财产。举例说明,David Friedman 一篇引人兴趣的文章使用 Schelling 界限作为解释财产的关键。[②]它将财产描绘为表示一组互动的承诺策略的特征。在这一描绘中,"社会关系"是相互威胁与反应的网络。很难想像 Singer 会同意 Friedman 理解社会关系的方式(当然也不会分享 Friedman 的自由主义成果的观点)。但是,Singer 的社会关系论述是如此无定形,以至于他如何基于分析的原因排除 Friedman 的描绘并不明显。但是,显而易见的是,Singer 会基于规范的原因不同意 Friedman 的观点。另一点是,Singer,像他以前的

① Singer, "Reliance Interest", at 655.

② David Friedman, "A Positive Account of Property Rights", in *Social Philosophy & Policy*, 11, no. 2 (Summer 1994), pp. 1—16. Schelling 界限是战略冲突的一种可能结果,由于其独特性被认识,是解决冲突的合适候选者。参见 Thomas C. Schelling, *The Strategy of Conflict*, Oxford: Oxford University Press, 1960, Ch. 3.

Macpherson 一样，无疑会认为存在好的与坏的社会关系。他几乎不想将征服者与土著人或破旧房屋的房东与贫穷租户之间的压迫关系引入财产法。但是，他需要某种方式以确定何种社会关系是好的，其中哪些应进入财产法。此外，虽然权利能产生于关系，但不是所有权利如此(考虑到不受折磨的权利)，而且某些产生于关系的权利是道德上的而不是法律权利。

这些新问题不仅是学术谈论点，而且也是实践问题。考虑 Singer 讨论的关闭工厂一案。[①]其主要结论是，“关系的观念”使我们“严肃地接受 Lambros 法官的直觉，即财产权利应当从美国钢铁公司、其工人以及小镇的长期关系来认识”。[②]但是，Singer 的冗长讨论没有就哪些社会关系足以证明法定财产权利的正当性提供有益的指引。这一点的实践重要性在于，具有相对清晰的法律规则有助于稳定，而 Singer 版的社会关系学说的无定形特征使清晰的法律规则更难实现。

还有一个更深层的难点：如何从相互依存关系的事实中设法找出法律或道德上的正当理由？假定我一周每天邀请你过来吃晚餐，因为你是一位有才智的、吸引人的交谈者。你从我这里期待食物，我从你那里期待优秀的交谈。如果在下一周的第一天，我决定邀请其他人，或者你决定独自吃晚餐，我们之一可能有失望的预期。但是，这些预期产生于我们为期一周的进餐关系的事实不能确立你对在我这里进餐的有道德上的或法律权利，或者我对你的美好谈话有道德上的或法律权利。作为礼节，我们中的一个提及第二天不能共进晚餐，这当然是礼貌的。但是，证明任何道德上的或法律权利是正当的，看来需要某些道德的或法律的前提。由此类推，无论何种道德或法律前提为随着公司关闭工厂的决定接踵而至的雇员与小镇的所谓权利提供依据，对此进行辩护是有必要的。没有该前提，相互依存关系的事实看来不能证明任何此等权利是正当的。[③] 作为友善的修正，有人可能提出，Singer 研究的进餐的例子以及工厂关闭案是否可以被描述为道德上的互惠关系(特别对他人善行或欢迎的报答)，而不是相互依存关系，

① 参见 *Local 1330, United Steel Workers of America v. United States Steel Corp.*, 631 F.2d 1264 (6th Cir. 1980).

② Singer, “Reliance Interest”, at 657.

③ Munzer, *A Theory of Property*; p.347 表达了对 Singer 文章的欣赏，但提出需要的是对道德相互性特别关注的有关财产的道德与政治理论，而不仅仅是相互依存的事实。

因为这使得对相关道德或法律前提进行辩护更为容易。当然存在反对休谟法则(不能从"实然"推出"应然")的理由。[①]如果Singer想以令人信服的方式反对这一原则,他需要陈述这些理由,并尽力解决重要的哲学文献。[②]

为防止误解,我应澄清进餐例子的要点。我不是说该例子与美国钢铁公司工人一案完全一致。与关闭工厂案相比,进餐的例子涉及的期间更短,当事方的关系远未展开。它只有两位参与者,而法律案例有很多不同类型的参与者(工人,其家庭,工会,小镇及其居民,以及大公司)。如果工人能证明,倘若不是因为工人及小镇在与美国钢铁公司之间的长期关系中的投资,他们可以与其他企业或行业形成人力或社会资本关系,那么在有害依赖方面就会有很大区别。进餐例子的要点在于提供了一个简单、精简的情形,基于此可以分解出现实生活中复杂情况的更深层特征。除了刚才所作的对比中暗含的特征之外,还可以列出,是否相互依存是有意的、请求的及均衡的(不是一边倒的),是否涉及除相互依存外的某些关系,以及这些各种各样的关系如何随时间而发展和变化。我怀疑,全面分析进餐例子与美国钢铁公司工人案的区别会证明,首先,还涉及更多因素,其次,试图从如同关闭工厂案一般置于如此全面背景中的任何事情作出概括是危险的。

在Singer作品中这一更深层难点背后存在另一问题:如何防止表面上的中立概念或分析方法不知不觉陷入具有实质的规范性承诺的东西。此处考察的段落后的数页中,Singer写道:"到目前为止,我已经将社会关系学说描述为一种更好地理解和描述社会生活的方式。"[③]只有其文章中五十五页之后,他才写道:"我现在转向更明确的规范性论证。"[④]这一句表示需要规范性的前提,Singer将其作为"目标"或"政策"提出。其一是"允许市场参与者们在合营企业中塑造相互关系的真正自由。"另一是"在危机时刻保护弱者"。[⑤]虽然这些是属于人道的

① 参见David Hume, *A Treatise of Human Nature* [1739], Bk. III, Pt. I, Sec. I, L.A. Selby-Bigge, ed., Oxford: Clarendon Press, 1960 [1888], p.469.

② 经典著作包括John R. Searle, "How to Derive 'Ought' from 'Is'", in *Philosophical Review*, 73 (1964), pp.43—58; R.M. Hare, "The Promising Game", in *Revue Internationale de Philosophie*, no. 70 (1964), pp.398—412.

③ Singer, "Reliance Interest," at 659.

④ Ibid.

⑤ Ibid.

甚至是值得称赞的规范性前提,Singer没有为其提供独立的或清晰的理由。[①] 清晰的是,他不能鱼与熊掌兼得。如果他的社会关系学说是描述性的,并显而易见地尽可能中立,那么他需要论据支持相关的规范性前提。如果该学说不是完全描述性的或中立的,如随后的限定语"更明确的"规范性论证所暗示的,那么他应当从一开始就阐明其社会关系学说作出什么规范性承诺。

不过,至少有两种方式可能有益地发展Singer版的财产社会关系论的学说。其一是,改造先前在讨论"自由市场模型"时被否决的提议。该提议即将Singer的社会关系学说视为理想模型。倒不是当前的财产法与该学说一致。而是它可能变得如此。我们可以渴求一种强调多种处于情境中的社会关系的财产法律制度。我们可以鼓励法官在作出裁决时注意这些多样的关系。这种关注应到何种程度而不干扰财产法的合理稳定性,这本身就是一个司法裁决的事项。

另一方式是重新引入自治。Singer归于"自由市场模型"的那种自治是不可行的,并且对于很多人(包括Singer和我在内)是无吸引力的。不过我认为Singer不必对我所理解的自治——即自己管理自己的心理能力,其构成按自治对待的道德权利的部分基础——怀有敌意。Singer不像Kennedy,没有使用暗示怀疑自由选择能力的语言。Singer可以被解读为赞同自由选择与自由行动——或者至少是与道德责任一致的选择与行动的能力——的形成。这一能力的行使方式应易受与他人之间的完全情境化的关系的影响。对于Singer而言,如此表达的自治并不意味任何人有权欺凌他人。

我的目标是赞同地诠释Singer的学说但不忽略区别。Singer提到允许人们"在合营企业中塑造相互关系的真正自由。"[②]我赞同雇员对某些企业的所有权与控制权,虽然鉴于经验,我怀疑在很多情形中,传统的经理人控制的企业更有效率。[③]Singer还强调"在危机时刻"保护"弱者"的重要性。[④]我同意此观点,但同时对某些形式的贫民救济以及某些社会福利计划存有置疑。[⑤]因此,由于不同的

---

① 参见Singer, "Reliance Interest", at 659—663(引用他人的作品)。

② Ibid., at 659.

③ 见Munzer, *A Theory of Property*, pp.290, 317—79.

④ Singer, "Reliance Interest", at 659.

⑤ 见Munzer, *A Theory of Property*, pp. 98—119, 142, 191—193, 216, 241—253, 267, 274—276, 313—314.

规范性前提以及对于社会形势的不同理解，Singer 和我可能在某些观点上有分歧，但是这一事实不排除我和平地诠释其有关财产的总体观点的某些特征。

我最终谈到 Singer 的财产社会关系观点的补救因素。本文第二部分提及以下概括性的命题，即制度改革有时需要改变财产法的基本规则。例子之一是，在关闭工厂案中 Singer 提倡法院裁决赋予工人在工厂的财产权，而不是赔偿金。其他社会关系观点提出了例如宅地的例子[①]，并表达了更激进地重新分配财产的理由。[②]

我原则上赞成但是不同意某些具体的变革。我接受一般性的命题。我在别处提出，有时土地改革优于税收—转移式的再分配。[③]例如，对于 1967 年夏威夷土地改革法案，存在有力的政策与宪法根据。[④] 同样，我支持多数宅地立法。不过，在像美国钢铁公司一样的案件中，不得自食诺言与衡平法的禁止翻供是更看似可行的法律根据。[⑤] 如果要提供财产法而不是合同法的政策论证，在工厂关闭案中，道德上的互惠看起来比 Singer 的信赖利益更合适。

七、财产、自由主义与社群主义

证明像我的理论一样的公然的多元财产理论可以容纳财产社会关系论的某些见解，这会是无聊的把戏。多元论者因其宽松的道德及对智力上的妥协接受而众所周知。因此，证明社会关系思想家比这些团体所想像的更接近罗尔斯式

---

① 见注释，“Distributive Liberty: A Relational Model of Freedom, Coercion, and Property Law”, at 868—875.

② 见 Kennedy，“Law-and-Economics from the Perspective of Critical Legal Studies”, at 472—473.

③ 见 Munzer, *A Theory of Property*, pp. 314, 422, 460—464; Munzer, “Special Case”, at 564—565.

④ Hawaii Rev. Stat. ch. 516 (1985), upheld in *Hawaii Housing Authority v. Midkiff*, 467 U.S. 229 (1984). 我在 *A Theory of Property*, pp. 460—464 中为裁决进行了辩护。

⑤ 我并不是说这些理由是获胜者，我只是表示它们陈述了可接受的诉因，而不是一个财产法的新颖诉因。比较 *Charter township of Ypsilanti v. General Motors Corp.*, 506 N. W. 2d 556 (Mich. App. 1993)（在一个关闭工厂案中没有采纳违约、不得自食诺言、不当得利及虚假陈述的理论）（通用汽车公司后来按有利于 Ypsilanti 的条件和解）与 *Mazer v. Jackson Insurance Agency*, 340 So. 2d 770 (Ala. 1976)（在一个土地开发案中接受不得自食诺言与衡平法的禁止翻供理论）。

政治自由主义者(Rawlsian political liberals),这会更有趣。通过将分析转到这个方向,我还可以部分处理一些有关自治和自我性质的枝节问题。本节先假定读者对20世纪最后30年代的自由主义政治理论有相当的了解。

术语定义:自由主义(*Liberalism*)指国家容忍不同的道德价值并对挑战传统和制度持开放态度的理论。康德式自由主义(*Kantian liberalism*)是自由主义的一种,其显示自身为全面性的学说。罗尔斯的康德式自由主义主张,国家必须对相互竞争的道德价值保持中立,因为即使某些道德价值客观上优于其他价值,但是对于哪些道德价值更好缺乏一致认可。罗尔斯式政治自由主义(*Rawlsian political liberalism*)是自由主义的一种,其将国家建立在合理的基础上,这些基础可为公众接受,不涉及对特定的善的观念的承诺。罗尔斯自己提出了两种不同版本的自由主义。

在《正义论》(1971)中,罗尔斯提出了若干康德式自由主义。在那里他将"道德价值"作为"善的观念"套现。他将国家建立在以下原则之上,即"自由和理性的人们……愿意接受",在无知之幕背后,"在一个初始的平等位置",有一个公正的"社会基本架构"。这一著作提出了一种康德式自由主义,罗尔斯后来称之为作为公平的形而上学的正义观念。①

罗尔斯式自由主义的第一个版本,在其与财产有关的范围内,包含各种各样的特征,可以被视为赞同财产社会关系论的观点。罗尔斯认为,在社会制度之前不存在财产;正当的财产权利以及财产分配必须依赖自尊;天资的产品是社会资产。②而且,自治个人的概念在某种程度是社会建构。③ 此外,根据罗尔斯的康德式自由主义,个人自治的价值是一种的善的观念。国家可能不会促进作为一种

---

① John Rawls, *A Theory of Justice*, Cambridge, Mass.: Harvard University Press, 1971, pp.11—12. 根据随后的文献,罗尔斯的康德式自由主义,不只后来定义的罗尔斯式政治自由主义,是政治的(*political*)而不是全面的(*comprehensive*),以相互竞争的道德价值的事实(*fact*)为基础,而不是以这些价值是不可比较的这一假定的真理(*truth*)为基础。分别参见 Stephen Gardbaum, "Liberalism, Autonomy, and Moral Conflict", in *Stanford Law Review*, 48 (1996), pp.385—417; Stephen A. Gardbaum, "Why the Liberal State Can Promote Moral Ideals After All", in *Harvard Law Review*, 104 (1991), pp.1350—1371.

② 有关批判性的讨论见 Munzer, *A Theory of Property*, pp.233—241.

③ 参见 Allen E. Buchanan, "Assessing the Communitarian Critique of Liberalism", in *Ethics*, 99 (1989), pp.852—882, 以及 Will Kymlicka, *Liberalism, Community, and Culture*, Oxford: Clarendon Press, 1989, Ch. 4, 讨论了罗尔斯中关于社群主义批评的相关段落。

特定的实体价值的自治(第一级自治),但是它可能支持个人通过自主选择采取的任何一种生活方式(第二级自治)。[1]

私有财产在罗尔斯的康德式自由主义下的境况微弱地类似于其在社会关系理论下的境况。相似点包括财产的社会特性以及自治个人这一观念的社会建构的性质。不过区别尚存。区别之一涉及财产的起源。对于罗尔斯,指导构成部分社会基本架构的狭小财产制度的原则由人们在初始位置的选择决定的。但是像 Singer 一样的社会关系理论家主张,财产权利由历史情境中的真实人们创立。另一区别与自治选择有关。每人在罗尔斯的初始位置理性地选择正义原则——包括与财产有关的原则——不考虑他人的利益。为自治留有余地的诸如 Nedelsky 与 Singer 的社会关系观点中,自治部分地建立在社会关系之上。因而看来自治的个人有道德上的义务作出合乎道义的,而不仅是理性上利己的,有关财产原则及其自己的财产的选择。

不过,私有财产在罗尔斯式政治自由主义下的境况更类似于其在社会关系理论下的境况。在《政治自由主义》(1993)中,罗尔斯没有使用社会契约理论。他的设计不再是形而上学的而是政治的。他现在认为合理但不相容的道德观点危害秩序良好的、以公平为正义的社会的稳定。在这种情况下,罗尔斯经修订后的理论的重要特征在于公共理性的观念以及达成重叠共识的必要。

罗尔斯式政治自由主义保留了占有及排他性使用个人财产的权利的基本自由。罗尔斯拒绝了两种更宽泛的财产权利观念。其一是一种强大的观念,包括遗产权利以及生产资料的所有权。另一观念包括“参与控制社会所有的生产资料与自然资源的平等权利”。[2]这些观念对于道德权力的形成与行使都不是必须的,因此不可能是基本自由的一部分。不过,当对社会的历史及环境了解更多时,一个社会可能在后来采用任一观念。[3]就财产涉及自治而言,注意罗尔斯关于自治的观点已经发生了变化。早先罗尔斯强调道德意志力(moral agency),并

① 参见 Gardbaum, “Liberalism, Autonomy, and Moral Conflict”, at 394—395.

② John Rawls, *Political Liberalism*, New York: Columbia University Press, 1996 [1993] (paperback ed. with new introduction), p. 298.

③ 参见 John Rawls, *Political Liberalism*, New York: Columbia University Press, 1996 [1993] (paperback ed. with new introduction), pp. 298, 338—339. 比较 Rawls, *A Theory of Justice*, pp. 270—274, 280—282.

支持作为一种基于自我承认的正义原则行事的能力的大致上的康德式自治观念。[①]这一价值罗尔斯现在称为“道德自治(moral autonomy)”。[②]他认为其不能确切地构成政治的正义观念的部分,因为很多公民拒绝它。有关价值现在成为“政治自治(political autonomy)”,即“公民的法律独立与确保的政治廉正,及其在行使政治权力中与其他公民的平等共享”。[③]

我和平地提出,罗尔斯式政治自由主义可以和某些财产社会关系论的观点相协调,基于两个理由。第一,罗尔斯所描述的特定政治自治形式带来了在行使政治权力中的平等共享。当然,政治自治的概念(*concept*)如同道德自治的概念(*concept*)一样不能产生政治权力。相反,要点在于,如果罗尔斯意义上的政治自治存在,则随它一起带来政治权力——包括寻求对作为政治情境中的个人的财产安排的权力。第二,推迟选择任何“宽泛的”财产观念直至可得到更多的社会与历史知识,这使得适应人们之间的实际社会关系更容易。我不是认为罗尔斯式政治自由主义与社会关系观点在这方面是一致的。当明确说明正义原则时,一些社会关系思想家可能反对赋予政治情境优于财产情境的特权。他们可能极力主张,在构建民权社会的早期阶段,与财产安排有关的正义原则至关重要。不过,我确实认为在获得一些社会与历史知识之前不能制定,当然不能明智地制定,某些涉及财产的原则。例如,在工业革命以及工会出现以前,几乎不可能制定 Singer 在关闭工厂的一案中会支持的任何一种原则。

可能有人反对,没有社会关系理论家会接受全盘罗尔斯主义,因为其政治自由主义不是社群主义(communitarian)。[④]我不知道所有社会关系思想家必须是,或者甚至就是,任何意义上的社群主义者。不过可能某些在某种意义上是社群

---

① 参见 Rawls, *A Theory of Justice*, pp. 252—256, 515—516.

② Rawls, *Political Liberalism*, p. xliv.

③ Ibid.

④ 代表性的社群主义思想家包括 Alasdair MacIntyre, *After Virtue: A Study in Moral Theory*, Notre Dame, Ind.: University of Notre Dame Press, 1984, 2nd ed.; Michael J. Sandel, *Liberalism and the Limits of Justice*, Cambridge: Cambridge University Press, 1998, 2nd ed.; Charles Taylor, *Philosophy and the Human Sciences: Philosophical Papers*, vol. 2, Cambridge: Cambridge University Press, 1985, 特别是关于“原子论(Atomism)”以及“分配正义的性质与范围”的章节, pp. 187—210, 289—317; Charles Taylor, “Cross-Purposes: The Liberal-Communitarian Debate,” in *his Philosophical Arguments*, Cambridge, Mass. and London: Harvard University Press, 1995, pp. 181—203.

主义。但究竟是何种意义？*Stephen* A. *Gardbaum* 有效地分离了三种见解。[①]反原子社群主义(Antiatomist communitarianism)主张，个人的身份部分由其归属的社区构建。元伦理社群主义(Metaethical communitarianism)认为，处于历史情境中的社区的社会实践产生道德价值。强社群主义(Strong communitarianism)宣称，特定(非自由主义)政治社区的生活本质上是好的，特别是好于自由国家中的生活。显然，最后一种与罗尔斯式政治自由主义不相容。但是前两种看来是与之相容的。特别是，对社会关系的强调以及非个人主义的自治观念看起来尤其是 Singer 作品的特色。因此，如果 Singer 是社群主义者，将其置于反原子论阵营看起来是明智的，因为这一阵营的观点看来与罗尔斯式政治自由主义相容。

按以下方式展开这条思路是可能的。假定自治被理解为自我管理的心理能力，并构成按自治对待的道德权利之基础的一部分。最后假定这个意义的自治在罗尔斯式政治自由主义中代表个人追求的一种理想，即使中立的国家也不会促进该理想。即便如此，自治的目的选择者可以按反原子论的方式理解。他们也可以被视为能在社区中自由地对他人承诺的个人，其承诺不能随意否认。如果这条思路是合理的，那么在罗尔斯式政治自由主义中的个人能选择参与并持续社区生活。特别是，他们可以通过比如结婚、帮助家庭成员以及向教堂和慈善组织捐款，选择参与并持续与财产有关的社区生活。[②]

不过，基于至少两个理由，这条思路必须是有条件的。首先，罗尔斯式政治自由主义只是部分地与反原子论社群主义相容。反原子论观点不只是主张个人能选择其公共约束，而且主张某些公共约束是别无选择的并且构建自我的。一些思想家可能提出，像特定自由主义社区学说的主要捍卫者(Will Kymlicka)一样，最典型的反原子论社群主义者(例如 Michael Sandel)认为自己与罗尔斯有分歧。这一提议对罗尔斯早期康德式自由主义而言是基本正确的。不过，涉及此处被称为罗尔斯式政治自由主义的后一见解时，这就过头了。其次，说罗尔斯后来的自由主义部分地与某些社会关系观点相容并不是说它们密切相关。这两种

① 参见 Stephen A. Gardbaum, “Law, Politics, and the Claims of Community”, in *Michigan Law Review*, 90 (1992), pp. 685—760.

② 此处我以 Buchanan, “Assessing the Communitarian Critique of Liberalism”, at 866—871 中富有洞察力的讨论为基础。

观点的方法与实体价值尚有明显区别。其相容程度对于像 Singer 一样的体系构造者比像 Kennedy 一样的更激进而较少系统性的思想家更大。甚至 Singer 也没有试图以罗尔斯的方式提出一种有关正义的哲学理论。

这些思考有助于处理与涉及财产的自治与自我有关的一些枝节问题。即使某些律师—经济学家如 Singer 所说的那样考虑自治,罗尔斯式政治自由主义者不是如此。后者视政治自治为一种关于法律独立与政治廉正在涉及公民行使政治权力中的平等共享时的理念。罗尔斯式政治自由主义者会对第五节与第六节中我为 Nedelsky 与 Singer 提出的经修改的自治观念作出正面的反应。就自我的本质而言,罗尔斯式政治自由主义者不可能同意 Kennedy 关于评价对象的思考或者 Nedelsky 对于作为界限的权利的忧虑。不过他们可能同意 Singer 所关注的,即最终一个社会采纳不论何种宽泛的财产观念,它必须考虑人们之间完全情境中的社会关系。

八、回顾与展望

回顾本文对财产社会关系论观点的考察,就会发现在这些观点中缺点与洞察力混杂在一起。简介揭示了这种混合;此处作一摘要将是浪费笔墨。我认为,关于社会关系思想家在其观点的未来发展中面临的问题的提要会有用得多。阐明这些问题可以帮助两个多多少少不同的法律与政治理论家群体。一方面是对财产社会关系论持理性保留者。他们可能不同意我对社会关系观点的所有批评,或不支持我对财产社会关系论某些观点的赞同。但是,如果面对批评并解决问题,他们的应重视这些观点的意识会提高。另一方面是社会关系思想家自身。也许这一群体中的一些人满足于为倾向于赞成他们观点的人著述。不过,我认为大多数不是或不应当是。如果他们对说服他人有智力上的或观念上的兴趣,他们应当面对批评,消除表面的问题,解决实际的问题。在最后一节,我试图促进对财产理论感兴趣者在未来相互啮合。

概念修改,社会描述以及规范性主张。社会关系思想家的一个问题是在其观点中分离概念修改、社会描述以及规范性主张——或者证明为什么这些分离是被误导的或不可能的。除了别的以外，这一问题强调了修改财产概念与抨击支持财产的常见理由（第三节）、对于"强制"的中立与非中立使用（第四节）之间的模糊，以及 Singer 明显从描述性主张陷入规范性主张（第六节）的问题。在某种程度上，这一问题是阐述的问题：有时社会关系思想家不清楚他们在做什么，或不清楚他们认为他们在做什么。但是在更大程度上这一问题是方法论上的：有些社会关系思想家可能反对我采用的哲学方法。他们可能，比如说，质疑描述性事物与规范性事物之间的任何区分的前后一贯性。然而，为了方法论上的进步，社会关系思想家注意他们与之有分歧的见解中的细微差别，这至关重要。举例说明，虽然我在阐述对 Singer 的可能存在的批评时使用休谟法则（不能从"实然"推出"应然"），我也小心地说明了存在反对它的理由（第六节）。在别处，我承认社会或法律约束可能成为人们使用的语言的组成部分，但对于是否可以设法找出某些词语及概念的评价性的含义以便得到运用这些完全非评价性的词语与概念的条件，我不发表看法。[①]

强制、权力与自由。对于财产的社会关系学说，在此出现两个完全不同的问题。一个问题是，关于强制或权力的何种论述可以最佳地达到目的。我想，放弃强制并更广泛地撒网构建关于权力的论述，社会关系思想家会做得很好。尽管 Hale 在提议对"强制"这一术语的理论、中立使用时用意颇佳，他和他的追随者们仍然在通常意义上使用该词语，即带有由于威胁而引起的不公正的强迫的含义。另外，他们已落入几乎任何人都会感到畏缩的哲学困难的荆棘地（第四节）。权力看起来是探究财产的社会因素的更优概念。Kennedy 发现 Foucault 是一位无可辩驳的对权力关系富有洞察力的分析者。然而我主张社会关系思想家应超越 Hale 与 Foucault。[②] 有关对偏好的持久影响的研究可能会纠正对短暂的权力行使与自我重构的不适当强调（第五节）。我不认为 Kennedy 会反对注意别处，因为他显然视其关于 Hale 与 Foucault 的文章为对他们的成果的粗略借用（第四

---

① 参见 Munzer, *A Theory of Property*, p.78; Munzer, "Special Case", p.562.

② 在大量文献中，除 Lukes 与 Gaventa（注 53）的作品外，参见 Ralph Miliband, *The State in Capitalist Society*, London: Weidenfeld and Nicholson, 1969 与 Nicos Poulantzas, *Political Power and Social Classes*, trans. and ed. Timothy O'Hagan, London: NLB and Sheed & Ward, 1973 中不同的马克思主义观点，以及 Dennis H. Wrong, *Power: Its Forms, Bases and Uses*, Oxford: Basil Blackwell, 1979 与 Peter Morriss, *Power: A Philosophical Analysis*, Manchester: Manchester University Press, 1987 中的社会学探讨。

节 F),不一定是关于权力的全部真理。

另一问题涉及强制和权力为一方与自由作为另一方之间的关系。处理这一问题,社会关系思想家需要或者多说很多,或少说很多。目前,关于强制的社会关系著述看起来在很大程度上遗忘了关于强制、剥削与自由之间的联系的复杂辩论(第四节)。并且,目前一些关于权力与自由的社会关系著述不认真考虑自由意志与决定论的重大问题,却提供很少根据来支持关于这些问题的立场(第五节)。较简单的方式是就这些事项开出期票,或者全然放弃。不过,如果社会关系思想家希望打乱与财产有关的自由、权力及自我的稳定讨论,如果他们打算通过真正的艰苦努力实现这一目标,那么他们必须处理自由意志与决定论的重大问题。

自治与自我的本质。一个关键问题是证明关于自治的何种论述对于思考财产最有用。在本文中出现的论述或者类似论述的姿态包括以下:自我管理的心理能力(我的基本理解);一种保留某些权利及某些个人边界的行动能力(Nedelsky 修改过的);与道德责任一致并对与他人之间的全部情境关系敏感的自由选择与行为的能力(Singer 重新阐述的);康德式的基于自我认可的正义原则行事的能力(罗尔斯的"道德自治");公民的法律独立、有保证的政治廉正以及在行使政治权力时与其他公民平等分享(罗尔斯的"政治自治")。

推进任何这些论述或可能提出的其他论述,需要采取数个步骤。首先,必须解释为何不平等的财产拥有影响自治的行使。其次,必须澄清哪些个人关系是重要的,这些关系如何与某些权利及某些边界相容。[①]再次,必须表明道德自治与政治自治之间的联系,并证明涉及自治时对道德上自治的非公民的待遇是正当的。

一个相关的问题是证明自我应相对于财产来理解。很清楚这方面不足的是什么。一方面,处于罗尔斯初始位置的除去一切不必要细节的理性选择者是不够的,因为调查的唯一实际现象是社会情境中的财产。另一方面,Kennedy 的通过行使权力而不断重构的高度可塑的评价对象,以及 Nedelsky 的有众多关系而缺少边界的自我,导致一种非常无定型的有关自我的观点(第五节)。显然政治

① 例如 Catriona Mackenzie and Natalie Stoljar, eds., *Relational Autonomy: Feminist Perspectives on Autonomy, Agency, and the Social Self*, New York and Oxford: Oxford University Press, 2000.

自由主义者与社会关系思想家需要做很多改进。前者除解释为何财产尤其是不平等的财产拥有影响自我外,必须做更多。[①] 后者必须更清晰并更具体。一个可能有益的出发点是展开第五节最后一段中关于 Kennedy 的评论。该评论针对他利用 Foucault 关于权力的论述以证明财产如何有助于影响我们关于自身及财产的经验,并解释财产如何通常反映而不是形成社会的主要制度。

社会关系。最重要的问题是阐明在谈及财产社会关系论时什么是新颖的、有启发性的和正确的观点。Felix S. Cohen 显然创造了这一短语。但是他认为这是一个含糊的概括。有人会同意:财产与财产权是法律问题;它们涉及法律关系,也就是社会关系之一——确实,它们可能是别的什么东西?目前,财产社会关系论思想家在自己论述社会关系时最不成功(第六节)。

回答诸如以下的问题会有帮助。构成或有助于构建财产的关系属于一种可独立识别的类型吗?答案可能会表明如何排除 David Friedman 的相互威胁与反应的网络(第六节)。对于构成或有助于构建财产的关系存在道德上或政治上的试金石吗?答案可能澄清某种财产社会关系观点是描述性的、规范性的还是二者都是,如果它至少部分是规范性的,哪些"好的"社会关系应进入财产法。社会关系如何帮助法官解决现实世界问题?答案可能会解释天主教还是摩门教的业主可否拒绝接受同居的夫妇为租户,以及犹太复国主义的犹太业主是否可以拒绝接受巴勒斯坦激进分子为租户。

政治承诺。另一个,也是目前最后的问题涉及对政治承诺的辩护。大多数财产社会关系论观点的现代拥护者在英语国家属于批判法律研究或政治左翼的一员。不过,很难在他们的观点中发现仔细表述的对政治承诺的辩护。[②] 提出 David Friedman 的自由主义视角的意义之一在于探究一种完全不同的政治承诺是否可以是社会关系观点。同样,在第七节中对罗尔斯式政治自由主义的扩展论述的意义在于调查在美国处于政治中心左翼,但还未像批判法律研究一样走

---

① Munzer, *A Theory of Property*, pp.37—187, 317—418 做了一些但远不够。一位无名的读者将我描述为自由主义者。我从未如此描述自己,部分是由于我没有对将自由主义者与其他政治思想家分开的很多事项提出观点。准确地说,就财产理论而言,我是温和的平等主义者和多元论者。

② Cf. Matthew H. Kramer, *In the Realm of Legal and Moral Philosophy*: *Critical Encounters*, London: Macmillan Press Ltd., 1999, pp.122—132. 他指出,在我看来是令人信服地,Hale 与 Morris R. Cohen 对于公共/个人区分的批评是"在理论上政治上中立的"(p.124),可被不同派别的思想家利用。

到那么左的政治承诺,是否比多数人想像的更接近社会关系观点。如果社会关系思想家严肃对待这一最终问题,我认为,他们未来的研究会澄清他们与其他思想家之间方法论上的区别,并且提供比现在更有力的对其政治承诺的辩护。

不论这一建议的是非曲直如何,和谐地改进社会关系观点并减少与其他观点的不必要冲突是可能的。财产社会关系论理论家关于财产的观点的现行陈述更接近于对他们认为的法律与社会被忽略的特征的夸大,而不是冷漠的或超然的法律理论命题。某些段落使用的语言可能表达了不准确的用法,而不是著者们经过谨慎思考得到的,并会至终坚持的主张。而且,Singer 的社会关系学说可以被视为一种理想的类型——与其说是财产法的实然状况不如说它可能变成的状况。任何人可以诠释或者改写他关于自治的观点,以便为对与他人之间的完全情境化的关系敏感的自由选择留有余地。也许最令人感兴趣的是可能在罗尔斯式政治自由主义与财产社会关系论观点之间达成和解。我对掩饰真正的学术争议没有兴趣。不过我认为,如果关于财产的法律与政治理论的辩论稳定到较低的交战温度,研究这些辩论的人会因了解的提升而受益。

公司控制权正当行使的制度经纬

甘培忠*

内容提要：公司控制权是从股东所有权中派生出来的经济性权利。它在本质上是一种新的利益存在方式，是利益冲突的产物。公司控制权的正当行使，对公司企业的产生和发展发挥了关键的推动作用，有利于建立股东之间的信任基础，有利于提高公司运行的效率。它是一种表征公司运行状态的评价体系，其真正价值就是平衡地维护各方相关主体的现实利益和合理的期望利益。确立这种评价体系的核心要素可能随时间的推移和实践的发展而被赋予不同的理念。公司控制权正当行使的法律标准应当把相关利益主体博弈的过程和结果与公共权力机关、社会公众对公司管治的一般期望结合起来。公司治理的核心是通过制度的方式保障公司控制权的正当行使。

关键词：公司控制权　利益冲突　正当行使　公司治理

Abstract: The corporate control power is an economic right that derives from the shareholders wnership. It substantially is a new way in which interests exist and a result of the conflicts of interests. The due exercise of the corporate control power played a key stimulative role to the emergence and development of the ompany, helped to establish the trust foundation among the shareholders and to improve the efficiency of the company. It is an evaluation system that denotes function state of the company, whose real value is to evenly protect the realistic interests and the reasonable expected interests of all related subjects. The core factors of this kind of evaluation system will be probably given different values with the process of time

---

* 甘培忠，法学博士，北京大学法学院教授。

and development of the practice. The law standard that the corporate control power can be exercised properly should combine the process and the result of the related interests subjects' competition with the general expectations to the company regulation of the administrative agency and the public. The core of the corporate governance is to safeguard the due exercise of the control power by establishing relevant systems.

Key Words: Corporate Control Power, Conflicts of Interests, Due Exercise, Corporate Governance

一、股东冲突的根源——由一个尚未审结的本土案例说起

权利,是主体依从自己的心愿进行活动的法律空间。权利的社会支配性决定其产生的社会根源是冲突。

在漫长的人类社会的全部历史进程中,冲突构筑了文明大厦的每一块基石。无论是部族厮杀、国家领土争夺,还是邻里口角、政治权力斗争,甚或男女之间的情爱争执,无往而不为利也。在现代社会中,"利",用"利益"表达,其含义虽然已经包容了社会承认、尊严、机会、主动地位、公平对待、自由、方便、话语权、舒适、获得好处等,但其中心部分仍然是金钱财富的获取与占有。企业,是一种集中体现财富积聚与分配的交易场合。公司制企业出现以前的商业活动,利益的存在与冲突较多发生在通过契约连接的各自独立的商人之间。公司制企业的出现,带来了商业组织形式的革命性变化,股东之间的合作和共同意志被看成是公司产生的人性化前提[①],而股东冲突被悄然湮没在制度边缘的昏暗光线下。过往的

① 中国人民大学叶林教授在分析公司设立的性质时认为,"公司设立是基于各个设立人的共同意志,为了各设立人的共同目的和利益而进行的,公司设立的完成要取决于大多数投资者的共同意志。"见叶林:《中国公司法》,北京:中国审计出版社1997年1月第1版,第79页。其实,叶林教授的这种看法,几乎代表了公司法学界多数人的共识。对于大型的股份公司来讲,虽然千千万万的投资者并未在投资协议上签字,但他们认购公司股份的行为表明他们接受了公司的章程,他们向公司交付资金并放弃直接控制权正是出于对公司共同意志的承认。Adolf A. Berle 和 Gardiner C. Means 在 *The Modern Corporation and*

经典的公司法的教科书很少去开宗明义地书写股东冲突,公司法上设立的监事制度一般被当然地解释成公司社团权力资源配置的架构需要。然而,冲突是在股东之间,冲突仅仅来源于股东的内心深处的期待,是一种自然的、真实的呼唤,代表股东对利益获取的本性渴望,永远都不会泯灭。股东冲突,是一种潜势,是股东谋求个人利益最大化的欲望的心理暗示,在股东向公司投资时与入资行为一并注入公司,成为公司股东间合作关系中隐含的另一面。当公司利益的分配出现与股东心理预期的差距时,冲突就会被酝酿、发酵,甚或演变为对抗。事实上,公司法上的许多规则是用来协调股东冲突的,制度层面上表彰的公平、公开、公正的价值,都只是股东之间冲突博弈的外在结果,是社会关注公司利益分配的契约化的原则。哈佛大学哲学教授罗尔斯在《正义论》(A Theory of Justice, 1971)中论述社会正义的作用时讲到的"社会作为人们的联合体,包容了成员利益的一致和冲突"的情况恰恰与公司股东的利益结构吻合。①

Private Property 中写道:"In its new aspect the corporation is a means whereby the wealth of innumerable individuals has been concentrated into huge aggregates and whereby control over this wealth has been surrendered to a unified direction... The surrender of control over their wealth by investors has effectively broken the old property relationships and has raised the problem of defining these relationships anew."参见 Adolf A. Berle and Gardiner C. Means, *The Modern Corporation and Private Property*, New York: The Macmillan Company, Reissued January, 1933 and Reprinted March, April, 1933. p. 2.

① 罗尔斯认为,社会是人们或多或少自给自足的一个联合。他们在相互关系中承认某些行为规则具有约束力,并基本上根据这些规则来行为。这些规则详细规定了一种合作体系,目的在于保障参加这一体系的人的利益而进行合作的事业,它又具有一种特征:既存在利益的一致,又存在利益的冲突。之所以有利益的一致,是因为社会合作可以使所有的人所过的生活,比每个人单靠自己的力量所过的生活更好。之所以有利益的冲突,是因为人们都希望多分得一些通过合作所产生的利益。因此,必须有一批确定利益分配的原则。这些原则就是社会正义的原则。它们一方面规定了在社会基本制度中划分权利和义务的方式,另一方面又规定了社会合作的利益和负担的适当分配。因之,一个良好合理的社会必须具备:第一,社会的目的是为了促进其成员的福利,每个人都接受正义原则,并且知道其他人也接受同样的正义原则。第二,该社会是根据大家共同接受的正义原则有效地进行统治,各种基本的社会制度普遍地符合这些原则,而且一般人也知道它们符合这些原则。在这种情况下,尽管人们有各种不同的企图或目的,但他们共同具有的正义感可以使他们建立起友好的结合。但是,这种良好的社会在实际生活中是罕见的,因为人们对什么是正义和非正义是有不同认识的。不过,尽管有这样那样的分歧,但是每个人都会有这样一种相同的正义的概念:他们都了解需要有一批特定的原则,以便根据这些原则来分配基本的权利和义务,并规定社会合作的利益和负担的适当分配。因而,人们尽管对什么是正义和非正义有着不同的认识,但对基本权利和义务分配方面的差别并不是专横地做出反应,同时,在解决人们对社会生活利益所提出的相互冲突的要求而又能保持适当平衡时,则他们仍然可以一致同意这种制度是正义的。参见罗尔斯:《正义论》,北京:中国社会科学出版社 1988 年版,第 2—3 页。

股东冲突是在公司主体的体内存在并表现的。公司股东冲突的本质是利益的争夺。当冲突在和平的氛围和环境中展开时，股东之间容易形成相互的监控和制约，以利益分配的契约安排为基础的均衡局面就会长久维持，公司向外界展示出正常的治理效果和形象。这样的局面有赖于公司中多数股东的健康、持续的自律约束的道德信念，但更重要的原因是另一方或另几方的冲突意识和冲突能力借助法律的威严对多数股东产生了制约的趋势和现实。对公司的控制力不能仅仅从控制的一方所拥有的资源和能力测度，还要看法律给定的环境条件和公司的非控制方的对抗力。因此，股东冲突的和平状态的维持不仅仅依赖于法律的一般规则的指引和示范，还在事实上取决于权利制约的安排和积极的冲突功能的发挥。当违法的成本支出远低于获取的利益时，公司的控制者可能采取"火中取栗"的手段，损害其他股东的正当利益而谋求超越冲突临界点的利益，公司的有效管治暂时被撕开一个裂口。

2001年3月18日，广西泓和房地产开发有限责任公司成立，其注册资本为1500万元。公司当时的股东有6人，注册资本全部到位，但其来源是由股东们向广西协和房地产开发有限责任公司借入，因此协和公司为控制风险派出财务人员蓝冰负责泓和公司的财务工作。2002年3月18日，泓和公司召开股东会讨论通过股东股份调整、董事会调整等事项。调整后的泓和公司股份结构为：

许　兵：930万，占公司股本的62%；

于红疆：180万，占公司股本的12%；

凌　云：150万，占公司股本的10%；

邹高峭、邱建荣：各75万，各占公司股本的5%；

覃小冬、陈振东：各45万，各占公司股本的3%。

调整后的泓和公司经营管理班子为：

许　兵：董事长兼总经理

于红疆：董事

凌　云：董事兼副总经理

覃小冬：综合部经理

陈振东：设计部经理

泓和公司事实上形成了由许兵、于红疆、凌云三人组成的最高决策层。2003

年4月初，泓和公司决定由于红疆接任公司总经理。但是在4月16日的一次公司工作会议上于红疆宣布了公司的决定，而引致许兵的不满，许兵认为于红疆的任命决定应由他以董事长的身份宣布，于红疆虽事后向许兵解释，但许兵已心存芥蒂，不能谅解。围绕管理权的争斗自此开始。由于中国公司法设定的公司治理结构中确立的董事长一般不主持公司的日常管理事务，总经理成了公司经营、管理活动的中心，于红疆上任伊始的一次不慎的言行引发了许、于之间的不和，许兵开始反击，围绕管理权的冲突逐渐演变为股东冲突。许兵采取的行动有：1. 从管理层秘书手中拿走公司公章；2. 向银行等单位告诉公司的财务章已丢失，但实际上财务章在于红疆的管理之下；3. 瞒着于红疆、凌云自行秘密物色忠于自己的管理层人员；4. 2003年7月16日，许兵召开股东大会强行免除于红疆、凌云的董事职务，同时免去于红疆总经理、凌云副总经理的职务，重新任命许兵为总经理、覃小冬为常务副总经理，任命许兵的亲信张德远、覃光为副总经理。此举虽然遭到于红疆、凌云、陈振东的强烈抵抗，但大股东的地位完全支持了许兵的做法。

许兵采取的方式，具有浓厚的中国中小型企业中管理权争夺的标准模式的特点，如抢公章、宣布公章丢失或作废、任命亲信、发动突然袭击等，权利冲突的启动与展开完全没有游戏规则可循。但是，许兵的这些动作从严格意义上说，还不能被看成是对股东权的侵害。他接下来的动作真正成为股东冲突。首先，许兵利用大股东的地位和自己对公司管理系统的控制，排斥于红疆、凌云、陈振东三位少数股东对公司经营活动的过问和知情权；其次，大幅度修改公司章程，确立他个人对公司的独断控制地位；再次，2003年7月23日，许兵与覃小冬成立南宁市海泓岛房地产开发有限责任公司，许兵持股90%，任执行董事兼经理，覃小冬持股10%，任监事。7月23日，许兵瞒着少数股东将泓和公司名下的69亩土地以16万/亩的价格转让给海泓岛公司，而该幅土地的市场价格在100万元/亩以上。2003年9月9日，许兵又秘密成立柳和岛公司，以相同手法将泓和公司名下的另400多亩土地廉价转让给柳和岛公司。2003年年末和2004年年初，许兵以高价将海泓岛公司和柳和岛公司的股份全部卖给他人。至此，许兵实现了对泓和公司的空前洗劫。许兵的操控公司的行为和掠夺公司资财的行为得到了其法律顾问的咨询策划方面的帮助，实施这些行为时许兵对泓和公司的另外三位小股东施以恩惠关照。2004年3月23日，凌云、于红疆、陈振东三位股东向南宁市中级人民法院对许兵、覃小冬、南宁市海泓岛房地产开发有限责任公司提起了派生诉讼。

股东之间维系合作的因素很多,如相互信任、共同利益、联合投资的契约结构、管理权分配的制衡机制等。但是,股东冲突是本质的,公司往往是大股东眼中的蛋糕,而大股东恰恰握有分配蛋糕的刀具。① 在我国现实的公司治理环境中,像许兵这样对公司进行控制和蚕食的案例比比皆是,公司制企业建立10多年来,小股东的利益无论是有限公司还是股份公司的公司形态下无往而不是的处在被大股东侵占的危险之中。维系股东合作的种种因素,常常被大股东的滥权行为撕裂,这也屡屡引致我们对以股东合作为理念构建公司作为社团法人成立的基础进行检讨和反思,中国本土的人文意识中是否具有本能的排斥长期利益捆绑结合的因子,民间的某些谚语如"合久必分"、"三个和尚没水吃"、"三个中国人就可能形成窝里斗"等对我们建立公司法律制度提供什么样的启示。特别是现在正在倡导个人利益本位的思潮倾向影响下,我们难道不能果断地放弃一些传统公司法的过时价值吗?捆绑的夫妻不能长久,法律继续强行要求公司以股东共同合作为基础构建的原则与中国国情存在"水土不服"的背离,也与社会发展的潮流相悖。

泓和公司的案例给我们的启示是清晰的:股东冲突是必然的现象,冲突的起源是利益对抗,公司的终极价值在于利益的分配。

二、公司控制权的组织结构与历史演变

(一)西方经济学关于公司控制权的若干经典表述

公司控制权承载了极其丰富的制度规范内容和利益相关关系的安排和调

---

① 罗尔斯在论述程序的正义时举出了分蛋糕的例子,假定一些人要分一个蛋糕,假定公平的分配是人均一份,明显的办法就是让一个人来划分蛋糕并得到最后的一份,其他人都在他之前拿。这样,分蛋糕的人就要均等地切分这个蛋糕。只有这样,他才能够确保自己得到可能的最大的一份蛋糕。见 John Rawls, *A Theory of Justice*, Oxford University Press, 1972, p.81.转引自徐爱国、李桂林、郭义贵:《西方法律思想史》,北京:北京大学出版社2002年2月第1版,第321页。

但是,公司——这个蛋糕的切分比例股东们早已作了契约的安排,大股东始终掌控刀具并管理蛋糕,大股东通过边管边吃的方式扩大对蛋糕进行管理的成本以实现额外的利益,有时他们会以低廉的价格把蛋糕的一部分卖给自己或其他的利益输送人。当大股东对公司抱有贪婪的心态时,小股东利益的受损几乎就是不能避免的。

整，它表达公司决策的形成过程及效力确定。给公司控制权赋予准确的定义是困难的，原因是它自身存在着复杂的结构和演变历程，以及它在不同的公司法律制度条件下表现出的多样性。西方国家的经济学家们耗费数十年的精力研究这一命题，得到迥然有别的结论，构建了不同的理论体系，同时使得公司控制权的概念更加模糊，难以界定和度量。经济学家研究公司控制权时，往往把它与特定的企业组织结构、企业的目的、交易成本的节约、市场结构、所有权① 与控制权分离等因素联系起来，从其中的某一视角探讨控制权在公司治理结构中的运作

① 有关公司控制权的研究首先发端于美国。因此，浩如烟海般的资料基本上是英美法系的制度和理论的内容。英美法系国家对于“所有权”概念的使用一向不同于大陆法系。大陆法系的所有权被赋予严格的法律含义，它被置于物权体系中，确立为自物权，且其对象限于有体物，是一种排他性的对特定财产拥有占有、使用、收益、处分的直接支配权。英美法系没有民法典，通过判例所确定的财产归属关系和利益归属关系均可以称为所有权，因此所有权的对象既包括有体物，也包括无体物，如知识产权、基金、股票等。美国的许多经济学家凡谈到公司控制权问题时，往往在其论文和论著的标题中醒目地使用“ownership”一词，行文中则不胜枚举地使用所有权术语，而且很多人自己给公司股权结构中使用的所有权下出各自的定义，因而要找出公认的法律定义已经是绝不可能的事了。经济学家 Margaret M. Blair 于 1995 年出版的《所有权与控制：面向 21 世纪的公司治理探索》(Ownership and Control: Rethinking Corporate Governance for The Twenty-First Century)中也不得不承认：“私有财产的所有权是市场经济中为有效使用资源而产生激励的核心机制。但姑且不说它的重要性，所有权是一个复杂的概念并具有众多的含义，在有关公司治理的论述中，它是一个特别模糊的词汇。” Margaret M. Blair 一方面批评所有权的概念被学者们搞得模糊不清，试图从经济学的视角界定它的含义：“在阐述实际财产(real property)或规范的有形财产(physical assets)概念时，所有权这一概念通常具有资产的占有权和处置权的含义，意味着有权任意使用资产而并不被法律所特别限定或被以往的合同所禁止，意味着有权从资产的销售索取收益和资产所带来的回报，以及意味着有责任承担控制和处置资产所带来的风险。控制和处置有形资产的权利一般总是与有权从资产中收取利润和有义务承担资产被非合理使用或贬值所带来的风险结合在一起的。但重要的是要知道权利和责任的组合是有关法律和社会规范问题。”她的这一段讲述是就美国法律意义上的所有权理论针对公司股东权的经典表达。但是 Margaret M. Blair 还要往前走，她把公司利益构造中的任何权益都要装进所有权的大筐中，从而形成了她的另一方面。她说：“在大型公开上市公司中，构成实际财产所有权的正常权利已经被分解并分配到企业的众多参与者身上。众多的有形资产和无形资产以及与这些资产相关的权利和责任被体现在各个方面。因此，讨论公司治理问题，以‘所有权’为起点，并假定从一定的权利和索取权出发是彻底错误的。实际上，我反对通常坚持在一个大型公司里‘股东就是所有者’的观点，这种观点是一个高水平的误导，它常常更多的是模糊了一个十分重要的问题而没有把它们搞清楚。”按照 Margaret M. Blair 的说法，公司治理结构中的所有权实际上应当包含债权人、职工、股东、机构投资者甚至政府的各种权利、索取权和责任。我们赞赏通过公司相关者利益比较的视角研究公司治理结构问题，事实上有效的公司治理结构中应当适当体现公司的债权人、职工作为 Stack-Holders 的利益，如果公司的财务状况严重恶化，债权人可能接管公司并驱逐低能的管理者，或者迫使公司破产。但从法律上讲，把所有权变成一个无所不包的权利义务体系，不同权利的性质差别完全被忽视是有失严谨的。从 Margaret M. Blair 及其他经济学家和法学家的论著看，每一个作者都试图给公司的所有权给出自认为最恰当的定义，因此关于所有权的定义粗略估计会有几十个。我以为，就经典和成熟的意义上看，公司所有权应当解释为股东权，就财产意义而言，其表现为“剩余索取权”；就公司控制而言，其表现为最终支配权。参见玛格丽特·M.布莱尔(Margaret M. Blair)：《所有权与控制：面向 21 世纪的公司治理探索》(Ownership and Control: Rethinking Corporate Governance for The Twenty-First Century)，张荣刚译，北京：中国社会科学出版社 1999 年 8 月第 1 版，第一章、第二章。

程序和存在价值。

1. 1937年,R. 科斯发表了《企业的性质》一文,奠定了现代企业理论的基础。科斯认为,企业的标志是对价格机制的替代,企业的出现体现了交易费用节约的关切,因为企业方式的交易费用低于市场方式的交易费用。科斯之后,企业理论的研究进一步深入,阿尔钦和德姆塞茨发表《生产、信息费用和经济组织》(1972年),主张企业的核心是团队生产(team production),团队生产的有效性和监督是企业形成的起源和企业的本质,也是古典企业的突出特征。威廉姆森于1985年发表了《资本主义的经济制度》,提出特定类型的交易要由特定的治理结构组织和管理,企业和市场是两种可以相互替代的治理结构。

2. 1932年,美国法学家伯利和经济学家米恩斯联合出版了著名的著作《现代公司与私有财产》。他们首次提出"所有权与控制权相分离"的论点,并且加以证明。他们认为,与所有权相分离的控制权并不是一个众所周知的概念,它是公司制度的特殊产物。他们界定的公司控制权的定义为选择董事会成员和多数成员的权利。如此,控制权仍然包容在所有权之中。但是,利益相关者理论家们从实用主义角度观察后认为,有时控制权又不是通过影响公司董事会成员体现,而是通过契约约束公司的经营者表达,如银行对债务人公司的指手画脚行为,足以说明银行实际上具有控制权。根据伯利和米恩斯的观点,理论上公司控制权由股东所有权派生产生,但实践中伴随着公司制度的发展而变化,尤其是在股份公司状态下,"无数个人的财产被集中起来,形成巨大的财富集合体。并且,通过这种机制,(投资者放弃的)对集中财富的控制权也被集中起来,授予统一的指挥者手中……那些投资于一个现代公司的财产所有者正是将其财富的控制权交给公司的人,由此而转换成了一个独立的所有者,其地位可能变成资本的固定回报的接受者"①。在公司控制权组织结构的形成方面,伯利和米恩斯的研究结论认为,古典的公司形态中,股东既是公司的所有者,也是公司财产的所有者;现代公司中,股东丧失了对公司财产的法律上的权利(legal title),公司资产在法律上的地位是公司所有权的对象。然而,从股东全体来看,公司财产和全部利润的最终归属仍属于股东,他们集中拥有公司,公司为他们的利益而存在和运作。

---

① Adolf A. Berle and Gardiner C. Means, *The Modern Corporation and Private Property*, New York: The Macmillan Company, Reissued January, 1933, and Reprinted March, April, 1933. pp. 2—3.

由上述内容可见，伯利、米恩斯所描述和论证的公司控制权的内核是股东本位。①

伯利和米恩斯以美国为例还揭示了现代社会股份公司股权结构分散化导致公司控制权向经营者手中集中的趋势。他们从实证的角度分析了原因：第一，股份公司的发展越来越依赖于资本市场，特别是那些高成长性公司“非随时拜访大众，吸收大量资本不可”。第二，公司合并造成股份的分散。合并使原先的许多小型的由个人、家族、合伙人管理的公司实现产业集中，多个所有者进入同一大企业，于是股权被分散持有。第三，投资组合带动大股东分散持股。进入20世纪中期后，美国的工业家族不再对公司的控制权保持兴趣，他们更愿意接受被动的投资策略，“把鸡蛋放进不同的篮子”，谋求组合投资利益并实现避险。第四，法律或政治制度的变动引起股权分散。美国1929年经济大危机之后，颁布了一系列规制证券市场、商业银行、投资银行、投资公司及保险公司的法律，大股东的行为被严厉监控，由证券市场和社会舆论对公司的外部监控逐步走向良性循环，增强了分散持股者的信心，主观上没有必要持大股去亲历公司的控制。在日本，战后盟军最高司令部采取措施瓦解曾为占领市场和掠夺资源支持政府发动战争的财阀家族，将83家公司定为控股公司，将10个家族定为控制这些控股公司和其他公司的财阀家族。他们的股票被证券清理协调委员会出售。当时，同时实行的两项政策保证了股权的分散：一是让有关公司的雇员和公司所在地的居民优先购买，二是规定任何个人不得获得该83家公司中任何一家公司1%以上的股份。② 伯利和米恩斯把这种股权分散造成的公司控制权结构的集中现象称之

① 1995年，美国经济学家 Margaret M. Blair 出版了《所有权与控制：面向21世纪的公司治理探索》(Ownership and Control: Rethinking Corporate Governance for The Twenty-First Century)，她在该书中对伯利与米恩斯的学术观点归结为解决公司治理问题的三种模式中最重要的一种，她称这种模式为“金融模式(finance model)。” Margaret M. Blair 认为，公司治理的问题主要集中在以下方面：治理安排如何影响公司的业绩？它们创造财富的能力如何？公司治理的规则应该怎样改革？面对这些问题，金融模式主张公司由股东所有并进而按股东的利益来管理。但是，由于公司股票被成千上万的个人和机构持有，每一个公平持有者在公司发行的股票总额中仅占一个微小的份额，因而在影响和控制经营者方面股东力量过于分散。正因如此，公司的经营者经常在管理公司的过程中浪费资源并让公司服务于他们个人自身的利益，有时还会损害他们的股东所有者(shareholder-owners)。伯利和米恩斯的观点立足于促使经理人员对股东的利益更负有责任。见 Margaret M. Blair:《所有权与控制：面向21世纪的公司治理探索》，张荣刚译，北京：中国社会科学出版社1999年8月第1版，第9页。

② 参见熊道伟：《现代企业控制权研究》，成都：西南财经大学出版社2004年3月第1版，第39页。

为“经理革命”。

3. 20世纪70年代后期，西方国家对公司控制权的经济学研究被一批经济学家导入公司治理结构的研究体系内，这表明有人认为公司利益的多元化分布结构已经形成，公司中多样性的资源配置来源对公司控制权产生了实质性的影响。奥利弗·哈特（Hart. Oliver）发表了《公司治理理论与启示》，之后他又和格罗斯曼（Grossman. Sanford）联合出版了《公司融资结构与管理层激励》，发表了《一股一票与公司控制权市场》和《所有权的成本与收益：一种垂直合并的理论》（The Costs and Benefits of Ownership: A Theory of Vertical Integration）。他们以产权理论为基础，提出了公司治理理论的架构：即公司治理存在的条件和理论基础是代理问题和合约的不完全性。代理问题的核心是组织成员（包括所有者、雇员、消费者）之间存在利益冲突。当代理关系平衡协调时，每个人的努力和所有成本都可以得到补偿，因此不需要激励机制调动成员的积极性，也不需要治理结构来解决争端，因为无争端可言。如果出现代理问题且合约不完全，则公司的治理结构显得十分重要。完全合约存在着较大的成本，节约这种费用就必须建立完善的公司治理结构。治理结构分配公司非人力资本的剩余控制权，即如果没有在初始合约中详细设定的话，将由治理结构决定其如何使用。格罗斯曼和哈特从产权理论的“不完全合约理论”的视角出发来理解所有权关系，认为企业所有权的核心是剩余权，剩余权包括剩余索取权和剩余控制权。但是由于剩余索取权存在不稳定的期望，私有所有权就是剩余控制权。[①]

英国牛津大学管理学院院长柯林·梅耶（Myer）提出公司治理结构是一种制度安排的观点。他在《市场经济和过渡经济的企业治理机制》一文中把公司治理定义为公司赖以代表和服务于它的投资者的一种组织安排。它包括从公司董事会到执行经理人员激励计划的一切东西，公司治理产生于股份公司所有权和控制权的分离的现实。斯坦福大学钱颖一教授认为，公司治理结构是一套制度安排，用以支配若干在企业中有重大利害关系的团体——投资者（股东和债权人）、经理人员、职工之间的关系，并从这种联盟中实现经济利益。公司治理结构包括：(1) 如何配置和行使控制权；(2) 如何监督和评价董事会、经理人员和员工；

① 参见董秀良、高飞：《上市公司控制权结构：问题与对策》，载《当代经济研究》2002年第3期，第26页。

(3) 如何设计和实施激励机制。这里,我们可以看出,梅耶的观点区别于哈特,梅耶所讲的治理结构中包括了激励计划,而在哈特那里,包含激励机制的合约安排是影响治理结构发生作用的一个条件。钱颖一的学术观点中体现了利益相关者理论的生成。

科克仑(Phlip L. Cochran)和沃迪克(Steven L. Wartick) 于 1988 年发表了《公司治理——文献回顾》一文,认为公司治理问题是包括高级管理阶层、股东、董事会和其他利害相关者的相互作用中产生的问题。构成公司治理问题的基本内容有两方面:即是什么和应该是什么。公司治理结构需要回答:(1) 谁从公司决策或高级管理层的行动中受益;(2) 谁应该从公司决策或高级管理层的行动中受益。

法玛(Fama. Eugene)和詹森(Michael. Jensen)于 1983 年合作发表了经典论文《所有权与控制权的分离》(Separation of Ownership and Control),其中对公司决策权做出了"决策管理"和"决策控制"的分类。他们认为,决策管理包括最初的决策方案的提出和其后的执行;而决策控制则包括对决策方案的批准和执行决策方案的监督。公司控制权通过契约授权的方式在各公司机构中进行分配,作为所有者的股东保留最终控制权如投票选举和罢免董事、审查和批准公司的重大事项的决策方案,将其他绝大部分决策控制权授予董事会,即公司的意愿权由股东会行使,重大事务决策权和管理权由董事会行使,董事会是全体股东的利益代表机构。为经营的需要,董事会就将决策管理权授予经理。[1] 法玛和詹森的理论与近代公司法的一般制度模式相符,但他们分类概括的研究对公司法学者的研究是一种新的补充。

现代西方经济学对公司控制权的研究是经济学微观领域问题研究在半个多世纪以来最辉煌的篇章。无论是构建某种理论模型,还是从实证主义角度解析公司治理结构的生成和运作机制,都对公司控制权掌控的有效改善和发展、对控制权市场的合理运行产生了积极的巨大的推进作用。不仅如此,它还在很大程度上主导了法学界对公司治理结构和公司控制权研究的方向和路径,他们提出的概念体系、理论假设甚至逻辑结构为许多法学方面的著作和文章移植,从而促

① 参见董秀良、高飞:《上市公司控制权结构:问题与对策》,载《当代经济研究》2002 年第 3 期,第 26 页。

进了法学研究的新领域和方法论的发展，促进了各国公司法律制度的变革。由于法学家们一般排斥以某种数学模型去搭建公司控制权的理论或实践的体系，因而在取舍经济学研究成果时，比较推崇“公司所有权与控制权分离”的理论和公司治理结构的理论。公司法律制度的行动意义上的革命和演进，其实离不开法学家们的话语权的实现。

（二）公司控制权的组织结构

公司控制权的组织结构是指以控制权自身的存在为中心辐射出的制度构造和利益安排体系。它包括控制权的固有结构和行使结构两部分。第一，其固有结构，也称为静态结构、抽象结构，包括：(1) 公司控制权形成的宗旨和体现的企业的历史、文化、法律系统、传统和国别与区域差别的价值。它表明控制权的产生是为谁的利益，谁应当在控制权的运行中获取利益，不同的历史时期控制权的构造如何，不同发展阶段的社会文化、法系等对各国公司控制权有什么样的影响等。(2) 控制权的具体内容，如决策权、经营权、监督权、参与权等。(3) 权利属性的法律定位，具体是指控制权与所有权之间的关系，控制权从所有权中分离以后有没有自身独立的价值，控制权如何转让、控制权有没有溢价利益及其归属，控制权与所有权之间的冲突是怎样的等等。第二，控制权的行使结构，也称为动态结构，包括控制权的合约安排以及控制资源的动态配置，公司章程的指导功能，公司控制机构之间的权利切分和互动等。具体来讲，包括：(1) 行使主体的确立与转换。公司控制权在业主制公司和现代公司中有不同的权利配置形态，控制权转换的外部环境和内部原因，经营权与监督权的设定，股东中心主义、董事会中心主义和经理人革命情形下的控制权特征，对控制权主体的越权行为的制约，控制权主体的自律要求和道德风险的防范。(2) 对控制权主体的激励机制的安排，包括制度层面上的安排和合约安排，公司绩效与经理人收入的交易谈判，企业利益相关者的正当权益保护。(3) 控制权行使的方式、控制行为的效力、控制权行使中的利益安排和调整等。

（三）公司控制权组织结构的演变

公司控制权的组织结构是与公司自身的法律形式相适应而存在并发展变化

的。古典企业[①]中，资本的所有者无论是一人，还是数人的组合，凡属商号名下的财产实际上归于投资者本人，企业的控制权实质上表现为商人对自己财产的管理支配权，这与不经商的社会成员对属于个人所有的财产的占有、支配并没有两样。社会的进步虽然造就了分工基础上产生的商人，但企业组织结构的简单和规模的局限还不至于从客观上迫使控制权与所有权分离，企业经营中债务关系的处理也很清晰。一个人，他也许掌握了一门足以使他维持生活或者致富的手艺如银匠或厨师，或者他拥有一处房产能够被安排商用，他以此手艺或房产为谋生的方式和依托，他就可以开一家银铺或酒馆或旅店，他就是老板，对企业有所有权；他自行管理企业成为企业的经理人，他甚至是企业的工人。这种人在现代社会还被称为自雇就业者。企业控制权在组织结构方面体现的所有权与控制权（经营管理权）完全合一的这种形态适应了当时的经济发展水平和条件，因为生意的规模不大，投资来源单一，生产流程中的技术配合与工艺衔接不多也不复杂，个别的技术配方和企业秘密往往由业主一人知晓，在企业被继承存续经营时业主把配方暗授给嫡长子，以便由继承人具备控制企业的能力。这样，专业性的管理行业无从形成与发展。这种企业所有权与控制权统一的组织形式在今天的社会中仍然普遍存在，许多家族企业和个体工商户继续采用古典企业的控制模式，尽管管理已经在市场上形成为一种专门的行业，但许多业主或是为了减少营运成本或是为体验自己管理企业的志趣，即使采用现代的有限公司形式也会集中所有权与控制权，事必躬亲，依然亲历决策和经营管理的事务。

公司控制权从所有权中的分离并非是在股份公司出现时一步生成的，它经历了一个由小到大、由弱到强的过程。随着人类社会的工业化进程，在大规模的股份公司出现以前，某些充满技术、风险、挑战性的制造业领域被开发出来，业主的知识结构无法满足管理这类企业的需要，企业的财务活动的内容更趋丰富，超出了“账房先生”所能处理的范围，公司不仅需要“经理人”的专门智慧和运营，而且随着公司规模的不断扩大渐次导入了简单的“管理团队”的系统掌控的制度。经理人体制主要适应于中小型公司企业，其在公司控制权上形成的特点是：① 经理人与所有权人分权控制公司，经理人经所有权人授权打理公司的日常业

① 古典企业是与现代企业对应的概念，主要是指业主个人所有制或合伙制的企业。

务,不可能全面掌管公司的控制权,公司重大的事项得由所有权人决定;② 经理人管理公司事务不仅仅基于公司法律制度的标准要求,最重要的是要得到所有权人的人身信任,因此经理人一般同时是公司的股东。对于小公司来讲,股东之间的信任关系是公司成立和顺利发展的一项条件,由法定设立的经理人职位在公司的实务运作中常常被利用来作为股东们分配公司控制权的一个筹码,如中国的合资经营企业合同中常常约定,一方人员担任总经理的,另一方的人员担任副总经理。对于有限责任公司,一向是内部人控制,这并不稀奇,经理人体制的出现不能够改变这种状况。这种内部人控制是以所有权人对公司的充分的控制权为基础的,因此由经理人控制公司而损害所有权人利益的情况虽然也会发生,但其影响仍局限在股东之间,局限在个别的公司内部,对社会公共利益的伤害并不大。

股份公司特别是上市公司集中了成千上万的股东的资金,并且由于证券市场的形成使得股份作为有价证券高速流动,证券的易手标志着公司股东的快速更迭,理论上出现了公司控制权的归属真空问题。[①] 但是,公司制度的发展有其自身的生态系统,控制权与所有权的分离已经解决了这个问题。在股份公司状况下,规模的扩大、股份的分散、经营行业的技术的复杂化以及对资本市场的依赖,在客观上制造了公司控制权向由董事组成的职业经理部门移转的趋势,公司的生存机会全由他们掌握,股东的权益愈来愈表现为最终的剩余索取权。无论

---

① 这里的表述只是作者的假设。这种假设有一个必要的逻辑前提,即如果一家上市公司的股份的持有者在某一时间点上同时全部转让他们所持有的股份,受让者恰恰在理念上买进的是证券,他们无意以股东身份过问公司的事务,谁也不去关心公司的经营管理活动,就所有者层面上的公司控制权就有可能处于真空状态。这种假设所要求证的是,当公司的所有股东均不参与公司的控制活动,公司仍然处于正常的经营状态下,说明一定会存在一个并不绝对依赖于大股东的机构和人员在运营公司,这个机构或是叫董事会,或是叫总裁、CEO、执行局主席等,这也就说明公司控制权已经是一种独立于所有权的权利。这种情况,同西方国家的政府轮替一样,政府的更迭不影响国家的行政运作,因为有一个庞大的公务员体系在支撑着行政活动。美国普林斯顿大学经济学家 Roe. Mark J(马克·卢)在 1994 年发表的文章"Strong Managers, Weak Owners: The Political Roots of American Corporate Finance"一文中对美国于 19 世纪末的 10 年左右的时间中有 1800 多家公司被横向合并形成规模庞大的一体化公司,而同一时期在欧洲的英国、德国、法国则没有这种声势浩大的兼并运动,传统的家族企业或者家族控制的企业(有人称之为原子式企业)仍占主流的现象做出分析时认为,在 19 世纪末期的美国,由于技术和市场的巨大变化,大大增加了对资本的需求,公司内部可以提供一部分资本,大部分资本需要从资本市场进行筹措。由于为数众多的小股东购买公司股份,公司所有权因此多元化、分散化。由于小股东面临集体行动搭便车问题,形成了公司控制权真空。经营者支配公司只不过是填补了这个真空。当然,这种解释被其他经济学家的观点予以批评。参见朱羿锟:《公司控制权配置论——制度与效率分析》,北京:经济管理出版社 2001 年 8 月第 1 版,第 23 页。

是美国，还是欧洲，第二次产业革命后的资本密集和技术先进型企业同样为经理资本主义所控制。[①] 因此，可以说，自19世纪中后期以后，欧美大规模的股份公司首先出现了所有权与公司控制权的分离。当时，美国大公司的股东大会逐步采用一股一票的公司控制投票方式，在股份分散度很高的企业中，中小股东偏好投资利益的回报而不关心公司的控制事务，大股东持有公司资本10%左右就会控制公司。在大股东层面上看，所有权与控制权被一体拥有和行使，大股东拥有决定公司董事会成员的能力，董事会则按照授权的契约（这里指公司章程）内容负责公司的经营事务。最显著的案例如1846年成立的宾夕法尼亚铁路公司，其主营业务是修建连接费城到匹兹堡的铁路并运营它。在19世纪60年代中期，总工程师即后来的总裁汤姆逊不仅控制了董事会，而且控制了股东会。从1869年到1873年，该公司控制的铁路里程从500英里扩张到6000英里，股东会没有任何发言权，公司只是将这些结果在地方报纸上公告或者在公司股东会年度报告中公布。这种控制权结构为其他的铁路公司效法，以至于在1905年，两位德国官员参观纽约中心铁路后，惊讶不已，发出“股东大会只是一个摆设，它没有被完全踢开，是因为股份公司的形式需要”[②]。在20世纪中叶以前，普遍的情况是投资者与职业经理人分享公司的所有权与控制权，但在后来的发展进程中，股份的进一步分散促使股东们把公司控制权完全让渡给公司的最高行政主管，董事会开始演变为元老院式的任命和监督机构。在20世纪中，欧洲的大型股份公司的控制权组织结构逐渐受到美国体制的影响，向彻底的分离和独立方向发展。自20世纪70年代由美国产生的独立董事制度逐渐在全球推行，其体现了要求公司控制权正当行使的制度价值，我会在后面的内容中讨论。

（四）从经验的视角比较公司治理模式

经验研究表明，公司治理结构因为公司股权的分布不同而存在很大差异。世界各国的有限责任公司和股份不上市的股份有限公司（在英美国家称为私人公司或封闭式公司）普遍存在大股东控股的现象，在这类公司中形成的公司治理

① 参见朱羿锟：《公司控制权配置论——制度与效率分析》，北京：经济管理出版社2001年8月第1版，第23页。

② 同上书，第25页。

结构凸显大股东的核心作用,股东之间的冲突往往就发生在控股者与非控股者之间,各国公司法所建立的事关公司控制权正当行使的法律制度的确具有普适性(一人公司虽无股东冲突,但控制权正当行使的制度安排仍然适用,因为公司债权人、职工、政府和社会公共利益需要保护,一人公司中还可能发生所有者与经理人围绕控制权分配而发生的冲突,这需要法律调控)。在公众公司中,则形成了以美国为代表的股份分散的治理结构模式和以德日为代表的大股东控股的治理结构模式。就美国模式而言,经过一百多年的发展,许多大公司中家族性的大股东渐渐稀少,公司股份高度分散,公司的控制权经历了由董事会控制向经理班子转移的过程,经理班子组成的经营团队完全掌管公司,甚至通过物色包括独立董事在内的董事会成员而控制了董事会,学者们称之为“内部人控制”。对公司控制者的监管主要依赖于证券市场监管、融资压力、以公司购并为压力手段的控制权市场和股东“用脚投票”的方式,而中小股东则乐于“搭便车”和怠于进行集体行动。此外,在法律上将管理者视为公司的代理人和信义义务人,从而约束董事及经理的行为。德日模式中普遍由大股东对公司进行控制或者在董事、经理人控制公司的情况下由大股东行使监控之权力。二十多年来,经济学家和法学家们围绕两种模式的治理绩效展开了无休止的争论,起初多数人推崇德日模式中的大股东监管机制,后来因为美国经济的高速增长而看好美国模式,但是新经济泡沫破灭引发的灾难和安然公司、世界通讯公司丑闻爆发导致的证券浩劫,击碎了许多人的美国梦。人们重新审视大股东在公司治理结构中的中流砥柱作用,有教育又有财富的大股东比有教育而急欲发财致富的经理人们更容易保持道德操守,况且,大股东和中小股东毕竟存在共同的利益连接,而经理人的利益和股东的利益却处在此消彼长的冲突关系中。也许存在另一种逻辑疑问,谁来监督大股东呢?这是再自然不过的问题了,但是这个问题是复杂的,让大股东正当行使控制权是我在整个论文的体系中考虑的问题和贯穿的一条副线,这里只是通过控制模式和利益构造的比较说明美国模式的局限性,说明大股东在公司治理结构中的合理价值。

在我们进行这种比较时,如果引入中国上市公司的现实,就会对前面的结论形成质疑,何以中国上市公司的大股东恰恰以各种方式掠夺中小股东的利益,表现了最坏的治理结构呢?其实,由国有企业改制中形成的上市公司的一股独大并不是问题的根源，而独大的一股股东在我国的经济环境甚至政治制度方面享有垄断的超市场主体的地位才是真正的病灶所在。曾几何时，国家根本没有建立制约大股东的法律制度，不仅如此，而且把证券市场的产生在政策上定位为为国企改革服务的途径，这就为本来在旧体制中宠坏了的“宝贝”们进一步给予政策误导。然而，从中国公司制推行的时间较晚和传统上看，我们也应当承认制度培养的成本和代价是不能彻底避免的，中小公司中不也普遍存在大股东侵犯小股东利益的事实吗？因此，国家提出减持国有股① 而不是全部出售国有股是稳妥的政策选择。

据此，我以为中国上市公司的治理模式以德日模式为样板是适当的。在上市公司中保留大股东对公司的监控结构非常必要，不管大股东的背景是国有还是私有，尽管大股东侵权曾经给我们留下了伤痕和惨痛的记忆，但是如果上市公司股份走向极度分散，而我们的公司外部监管体制尚未发育完善，公司不得不由经理人团队控制时，具有剩余索取权的股东可能遭受更严重的损失，我们的制度建设也会付出比大股东控制模式的消极因素的影响更严重的代价。况且，上市公司中有大股东存在，政府监管上市公司的资源消耗就会大大减少，群龙有首就是公司中存在集结控制权的核心力量。

三、解释公司控制权的正当行使

(一) 控制权与公司的利益关系结构

公司的治理体制受现代国家宪政制度的深厚影响，体现了授权与监管并重、效率与公平齐存、兼顾各方利益、强调透明度、防范风险的发展原则。虽然，公司

① 国有股减持的思想最早是在中共十五届四中全会通过的《中共中央关于国有企业改革和发展若干重大问题的决定》中提出来的，其目的是通过减持国有股筹集资金推进国有企业的改革和发展。这是一项正确的决策。后来，这一思想在实践中被丰富了，经济学和法学的学者们把国有股减持与改善上市公司治理结构的命题联系起来，其意义更为深远。上市公司创办之初，政府过分考量国家控股的政治意义，不仅在每一家上市公司中保留了70%左右的国有股份，而且很随意地将国有股和国有法人股设定为不流通股。这一制度安排对上市公司的治理结构的调整设置了严重的障碍，可能会长久地影响我们前进的脚步。作者以为，减持是必需的，但应当保持公司中大股东控股的地位，作者反对让股份高度分散进而由职业管理人完全控制公司的做法，那将会把我们带入一个十分陌生的环境，并且可能会给我国的证券市场和中小股东带来第二次灾难。

的规模、主营的行业、法律形式各不相同，但这些也只是对公司治理原则贯彻的深度和力度展现不同的效果，而公司运作的整体层面对于公司法的阳光辐射处在同样的平台上，不因为有限公司的私人封闭而躲在“遮阳伞”下，也不因为煤矿公司的深井作业而不见天日。公司控制权，无论其基本的制度结构适用，还是设计和运行中的问题产生，在任何公司都是存在的，因为所有的公司都建立在不同性质的利益主体的权利交汇点上，没有冲突就没有利益，公司控制权正是利益冲突的产物。从这个意义上讲，公司控制权的正当行使，所代表的真正价值就是平衡地维护各方相关主体的现实利益和合理的期望利益。公司法所表彰的公共意志无非就是确立这种平衡的准则和适用范围。

从法理的角度说，现代社会制度中存在的全部权利都有其合理的价值，存在着人类生活所共同承认的道德意识的支持和法律方面的依据背景。但是，因为权利只能表现在人际关系的范畴，行使权利又必须承担附随的义务。义务可能是权利的另一面即构成获取权利的前提，如担任公司的董事就必然同时承担对公司的忠实义务，义务也会是对权利行使设定的边界，如大股东对公司的控制行为不得损害公司债权人的利益，而大股东并不对公司债权人负有忠实义务。公司控制权的正当行使不仅仅是在公司控制权的配置结构中表现，而且还要考虑公司多种利益主体的关切，并体现社会发展所能达到的普世性价值。也就是说，公司控制权正当行使的法律标准应当把相关利益主体博弈的过程和结果与公共权力机关、社会公众对公司管治的一般期望结合起来。

（二）公司控制权与国有企业经营权的比较

在我国国有企业改革的阶段性进程中，为了找出保持国家所有权结构不变的前提下解决企业活力和独立主体资格的问题，理论上曾经提出了所有权与经营权分离的学说，并且经过制度的构建使其成为法律。国家依据两权分离的原则，通过法律而非契约的方式将国有企业的财产交付给企业占有和使用[①]，企业

① 实行企业承包经营和租赁经营的则应当说是补充了契约方式，因为依据国务院于1988年发布的《全民所有制工业企业承包经营责任制暂行条例》和《全民所有制小型工业企业租赁经营暂行条例》的规定，承包经营和租赁经营都是落实两权分离的具体经营方式。在承包经营和租赁经营关系中，政府与企业的领导者或承租方签署协议，约定利益分配、企业管理权的行使、发包方和出租方的监督、国有资产的保值增值等内容。

依据经营权成为自主经营、自负盈亏、独立核算的有法人资格的经济组织。但是,我国国有企业所有权与经营权分离的制度模式本身是计划经济体制的一种温和的保守的制度创新,在政府层面上存在着严重的所有者职能与行政职能的混同,企业也未进行公司化的改制,企业的大股东、高管人员也不懂得什么是忠诚义务和勤勉义务,企业中不存在大股东与小股东的冲突,因为根本上不存在其他投资者。这些都是两权分离制度先天不足的缺陷,它与在市场经济体制中发育出来的所有权与控制权分离的模式完全是两回事,真所谓风马牛不相及。因此,两权分离体制下经营权行使的正当性以及对所有权施以保护的各种制度的理念支持无法直接指导所有权与控制权分离的制度运作。事实上,我国许许多多的上市公司在由国有企业改制产生后不可避免地带有旧体制的痕迹和烙印,使我们常常在改制的政策导向上迷失判断力,结果几乎造成整个证券市场的瘫痪和崩溃。实践证明,旧体制框架下对经营权行使的正当性的把握和理解,对我们建立公司控制权正当行使的制度架构没有多少比较的经验可资利用,即使从赋予符合中国国情的背景依赖的意识的角度也是一样。由此可见,有关公司控制权正当行使的法理依据不能在两权分离的土壤中找到营养,那里其实是一块不毛之地。

(三)正当行使公司控制权对公司制企业影响力的重估

公司控制权的正当行使包含了道德和法律的正面意义。

首先,它反映了社会的进步,对公司企业的产生发挥了关键的推动作用。公司控制权是公司产生的伴生产品,最初的控制权形态虽然与所有权结合,但由于公司产生于工业社会本身就体现了人类商业文明的巨大飞跃,控制权在其中扮演的角色就不会是否定的。公司的产生应当被理解为商业文明进程的自然产物,这符合唯物辩证法的认识论的价值观。但这样的解释只是表达了从社会发展的本质层面的观察结论,正是因为它对任何事务的出现都能够适用,因此它没有个别性,也就没有证明力。此前的研究对公司出现的原因有多种解释:一是从公司企业演进的层面考察,认为封建国家和商人阶层相互利用,以及资产阶级国家的建立,促成现代典型企业在市场经济的基础上发展起来①;二是从分析公司财产的独立性和投资者减少和分散投资风险的视角归结公司作为独立的产权主体出现的理由②;三是从生产力发展的阶段对企业组织形式提出的社会要求上说明公司出现的必然性③。作者认为前述观点都是正确的,符合公司产生的历史情形。但是作者还认为,公司的产生还存在控制权自身的一些原因。我们不能否认,今天的市场经济体制下,合伙企业和独资企业仍然大量存在,有些企业的规模还大于小一些的有限公司,而且处于社会化大生产的经济结构中。这说明,任何一种原因的解释不会是公司企业出现的全部理由。实际上,在古典企业形态下,企业的控制权已经存在,不同的是控制权与所有权密切合体,而公司制的出现适应了控制权扩大和分离的趋势。因为合伙制企业的天然局限,造成了企业规模的限制,也就无法满足有扩大产业的野心又有控制别人资产能力的某一部分投资者的愿望,合理占有和控制他人投入的资产去进行铁路、矿山、机械制造等产业而又把风险降低到全体投资者可接受的程度的企业形态就是公司。如果我们确信公司的出现是商人们的创造的结果而非法律制度的产物,我们就没有理由怀疑扩大控制权是公司制企业出现的另一个重要原因。从这个意义理

① 参见史际春、温烨、邓峰:《企业和公司法》,北京:中国人民大学出版社 2001 年 3 月第 1 版,第 34—36 页。

② 参见徐燕:《公司法原理》,北京:法律出版社 1997 年 11 月第 1 版,第 74 页。台湾大学法律学院教授王文宇认为:"从经济角度以观,其实各种商业组织均有相似之核心法则,即是所谓的[资产分割](assets partitioning)。所谓资产分割,系指市场上交易之主体,为达成经济上特定之目的,而在法律认可之前提下,将其财产划分出来,而使该特定财产之权利义务关系与该主体本身之权利义务关系分离。简言之,该特定财产因分割而具有独立性。析言之,[资产分割]系使从资产持有者独立分割出来后新成立之法律主体,得以自己之名义(新法律主体之名义)持有资产,而且该法律主体之债权人对于该法律主体之资产,相对于该法律主体之股东之债权人有优先地位,如此始能达成借由资产分割以隔绝破产风险之目的。而这个核心法则,即是使商业活动主体由以往单一自然人,转变为企业组织,并且,使企业组织由以往之独资经营、合伙,而到产生公司此一组织形态之重要原因。"王文宇教授的这种分析与徐燕教授的观点异曲同工,事实上是殊途同归的看法。参见王文宇:《公司法论》,台北:元照出版公司 2003 年 10 月初版,第 7 页。

③ 四川省社会科学院法学研究所的周友苏教授在其《公司法通论》中引述了马克思关于股份公司的著名论断以及美国学者艾伦·特拉登堡关于有限责任制度对市场经济发展的巨大作用的论断后,写道:"公司的产生是与商品经济的发展相适应的。商品经济造就了社会生活中不同经济利益的权利主体,这是公司产生的必要前提之一,但并不是唯一的条件。简单商品经济条件下之所以只产生出合伙企业形式,而未能出现公司,就因为公司不仅根植于商品经济,而且直接来自于社会化大生产,也就是说,只有商品经济发展到社会化大生产程度时,才可能孕育出公司这一企业形态。"参见周友苏:《公司法通论》,成都:四川人民出版社 2002 年第 1 版,第 5 页。

解，公司控制权表面上看是公司企业出现后的特殊产物，实质它是公司企业出现的一种原因，就像生命形成的原因不是婴儿出生，而是两性的结合一样。过去，有关探讨公司产生原因的学术成果只限于在客观方面分析历史的必然，而忽视了商人们试图推展大规模的利润创造事业就必须设计出控制掌握他人财产的适当形式的动机，难免有失偏颇。既然控制权带来了公司的产生，其正当行使的意义就是确凿无疑的，因为在创造公司的过程中，控制权已经被有效行使了。这一看法，与我们今天解释设立中的公司的机关是发起人全体的原理是一致的。

其次，公司控制权对公司事业的空前发展起到了火车头的作用。

在公司出现时，人类已经建立的所有权保护制度被移植到公司制度中，那为什么公司对人类创造财富的能力和贡献被空前放大到几万倍，而此前的商业运行模式却未能做到？当然，公司产生的时候，生产力水平的发展正在步入大工业的时代，公司在利用机械机器生产巨量产品的同时使自己变成了创造最多利润的先进机器，公司生逢其时。然而，这仅仅是一方面的原因，还不足以说明公司动力强劲的真正所在，因为合伙企业和独资企业同样可以利用机器，而他们的产出却大大落后于公司。最明显也是最合理的理由就是公司存在着更集中的资本，而这些资本成为了公司控制权的运营对象。在决策的科学性、投资风险的控制能力、资本运营的效率、对新技术的吸纳方面，公司控制权比合伙企业控制权、独资企业控制权有着无与伦比的优势。我们在现实的今天，不能不承认管理是一种生产力并创造了人力资本、管理资本等概念，比较一下，公司控制权的生产力属性也是不言自明的。正当行使公司控制权对生产力的发展、社会的进步发挥了空前的促进作用。

再次，公司控制权的正当行使有利于建立股东之间的信任基础，有利于提高公司运行的效率。过去四百多年的社会是一种市民社会结构，向公司投资的人虽然并非人人具有商自然人的地位，但是投资的行为代表了盈利的意识总是成立的，防范投资风险的一个途径是对合作者和控股者商业信用的研判。中小股东向大股东控制的公司投资，其原始动机不可能是参与公司的管治活动，而是基于对大股东和公司的信任并期望利益回报。这种公司资本结构中的中小股东，自身没有参与公司治理的强烈愿望，他们何以信任大股东和行使控制权的董事们呢？最初的信用基础是怎样产生的？即使公司的设立过程需要遵循严格的公司法规范，或者如我国成立股份公司需政府审核，都不会成为公众投资者对大股东给以信任的主要理据；由于股东之间原不认识也就不存在了解的信任。真正的信任产生于大股东自身的条件：① 大股东在商业社会中已经确立了良好的信誉，没有过欺诈罪案、迟延还债和破产的记录，其所提出的投资计划和招股方案是诚实可信的；② 大股东自身拥有相当的财富，以证明其社会地位和道德状况。商业社会一向奉行拜金主义，拥有财富和拥有道德的界线往往不清，金钱会给所有者增加人格的魅力。这也许是大股东吸引社会投资以集中资本并行使公司控制权的唯一理由。大股东通过这种方式组建公司和掌控公司，它符合公司中小投资者的愿望和信赖，只要大股东能正当行使公司控制权，心存正义，谨慎行事，公司的长远利益和全体股东的利益就会增加，公司对社会进步的贡献作为公司常态治理的衍生产品一样会发扬光大。

（四）公司控制权正当行使的属性及核心要素

公司控制权的正当行使必然涉及一系列法律规则的组合适用，并借此而确立理性的、恰当的判断标准，以便对公司治理结构中的大股东和高管阶层标出某种“路线图”。如此思考，就让问题回到了科克伦（Phlip L. Cochran）和沃特克（Steven L. Wartick）在 1988 年发表的《公司治理——文献回顾》一文中的核心焦点上，即：① 谁从公司决策和高级管理阶层的行动中受益；② 谁应该从公司决策和高级管理阶层的行动中受益。如果“是什么”和“应该是什么”之间存在不一致时，一个公司的治理问题就会出现。[①] 这两个问题的提出，其实就是要明确公司控制权是否被正当行使的问题。公司控制权不仅本身具有财产权的价值，因为它事实上是一种资源，搭载控制权的股权交易比普通的股权交易存在更大的增值潜力，甚至在西方国家普遍存在着控制权市场；而且控制权还会产生利益，控制权具有创造财富的生产力属性。大股东取得公司控制权依赖于公司制度中遵循的一条普世性规则，即公司以财阀制[②]分配股东在公司股东大会上的投票权，

---

① 参见熊道伟：《现代企业控制权研究》，成都：西南财经大学出版社 2004 年 3 月第 1 版，第 3 页。

② 财阀制是指公司的股东大会在投票决定公司重大问题时采用一股一票的制度，对应的概念是一人一票的民主制。19 世纪中期以前，美国许多州的公司法都确认过民主制方式，之后逐渐改变为财阀制。参见朱羿锟：《公司控制权配置论——制度与效率分析》，北京：经济管理出版社 2001 年 8 月第 1 版，第 18 页。

以及大股东在公司资本结构中所占的多数比例；而公司董事和高管人员的控制权则来自于法律的强制性规定以及公司的授权。[①] 公司控制权的正当行使与不正当行使将会产生完全对立的法律后果，公司治理的核心是通过制度的方式保障控制权的正当行使。

公司控制权的正当行使表达的是在多种法律调控并辅之以道德指引的综合的行为环境中，为平衡各方利益主体的关系从而使公司有效率、有秩序、符合公平标准的运行状态的评价体系。确立这种评价体系的核心要素可能随时间的推移和实践的发展而被赋予不同的理念，而且因为公司法的国别差异形成区别的法律文化背景，但恰恰是这些因素构造了正当行使公司控制权的评价体系的理论造型，因为它可以展示公司控制权发展的传统、路径和比较价值。这种评价体系的构造因素有独立性的，有交叉存在的，一般包括如下内容：① 公司控制权本身具有法律上的正当性，是法律所期望的符合国家利益和公共利益的一种权利；② 控制权的出现是大股东与中小股东合议的结果，小股东的信任与资本交付造就了大股东对公司的控制权，换句话讲，小股东在其投资本意上以明示或默示的方式表示了对大股东行使公司控制权的支持，尽管股东冲突是恒常现象；③ 法律应当承认公司控制者有为自身的利益着想和工作的权利，即控制者正当行使公司控制权可以给自己产生合法的利益，并且控制者作为公司利益结构中的新的一方，其就像普通股东一样也会对公司发生一种期望的利益。因此，可以说，公司控制权对控制者而言有两种利益，即本身利益和期望利益。但是法律禁止控制者把自己的利益和公司的利益处在对抗的位置，即控制者不能以损害公司利益的方式谋求自己的利益。法律必须以非常的谨慎和耐心对待大股东和董事，他们掌控公司的行为必须经得起“公司利益最大化”原则和商业判断规则的

① 有关公司董事会和董事的权力来源在法学界有两种看法：一是认为依据契约取得，即主张董事通过与公司签署聘任契约和授权契约而获得管理公司事务的权力，董事是公司的代理人；二是认为董事对公司进行管理的权力在公司法中已有明确规定，董事的权力是法定的，一般不允许公司通过章程或股东会决议加以限制，而股东会经过选举产生董事，是公司股东会依法履行的程序，由于法律规定董事会代表公司，因此股东会不能不选举董事会。作者认为，综合两种观点的说法是恰当的。参见甘培忠：《企业与公司法学》，北京：北京大学出版社 2004 年 6 月第 3 版，第 308 页。

检验。[①]④ 公司控制权的主体对公司和中小股东负有信托人的全面义务，即忠诚义务和勤勉义务。⑤ 公司控制权的正当行使必须符合程序法和实体法两种法律规范的要求。就程序法而言，如股东会的召集和举行要合乎公司法和公司章程的规定，董事会讨论决策公司的重大问题应当制作完备的记录，存在关联交易时利益者应当回避表决，及时、准确、完整、没有误导和重大遗漏并清晰易懂地披露

① 这里讲“检验”，是就公司控制权正当行使的程序性结构而言的，因为控制权的存在首先处于事实状态，对其行使是否正当提出挑战一般是在诉讼中评价，而“检验”一词恰恰反映了这种程序的特点。

商业判断规则是美国法院在司法实践中逐步发展并完善的一项指导审判涉及董事、经理行为案件的规则。董事们掌控公司，需要在许多事项上参与讨论，发表意见并会通过投票或者自行决定的方式做出对公司产生效力的决策。由于公司经营内容的万千变化和多样性，在董事决策可能涉及失当或者存在信义义务违反的情况下，股东、或者公司对董事可能提起损害赔偿的诉讼。在这类案件的审理中，一个基本的事实存在是这样的：商业经营活动本身具有风险含量，董事的判断和决策是根据公司当时的情景做出的，审理活动则是在冗长的程序中细细品味，结论形成的成本付出完全不同，法官在没有任何盈利压力的环境中审视专业人员的临机处置行为的妥当性当然是“事后诸葛亮”。伯利和米恩斯甚至断言：“就本质而言，在经营管理公司方面，法院并不擅长，所以法院不愿、也不敢介入公司商业运作的事务中。”（See Adolf A. Berle & Gardiner C. Means, *The Modern Corporation and Private Property*, p.336.）伊斯特布鲁克（Frank H. Easterbrook ）和费舍（Daniel R. Fischel）在《公司法的经济结构》一书中曾精辟地提问：“为什么法院可以裁定工程师是否妥当地设计了喷气式的压缩部件（the compressors on jet engines），可以裁定农民是否依照行业标准提供了石榴（pomegranate），可以裁定狱政管理是否对囚徒的身心健康造成了损害，却在判断公司经理没有解雇行为轻率的员工是否构成过失时，犹豫再三？”（See Frank H. Easterbrook & Daniel R. Fischel, *The Economic Structure of Corporate Law*, Harvard University Press(1991), p.94. 转引自罗培新：《公司法的合同解释》，北京：北京大学出版社 2004 年 4 月第 1 版，第 278 页。）虽然法官不能够对董事决策的技术事项做出任何判断，纯粹技术内容的判断法官也可能借助专业机构的鉴定，但法官仍不能避免就审理事项发表司法意见，商业判断规则正是基于这种情景在诉讼中形成，并且由法官加以总结完善。特拉华州最高法院认为，商业判断规则是这样的一个假定，即公司董事在做出经营决策时是以透彻了解情况为基础，怀有善意，并且真诚地确信所采取的行动符合公司的最佳利益。如果董事们证明自己在履行职责时满足了上述条件，法院就会支持董事的立场。推翻这种假定的前提是原告承担相反的举证责任。美国法学会起草的《公司管理项目》第 4.01 条(C)项给商业判断规则所作的标准定义是：如果公司的董事或经理人员在做出商业决策时，具备以下的三项条件，他或者他们就应当被认为正当地履行了职责：1. 董事或经理人员与该项交易或商业活动不存在利害关系；2. 他们有正当理由相信自己已经掌握了准确、全面的信息；3. 有理由相信所作的判断和决策符合公司的最大利益。从这些解释可以看出，法院在介入商业决策的诉讼中，法官并不是关注市场、交易的成本与收益、交易的后果，甚至商业活动是否超出了公司的营业范围（即公司章程确立的目的），而是还是以信义义务和勤勉义务作为司法判断的依据。从这个角度看，商业判断规则是指豁免管理者在公司业务方面的责任的一个规则，其前提是该业务属于公司权力和管理者的权限范围之内，并且有合理的根据表明该业务是以善意的方式为之。“The presumption that in making business decisions not involving direct self-interest or self-dealing, corporate directors act on an informed basis, in good faith, and in the honest belief that their actions are in the corporation's best interest. The rule shields directors and officers from liabilities for unprofitable or harmful corporate transactions if the transactions were made in good faith, with due care, and within the directors' or officers' authority.” See *Black's Law Dictionary*, 7th edition, West Group. 1999, p.192.

信息等。就实体法而言,控股股东不能占用公司财产,董事不能收受贿赂等。

四、公司控制权的利益生成结构
——本身利益与衍生利益[①]

(一) 控制权利益存在的正当性

公司控制权在本质上是一种新的利益存在方式,它滥觞于公司的所有权制度结构。在公司制度合理运行的环境中,控制权被合法创造出来且受大股东和董事的青睐并受其他利益相关者(Stake-Holders)的关注,是因为它自身存在正当的利益。按照其利益的原生性和发展派生性,我将其分为本身利益(直接利益)和衍生利益(间接利益)进行论述。

如前所述,公司控制权在现代社会是一种重要的经济权利,取得和行使它意味着控制者对公司资源拥有支配权。在法律强制性的设定控制者(包括大股东和董事及公司的高管人员)对公司和中小股东负有信托人的义务,且明令禁止控制者不能损公(司)肥私的前提下,公司控制权在公司世界[②] 中仍然是炙手可热

---

① 关于公司控制权存在本身利益和衍生利益的观点是作者提出来的。作者发现,国内法学界所有讨论公司控制权的论文和著作几乎无一例外地存在一种倾向:凡是提到公司控制权,就马上讲到对控制权的监管,讲到忠诚义务和勤勉义务,讲到派生诉讼,还会举出若干国内上市公司大股东如何通过关联交易霸占公司资财的案例云云。少数文章虽说明公司控制权是一种权利,也会谈到法律对控制权的认可以及控制权对发展企业集团、扩大生产规模所起的作用,但是对公司控制权的正当利益所在,既不知其然,更不知其所以然。实际上,公司控制权的本身利益和衍生利益都是合法的利益。公司控制权在实践中往往被激烈的争夺,而法律又认可公司控制权的合法存在,如果公司控制权被正当行使就不会给控制主体带来利益的话,控制权的争夺岂不成了"黑帮之间的码头大战吗"? 公司控制权的本身利益和衍生利益在实务中如何体现,特别是在"控制者不能把自己的利益和公司的利益放在相对抗的位置"这种法律规范面前,情况变得非常复杂,法律的处理就不能用一句话规范解决,必须抱有极高的谨慎。这样做的前提是必须在法律上首先解决公司控制权的本身利益和衍生利益的合法的边界问题。在理性的商业社会,不能指望控制者控制公司的行为只有义务而没有权利。过往的法律研究,确实缺乏对控制权利益构成的实证分析,往往掉在"公司治理结构"的陷阱中观天之一角。

② 有人称美国为"公司世界",这里借用以表达公司存在和活动的空间范围。美国大使馆文化处于1983年编辑出版的《美国经济概貌》第二章中讲到:"资本主义这个词是卡尔·马克思创造的。他脑海中想到的是集中控制。而大多数美国人则把资本主义看作是'自由企业'。"参见美国驻华大使馆文化处编辑出版《美国经济概貌》(An Outline of American Economics),1983年4月第1版,第15页。

的紧俏产品。公司控制权对商人们持续地产生诱惑的价值到底是什么，是一个很重要的问题。单纯利用控制者身份以牟取私利的假设是不成立的，因为由公司控制权被不正当行使获取利益的企图和行为在任何商业文明比较发达的国家都是备受监督和指责的，以身试法的控制者毕竟是少数。公司控制者以非法的企图掌控和争夺公司控制权的成本以及风险越来越大，过往的“火中取栗”的投机活动在控制权市场逐渐规范和公司治理结构日趋完善的环境中形单影只，风声鹤唳。然而在公司控制权的设立取得和交易取得以及董事、经理们的授权取得的行为过程中，无不继续凸现公司控制权自身的重要性，尽管实际掌控公司控制权的大股东或是董事们并不能完全理解控制权的理论构造，但他们一如既往地挥舞着手中的指挥棒，批阅下属的请示报告，在互联网上调度资金，在红色的电话机上发布种种指示。这种由个人行使控制权的过程的惬意、潇洒构造的事业成就感和满足感，同样不足以解释公司控制权的商业方面的秘密魅力。公司控制权一定会存在着合法的巨大的利益，这种利益完全可以通过正当行使去实现，这是我对这个问题的基本判断。

伯利和米恩斯在《现代公司与私有财产》一书中描述了公司控制权行使的内容：一是控制公司所拥有的全部财产的处置权，而这是公司控制权的核心内容。“公司是一种机制，通过这种机制无数个人的财产被集中起来形成巨大的财富集合体，并且，通过这种机制，(投资者放弃的)对这些财富的控制权(control over this wealth)也被集中起来，置于统一的指挥之下”。①二是对董事会的构成和董事的任命具有决定权。“从实务角度看，我们可以说控制权掌握在那些能够选择董事会全部或其多数成员的个人和团体手中。”②伯利和米恩斯关于控制权内容的第二种情况的描述我们也可以理解为控制权具有委任公司管理者的权能。但是，他们在20世纪30年代的论述显然没有完全包容公司控制权行使模式的发

① Adolf A. Berle and Gardiner C. Means, *The Modern Corporation and Private Property*, New York: The Macmillan Company, Reissued January, 1933 and Reprinted March, April, 1933, p.2.

② "Since direction over the activities of a corporation is exercised through the board of directors, we may say for practical purposes that control lies in the hands of the individual or group who have the actual power to select the board of directors, (or its majority), either by mobilizing the legal right to choose them—'controlling' a majority of the votes directly or through some legal device—or by exerting pressure which influences their choice." Ibid., p.69.

展事实,董事控制公司以及 CEO(包括各种不同称呼的经理人)控制公司的情况实际上形成了现实趋势。并且,控制活动除了占有和支配公司财产、任免董事以外,另一项重要的职能就是对公司的重大事务做出决策,它当然包括设计和实施公司运营中的财务结构和金融计划,这一点被许多学者概括为对公司的重大事项和经营政策具有不同寻常的影响力。[①]

控制权的利益正是产生于由制度规定的控制权的权力内容之中。至于利益的大小、利益获取的途径、利益在同时拥有控制权的主体间的分配(即如果控制权被分配掌管情况下的利益分配),则取决于多种因素:① 公司股份结构的分散度,以及公司类型;② 大股东与经理人对控制权的分配情况,以及公司相机治理[②] 的影响;③ 公司经营业绩;④ 控制权的发展演变。

(二) 公司控制权的本身利益

正常情况下,公司的控制权掌握在大股东或管理层的手中,公司债权人和职工作为利益相关者可以对控制权的行使产生影响,但除非公司进入破产程序或

---

① 关于控制权的权利内容,学者和法律文件的表述很多,晚近的研究结论多将主要方面集中于对公司有主导的影响力的认定上。如:美国学者 P. I. Blumberg 在 1983 年出版的 *Corporate Groups: Procedure Law* 中讲:"the power to elect a majority of the board of directors of the component thus the power to direct the management of its business and affairs."美国联邦证券委员会认为控制权是指直接或间接拥有指挥或者操纵指挥公司的管理和政策的权力,无论是通过有投票权证券的所有权、契约还是其他方式。美国法学会在其 1992 年完成的《公司治理原则:分析与建议》(Principles of Corporate Governance: Analysis and Recommendation)中归纳控制权时认为,是直接或间接,单独或者与一个或多个他人达成安排或共识,对一个商业组织的管理或政策施加控制性影响的权力。我国财政部于 1997 年 5 月 22 日发布的《企业会计准则——关联方关系及其交易的披露》对"控制"一词作了定义:控制是指"有权决定一个企业的财务和经营政策,并能据以从该企业的经营活动中获取利益"。联邦德国《股份公司法》第 17 条对从属企业与控制企业的关系规定:"从属企业是在法律上独立的企业,另外一个企业(支配企业)可以直接或间接地对该企业施加决定性影响。"

② 公司相机治理(contingent governance)是指公司控制权随公司绩效或经营状态的变化而发生变化,以使公司治理结构在公司运行中常常保持有机的动态应变,其核心是围绕公司绩效的变化而调整控制权转移的方向、速度和效率。公司治理结构无论采取何种模式,如果没有相机治理机制的微观调控就如同一辆没有速度变化和方向移动的汽车。从这个意义上说,公司的相机治理就是动态治理,是根据主要由公司绩效所体现的企业内外环境的变化对控制权的前次分配做出适应性的重新安排。相机治理的调控手段主要有:重组,购并,改组董事会,分立,重整、破产等。在不否定和不准备取代内部人控制的治理局面的情况下,相机治理可以改变管理团队的决策力和科学性。参见① 林浚清、黄祖辉:《公司相机治理中的控制权转移与演进》,载《财政论丛》2003 年第 1 期,第 80 页;②〔日〕青木昌彦著,张春霖译:《对内部人控制的控制:转轨经济中公司治理的若干问题》,载《改革》1994 年第 6 期,第 17—20 页。

者进行重组,债权人就不可能有机会整体掌控公司控制权。因此,控制权的本身利益即直接利益应当归属控制股东和公司董事及管理层。

1. 大股东控制公司的本身利益。经济学界认为分散化是现代金融学的理论基础之一,因为投资者可以通过分散化的投资组合来消除可以分散的风险。那么,为什么一些人和组织会放弃分散化的收益而把财富集中于单个公司的股份上呢?经济学的研究表明有两个因素推动了大宗股权的产生:控制权的共享收益(shared benefits)和私人收益(private benefits)。共享收益是全体股东按照持股比例对公司的净资产和分配发生的利益。如果大宗股权引致的控制权被正当行使,并与财富效应搭配就会产生卓越的管理和监督;公司净资产的比例上升,大股东就会有足够的动力来增加公司的价值,中小股东如果同时分享由此产生的更多的现金流量,那么就出现了控制权的共享收益。私人收益是指大股东基于行使控制权而能独享的利益,而这种利益的产生是以公司资源的消耗为代价的,或者是以控制权掌控的地位为支撑派生的,如担任管理者的个人大股东获取高额薪水,或者是公司型大股东有条件进行集团组合经营,以带动大股东的其他产业。但是,如果大股东因为监督管理层或者因为小股东和政府提起的诉讼而承担个人成本,私人收益就可能是负值。[①]

投资者之所以以向公司出资最多的义务和荣耀换取大股东的地位有其原始的考量:(1) 法律承认并保护大股东的地位,大股东控制公司在法律上具有正当性,投资者有控制公司的欲望。(2) 大股东有初步的信用和能力吸引别人参加由他安排的共同投资活动,并使中小股东通过投资契约的安排事实上承认并接受大股东对公司的控制。(3) 当投资完成时,大股东依据控制权不仅可以支配自己投资的资产,从而保障了自己投资财产的安全性,而且还能支配别人投资的资产,以使大股东的经济地位得以提升;而小股东不仅不可能支配大股东投资的财产,且失去了对自己财产的支配权。这种对控制权的让渡对中小股东来讲,可以获取有限责任的保护,同时形成对大股东正当行使控制权的期待。期待是中小股东的权利,对大股东则产生义务和约束。

大股东对公司的控制权能够产生的本身利益有如下方面:第一,大股东以自

① 参见吴斌、翁恺宁:《基于控制权收益的大股东与公司治理关系分析:文献综述》,载《世界经济文汇》2003 年第 2 期,第 71—73 页。

身享有有限责任的保护为前提,通过控制公司确保自己投资的财产仍在自己的监管之下的安全,而且控制了中小股东投资的财产。第二,个人大股东控制公司,就有机会在公司中推行自己的管理理念和展示自己的聪明才智,谋求其人生价值的辉煌成就,就其低者可以从实践中学习管理,丰富和积累管理经验。事实上,这种机会本身就是财富的源泉之一,因为此公司控制管理的失败可能就是彼公司控制管理的成功之母。公司类控制股东可以发挥管理的专长,形成管理的放大效应,也可以培养自己的管理团队。第三,获取共享收益。由于公司财富的积累和分配在正常情况下依据股权比例① 进行,大股东在公司净资产② 中的资产拥有和公司盈利分配中分取的利益和其投资比例成正相关关系。第四,获取私人收益。这种收益既可能是金钱上的,如担任管理者的个人大股东获得较高的薪水,也可能是非金钱方面的,如控制职业球队和报纸带来荣耀和满足,乘坐公司安排的私人飞机,参加总统或政府部长举办的宴会以及在国外旅行时享受外国领导人接见的礼遇等。但是被经济学界归入私人收益的公司型大股东在生产上获得的协同效应(Synergy),我认为应当属于衍生利益,这种由分类标准的不同所造成的理论切割显然不影响各自表述的系统性和完整性。

2. 董事和经理层控制公司的本身利益。公司的董事和经理行使控制权可获得的本身利益即直接利益主要有:(1) 获取高额报酬。美国著名的管理大师德鲁克曾经说,任何公司领导人的收入不应该超过公司中最低收入者的 20 倍,但是 2001 年美国高级经理人的平均年薪高达 2740 万美元,是普通员工的 411 倍。③ 这

---

① 如果特殊的法定公司形态或公司契约中存在特殊的安排,就可能改变按照股权比例确定积累资产和分配盈利的普遍性做法,如我国中外合作经营企业法规定外方投资者可以先行回收投资,实际上就是外方可以从企业的利润中按约定的期限和比例先行多分,合作期限届满时的企业全部资产留归中方。另如某些公司特别是美国公司实行股票期权激励机制,做出让公司的管理层按约定的条件(主要是指公司的业绩及股票市场的表现和买进股票的价格)购买公司股票的安排,或者约定把公司盈利的一定比例直接奖励给管理层等等。这些情况可参见① 甘培忠:《企业与公司法学》,北京:北京大学出版社 2004 年 6 月第 3 版,第 188 页;② 甘培忠:《"经理股票期权"的法律分析》,载《政法论坛》2002 年第 2 期,第 45 页。

② 企业净资产是会计制度上的概念。美国财务会计准则规定,"权益或净资产是某个主体的资产减去负债后的剩余权益";我国《企业会计准则》规定,"所有者权益是企业的投资人对企业净资产的所有权,包括企业投资人对企业的投入资本以及形成的资本公积金、盈余公积金和未分配利润等"。参见刘燕:《会计法》,北京:北京大学出版社 2001 年 2 月第 1 版,第 298 页。

③ 参见宋冬林、张迹、赵利胜:《控制权机制对公司治理的影响》,载《经济理论与经济管理》2003 年第 1 期,第 56 页。

种高薪水支出,增加了公司的成本,最终分摊给中小股东。(2)通过掌控大公司的控制权,实现企业管理的理念和理论,实现其人生抱负。在现代社会,公司尤其是跨国公司很多都拥有数千亿美元的资产且股份极度分散,这种情况导致了经理人接管公司控制权的现实和趋势。大公司在世界经济体系中举足轻重,管理者一旦控制这样的公司,举手投足之间电闪雷鸣,俨然指挥一个经济帝国。这种情景必然唤起管理者内心深处的满足和快意。自20世纪80年代以来,研究企业理论的经济学家们越来越认识到,企业所有权只是一种状态依存所有权(State-contingent ownership),股东不过是"正常状态下的所有者",经理往往成为实际上的所有者。[①] 须知,一个普通工人和一个大公司的首席执行官他们同样处于受雇的地位,但对社会资源的占有和消费利用存在着天壤之别。(3)在中小型公司中担任经理人,虽然不可能完全控制公司,但经理人行使经营权事实上也是在监督约束环境中行使契约控制权,其不仅可以锻炼管理能力,而且可以获取相对丰厚的报酬。

(三)公司控制权的衍生利益

大股东行使公司控制权的衍生利益主要是获取商业方面的其他发展机会。在现代社会,公司是一种经济资源的集合载体,控制公司就是拥有某种资源,它可以表彰控制者的经济力和社会影响力,表达其对社会经济生活的参与度以及社会地

---

① 参见宋冬林、张迹、赵利胜:《控制权机制对公司治理的影响》,载《经济理论与经济管理》2003年第1期。作者在文章中论述道:"股东、企业债权人、经营者和工人四方的利益关系可用如下关系加以界定。如果令X为企业的总收入,W为支付给工人的合同工资,R为对债权人的合同支付。假定X在0到X之间分布(其中X是最大可能的收入),工人的索取权优于债权人。那么,状态依存所有权说的是,如果企业处于$X \geqslant W+R$的状态,股东是所有者;如果企业处于$W \leqslant X < W+R$的状态,债权人是所有者;如果企业处于$X<W$的状态,工人是所有者。进一步讲,由于监督经理是需要成本的,股东只要求一个'满意利润',即存在代理成本下的最大利润。只要企业利润大于这个满意利润,股东就没有兴趣干涉经理,经理就可能随意地支付超额利润(如用于在职消费)。假定π是这样一个满意利润。那么,我们可以说,如果企业处于$X \geqslant W+R+\pi$的状态,经理是实际的所有者。正是在这个意义上,简单的将股东作为公司所有者的说法在一定程度上是一种误导。从以上分析角度不难得出:现代公司制企业追求的目标,不过是保持股东满意的、可以接受的最低限度的投资回报,一旦超过这一限度,就要牺牲利润来提高经营者的效用。经营者同样作为理性的个体,其行为的效用最大化,要求利用企业资源给经营者提供工作乐趣。"这里,作者解释的状态依存所有权的说法,在法学上难以成立,所有者、职工、债权人在公司中的位置安排是一种制度的产物,各自具有不同的风险关系,利益存在和实现的途径不同不一定就是不同阶段的所有权,经济学界受利益相关者理论的影响过深,对所有权的概念随意性太大,是不足取的。这是我的评价。

位，有助于控制者利用控股地位甚至利用被控制公司拓展其经济活动的范围和规模，谋求更大的利益。如，大股东可能利用控制股东拥有多数投票权的地位以受控制公司为基地发展企业集团，追求规模化经济利益。此外，公司控制权一般会存在溢价，这为转让控制股权的大股东带来另一笔可观的利益。[①] 而董事和经理层在公司控制权中可能获得的衍生利益实际上仍然是金钱利益和其他社会利益。金钱利益主要是股票期权[②] 及公司或大股东给予的其他激励好处；其他社会利益如他们以公司的资产向社会捐助，而社会对公司所能给予的回报与奖赏基本上让董事及经理人不愧心地领受了。在大公司任职董事、经理，可以为其增加"履历的辉煌"和高值的社会评价指数，这与现代社会崇尚企业管理的人才发现机制为正相关关系。如果他们中的个别人通过总结管理实战经验而著书立说或是向大学机构捐资或穿梭讲演，还会戴顶"博士"、"教授"的桂冠，名利之途甚至仕途都会坦坦荡荡。

五、公司控制权晚近发展的趋势及其理论检讨

公司控制权的发展包含了太过丰富的内容，即使从最狭义的视角观察也会分列出几十个议题，而透视其中的每一个议题对于专业研究者来讲都可以成为艰巨的工程。通过确定"晚近发展的趋势"，作者限定(To be narrowed)了二十年左右的时间和其内容变化的核心方面，以便能够集中心力和专注，探讨表彰其本质的事项及其理论倾向。

(一) 公司控制权的独立性走势

控制权是公司企业的资产结构派生出来的一种权利。控制权在新古典企业[③] 中大多与所有权合并行使，大股东依据契约的安排掌控控制权。然而由于

---

① 控制权溢价是指控制权交易中超出股份的市场价值的利益，一般为控制股东享有。

② 有关股票期权的问题，请参阅甘培忠著《"经理股票期权"的法律分析》一文和其他相关学者论文和论著。本注释所示论文载于《政法论坛》2002 年第 2 期，第 45 页。

③ 新古典企业是经济学界中新古典学派对小型公司特别是家族式公司的称谓。这类企业采取有限公司形式的居多，股东拥有所有权和控制权，在控制权由股东会和董事会分享的情况下，股东会对董事会拥有直接的较大的监督权。

股东人数少，少数股东参与公司治理的机会当然存在，某些公司特别是在欧洲大陆法系国家设立的公司在其章程中约定股东会议对公司重大问题的决议实行每一股东一票的表决制，并且这种做法得到了公司法的支持。公司的股东关系中渗透种种人际联络，股份的稳定性强。这些自然的因素都限制了控制权的独立性发展，作为股东的人往往就是董事会的成员。这种所有权与控制权融为一体的公司控制模式在晚近的公司制度改革中没有发生多少变化。但是，一些影响公司控制权可能与所有权发生分离的制度出现端倪，如各国纷纷同意设立一人公司，各国公司法普遍对有限公司采取宽松的法律环境，提倡股东意思自治，风险投资企业和高科技企业催生新的控制权模式等。正因为一人公司高度集中了所有权与控制权，为了减低公司债权人和其他利益主体可能面临的风险，制度上应当有必要对控制权的正当行使作一些强制性的安排，使其具备某种程度的独立性。如我国香港《公司条例(2003)修改条例》合共 119 条的修改内容中有 11 条是关于认可一人公司的规定。其中的一些规定涉及到了公司控制权的行使，如规定“一人公司的成员如果做出一个犹如股东大会的决定，他必须在七天内向公司提交一个书面记录作登记”；“同样地，如果一人公司的唯一董事做出一个犹如董事局的决定，他必须在七天内向公司提交一个书面记录作登记”。由于一人公司的股东往往就是独任董事，在股东即董事逝世时，股东的所有权利益可以通过继承法安排继承，但董事的职位是由股东会和一人股东任命而非继承取得，而完成股东权的继承会需时很久，也许会发生旷日持久的诉讼。此时，公司作为独立的法人实体没有董事就会陷于管理混乱，香港政府开始表态让股东兼董事的继承人向法院申请委任，这是一个补救的办法。但是，如果所有的一人公司均照此办理，就会加大社会资源的支付成本。鉴于此，我国香港《(2003)修改条例》在全球创造性地设定了一种备任董事制度，即一人公司的股东兼董事可在股东会上提名一位备任董事[①]，一旦唯一董事逝世，即由备任董事自动接职，委任备任董事的文件应当送交公司注册处备案。[②] 少数的制度创新，都据以公司的独立

① 这种做法类似于帝国政权由皇帝提前宣布立“太子”或“储君”，在世界其他国家公司法中尚未发现有此创造性的规定。

② 参见香港①《2002 公司(修订)条例草案委员会报告》，该《报告》于 2003 年 7 月 2 日提交香港立法会审议通过；②《香港公司条例 2003 修改条例》。

性而确保控制权的运行规范和控制权的稳定与连续。在特殊的情况下,公司可以暂时没有股东或股东出现缺位,但公司不能没有掌管控制权的首脑机关——董事或董事会。从董事职务的重要性来看,公司控制权在一定意义上和股东的所有权是分离的,控制权的独立价值得到了法律的特别关注。传统企业强调以"股东资本本位"为理论基础,构建了以出资人即股东为中心的法人治理结构,到20世纪80年代面临新的挑战。尤其是在90年代中期以后,这种治理结构在新经济企业(特别是在代表新经济发展潮流的风险企业和高科技企业)中面临挑战,代之而起的是充分重视包括人力资本在内的各利益相关者共同参与的协调式控制权模式,尽管它还不是很成熟,它仅仅表现为一种取向。股东意思自治能力的放大,存在同样的情况。

在上市公司中,从19世纪中期开始,世界范围内公司控制权的配置模式就已形成为关系型和市场型两大类,此后100多年的发展历史中,此两大类型虽相互影响,但各自依循原来的进路发展。关系型控制模式主要存在于欧洲大陆法系国家和东南亚地区的国家,如法国、德国、日本、韩国、印度尼西亚等。日本的股份集中度虽然低于欧洲,但法人相互交叉持股情况普遍,日本学者奥村宏称其为"法人资本主义"。[①] 在这些国家,公司的股份集中度高,大宗持股关系比较稳定,公司之间、公司的股东之间存在千丝万缕的联系,造成控制权集中度比所有权集中度高,透明度低,中小股东权益保护机制薄弱。市场型控制模式主要是英美国家采用,其股份的分散程度很高,持有公司股份5%的就是大股东。公司的股份流动快,控制权争夺战频繁发生,甚至常常发生恶意收购。关系型控制模式

---

① 奥村宏认为,日本不再是由个人、家族、机构投资者作为大股东即资本家支配公司的时代,而是变成了一个由法人作为大股东的资本主义国家。奥村宏特别强调,法人不同于机构投资者,因为机构投资者的背后存在真正的所有者(受益人),而法人则是以自己的利益取向持股,是"没有个人资本家的资本主义"。机构投资者持有的是收益证券,而法人持有的是支配股份,各自持有的出发点不一样。在《股份制向何处去:法人资本主义的命运》一书中他讲:"现在的日本,更严密的讲是从1955年以来,日本的资本主义是法人资本主义。"法人持股已达到上市公司总发行股份量的70%,其中大约80%是法人交叉持股。参见熊道伟:《现代企业控制权研究》,成都:西南财经大学出版社2004年3月第1版,第40页。另参见〔日〕奥村宏:《股份制向何处去:法人资本主义的命运》,张承耀译,北京:中国计划出版社1996年6月第1版,第154页。

和市场型控制模式的比较见表如下[①]：

项目/层级/国别	德国	日本	美国
经营者报酬	居中	低	高
董事会	理事会与监事会分离	主要为内部董事	主要为外部董事
所有权	集中度高：家族、银行和公司持股较多	集中度较高：公司法人和银行持股多，经营者持股少	非常分散
透明度	低	低	高
资本市场	流通性低	比较具有流通性	流通性非常高
控制权市场	微弱	微弱	非常活跃
银行体系	全能银行	主办银行制	银企分离

20世纪80年代以来或者更早些，英美国家的公司所有权集中度实际上已经发生了很明显的改变，也就是说，英美国家上市公司的股份集中度普遍提高，美国经济学家贝克特对美国6559家上市公司的研究，和英国经济学家戈尔根和尼布格随意抽取伦敦证券交易所250家上市公司进行的实证分析证明过去对英美国家股份分散的简单归结已经发生变化[②]，所有权的集中正在改变控制权旁落经理人手中的局面，控制权在过往时期的超独立性已被减低，大股东能够对经理人实施制约。这也就是说，欧洲大陆国家借鉴了英美国家市场监控上市公司的经验，而英美国家则通过食利股份的集中开始恢复大股东的控制权地位。20世纪50年代机构投资者仅持有美国大公司股份的8%，现在则上升至50%，不少机构投资者还积极介入公司治理活动，形成了股东主权运动。英国在1963年机构投资者仅持有上市公司股份总量的29%，1994年已达59.8%，1998年达近80%。这种情况已经不是伯利-米恩斯时代的哪种股份超分散的企业股权分布模式。一些机构投资者持有股份的目的在于获利，如慈善机构、银行、保险公司、基金、投资信托等，它们虽较少介入公司治理，但另一些机构投资者如工商业公司、投资公司、家族公司持有股份时会积极参与公司的治理活动，从而对经理人形成监督，甚至撤换经理人。

---

① 资料来源：Steve N. Kaplan, "Corporate Governance Performance: Comparison of Germany, Japan and the U S", in Donald Chew ed., *Studies on international Corporate Finance and Governance Systems*, Oxford University Press, 1997, p.252. 转引自朱羿锟：《公司控制权配置论——制度与效率分析》，北京：经济管理出版社2001年8月第1版，第34页。

② 同上，第78—92页。

从上面的情况分析看,中小型公司的控制权的独立性在加大,而上市公司的控制权的独立性正在受到一些限制。

(二) 公司治理结构框架下控制权模式的融和性发展

进入20世纪80年代以后,世界许多国家普遍关注公司治理问题,关注公司控制权的正当行使从而均衡安排大股东与小股东之间、代理人与公司之间、股东与债权人之间、股东与职工之间的利益关系。70年代末期,美国政府的水门事件引起了美国社会对大型公司管理层道德风险的警惕,加之从1970年开始美国上市公司不断暴露财务丑闻(包括公告虚假盈利信息、管理人掠夺公司利益、非法政治献金和海外贿金案等),在不到10年的时间内有400多家上市公司涉嫌财务犯罪①,公众公司作为美国社会的经济支柱与其控制权过度集中于由内部人产生的董事会和CEO手中的矛盾骤然突出,一场通过配置和强化监管资源和监管体制以改造旧的公司治理结构的变革应时产生。这一变革的核心思路是在公司内部重构不受董事会制约的由独立人士组成的审计委员会。鉴于英美公司法律制度中早已存在"外部董事"或称为"非雇员董事"② 的要求以及公司控制经营的"一元制"③ 基本结构,因此减少制度资源利用成本又符合效率原则的安

① 参见徐碧琳:《上市公司独立董事制度研究——中美上市公司独立董事制度比较》,载《外国经济与管理》2002年第1期。

② "外部董事"(outside director)的提法是在英国产生的,其产生于20世纪20年代。"非雇员董事"(non-employee director)在美国1934年的联邦《证券交易法》中就有规定,其涵义被解释为:该董事目前未被该公司及其母公司或子公司雇佣,除董事费外没有直接或间接接受该公司及其母公司或子公司提供的根据条例S-K要求披露的其他报酬,与该公司不存在根据条例S-K要求披露的重大交易和生意关系。

③ "一元制"结构是公司法学术界对英美国家公司企业只设董事会而不设监事会的管理体制的概括性称谓。19世纪早期,英美国家公司法和公司实务中体现股东大会的所有权与控制权的结合,董事会仅是一般的执行机构。从19世纪中期开始,公众公司股份很快分散化,股东会失去了掌控公司经营活动的能力,以铁路公司和矿山采掘公司等需要专业和科技运营的公司为肇始,公司权力逐渐向董事会倾斜,到20世纪初最终形成了"董事会中心主义"的治理结构。在个人股东为主体的背景条件下,"搭便车"现象和"用脚投票"普遍蔓延,公司法(主要是判例法)在确立董事对公司负有信义义务的同时赋予董事会对公司的控制权和监督权。20世纪以来,董事会运行效率的迟缓又催生了"经理革命",公司控制权集中到行政总裁的手中(行政总裁一般同时担任董事会成员),形成了伯利-米恩斯所述的管理模式,董事会日渐演变为监督机构。目前,公司法学者认为又进入了"股东革命"的时代。与"一元制"提法相对应的提法"二元制"结构则是指大陆法系公司法中在股东大会下分设管理机构——董事会和监督机构——监事会的体制。

排便是让独立人士进入董事会并由他们组成审计委员会。[①] 这种独立人士就是独立董事。[②] 于是，在纽约证券交易所的鼓励下部分上市公司率先设立独立董事，之后其他公众公司纷纷跟进，并且独立董事的数量在董事会成员中的比例越来越大，董事会中由独立董事组成的委员会不光是审计委员会，还有薪酬委员

① 由于上市公司屡屡发生财务欺诈事件，辜负了公众的信赖而备受谴责，美国政府不得不着手研究应对之策。美国证券交易委员会于1977年4月举行上市公司治理对策的听证会，得出的结论是：董事会是增强公司责任感的中心，通过增加真正独立的董事并组成有效运作的委员会来督促经理层承担起责任。因此，该委员会要求所有上市公司设立由独立董事组成的审计委员会，以审查公司的财务报告和控制公司内部的违法行为。对证券交易和上市公司行为承担某种监管义务的各证券交易所（如纽约证券交易所、全美证券商协会、美国证券交易所等）立即跟进，及时提出上市公司中的董事会成员的多数应为独立董事。1977年，纽约证券交易所经SEC批准，建立一项新规则：要求本国的上市公司在"不迟于1978年6月30日以前设立并维持一个全部由独立董事组成的审计委员会，这些独立董事不得与管理层有任何影响他们作为委员会成员独立判断的关系"。1991年，美国证券交易所规定，上市公司至少应有2名董事为独立董事，并设立由独立董事占一半人数以上的监督委员会。全美证券商协会（NASD）最初规定NASDAQ市场上的上市公司董事会至少应有2名独立董事，1998年又要求上市公司审计委员会必须有3名独立董事。参见① 殷少平：《关于独立董事制度的思考》，载《中国证券报》2001年4月25日；② 孔翔：《独立董事制度研究报告》，深圳证券交易所综合研究所项目主办，2001年2月12日深圳证券交易所深证综研字第0030号，第14页。

② 独立董事是公司治理结构改革的产物，它不是原有董事的责任强化或身份改变，而是因为因应改革所创造的专司监督职责的新生岗位。独立董事与内部执行董事一样的地方是都对公司和股东负有忠诚义务和勤勉义务，都是公司的代理人和信托义务人。最大的不同点是独立董事不负责公司的经营活动、决策事务并与公司不存在"重要关系"。美国证券交易委员会（SEC）对"重要关系"定义如下：在过去两年内曾是公司的雇员；是此前两年内曾在公司担任首席执行官（CEO）或高级管理人员的某一个人的直系亲属；在此前的两个财务年度内，曾因商业关系而向公司支付过或收到过超过20万美元的金额，或者在某一个商业机构中拥有股权或代表某一股权而有投票权，而该机构曾在此前两个财务年度内向公司支付或收到过一定的金额，并且该金额乘以他所拥有的股权比例后其价值大于20万美元；是某一商业机构的重要管理人员，而该商业机构曾因商业关系而向公司支付或收到过超过该机构年度总收入5%以上的金额的款项，或者超过20万美元的金额的款项；与过去两年内曾经担任过公司法律顾问的法律机构具有职业关系。美国机构投资者协会（CII）认为，如果一个董事与公司及其高级经理人员在职业、家庭、经济上的联系仅仅是作为该公司的董事，则该董事被认为是独立的。独立董事必须符合下列条件：没有担任过本公司的及其附属公司的高级经理职务；在过去两年不是本公司及其附属公司或首席执行官的顾问公司或咨询公司的雇员和所有者；不是本公司主要供货商或客户的雇员；在过去两年内与本公司及其附属公司和首席执行官没有签订过个人服务合同；不是接受过本公司及其附属公司大量捐资的基金或大学的雇员；不是本公司及其附属公司高级经理人员的亲戚；不是本公司高级经理人员担任董事的其他公司的雇员。参见① 孔翔：《独立董事制度研究报告》，深圳证券交易所综合研究所项目主办，2001年2月12日深圳证券交易所深证综研字第0030号，第19—20页；② 罗培新：《冷眼看"独立董事"》，载《金融法苑》2000年第12期。美国全国证券交易商协会（NASD）认为，一位董事将被认为是独立的，如果他：(1) 从未是该公司或其任何一家子公司的雇员；(2) 并非公司任何雇员的亲戚；(3) 不向公司提供任何服务；(4) 未受雇于向该公司提供主要服务的任何企业；(5) 除董事劳务费外，不从公司收取任何其他报酬。参见梁能（主编）：《公司治理结构：中国的实践和美国的经验》，北京：中国人民大学出版社2000年第1版，第259页。

会、人事委员会、诉讼委员会等。从制度层面看，在创设独立董事制度约15年后，独立董事的独立性的法律标准完全明晰，其在董事会中的地位、作用以及其资格条件，推选与任免程序、任期、报酬指标、人数比例的规定等已经接近圆满。20世纪90年代，美国《密西根州公司法》首先规定了独立董事制度。该法规定：(1) 独立董事必须由股东会选举产生，不得由董事会任命。(2) 股东会和董事会均须指定某一董事为独立董事。(3) 独立董事必须具有5年以上的商事、法律或财务工作经验。(4) 独立董事在过去3年内不得是：a. 本公司或子公司的高级职员或雇员；b. 与公司之间进行过10万美元以上的交易；c. 上述两类人的直系亲属或他们的合伙人，或与他们之间有业务关系。(5) 独立董事在公司任职不得超过3年，满3年后，独立董事可以继续作为董事留任，但失去独立董事资格①。英国于1980年代借鉴美国的做法，上市公司纷纷设立独立的非执行董事。1991年5月，伦敦的几家专门从事审计和管理规范的研究机构在集中研究后提交了一份名为《社团法人管理财务综述》的报告即著名的“坎德伯瑞报告”(Report of Cadbury)，其提出的最佳经营准则必须包含有足够多的有能力的独立董事进入董事会，以保证他们的意见在董事会中受到重视。该报告认为公众公司的董事会中至少应当有3名非执行董事，且董事会主席应由非执行董事担任。1993年11月，香港联交所公布了对上市公司的要求，提出每家公司应当配置2名非执行董事的要求。从90年代初开始，欧洲和亚洲大陆法系国家或是修改公司法，或是由证券监管机关发布行政规章，或是由证券交易所提出要求，在上市公司中纷纷建立独立董事制度，形成了公司管治方面的全球化一体景观。1999年世界经济合作组织(OECD)完成的一份调查显示，独立董事占董事会成员的比例美国为62%，英国为34%，法国为29%。日本于1993年借鉴美国公司的做法建立了独立监事制度，2001年的第153次临时国会和2002年的第154次年度国会通过立法引入了独立董事制度，让上市公司选择。一是沿用监事会制度，仍有3人以上监事组成监事会，但任期从3年延长至4年，其中1人以上为外部独立监事，2005年后独立监事增加到半数以上。二是增设所谓的设置委员会规则，允许公司以章程规定不设监事会，而在董事会之内分别设置由3人以

① 参见李占猛、杨宏伟：《美国公司独立董事制度研究》，载《国外财经》2002年第4期。

上的董事组成的审计委员会、提名委员会及薪酬委员会,其中外部独立董事须占各委员会的 1/2 以上,监事会的职能由审计委员会取代。同时引入执行经理制度,由董事会聘任的一名或数名执行经理负责公司的业务执行,并对董事会报告工作,原来的代表董事职位随之撤销,董事无权直接执行公司业务。董事会负责公司的决策和监督。① 对日本的这一制度变革,南京大学商学院教授吴建斌评论为"是美国公司治理模式的翻版"②。

公司治理结构的检讨始自于美国,普及于全球,是因为各国的上市公司虽然置于不同的控制结构模式下,但却面临了共同的问题,即如何解决公司控制者的道德风险。没有哪一种治理结构是万能的,借鉴是低成本改善本国公司治理状况的最有效途径。独立董事制度的全球化代表了公司控制模式融和的价值取向,并且它不是孤立的——如同因特网在全球的普及一样——它把与之相关的公司治理制度体系同时散播到它被采用的任何国家,如累计投票制,投票权征集制度,经理人股票期权制度等等。传统的大陆法系国家,不管如何倚重本国长期适用的上市公司监管制度,但到了 20 世纪末期,上市公司中仍没有配置独立董事的话,公司的信用就会受到怀疑。这也许是美国的公司文化的"侵略",但增加些许的成本开支就能够对中小股东利益设置新的保护屏障,其正当性的价值收益足以抵消"拜他人为师"可能潜存的主权意识中的心理阴影,况且多数公司渴望得到国际资本市场的融资利益就不能不使本公司的管治适应境外投资者的信赖产生的路径。1999 年,经合组织发布了《OECD 公司治理原则》,其虽承认"健全的公司治理没有一定的模式",但从各成员国开展工作所表现出的共性足以提炼出健全的公司治理的基础。"公司治理原则便是建立在这些共性之上的并且能够覆盖现存的各种不同模式"③。共同的公司治理原则得以被提炼,特别是公司治理概念的泛全球化使用,必然影响各国控制权模式的融和,始自于美国的关乎公司控制权的种种概念如今不仅仅是世界各地公司法学者的专业话语的成分,而且其中相当部分已经见诸于各国公司法的制度之中了。

---

① 参见吴建斌:《日本引进独立董事制度的经验及启示》,载《南京大学学报》2003 年第 2 期,第 92 页。

② 参见吴建斌(主编):《日本公司法规范》,北京:法律出版社 2003 年 6 月第 1 版,"译者序"第 8 页。

③ 参见顾功耘(主编):《公司法律评论》(2001 年卷),上海:上海人民出版社 2001 年 11 月第 1 版,第 79 页。

至于在中小型公司的治理框架范围内，各国同样存在制度融和的趋势，其主流的方向是各国公司法越来越推行股东意思自治的控制权模式。从20世纪90年代以来，许多国家频繁地修改公司法，尽可能地取缔法律中过多的强制性规范，赋予投资者通过章程安排本公司的管治事宜，一人公司被广泛承认，一个货币单位如一欧元的有限责任公司纷纷成为合法事实。然而，《OECD公司治理原则》主张其所倡导的公司治理精神当然适用于私有企业和国有企业。中小公司采取健全的标准化治理对于平衡安排和保护投资者、债权人、雇员甚至社会利益一样具有重要的正当性价值。

(三) 从“经理革命”到“股东革命”[①]

所谓“经理革命”是公司法学者对美国大型公司自19世纪中叶起到20世纪70年代前后期间，由于股份的持续分散导致公司经理人完全掌控公司的状况的概括说法。20世纪30年代，伯利、米恩斯在他们的研究中表明，1929年末大型公司股票所有权已十分分散，在全美最大的200家非金融公司中只有11%（资产价值为6%）的公司由可识别的个人和紧密集团股东持有大部分股票；在另外的44%（资产价值为36%）的公司中，占支配地位的是少数股东，或是将大多数股票转让给了个人或小型团体而形成了特殊的证券结构。但对于半数（数量上占44%，资产价值占58%）以上的公司，股票的持有情况极度分散以至于这些公司的管理被认为是自我控制而并不对任何一个特殊的所有者或其他的利益相关者负责。例如，在宾夕法尼亚铁路公司，20个最大的股东所持股票的总量少至该公司公众股票总额的2.7%。[②] 伯利和米恩斯在其经典著作《The Modern Corporation and Private Property》中还集中列举了数家大公司中大股东所持股份的状况以佐证经理人革命的现实后果：

---

① “股东革命”也称为“投资者革命”，首先由美国宾州大学的管理学教授Mike Useem提出。

② 参见美国经济学家Margaret M. Blair：《所有权与控制：面向21世纪的公司治理探索》（Ownership and Control: Rethinking Corporate Governance for The Twenty-First Century），张荣刚译，北京：中国社会科学出版社1999年8月第1版，第25页。

Company	Size of Largest Holding	Number of Stockholders
Atchison, Topeka & Santa Fe Ry. Co. ...	0.76%	59,042
Chicago, Milwaukee, St. Paul & Pacific Rd. Co. ...	1.36%	12,045
General Electric Co. ...	1.50%	60,374
Delaware & Hudson Co. ...	1.51%	9,003
Southern Pacific Co. ...	1.65%	55,788
Boston Elevated Ry. Co. ...	1.66%	16,419
Southern Ry. Co. ...	1.92%	20,262
Concolidated Gas Co., of N.Y ...	2.11%	93,515①

这种由经理人控制公司的模式被美国经济学家玛格丽特·M. 布莱尔称为"伯利-米恩斯公司模型"。玛格丽特·M. 布莱尔在其《Ownership and Control: Rethinking Corporate Governance for The Twenty-First Century》一书中分析了大公司股份分散的历史原因和 20 世纪 30 年代的制度原因:从 19 世纪中叶以来,企业创办者和产业家们在资本的供给上已经摆脱了依赖于个人财富、银行和金融机构的方式。证券市场的发展最初是在铁路和运河开发方面展开了其经营业务。全力资助南北战争的结局使得债券交易急剧扩张,随着战后股份公司在公用事业、重工业等领域的介入迫使其在新的证券市场上发行债券和股票募集更多的资金,购买了公司证券的投资者由此而日益分散并远离了公司的经营事务,大型银行和其他金融机构在公司董事会中的影响开始降低。到了 20 世纪 30 年代,美国联邦政府为了增强金融安全,颁布法令限制金融资金入股产业公司,消除金融企业对工业公司经营管理的影响。如法律禁止银行为了自己的利益而拥有公司的股票,同时限定人寿保险公司在股票市场上的业务比例,对共同基金投资于任何一家公司股票超过他们自身业务量的 5% 以及对任何一家公司公开发

① Adolf A. Berle and Gardiner C. Means, *The Modern Corporation and Private Property*, New York: The Macmillan Company, Reissued January, 1933 and Reprinted March, April, 1933. p.48. 在该书的第四章中, Adolf A. Berle and Gardiner C. Means 指出股份的分散和经济力的集中已经对财富的性质带来了改变:"Accompaning the concentration of economic power, growing out of it, and making it possible, has come an ever wider dispersion of stock ownership. This in turn has brought about a fundamental change in the character of wealth, the value of that wealth and the nature of the property itself. Dispersion in the ownership of separate enterprises appears to be inherent in the corporate system. It has already proceeded far, it is rapidly increasing, and appears to be an inevitable development."

行股票持有比例超过10%就要受到税务处罚。① 如此，股东不再是一个整体的所有者联盟，而是分散的证券投资者，公司的控制权只能由经理人支配。虽然，在50年代后，情况有所改变，但爱德华·S.赫曼（Edward S. Herman）于70年代后期重新进行伯利、米恩斯式的分析——作为对公司由有效股东和其他资本收益者所控制结论的反证，他的结论是：在1975年，最大的200家非金融性公司中有82.5%（资产价值占85.4%）的公司处于"经营者"控制状态。②

"经理革命"的过程，对公司而言存在两种现象：一是分散持有股份的所有者对公司的经营态度冷漠，人们习惯于市场的外部监管，如果不满意经理人的表现可能的对付方式是出卖股票。当许多人在同一时间出让股票就迫使价格下沉，这是股东和市场给予经理人的压力。但是当公司长期失控和被经理人掏空时股东们也很难对公司施加直接的影响，大面积的损失几乎是不可避免的。美国2001年安然公司和2002年世界通讯公司的破产案就是例证。二是公司形成的所谓自我管理实际上是经理人控制，经理人的道德风险防不胜防。经理人从控制公司活动中获得额外利益的方式是给自己确定远超于经营业绩的薪水，为自己的工作环境的舒适与美化方面过多支付公司资金，千方百计维护自己在公司中的控制地位甚至不惜损害股东利益。美国从20世纪30年代以来奉行的某些公共政策实际上偏向于现任经理而不利于持有反对意见的股东——如在投票权代理征集（Proxy Solicitation）方面，管理层一如既往地决定召开股东年会的时间，在向股东们寄发召开年会的通知时，将拟就的董事会成员候选人名单寄上并顺便征求那些无法参加股东会的股东的意见由经理人代行投票权，股东们往往例行公事般地授给他们这种权利。但是如果某大股东欲联络其他股东修改公司内部规则和对经理层提出某种责难时，就必须由公司在向股东发出通知的10天前向SEC事先提出请求——"代理权公告"（Proxy Statements），然而公司并没有被要求向持不同意见者事先提供股东名册，股东们没有经理层的准许私下串通是困难的和危险的（直到1992年秋，SEC的规则才作了修改，使得股东们彼此之

① 参见Margaret M. Blair：《所有权与控制：面向21世纪的公司治理探索》（Ownership and Control: Rethinking Corporate Governance for The Twenty-First Century），张荣刚译，北京：中国社会科学出版社1999年8月第1版，第24—25页。

② 同上书，第25页。

间的事前串通更容易些了)。[①] 事实上,这些制度的演进的轨迹只是表明了公共服务和证券监管部门在大股东、经理层、中小股东因为公司控制权的行使而相互冲突时小心地处理平衡问题的过程,SEC的过往政策并不是扼杀股东而抬高经理人,正是因为担心大股东曾经出现的滥权对中小股东是不公平的,倚重的天平一度不适当地偏向经理人而已。从政府保护中小股东利益的愿望看,政府担心大股东是老虎,只好认可由宣誓效忠公司主人的经理狼和狐狸们掌控公司了,这也许是个不甚恰当的比喻。

伯利和米恩斯描述的公司控制权分配模式实际上是股份公司近乎自然发展的结果。股份的分散造就了公司规模的巨人化,而经理人们为稳固自己的统治地位也更愿意大量发行新股。单个的资本家甚或家族在公司中的持股量日渐被稀释,他们能够对经理层的影响越来越弱化。[②] 从20世纪40年代开始,机构投资者(除银行以外的各类金融企业)大量购进公司新股,其中私立养老基金、共同基金、国家和地方公立养老基金、人寿保险公司发展势头最猛,银行企业则由于1933年《银行法》中"格拉斯-斯蒂格尔条款"(Glass-Steagall)的限制不得进入证券资本市场。[③] 虽然30年代的法律限制他们对单个公司的持股量,但机构投资者持股的目的本来就不是为了建立公司控制权的平台,而是意图进行所谓的证券投资战略组合,向基金份额的持有者支付回报利益的压力又时常促使某些管理公司进行短线操作,他们更愿意分散持股以防范风险,因为他们无意于介入公司的管理事务。经过近六十多年的发展,大型金融机构已经集中地持有了所有股份公司50%以上的股票。这种现象在西方各国普遍发生,在1995年英国达

① 经理(CEO)在公司中的地位强化的另一个原因是董事会成了"橡皮图章"(rubber stamps),美国的公司中,总经理兼任董事长的情况相当普遍,在S & P500强的公司中,有80%的总经理兼任了董事长的职务。并且,过去的董事会成员一般是由经理人员担任,董事们需要向总经理汇报工作而难以履行监督职责。即使到了20世纪70年代末,一些外部董事也是由总经理提名或在总经理影响提名委员会的情况下产生的。在这种情况下,证券监管机关试图强化上市公司的信息披露和行为规则以及确立董事、经理对公司的忠诚义务、勤勉义务来保障公司控制权的正当行使。

② 到了20世纪中下叶,除了传统公司中的少数公司和新成长的股份公司,个人或家族股东控制公司的情况几乎就是凤毛麟角了。

③ 直到1970年,美国政府才允许银行企业持有工业公司的股份,但银行自身持有量始终在低水平徘徊,而由银行主持的个人信托持股则有飞速发展。见Margaret M. Blair:《所有权与控制:面向21世纪的公司治理探索》(Ownership and Control: Rethinking Corporate Governance for The Twenty-First Century),张荣刚译,北京:中国社会科学出版社1999年8月第1版,第37页。1999年,美国总统克林顿签署了《金融服务现代化法》,彻底摈弃了金融业分业经营模式,对银行持有工业公司股份进一步放开了。

64%,德国为68%,意大利为51%,日本则高达70%,被学者称之为“股东法人化”。然而经理人控制公司的滥权行为不断蔓延已为社会所不容,并且经理人们的决策失误和疯狂的自利行为也在事实上损害机构投资者的利益,机构投资者转而试图通过与经理人的对话、投票活动影响公司的行为,如加州公共雇员退休系统(CaLPERS)和全美教师保险及年金协会(TIAA-CREF)等养老基金就率先动作。由于机构投资者持有任一公司的股份数量巨大,过分出让股份牟利只会打杀股价反而会遭受损失,介入公司治理成了最佳的选择,他们不希望成为但不能不成为所有者了,“股东革命”就在这种背景下发生了。在90年代,各种机构投资者开始发布自己的公司治理宣言,以向社会表明其不再置身事外的态度,获得基金持有人的持续信赖,对公司经理人形成随时“下课”的压力,著名的宣言有机构投资者理事会(CII)的《公司治理政策》,全美教师保险及年金协会(TIAA-CREF)的《公司治理的政策声明》,加州公共雇员退休系统(CaLPERS)《公司治理核心原则与指引》等。[①] 在英国,有一些公众公司的首席执行官在机构股东的压力下辞职,因此基金经理被戏称为“公司丛林中的国王的制造者和毁灭者[②]”。

由机构投资者积极参与公司治理所引发的“股东革命”,虽然曾经遭受总经理们的反对,但为数众多的学者、股东权利支持者和一些政策制定者却欣慰溢于言表,积极鼓吹,并当作公司治理的重大希望和改革而热切推动。[③]

(四)公司控制权转让速度加快

近二十年来,在美国公司控制权转让市场所经历的两次大的浪潮带动下,世界各国的公司收购与合并活动发生频繁。这种情况不仅促成了公司控制权市场的某种繁荣,对公司治理发挥出正面的改善效能,而且对世界范围内的产业结构调整和全球经济的健康运行起到了支持和保障作用。企业并购活动的深层动机是复杂的,其中之一是争夺控制权并进而争夺资源、市场和生产力,改变妨碍自身发展的生存竞争环境。在市场经济条件下,公司作为股东谋求利益生成的工

---

① 参见倪建林:《公司治理结构:法律与实践》,北京:法律出版社2001年12月第1版,第47页。

② 参见〔英〕布赖恩·R.柴芬斯:《公司法:理论、结构和运作》,林华伟译,北京:法律出版社2001年4月第1版,第47页。

③ Adolf A. Berle and Gardiner C. Means, *The Modern Corporation and Private Property*, New York: The Macmillan Company, Reissued January, 1933 and Reprinted March, April, 1933, p.39.

具本身具备外延性发展壮大的强烈欲望，正如美国著名经济学家斯蒂格勒在考察美国企业成长路径时所说的："没有一个美国大公司不是通过某种程度、某种形式的兼并收购成长起来的，几乎没有一家大公司主要是靠内部扩张成长起来的"①。当然，企业的扩张须依赖于其本身的经济实力，以弱胜强、以小击大的战争实例也许不少，但在商场上毕竟不多。在美国乃至全球大公司之间的并购恰恰不取决于前述的因素，政府对企业并购活动的限制放宽才是二十多年来公司控制权市场极度活跃的根本原因。

20世纪80年代以前，美国的反垄断法实践基本依据结构主义②的理论分析方法指导政府干预和控制企业的并购活动，公司的控制权市场未能快速发育成长。自80年代初开始，芝加哥学派③的理论取代结构主义成为美国企业并购控

① 〔美〕斯蒂格勒：《产业组织与政府管制》，潘振民译，上海：上海人民出版社1996年版，第3页。

② 结构主义学派也称为哈佛学派，是19世纪末叶产生于美国的经济学流派，由哈佛大学的经济学家所创立。该学派认为如果较高的市场份额和进入障碍是市场垄断绩效的原因，反垄断法就应该禁止造成集中水平提高和进入障碍增多的垄断性企业并购，以维持竞争性的市场结构。因此，反垄断法关注的重点应该是市场结构而不是市场行为。具体到企业并购的案件中，就是要求在审查市场的集中度和参与企业并购的市场份额后决定是否对并购进行干预。结构主义理论以维护市场的自由竞争为目的对企业并购主张采取严厉的制约，事实上赋予政府判断市场竞争结构是否合理的权力，它是宏观调控的经济模式的思想基础。结构主义的理论模型"结构—行为—绩效"公式般地支配美国并影响到其他资本主义国家的反垄断法80年之久（自19世纪末到20世纪70年代），从美国早期的谢尔曼法、克莱顿法，到1968年美国司法部依据最高法院关于企业并购案判决形成的原则发布的《企业合并指南》都体现了其中的企业并购市场控制理念。到了20世纪70年代，一些学者开始检讨企业并购案件处理的社会经济效果，批评最高法院的判决违背了市场规律，阻碍了经济规模的合理集中，反垄断法的实施往往存在预期困难，对中小企业的保护和对理想市场环境的理解步入歧途。与此同时或者更早些，结构学派的理论也有了某种程度的修正，逐渐放弃以市场结构的改变作为检视企业行为合理与否的唯一评判标准，而置入关注企业自身动机和行为评价的因素。反垄断法的理论基础面临重建。参见：① 曹士兵：《反垄断法研究》，北京：法律出版社1996年版，第56页；② David J. Gerber: "American Law In a Time of Global Interdependence: U.S National Reports To The XVITH International Congress of Comparative", *American Journal of Comparative Law*, Fall, 2002.

③ 20世纪70年代，美国经济学界和法学界对反垄断立法进行了广泛而深刻的研讨，对反垄断法中的结构主义思想体系进行了系统的清理，其中最为著名的理论学派便是法律经济学派。由于这一学派主要代表人物是芝加哥大学的教授，所以素称芝加哥学派。芝加哥学派最有影响力的代表人物是波斯纳，1969年波斯纳辞去斯坦福大学法学院副教授职务，受聘芝加哥大学任教授，1973年出版了令法律界震撼的《法律的经济学分析》，1978年成为芝加哥大学法学院讲座教授，1981年经里根总统提名出任联邦第七上诉法院法官至今，1993年起担任该法院首席法官。在《法律的经济学分析》一书中，波斯纳对哈佛学派的反垄断理论进行了细致的批判，否定了市场结构、市场行为和市场绩效之间的联动关系，反对政府从宏观角度出发对企业并购进行规模性的干预。波斯纳及其他芝加哥学派的理论家如博克（博克曾出版《反托拉斯的悖论》）、德穆塞茨等认为反垄断法的目的应该单一，并以经济效率作为评价和决定是否干预企业并购的依据。芝加哥学派的理论从根本上改变了80年代以前的反垄断立法的支持价值学说，不仅使整

制政策的主要依据。受芝加哥学派理论的深刻影响,美国司法部从1982年开始已经三次修订了1968年制定的《企业合并指南》,大大放宽了政府干预企业合并的条件,确立把经济效率作为评价合并与收购是否适当的标准。此后,美国公司间的并购活动空前增多,大公司之间的并购案数量也与日俱增。在这种背景下,一些本应干预的并购行为,因为并购活动存在可以预见的效率提高,政府一样予以认可,如1996年发生的世界第一大民用飞机制造公司美国波音公司(BOEING)和世界第三大民用飞机制造公司美国麦道公司(MCDONNELL DOUGLAS)合并案,造就了全球民用和军用飞机制造的“帝国”公司,仅波音公司的市场份额已经超过启动反垄断调查程序的数据点的两倍之多,然而美国政府以维护国家安全为由予以支持。先前由洛克西德公司与马丁·玛瑞塔公司两家航空器制造商的合并案因美国国防部提出合并可以降低军工订货成本和提高效率同样没有干预。在美国发生的大的合并案还有艾克森石油公司和美孚石油公司的860亿美元的合并案,台湾地区台积电、钰创与世界先进三家电子公司的结成策略联盟[①],时代华纳与美国在线的合并等,日本于2004年7月发生的两家银行合并为全球最大银行的案例,也都说明在控制权集中的公司并购行为中反垄断法的政策倾向已偏向经济效率而非市场结构。

经济学家中有人认为企业并购的基本动因在于获取企业的控制权增效,即指通过获取企业控制权并改变治理团队以促进企业效率的提高和获得企业价值增大的效果。1999年曾有240位经济学家公开致信给美国总统,请求美国政府

个竞争法开始重新定位,甚至使“最高法院基本得到拯救”。1982年,美国司法部对1968年《企业合并指南》进行了重大修改,并于1984年、1992年进行了两次修订。依据这一《指南》,市场集中度和市场份额的数据仅仅作为分析并购对市场竞争性产生影响的一个出发点,是否干预的决定性要素是进行综合的经济效益分析:一是市场进入是否形成了不可克服的障碍。在低进入壁垒的市场上,并购不会产生反垄断法的问题。二是并购企业的效率。反垄断法只是干预一些具有严重反竞争效果的并购,而不妨碍大多数企业的并购,因为并购可以提高企业的效率并由此提高企业的竞争力。如此以来,反垄断法具有了鼓励合理并购的精神。参见① 王晓晔:《企业合并中的反垄断问题》,北京:法律出版社1996年版,第134页。② 苏力:《波斯纳及其他》,北京:法律出版社2004年3月第1版,第9—16页。

① 参见王文宇:《控股公司与金融控股公司法》,台北:元照出版有限公司2001年12月初版,第3页。

撤销证据不足的反垄断起诉,以利自由竞争法则的贯彻。[①] 从另一方面讲,健全而有活力的控制权市场对于公司管理层构成了强大的外部监管,其正面的价值是明显的。

从我国的情况来看,尽管公司法制尚不完善,但境内的收购与兼并活动多年来此起彼伏,在深化国企改革的进程中,政府制定积极的对外开放政策,吸引外资接管中国公司的控制权,进而推进国企改革,调整投资结构,实现政企分开,是极有价值的。不仅控制权转让的速率加快,而且通过强强联合造就了超级企业。但是,我国上市公司的并购由于证券法的过度限制以及国有股和国有法人股的现状阻碍,发展困难,2003 年直接针对上市公司发生的并购案只有 14 件,而此前的年份中就只有寥寥三两件。[②] 在研究公司控制权的正当行使问题时,我们不能不关注到这些情况。

六、关涉公司控制权正当行使的几种重要的理论

公司控制权的正当行使不仅包含了与公司存在利益关系的各类主体的合理期待,而且表达出通过法定方式和协议方式产生的对公司控制者的义务,以及公共权力机关对公司控制权行使的正当性的理性评价和政策导向。围绕公司控制权的这些社会价值体现了权力(利)平衡行使的理念,它们共同作用并形成为互动的状态。导引这些价值产生的根源自然在于利益主体的普遍诉求,而其体现于完善的制度体系中则依赖于几种重要的理论的创建。

(一) 信义义务理论

信义义务(fiduciary duty)理论源自于英国衡平法,其产生距今约有上千年

① 经济学家们认为,"反垄断法本来是用来对付垄断者的'高价格、低质量'的行为的,但是现在情况恰恰相反,消费者前所未有地享受着不断降低的价格以及不断提高的质量。一些竞争对手,日子越来越难过,便转向政府寻求行政帮助。最近政府针对微软、英特尔、VISA 与万事达卡的反垄断诉讼,始作俑者都不是消费者,而是竞争对手。"参见石午虹:《企业并购中的反垄断规制——以效率为中心》,载《法学的诱惑》,北京:法律出版社 2004 年版,第 517—553 页。

② 东方高圣投资顾问公司研究发展部撰写:《2003 年上市公司收购分析总结》,载《中国并购评论》,清华大学出版社 2004 年 2 月第 1 版,第 2 页。

的历史。信义义务揭示处在信托法律关系(fiduciary relationship)中的受信人必须对委托人和受益人负有的诚信(faith)、忠实(loyalty)、正直(candor)并为其最佳利益工作的义务。在英国历史上,信托法律关系只是产生信义义务的典型形式,衡平法院(high court of chancery)法官将信义义务适用于其他种种类似于信托法律关系的场合,如律师与其客户,合伙人之间,医生与病人,监护人与被监护人等。按照英国衡平法的精神,在衡平法律关系中,受信人处于一种相对优势的地位,而受益人则处于相对弱势的地位。委托人将某种利益的所有权交付给受信人,受益人的利益获取取决于受信人的行为,受信人对委托人和受益人的服务不能够按普通的专业服务标准约束,法律上对其提出了强制性的信义义务,以保护受益人的利益和信托法律制度的庄严和威力。在现实社会中,负有信义义务的人应当是委托人的忠实的朋友、意思执行人、信赖事项的受托付者,他们应当具备诚实、正直、谨慎的品质,应当是社会良心和社会道义的代表和维护者。他们不能在履行职责时掺杂个人的私心和私利,不能把自己的利益置于和委托人、受益人利益相对抗的位置,正如斯托利法官所说,“只要委以信任(如信托),那就必须全力以赴地为他人利益,而不得有任何欺骗。一旦获得了影响力,那就不得利欲熏心、工于心计和损人利己。一旦掌握了个人控制的手段,这些手段就必须只限于用在诚实的目的”①。而美国联邦最高法院卡多佐大法官在一个案件的判词中也清晰地解释了信义义务的标准:“在通常的对等性交易行为(acting at arm's length)中所允许的许多行为方式,在受信义务关系约束的场合则是禁止的。受信人的行为标准比之市场道德要严格。受信人的行为仅仅是诚实是不够的,在最敏感的细节上也必须正直,受信人的行为标准一直是维持在高于普通人之上的水平”②。

信义义务理论在普通法系国家历史悠久,影响广远。在1844年以前,英国的大多数公司不具备独立的资格,衡平法院在处理董事与公司之间的关系时往往视董事为公司的受信人。即使到了1856年《合股公司法》颁布,股东的有限责

---

① J. Story, *Commentaries on Equity Jurisprudence as Administered in England and America* (1889).转引自 G.M. D. Bean, *Fiduciary Obligations and Joint Ventures*, Clarendon Press, 1995, pp.26—27.

② Meinhard V. Salmon, 249 NY, 546(1928), Per Cardozo CJ(SC of USA).转引自 G. M. D. Bean, *Fiduciary Obligations and Joint Ventures*, Clarendon Press, 1995, p.28.

任得以全面确立,董事和公司的关系被法院继续延用于受托人与委托人的关系,董事得对公司负信义义务。这一制度至今未变。至于董事是否对股东承担信义义务在学界存在不同的理解,一是广义解释信义义务的适用范围,认为董事对股东负有信义义务;二是从狭义角度解释董事的信义义务,认为董事只对公司负有信义义务,董事对股东的信义义务只是在极个别的案例中出现。前者如《布莱克法律词典》中的解释:"信义义务(fiduciary duty)是一种由受信人对受益人承担的具有最大诚信、忠诚、信任和正直的义务[1],如律师对其客户、公司管理人对股东等。该种义务要求义务人须具备绝对诚实、忠诚,以及为受益人的最大利益奉献的高标准品质"。后者如戈尔与戴维斯所著《现代公司法的原则》中所讲的,"在讨论董事义务的实质内容之前,我们需要问明白谁是受益人,以及义务指向谁?在一个公认的层面上看英国法律十分清楚:义务是针对公司而言的"。"在普通法上,董事的责任当然是针对股东而言的,在经历了很长的一段时间后才被成功地转移到公司的身上。然而,这些义务是被指向集合的股东群体而非单个的股东。通常情况下,构建出董事对公司或者类似于公司的机构的信义义务,对公司来讲是一种利益;但是由于公司的利益就是全体股东的利益,因而说董事对全体股东负有信义义务就显得更直接了。同样地,从强制性方面看,董事所负义务是对股东全体而非单个股东"。[2]"董事不是股东个人的受托人,也不是与公司订有合约的第三者的受托人"。[3] 但是,公司法并不排除董事在某种"特别的事实关系"(A special factual relationship)中对个别股东负担信义义务,如董事代表股东出售其股份。事实上这个原则已经被某些特殊的案例确立,成为英国法的

---

① Fiduciary duty: A duty of utmost good faith, trust, confidence, and candor owed by a fiduciary (such as a lawyer or corporate officer) to the beneficiary (such as a lawyer's client or a shareholder); a duty to act with the highest degree of honesty and loyalty toward another person and in the best interests of the other person (such as the duty that one partner owes to another). See Bryan A. Garner Editor in Chief, *Black's Law Dictionary*, West Group Published, Seventh edition, 1999, p. 523.

② See Paul L. Davies, *Gower and Davies' Principles of Modern Company Law*, LONDON: Thomson, Sweet & Maxwell, Seventh Edition, 2003, pp. 371—374.

③ 参见〔英〕R. E. G. 佩林斯、A. 杰弗里斯(编):《英国公司法》,上海:上海翻译出版公司 1984 年 3 月第 1 版,第 222 页。

一部分。①

信义义务的具体内容因受信人所处的地位和职责而有不同。法律上可以分类为积极的作为义务(prescriptive duties)和消极的不作为义务(proscriptive duties)。作为义务还要求受信人在处理受信事务时履行必要的谨慎义务;不作为义务则强调避免利益冲突,从而履行忠实义务。澳大利亚法学家芬恩(P. Finn)教授解析了忠实义务为8项内容:(1) 不得从其所掌握的财产中获得未经授权的利益;(2) 不得处于自己的利益与职责相冲突的境地;(3) 不得处于不同的职责存在利益冲突的境地;(4) 不得损害雇主的利益;(5) 不得施加不当影响;(6) 不得牟取附属财产;(7) 不得滥用保密信息;(8) 不得利用优势信息购买受信经营的财产。② 英国的法律委员会1992年在其公布的《信义义务与规制准则:讨论稿》中,将受信人的忠实义务概括为4项:(1) 不得有利益冲突;(2) 不谋取未经同意的利润;(3) 不滥用保密信息;(4) 忠实不二的原则(The undivided loyalty rule)。③

本来,信义义务由信托关系中的受信人扩展到其他处于受信关系的义务人,再衍生至董事对股东全体、董事对公司的关系中,这已经是法律的伟大发展了。但是,美国的法律实践似乎具有对现有的一切制度进行改变的能量和趋势,在1843年英国发生的福斯诉哈波特尔一案本是小股东派生诉讼产生的开创案例,但是被法官驳回了,理由是公司作为受害人才有权诉讼;近四十年后的1881年美国法院通过判例确立了衡平规则94(Equity Rules94)允许小股东为公司的利

① "However, the precept that directors' duties are not owed to individual shareholders applies only to those duties which directors are subject to simply by virtue of their appointment as directors. There may well be in a particular case dealings between one or more directors and one or more of the shareholders as a result of which a duty of some sort becomes owed by the director to the shareholder. The principle has now been fully accepted in English law as a result of the recent decision of the Court of Appeal in Peskin v. Anderson, where Mummery L.J. distinguished clearly between the fiduciary duties owed by directors to the company which arise out of the relationship between the director and the company, and fiduciary duties owed to shareholders which are dependent upon establishing 'a special factual relationship between the directors and the shareholders in the particular case'". See Paul L. Davies, *Gower and Davies' Principles of Modern Company Law*, LONDON: Thomson, Sweet & Maxwell, Seventh Edition, 2003, p.374.

② P. Finn: *Fiduciary Obligations*, The Law Book Co., 1977, pp.78—81. 转引自张开平:《英美公司董事法律制度研究》,北京:法律出版社1998年1月第1版,第158页。

③ Consultation Paper No. 124 (1992) HMSO. 转引自张开平:《英美公司董事法律制度研究》,北京:法律出版社1998年1月第1版,第158页。

益提起派生诉讼。[1] 20 世纪 40 年代后，董事对公司的信义义务逐渐被扩展到控股股东身上；到了 1969 年，加州最高法院的一项判决确认控股股东对中小股东直接承担信义义务，而此前的理论主张控股股东只是对公司负有信义义务。[2]

（二）委托代理理论

委托代理本是法学领域的一个范畴，它是指一人代他人为某种行为而形成的法律关系，往往涉及委托人（也称为被代理人）、受托人（也称为代理人）、第三人（或称相对人）之间的关系。即使在董事与公司的关系方面，英美法系学者早就主张董事是公司的代理人，董事与公司之间存在代理关系。“法官在不同的场合，认为董事是‘代理人’、‘受托人’或‘经理合伙人’。”“董事可以正确地说成是公司的代理人。‘公司本身不能由其自己来进行活动……它只能通过董事进行活动。’因此，关于代理人的一般规则适用于他们代表公司所签订的任何合约或进行的任何交易。因此，他们对其职权范围内单纯作为公司代理人进行的活动，不承担个人责任；在此种情况下，应该负责的是公司”。[3] “董事要行使公司代理人的职责，有关代理法（agent law）的一般原则调整着董事与公司的关系。在英美法体系中，这个原则早在 1866 年的著名案例‘弗格森诉威尔逊’中就确立了。该判决陈述道：‘在股份有限公司中，董事们处于什么地位呢？回答是，他们仅仅是公司的代理人，因为公司本身不是自然人，它本身不能活动，它唯一的希望只能通过董事会进行活动’”。[4] 但是，法学家们的眼光大多局限于具体案例中的委托代理关系，习惯于用积累的经典的法律精神分析案件中的当事人角色和行为，以表达出评判者的意见，然后消失在黑色包裹着的尊严和高贵之中。由此，涉及公司控制权正当行使的委托代理理论并非是法学理论的衍生发展，它是一种吸收法学营养的经济学理论，尔后被法学家们接受并给以愉快的润色。

严格地讲，委托代理理论是制度经济学的一个衍生成果。20 世纪 30—40

① 参见甘培忠：《论股东派生诉讼在中国的有效适用》，载《北京大学学报》2002 年第 5 期，第 18 页。

② 参见朱慈蕴、郑博恩：《论控制股东的义务》，载《政治与法律》2002 年第 2 期，第 16 页。

③ 参见〔英〕R. E. G. 佩林斯、A. 杰弗里斯（编）：《英国公司法》，上海：上海翻译出版公司 1984 年 3 月第 1 版，第 220 页。

④ 参见沈四宝（编著）：《西方国家公司法概论（修订本）》，北京：北京大学出版社 1989 年 4 月第 1 版，第 151 页。

年代，伯利和米恩斯出版了《现代公司和私有财产》，科斯发表了《企业的性质》[①]，波恩汉姆出版了《经理革命》，这些作品的问世，直接导致围绕公司的理论研究和制度建设不能不涉及到公司控制权在所有者和经理人之间的分配问题。1973年，美国经济学家罗斯(Ross. Stephen A.)发表了《代理的经济学理论：委托人的问题》(The Economic Theory of Agency: the Principal's Problem)[②]；1976年，詹森和麦克林发表了《公司理论：管理行为、代理成本和所有权结构》(Theory of the Firm: Managerial Behavior, Agency Costs and Ownership Structure.)[③] 和《组织理论和方法论》(Organization Theory and Methodology)。上述三人最先对公司所有者和控制者权利分配的结构使用"委托—代理"(principal-agent)一词进行概括并创立了委托代理理论学说。

委托代理理论与阿尔钦(Alchian)、德穆塞茨(Demsetz)二人共同创立的"交易费用理论"被认为是"公司合同理论"的两大分支，是制度经济学在20世纪末期最辉煌的发展成就。委托代理理论奠基于伯利、米恩斯对公司控制权描述的结构之上，借助法学中的代理学说，分析了委托人——股东和代理人——经理人之间的经济关系，提出了解决"代理成本"的核心命题。他们认为，代理成本产生于两个方面：一是公司控制权从所有者手中分离到经理阶层手中，公司运行的效率的提高会产生收益，而收益一定是与成本相联系的，代理人的行为与代理成本存在负相关的关系；二是对代理人实施监督也必然发生费用支付，产生代理成本。委托代理理论承认"理性经济人"的假设，认为理性的代理人会在获取预期

---

① 科斯的《企业的性质》被认为是公司契约理论的奠基代表作。

② Ross. Stephen A. 1973. "The Economic Theory of Agency: The Principal's Problem." American Economic Review 63 (May): 134—39. 转引自 Margaret M. Blair:《所有权与控制：面向21世纪的公司治理探索》(Ownership and Control: Rethinking Corporate Governance for The Twenty-First Century)，张荣刚译，北京：中国社会科学出版社1999年8月第1版，第322页。

③ Jensen. Michael C., and William H. Meckling. 1976. "Theory of The Firm: Managerial Behavior, Agency Costs and Ownership Structure," *Journal of Financial Economics* 3 (October): 305—360. 转引自 Margaret M. Blair:《所有权与控制：面向21世纪的公司治理探索》(Ownership and Control: Rethinking Corporate Governance for The Twenty-First Century)，张荣刚译，北京：中国社会科学出版社1999年8月第1版，第315页。.

收益的前提下通过偷工减料、偷懒、自我交易、扩大费用偏好①等方式获取利益。那么,谁会最终承担代理成本呢?詹森和麦克林认为,公司控制权的争夺市场会迫使经理层努力工作,以免导致公司股价下跌,最终被公司的收购者解雇。因此,管理层有使公司财富最大化的愿望和动机。为解决在不确定性和不完全监督条件下如何构造委托人与代理人之间关系的问题,委托代理理论的倡导者主张采取适当的激励手段鼓励管理层为股东利益最大化服务。

(三) 利益相关者理论

利益相关者理论的萌芽时代应该追溯到20世纪的20年代。1913年,美国众议院任命的一个委员会(Pujo Committee)对美国社会货币与信用控制集中程度进行调查并完成了报告,其中详细描述了股东随着公司的扩大和股权的进一步分散而失去的权利。但直到1919年法律仍旧坚持公司被认为是为股东的利益在经营的观点。1919年密西根州最高法院对道奇诉福特汽车公司案的判决中强调:"一家商业性公司的组成和运转主要是为了股东的利益,公司董事会的权利即为此目的而存在。董事会的辨别能力是在实现这个目标的涵义选择中得以发挥,而不是扩展到改变这一目标本身、去减少利润或在名义上忠实于他们而为了其他目的不给他们分配利润"。② 这种观念植根于资本主义社会私有财产神圣不可侵犯的基本价值观,成为产生和维持资本主义国家政治制度的理论基石。但是,在垄断资本主义形成后,由经理人控制的公司通过外部成长的方式猛烈扩大,资产膨胀、集中与所有者失去对公司的控制的冲突进一步加剧导致公司向公司帝国的方向挺进,法律方面对这种社会现象的制约仍然一如既往地依循

---

① "费用偏好"一词为威廉姆逊(Williamson)首先使用。他认为经理们从一些特定种类的费用中得到好处,比如公司的豪华车辆和办公家具、优越的办公地点、度假旅行等。See, O. Willianmson, "Managerial Discretion and Business Behavior", *American Economic Review*, 53, (1963).

② 道奇(Dodge)兄弟在对福特(Ford)汽车公司的诉讼中,指控亨利·福特(Henry Ford)推迟支付红利,却相反在利润中保留了5800万美元用于扩展经营和降低其产品价格。作为股东,道奇兄弟要求福特将利润积累中的一部分作为红利发放,并宣称由于股东拥有这个企业,他们将督促董事会决策将利润之一部分作为红利支付给股东。密西根最高法院判决支持了道奇兄弟的诉讼请求。参见密西根最高法院:204 Mich. 459, 170 N. W 688(1919)。转引自〔美〕Margaret M. Blair:《所有权与控制:面向21世纪的公司治理探索》(Ownership and Control: Rethinking Corporate Governance for The Twenty-First Century),张荣刚译,北京:中国社会科学出版社1999年8月第1版,第186页。

旧有的委托代理制度和信托观念处理，这或多或少引起了政府的关注和社会学者的忧虑，人们试图发现新的“灯塔”去导引风浪中的公司航船——公司的社会存在与社会责任的理念在漆黑的海面上若隐若现地发出了光亮。那时是20世纪的20年代——美国社会经济大萧条的前夜，大公司的所有者无力监管，自由主义经济理念顽强地抵制政府的干预，市场对上市公司的监管成熟度较低，成群结队的航船无可避免地驶向1929年的黑色礁石！

其实，在人们探讨19世纪末20世纪初美国制定反垄断法的原因时，就已经发现控制公司超大规模集中对美国普遍价值甚至宪法原则构成的威胁是深层的动机。这一忧虑在20世纪20年代后催生了社会责任的理念。当然，主张公司的生存目的不仅仅局限于股东利益的学者一般还是通过直接分析公司本身的运作环境和条件来佐证他们的观点。在这方面，经济学家们细致地对传统的工厂制企业和现代公司的构造差别进行比较，就可以顺理成章地引出新的结论。伯利和米恩斯在他们1932年出版的《现代公司与私有财产》的前言中写道：“显而易见，对于任何一种深思熟虑的理论来说，美国的公司都已经停止成为仅仅满足私人利益的设计工具，而转向成为一种制度”[①]。30年代初的法学家多德(E. Merrick Dodd)教授甚至认为“法律在关于公司‘是一个既具有社会服务功能也具有盈利功能的经济组织’方面发生了转变”。[②] 但是，多德教授的这种说法仅仅表达了法学家的思考，而并非在当时成为事实。在后来的40年代至50年代，公司是“社会存在”的概念由理论界普及到商界，如后来担任新泽西标准石油公司董事长的弗兰克·阿布拉姆斯(Frank Abrams)于1946年说：现代公司经理人员的作用是保持“一种均衡和平衡所有不同的利益集团的要求——股票持有者、

---

① 伯利和米恩斯的这种说法虽然直接点明其学说与制度经济学的渊源归属，但也表明他们同时已经在考虑公司存在的真实价值，股东利益和其他主体利益共生于公司的社会课题。伯利和米恩斯的这种表述并不代表他们是利益相关者理论的创始人或者支持者，事实上他们被后来的股东利益至上主义者奉为同道大师。

② 〔美〕Margaret M. Blair:《所有权与控制：面向21世纪的公司治理探索》(Ownership and Control: Rethinking Corporate Governance for The Twenty-First Century)，张荣刚译，北京：中国社会科学出版社1999年8月第1版，第204—205页。

员工、消费者和公众利益”。[①] 1985年以后,美国已有一半以上的州通过特别法律,要求董事会在制定公司重要的决策,或者讨论是否接受或拒绝一项股权收购方案时除了考虑股东的利益外,还要考虑其他参与者(如职工、债权人、供应商和社区等)的利益。法学教授威廉·艾伦(William T. Allen)在1992年发表的一篇论文中总结道:“必须通过一个假设的令资本的贡献者(股票持有者和债券持有者)满意的回报率来吸引他们将其资本贡献给企业。但是,公司也许会有与其他地位相应的其他目标:满足消费者的欲望、提供令人羡慕的就业机会以及对公司所处的公共社区的生活做出贡献”。[②] 如此,公司利益相关者(Stakeholders)理论已经形成。从80年代发生的激烈争论以来,对这一理论产生重大影响的学者有詹森、麦克林[③]、玛格丽特·布莱尔、艾伦、沃塔(Votow)等。但是,利益相关者理论家们常常引用詹森和麦克林的一段话证明自己,而他们二人的基本观点实际上是股东利益至上主义的。

如果说美国公司法律制度在某一点上曾经接受了欧洲和东亚地区公司治理的理念,那就是公司的社会责任理论,仅仅在美国本土化的发展进程中它被赋予一个新的名称,即利益相关者理论。

结　　语

公司控制权的正当行使,在公司法学的学术领域,是古老问题的崭新组合和解读。这个命题自身涵盖了没有尽头的理论深渊和丰富多彩的社会实践两种景观。如同野外考察一样,某一奇特的地理结构的外表环境就足以进行科学的研

① 〔美〕Margaret M. Blair:《所有权与控制:面向21世纪的公司治理探索》(Ownership and Control: Rethinking Corporate Governance for The Twenty-First Century),张荣刚译,北京:中国社会科学出版社1999年8月第1版,第205页。

② 同上书,第187—188页。

③ 詹森和麦克林将公司定义为:“有构成公司的各利益相关者(包括外部的债权人、关联交易商、客户、内部股东、经营管理者和员工等)组成的共同组织,是这些利益相关主体之间缔结的一组契约的联结。”参见Jensen. Michael C., and William H. Meckling. 1976. “Theory of The Firm: Managerial Behavior, Agency Costs and Ownership Structure,” *Journal of Financial Economics* 3 (October). 转引自潘敏:《资本结构、金融契约与公司治理》,北京:中国金融出版社2002年第1版,第54页。

究,问题是那儿还存在一个神秘的山洞,迷径、黑暗、幽深。本篇论文可以说是作者对这个山洞的粗浅的探险报告。公司控制权是从股东所有权中派生出来的经济性权利。在传统公司中,公司股东不仅行使剩余索取权,而且自行控制和管理公司,代理成本为零或者很低;现代公司自身的规模化发展一方面拉开了公司和股东之间的距离,另一方面造就了控制权的独立形态。在一定的制度结构中,控制权可以脱离股权关系而单独配置,在不同的主体之间转换,以控制权作为独立的交易对象的并购活动大量出现从而形成了控制权市场,某些公司收购与合并的活动并非是为了获取投资的机会而是为了争夺控制权。在现代社会,公司控制权正在展示其作为一种重要的经济资源的品质,传统法理上所理解的"权利"的一些基本质素在公司控制权中似乎已经消退或者隐没,如正义和公平的价值丧失了自然法学所赋予的普世性的固定内涵和标准,而代之以契约的安排;又如权利产生的原始的归属关系因为公司负载众多社会主体的利益诉求而面临新的理论反省和社会变革的挑战。风起于青萍之末,公司控制权的某些变化可能昭示社会权利体系的一种历史性的重组运动,保护弱者、以人为本、回归自然等并非完全停留在空谈的理念层面,制度的构建已经开始,而且是全球化的。

民法上的信赖保护制度及其法的构成

——以归责要件为中心

孙　鹏*

内容提要： 静的安全和交易安全的紧张关系，演绎出市民法上至为经典的权利冲突，本文植根于分配正义之理念，在深刻批判交易安全至上主义的基础上，全面审视了有关信赖保护归责的与因主义、过失主义和危险主义，主张以危险主义为归责原理，并将危险支配确定为最基本的归责事由，以构造静的安全和交易安全的利益调节机制。

关键词： 正义衡平　静的安全　交易安全　法外观　信赖

Abstract: The tense relationship between the motionless security and the motional security (the trade security) has caused the classical conflict of rights in the field of civil law. Rooted in the notion of justice distribution, and based on the criticism of the supremacy of trade security principle, this article completely examines the three conception which are related to the responsibility doctrine of reliance protection—principle of causality, principle of negligence and principle of risk. It makes the point that the principle of risk should be the responsibility doctrine, and the management of risk should be the most fundamental fact to take the responsibility. In this way we may construct the interest adjustment system to balance the motionless security and the trade security.

Key Words: Justice and Equity, Motionless Security, Trade Security, Aspect, Reliance

---

* 作者简介：孙鹏(1971 年—)，男，四川岳池人，西南政法大学副教授、法学博士、硕士研究生导师。

引 言

近代市民法的原则性的权利变动机制是建立在权利确定和意思真实的基础上的。作为构成整个权利变动行为并使其运转的基础性元素和细胞,权利和意思也必然是内容和形式或者说实体与外观的统一体,实体与外观既经常呈现出和谐与同一的一面,也时而伴随着相互背离的紧张关系。当外观不反映实体,而权利变动关系中的受动当事人又善意无过失地相信外观时,该善意无过失的信赖无疑具有保护价值,期待中的权利变动关系依然发生,于是,就形成了“以外观代替实体”的、作为原则性权利变动机制的修正机制而存在的信赖保护制度,典型者如法律行为构成上的表示主义、动产善意取得、不动产登记公信力、债权法中善意清偿(向债权准占有人清偿)保护等。[①]对“外观信赖”的保护的确成就了善意的期待,但作为其对立面,实体权利关系却遭遇惨痛的破坏甚至剥夺。面对善意期待利益和实体权利关系的剧烈冲突,法律当如何作为?其中,最尖锐的问题是,信赖保护是否应有所节制,是否要求存在可归责于实体权利人的主、客观事由?一直是萦绕整个民法的重大课题。在德国,通过对该课题的研究,渐次形成了蔚然壮观的信赖保护法理,该法理的中心思想是在善意期待利益和实体权利关系的紧张对抗中尽量实现平衡,主张原则上应将信赖保护建立在对实体权利人的归责可能性的基础上,并通过与因主义、过失主义、危险主义对归责可能性作了理论上的解明。伴随着(新)《日本民法典》对德国法的继受,日本学者对信赖保护的研究也如火如荼,并长期呈现出与德国信赖保护法理截然相反的轻视归责的倾向。起步较晚的我国民法,也直面了信赖保护的要求,在《民法通则》以及有关民事单行法中,信赖保护的规定星罗棋布。学界虽也不乏对单个的信赖保护制度特别是善意取得、表见代理的深入研究,但对信赖保护问题进行制度

① 显然,本文所谓信赖保护是指发生善意无过失者所“期待的权利变动”,是“积极”的信赖保护,而不包括法律辜负权利变动的期待后对善意当事人的信赖利益赔偿制度,更不包括确保契约期待利益实现的合同履行制度和违约损害赔偿制度。参见〔日〕户田知行:《信赖责任的原理》,信山社2004年版,序。

总体的、横断的考察却凤毛麟角。笔者虽在1995—1997年进行了一番综合研究信赖保护问题的尝试,但由于资料占有的不充分和学术视野过于狭窄,在今日看来,研究内容未免失之肤浅,个别结论也流于武断。① 故愿积近年来的所学、所思与所想,再度尝试这依旧鲜为问津的学术领域,倘能藉抛砖引玉之效,唤起学人对信赖保护研究的热情,我愿已足。而若文中的观点能对民法立法和司法有点滴帮助,则当不胜荣幸。

一、信赖保护中归责要件的原则性

如前所述,信赖保护最核心的问题是,其是否应建立在对实体权利人的归责可能性基础上。影响该问题答案的因素存在于对信赖保护价值性以及实体权利关系维持价值性的量化比较中。信赖保护旨在实现交易安全(动的安全),而维持实体权利关系则是为了确保固有的财产法秩序或者说实现静的安全。如果交易安全具有绝对优先于固有财产法秩序的性格,则信赖保护呈现出极高强度的价值性而无论实体权利关系遭遇怎样的牺牲,归责可能性因此毫无必要。相反,如果证明不了交易安全的这种绝对优先性,则只有以对实体权利人的归责可能性为基础,信赖保护的价值性才能与合理性结合在一起,从而因应正义与衡平。

(一)交易安全至上主义与对归责要件的轻视

关于交易安全与信赖保护归责之关系,即便在重视归责的德国信赖保护法理,学者们也有明确的认识。20世纪50年代德国围绕善意取得的讨论的重要特征之一,是重新审视归责的重要性,但对强调归责的一系列学说,也有不少学者批评指出归责的观点的界限。认为从归责的观点说明善意取得(特别是占有委托和占有脱离的区分)是比较勉强的,最终不得不诉诸交易的利益。例如,Raiser对Brandt将善意取得情形的利益冲突作为损害分配问题的危险主义立场,以及Hübner将所有保持和取得保护的冲突作为分配正义问题并以此为中心

① 参见江帆、孙鹏(主编):《交易安全与中国民商法》,北京:中国政法大学出版社1997年版;孙鹏:《交易安全及其民商法保护论略》,载《法律科学》1995年第5期。

构成的立场进行了如下的批判。即,要说危险主义,在有关危险的状况相同时所有权肯定不能移转,在自由主义的财产法中,优先考虑法的安全性和交易保护的利益,对于分配的正义不过是通过不当得利返还请求权的方式来考虑。并且,在所有者和取得者之间利益冲突的限度内,取得者对让渡人权限的信赖是否比所有者对受托占有者诚实性的信赖更值得保护,是有疑问的。法律承认权利丧失之牺牲,最终是为了从整体上促进交易特别是商品交易的安全性和容易性。Zweigert 指出,Hübner 和 Lübtow 过渡强调归责的侧面,有将信赖保护问题还原为个人利益冲突的危险,善意取得制度并非建立在单纯的个人利益衡量的基础上,而是为了"比个人利益更高的一般利益",保护从占有人处取得者并使其获得所有权。如果不考虑交易的安全性和容易性,无论是与因主义或者过失主义,甚至包括危险主义,都很难单独构成善意取得的根据。①

如果说在德国,这种对交易利益重要性和交易安全的关注,仅仅是对过度拘泥于归责的倾向进行反省的产物,从而不足以否定归责要件必要性的话,在日本却全然呈现出另外一番风景。日本学者在继受德国的信赖保护法理时,一开始就将其与交易安全直接联系起来。早期继受德国权利外观理论并对日本信赖保护法学产生持续影响的鸠山秀夫认为,信赖保护乃静的安全和动的安全之调节,其法的性质为损害分配,而关于责任分配的基准,与其说是法的公平正义,不如说是在两个个人利益发生冲突的时候,偏重保护谁的利益更能实现社会整体的"便宜"。优先保护动的安全,则能增进社会整体的"便宜"。② 具体到当时的日本,鸠山所谓的社会整体"便宜"是通过鼓励个人和团体的活动,促使资本主义经济全面发展,以完成赶超西方列强的目标。③ 虽然基于社会整体的"便宜",鸠山主张优先保护动的安全,但其仍将静的安全和动的安全都作为基本的社会利益。在鸠山之后,日本民法学进一步通过团体主义思想,为交易安全优先性作出说明。石田文次郎认为,民法理论上根本的对立是"物体的规范"与"机能的规范"之对立,与此相对应,表现为静的理论和动的理论的对立。在个人和团体之间、在个人权利与交易安全和迅捷之间,以谁为首要的保护目标仅仅是这种对立的

① 〔日〕多田利隆:《信赖保护中归责的理论》,信山社 1996 年版,第 219—220 页。
② 〔日〕鸠山秀夫:《债权法中的诚实信用原则》,有斐阁 1955 年版,第 24 页。
③ 〔日〕多田利隆:《信赖保护中归责的理论》,信山社 1996 年版,第 21 页。

派生性问题。静的理论立足于个人主义，渊源于罗马法；动的理论立足于团体理论，渊源于日耳曼法。信赖保护制度在总体上被承认，“发生在实证的理论战胜形式的概念，个人利益保护让位于社会利益保护的时候。这就是个人本位财产法向社会本位财产法的推移”[①]。田岛顺也明确指出，私法上的权利必须和更高位阶的社会整体利益相一致，当私人间不可避免地发生利益冲突、注定要由一方负担损害时，为了共同的幸福特别是交易安全，有必要强使真正权利人作出某种牺牲。而为了公共利益对私法权利进行种种限制，与权利的本质并不矛盾。[②]在信赖保护的基本立场上，20世纪中叶日本最杰出的民法学家我妻荣在与前述学说保持着相当连续性的同时，用“社会作用”概念取代了鸠山的“便宜”，并为团体主义穿上了“团体本位理想”的新衣，认为交易安全不仅仅是一种利益，而且是现代民法最重要的指导理念，如果没有交易的安全，必将对现代社会生活的根底构成威胁。[③] 由于对交易安全的近乎狂热的迷恋，日本学者长期存在轻视甚至否定信赖保护的归责的倾向。因为根据团体本位的思考方法，实体权利人的不利益，是为实现社会利益所作出的个人“牺牲”，而“牺牲”是不问归责有无的，故其很难与归责这样的评价性因素相衔接。[④]

笔者在很长一段时间里也对交易安全极尽顶礼膜拜，并将交易安全至上主义的合理性主要归结于社会经济的效益与社会交换的秩序。也就是说，通过交易安全或者说信赖保护，以实体权利人较小的外观防免成本代替交易相对人较大的交易征信成本，不仅符合效益原则的要求，而且也使社会交易摆脱偶然性、突发性和任意性而取得平稳性、确定性和连续性。交易安全亦成为社会公共安全，具有强烈的社会意义。而从交易安全的社会公共性出发，可以说，在静的安全和交易安全之间，近现代民商法“由静到动”的走势，也无非是因应法律从个人本位向社会本位变迁的进步社会运动的产儿[⑤]。因此，笔者对信赖保护的归责，也曾长期心怀抵触。而在我国学者对善意取得、表见代理等信赖保护制度的个

① 〔日〕石田文次郎：《财产法中动的理论》，严松堂书店1928年版，序。

② 〔日〕田岛顺：《民法一九二条的研究》，立命馆出版部1933年版，第793页以下。

③ 〔日〕我妻荣：《新订民法总则（民法讲义Ⅰ）》，岩波书店1965年版，序。

④ 〔日〕多田利隆：《信赖保护中归责的理论》，信山社1996年版，第69页。

⑤ 江帆、孙鹏：《交易安全与中国民商法》，北京：中国政法大学出版社1997年版，第33—36页。孙鹏：《物权公示论——以物权变动为中心》，北京：法律出版社2004年版，第274—277页。

别研究中，也时常可见相同的立场。

（二）归责要件原则性的确定

如前说述，交易安全至上主义轻视信赖保护之归责，甚至从根本上否定归责。而支撑交易安全至上主义的最主要理由，是社会整体利益或者说团体主义思想。但即便是那些将交易安全誉为“近代交易法上最大理想”的学者，对交易安全与团体主义思想之间的直接对应关系，也持怀疑态度。例如，川岛武宜一方面分析指出，“资本制生产、再生产无障碍地运行，建立在以契约进行的所有权让渡圆满运行的基础上。因此，法的理想是使基于契约的所有权让渡更加容易和安全，特别是伴随着各经济主体相互依存关系的加强，交易安全必然成为私法上最重要的指导原理”[①]，但同时并不认为交易安全是通过“团体本位法律理想”修正“个人主义”的古典市民法后的现代的法理念，而实际上是“以个人意思和个人所有绝对性”为宗旨的近代法理念之一。[②] 而山中康雄又表达了与川岛颇为不同的观点。认为，交易安全理念并非“资本制法秩序自我否定式的质的飞跃”，不过是“初期资本制法秩序的理念或理想的完成”。此外，还应将其作为伴随“权利滥用的法理、与企业危险相关的无过失赔偿责任的原理、公序良俗、诚实信用原则、衡平原则等的基本原则化”出现的“民法商法化现象”来把握。该现象表现为，“市民社会的法秩序”或“财产法体系”，在经过“各种商品交换的直接法范畴化的阶段——使企业成立在事实上成为可能的法律范畴的生成”，完成“企业的直接法范畴化的阶段——资本主义社会的诞生”之后，为了从法律上把握资本再生产运动，所引发的对近代法的再编成。初期资本制法秩序下的民法呈现出显著的个人主义倾向，不过是“对客观存在的财产法秩序主观的法认识……的未成熟性、谬误性、不真理性……的结果”。因此，“牺牲个人的静的安全，实现交易安全理想的法认识是在资本制法秩序实现后比较晚地出现的。虽说动的交易安全的理想超越了个人而立足于社会整体的立场，但如果仅仅因为这种法认识在时间上较晚，与所谓社会立法或者劳动立法差不多同时出现，就将二者不加区分地表述为由个人本位向社会本位理念的转化、个人主义理想向团体主义理想的变

① 〔日〕川岛武宜：《所有权法的理论》，岩波书店 1987 年版，第 193、247 页。
② 〔日〕多田利隆：《信赖保护中归责的理论》，信山社 1996 年版，第 39 页。

迁……至少是不正确的”[①]。可见，山中一方面拒绝将信赖保护与现代的社会本位理念和团体主义思想相结合，另一方面，也不采纳川岛从近代市民法的理想中推导出(交易安全理念)的做法。交易安全无非是市民法完成“企业的直接法范畴化阶段”后展开“近代化的再编成”阶段的“民法商法化”现象的一种反映而已。与这种温和的怀疑主义态度相反，更有学者直截了当地指出，将信赖保护所涉及的利益冲突图示化为“公益对私益”根本不能成立：(1) 静的安全和动的安全都包含着个人与社会两个侧面的利益，问题在于，静的安全这一社会的、个人的利益和动的安全这一社会的、个人的利益谁更优先。[②] (2) 信赖保护不同于公用征收，其首先表现为私人利益之调节，即便在政策上为社会全体的利益作出孰为优先的判断，也必须首先力图个人之间的利益调节符合正义与衡平。作为信赖保护成立要件的善意、无过失、与因、危险支配等，对于个人利益调节有重大意义，如果将这些因素埋没、解消在社会利益中，是对信赖保护所涉及到的利益冲突性质的无视。[③]

除了对交易安全的“团体本位理想”属性的置疑和否定之外，交易安全至上主义中所必然包含的经济第一主义思想也遭遇了全面的清算。针对该思想将交易安全、信赖保护与社会经济发展直接联系的立场，Stintzing 指出，罗马法上虽无信赖保护制度和交易安全理念，然而罗马人却创造出了让后世景仰的、辉煌的前资本主义商业繁荣，该事实无疑构成对前述立场的尖刻讽刺。非要以为没有善意取得等信赖保护制度商品经济就无法运行，完全是缺乏证据的危言。[④] Reichel 认为，强调“交易安全保护要求”和“国民经济的考虑”从而推崇善意取得制度的立场是“纯粹功利主义的考察法”。牺牲所有者以促进交易，是牺牲财货利用的安全以图财货的流通，而后者无非是实现前者的手段，故“牺牲所有的安全以图交易的畅达，无异于牺牲目的以求手段”。“国民经济的考虑决非善意取得正当化的决定性因素，至少，仅以此作为根据是不充分的。因为，超越所有经济

① 〔日〕山中康雄：《市民社会与民法：总则·物权·债权》，评论社 1946 年版，第 188 页以下。

② 〔日〕喜多了佑：《外观优越的法理》，千仓书房 1976 年版，第 86 页。

③ 〔日〕多田利隆：《关于善意保护归责问题的日本理论状况》，北九州大学法政论集 14 卷 2 号，第 65 页以下。

④ 〔德〕Wolfgang Stintzing, Übertragung beweglicher Sachen(1911)S. 102f, 98f. 除非特别说明，本文的德文引文均转引自〔日〕多田利隆：《信赖保护中归责的理论》，信山社 1996 年版。

之上的是伦理、超越所有效用之上的是正义。在有必要实现某法律制度内部的正当化时,问题不在于该制度有什么样的功用,而在于该制度自身是否具有合理性,即是否符合正义的要求。对与所有权有关的规范,不能因其有利于交易和国家财政的改善就直接确认其价值,通常应完全离开其效用,只有该规范所倡导的财货分配符合正义时才能确认其价值。因此,善意取得问题最终是分配正义的问题,该问题的解决从属于法哲学的课题领域”。[①]只要稍微倾听正义的声音,每每市民微薄的保持利益在交易安全的旗号下成为企业活动的牺牲品时,交易安全难道还能是与经济发展相伴随的“牺牲”的万能的免罪符吗?

综上,支撑交易安全至上主义的理由不能成立,笔者的学术见解也因此“改弦更张”,但也决不意味着从此走上轻慢交易安全的方向。静的安全和交易安全都是重要的社会利益,都具有很高的保护价值,即便是在彼此发生冲突的时候,也只能按照 Lübtow 所谓的“分配的正义”或“实质的正义要求”来作出最合理的调节。具体到信赖保护领域,原则上应将对善意者的信赖保护建立在对实体权利人归责可能性的基础上,即以对实体权利人的归责可能性证成对善意者的保护价值性。如此不仅契合正义衡平的理念[②],而且,与其以“保护对方的必要性”或者“社会的利益”为理由,不如使实体权利人意识到存在着不得不负担不利益的、可以归责于自己的某种情事,从而使其更容易理解并心甘情愿地接受[③],故信赖保护原则上需要具备对实体权利人的归责要件。

---

① 〔德〕Hans Reichel, Gutgläubigkeit beim Fahrniserwerb, Zeitschrift fur das Privat und Öffentliche Recht der Gegenwart, 42(1916)S. 173ff.

② 但正义的观念是多样化的,仅仅从个人的事情出发难以对其作整体的把握。例如,后述古典权利外观理论即与因说的代表 Meyer 认为,与刑法中的“绝对正义”相反,民法强调“相对正义”,该相对的正义是“对成千上万人的关系中相对的正义”,并可以通过“社会公共利益”来把握,显然,该正义概念着眼于社会公共利益和个人利益相调和之理念。与此相反,过失主义的倡导者 Reichel 等批评权利外观理论容易走向社会交易利益和“功利主义的考察法”,从应更重视正义的观点出发,认为应将作为个人事情的过失作为归责判断的基准,这就是所谓“分配的正义”或“实质的正义要求”。可见,有关信赖保护的正义理念,既有通过正义去说明交易安全保护的社会要求者,也有通过正义去修正对交易安全的偏重者。换言之,既可以通过正义缓和过渡拘泥于个人事情,也可通过正义说明重新审视个人事情的重要性。值得注意的是,即便是在 Meyer 所代表的前一种立场,其正义观也是以对个人事情的考虑为出发点的,即在认识到个人事情重要性的前提下,不对个人的事情作个别具体的考察,而主张通过与因有无这种在某种程度上类型化的方式来处理。

③ 〔日〕多田利隆:《信赖保护中归责的理论》,信山社 1996 年版,第 213 页。

二、信赖保护之归责原理——学说之评介

如前所述,信赖保护原则上需要归责要件。事实上,如同侵权行为法领域,被害人救济的要求与过失责任主义和危险主义之间的关系一样,信赖保护中归责论的地位,对应着侵权行为法领域归责论的地位①,在侵权行为法领域,归责原理有与因(原因)主义、过失主义、危险主义之分,与此相对应,在德国的信赖保护法学,也形成了围绕归责的与因主义、过失主义和危险主义。

(一)与因主义

19世纪末,建立在权利确定和意思真实基础上的近代市民法权利变动机制,在因资本主义经济急速发展而日益高涨的交易安全保护要求面前越来越呈现出不适合性,在这种背景下,德国学者结合日耳曼的法律传统特别是Gewere制度,分别抽象出了权利外观主义(公示主义)和与因主义,并以其作为两大根本支柱构造了古典的权利外观法理(即真正权利人作出自身以外的人的权利外观时,信赖该外观的第三人应受保护,而作出该外观的权利人不得不丧失其权利②)。其中,权利外观主义是对根据抽象的权利构建法律关系的近代私法特征的超越,主张具备公知性的外观也应成为决定法律关系的基准;而与因主义则是对近代私法中促使权利义务关系形成的最中心因素即"意思"的取代,为基于权利外观主义负担不利益者的不利益负担提供了根据。作为德国法固有性格和促使近代市民法现代化的普遍性格的结合物,伴随着古典权利外观理论的生成和发展,与因主义成为信赖保护的原则性的归责原理并长期居于通说地位。

所谓与因主义,就是以对构成信赖客观基础的外观之发生、存续给予原因作为实体权利人负担不利益的根据。早在古典权利外观理论形成以前,Gierke就表达了具有与因主义性格的思想,并将与因的内容概括为"损害的惹起",即"……如果某种损害注定要由一方来负担,而别的情况又基本相同的情形,相对

① 〔日〕多田利隆:《信赖保护中归责的理论》,信山社1996年版,第220页。

② 〔日〕内田贵:《民法Ⅰ(总则·物权总论)》,东京大学出版社2004年版,第52—53页。

于损害的受动者，由损害的惹起者负担责任更为合适……”[①]。古典权利外观理论的先驱 Wellspacher 则将与因解释为对外观的“关与”，并据此归纳出了信赖保护的统一公式：“基于法律或者交易通念，相信作为一定的权利、权利关系或者有法律意义的其他要素的发现形态的外部事实而实施法律行为者，如果该外部事实系基于因信赖保护而蒙受不利益者的关与而产生，该信赖值得保护”[②]。古典权利外观理论代表人物之一 Jacobi 对法律行为理论以及有价证券中的信赖保护作了详细论述，在意思表示，尽管欠缺与表示相对应的意思，意思表示仍发生效力，是因为“追求的结果，与虽不追求但却可归责于某人的结果经常等同”，即表意人“根据自己的自由行为，无论有意识或者无意识，由于惹起了对拘束的信赖，导致拘束的产生”[③]。在有价证券领域，发行者对善意第三人负担责任的根据是“实施了给以证书第一受取人权利外观的行为”，从而“唤起了第三者对现在的所持人或其前手从发行人处取得了所有权以及基于证券产生的权利的信赖”[④]。Meyer 比此前的学者更强调将与因主义作为信赖保护的独自归责原理，并主张将与因主义和过失主义并列作为贯穿整个德国私法的责任原理，与因主义也不仅适用于信赖保护全领域，即便是侵权行为领域，如动物保有者的责任也可以通过与因主义来解释。[⑤]而 Naendrup 则把这种意识推到了巅峰，认为权利外观法理不仅覆盖私法，也扩及到诉讼法，甚至在社会上“哪些内容可以作为法（权利）而被承认”这一问题上也有其适用的妥当性，权利外观法理“具有与自然科学中发现镭同等的重要性”[⑥]。至此，古典的权利外观法理特别是其中的与因主义超越了实定法的构成，呈现出泛用性或者说万能性倾向。[⑦] 1920—1930 年代，针对权利外观理论论旨的抽象化和一般化，德国的信赖保护理论经历了从以抽象的法理为中心向结合具体解释论的重大转换。学者们一方面指出了通过权利外观法理包含全部信赖保护制度的不可能性，指出了与因主义原理适用的界限。但

---

① 〔德〕Otto von Gierke, Deutsches Prvatrecht Ⅰ(1895)S. 289.

② 〔德〕Wellspacher, Das vertrauen auf äuβere Tatbestände (Anm. (10))S. 115, 267F.

③ 〔德〕Ernst Jacobi, Die Theorie der Willenserklärung(1910)S. 31ff.

④ 〔德〕Ernst Jacobi, Das Wertpapier als Legitimationsmittel(1906)S. 24f.

⑤ 〔德〕Herbert Meyer, Pubizitätsprnzip(Anm. (43))S. 89f.

⑥ 〔德〕Hubert Naendrup, Begriff des Rechtscheins(Anm. (61))S. 36.

⑦ 〔日〕多田利隆：《信赖保护中归责的理论》，信山社 1996 年版，第 107 页。

另一方面，关于信赖保护的归责，仍基本上维持着与因主义的构成。例如，Oertmann认为，在最通常的情形，“单纯的客观事实还不够，还应追问谁作成该事实，谁对该事实的作成有责”，表现为“外观的作成、唤起、惹起”[①]。而与因主义最近之代表Westermann也原则上维持作为归责原理的传统的与因主义，强调因善意保护负担不利益，至少要以其与权利外观及危险状况之间存在因果关系为根据。[②]

在与因主义，只要存在与因这一客观的事实而无论过失的有无，就具备了信赖保护的归责事由，结果信赖保护的成立可能性获得了极大的拓展，最终较为积极地适应了交易安全保护的要求，与因主义也因此呈现出与交易利益的亲和性。[③] 但与因主义的妥当性，应以与因行为和交易危险之间存在密切联系为前提。即，如果对外观的发生、存续存在与因将导致交易事故发生，其概率达到了被定型化认可的高度，以与因作为根据，不独尊重了交易利益，即便从正义衡平的角度考虑也保持着合理性。为了满足该前提，需要：第一，该外观的信赖度很高，因为信赖度高，基于外观而交易的可能性就大，交易事故也更容易发生。以信赖度极高的权利外观为轴心，一方面对外观的信赖能充分说明保护价值性，另一方面对该外观的与因也足以判定归责可能性；第二，除了外观的信赖度外，还应考虑因果关系问题。也就是说，对照该外观与交易事故的内容，在外观与因和事故发生之间，如不承认有所谓相当因果关系，以与因为根据欠缺妥当性。相反，如果与因行为不仅是对外观的与因，而且还直接地有意识地为交易事故提供了原因时，与因说则能表现出相当的合理性。而如此一来，作为有关归责判断基准理论的与因主义，其合理性在很大程度上为外观的信赖度以及与因和交易事故之间的因果关系所左右，即便存在与因也可能否认归责。这一切表明，将与因主义作为信赖保护的一般归责原理是比较困难的。[④]

从Wellspacher到Westermann，与因也并非单纯的因果关系或原因力概念，只有基于自由意思的与因行为才构成作为归责根据的与因，意思作为与因不可

---

① 〔德〕Oertmann, Grundsätzliches(Anm.(11))S.462ff.

② 〔德〕Harry Weatermann, Die Grundlagen des Gutglaubensschutzes, Juristische Schulung, 1963, Heft.1(1963)S.1ff.

③ 〔日〕多田利隆：《信赖保护中归责的理论》，信山社1996年版，第249页。

④ 同上书，第255—256页。

欠缺的要素,在归责中发挥着决定性作用。例如,与因论者普遍认为,占有委托物之所以成为善意取得的对象,是因为所有权人基于自己的意思并通过占有委托行为形成了无权处分人的占有外观,而排斥对占有脱离物的善意取得则是因为此刻权利外观并非基于所有权人的意思而形成。本来,对损害的原因力的有无和意思的有无存在本质的差别,前者是与意思等主观要素完全不同的客观概念,其本来的趣旨就是仅留意与故意和过失等主观要素无关的客观层面。如果将意思作为与因的要素,与因主义本来的含义和内容可能难以维持。不得不提及的是,重视意思的与因主义与古典权利外观理论努力克服和超越的从罗马法到近代市民法的意思中心主义的关系。虽然 Oertmann 等强调与因行为是事实行为而非法律行为,与因行为中的意思与法律行为中的意思不可等量齐观,但大部分学者也承认在与因行为中适用或类推适用行为能力、错误等有关法律行为的规定,从其论述中不难发现与因行为中的意思要素与法律行为中的意思实际上是重合的。[①] 与因主义本来是和近代私法的意思中心主义不同的或者说打破其界限的法原理,结果却容忍基于意思中心主义的解释和处理,不得不说这揭示了与因主义作为归责原理的不透明性。[②] 特别值得注意的是,很多学者也将与因行为和危险联系在一起,与因主义中的意思要素,就表现为对伴随该外观发生或存续的交易事故以及权利丧失等危险性的认识和容认。例如,Gierke 认为,在导致善意取得的占有委托,无异于所有权人基于自由意思"亲自将自己的物置于交易的命运中",Jacobi 则引用了"在自身危险中实施行为"概念,认为法律行为的表意者和有价证券的发行者是"冒险行为的实施者",即认识到自己可能负担危险仍固执地行为,不得不承担从该行为产生的现实的损害。[③] Oertmann 在解释与因主义时,直接采用了"危险负担"之提法,认为,"在自身危险中实施行为"时,由行为人负担该利益活动的危险无非是负担自身利己活动的结果。也就是说,意识到通过该行为可以获得利益,作为其反面也会产生危险,却仍然实施该

① 例如,Wellspacher 认为行为能力欠缺者实施的行为、绝对强制下实施行为导致外观出现时,并非基于意思,不存在与因。Jacobi 认为表意者因受欺诈、胁迫而为意思表示时,由于存在相对于表意者与因度更高而应负担责任的他人,对表意者不发生信赖损害赔偿责任。如此,实体权利人责任的性质,实际上已接近与法律行为责任相同的意思责任。

② 〔日〕多田利隆:《信赖保护中归责的理论》,信山社 1996 年版,第 131 页。

③ 〔日〕冈川健二:《表示的公信力》,《法商研究》1 卷 2 号,第 388 页以下。

行为,就构成了与因主义的根据。[①]如果与因主义重点如此,则其必然与后述危险主义大幅度地重合。事实上,与因主义中所包含的危险主义因素,早为危险说论者所指出。Muller-Erzbach 认为, Wellspacher 所谓的"关与"要件严格而言就是危险负担原理。Baur 也认为与因的思想近似于危险负担的思想。Canaris 认为,与因主义的背后,实际上潜在着危险分配的思想。Hübner 更明确地指出,不仅 Wellspacher 的关与说, Oertmann 以"自己危险中的行为"为与因主义根据的见解,也应归类于危险主义。有鉴于此,日本学者多田利隆认为与因主义难免解消到危险主义中的命运。并分析指出,古典权利外观理论中与因主义成为通说时,正值侵权行为法领域以原因主义取代过失责任主义时期。当时,危险责任主义作为支持无过失责任的责任原理尚未成熟,故在信赖保护领域,只能从德国固有法中抽出与因主义以作为取代过失主义的原理。但今日侵权行为法领域中原因主义已转化为危险责任主义,信赖保护领域以与因主义作为独自归责原理存在的根据早已大幅度的丧失。[②]

与因主义本是在打破罗马法以来的过失主义界限,作为日耳曼法与现代法的归责原理引入信赖保护法理中的。例如,Gierke 就是在批评潘德克吞法学代表人物温特夏伊德影响下制定的、一味渲染罗马法上个人主义理论的、以过失为(意思表示瑕疵时)表意者信赖损害赔偿责任要件的《德国民法典》第一草案的基础上提出其"损害惹起"说的。[③] 但在 Gierke 之后,伴随着学者们对与因含义的解释,与因主义中也不断地混入过失主义的内容。Wellspacher 认为表见代理中本人责任根据在于"可以预见或应当预见交付委任状给某人就意味着将自己的权利委托给他",显然是立足于过失主义的解释。[④] Jacobi 也明确承认通过过失主义对与因主义进行部分地修正。认为行为人基于自由意思,认识到这是何种行为并意欲实施该行为,导致外观发生,是原则性的归责事由。但在欠缺此等情形的场合,如果基于过失行为(或不作为)造就此等外观发生,也产生责任。"意思"与"过失"的关系,被理解为类似于"故意"和"过失"的关系。[⑤] Meyer 以"不作

① 〔德〕Oertmann, Grundsätzliches(Anm.(11))S.460.

② 〔日〕多田利隆:《信赖保护中归责的理论》,信山社 1996 年版,第 253 页。

③ 同上书,第 85—86 页。

④ 〔日〕安永正昭:《民法中的信赖保护制度及其法的构成》,《神户法学杂志》27 卷 1 号,第 11 页以下。

⑤ 〔日〕多田利隆:《信赖保护中归责的理论》,信山社 1996 年版,第 97—98 页。

为与因"概念解释对不动产登记簿信赖保护的归责根据,即"尽管客观上存在通过提出异议或抹消等行为除去对自身不利的外观的可能性但却不作任何尝试"构成"不作为的与因",从该"不作为与因"概念中能清晰地读出客观过失的概念,与因行为也因此成为客观过失的典型,故所谓"不作为与因"不过是托与因主义之名实质上是过失主义。① Westermann 一方面对"不作为的与因"直接作过失主义的解释,另一方面,如 Jacobi 那样,承认在纯粹的权利外观主义和与因主义之外,也有采作为习惯法原则的过失主义的场合,最终明确了以与因主义为原则的多元的归责构成。② 如果说,在与因主义中融入危险主义的因素,其作为信赖保护独自性归责原理的地位已难以为继的话,那么,在又混进过失主义的成分之后,恐怕真的是摇摇欲坠了。

(二)过失主义

同样作为古典权利外观理论的代表人物,Naendrup 采行以过失主义为原则的多元构成,认为因权利外观法理的适用而负担不利益的条件是:(1)在通常情况下,基于意思或过失导致外观成立或存续。(2)外观的形成和存续虽不能归于意思或过失,但至少存在与因行为。Naendrup 将"意思"与"与因"相切离,而将其与"过失"结合在一起。但其所谓"意思"和"与因"的区别并不明确。大体上的标准为,外观是否直接基于真正权利人的意思而发生、存续,或者导致外观发生、存续的行为是否为真正权利人实施。作为归责事由的意思,无非是在对外观存在认识的情况下,依然作出之或使其存续,在这种意义上,"意思"相当于故意,其与过失都从属于"有责性"概念,Naendrup 之所以有意回避故意和有责性概念,是担心因侵权行为法的影响而带来误解③④。在涉及意思表示领域的信赖保

① 〔日〕多田利隆:《信赖保护中归责的理论》,信山社 1996 年版,第 105 页。

② 同上书,第 124、127 页。

③ 〔日〕喜多了佑:《外观优越的法理》,千仓书房 1976 年版,第 227 页以下。

④ 但 Naendrup 极力将其过失说作为与因说的对立面,未必有充分的说服力。这不仅因为其多元的归责中将与因作为最低限度的归责事由从而与与因主义没有什么变化,而且因为其关于故意、过失和与因的分类标准未必具有合理性。例如,认识到致使外观产生、存续的行为的危险性并容忍危险发生时,并非单纯与因而存在着意思。反之,即使外观直接基于真正权利人的意思而形成或存续,也可能是单纯的与因。故 Naendrup 对与因和意思的区别,其实是与因果关系的直接性和间接性相关的问题,并不是归责事由的区别。

护时，Manigk 将意思表示分为"基于故意的意思表示"(即法律上的意思表示概念)、"基于过失的意思表示"、"定型化的意思表示"(相当于德国判例上所谓"事实上契约")。第一种情形有表示意思，是体现私法自治的本来的意思表示；第二种情形欠缺表示意思但基于过失作出了意思表示的外观；第三种情形尽管事实上不存在意思表示，但制定法定型地视为意思表示存在。在第一和第三种情形表意人负担责任并非基于信赖保护之归责，而是直接渊源于其表示的意思或者制定法推定的意思。但在第二种情形，表意人对善意信赖意思外观者负担责任的根据则不是作为外观的"意思"而是导致外观的过失，即其违反了在与对方关系中适当交易的社会的法义务。①Coing"通过推断的态度的信赖责任"说认为，在承认默示意思表示的判例中，实际上没有法律行为的意思，而是表意人态度给第三人的印象以及第三者从该态度中认识到的意思。也就是说，当事人向诚实的第三人表明第三人可以信赖的其欲作出某种法律行为的决定态度，就如同该当事人真的作出了该意思表示。其与权利外观法理的不同在于，后者以外观存在为前提，而前者只需要特定的态度存在。而且在这种信赖保护，归责根据是过失，即行为者只有在如果尽到必要的注意就能够而且必须认识到自身态度对第三者的作用时才承担责任。②Jehring 的契约缔结上过失理论虽一般被作为民事责任法原理，但也具有信赖保护的性格，而且其表达的信赖保护归责原理显然也是过失主义。③ 除了在意思表示领域(特别是契约缔结阶段)较多地作过失主义解释外，在表见代理，德国、日本的判例理论也通常采行过失主义，在善意取得，过失主义也堪称有力说，而且，学者们基本上都将作为归责事由的所有人过失和作为保护理由的取得者善意无过失联系起来把握，更凸显了其过失主义立场。

侵权行为法中所谓的过失，通常表现为违反了对他人损害发生的预见义务和回避义务。与此相反，信赖保护中过失主义所谓的过失，在很多情况下表现为

---

① 〔德〕Manigk, Das rechtswirksame Verhalten(Anm.(123))s.215, 231ff.,240ff.

② 〔德〕Helmut Coing, StadingerKomm.zumBGB, 1.BD.,11.Aufl.(1957)Vorbemerkung vor § 116ff. RdNr.6,7.

③ 不能否认，契约缔结上过失法理和权利外观理论在内容上有一定的差别，其对相对人的保护是通过损害赔偿责任而不是基于信赖的权利变动(履行责任)，但该差别并非责任法理或者信赖保护法理的差别，而仅仅体现在其沿革上。后者立足于日耳曼法的传统，而前者渊源于诚实信用原则，并在罗马法的框架内构成。

对自我利益保护的必要的注意义务的懈怠。例如,有关日本民法中表见代理和善意取得的过失主义的说明,几乎无例外地在这种意义上使用过失概念。在德国学说中,作为信赖保护归责事由的过失,通常也不是指欠缺对不损害相对人、取得者等他人利益的注意,而是指在保持自身利益上的不注意,依然是通过对自己的过失来说明的。[①] 但是,在Jehring的契约缔结上过失说和Coing"基于推断的态度的信赖责任"说,过失又与民事责任中的过失相同,都表现为对他人法益侵害的预见义务和回避义务的违反。如此一来,作为信赖保护归责事由的过失,应仅仅假定为对自己的过失,或者也包括对相对人的过失?存在着不同的见解[②]。对此,应结合信赖保护的方式和类型来思考。在积极的信赖保护,实体权利人要丧失权利或者受并非基于其意思的权利义务关系的拘束,在这种意义上,过失为作为自身甘受不利益根据的"对自身的过失"。但在消极信赖保护的情形,善意者将因负担不利益而遭遇损害,故此刻,过失的内容与导致他人损害发生的事实相联系,表现为疏于对他人利益注意的过失。由于本文探讨的内容为积极信赖保护,故对过失主义中的过失应作狭义的理解,即仅仅表现为对自身利益的轻慢,并不具有所谓的"复合"性格。

应当说,信赖保护中的过失主义,是作为近代市民法原则性的归责原理的过失责任主义在信赖保护领域的折射。虽然,在今日,由于无过失责任制度适用范围的扩大和危险责任论的展开,在责任法领域过失责任主义的地位有所下降,但其作为最一般的、基本的归责原理的地位并没有从根本上动摇。相反,"如果有过失就必须遭遇法律的否定性评价"早就作为最一般的私法观念渗透到人们的法意识中。因此,即便对照今日的民法体系,在信赖保护中适用过失主义的归责原理,仍具有广泛而深刻的基础并呈现出普遍的性格。正如Reichel在通过过失主义诠释善意取得时所言"原所有者有过失时,不能对他人的取得提出异议,就像因自己的过失导致无过失的第三者损害时,不能对损害赔偿提出异议一样"。虽然,具有交易"亲和性"的与因主义也努力通过所谓的"相对正义"使交易利益优先正当化,但过失主义更愿意将正义与衡平视为自身的专利。的确,以作为个

---

① 〔日〕武久征治:《善意取得归责理论的考察——以西德最近的动向为中心》,《彦根论丛》171号,第31页。

② 〔日〕多田利隆:《信赖保护中归责的理论》,信山社1996年版,第264—265页。

人事情的过失为归责判断的基准,相对于仅对个人事情作相关的、或者定型的处理的与因主义立场,过失主义再度聚集态度评价的原点,呈现出更为强烈的正义、衡平指向,从而为自己奠定了较为深厚的法哲学基础。但不得不注意的是,就在过失主义批评"经济优先"、"对交易安全盲目崇拜"和"功利主义考察法"的同时,其对交易安全保护的态度也实在是过于慎重,而其所持的信赖保护法律构成也的确为交易安全保护设置了重峦叠嶂。第一,如果以过失这样的主观要件为归责可能性的判断基准,在不少情况下必将因为没有过失而否定信赖保护的成立。第二,过失这样的主观要件是否存在在诉讼中会有争议,而这种争议事实上对信赖保护的成立构成很大的阻碍。如果将过失的内容设定很轻,虽能缓和这种阻碍,但又减杀了其重视正义衡平的初衷。在交易安全保护的必要性特别强烈时,过失主义中所蕴涵的与交易安全的不适合性,就越是明显地表现出来。[①] 难怪有批评认为:拘泥于具体过失有无的过失主义立场,因其必须审视个别事情,使问题的解决复杂化,有害权利关系的简明性和安定性[②]。[③] 更有甚者,其奔流着轻视社会利益的个人主义思想,反叛了权利外观法理的基本方向。[④]

恐怕在立法阶段就已经考虑到了上述问题,无论是德国或日本,分散在民法中的各种各样的信赖保护的规定,并没有特别要求以过失为要件。如果将过失主义作为对实定法的解释论,将面临着与实定法(解释对象)不一致的尴尬(而这在法解释上是不能容忍的)。因此,过失主义通常以立法论的方式表现出来。与这种潮流不同的是,也经常有学者主张不以过失为独立的要件,但作为对信赖保护规定趣旨的说明,而假定过失为归责根据。例如,《德国民法典》第 932 条善意取得的立法理由,在占有委托物,所有者一般比取得者过失更大,被认为构成了善意取得根据之一。关于《日本民法典》第 110(表见代理)、192(善意取得)、478(向债权准占有人清偿)条,从起草者在立法过程中的发言和著作及其后的解释论来看,作为实体权利人负担不利益的根据,不少认为在于本人、债权人、所有者

---

① 〔日〕多田利隆:《信赖保护中归责的理论》,信山社 1996 年版,第 261 页。

② 〔德〕Josef Kohler, Sachenrecht(1980)S. 230, Canaris, Vertrauenshaftung(Anm. (1))S. 477.

③ 其实,围绕着过失对个别具体事情的检讨,在善意者的无过失判断中也要进行,即使与因说中意思参与有无的判断,也涉及到同样的问题。因此仅仅指出实体权利人过失在这方面的问题是不公平的。但如果对实体权利人的过失再进行个别的具体的检讨,至少前述问题将表现得更为严重。

④ 〔日〕多田利隆:《信赖保护中归责的理论》,信山社 1996 年版,第 260 页。

等的过失。[①] 虽然,这些学说从过失中谋求归责根据,属于过失说,但其所谓的过失通过委诸于其他构成要件的形式而被一般化、定型化和内在化,在这一点上,与作为立法论的过失主义不同。这种见解可以免除与实定法的不一致,也不会产生不符合交易安全保护要求的问题。但在反面,仅仅停留在对规定趣旨和内容的说明,实际上并不具有过失主义所追求的积极意义。更为根本的问题是,现行法规定能否通过过失说进行整合性的说明也是有疑问的。例如,如欲通过过失对占有委托和占有脱离的区别进行说明,则应认定前者的情况下所有者有过失而后者的情形所有者不存在过失。但,在占有委托时所有者也可能没有过失(如在占有委托时仔细调查了受托人的信用),而在占有脱离时所有者也可能有过失(如基于忘记锁门等重大过失导致物的遗失)。在这种情况下,若非要用过失去说明现行法的规定,最终也不得不伴随过失的拟制。

(三) 危险主义

由于社会分工的日益专门化和精细化,在现代交易中,经常出现实体权利关系和外观的不一致,并孕育着依据外观而交易的巨大危险,在危险现实发生时,产生了信赖保护的问题。此刻,实体权利人和信赖外观者都是受害人,法律并非单纯地追究加害人对受害人的责任,而是基于交易参加者与危险之间的关联方式,分配因这种关联的结果所产生的损害或不利益,这就导致了信赖保护领域危险主义思想的抬头。由于危险主义思想直接反映了信赖保护的本质,其在近年已渐次取代与因主义而取得了新的通说地位。危险主义的最初倡导者 Muller-Erzbach 认为,判断应否负担危险的根据是“危险支配”,即“在存在多个关与者时,能全面支配损害发生的危险者,或者与其他的共同关与者相比,能更好地支配该危险者,必须负担损害”,因为,“能对危险发生决定性影响的危险支配者,可以实施其能够实施的所有行为(以防止危险的现实化),与此相反,如果他方当事人对损害发生危险性的减少没有任何影响力,即使让其负担从该危险产生的损害也毫无意义,在法政策上是不当的”[②]。Hübner 也赞同危险支配说,认为其通

---

① 〔日〕梅谦次郎:《民法要义卷之一总则编》,有斐阁 1896 年版,第 255 页以下。富井正章:《民法原论(第一卷总论)》,有斐阁 1904 年版,第 434 页以下。

② 〔日〕多田利隆:《信赖保护中归责的理论》,信山社 1996 年版,第 150—151 页。

过危险支配这一客观化的责任基准,使得与危险领域相应的责任分配成为可能,例如,在所有人作出具有危险状况意义的事态时,应"以所有人能否回避危殆化、能否阻止危殆化,总之,能否支配危险为标准判断归责可能性的有无(并决定善意取得能否成立)"。[①]今日德国信赖责任论的中心人物 Canaris 也认为危险主义具有一般的妥当性,并以危险支配作为归责根据,对法律行为等领域的信赖保护制度进行了深刻的检讨。[②] 除了通过危险支配的观点进行说明外,在危险主义,还存在"危险承受"的诠释。与危险支配说不同的是,该说并不主要以危险支配可能性为归责根据,而认为在实体权利人的积极作成外观的行为中包含了自愿承受危险的意思。例如,Brandt 在分析善意取得中占有委托和占有脱离的区别时指出,"使己物离开自身控制者,如果是基于信赖将物委托给让渡人,根据情况处于更应负担损害的立场。因为其基于意思使损害的发生成为可能。占有委托者的确实施了伴随危险的行为。而占有脱离则不同。因此,占有委托者在与无任何委托行为仅仅是以钱易物的取得者的关系中,必须负担该危险"[③]。Wilburg 则认为,在占有委托,将自己的财产委托给他人者,应负担该他人不值得信赖的危险,而在占有脱离,因不存在类型化的"自己危殆化",故不能善意取得。[④]应当说,Wilburg 的"自己危殆化"与与因主义中所谓"将自己的物置于交易命运"、"在自己危险中实施的行为"等表示几乎没有什么变化,其见解因此与传统的与因主义存在较大程度的重合。而 Brandt 除以危险承受作为所有权丧失的根据外,还认为所有权人相对于取得者更接近危险,与危险支配说的内容也存在重复,因此危险承受说作为独立的学说很成疑问。

还应注意的是,有关危险主义的危险支配说,也夹杂着不少的过失主义因素。Hübner 明确表示,在对意思表示的信赖保护,归责的基准是过失主义。其以"能否回避危殆化、能否阻止危殆化"作为危险支配的根据,最终也受过失有无等因素的左右,从而残留着过失主义之痕迹。Canaris 将信赖责任的内容概括为"以交易安全目的为指向的权利外观责任"和"以法伦理的要求为指向的信赖责

---

① 〔德 Heinz Hübner, Rechtsverlust(Anm.(146))S.105f.

② 〔日〕多田利隆:《信赖保护中归责的理论》,信山社 1996 年版,第 159—162 页。

③ 〔德〕Hans Brandt, Eigentumserwerb(Anm.(243))S.263.

④ 〔德〕Walter Wiburg, Die Elemente des Schadensrechts(1941)S.239.

任(《德国民法典》第242条)”,只有在前一类信赖责任,危险主义才具有一般的妥当性。而在后者,则应以过失主义为基本以危险主义为补充。这也似乎减损了危险主义作为归责原理的透明性。[①]

三、信赖保护之归责原理——统合之可能

如前所述,作为信赖保护的归责原理,与因主义、过失主义、危险主义所强调的归责内容不尽相同,其各自所蕴涵的交易亲和性及正义衡平指向也有所差异。但是,信赖保护法学上的这三种归责原理,在实质上的差别并没有其称谓所表彰的那样明显。与因主义中往往包含着危险主义的因素,危险主义中也时时残留着过失主义的痕迹。于是我们不得不思考:可不可以在维持三种“主义”的客观区别点的基础上,实现其某种程度的统合?并通过这种统合,结束无休无止的归责原理之争,使得法律对信赖保护的规制走向至善?

(一)归责原理之争:以善意取得为例

在探讨与因主义、过失主义、危险主义的统合可能性之前,有必要略微关注一下这三种“主义”的长期论争关系。上文在评介有关信赖保护归责原理的学说时,业已分别陈述了三种“主义”各自的特点和问题点。毫无疑问,归责原理之争主要是围绕着这些特点和问题点展开的,并通常表现为津津乐道于自身“主义”的特点而斤斤计较于其他“主义”的问题点。由于善意取得是信赖保护中最有代表性的制度,无论是与因主义、过失主义或者危险主义都特别希望通过自身对善意取得进行理论上的解明,并渴望善意取得的法律构造完全因循自身理论的方向。立足于这样的背景,德国民法学界在20世纪50年代展开了对善意取得的热烈讨论,为我们今日观察和平息归责原理之争提供了极其贵重的素材。

1. 与因主义

动产善意取得中占有委托物和占有脱离物的区别,是与因主义形成中最重

① 〔日〕多田利隆:《信赖保护中归责的理论》,信山社1996年版,第155、159页。

要的模型。根据与因主义的解释，欲使实体权利人负担因信赖保护而产生的不利益，需要存在“外观与因”的事实，即基于其自由意思、能动地作出了构成信赖客观基础的外观或者使该外观存续。在占有委托，所有权人通过占有委托行为，基于自己的自由意思赋予受托人（无权处分人）以占有，导致了占有外观的形成并使其在整个占有委托期间存续。显然，在所有权人方面存在外观与因的事实，对其适用善意取得完全符合“相对正义”。相反，在占有脱离，无权处分人占有外观的发生和存续，与所有权人意思无关，客观上不存在可以归责于所有权人的与因事实，善意取得因此不能成立。也就是说，在与因说，将所有权人与因的有无与占有委托和占有脱离的区分直接对应起来，从而对与因作定型的、一般化的判断。至于对外观与因的所有权人负担因善意取得而产生的不利益之最终根据，则是因为其“亲自将己物置于交易命运”、“在自己危险中实施行为”，应对自身的“危险暴露”行为负责。与危险主义中持危险承受说的 Brandt、Wilburg 等的认识完全一致。

2. 危险主义（危险支配说）

在危险主义，基于归责判断基准的差异，本有危险承受说和危险支配说之分。如前所述，危险承受说的认识和主张与与因主义在较大的程度上发生了重合，通常所称的危险主义，是以危险支配为归责判断的基准的。在危险支配说看来，善意取得的根据在于，所有权人比取得者更能支配无权处分之危险。危险主义的最初倡导者 Müller-Erzbach 认为，归责的有无在于“危险支配”，“在存在多个关与者时，能全面支配损害发生的危险者，或者与其他的共同关与者相比明显地、能更好地支配该危险者，必须负担损害”。在占有委托，由于取得者必须在对自己有利时购买，没有充分的时间调查让渡人的权限，即取得者一般无从支配从不值得信赖的无权限者处取得的危险。与此相反，由于原所有者可以调查和监督受托者的信用，较之于取得者能在更高程度上支配危险。但在盗窃物，与所有者可以不将物交付给不诚实的人一样，买主也可以不从盗窃者或其同伙以及没有损害赔偿能力者处购买，故必须负担损害。而在遗失物，考虑到所有者较之于买主更能广泛地支配因遗失而丧失的危险，故危险支配的解释的说服力较弱。[①]

---

① 〔德〕Müller-Erzbach, Gefährdung und Gefahrtragung, I(Anm.(138)S.410f.,442ff.

有关善意取得危险支配说的另一代表人物 Hübner 认为,“所有者作出具有危险状况意义的事态,以所有者能否回避危殆化、能否阻止危殆化,总之,能否支配危险为标准判断归责可能性的有无”。在他看来,所有者是否处于危险支配的地位,不能作定型的、简单划一的判断,而应根据“能否回避危殆化、能否阻止危殆化”的思考方法逐一确定。具体而言,满足一定要件的遗失物甚至盗窃物,都可能从占有脱离物中排除而承认善意取得。Hübner 还认为,仅仅占有作为信赖的客观基础是不充分的,因此,危险支配的归属与占有委托和占有脱离的区别未必一致。[①]在这一点上,与 Müller-Erzbach 运用危险支配的原理说明占有委托和占有脱离的区别存在很大的不同。Canaris 也支持 Hübner 的观点,认为仅以占有不能构成对所有权信赖的基础,故仅因委托占有于他人,尚不能说有意识地作出了使第三人陷入错误的外观危险,只有在作出表示以及证书等足以构成信赖基础的外观时,危险支配的思考方法才是妥当的。[②]

3. 过失主义

过失主义对信赖保护相当慎重,对善意取得尤其警惕。在持过失主义的学者们看来,善意取得对原所有者无异于“权利的剥夺”,“为了使其符合正义,权利丧失正当化的根据事实只能存在于所有者自身,该事实有各种态样,但如果将其归结为一般的、原理的观点,则无例外地与故意、过失的概念相统一”。除了通过过失严格限制善意取得的适用外,Reichel 和 Lübtow 甚至建议模仿罗马法上的使用取得(usucapio)制度,规定在一定期间经过后才发生善意取得之后果。[③] 针对善意取得中占有委托和占有脱离的区分,过失主义从多角度展开了异常猛烈的批评。Reichel 直接从过失主义的立场出发,指出占有委托和占有脱离之区分并不对应着过失的有无,以其为标准决定善意取得的成否并无根据。“占有委托本身并不意味着过失,只有轻率的占有委托才构成过失。反之,在占有脱离,如果没有对物尽到适当的注意,仍然应认定为有过失。例如,不对物进行妥当地保管、监视,将其轻率地放置一旁并遗忘或丢失,不在适当时期行使返还请求权或回复请求权,不在适当时期阻止他人的权利篡夺行为,不在适当时期申报物的丧

① 〔德〕Hübner, Rechtsverlust(Anm.(146))S.105f.

② 〔德〕Canaris, Vertrauenshaftung(Anm.(11))S.482ff.

③ 〔日〕多田利隆:《信赖保护中归责的理论》,信山社 1996 年版,第 184、185、189 页。

失等”。更为具体地说，为保管而将物交付给商誉好的保管行就没有过失，相反，将未锁的自行车停放在人流如织的道路上并不加看管就应认定为有过失。[①]针对传统的与因主义，Stintzing 认为占有委托中未必有“关与”的内容，不问占有委托中是否存在“关与”就承认善意取得是不妥当的。而且，在今日，由于不能助长侵犯价值远甚于盗窃的侵占委托物的行为，区分占有委托物和占有脱离物也缺乏合理性。[②] Lübtow 也分析指出占有委托和占有脱离之区分与与因的有无未必一致(例如不采取安全措施将自行车置于路上被他人盗窃或遗失，所有人就存在对外观的与因)，并特别批评道：如果将物交付与他人就必定意味着该物的丧失，相当于强制人们决不要放弃物的占有，这将导致毫无现实意义的荒唐结果。而且，取得者基于对外观的信赖而交易并取得所有权，然而所有者虽然也同样基于对对方的信赖而委托占有，却要因为该信赖而付出代价，在所有者和取得者之间，出现了不可理喻的不平衡。此外，Lübtow 对 Müller-Erzbach 的危险主义立场也进行了批评：(1) 在占有委托，认为所有者比取得者在更高程度上支配危险是片面的，其实应认为双方各自都支配着危险。“仅将物委托给值得信赖的人是所有者的任务，在这一点上，所有者应负担损失的危险，但取得者也负担着不能从不值得信赖且没有支付能力的让渡人处购买的义务，即当事人各自支配着危险的一部分。因此，如果不考虑别的要素，将该物给予取得者而由原所有者负担全部损害实在是过于苛刻”。至于 Muller-Erzbach 所谓交易的迅速性，不仅是取得者的追求，也是所有者的愿望，因为“对契约相对方作详细而正确的事前调查，在与小规模交易截然不同的现代的经济交易中，对原所有者和取得者都是同样不可能的”。“所有者可以轻易判断受托人是不是值得信赖者或者信用度颇高者并支配受托者的不诚实行为，仅仅是村落共同体的田园诗，在现代的大规模交易中则全然是一种幻想”。(2) 认为危险主义在占有脱离之际不妥当缺乏根据，此刻负担危险者仍当然是所有者。的确，在占有脱离不适用善意取得的规定中，表现出了在占有脱离时没有对所有者的归责可能性的法政策的思想，但仅以此还不能说明为什么不能归责。要说危险支配，即便在占有脱离，也只有所有者支配

① 〔德〕Hans Reichel, Gutgläubigkeit beim Fahrniserwerb, Zeitschrift für das Privat und Öffentliche Recht der Gegenwart, 42(1916)S. 173ff.

② 〔日〕多田利隆:《信赖保护中归责的理论》，信山社 1996 年版，第 183 页。

危险,取得者对此什么都不可能知道。(3) 危险主义的抽象性。从危险负担的原理出发,利益冲突的解决被抽象化和一般化,如果考虑具体的事情并意欲发现正确的基准,则不能无视所有者是否有过失的问题。即使在占有脱离,如果所有者具有故意或过失,也不得不使善意取得者利益优先。危险支配的思想倡导的是纯粹客观的构成要件,与权利外观法理(与因主义)存在同样的不足,“为了维持实质的正义,有必要结合双方的故意和过失进行改良地、区别地处理”①。恐怕主张危险主义的学者也认识到了可能来自过失主义的批评,并认为该批评具有相当的合理性,Müller-Erzbach 一开始并未通过危险支配的观点说明善意取得的合理性,而是如同 Zweight 那样直接从交易利益中谋求善意取得的根据,而 Hübner 所谓判断危险支配的标准,其实也融入了过失主义的成分。

我国目前尚无成熟的善意取得制度,但学者们也广泛地讨论善意取得是否只适用于占有委托物的问题。主流的学术观点对此持肯定的回答,其主要理由为:(1) 区分占有委托和占有脱离并排除占有脱离之际的善意取得,可以衡平所有者与第三人之间的利益,维持静的安全和交易安全的协调。虽然,在占有脱离的情况下不适用善意取得会偏离交易安全保护的目标,但纵令为了所谓的交易安全,也不能完全忘记对所有者的保护。何况,占有脱离物在交易总量中只占很小的比例,即便此刻不适用善意取得,也不至于影响正常的交易秩序,危害社会交易安全。(2) 善意取得制度获得正当性的一项重要实践依据,在于所有者依其意志使让与人占有其物时,就同时引发了两种危险。一方面,营造了足以使第三人信赖的权利外观,另一方面,失去了对标的物的直接占有,面临标的物被他人处分之危险。作为危险的引发者,与善意第三人相比,所有者付出较小的成本就能排除自身面临的危险,基于效益原则,应当由所有者而非第三人承受危险。但占有脱离物作为非基于所有者意志脱离占有之物,并不具备前述前提,若依然善意取得,对所有者太过苛刻。(3) 占有脱离物不适用善意取得,还有利于弘扬社会精神文明,以赃物为例,排除对赃物的善意取得,就可以收到抑制消赃行为的功效,并更进一步地抑制贼盗之风。② 很显然,上述理由之(2) 就包含着与因主义(危险负担)和危险支配的思想。而对此持反对意见者也不乏其人,笔者也

---

① 〔日〕多田利隆:《信赖保护中归责的理论》,信山社 1996 年版,第 187—188 页。

② 王轶:《物权变动论》,北京:中国人民大学出版社 2001 年版,第 283 页。

为其中之一员。但反对者并没有充分注意到占有委托、占有脱离之区别与原因力、过失、危险支配的有无之间缺乏直接对应关系，而极力强调无论是占有委托或者占有脱离，占有的权利外观效力并没有什么变化，交易安全保护的要求同样强烈。① 认为在善意取得中区分占有委托和占有脱离缺乏合理性的日本学者，也几乎持与此相同的理由。② 除了否定区分占有委托和占有脱离在法政策上的合理性外，笔者甚至认为，即便是从实定法观察，也并没有将占有脱离物作为善意取得适用之例外，相反，近现代民法的立法规定实际上上恰恰认可了对占有脱离物的善意取得。③

（二）归责原理之统合

前文在考察与因的内容时，已经证明了与因主义和危险主义（危险负担说）在本质部分是一致的。在与因说中，虽然 Gierke 将惹起损害自身作为归责事由，但绝大部分见解以对外观发生、存续的与因为归责事由。也就是说，在现实的损害或不利益发生以前，从对危险状态的关联方式中可以谋求归责的根据。现实的不利益和损害与与因行为，不过是通过这种危险状态的介入而接续在一起的，带有这种内容的归责原理，本来就属于危险主义。根据这样的思考，在与因主义，当危险现实化时向作出危险者归责，应以有意识地作出危险状态为必要。在这一点上，仍残留着与因主义的独立性。过去作为归责原理的与因主义，作为解明归责根据的理论——如回顾侵权行为法领域的原因主义那样，应向危险主义解消，但直到近年并没有发生。这是因为，与因主义具备作为危险归责的判断基准的性格，而这对信赖保护制度有合理性。与因主义着眼于认识到自身行为的危险性却实施危险行为这一关联事实，并不问其他因素，仅以此等与因行为的存在判断归责可能性的存在，为危险主义的适用提供了又一项判断基准（与因主义也正是在这种意义上与危险负担说发生重合的）。从该意义出发，如果说危险支配说从属于危险主义，那么，与危险支配说一道为危险归责的适用提供基

① 江帆、孙鹏（主编）：《交易安全与中国民商法》，北京：中国政法大学出版社 1997 年版，第 119 页。

② 〔日〕石田文次郎：《财产法中动的理论》，严松堂书店 1928 年版，第 163、228 页；田岛顺：《民法一九二条的研究》，立命馆出版部 1933 年版，第 788 页；我妻荣：《物权法（民法讲义Ⅱ）》，岩波书店 1952 年版，第 140 页。

③ 孙鹏：《物权公示论——以物权变动为中心》，北京：法律出版社 2004 年版，第 369—370 页。

准(危险负担)的与因主义也应从属于危险主义。

与与因是对什么的与因一样,在过失主义,也涉及到过失是对什么的过失这一问题。过失主义者普遍不关心实体权利人对信赖保护成立、不成立所产生的结果有无过失,也不关心其对交易事故的发生有无过失。例如,Jehring 的缔约过失责任,是指表意者因其过失而作出欠缺有效要件的意思表示时,为保护无过失地信赖该意思表示的相对人,表意者所负担的损害赔偿责任。在 Manigk 的见解中,表意者的过失也与作出意思表示相关联。古典权利外观理论中例外持过失主义的 Naendrup 的过失说,也无非是以因过失致使权利外观成立或存续为归责事由。在动产善意取得领域颇为有力的过失说,Reichel 认为所有者的过失与防止无权让渡相关联,Lübtow 认为过失在于将物委托给不值得信赖的人。可见,信赖保护领域的过失主义与责任法中的过失责任主义存在着差别,后者关心与实际发生的损害结果自身的关系,与此相反,在多数情况下,前者更关心与存在导致这种结果发生的可能性的危险事实之间的关系,即以过失导致危险事态发生或存续,作为负担因危险现实化产生的不利益的根据。因此,所谓过失主义,在对过失归责这一要素之前,已经包含了对导致危险事态这一事实的归责的要素。如此一来,绝大部分过失说,虽在作为归责可能性有无的判断基准上有独立性,但在作为归责根据这一点上,已解消到广义的危险主义之中。①

综上,传统与因主义和过失主义,除极少数关注对损害或者不利益或者交易事故发生自身的与因或过失者外,其决大部分内容,系以对危险的关联方式为轴心。如果将以危险为轴心构造归责称为危险主义,关于信赖保护的归责,压倒性多数的学说实际上采用的是这种广义的危险主义。立足于这样的见解,可以对从来的有关归责原理的学说进行如下的再分类。首先,基于以什么样的要素为中心为信赖保护的归责可能性提供根据,可以分为:A. 与因说;B. 过失说;C. 危险说三种立场。而关于归责可能性的判断基准,从 A 与因说的立场出发,

① 多田利隆教授认为,在善意取得中极力倡导危险说的 Hübner 等将危险说的内容表述为"所有者能否回避、阻止危息化",虽然可以说这是危险说中混入了过失主义的要素,但如果转化一下观察问题的角度,也可以说是过失主义向危险主义的靠拢;尽管过失说中没有介入危险支配这样的概念,但的确与危险支配说在内容上相同,从而在实质上与危险说大幅度地重合。在过失说,基本上是采取了危险和归责相结合的方法,结果消解于危险主义之中。只不过,作为围绕危险的归责判断的基准,过失说还保持着其独立意义。参见〔日〕多田利隆:《信赖保护中归责的理论》,信山社 1996 年版,第 267—268 页。

以对损害或不利益发生自身的与因有无为基准;从B过失说的立场出发,以对损害或不利益发生自身过失的有无为基准。在危险说的内部,围绕着应以对危险的何种关联来判断具有归责可能性这一问题,则存在以与因、过失和危险支配为基准的三种学说。概括起来为:A. 与因主义。与因基准说。B. 过失主义。过失基准说。C. 危险主义。与因基准说。D. 危险主义。过失基准说。E. 危险主义。危险支配说。以往与因说和过失说,基本上都属于危险说的第一、二种情形。必须强调的是,虽然可以将与因、过失和危险支配都理解为对危险的关联方式,并在此前提下将信赖保护的归责原理统合到广义的危险主义之中,但与因、过失、危险支配在危险分配中并不具有同等的意义,危险支配仅仅是最终的、也是最低的认定归责可能性的基准。也就是说,如果存在与因的事实,可以直接以积极地、有意识地作成外观或使外观存续为归责事由,而不必在乎对危险事实的形成和存续有无过失,更不必追问危险支配的有无;如果因过失作成外观或使外观存续,也完全可以在不考虑危险支配力的情况下完成归责并成功地实现信赖保护。只有当事人都不存在意思和故意、过失等决定性因素,或者虽然存在但程度相同时,才诉诸于危险支配的标准,依当事人距离危险的远近、回避危险可能性的大小、控制和支配危险的程度等指标作最后的裁断。也就是说,在按前述方法实现归责原理的统合之后,信赖保护的问题一律被作为危险分配的问题,信赖保护的成立以实体权利人存在"危险支配"(归责)事实为已足,原则上并不更进一步地要求实体权利人主观方面的过失或意思(与因),但若实体权利人的确存在导致外观发生和存续的意思或过失,信赖保护当然可以成立。过失和意思不再具有归责原理的意义,而仅仅是一项归责事由。至于有没有必要考虑信赖保护的不同情形,确立不同的归责原理,则是未来信赖保护研究的重大课题,由于笔者在这一点上思考远未成熟,在此不予论及。

四、信赖保护中归责要件的例外不要性

如前所述,为了交易安全与静的安全的合理调节即分配正义,信赖保护原则上需要归责要件。但除了极力鼓吹权利外观法理的万能性和泛用性的 Mayer 等

少数学者外，无论是在信赖保护领域长期居于通说地位的与因主义、或者近年来成为有力说的危险主义，都认可例外地不需要归责的情形，各国信赖保护立法对此也有所反映。问题的关键在于，哪些信赖保护不需要归责，或者说，判断归责可能性要否的基准是什么？

（一）判断归责要否的基准

古典权利外观法理的先驱 Wellspacher 最早论及信赖保护领域要否归责的基准，其通过归纳的方法，将外观区分为占有、证书（债务证书、债权让渡证书、委任状）等“自然的外部事实”和基于法秩序作成的不动产登记簿、继承证书等“人为的外部事实”，只有对“自然的外部事实”的信赖保护，才需要考虑“关与”（归责内容）之要件，而对“人为的外部事实”之信赖保护，则无论“关与”之有无。[①]这种两分论不仅在外观种类的分类上，而且在要不要归责的判断基准问题上，都对后来的信赖保护法学产生了广泛而深刻的影响。Oertmann 基于对“价值的静态牺牲”的慎重态度，对信赖保护采三阶段构成论：（1）“最极端地解决”，此刻，不问法律行为的有效要件客观上是否存在，只要取得者主观上相信其存在，而且从取得者立场出发这种信赖是可以容忍的，法律上的效果即行发生。（2）“中间的解决”，此刻，不是取得者主观上认定的权利外观，而只有在从中立的判定者的立场出发不得不解释为客观的权利外观的情况下才能考虑对取得者的保护，至于该外观是否为原所有者或者无处分权的第三者作出则在所不问。（3）“对第三者有利性最少的解决”，“单纯的客观的法事实还不够，还应追问谁作成该事实、谁对该事实的作成有责”，其又可以分为两类。一类要求由原权利人或者其代理人作成权利外观，如表见代理，债权让渡中让受人或者债务人的保护等。二类要求权利外观由官厅作成，如对不动产登记簿的信赖保护。Oertmann 分析指出，由于（1）之解决无视“减少利益时谋求的中立性”，故德国现行法没有采用，在立法政策上也不能赞同。（2）之处理在现行法上获得了例外地承认，如金钱、有价证券的善意取得、通过拍卖的善意取得等，考虑到在金钱、有价证券善意取得的场合，交易安全处于凌驾地位，而在因拍卖而受让动产时，权利外观因“公知性”而

① 〔德〕Moritz Wellspacher, Das Vertrauenshaftung auf äuβere Tatbestände(1906)S.114f.

极大地强化,同时,真正权利人对拍卖的公然性不加考虑、(对脱离占有之物)不予关心,也应受非难,因此,现行法的内容可以正当化。但如果将其作为一般原则,由于存在完全被动地、不能采取任何预防措施者因交易利益而轻易地失去自身权利的危险,在法政策上是不妥当的,故德国民法基本上按(3)之类型构造其信赖保护制度。虽然,Oertmann 将官厅作出的权利外观也归入(3),但若究真正权利人的归责必要性而言,则只有(3)的第一种情形。因此,其主张的无须归责的情形是:(1) 存在完全凌驾于真正权利人保持利益之上的交易利益。(2) 因交易的公示性权利外观被强化。(3) 交易的公然性中所包含的真正权利人的非难可能性。(4) 确保对官厅作出的权利外观的公信制度的实效性的必要性。(5) 行政行为的公定力。[①]与 Oertmann 一样主张对不动产登记簿的信赖保护不要与因的 Eichler 认为,在登记簿交易中,善意保护应从主观的信赖状况解放出来而代之以对官公厅的权利外观装置的客观的信赖性,即便在因登记官的过错或其他人的行为导致错误记载时,"第三者也不处于比权利者更接近损害的立场",如果以与因为要件,对作为不动产交易极其重要的基础的登记簿的信赖将会被动摇,而对不动产登记簿的信赖已经植根于一般人的意识中。至于占有脱离物例外适用善意取得,金钱、有价证券是为了满足交易的需要,而根据拍卖的善意取得的合理性则在于其取得状况。总之,Eichler 认为不要与因的原因为:(1) 保持官公厅作出和管理的外观的信赖性的要求。(2) 即便没有归责原因,但真正权利人处于比善意者更接近损害的立场。(3) 建立在登记基础上的不动产登记公示制度的意义。(4) 外观的信赖性已经浸透为一般的意识。(5) 交易需要的强度。(6) 基于拍卖而取得的交易状况的特殊性。[②]在承接与因主义传统的基础上,今日德国信赖保护理论的代表人物 Westermann 将例外地不要与因的场合称为"纯然的权利外观主义",其适用情形限于"因极其重大的理由要求高度的交易安全以及因正当性保证权利丧失的危险被尽可能限定的场合",具体如不动产等登记簿、继承证书等。在这些情况下,"国家高权行为赋予了其高度的安全性保证,应容认和要求其作为对第三人的绝对的信赖基础",即,不要归责的情形为:(1) 极其强烈的交易安全要求。(2) 为保证外观的正当性,不当丧失权利的危险

① 〔德〕Oertmann, Grundsätzliches(Anm.(11))S.456ff.

② 〔德〕Hermann Eichler, Institutionen des Sachenrechts 1.Bd.(1954)S.126Anm.150.

被限定。[1]不独与因主义意识到了信赖保护归责的例外不要性,危险主义的主倡者 Canaris 也指出,金钱等占有脱离物的善意取得是因为其高度的流通性和高度的交易安全保护必要性,不动产登记簿的绝对公信力是因为国家机关的参与并为信赖构成要件的正确性提供了特别的保证,而更为决定性的因素是国家损害赔偿使对权利丧失的损害赔偿成为可能。债权让渡后债务人对原债权人的清偿或者与其进行的行为有效是因为信赖保护的必要性特别高,因为债权让渡法的基本思想是,债务人不应对其没有关与的债权让渡负担不利益。而对法人登记簿等消极信赖保护的情形,虽也将其归类为"纯然的权利外观法理",但危险主义仍有适用的可能,最终,作为通过归责原理补充的"混合型"来看待。[2]总之,例外无须归责的是:(1) 高度的交易保护必要性。(2) 因国家机关关与对权利外观真正性的保证。(3) 对负担不利益者的补偿可能性。如果将前述关于信赖保护例外无须归责的情形或者说判断基准进行概括,其共同内容为:高度的交易保护的必要性、国家机关的参与(外观信赖性事实上很高或者保持这种信赖的必要性很高)。不属于上述两种情形的是拍卖的特殊性、损害赔偿的可能性,以及真正权利人处于比善意者更接近损害的立场。以下,针对交易保护的必要性和国家机关参与这两项共同的内容作简要的讨论。

(二) 交易利益的大小(交易保护必要性)

如前所述,在存在巨大的交易利益或者说交易安全居于凌驾地位时,信赖保护例外的无须归责,不仅几近于学界共识,而且也符合人们通常的法律意识。但关键的是,除了金钱、有价证券的善意取得之外,交易利益的大小和交易保护之必要性应如何判断与衡量?围绕该问题,争议较大的是,商事交易利益是否定型的强于民事交易,以及对向债权准占有人清偿之保护要否归责?

1. 民事交易和商事交易的区分

德国学者 Zweigert 及继受其学说的日本学者喜多了佑主张在民事交易和商事交易为善意取得设定不同的成立要件,前者"所有权丧失"的侧面较为重要,后

① 〔德〕Harry Westermann, Die Grundlagen des Gutglaubensschutzes, Juristische Schulung, 1963, Heft. 1(1963)S. 1ff.

② 〔德〕Canaris, Vertrauenshaftung(Anm. (1))S. 471f., 144.

者“公益性的要求”更为优先。前者归责事由的比重较大，但在后者，可以认为以归责事由潜在地存在为前提，而并不具体过问归责事由之有无。在商事交易，可以不区分占有委托物和占有脱离物而概括承认善意取得，而在民事交易，原则上应维持这种区分。就具体的解释论而言：(1) 关于占有辅助人实施的让渡行为。在民事交易中，作为占有委托物处理。根据不在于交易安全，而在于作为占有者的所有人的社会责任；商事交易中，仅因区别占有辅助人和外观上的占有人比较困难，直接认可善意取得。(2) 关于所有人基于错误、欺诈、强迫授予占有。民事交易中，在因重过失而发生错误时可否定所有权人的回复请求，至于胁迫则只有在因受胁迫而陷入抗拒不能时才能行使回复请求；商事交易中，占有授予意思的欠缺不妨碍作为占有委托物处理。(3) 关于公权介入(扣押)或被紧急(避难)夺取。民事交易中，一律作为占有脱离物；商事交易中则如同占有委托物而成为善意取得的对象。(4) 关于无能力人的占有授予。民事交易中，作为占有脱离物；商事交易中，作为占有委托物。(5) 关于占有改定。让渡人为商人且在通常的营业过程中让渡给第三人，根据外观优越的商法的构成承认善意取得，否则按外观优越的民法的构成，只要卖主不负担社会责任，否定善意取得。[①] 承继 Hübner 学说的安永正昭也主张区分民事交易和商事交易，在善意取得领域规定不同的要件。在民事交易，单纯的占有作为信赖的基础并不充分，信赖的客观基础是“法律承认的社会的、现实的、事实上的物支配”，而且只有将这种支配事实与引发行为相结合，才能作为所有权丧失的归责前提(在信赖保护的归责原理上，安永持危险支配说)。在商事交易，占有依然可以作为充分信赖的基础，虽然也反对根本无须归责的观点，但相对于民事交易中“引发现实支配”的行为，安永将商事交易中的归责事由弱化为“事实上将商品置于交易领域”这样的单纯举动。[②]

不能否认，商事交易普遍存在比民事交易更高的交易安全保护要求，也不能否认信赖保护之归责在商事交易被大幅度地缓和。但简单地将民事交易和商事交易的区分和交易安全强度联系在一起也存在不少问题。一是民事和商事之区分本来就不明确。二是，即便在商事交易，交易安全保护的必要性程度也各不相

① 〔日〕喜多了佑：《外观优越的法理》，千仓书房 1976 年版，第 549、623、636、648 页。
② 〔日〕安永正昭：《动产善意取得之考察》，《法学论丛》88 卷 456 号，第 308 页以下。

同,也存在非常注重归责的情形。相反,即便在民事交易也存在交易安全的高度必要性从而无须归责之事实,如金钱、有价证券之善意取得等。三是与消费者保护潮流不吻合,容易直接或间接地导致对消费者利益的不当轻视。故简单地将民事交易和商事交易的区别与归责的必要性联系起来没有合理性,如果将其作为一般法原理,有可能导致意想不到的问题。不如直接就某交易的交易利益程度和内容来判断。在解释论上也不妨通过标的物来类型化,但如果这种类型化导致了不能忽视的不当后果,又应通过解释论对其进行修正。而事实上,竭力主张区分民事交易和商事交易并规定善意取得不同要件的喜多了佑和安永正昭的观点,也并位在日本立法上实现,即便在理论界,也没有被广泛地采纳。[①]

2. 向债权准占有人清偿

《日本民法典》第478条规定了向债权准占有人之清偿,围绕该条对善意清偿的债务人之保护是否以债权人存在归责事由为必要这一问题,日本的通说采归责不要说,其主要理由为交易安全保护的必要性(债务清偿的迅速和圆滑),并将交易安全保护的必要性归结为清偿的日常性、频繁性和定型性。[②] 对此,多田利隆教授指出,某行为的日常性、频繁性或者定型性,不过是现实清偿中广为承认的现象化特征。影响交易利益大小的因素并非此等现象,而是清偿所担负的社会作用以及如果该清偿有效所能实现的社会利益。结合日本相关判例,不难发现"归则不要说"是以金融机关的清偿为出发点来判定交易利益的巨大和高强度的交易安全保护要求的,但将该结论推广到所有的清偿领域则存在论理上的跳跃,在民法解释上欠缺妥当性。[③] 而且,即便是就金融机关的大量的、定型的还款业务而言,以强度交易利益为根据说明不要归责是否妥当,也有疑问。不能否认此刻的确存在清偿者(金融机关)方面的强度交易利益,但围绕着还款,债权者方面也有强度的财产保持利益,以金融机关方面清偿业务的圆滑性利益牺牲消费者的财产保持利益,并认为其凌驾于消费者财产保持利益之上,未必有充分的合理性。实际上,在金融机关错误支付的过程中,债权人防不胜防地巧妙的盗窃、伪造、冒名等他人介入行为大量存在,全然不考虑对债权人归责的可能性,将

① 〔日〕多田利隆:《信赖保护中归责的理论》,信山社1996年版,第45页。
② 〔日〕远藤诚:《代理资格的冒用与债权的准占有者》,《司法研修所报》20号,第68页。
③ 〔日〕多田利隆:《信赖保护中归责的理论》,信山社1996年版,第232页。

此等行为所导致的损害使债权人负担,严重违反人们的正义感情。何况,金融机关可以通过商品成本分散危险,在采取防止对策上也比一般存款人更为容易,还可以通过免责条款和商业惯例,约定无论归责可能性的有无,基于外观信赖的善意的清偿都有效。故从交易安全保护的必要性不能推导出不要归责事由,倒是有必要从消费者保护的角度对"归责不要说"进行重新审视。

实际上,对向债权准占有人清偿的信赖保护是否需要归责之讨论,并不局限于交易利益的大小和交易安全保护要求的强度。有学者认为清偿不会导致新的权利关系的诞生,与发生新权利义务关系的代理行为相比,对本人(债权人)的影响较小。[①] 的确,因为清偿的范围事先确定,客观上也确定了因善意清偿保护而给真正债权人产生不利益的上限。但仅以此说明对债权人产生的不利益小于其他信赖保护,实在是太过牵强。例如,在善意取得的情形,动产的价值如同债权额一样确定,难道能简单地以此否定善意取得领域归责的必要性？也有学者注意到了清偿的义务行为性质,指出其不过是对以前实施的交易行为履行义务,因此清偿人没有拒绝交易的自由,也不能自由地作出意思决定,在某种程度上甚至是不得不赶紧清偿以避免陷入给付迟延,故有必要给善意清偿者以超越一般交易的特别保护,不须追问债权人方面归责事由的有无。[②] 或者将向债权人归责的问题纳入债务人的过失要件中来考虑,例如,在与债权人无关的伪造存折和印鉴的情形,可以根据情况在认定债务人无过失时从严把握。[③] 该观点的问题在于,不能拒绝清偿与是否必须向某人清偿乃不同的问题,虽然清偿是义务行为,但清偿人仍应慎重地审查相对人的受领权限。还有学者从以无过失要件进行利益调节的可能性出发去解释归责之不要[④],但随意地使用无过失概念,不仅存在无视规定(《日本民法典》第478条)的基本框架的解释论上的问题,而且也因此从根本上回避了关于归责的理论检讨,并赋予了法官决定信赖保护成立与否的极为广泛的自由裁量权。与前述"归责不要说"的解释论相反,《日本民法典》起草者之一梅谦次郎将该法第478条的制度趣旨表述为"债权准占有多因债权人

① 〔日〕星野英一:《民法概论Ⅲ》,良书普及会1978年版,第246页。
② 〔日〕下森定:《〈批判〉判例评论》101号,第104页。
③ 〔日〕内田贵:《民法Ⅲ(债权总论·担保物权)》,东京大学出版社2004年版,第54页。
④ 〔日〕水本浩:《民法研究4(债权总论)》,一粒社1976年版,第179页。

怠慢(过失)而生,与其保护债权人宁可救济善意清偿者”,可见,其定型地认为债权人方面存在过失,并以此作为对向准占有人清偿保护的前提。如果再联系《日本民法典》第480条向受领证书持有人清偿之保护以受领证书真实为要件以及商法中对伪造的票据、支票的支付无效之规定,并考虑这些法律规定之间的平衡,恐怕也只能得出向债权准占有人进行善意清偿,也只有在存在于可归责于债权人的事由时,才能受法律保护之结论。

(三) 公权力的参与

与高强度的交易利益和交易安全保护要求相并列,对外观的公权力的参与也是信赖保护不要归责的重要原因。因为,在公权力参与下作成的外观与实体关系保持一致的概率很高,从而具有高度的可信赖性。同时,公权力参与的外观也是公权力引领交易秩序的基本手段,呈现出法政策上的强烈的价值取向性,具备类似于法律的规范性格,也理应成为广泛尊重和信赖的基础。在探讨对公权力参与的权利外观的信赖保护时,议论最多的是不动产登记的公信力问题,本文以下的研究也围绕不动产登记的公信力而展开。

不动产登记与动产占有均是法律上的公示手段,均构成作为信赖客观基础的权利外观,都具有公信力。但绝对不能对登记的公信力作与占有公信力同样的解释。作为“自然的外部事实”,占有的权利外形并不十分明显。因动产的形状和位置以经常变动为特征,尤其是在现代社会,动产的所有与利用更加分离,“价值权”和“用益权”经常由不同的主体分享。故Hübner等对占有公信力的合理性表示出相当程度的怀疑。虽然近现代民法并未因存在这些怀疑否定占有的公信力,但也通过一系列参数对公信力加以调控,从而使其建立在存在对所有权人归责事由的基础上,这从善意取得制度的构成要件能清晰地反映出来。[①] 与此相反,登记的公示方法,作为“人为的外部事实”,由于是国家公权力的介入,经过了严格的程序,具有文字记载,准确率高,因此登记的外观作用比较大,应具备比占有更强的公信力。既然登记具有比占有更强的公信力,在登记公信力中,不必设置如同占有公信力的那些调控参数,无须考虑作为调控参数之一的对实体

① 孙鹏:《物权公示论——以物权变动为中心》,北京:法律出版社2004年版,第303页。

权利人的归责问题，从而按“纯然的权利外观法理”，奉行登记领域的“绝对公信原则”。考虑到登记的“绝对公信原则”的重要前提之一，是登记的真实性概率，而登记的真实性与登记程序特别是登记审查程序密切相关，故有的学者将不要归责的“绝对公信原则”与登记的实质审查主义相联系，在他们看来，如果仅仅对登记申请进行形式上的审查，较难维持登记内容的高准确性，如果奉行无须归责的“绝对公信原则”，在法政策上欠缺合理性，故提出了“相对的公信主义”，“相对”即意味着对实体权利人归责事由的有无将对登记的公信力发生影响。① 也有学者更进一步主张，在形式审查主义，根本就不应赋予登记以公信力。② 然而，对何为形式审查、实质审查？却看法不一。日本学者铃木禄弥认为，实质审查权、形式审查权之概念，仅与登记官的审查对象是否延及原因关系相关联，而与窗口审查或裁判审查的审查方式无关。③ 而另一日本学者镰田薰的认识则完全相反，以为形式审查、实质审查无关登记审查的对象，而主要是根据审查方法而作出的分类。④ 但无论对形式审查、实质审查作何理解，都不足以改变一个事实。在德国和日本的不动产登记程序，除了提出登记申请外，都要提交书面的登记原因(证书)，而且，登记官对登记原因的书面和登记申请都仅进行窗口审查而不作裁判审查，即在审查权限和审查方式上，日本和德国并无多大的不同。考虑到德国不仅赋予登记以公信力，而且还将对登记的信赖保护作为例外无须归责的情形，日本学者几代通指出，登记官实质审查权的有无与认否登记公信力之间没有直接的联系而主张在日本立法论上维持登记公信力的绝对的构成。⑤ 多田利隆一方面承认德国和日本在登记审查对象和审查方式上基本相同，但另一方面也注意到了两国物权变动模式和登记程序上的差别，并认为这种差别导致了对登记公信力认识上的差异。具体而言，在德国，实行物权合意主义，为移转不动产所有权必须形成物权合意，该物权合意除须双方当事人出席外，还要在公证人面前(外国人则在领事馆)进行，如果是诉讼上的和解，则必须在法院进行，并

① 〔日〕鸠山秀夫：《论有关不动产物权变动得丧变更的公信主义和公示主义》，载《法学协会杂志》33卷，第83页。

② 〔日〕我妻荣：《新订物权法(民法讲义Ⅱ)》，岩波书店1983年版，第242页。

③ 〔日〕铃木禄弥：《不动产登记中实质的审查和形式的审查》，载《登记研究》100号，第13页。

④ 〔日〕镰田薰等：《新不动产登记法讲座》(1)，评论社1997年版，第35页。

⑤ 〔日〕几代通：《不动产登记与公信力——一种立法论》，载《名大法政论集》3卷1号，第5页。

事实上都只能采书面的形式。由于在登记申请以前公的机关参与了物权合意，即便登记审查仅仅是窗口审查，也在一定范围内确保了登记的真实性。但日本没有物权合意制度，登记机关也不进行裁判审查，因公的机关参与提高登记内容的真实性，缺乏事实上的支持。不过，由于登记簿由登记机关作成和保管，登记行为由公务员实施，在某种程度上，即便因此也不能否定其对保持登记内容真正性的作用，故最终支持登记领域的"相对公信力主义"。①

与登记的公信力相关联的是登记的对抗力(即不动产物权变动，非经登记，不能对抗第三人)问题。日本学者习惯用"积极信赖"(即"有登记就有不动产物权(变动)")和"消极信赖"(即"没有登记就没有不动产物权(变动)")来分别指称公信力和对抗力，并较为热烈地讨论"消极信赖"保护要否归责的问题。笔者认为，对抗力仅仅是一种公示激励机制，与信赖保护并无关系，将其翻译为"消极信赖"是不妥当的。关于登记对抗力的含义，议论纷纭，但基本上可以概括为"未登记的有效的不动产物权变动不能对抗就该不动产存在正当利益的第三人"，一般认为，反映登记对抗机制的典型，是不动产二重让渡。例如A将其不动产同时或先后让渡与B、C(在意思主义，A与B、C意思表示一致时，虽未登记也发生物权变动)，B、C任何一方与A发生的物权变动事实，如果没有登记，都不能对抗对方，如果均未登记，则彼此之间互不对抗。在B、C的竞争中，谁获得登记，就取得完整的物权，另一方之物权则因反射效果而消灭。登记犹如西服，如果没有登记，B、C取得的物权处于裸体状态，在自家人面前(当事人)尚且无妨，但却不能外出示于他人(第三人)，穿上西服(登记)后就可以外出见人了。② 就登记对抗的立法和判例精神而言，C完成登记时，C之受保护并非因其"消极信赖"B没有物权，因为只要C具有对系争不动产的"正当利益"，而且不属于"背信的恶意第三人"，即便明知A、B间物权变动的事实，也能受保护。法律的作用不是保护对没有登记的信赖，而是促使处于竞争地位的物权人抢先完成登记以使自己的物权在最后的竞争中取得胜利。若沿用前述比喻，并非因B未穿西服(裸体)C就可以相信世上没有B这个人，而是明知B之存在并力争赶在B之前穿好西服以外出见人。那么，能不能换一个观察问题的角度，A将不动产转让给B，在没

① 〔日〕多田利隆:《信赖保护中归责的理论》，信山社1996年版，第240—243页。

② 〔日〕镰田薰:《民法笔记·物权法(1)》，评论社2003年版，第24页。

有登记前又与C达成转让协议，由于由A到B的物权变动已经发生，A已经是无权利人，C在率先完成登记后受保护，是因为其“积极信赖”无权利人A的登记外观？即能否就对抗力作如同公信力般的解释？笔者认为这也是不可能的，因为日后完成登记之C受保护，不仅因为其相信A有登记记载的权利，即便其明知该权利已为B取得、明知A空有登记的外壳时也不例外。何况，在B未取得登记的情况下，还有解释论认为A依然保留着对不动产的某种权限或者地位，而并非真正的无权利。事实上，无论是法国和日本，都并不将不动产二重让渡问题等同于一般的无权处分问题，而是区分二者设置了不同的法律制度。[①] 镰田薰教授也分析指出，若对对抗力作出“公信力”的解释，不仅不符合《日本民法典》第177条的文义，而且还将导致第177条与民法典及《不动产登记法》相关条文关系之间的不明朗。[②]

如前所述，登记对抗力自身并非信赖保护机制，在信赖保护的题目下讨论与登记对抗力有关的归责问题没有意义，但登记对抗机制对作为典型的信赖保护手段的登记公信力是否发生阻害作用，也是一个值得认真研究的问题。对此，镰田薰教授分析道：登记是外出见人的西服，具有补强有效成立的物权变动的效力(即使其有对抗力)，但并不具有创设权利的功能。在仅有登记而不存在物权变动时，犹如用衣架挂着西服，虽然也可摆弄得像人穿着西服一样，但西服毕竟不能生产人，故仅以登记为理由，不能说明物权和物权请求权的发生。例如，Y将X新建并居住的乙房屋登记在自己的名下，Y不能以其登记名义要求X搬出并交付乙房屋，因为Y根本就没有任何物权。信赖Y之虚伪登记从其买受乙房屋并完成移转登记的Z，因为Y是无权利人，从Y到Z的所有权移转也不可能发生，故也不能对X行使物权请求权。如果X基于所有权主张撤销Y或Z的登记，Y、Z也不能主张X登记之欠缺。这就是判例、通说所谓的“实质上的无权利人及其承继人不属于可以主张登记欠缺的具有正当利益的第三人”，该立场显然从反面证明了登记不具有“公信力”。[③] 此外，镰田还通过对比的方法进一步说明对抗力的合理性与公信力的不合理性：从登记名义人处购买不动产者，可以登

---

① 孙鹏：《物权公示论——以物权变动为中心》，北京：法律出版社2004年版，第289页。

② 〔日〕镰田薰：《民法笔记·物权(1)》，评论社2003年版，第34页。

③ 同上书，第25—27页。

记簿的记载为线索,通过询问前主以确认登记名义人是否取得了所有权,从而回避因误信登记名义人而交易(登记的首要使命就是为此等调查提供线索)。因此,即便不承认登记的公信力,与登记名义人交易的第三人受损害的可能性也比较小。与此相反,在没有登记的物权变动,因为根本不存在使第三人知悉物权变动的征表,因误信已经失去所有权的登记名义人而交易的危险不能回避,故有必要通过对抗力去防止不知情的第三人遭遇不测之损害。在二重让渡中,第一买受人能在取得所有权的同时登记(并以此阻止第二买受人抢先登记)而不登记,使其物权不能对抗第三人是对其进行的并不为过的合理惩罚。与此相反,如果要防止他人变更登记在自己名下的不动产的登记名义并进而对善意者作出转卖登记,势必时刻监视自身不动产的登记簿,而这实际上是不可能的,故赋予登记以公信力保护善意信赖错误登记者并使真正权利人丧失权利,对真正权利人过于严酷,不承认公信力只承认对抗力在立法政策上具有合理性。①

笔者认为,镰田教授的上述论理存在问题。的确,没有登记的物权也可以对抗实质上无权利的登记名义人,但进一步将其解释为也可以对抗实质上无权利人的善意转得者并以此否定登记的公信力却缺乏逻辑性,有将对抗力泛化之嫌。其将对抗力问题解释为消极信赖也未尽妥当。尽管如此,日本的主流解释论仍然认为立法并不承认登记的公信力。但这并不意味着日本民法完全拒绝对不动产交易安全的保护。事实上,在日本,人们广泛援引民法典第 94 条第 2 项和第 96 条第 3 项,使因当事人通谋虚伪意思表示以及因欺诈而取消的意思表示所造成的不实登记,不能对抗善意第三人。但因上述原因导致登记不实毕竟为少数情况,直接援引该两条文无助于问题的根本解决。考虑到实践中大量存在真正权利人故意以他人名义登记(而又非通谋虚伪表示)的事实,若此种登记仍不具备公信力,乃法律偏袒真正权利人而无视善意第三人利益。判例自昭和 29 年(1954 年)以来采取对民法典第 94 条第 2 项类推适用的方式,在作出虚伪登记的真正权利人和信任虚伪登记而进行交易的第三人间进行利益衡量,以决定是否应该保护善意第三人。结论为,对于因真正权利人的意思表示故意造成不实登记的,以及权利人明知不实登记存在,能更正却置若罔闻(放任)或者积极容认

① 〔日〕镰田薰:《民法笔记·物权(1)》,评论社 2003 年版,第 32—33 页。

的，推定为对不实登记一种明示或者默示的承认，权利人不能以其权利对抗善意第三人。[①] 由于此种类推适用早已突破了94条第2项中“通谋虚伪意思表示”的范围，规定中的“通谋”事由，蜕变成了构成信赖保护基础的“外观关与”，故在实际效果上已接近于赋予登记以公信力，至少是对日本民法上登记不具有公信力的一种补救措施。[②] 即便如此，也不难发现通过类推适用所产生的近似于公信力的效果，是以真正权利人存在归责事由为前提的，其蕴涵的归责原理可能是与因主义或者过失主义。也就是说，日本判例最终还是拒绝将登记的信赖纳入“纯然的权利外观法理”，而推行了与登记的“绝对公信原则”不同的“相对公信主义”。

结 语

在尊重实体权利（意志）和保护对外观的信赖之间，在确保财产静的安全与维护社会交易安全之间，法律到底应该报持何种立场？这的确是一项充溢矛盾与痛苦的选择，一个需要睿智与理性的判断。古典市民法高扬私权神圣与意志自由的大旗，将其作为人间全部真理之所在，权利和自由构造了私的人格，权利的失落与自由的沦丧是通往奴役之路。静的安全代表着对权利的保有和对意志的捍卫，具有至高无上的价值。因此，古典市民法的权利变动机制是以权利为主轴、意思为中心构造起来的。考虑到如果将这种权利变动机制绝对化，对外观的信赖必将一次又一次地被辜负，而没有信赖之本，也就不再涌希望之泉，权利变动因此艰涩难行，社会交易活力殆尽。于是现代市民法上又一度滋生出崇尚交易安全的热情，甚至将其作为民法新的“上帝”而顶礼膜拜。然而，若使交易安全的激情放纵奔流，“只听新人笑，不闻旧人哭”，必然贬损民法犹如慈母般博爱的

① 〔日〕川井健：《不动产物权变动的公示和公信》，评论社1990年版，第65页。但内田贵认为仅仅消极放任不实登记还不够，只有在权利人对不实登记的关与达到积极容认的程度，才能进行类推适用。参见〔日〕内田贵《民法Ⅰ总则·物权总论》，东京大学出版社2004年版，第60页。

② 〔日〕平野裕之：《物权法》，弘文堂1997年版，第42页。但镰田仍认为类推适用仅仅是追究作出虚伪登记者的责任而并非积极保护对登记的信赖，与承认公信力尚有一定的差别。参见〔日〕镰田薰《民法笔记·物权(1)》，评论社2003年版，第31页。

胸怀，反叛民法公平正义之信仰。虽然，“鱼和熊掌”的选择本就足以让人备感头疼，但我们毕竟可以在一番比较之后得出“熊掌，我更所欲也”之结论，并在二者不可得兼时“舍鱼而求熊掌”。遗憾的是，珍视权利与呵护信赖之间并非鱼和熊掌的关系，静的安全和交易安全都是“至高无上的法律”。简单地将静的安全归结为个人的利益，而为交易安全贴上团体理想的标签，也是不正确的。如果非要将静的安全和动的安全在个人利益和社会利益之间对号入座，也只能说分别存在静的个人利益.社会利益和动的个人利益.社会利益。民法之于静的安全与交易安全，如同人之于工作和休息。谁也不能在工作与休息之间“舍鱼而求熊掌”，关键的是用最恰当的方式并最灵活地处理工作与休息之间的紧张关系。作为对古典市民法权利变动机制的修正，信赖保护法理一方面充分认识到信赖保护的重要性和必要性，另一方面又通过以存在对实体权利人的归责事由为平衡点，维持信赖保护的合理性，并在实体权利人对外观成立、存续的与因、过失、危险支配中去寻找归责的根据。由于与因、过失与危险支配的归责程度是不完全等同的，以何者为平衡点也可能实质性地影响信赖保护的构成，这就孕育着结合具体的时空背景灵活地选择平衡点的可能性，犹如因应结合具体的情景配置工作和休息的时间一样，但以危险支配为平衡点，也的确具有原则上的妥当性。在人的一生中，也有可能基于紧迫的需要整天工作而无一刻闲暇，与此同理，也不能从根本上排除个别情况下基于特定的法政策考虑而对信赖提供高强度的保护以至于不要归责。合理地安排工作与休息是人生之智慧，可以铸就人生之壮丽与辉煌；而合理地平衡权利关怀与信赖保护也是民法之艺术，可以促成民法调整生活关系的至善与至美。为了人生的壮丽与辉煌，启迪人生之智慧是人生永恒的主题；而为了民法的至善与至美，展现民法之艺术也是民法不朽的使命！

契约责任与侵权责任的竞合之理论上检讨*

陈龙江**

内容提要:契约责任与侵权责任的竞合是民法上争论长达上百年的著名理论问题。争论的核心是:应依契约责任的规定,还是应依侵权责任的规定来调整竞合?亦即,如何确定竞合情形的法律效果或损害赔偿请求权?本文的核心目的正是要探讨和回答这个问题。而本文所作的努力只是:采取批判继承的态度,尝试着在吸收前人的学说(主要是请求权规范竞合说)中的合理成分的基础上,从新的角度进行观察以及作进一步的挖掘。在此过程中,我国《合同法》第122条关于竞合的立法取向一并获得检讨。

关键词:契约责任　侵权责任　竞合　请求权基础　法律效果

Abstract: The concurrence of conctratual liability and tortious liability is a famous problem in civil law, about which there was a discussion lasting over a hundred years. The core of the argument is that, to solve the problem, should the rules of conctratual liability or the rules of tortious liability be used? That is to say, how to determine the legal effect under the circumstance of such a concurrence? This article tried to discuss and answer the question. By both pointing out the shortages of the existed theories and absorbing some of their reasonable parts (mainly that of Anspruchsnormenkonkurrenz), and by trying to analyse from some new perspectives,

---

* 本文是在我硕士论文的基础上略作修改而来的。在硕士论文的完成过程中,我的硕士导师李显冬教授的批评和指点,促使了我对论文的大小标题和结构作了进一步的完善。请允许我在此对他表示感谢。

** 陈龙江(1977—),男,中国政法大学民商经济法学院2004级民商法学博士研究生。

what was given in this article was an endeavor to further the discussion about the problem. As a byproduct, a critical remark was given to Article 122 of China Contract Law, which regulates the concurrence of conctratual liability and tortious liability.

Key Words: Contractual Liability, Tortious Liability, Concurrence, Legal Ground of Claim, Legal Effect

导　言

一、术语界定

有关民法中责任的含义或本质之争,本文无意涉及。这里仅须指出,竞合情形的契约责任或侵权责任中的责任均指损害赔偿责任,即损害赔偿之债而言。

"侵权行为是不法侵害他人支配型权利或者受法律保护的利益,因而行为人须就所发生损害负担责任的行为。"[①] 侵权责任是指因侵权行为所承担的责任。

"契约责任"是台湾民法学者使用的术语[②],在大约同等意义上[③],我国大陆民法理论及立法中[④] 则使用的是"违约责任"[⑤] 的称呼。实际上,无论是契约责

---

① 张俊浩(主编):《民法学原理》(修订第三版)(下册),北京:中国政法大学出版社 2000 年 10 月第 3 版,第 902 页。

② 对该术语的使用如,王泽鉴:《契约责任与侵权责任之竞合》,载王泽鉴:《民法学说与判例研究》(第 1 册),北京:中国政法大学出版社 1998 年 1 月第 1 版,第 369—389 页;曾世雄:《损害赔偿法原理》,北京:中国政法大学出版社 2001 年 10 月第 1 版,第 4 页:"依责任发生之依据为标准,民事责任可分为契约责任、侵权责任及法定责任。";王伯琦:《契约责任与侵权责任之竞合》,载郑玉波(主编):《民法债编论文选辑》(中),台北:五南图书出版公司 1984 年 7 月初版,第 635—654 页。

③ 关于"违约责任"在意义上与"契约责任"大约相同,理论上参见叶林:《违约责任及其比较研究》,北京:中国人民大学出版社 1997 年 10 月第 1 版,第 55 页:"我国学术界一般认为,违约责任是违反合同的民事责任的简称。"王利明认为,违约责任指在当事人不履行合同债务时,所应承担的损害赔偿、支付违约金等责任。参见,王利明:《违约责任论》,北京:中国政法大学出版社 2000 年 2 月修订版,第 23 页。立法上参见:我国《合同法》第 107 条的规定。

④ 我国《合同法》第七章标题及该章条文使用"违约责任"的术语。

⑤ 叶林指出,无论是大陆法系或者英美法系,都没有直接等同于中文"违约责任"的术语。违约责任恰恰是中国学术和法律自己创造的概念。参见叶林:《违约责任及其比较研究》,北京:中国人民大学出版社 1997 年 10 月第 1 版,第 41 页。姚新华认为,如果将来制定民法典,构筑总论体系时,"违约"及"违约责任"等概念应该让位于"债务不履行"这样的上位抽象概念。参见张俊浩(主编):《民法学原理》(修订第三版)(下册),北京:中国政法大学出版社 2000 年 10 月第 3 版,第 664—665 页。

任还是违约责任，均非大陆法系上的科学用语。大陆法系国家，如德国、法国的民法典及民法理论继受罗马法上“债”的一般概念，其下统领契约之债、侵权行为之债、无因管理之债、不当得利之债等债的类型。而上述各种类型之债，均可发生债务不履行，即“未依债务本旨为给付，以满足债权之状态”。[①] 因此债务不履行才是大陆法系的科学用语。而所谓契约责任或违约责任乃指契约上的债务不履行责任。本文为照顾习惯，仍采用“契约责任”的称谓。关于契约责任，王泽鉴先生界定为：不履行契约上义务而生之责任。[②] 本文从此理解。则本文所称之契约责任，包括给付不能、给付迟延及积极侵害债权（不完全给付）这些契约上债务不履行形态所生的责任。[③]

二、问题意识

契约责任与侵权责任（实质上就是契约上的债务不履行损害赔偿责任与侵权行为上的损害赔偿责任）的竞合，主要是指[④] 同一个不法行为，同时符合契约法和侵权法的规定，在法律推理的三段论法上同时产生契约责任及侵权责任，且这两种责任旨在对生活层面上的同一损害进行补偿[⑤] 的现象。在这种情形下，

① 史尚宽：《债法总论》，北京：中国政法大学出版社2000年1月第1版，第370页。

② 王泽鉴：《民法学说与判例研究》（第1册），北京：中国政法大学出版社1998年1月第1版，第372页。

③ 不同的是，黄茂荣先生似乎将缔约过失责任也归于契约责任。他认为：“契约之债之债务不履行、缔约上过失及积极侵害债权责任可合称为契约法上之损害赔偿责任（契约责任）。”参见黄茂荣：《债法总论》（第一册），北京：中国政法大学出版社2003年1月第1版，第58页，注[88]。笔者不赞成此种看法，认为应坚持王泽鉴先生的观点，即将契约责任限于指：因违反契约上义务产生的责任。缔约上过失情形，契约尚未成立，当然不存在契约义务及其违反。另外，契约之债上的积极侵害债权（即契约之债上的不完全给付责任）应归入契约上的债务不履行责任，前者应包含于后者。可见，黄茂荣先生上引“契约责任”应该是在“契约法上的责任”这个意义上使用。

④ 之所以称为“主要是指”，是因为学理上讨论的契约责任与侵权责任的竞合，不仅指依法律推理的三段论法同时产生契约责任及侵权责任的情形，还包括一种特殊情形。该情形，依三段论法只产生侵权责任，而不成立契约责任。详请见下文对契约责任与侵权责任竞合现象的界定。

⑤ 即就请求权角度观察，违约损害赔偿请求权和侵权行为损害赔偿请求权的给付目的相同。给付目的相同，应理解为旨在补偿生活层面上的同一损害。如果所生契约损害赔偿请求权与侵权损害赔偿请求权系针对生活层面上的不同损害，则尽管这两种损害可因同一的不法行为引起，它们在给付目的上并非同一，不发生竞合，而发生的是“请求权聚合”或“累积的规范竞合”（此术语的使用依〔德〕卡尔·拉伦茨：《德国民法通论》（上册），王晓晔、邵建东、谢怀栻译，谢怀栻校，北京：法律出版社2003年1月第1版，第349—350页）。例如加害给付之情形，因瑕疵造成已给付的买卖标的物毁损（履行利益受损）的，发生违约损害赔偿请求权，标的物的毁损同时造成受害人人身或财产的损失（固有利益受损）的，发生侵权行为损害赔偿请求权或积极侵害权（不完全给付）上的损害赔偿请求权。

无疑会产生受害人(即权利人)是依契约上的债务不履行损害赔偿请求权,还是依侵权行为上的损害赔偿请求权获得赔偿的问题。

对这个问题的回答,在民法学上引发了长期的争论,且已形成固有的学说。[①] 这些学说虽然内容各异,但在解答问题上都有一个共同点,即将权利人的损害赔偿请求权的确定问题,转化为在现行法的体系内请求权规范基础的选择问题。经过这种转化后,就可以采取法律适用的逻辑上的三段论方法,寻找请求权的规范基础和最终确定请求权。自方法上而言,并无疑义。不过,这些理论学说虽经长期发展,在理论上也可谓日趋成熟,且在实务上亦被贯彻,但各种学说本身仍存在不少未说能透彻说明的问题,并不能令人完全满意。

(一) 学说上未能深入分析竞合发生的原因

就竞合发生原因而言,笔者依目前所掌握之有限资料,发现学说上一般将竞合原因笼统地归结为损害事实同时充分契约责任及侵权责任的构成要件,而较少进一步深入分析这两种责任的构成要件何以会被同时充分。

引发这样的疑问,是因为近乎一种直觉表明:民法在体系上区分契约责任和侵权责任,定有其内在的理由。契约责任与侵权责任的竞合,不啻于模糊或打乱这样的体系安排。因此思考责任竞合的问题,尚须在更广阔的层面上观察民法如何划分契约责任和侵权责任?这种划分是否排除了契约责任与侵权责任的交叉或重合的可能?只有这些问题清楚了,才能明了生活层面上的损害究竟是应归于规范层面(或法律评价层面)上的何种责任,而且应依何种责任的规定予以处理。

笔者的观察发现,一方面,民法中契约责任与侵权责任的原有划分方法[②] 已经蕴含着内在的竞合可能。另一方面,现在民法领域内契约责任与侵权责任的竞合,在很大程度上源于契约法的扩张。这种扩张使契约法介入或侵夺了传

---

① 这些学说指:a. 法条竞合说(Gesetzkonkurrenz);b. 请求权竞合说(Anspruchskonkurrenz),又分为:请求权自由竞合说(Freie Anspruchskonkurrenz)及请求权相互影响说(Einwirkende Anspruchskonkurrenz);c. 请求权规范竞合说(Anspruchsnormenkonkurrenz)。参见王泽鉴:《契约责任与侵权责任之竞合》,载王泽鉴:《民法学说与判例研究》(第1册),北京:中国政法大学出版社1998年1月第1版,第377—382页。

② 这里的"原有的划分方法"特指不考虑德国法上积极侵害债权及"附保护第三人作用之契约"的情况下,契约责任与侵权责任的划分方法或标准。

统民法中侵权行为法的调整领域。其最为显著者为德国民法理论上积极侵害债权理论的提出及其在立法上的确立。[1] 德国民法理论中的"附保护第三人作用之契约"亦属扩张之一。正是这些扩张增加了契约责任和侵权责任发生竞合的机会。

（二）请求权规范竞合说确定请求权基础的正当化理由不明

就竞合情形法律效果或请求权的确定而言，各有关请求权竞合的学说都各有难以说明之处。在学说发展过程上较早出现的法条竞合说、请求权竞合说姑且不论（正文中详为评述），通说上被认为较合理的请求权规范竞合说亦存在问题。

请求权规范竞合说综合运用契约法规范和侵权行为法规范解决请求权的确定问题，正好说明原有的契约法规范或侵权行为法规范均不足以涵盖责任竞合所指向的生活事实。而这种生活事实要么是立法者未曾考虑过的新的生活事实，要么是立法者业已意识到，但认为不宜由法律直接给予规定，应留给学说去讨论和处理的特殊的一类生活事实。[2] 这种生活事实在法律上引起的请求权，自逻辑而言，要么是契约上的债务不履行损害赔偿请求权，要么是侵权行为上的损害赔偿请求权，要么是这两种请求权之外新的请求权类型。请求权规范竞合

① 2002年1月生效的《德国债法现代化法》通过修正《德国民法典》第241条、第280条将判例上发展起来的积极侵害债权理论予以法典化。参见杜景林、卢谌（编著）：《德国债法改革——〈德国民法典〉最新进展》，北京：法律出版社2003年2月第1版，第29—31页。我国台湾地区于1999年4月21日公布并于同年5月5日施行的新的"民法典"债编修正了第227条，就积极侵害债权（台湾学界称为"不完全给付"）的一般规定予以明文确立。参见黄茂荣：《债法总论》（第二册），北京：中国政法大学出版社2003年1月第1版，第212—213页及第212页的注[9]。

② 这个疑问，从笔者目前掌握的资料来看，后一种推测更可能。例如，陈荣宗认为，请求权发生竞合的现象，"其实立法者在立法当初已早有预见，在罗马法时代已经有这类问题之讨论了"（第248页）。该书作者亦指出，在德国民法各种不同的草案中，很少发现有关解决请求权竞合的立法，只有在"萨孙那"的民法草案（Das Saechsische BGB）及"律那孙"民法草案（Der Dresdner Entwurf zum BGB）里面，有两个法条提到这类问题的解决。（第248页）。陈荣宗认为"直到现在还没有完整的学理，当然也不能制定适当的法条"去规定请求权的竞合。以上参见陈荣宗：《民事程序法与诉讼标的理论》，台北：1977年5月初版。又如郭丽珍亦指出，"德国民法在制定之初，立法者并未对契约法与侵权行为法之竞合情况预设规定，而有意让此一问题之最终解决之道加以保留。" Mot. I, S.278，转引自郭丽珍：《瑕疵损害、瑕疵结果损害与继续侵蚀性损害》，台北：1999年5月初版，第131页。笔者亦倾向于采纳该观点，认为立法者更可能是基于谨慎的考虑，将责任竞合这个理论上尚不明朗的现象留待学说进一步观察。

说主张者之一 Georgiades 的回答是：此项请求权兼具契约与侵权行为之性质[①]，也就是把它归为一种新的请求权。这个定性为综合运用契约法规范和侵权行为法规范来确定该请求权的内容奠定了基础。

但是，该请求权之基础的确定，在主观构成要件、举证责任、时效、赔偿范围等方面须穿梭于契约法规范和侵权行为法规范之间，仅依据一定的原则[②] 定其取舍。则不免让人生如下疑问：法律在主观构成要件、时效、责任范围、举证责任等方面对契约责任和侵权责任作了不同的规定，各该规定背后亦必有相应的理由，请求权规范竞合说在请求权的确定上突破上述法律原有的考量，其正当性何在？

依目前笔者掌握的资料，请求权规范竞合说似未充分尽到正当化说明的义务。亦即，就算采请求权规范竞合说，请求权的内容如何确定，理由何在，仍有检讨的余地。

（三）我国《合同法》的立法选择似有草率之嫌

我国《合同法》第 122 条规定："因当事人一方的违约行为，侵害对方人身、财产权益的，受损害方有权选择依据本法要求其承担违约责任或者依照其他法律要求其承担侵权责任。"其在立法上不仅明确规定了加害给付[③]（属于积极侵害债权），而且在合同法中正式确认契约责任和侵权责任的竞合制度。其对竞合进行明文规定的立法态度，在世界各国的合同立法中是少见的。[④] 从第 122 条允许当事人自由选择一种责任提出请求这个角度而言[⑤]，这种处理方法实质上与

---

① 参见王泽鉴：《契约责任与侵权责任之竞合》，载王泽鉴：《民法学说与判例研究》（第 1 册），北京：中国政法大学出版社 1998 年 1 月第 1 版，第 381 页。

② 以消灭时效为例，各个学者采纳的处理原则可能不同。如德国学者 Eichler 认为"契约责任减轻之效果，亦适用于侵权责任，但消灭时效却采最有利于被害人之原则"（第 371 页），拉伦茨（Larenz）认为"应采取较短的时效，不应利用较长时效，否则短时效的规定将失其意义"（第 262 页）。以上参见陈荣宗：《民事程序法与诉讼标的理论》，台北：1977 年 5 月初版。

③ 李永军认为我国《合同法》第 122 条明确规定了加害给付。参见李永军：《合同法原理》，北京：中国人民公安大学出版社 1999 年 7 月第 1 版，第 582 页。笔者赞同此观点。

④ 参见王利明：《违约责任论》，北京：中国政法大学出版社 2000 年 2 月修订版，第 318 页。至少德国民法典、我国台湾地区"民法典"在立法上没有对请求权的竞合进行规定。

⑤ 参见王利明：《违约责任论》，北京：中国政法大学出版社 2000 年 2 月修订版，第 318 页。

学说上的请求权自由竞合说相同。[①] 但是第122条的规定从字面上理解，未采纳请求权相互影响说或请求权规范竞合说之更进步的做法[②]，似有草率之嫌。因此，我国《合同法》的立法选择，于契约责任和侵权责任竞合问题的讨论中，亦将得到检讨，获得启示。

以上所提出的几个问题激发了笔者的兴趣，从而不揣学识疏浅，资料有限[③]，对这个长期以来引发学者争论，固有诸学说已经稳稳占据理论阵地，而至今尚无定论[④] 的老问题进行了再次的思考和检讨。如果笔者的思考角度能与前人有点不同，给予这个旧问题以新的检视角度，从而不使本文沦为法学上的无益重复，则笔者的心愿就达到了。

三、论证理路

本文在论证理路上，大致依次如下：

(1) 在第一章，对学理上讨论的契约责任与侵权责任的竞合现象进行必要的界定。

(2) 在第二章，通过介绍并评价德国法上有关竞合的诸学说，指出学说上还没有圆满解决有关竞合的问题。这也同时指明了，在吸收前人理论的合理成分的基础上，本文意欲作进一步努力的方向。

(3) 在第三章，从所保护的利益范围这个角度，讨论契约责任与侵权责任发生竞合的可能性。指出民法中上述两种责任在保护范围上并不是截然分开的，而是存在交叉的部分。也就是说，本文所论的竞合现象客观存在，是个真命题。

---

① 相同的看法，请参见周林清：《理性的困惑：请求权竞合理论结构——兼评我国〈合同法〉第122条》，载《现代法学》2003年第1期，第47页。

② 关于理论上，请求权相互影响说及请求权规范竞合说比请求权自由竞合说进步，参见，王泽鉴：《民法学说与判例研究》(第1册)，北京：中国政法大学出版社1998年1月第1版，第379—382页。

③ 契约责任与侵权责任竞合之问题于德国法上获得较早的讨论(陈荣宗指出："一九〇〇年前后在德国民事法学者为请求权竞合问题发生过大争论。"参见陈荣宗：《民事程序法与诉讼标的理论》，台北：1977年5月初版)，论著亦极丰。我国学者的讨论基本上跟随德国学说。德文部分的原始资料笔者无法获得，另外目前我国有关请求权竞合的德文译著亦不多。对德国学说的了解，基本上依已译出的卡尔·拉伦茨的《德国民法通论》、迪特尔·梅迪库斯的《德国民法总论》及本文所引的陈荣宗、王泽鉴的著作，仅可得其大概。

④ 关于此点参见王泽鉴：《民法学说与判例研究》(第1册)，北京：中国政法大学出版社1998年1月第1版，第388页。

(4) 在第四章,重点剖析了竞合发生的内在机理。唯有如此,才能较进一步地确知竞合现象是如何发生的。也唯有如此,对于责任竞合情形法律效果的确定,才能做到“对症下药”。为此,该部分先尝试着对契约责任与侵权责任的竞合现象,以积极侵害债权理论的提出为时间上的分界点,划分为固有型竞合及扩张型竞合,并试着作类型上的归纳。接着以此划分和归纳为基础,分别剖析固有型竞合及扩张型竞合发生的内在机理。

(5) 在第五章,以上文的讨论为基础,最终回归到责任竞合的核心问题上,讨论如何确定契约责任与侵权责任竞合情形的法律效果,即如何确定请求权的基础。

(6) 最后,回答导言中提出的问题,得出本文的结论。首先,对契约责任与侵权责任竞合情形法律效果的确定,总结了自己的看法。其次,批评了我国《合同法》第122条的立法取向。并对我国有关责任竞合的立法,尝试着提出自己的建议。

第一章　契约责任与侵权责任竞合现象产生的原因及对该现象的界定

一、契约责任与侵权责任竞合现象产生的原因

契约责任与侵权责任的竞合系法律适用过程中的一种现象。理解这种现象,可从法律的适用开始。法律的适用或法律推理的进行,一般认为即是一种逻辑上三段论法的应用过程:法律的一般规定是大前提,将具体的生活事实通过涵摄过程(Vorgang der Subsumtion),归属于法律构成要件底下,形成小前提,然后通过三段论法的推论导出规范系争法律事实的法律效果。[①] 依此种方法,即可保证法律上的价值判断获得实现,构成民法上最基本的推理方法。因此,在对一个具体案件处理之前,法官的任务之一就是穷尽法律的规定,找出所有可作为大

① 参见黄茂荣:《法学方法与现代民法》,北京:中国政法大学出版社2001年10月第1版,第181页。

前提适用的法条或法律规定。[①] 常见的情况是同一生活事实有数个法条或法律规定去规范，因为“现代法律均为抽象规定，并从各种不同角度规律社会生活，故常发生同一事实符合数个规范之要件，致该数个规范皆得适用的现象，学说上称为规范竞合(Normenkonkurrenz)。”[②]

规范竞合可发生于不同的法律领域内，亦可发生于同一法律领域内。前者常见的如故意伤害他人身体，在刑法上构成故意伤害罪，须负刑事责任，在民法上须另依侵权行为法的规定，承担损害赔偿责任。此两种责任，内容不同，互不排斥，应同时适用。因为刑事责任旨在保护社会利益，民事责任旨在保护私人的私法权益，两者分工不同，互为补充。后者在刑法、民法上皆有发生，早已为理论上所发现和研究。

民法上规范竞合，即指同一个生活事实符合数个民法上的法条或法律规定之要件的现象。其中，实务中常见的是契约责任与侵权责任的竞合[③]，也就是契约上的债务不履行损害赔偿责任与侵权行为损害赔偿责任的竞合

二、对契约责任与侵权责任竞合现象的界定

(一) 契约责任与侵权责任竞合现象之所指及特征

1. 契约责任与侵权责任竞合现象之所指

由于语词或术语往往一词多义，在不同的语境下亦往往指代不同，为避免误

---

① 这里采用的是黄茂荣的分类，他区分了法规范(Rechtsordung)、法律规定(Regelung)及法条(Rechtssatz)，三者的关系为：法条只是组成各种法律规定之成员；而法律规定又是组成法规范之单位(第106页)。① 其中法规范是社会生活的规范之一，它和风俗习惯与道德共同规范着人类的社会生活。依先行的政治体制，构成法规范之法源主要是制定法及习惯法(第104页)。法规范本身构成一个体系，其下又分成各个较小的规范单元或体系(第106页)。② “各个法条只有当其取向于一定之价值标准，针对一定之生活类型被组合成一套规定以后，它对系争生活之意义才能被相对的确定下来”(第106页)，由此观之，法律规定当指在一定的价值观点之下，产生一定的规范功能的法条的组合。③ 法条指称的首先是制定法中之一个一个的条文，其次也当然包括习惯法中的“条文”。惟由于制定法之法条中的各项或甚至各款各目所规范的对象，由构成要件(例如第294条第一项)或法律效果(例如第259条)论，常常不同，故所谓之“法条”，实际上并不宜以一个条文作为单位，而应随具体情况，分别以条或项或目为单位(第110页)。参见黄茂荣：《法学方法与现代民法》，北京：中国政法大学出版社2001年10月第1版。

② 王泽鉴：《契约责任与侵权责任之竞合》，载王泽鉴：《民法学说与判例研究》(第1册)，北京：中国政法大学出版社1998年1月第1版，第371页。

③ 王泽鉴：《契约责任与侵权责任之竞合》，载王泽鉴：《民法学说与判例研究》(第1册)，北京：中国政法大学出版社1998年1月第1版，第372页。

解，在学术讨论中对之先行给予限定尤有必要。关于契约责任与侵权责任的竞合，如何看待和怎么确定其法律效果，历史上学者有不同的看法，因而形成了不同的学说。为了研究的方便，也为了同时将这些已有的学说纳入本文分析研究的范畴，本文在界定这种竞合现象时，先避开学说，以免先入为主地戴上某学说的“有色眼镜”去观察问题。这意味着这里的界定，意图描述一种诸学说所要面对和处理的现象。其中，凡是个别学说独特的看法都被排除在外，诸学说对这种现象公认而无疑义的看法才被包容进来。

关于契约责任和侵权责任的竞合，学理上多界定为同一生活事实，在法律上同时产生契约责任和侵权责任的现象。[①] 但是学理上，如下文将介绍的请求权相互影响说和请求权规范竞合说，把一种特殊现象也纳入上述竞合进行讨论和处理。[②] 此特殊现象即：依契约法或依契约的约定，债务人仅就故意或重大过失，或具体的过失[③] 负责任的，如果债务人对损害的发生仅构成抽象的过失（轻过失），将不成立契约责任，却可以构成侵权责任。易言之，此情形在法律上虽然只发生一种责任，但仍用竞合理论处理。因此，本文认为，应将契约责任和侵权责任的竞合区分为狭义的和广义的这两种。而在本文中，狭义的竞合指依法律适用的三段论法同时产生契约责任和侵权责任而发生的竞合现象。广义的竞合指狭义的竞合外加上文所述的特殊现象。

基于此，本文所要讨论的狭义上契约责任与侵权责任的竞合，系指这么一种现象：即在相同的当事人之间，行为人一方的同一不法行为，同时充分了契约责

---

① 参见王泽鉴：《民法学说与判例研究》（第 1 册），北京：中国政法大学出版社 1998 年 1 月第 1 版，第 372 页；郑玉波（主编）：《民法债编论文选辑》（中），台北：五南图书出版公司 1984 年 7 月初版，第 635 页，王伯琦的界定；王利明：《违约责任论》，北京：中国政法大学出版社 2000 年 2 月修订版，第 295 页。

② 参见王泽鉴：《契约责任与侵权责任之竞合》，载王泽鉴：《民法学说与判例研究》（第 1 册），北京：中国政法大学出版社 1998 年 1 月第 1 版；王伯琦：《契约责任与侵权责任之竞合》，载郑玉波（主编）：《民法债编论文选辑》（中），台北：五南图书出版公司 1984 年 7 月初版。

③ 为了便于说明，将德国民法典及我国台湾地区“民法典”上过失的分类及相应的术语略介绍如下：① 过失，按其注意之程度，分为抽象的过失、具体的过失及重大过失。抽象的过失，亦称轻过失，谓欠缺日常生活必要之注意。现行德国民法典称为交易上必要的注意（第 276 条第 2 款），台湾地区“民法典”称为“善良管理人之注意”（第 432 条）。② 具体的过失，谓以其人平素对于处理自己事务所用注意为标准，以测定其注意或不注意。台湾地区“民法典”称为“与处理自己事务为同一之注意”（第 590 条前段）。③ 重大过失，谓善良管理人之注意有显著之欠缺。以上除所标法条作更新外，系参见史尚宽：《债法总论》，北京：中国政法大学出版社 2000 年 1 月第 1 版，第 116 页。

任和侵权责任的构成要件,从而在三段论法的适用结果上同时产生契约责任(或契约上债务不履行损害赔偿请求权)和侵权责任(或侵权行为损害赔偿请求权),且这两个责任或请求权旨在对生活事实层面上的同一损害进行补偿,从而权利人(受害人)仅能依请求权一次而不能重复获得赔偿的理论现象。

广义上契约责任与侵权责任的竞合指,同一不法行为就其在同一当事人之间引起法律效果而言,既可以依契约法上的规定,又可以依侵权法上的规定进行调整和处理的理论现象。

本文所论的契约责任与侵权责任的竞合,在论述域上指广义的竞合。而在本文中,除非涉及契约法条文或契约降低债务人的注意义务的,即除非涉及上文所述的特殊现象的,契约责任与侵权责任的竞合均指狭义上的竞合

2. 契约责任与侵权责任竞合现象的特征

这里限于指狭义上契约责任与侵权责任竞合现象的特征。

(1) 引起责任竞合的须是行为人在生活事实层面上的单个行为。

生活事实层面,是相对于法律评价层面而言。也就是说,它是现实中客观存在的,还没有在法律上进行主观价值判断。否则,此一行为难谓单一,例如行为人的生活事实层面上的同一不法行为,在法律上可同时构成违约之不法行为及侵权之不法行为。

(2) 生活事实层面上的行为在同一当事人之间引起法律效果。

从法律上观察,生活事实层面上的同一行为也可以在不同当事人之间建立法律关系,引发法律效果。例如某甲将乙所有之马托丙保管,丙擅自骑用导致损害发生时,丙对寄托人甲应负契约责任,对所有人乙应负侵权责任,这二种责任独立并存,互不生影响,甲和乙可以分别主张。[①] 此种情形,不发生竞合。

(3) 生活事实层面上的单一行为同时符合契约责任和侵权责任的构成要件。

(4) 所发生的两个请求权旨在对生活事实层面上的同一损害进行补偿。

针对生活事实层面上的同一行为,依法律适用之逻辑上的三段论法,在法律效果上导出的两个责任或两个请求权,须旨在对生活事实层面上的同一损害进行补偿。同一不法行为亦可能造成生活事实层面上的两个不同损害,分别发生

---

① 所举例子引自王泽鉴:《民法学说与判例研究》(第1册),北京:中国政法大学出版社 1998 年 1 月第 1 版,第 372 页。

契约责任和侵权责任[①],此时两种责任独立并存,互不生影响,不构成竞合。

(5) 债权人不得就两个请求权重复获偿。

法律效果上众所公认的特征是:竞合情形依法律适用所生之两个请求权,债权人不得双重请求,重复获偿。[②] 这是法理之所在,无需详论。

(二) 契约责任与侵权责任竞合现象与相关现象的区别

1. 不同于"请求权聚合"

同一事实,或者基本上属于同一事实的情况可以根据不同的法律规定而产生不同的请求权,这些请求权是针对不同的给付的,而且都有效,这些请求权,权利人可以同时享有,它们相互并无妨碍,这种情形称为"请求权聚合"或"累积性的规范竞合"。[③] 例如由于过错造成对人身的伤害,根据原《德国民法典》[④] 第847条的规定,加害人既要对被害人的财产损失进行赔偿,还要对被害人支付慰抚金。契约责任与侵权责任的竞合,也就是契约上债务不履行损害赔偿请求权与侵权行为损害赔偿请求权的竞合,其与请求权聚合的区别在于:

(1) 给付目的不同。

在前者,竞合的两个请求权的给付目的相同。而在后者,产生的数个请求权针对不同的给付。这是根本区别所在。

(2) 能否一并请求不同。

在前者,竞合的两个请求权不能一并请求。而在后者,产生的数个请求权皆可请求,一并实现

2. 不同于请求权的"选择竞合"

同一事实,依法律规定某人享有两个或多个请求权,对此,权利人可以有选择地行使,最后权利人实际上只能使一种请求权得以实现,这种情况即请求权的

---

① 例如加害给付之情形,因瑕疵造成已给付的买卖标的物毁损(履行利益受损)的,发生违约损害赔偿请求权,标的物的毁损同时造成受害人人身或财产的损失(固有利益受损)的,发生侵权行为损害赔偿请求权或积极侵害权(不完全给付)上的损害赔偿请求权。

② 参见王泽鉴:《民法学说与判例研究》(第1册),北京:中国政法大学出版社1998年1月第1版,第376页。

③ 参见〔德〕卡尔·拉伦茨:《德国民法通论》(上册),王晓晔、邵建东、谢怀栻译,谢怀栻校,北京:法律出版社2003年1月第1版,第349—350页。

④ 为行文方便,本文以"现行德国民法典"指代2002年1月《德国债法现代化法》生效时的德国民法典,此次德国债法修订之前适用的德国民法典称为"原德国民法典"。

"选择竞合"或"替代竞合"。[①] 例如买受人在货物有瑕疵时,可以依据我国台湾地区现行"民法典"债编第359条、第360条请求减少价金或请求不履行之损害赔偿,但是上述两个请求只能择一行使。契约上债务不履行损害赔偿请求权与侵权行为损害赔偿请求权的竞合与请求权的"选择竞合"的区别在于:

(1) 发生数个请求权的原因不同。

在前者,发生两个请求权,是因为它们的构成要件同时被充分。在后者,法律上直接规定数个只能择一的请求权,是为了提供多种的救济途径,由当事人选择。

(2) 给付的内容不同。

在前者,两个请求权的给付目相同,在给付内容上同为损害赔偿金。在后者,产生的是两个内容不同的给付(如上述之减少价金的请求与不履行之损害赔偿的请求)

(三) 契约责任与侵权责任的竞合是多数法条或法律规定的竞合

法学方法论上的"法律规定",在拉伦茨著、陈爱娥译的《法学方法论》中,又称为"规整"[②],是指在一定的价值观点指导之下,旨在产生一定规范功能的法条间的组合。因此,契约责任与侵权责任的竞合,不是单个法条间的竞合,而是两个法律规定或规整间的竞合。[③]依契约责任与侵权责任请求赔偿时,往往要在主观构成要件、举证责任、时效、抵销、赔偿范围等方面分别适用规定各异的法条。因而契约责任与侵权责任的竞合就表现为上述各方面法条间的交集性竞合。这

---

① 〔德〕卡尔·拉伦茨:《德国民法通论》(上册),王晓晔、邵建东、谢怀栻译,谢怀栻校,北京:法律出版社2003年1月第1版,第349页。此外,尚可能发生请求权和形成权的"选择竞合",详见该书第349页。

② 在《法学方法论》一书中,拉伦茨指出:"法律中的诸多法条,其彼此并非只是单纯并列,而是以多种方式相互指涉,只有透过它们的彼此交织及相互合作才能产生一个规整。法秩序并非法条的总合,毋宁是由许多规整所构成。"〔德〕卡尔·拉伦茨(Karl Larenz):《法学方法论》,陈爱娥译,台北:五南图书出版有限公司出版1996年12月初版,第162页。将该书与黄茂荣的《法学方法与现代民法》相比较,可发现:在拉伦茨的《法学方法论》中,"规整"与黄茂荣说的"法律规定"(Regelung),"法秩序"与黄茂荣说的"法规范(Rechtsordnung)"在同等涵义上使用,应只是译法不同而已。这里采"法律规定"的译法。

③ 〔德〕卡尔·拉伦茨(Karl Larenz):《法学方法论》,陈爱娥译,台北:五南图书出版有限公司出版1996年12月初版,第167页:"假使同一行为既构成违约行为,也构成侵权行为,则相互竞合的不仅是两项法规范,而是两项规整总体。"又参见黄茂荣:《法学方法与现代民法》,北京:中国政法大学出版社2001年10月第1版,第178页。

些竞合的法条往往规定各异，以下以我国台湾地区现行“民法典”作说明。

1. 主观构成要件

民法上的侵权行为系以故意或过失为要件，所谓过失系以轻过失为标准。契约责任原则上亦以故意或过失为要件，当事人就契约上注意程度也可以约定。同时法律又对不同契约类型规定不同的注意程度。如依我国现行台湾地区“民法典”(下文所引法条同)，租赁契约第432条规定善良管理人之注意(即轻过失)，无偿寄托契约第590条规定应与处理自己事务尽同一的注意(即具体的过失)，而赠与契约第410条规定仅就故意或重大过失负责。[①] 而在上述这些条文所规定的情形，即使债务人只存在抽象轻过失，也可以成立侵权责任。

2. 举证责任

依一般举证责任原则，侵权行为的被害人应证明行为人的故意或过失、损害及因果关系。对于契约上的债务不履行，债权人无须证明债务人的故意或过失，而以证明债务不履行及损害及因果关系为已足。[②]

3. 时效

因侵权行为所生之损害赔偿请求权，其时效期间为2年或10年(第197条)。基于契约上债务不履行所生请求权之时效期间，原则上为15年，但在很多情况下，有短期时效之规定。

4. 抵销

第339条规定，因故意侵权行为而负担之债，债务人不得主张抵销。在债务不履行的情形下，债务人可以债务不履行损害赔偿之债对债权人享有的同种类债权主张抵销。

5. 赔偿范围

一般情况下，两者皆适用第216条关于法定赔偿范围的规定，侵权法或契约法另有规定的除外。另外，契约当事人依第250条约定违约金的，依约定。于此情形，除当事人另有订定外，违约金视为不履行而生损害赔偿之总额。约定少于损害的，主张侵权责任可获全赔。

---

① 以上参见王泽鉴：《侵权行为法》(第1册)，北京：中国政法大学出版社2001年7月第1版，第77页。

② 同上书，第78页。

第二章　对德国民法上关于竞合的学说的回顾与评价

同一不法行为引发的契约责任与侵权责任，有时在实益上相差很大，由上可见。竞合情形如何处理，除公认的债权人不得双重请求外，王泽鉴先生指出，下列两个问题引发学说判例上长达数百年的争论：此两种责任关系若何？债权人因法律规定之注意程度较低，致其行为虽构成侵权行为，但未符合债务不履行责任要件者，债务人能否主张侵权行为责任？[①] 对此，德国民法理论上发展出三个学说。介绍如下。

一、法条竞合说（Gesetzkonkurrenz）及其不足

在19世纪末叶及20世纪初，德国学者主倡该说者，颇有其人，如Endemann、von Tuhr诸氏[②]。法条竞合说引用刑法上法条竞合的概念，认为债务不履行乃侵权行为之特别形态，侵权行为系违反权利不可侵犯之一般义务，而债务不履行系违反基于契约而生之特别义务。因此，同一事实具备侵权行为及债务不履行时，依特别法优先于普通法之原则，只能适用债务不履行之规定，因而仅发生契约上之请求权，无主张侵权行为请求权之余地。[③]

该说之弱点表现在：

(1) 此说无充分的根据可认定，契约责任必然为侵权责任之特别规定，因为侵权行为制度与契约制度两者系各别独立之法律制度。[④]

(2) 人身权受侵害时，契约责任排除侵权责任，将产生严重不利后果，例如

① 参见王泽鉴：《民法学说与判例研究》（第1册），北京：中国政法大学出版社1998年1月第1版，第376页。

② Endemann, Lehrbuch des Buergerlichen Rechts, Bd. I, 9 Aufl. 1903, S, 1260; v. Tuhr, Der Allgemeine Teil des Deutschen Rechts, Bd. 3, 1918, S. 464. 转引自王泽鉴：《民法学说与判例研究》（第1册），北京：中国政法大学出版社1998年1月第1版，第377页。

③ 参见王泽鉴：《民法学说与判例研究》（第1册），北京：中国政法大学出版社1998年1月第1版，第377页。

④ 参见陈荣宗：《民事程序法与诉讼标的理论》，台北：1977年5月初版，第365页；王泽鉴：《民法学说与判例研究》（第1册），北京：中国政法大学出版社1998年1月第1版，第385—386页。

被害人不能依我国台湾地区现行"民法典" 第 193 条,第三人不能依第 194 条获得应有之赔偿。[①] 于此弱点,主张该说的学者,如 Endemann[②]、von Tuhr[③]、Hellwig[④] 亦将其见解加以限制,认为于身体伤害及死亡之情形,应例外由侵权行为法来补救。但是,正如王泽鉴先生指出,法条竞合说既不能贯彻其理论,自难认为有排斥侵权行为之性质。[⑤]

二、请求权竞合说(Anspruchskonkurrenz)及其不足

(一) 请求权自由竞合说(Freie Anspruchskonkurrenz)及其不足

请求权竞合说[⑥] 从德国早期文献上看,在 1904 年已经产生了。[⑦] 德国帝国法院对此见解开始时抱怀疑态度,1916 年在一个判决中开始采纳[⑧]。德国联邦法院 1953 年 4 月 28 日作的一个判决表明了采纳请求权自由竞合说的基本立场,可被引作基础判决。[⑨] 该说的要点[⑩] 在于:

(1) 基于侵权行为及债务人不履行所生之两个请求权独立并存,无论在成立要件、举证责任、赔偿范围、抵销、时效等,均就各个请求权判断之。

(2) 这两个请求权,债权人可择一行使,其中一个达到目的,另外一个随之

---

① 我国台湾地区现行"民法典"第 193 条第 1 项规定:不法侵害他人之身体或健康者,对于被害人因此丧失或减少劳动力,或增加生活上之需要时,应负损害赔偿责任。第 194 条规定:不法侵害他人致死者,被害人之父、母、子、女及配偶,虽非财产上之损害,亦得请求赔偿相当之金额。第 192 条第 2 项规定,被害人对于第三人负有法定扶养义务者,加害人对于该第三人应负损害赔偿责任。

② Endemann, Lehrbuch des Buergerlichen Rechts, 1. Band, 9 Aufl., 1903, S. 1259, Note 12. 转引自郭丽珍:《瑕疵损害、瑕疵结果损害与继续侵蚀性损害》,台北:1999 年 5 月初版,第 132 页。

③ von Tuhr, Allgemeiner Teil des BGB, Band I, 1910, § 16I4c。转引自郭丽珍:《瑕疵损害、瑕疵结果损害与继续侵蚀性损害》,台北:1999 年 5 月初版,第 133 页。

④ Hellwig, System des Deutschen Zivilprozessrechts I, Bd. S.325。转引自陈荣宗:《民事程序法与诉讼标的理论》,台北:1977 年 5 月初版,第 366 页。

⑤ 参见王泽鉴:《民法学说与判例研究》(第 1 册),北京:中国政法大学出版社 1998 年 1 月第 1 版,第 386 页。

⑥ 郭丽珍在氏著前揭书中,未指明请求权竞合说是否单指请求权自由竞合说。请参见该书第 133 页。

⑦ 参见郭丽珍:《瑕疵损害、瑕疵结果损害与继续侵蚀性损害》,台北:1999 年 5 月初版,第 133 页,注 13 所列文献的出版年代。

⑧ 同上书,第 133 页及该页注 14。

⑨ 郭丽珍:《瑕疵损害、瑕疵结果损害与继续侵蚀性损害》,台北:1999 年 5 月初版,第 139 页。

⑩ 参见王泽鉴:《民法学说与判例研究》(第 1 册),北京:中国政法大学出版社 1998 年 1 月第 1 版,第 378 页。

消灭，但若其中一个因已达目的以外的原因，例如因时效而消灭，则他一请求权(时效较长者)，仍犹存续。

(3) 就二个请求权，债权人得分别处分，或让与不同之人，或自己保留其中一个而将另一个让与他人。

请求权自由竞合说最受指摘之处为如下两点：

(1) 认为两个请求权绝对独立，其内容各依其所据以成立之规范判断，互不相干涉，将使法律特别减轻债务人注意义务及特别时效期间之规定成为具文。①

(2) 于履行前，各个请求权相互独立，允许债权人让与一个请求权，自己保留一个，将使只负一种给付义务的债务人要面对几个不同的债权人。② 这是不公平的。

(3) 诉讼上，依该说，债权人可以就两个请求权分别起诉，否则将无法合理说明，权利人只能满足一次给付，何以必须形成多数之诉讼标的。③ 拉伦茨亦指出，分别起诉按当时(拉伦茨写该书时)的诉讼法是不允许的，因为在一次特定的事件中受损失的原告要求得到赔偿，按诉讼法只能在诉讼中提出一种请求，而不是多种请求。④

(二) 请求权相互影响说(Einwirkende Anspruchskonkurrenz)及其不足

由于请求权自由竞合说存在诸多弱点，德国法院在判决上虽以该说为基础，

① 王泽鉴：《民法学说与判例研究》(第1册)，北京：中国政法大学出版社1998年1月第1版，第387页。

② 〔德〕卡尔·拉伦茨：《德国民法通论》(上册)，王晓晔、邵建东、谢怀栻译，谢怀栻校，北京：法律出版社2003年1月第1版，第352页。

③ 陈荣宗：《民事程序法与诉讼标的理论》，台北：1977年5月初版，第367页。

④ 〔德〕卡尔·拉伦茨：《德国民法通论》(上册)，王晓晔、邵建东、谢怀栻译，谢怀栻校，北京：法律出版社2003年1月第1版，第352页。有关德国民事诉讼标的理论发展，可参见黄茂荣：《债法总论》(第1册)，北京：中国政法大学出版社2003年1月第1版，第41页，注[27]。从中可观察到，诉讼标的理论在解决请求权的竞合引发的诉讼问题上的努力及进展，略述如下：① 起初，德国民事诉讼传统上认为每一个请求权即有一个诉权，因此，于同一目的可以依不同的规定发生互相竞合之多数请求权时，在诉讼法上自然导致诉的重叠(die Klagenhäufung)等不易解决的问题，这些困难引起建立具有程序法上内容之请求权概念的需要。② 接着，Rosenberg在其民事诉讼法第一版至第五版中提出民事诉讼法上之请求权应由原告提出之事实(der Sachverhalt)及诉之声明(der Antrag)定其内容，这就将诉之理由排除在外，基本上化解了由同一事实产生数个同一目的之请求权的竞合问题。诉讼标的理论的此项发展，反馈至实体法之请求权理论上，亦即采请求权规范竞合说，在实体法上将由一个事实发生之同一目的之数个请求权化约为一个请求权。③ 后来，德国诉讼法学说上进一步提出应当以诉之声明作为诉讼标的之成分，而将支持该声明之事实排除在外，以便于数个事实产生同一目的之请求权时，在程序上将数个请求权化约为一个。但实体法上的请求权尚未发展到将由数个事实产生之同一目的之数个请求权，化约为一个请求权的阶段。

但判决中已认识到该说之严格原则很难获得维持，而允许契约责任与侵权责任的规定相互限制。[①] 德国学说上几乎是一致地追随法院判决之见解[②]，自从20世纪60年代以后，学说上探讨的重点移转到请求权相互间之结果。[③]

请求权相互影响说的根本思想在于克服承认二个独立请求权所发生之不协调或矛盾。[④] 依该说，在若干重要问题上，请求权的相互作用之方式是[⑤]：

(1) 债务人依法律仅就故意或重大过失或具体轻过失负责任时，此项责任限制及于侵权行为，即债务人亦须具有故意或重大过失或具体轻过失时，始成立侵权行为。

(2) 契约上的短期时效对于侵权行为之请求权亦应适用。

(3) 在损害赔偿范围上，被害人基于侵权行为所得主张较广泛之赔偿(如原德国民法典第842条及第843条)，对于基于契约而生之请求权，亦有适用余地。

(4) 抵销上，因故意侵权行为而负担之债，其债务人不得主张抵销(依德国民法典第393条)，此项限制抵销之规定对于故意违背契约义务之行为亦适用。

请求权相互影响说斟酌当事人之利益及法律目的，个别检讨冲突之所在，排除不调和之处，使竞合之二个请求权互相修正，其结果较请求权自由竞合说合理。[⑥] 自调和思想及实际效果而言，其与下文所述的请求权规范竞合说并无不同。学说上之所以进一步发展出请求权规范竞合理论，其实出于呼应新诉讼标的理论的考虑。[⑦] 其不足在于：未能遵循一个生活事实只对应一个请求权的

---

① 参见郭丽珍：《瑕疵损害、瑕疵结果损害与继续侵蚀性损害》，台北：1999年5月初版，第140—141页。

② 同上书，第141页，德国法学上的具体文献，请参见该页，注47的列举。

③ 同上书，第137页。

④ 参见王泽鉴：《民法学说与判例研究》(第1册)，北京：中国政法大学出版社1998年1月第1版，第379页。

⑤ 同上。

⑥ 同上书，第387页。

⑦ 黄茂荣指出，传统的见解简单地将请求权竞合(Anspruchskonkurrenz)及请求权规范竞合(Anspruchsnormenkonkurrenz)论为请求权竞合，后来始基于诉讼经济的考量，配合诉讼标的理论，原则上论为请求权规范竞合。参见，黄茂荣：《债法总论》(第1册)，北京：中国政法大学出版社2003年1月第1版，第41—42页。Esser对诉讼经济考量的解释是：在这种情形，原则上将之论为请求权规范竞合可以让法院不用费心，从事关于系争规定之普通与特别关系之乏味的审查。参见Esser, Schuldrecht, 2. Aufl. 1960, S. 73, 转引自黄茂荣：《债法总论》(第1册)，北京：中国政法大学出版社2003年1月第1版，第42页，注[28]。

思想。

三、请求权规范竞合说[①] (Anspruchsnormenkonkurrenz)及其存在的问题

请求权规范竞合说的创立,其理论萌芽产生于德国民事诉讼法学者。民事诉讼法上新实体法说[②] 的代表人物之一 Nikisch 认为,凡本于同一事实关系而发生以同一给付目的之数实体法上请求权时,应视为仅有一个实体法上的请求权存在。[③] Nikisch 的见解得到许多民法学者的赞同,德国民法学者 Larenz 及 Esser 将上述竞合现象,不再称为请求权竞合,而改称为请求权规范竞合(Anspruchskonkurrenz)或请求权基础竞合(Anspruchsgrundlagenkonkurrenz)。[④]

请求权规范竞合说的要点是:

(1) 同一生活事实符合债务不履行及侵权行为二个要件时,论其本质,实仅产生一个请求权,但有两个法律基础,一为契约关系,一为侵权关系。[⑤]

(2) 请求权规范竞合之下,债权人之利益,应该由于多数请求权规范之存在而加强,不能反而减弱其利益,所以债权人得就所有有利于己之规定全部加以主张适用,即应采取债权人有利之原则。[⑥] 但是,若适用债权人有利之原则使法律

---

① 请求权规范竞合的概念提出后,Larenz, Esser, Georgiades Fikentscher 等学者保留了请求权竞合的概念。参见陈荣宗:《民事程序法与诉讼标的理论》,台北:1977 年 5 月初版,第 261 页。主要用于指下列情形:① 所有物返还请求权与用益债务契约关系终止后之契约标的物的返还请求权或不当得利返还请求权的竞合;② 自无因债务(例如票据债务)发生之请求权与自该债务所要清偿之旧债务关系(例如贷款债务)发生的请求权的竞合。参见黄茂荣:《债法总论》(第 1 册),北京:中国政法大学出版社 2003 年 1 月第 1 版,第 43 页的归纳。

② 新实体法说(neue materiellrechtliche Lehre)与旧实体法说(die ursprungliche materiellrechtliche Theorie)对应,系德国民事诉讼法上关于诉讼标的的理论。该二说都以实体法上之请求权为标准区别诉讼标的之单复异同。但二者所主张之请求权,在概念及说明之方法上,大不相同。详请参见陈荣宗:《民事程序法与诉讼标的理论》,台北:1977 年 5 月初版,第 336—350 页。

③ 综合参见陈荣宗:《民事程序法与诉讼标的理论》,台北:1977 年 5 月初版,第 345 页,第 369 页,注八四。

④ 陈荣宗:《民事程序法与诉讼标的理论》,台北:1977 年 5 月初版,第 345 页,第 369 页。

⑤ Larenz, Schuldrecht, Ⅱ 1965. S. 416ff., 转引自王泽鉴:《民法学说与判例研究》(第 1 册),北京:中国政法大学出版社 1998 年 1 月第 1 版,第 380 页。

⑥ S. Georgiades, Die Anspruchskonkurrenz im Zivilrecht und Zivilprozessrecht S. 167f.; Eichler, Acp 162, 120; Larenz, Schuldrecht, Ⅱ, §69IV, 转引自陈荣宗:《民事程序法与诉讼标的理论》,台北:1977 年 5 月初版,第 376 页。

优先预定之目的无法达成的,应优先适用法律优先考虑之目的所制定之规定。[①]

(3) 有关此请求权,Georgiades 认为兼具契约与侵权行为之性质。

请求权规范竞合说兼采请求权相互影响说的思想,在理论上更进一步,导向一个统一的请求权,且符合德国的新诉讼标的理论,堪称进步。但其面临着各请求权规范间主观构成要件、时效、抵销、赔偿范围、举证责任等方面的规定不一致时,如何合理调和的问题。学者间的意见仍有不一致之处。如在时效上,拉伦茨主张应采较短的时效,不应利用较长时效,否则短时效的规定将失其意义。[②] Georgiades 则主张按有利于债权人之原则,但法律对短时效的规定含特别目的时,应适用短时效期间[③],Eichler 认为应采最有利于被害人之原则,[④] 梅迪库斯则认为,无法就全体请求权给予一般性的回答,法律规定各个时效期间时的目的才具有决定性的意义。[⑤]

四、评价

即使是最先进之请求权规范竞合说,似犹未能完全说明其自身存在的两个问题。

其一,为什么要采有利于债权人原则?这里的债权人同时也是侵权行为的受害人。无疑,法律是从保护受害一方的角度出发。但是此一理由似乎很难成立,因为在私法领域,私主体间均应获得公正平等的对待,法律决定在什么情形下(表现为责任构成要件),多大范围内(表现为对赔偿范围进行合理限制的标准)给予损害赔偿救济,皆应内在地包含着正当性理由。是这些正当理由而不是预先偏向某一方的倾向,决定着如何去保护受害人。否则的话,已经违反法律上

---

① 参见陈荣宗:《民事程序法与诉讼标的理论》,台北:1977 年 5 月初版,第 376—377 页;Georgiades, Anspruchskonkurrenz, S. 167ff., 转引自,王泽鉴:《民法学说与判例研究》(第 1 册),北京:中国政法大学出版社 1998 年 1 月第 1 版,第 381 页。

② Larenz, Schuldrecht Ⅱ Bd. (1964) 7. Aufl. §69, 转引自陈荣宗:《民事程序法与诉讼标的理论》,台北:1977 年 5 月初版,第 262 页。

③ Georgiades, Anspruchskonkurrenz, S. 167ff., 转引自王泽鉴:《民法学说与判例研究》(第 1 册),北京:中国政法大学出版社 1998 年 1 月第 1 版,第 382 页。

④ Eichler, Die Konkurrenz der vertraglichen und Deliktischen Haftung im Deutschen Recht, Acp 162, 419f, 转引自,陈荣宗:《民事程序法与诉讼标的理论》,台北:1977 年 5 月初版,第 371 页。

⑤ 〔德〕迪特尔·梅迪库斯:《德国民法总论》,邵建东译,北京:法律出版社 2000 年 11 月第 1 版,第 70 页。

平等之基本原则了。

民法典中关于契约责任的规定以及关于侵权责任的规定,皆应被认为是以正当性理由加以支撑的。故单独依契约责任或侵权责任的规定评价某一不法行为,立法者立法时的正当性考虑(或立法目的)将获得维护。这也是大陆法系民法在法律适用上,严格采用逻辑上之三段论法的理由。当人们舍契约责任的有关规定而取侵权责任的规定或作相反取舍时,已经背离或抛开了被舍弃规定背后的正当性考虑。可见,这种舍此取彼的做法需要额外的理由,或者说应证明:针对竞合情形,法律有特别的考虑。因此,有利于债权人之原则的价值预设是难以成立的,法律特别给予考虑的目的才是关键所在。

其二,我们注意到一些主张请求权规范竞合说的学者,如 Georgiades 亦认为法律有优先预定之目的时,构成对有利于债权人之原则的限制,应优先适用法律优先考虑之目的所制定之规定。问题是,依笔者对关于请求权规范竞合说有限的译介资料的掌握来看,确定这种法律优先考虑目的的标准是未被言明的。或许这些学者认为应具体到个案考虑吧。但是个案中又应以什么为指导呢,有没有较具原则性的指导思想?总之,确定法律优先考虑的目的之标准或原则的问题似乎是不应回避的。否则,竞合情形法律的适用极易完全系于法官的主观判断,而对判决进行事后审查和检证的标准也将难于把握。

第三章　契约责任与侵权责任竞合的可能性分析

一、说明

以往人们极少从契约责任与侵权责任在利益保护上所各自职掌的范围之区分入手,来观察二者的竞合现象。学者在论及竞合的原因时,几乎都停留在契约责任及侵权责任的构成要件同时被充分这一认识上。然而,契约责任与侵权责任发生竞合的逻辑前提是:它们各自所保护的利益范围有交叉。由此须追问:理论上契约责任和侵权责任各自保护的利益范围如何划分?这种划分是否存在交叉?

二、契约责任与侵权责任各自保护的利益范围

(一) 侵权责任所保护的利益范围

履行利益和完全性利益(保持利益)之概念乃是德国民法学上的产物。[①] 于此先说明,完全性利益,德文是 Integritaetsinteresse,另有译成“完整性利益”[②] 或“固有利益”[③] 的。这里采取“固有利益”的译法。

台湾及大陆民法学界对固有利益(das Integritaetsinteresse)一词的使用尚不多。然而,该词在德国民法学上被用来指代契约履行利益之外,属侵权行为典型保护范围的利益。[④] 固有利益,在存在契约之情形,指并非因契约的履行而获得,而是受害人原来就享有的利益,简言之,是履行利益之外受害人原来享有的利益。[⑤]

(二) 契约责任所保护的利益范围

1. 传统民法中契约责任只保护履行利益

履行利益,也称为积极行为上之利益(positives Geschaeftsinteresse)或积极契约上之利益(positives Vertragsinteresse),指法律行为有效成立,债权人就其获得债务履行所存之利益,即因债务人不履行其债务,致有效成立之法律行为之效力未获实现所生之损害[⑥],契约上债务不履行的损害赔偿即对债权人应享有履行

---

① 参见韩世远:《违约损害赔偿研究》,北京:法律出版社 1999 年 1 月第 1 版,第 160 页。

② 参见郭丽珍:《瑕疵损害、瑕疵结果损害与继续侵蚀性损害》,台北:1999 年 5 月初版,第 25 页。

③ 黄茂荣:《债法总论》(第 2 册),北京:中国政法大学出版社 2003 年 1 月第 1 版,第 180 页。

④ das Integritaetsinteresse 在前引郭丽珍的《瑕疵损害、瑕疵结果损害与继续侵蚀性损害》一书中多次出现,但没有给出一般定义,就其在德国的使用来看,对应的应是“Aequivalenzinteresse”(相当性利益),这个词在该书中也没有给出一般的定义。综合上述两个词在该书中的使用,可认为:Aequivalenzinteresse(相当性利益)指的是“合契约给付应获得之利益”(第 25 页),该利益由契约法而非侵权法保护(请综合参见第 50 页,第 110 页,第 144 页,第 146 页);das Intergritätsinteresse 指的是相当性利益(履行利益)之外的利益,该利益“属侵权行为法之典型事项”(请参见第 110 页,另外,第 143—144 页,第 146 页),例外的是“完整性利益之保护亦为积极侵害债权责任(契约法)之任务范畴”(请参见第 146 页)。

⑤ 对固有利益,前引郭丽珍的《瑕疵损害、瑕疵结果损害与继续侵蚀性损害》,前引黄茂荣的《债法总论》(第二册),未给出一般的界定。黄茂荣在论述缔约过失时,将缔约过失之情形的“固有利益”界定为:“在违反保护义务之事件发生前受害人所享有之利益,该利益不是基于存在于加害人与被害人间之进行中的债务关系,将因履行而取得,而是在事件发生前即已存在”,参见黄茂荣:《债法总论》(第 2 册),北京:中国政法大学出版社 2003 年 1 月第 1 版,第 180 页,注[5]。固有利益的损害,不限于缔约过失之情形,于积极侵害债权上亦可发生。对固有利益,笔者在这里尝试着给出一个一般性的界定。

⑥ 参见史尚宽:《债法总论》,北京:中国政法大学出版社 2000 年 1 月第 1 版,第 288—289 页。

利益所受的损害进行赔偿。

契约的目的在于履行,债务的不履行可引发损害赔偿之债,此种责任在罗马法上已产生。[①] 关于违约损害赔偿的范围,罗马法上确立的原则是:“在债务人主观无过错的情况下,债务人的赔偿责任小于直接损失,而在债务人主观有过错(包括债务人迟延)的情况下,债务人应赔偿债权人因债务不履行而遭受的实际损失和所丧失的利益。”[②] 这一赔偿原则为后世的原德国民法典(第249条、第252条)及法国民法典(第1149条、第1150条)所继受。确定赔偿范围的标准,在当代被归纳为:通过赔偿使债权人处于如同债务得到履行时的利益状态。此点,被公认为在现代英美法、大陆法上并无二致。按这一标准保护的利益在德国法上被称为履行利益。传统民法将契约责任的保护范围限于履行利益,其在法典上的依据之一是原德国民法典就债之关系之本质仅为片面规定(第241条)[③],即仅针对给付利益(Leistungsinteresee)。[④]

2. 扩张后的契约责任亦保护固有利益

但是契约法所保护之利益范围处于一个不断扩张的过程。[⑤] 德国法上于给付义务之外,通过附随义务中之保护义务的提出及发展,使得凭借不成文之积极侵害债权责任,契约责任得以扩张保护完整性利益(即固有利益)以突破侵权行为法上之弱点,诸如举证责任之分配、时效规定、雇佣人责任及纯粹财产上损害之赔偿。[⑥]

3. 小结

因此,界定契约责任所保护的利益范围时,须作如下区分:积极侵害债权理论产生之前,契约责任仅保护履行利益,在此之后,亦附带保护固有利益。

---

① 参见丁玫:《罗马法契约责任》,北京:中国政法大学出版社1998年10月第1版,第89页。

② 同上书,第97—98页。

③ 原德国民法典第241条规定:依债务关系,债权人有权向债务人请求给付。给付也可以是不作为。

④ 郭丽珍持此观点,参见郭丽珍:《瑕疵损害、瑕疵结果损害与继续侵蚀性损害》,台北:1999年5月初版,第147页。同样的观点另请参考,朱岩(编译):《德国新债法:条文及官方解释》,北京:法律出版社2003年1月第1版,第83页:“《德国民法典》现行第241条(笔者按:指现行德国民法典第241条)尤其完全限于履行利益。”

⑤ 参见叶林:《违约责任及其比较研究》,北京:中国人民大学出版社1997年10月第1版,第33—35页。

⑥ 参考郭丽珍:《瑕疵损害、瑕疵结果损害与继续侵蚀性损害》,台北:1999年5月初版,第147页。

三、契约责任与侵权责任所保护利益范围的比较分析

(一) 分析的项目:所受损害与所失利益

仅说契约责任保护履行利益,侵权责任保护固有利益,是很笼统的说法。事实是否如此,有待于更进一步的分析,这可借助于所受损害与所失利益这一对概念来进行。[①] 我国台湾地区现行“民法典”第216条第1项即从上述两个概念来界定法定损害赔偿的范围:“损害赔偿除法律另有规定或契约另有订定外,应以填补债权人所受损害及所失利益为限。”

所受损害或积极的损害(positiver Schaden)指因损害事故之发生赔偿权利人现有财产所减少之数额。[②] 所失利益或消极的损害,指因损害事故之发生赔偿权利人的财产应增加而未增加之额数。[③]

须值注意的是,诚如黄茂荣先生指出的,“违约赔偿与侵权行为之赔偿在规范基础及填补之利益上通常虽然不同,但同样皆包含‘所受损害及所失利益’所构成之损害。不但违约之履行利益上,而且侵权行为之固有利益上的损害皆可包含所失利益的消极损害。同样,违约也会有‘所受损害’所构成之积极损害”。[④]

(二) 所受损害项下的比较

单纯由侵权法保护之固有利益的所受损害较为简单,而由契约法保护之履行利益上的所受损害则复杂得多,下面以后者为主进行分析。

所受损害,即赔偿权利人现有财产的减少。债务人违约之情形,债权人现有财产的减少主要表现为两个方面:为获得对待给付而作的必要支出及违约造成

① 所受损害(或积极的损害)与所失利益(或消极的损害)是德国与我国台湾地区民法学上的术语。请参见曾世雄:《损害赔偿法原理》,北京:中国政法大学出版社2001年10月第1版,第156—157页;史尚宽:《债法总论》,北京:中国政法大学出版社2000年1月第1版,第288页。之所以选这一对概念还是因为这一分类具有一般适用性(请参见曾世雄:《损害赔偿法原理》,北京:中国政法大学出版社2001年10月第1版,第156、157页),不专限于违约或侵权之损害赔偿。

② 综合参见曾世雄:《损害赔偿法原理》,北京:中国政法大学出版社2001年10月第1版,第156—157页;史尚宽:《债法总论》,北京:中国政法大学出版社2000年1月第1版,第288页。

③ 同上书,第157页;史尚宽:《债法总论》,北京:中国政法大学出版社2000年1月第1版,第288页。

④ 黄茂荣:《债法总论》(第2册),北京:中国政法大学出版社2003年1月第1版,第71—72页。

的财产损失。

1. 为获得对待给付而作的必要支出

有学者称之为“因合同不履行所产生的信赖利益损失”,即指合同当事人因信赖对方将履行合同而支出的代价或费用,因一方不履行或不适当履行合同,造成的另一方上述代价或费用的损失。[①] 这种“信赖利益”损失,美国学者富勒称为“必要信赖”(essential reliance),“它从不严格的意义上讲即是原告通过合同所获得之好处的‘代价’”,“它包括对双务合同中明示或默示条件的履行,对单务合同中所要求之行为的履行、为这两种类型之履行所作的准备以及因缔结此合同本身所受的损失,如错过缔结其他盈利合同的机会”。[②]

上述这种“信赖利益”固然是赔偿权利人现有财产的损失,然而其与固有利益应区别开。赔偿权利人信赖相对人将履行,而投入的缔约费用、准备履约及受领给付之费用,“这些费用之投入,必须先从固有利益分离出来,在分离投入之后,该费用即不再属于固有利益的一部分。此为信赖利益与固有利益之界线所在”。[③] 事实上,这些费用是赔偿权利人为获得对方履行的必要支出,不论对方违约与否,这种代价都是必不可少的。[④] 这些费用与约定之给付,有成本与收益之关系,表现为成本与收益间之转化关系。[⑤] 所以,此项“所受损害”就被对待给付所吸收了。

2. 违约造成的财产损失

(1) 违约造成的财产损失,一般说来,不包括由侵权行为损害赔偿责任(侵权法)所保护的固有利益的损失。此种区别,从德国民法上积极侵害债权理论(台湾地区学者称为“不完全给付”)的发展可推论出。债务人违约所造成给付之外债权人人身或其他财产法益损害的,即为履行利益以外其他权益(uebererfuel-

---

① 王利明:《违约责任论》,北京:中国政法大学出版社 2000 年 2 月修订版,第 465 页。

② 〔美〕L. L. 富勒:《合同损害赔偿中的信赖利益》,韩世远译,载梁慧星(主编):《为权利而斗争》,北京:中国法制出版社 2000 年 10 月第 1 版,第 537—538 页。

③ 黄茂荣:《债法总论》(第 2 册),北京:中国政法大学出版社 2003 年 1 月第 1 版,第 181 页,注[6]。黄茂荣在注[6]中,讲的是缔约过失情形,缔约人因信赖相对人而投入的缔约费用、准备履行及受领给付之费用,这些费用自固有利益分离,投入后不属于固有利益。笔者认为,“因合同不履行所生的信赖利益损失”之情形下,发生类似情形。

④ 王利明:《违约责任论》,北京:中国政法大学出版社 2000 年 2 月修订版,第 468—469 页。

⑤ 黄茂荣:《债法总论》(第 2 册),北京:中国政法大学出版社 2003 年 1 月第 1 版,注[6]。

lungsmaessiges Interesse)之侵害,德国学者称之为附带损害(Begleitsschaden),台湾地区学者则称之为加害给付。[①]加害给付所生之损害,原应属侵权行为法之范畴,然而,德国人 Staub 氏所提出"积极侵害契约"理论[②] 之基本目的,即在于债权人得以债务不履行为理由,向债务人请求履行利益外之附带损害(Begleitsschaden)赔偿。[③] 简而言之,在积极侵害债权提出之前,债务人于给付之外对债权人人身或其他财产(系固有利益)造成之损害,仍应属侵权法保护范畴,不归入履行利益上的所受损害,积极侵害债权提出后,上述履行利益以外其他权益(或称超越履行范围之利益)之损害则可构成不完全给付责任(债务不履行责任),具备侵权行为要件时,同时构成侵权责任。[④]

(2) 然而,即使不考虑积极侵害债权理论的影响,民法上亦常有履行利益及固有利益交叉的特殊现象,这是由契约上的给付义务和侵权法中不为侵害的注意义务的相互交叉引起的。民法上的有名契约,典型的如保管、仓储、使用借贷,保管人或借用人所负的保管义务与侵权法上的注意义务存在重叠。于上述情形,如果违反契约给付义务的行为同时也符合侵权行为要件的,履行利益上所受损害与固有利益上所受损害就存在交叉。

(3) 实际上,违约造成的财产损失,通常表现为金钱上的损失。如黄茂荣指出,违约之所受损害之典型为延伸的损害,包括对于第三人之违约赔偿[⑤],即在契约链条中,债权人因债务人违反某一契约而须对第三人(另一契约之债权人)支付违约赔偿金。又如一方违约后,非违约方为取得替代给付所多支出之费用。[⑥]

---

① 王泽鉴:《不完全给付之基本理论》,载王泽鉴:《民法学说与判例研究》(第 3 册),北京:中国政法大学出版社 1998 年 1 月第 1 版,第 85 页。

② 德国学者有认为"积极侵害契约",概念不甚恰当,因为此种债务不履行,不限于因契约而生之债始有之,于其他原因而生之债之关系,亦得有之,故改称为积极侵害债权(positive Forderungsverletzung)。参见王泽鉴:《民法学说与判例研究》(第 3 册),北京:中国政法大学出版社 1998 年 1 月第 1 版,第 72 页。

③ 王泽鉴:《民法学说与判例研究》(第 3 册),北京:中国政法大学出版社 1998 年 1 月第 1 版,第 90 页。

④ 同上书,第 96 页。

⑤ 参见黄茂荣:《债法总论》(第 2 册),北京:中国政法大学出版社 2003 年 1 月第 1 版,第 68—69 页。

⑥ 同上书,第 69 页,注[1]。

(三) 所失利益项下的比较

违约情形的所失利益包括对待给付及利润的损失。利润是指一方当事人在取得对方交付的财产的基础上,运用该财产从事生产经营活动所获取的收益。①

就侵权行为之固有利益的损害而言,于财产或人格权(例如身体、健康)的侵害上皆可引起所失利益的损害。② 前者如故意烧毁他人用于出租之房屋,则于赔偿房屋修复的工程费外,受害人仍可请求因房屋烧毁致无法利用,而遭受的租金之损害。③ 后者如不法侵害他人之身体或健康,致被害人丧失或减少劳动能力所造成的劳动收入的丧失或减少。④

履行利益损害项下的所失利益与固有利益损害项下的所失利益较易区分,前者依赖于契约的履行而产生,后者非依赖契约之履行而产生。所失利益项下契约责任及侵权责任所保护之利益不存在交叉。

四、结论

(一) 对履行利益的保护体现的是契约上之意思自治

对履行利益项下所受损害的处理及其理由如下:

(1) 违约所造成的"必要信赖"之损失应作为成本,被吸收到非违约方自违约方所应得的给付利益之内。这是因为法律认为当事人于契约活动上的判断与决策,终归是当事人的自由,民法于此种自由尊重之,径直支持非违约方请求期待的给付及利润即可。这样做的另一个理由是,如果允许非违约方诉求"必要信赖"的损失,而不是去请求期待的给付及利润,则如果前者的价值大于后者,这无异于将交易的亏损转嫁给对方。

(2) 契约法之所以将履行利益以外其他权益(uebererfuellungsmaessiges Interesse)排除于违约的损害赔偿之外,不单是因为这种利益原属侵权法固有的保护范围,更是因为,契约既然是当事人意思自治的产物,则契约获得完全履行时当事人的利益状态——履行利益,应被视为意思自治的结果。这种结果内在地

① 王利明:《违约责任论》,北京:中国政法大学出版社 2000 年 2 月修订版,第 463 页。

② 黄茂荣:《债法总论》(第 2 册),北京:中国政法大学出版社 2003 年 1 月第 1 版,第 68—69 页。

③ 所举例子,参见同上书,第 72 页,注[16]。

④ 参见我国台湾地区"民法典"第 193 条(侵害身体、健康之财产上损害赔偿)。

包含了当事人对成本投入与收益预期、所冒风险等等的考量与决策。按意思自治之“自主选择”、“自己责任”[①] 的内在逻辑,对此法律应给予尊重与维护。而履行利益以外其他权益的变动显然不是特定契约上意思自治的结果。总之,无论是不得诉求的“必要信赖”之损害,还是不得诉求的履行利益以外其他权益之损害,契约法的此种规定均旨在将保护范围限于当事人依契约的期待——履行利益。

(二)契约责任与侵权责任在保护的利益范围上既有区分又有交叉

根据以上分析,契约责任(违约损害赔偿责任)保护的是履行利益,侵权责任保护的是固有利益,二者泾渭分明,原则上不重合。例外的情形是:其一,若契约上的给付义务恰好与侵权法上对固有利益的保护义务交叉时,履行利益之损害与固有利益之损害发生重合。其二,积极侵害债权理论使得契约责任(契约债务不履行责任)扩张及于原来专由侵权责任保护的固有利益之损害上。

第四章　契约责任与侵权责任竞合现象发生的内在机理分析

一、对契约责任与侵权责任的竞合现象应作类型上的归纳

(一)不区分类型的做法妥否

依目前掌握的资料来看,以往有关著述皆没有对契约责任与侵权责任的竞合现象作划分或类型上的归纳。[②] 则在讨论请求权(即法律效果)时亦不可能考虑到不同的类型间是否存在区别对待的必要。暂且不论此种必要是否真的存在,仅分类就有自身的意义。首先,对某一事物的分类即已揭示类型间各含有不同的特质,于认识上是一种深化;其次,特质的存在蕴含特殊处理的可能。对事

① 张俊浩(主编):《民法学原理》(修订第三版)(上册),北京:中国政法大学出版社 2000 年 10 月第 3 版,第 32 页。

② 严格说来,逻辑学上概念的划分,其规则之一是划分必须是相称的,划分所得的各个子项的外延之和必须等于母项的外延,不能多,也不能少。参见《普通逻辑》,上海:上海人民出版社 1993 年 4 月第 4 版,第 129—130 页。本文在此使用的“类型”,并不主张类型的总和应穷尽列举。在此意义上,划分与“类型上的归纳”不同。

物进行区分的价值，在对民法上“权利”这一概念的细分及作不同处理上表现无遗。所以从某种意义上讲，法学的进步实际上有赖于分门别类。

(二) 本文所作的划分及归纳出来的类型

1. 本文将契约责任与侵权责任的竞合划分为：固有型竞合及扩张型竞合

这里的划分的依据来自历史的启示。契约责任的扩张(这里特指契约责任侵入侵权责任固有领域)即暗示：在契约责任与侵权责任原有的区分方法(即不考虑德国法上积极侵害债权及“附保护第三人作用之契约”的情况下，契约责任与侵权责任的划分方法或标准)之下，两者的竞合现象与契约责任扩张(这里限于指德国法上积极侵害侵权理论及附保护第三人作用之契约理论的产生与发展)引起的竞合现象存在某种不同。

故本文根据竞合是否由契约责任的扩张引起，作如下划分：将上述两种责任在积极侵害债权理论产生之前发生的竞合称为“固有型竞合”，将由契约责任扩张引起的竞合称为“扩张型竞合”。

2. 归纳出来的类型

(1) 固有型竞合中的类型。

如前所述，于契约责任扩张前，契约法上对固有利益的保护义务与侵权法上不为侵害的注意义务存在交叉时，引起履行利益之损害与固有利益之损害的交叉，则契约责任与侵权责任可发生竞合。此种竞合，属于固有型竞合，然而这种竞合是否穷尽固有型竞合现象，笔者亦没有把握，所以仅将其作为一种类型。

(2) 扩张型竞合中的类型。

本文将积极侵害债权理论(或不完全给付理论)引起的竞合，归纳为扩张型竞合中的一个类型。“附保护第三人作用之契约”理论引发的竞合，实质上属于积极侵害债权理论引起的竞合(下文另有说明)，所以本文没有将其归纳为独立的一种类型。现代民法上契约责任的扩张，是否还会引起其他类型的扩张型竞合，笔者目前还没有发现。因为不清楚积极侵害债权理论引起的竞合，是否穷尽扩张型竞合现象，本文没有将其直接等同于扩张型竞合，而是仅作为一种类型对待。

二、对契约责任与侵权责任的固有型竞合的分析

(一) 固有型竞合发生的内在机理

竞合的发生仅仅是个例外。履行利益是债务人履行契约上之给付义务后债

权人所应享有的利益。固有利益仅仅为原有的,并非由契约的履行获得的利益。原则上两者泾渭分明。然而,交易形态复杂多样,契约上的给付义务往往取决于契约当事人的自由约定,其范围非常广泛,契约上的履行利益也可能表现为对固有利益的维护。此情形自义务层面反观,即表现为依契约产生对固有利益的积极维护义务。此项契约义务通常要强于或覆盖侵权法上的注意义务。因为前者一般要求积极的作为,后者仅是法律上不作为的消极要求。则契约上的给付义务典型表现为对固有利益的维护义务时,可发生契约责任与侵权责任的竞合。

须值说明,此项契约上的维护义务须是给付义务。其是主给付义务抑或从给付义务可不同,但不是附随义务[①] 中的保护义务。因附随义务中保护义务的违反另可构成积极侵害债权责任,亦会引发与债权责任的竞合,正构成下文所要提及的扩张型竞合。

另外,上述所论不代表本文认为引起固有型竞合的原因只有此一种,只意味着目前笔者的认识到此为止。

(二) 固有型竞合的事例

以下谨以我国台湾地区现行“民法典”上的有名契约为例,说明如下。

1. 寄托及仓储契约

民法上的寄托(保管)契约及仓储契约,其主给付义务典型地表现为对固有利益的维护义务。受寄人(保管人)违反保管义务过失或故意造成寄托物毁损,可同时构成违约行为及侵权行为,发生责任竞合。

2. 租赁契约

我国台湾地区现行“民法典”第 431 条第一项规定,承租人应以善良管理人之注意保管租赁物。承租人因故意或过失,违反保管义务,致租赁物毁损灭失,同时具备侵权行为之要件的,发生责任竞合。[②] 第 434 条规定,租赁物因承租人之重大过失致失火而毁损、灭失者,承租人对于出租人负损害赔偿责任。则在重大过失或故意情形,可构成责任竞合。

① 附随义务与给付义务的重要区别是,给付义务可被诉请履行,附随义务不可以。参考王泽鉴:《债法原理》(第 1 册),北京:中国政法大学出版社 2001 年 7 月第 1 版,第 40—41 页。

② 史尚宽:《债法各论》,北京:中国政法大学出版社 2000 年 1 月第 1 版,第 191 页。

3．物品运送契约

运送人对货物有保管义务。依我国台湾地区现行“民法典”第634条,运送人故意致货物毁损的,发生契约责任与侵权责任的竞合。[①] 第638条规定了损害赔偿范围:运送人有轻过失或无过失时[②],就运送物之丧失、毁损或迟到,损害赔偿额依其应交付时目的地之价值计算(第1项);运送物之丧失、毁损、或迟到,系因运送人有故意或重大过失造成的,如有其他损害,托运人并得请求赔偿(第3项)。此种情形的损害,史尚宽先生解释为所受损害及所失利益均包括在内。[③] 故第3项是全部损害的赔偿责任之减轻性规定。在运送人有故意或重大过失情形,可构成责任竞合。

4．使用借贷契约

使用人对借用物有保管义务,依我国台湾地区现行“民法典”第468条,借用人应以善良管理人之注意保管借用物,违反该义务,致借用物毁损、灭失的,负损害赔偿责任。符合侵权行为构成要件,亦成立侵权责任。

三、对契约责任与侵权责任的扩张型竞合的分析

(一) 扩张型竞合发生的内在机理

1．积极侵害债权理论中的加害给付及竞合的产生

(1) 加害给付

① 加害给付的概念、构成要件及法律效果

i．概念。加害给付(台湾地区学者用语)是积极侵害债权(不完全给付)中的重要类型。所谓的加害给付(台湾地区学者用语)是指积极侵害债权或不完全给付在固有利益上造成的损害[④],也就是因给付之不完全对于债权人造成积极的损害,即超过履行利益或于履行利益以外发生的其他损害。[⑤]

---

① 参见史尚宽:《债法各论》,北京:中国政法大学出版社2000年1月第1版,第618页。

② 同上。

③ 同上书,第620页。

④ 台湾地区学者用“加害给付”概括不完全给付(积极侵害债权)造成固有利益的损害,是很普遍的做法。参见史尚宽:《债法总论》,北京:中国政法大学出版社2000年1月第1版,第415—416页;王泽鉴:《民法学说与判例研究》(第3册),北京:中国政法大学出版社1998年1月第1版,第86页;黄茂荣:《债法总论》(第2册),北京:中国政法大学出版社2003年1月第1版,第217页。

⑤ 史尚宽:《债法总论》,北京:中国政法大学出版社2000年1月第1版,第415—416页。

ii. 构成要件。[①] 第一,债务人违反附随义务中的保护义务,并且造成履行利益以外固有利益的损害。第二,须有可归责于债务人之事由。一般情形之下,即为故意或过失。

iii. 法律效果。加害给付造成履行利益之外固有利益损害的,债务人须负损害赔偿责任。[②]

由于契约责任与侵权责任竞合情形,二者在举证责任、消灭时效及损害赔偿范围上常存在较大的差别,故就加害给付之债务不履行责任在上述三个方面的法律效果略述如下。

A. 举证责任。首先,依举证责任的一般原则,对于债务不履行(违反保护义务)的事实、损害的发生、损害与债务不履行间存在因果关系,当然由债务人(加害人)负责举证。[③]

其次,关于债务人的故意或过失的举证责任问题。

对此,德国的理论上认为,依一般原则应由债权人举证。[④] 不过实务上一致认为:如债务人抗辩,损害之发生是不可归责于债务人之事由造成的,因为该主张属于债务人之赔偿责任的免责事由[⑤],所以债务人就不可归责事由应负举证责任。

台湾地区学者就不完全给付上之举证责任,意见不一,王泽鉴、黄茂荣采上述德国实务中的见解。[⑥] 从我国台湾地区现行"民法典"第 227 条第 2 项的立法理由可推知,应由债务人对不可归责事由负举证责任。[⑦]

---

① 参见王泽鉴:《民法学说与判例研究》(第 3 册),北京:中国政法大学出版社 1998 年 1 月第 1 版,第 82—89 页,不完全给付之构成要件。

② 同上,不完全给付之法律效果。

③ 参见姚志明:《积极侵害债权与不完全给付之研究》(下),载《法学丛刊》第 176 期,第 42 页:"依一般原则,债权人对于客观上之义务违反、损害之因果关系及罪责(Verschulden)(笔者按:指可归责事由)负责举证。"

④ 参见姚志明:《积极侵害债权与不完全给付之研究》(下),载《法学丛刊》第 176 期,第 42 页。

⑤ Esser, Schuldrecht, Z. Aufl., 1960, S. 346, 转引自,黄茂荣:《债法总论》(第 2 册),北京:中国政法大学出版社 2003 年 1 月第 1 版,第 221 页。

⑥ 参见王泽鉴:《民法学说与判例研究》(第 3 册),北京:中国政法大学出版社 1998 年 1 月第 1 版,第 88 页;黄茂荣:《债法总论》(第 2 册),北京:中国政法大学出版社 2003 年 1 月第 1 版,第 221 页。

⑦ 第 227 条第 2 项(加害给付)的立法理由即:"若依侵权行为之规定请求损害赔偿,被害人应就加害人之过失负举证责任,保护尚嫌不周。"该项的立法理由,参见王泽鉴:《债法原理》(第 1 册),北京:中国政法大学出版社 2001 年 7 月第 1 版,第 43 页。

B. 消灭时效。在德国,关于加害给付情形之损害赔偿请求权的消灭时效,因原德国民法典对积极侵害债权没有明文规定,故原则上一律适用第 195 条普通消灭时效的规定,即 30 年。

2002 年生效的《德国债法现代化法》对时效部分作了修订后,适用该法第 195 条普通时效的规定,即 3 年。值得注意的是,新法第 199 条[1] 在最大时效期间上区分了两种损害赔偿请求权。其一,因侵害生命、身体、健康或自由这些有特殊价值的法益而生的损害赔偿请求权,不管请求权产生与否和债权人知情与否,自实施侵害行为、违反义务行为或其他使损害产生的事件发生之时起,因 30 年不行使而罹于消灭时效(第 199 条第 2 款)。其二,其他损害赔偿请求权,即第 2 款规定以外的损害赔偿请求权,受双重最大消灭时效期间的限制。其或者自请求权产生之日起,经 10 年不行使而罹于消灭时效,或者自实施侵害行为、违反义务行为或其他使损害产生的事件发生之时起,因 30 年不行使而罹于消灭时效,上述 10 年获 30 年的期间,以在先届满的期间为准(第 199 条第 3 款)。

在台湾地区,原则上依"民法典"第 125 条一般消灭时效期间,即 15 年。[2] 而侵权行为损害赔偿请求权的时效是 2 年或 10 年(第 179 条)。

C. 损害赔偿范围。我国台湾地区现行"民法典"第 227 条规定:"债务人因债务不履行,致债权人之人格权受侵害者,准用第 192 条至 195 条及第 197 条之规定,负损害赔偿。"从而将侵害人格权之财产上损害赔偿、非财产上损害赔偿(精神与损害赔偿)及在该情形下对第三人(第 192 条)、他人(第 194 条)的损害赔偿,纳入加害给付情形之债务不履行责任之中。诚如王泽鉴先生指出的,该规定缩小了侵权责任与契约责任的差距。[3] 德国此次债法修订则没有作类似的修改。

---

① 该条的译文系参见《德国债法现代化法》,邵建东、孟翰、牛文怡译,北京:中国政法大学出版社 2002 年 5 月第 1 版。

② 参见姚志明:《积极侵害债权与不完全给付之研究》(下),载《法学丛刊》第 176 期,第 45 页;王泽鉴:《债法原理》(第 1 册),北京:中国政法大学出版社 2001 年 7 月第 1 版,第 68 页。

③ 王泽鉴:《债法原理》(第 1 册),北京:中国政法大学出版社 2001 年 7 月第 1 版,第 64 页。

② 加害给付的两种类型[①]

i. 不良给付引起之附随损害型的加害给付。不良给付(Schlechtleistung),是德国民法学上的术语,指"债务人虽然将具体给付'标的地'(gegenstaendlich)提出,但出于品质的缺陷,使得债权人受有损害,简言之,系给付义务的瑕疵履行"。[②]附随损害(Begleitschaden)或称瑕疵结果损害(Mangelfolgeschaden)[③],是指"随着不良给付,在固有利益上发生的延伸损害。所谓延伸在此系指履行价值的损失之外。因为不良给付首先可能造成履行价值的损失,至于固有利益上的损害是因受波及而造成的"。[④] 不良给付构成加害给付的,理论上常举之例子如债务人给付的鸡有传染病,则不但给付的鸡的价值下降或死亡(履行利益损害),且还可能造成债权人原有鸡群感染死亡(固有利益损害)。[⑤]

ii. 附随义务违反型的加害给付。违反附随义务构成加害给付的,例如借用人返还书籍时没有告诉出借人,该书曾经过猩红热病人之手,因此导致出借人被感染。又如机器之出卖人误告买受人以使用方法,机器爆裂并对买受人的财产或身体造成损害或伤害。[⑥]

(2) 竞合的产生

上述加害给付造成之固有利益的损害,可依积极侵害债权(不完全给付)获得赔偿。而履行利益之外之固有利益通常为侵权行为法所保护,从而加害给付行为有故意或过失,充分侵权行为构成要件的,将发生积极侵害债权(不完全给

---

① 关于加害给付可归纳为正文所述的那两种类型,请参见黄茂荣:《债法总论》(第2册),北京:中国政法大学出版社2003年1月第1版,第217页;王泽鉴:《民法学说与判例研究》(第3册),北京:中国政法大学出版社1998年1月第1版,第84—86页;Esser, Schuldrecht, 2. Aufl., 1960, S. 341,转引自黄茂荣:《债法总论》(第2册),北京:中国政法大学出版社2003年1月第1版,第208页。

② Esser/Schmidt, Schuldrecht A. T. Band. 2, S. 105等,转引自刘孔中:《积极侵害债权之研究的总论部分》(上),载《法学丛刊》第120期,第80页。

③ 这两个德文单词及中文译法系参见,姚志明:《积极侵害债权与不完全给付之研究》(下),载《法学丛刊》第176期,第34页。另外,王泽鉴先生将Beleitschaden译为"附带损害"。参见王泽鉴:《民法学说与判例研究》(第3册),北京:中国政法大学出版社1998年1月第1版,第85页。

④ 请参见Esser, Schuldrecht, 2. Aufl., 1960, S. 341。转引自黄茂荣:《债法总论》(第2册),北京:中国政法大学出版社2003年1月第1版,第208页,注[4]。

⑤ 所举例子系采自王泽鉴:《民法学说与判例研究》(第3册),北京:中国政法大学出版社1998年1月第1版,第84—85页。

⑥ 此二例系采自史尚宽:《债法总论》,北京:中国政法大学出版社2000年1月第1版,第416页。

付)之债务不履行[①] 责任与侵权责任的竞合。[②]

2. 依加害给付扩张保护固有利益的内在逻辑

(1) 违反保护义务之债务不履行模式的建立

① 保护义务的产生及其概念

i. 保护义务是通过附随义务之概念的提出而产生的。积极侵害债权于履行利益之外,扩张及于固有利益的保护,从而与侵权行为法在固有利益上构成保护范围之重叠,前已有所述。积极侵害债权理论提出之前,对履行利益的保护是通过建立消极债务不履行(即给付不能、给付迟延)的模式来完成的,而消极债务不履行仅限于给付义务的违反。积极侵害债权的扩张在理论上的构建,同样是通过义务违反模式完成的。

原德国民法典及我国台湾地区1999年债法修订之前的"民法典",在立法上仅规定了契约关系上的给付义务。[③] 但理论上于给付义务之外另发展出附随义务[④]的概念。[⑤]

给付义务是旨在满足债权人的履行利益而由债务人承担的义务,又可分为主给付义务及从给付义务。无论是主给付义务还是从给付义务皆可由债权人诉

---

① 加害给付系积极侵害债权(不完全给付)之一种。而积极侵害债权(不完全给付)从用语上看,学者将其归为债务不履行。参见,史尚宽:《债法总论》,北京:中国政法大学出版社2000年1月第1版,第421页,"债务不履行之不完全给付";王泽鉴:《民法学说与判例研究》(第3册),北京:中国政法大学出版社1998年1月第1版,第96页,"不完全给付责任(债务不履行责任)"。实际上,就体系而言,在德国民法上,债务不履行分为:消极侵害债权(即给付不能与给付迟延)与积极侵害债权。理论上上述分类穷尽债务不履行一切可能的类型;即一个债务不履行事件非属于消极侵害债权,即属于积极侵害债权;非属于给付迟延或给付不能,即属于积极侵害债权。参见黄茂荣:《债法总论》(第2册),北京:中国政法大学出版社2003年1月第1版,第209页。

② 明白承认此种情形可构成竞合的有:史尚宽:《债法总论》,北京:中国政法大学出版社2000年1月第1版,第421页;王泽鉴:《民法学说与判例研究》(第3册),北京:中国政法大学出版社1998年1月第1版,第96—97页;黄茂荣:《债法总论》(第2册),北京:中国政法大学出版社2003年1月第1版,第208—209页,同书第266页甚至指出,积极侵害债权与侵权行为间之竞合,其肯定可谓是通说的看法。

③ 参见原德国民法典第241条;我国台湾地区1999年债法修订之前的"民法典"第199条。

④ 附随义务,在德国学者处有多种称呼,如Nebenpflicht, Schutzpflicht, Weitere Verhaltenspflicht,台湾地区学者,有称之为附从义务,亦有称之为附随义务的,王泽鉴先生认为均属Nebenpflicht的迻译,附随义务较能表现其特征,故采之。以上请参见,王泽鉴:《民法学说与判例研究》(第4册),北京:中国政法大学出版社1998年1月第1版,第99—100页。本文采用"附随义务"的称呼。

⑤ 参见郭丽珍:《瑕疵损害、瑕疵结果损害与继续侵蚀性损害》,台北:1999年5月初版,第147页;王泽鉴:《债法原理》(第1册),北京:中国政法大学出版社2001年7月第1版,第44页。

请履行,而附随义务则不可。[①] 附随义务,系债之关系在其发展的过程中,基于诚实信用原则,依其情事发生的各种义务。[②] 在理论上,附随义务的概念提出后,保护义务作为附随义务的一种相应产生。

ii. 保护义务的概念。关于给付义务之外附随义务的类型及名称,在德国学者间有争议。[③] 王泽鉴先生从功能上将其分为两类:其一,辅助实现债权人之给付利益;其二,避免侵害债权人之人身或财产上利益(所谓之保持利益 Erhaltungsinteresse)。[④]

旨在满足后一种功能的附随义务要求,油漆工人注意不要污损定作人的地毯,裁缝师在为顾客试穿衣服之际,应避免以不洁之针头触及顾客手术伤口,医师于阑尾炎手术后应避免遗留手术刀于病者体内。[⑤] 而此类义务,德国学者统称为 Schutzpflicht(保护义务)[⑥],即契约当事人于契约履行过程中,负有使相对人之个人、财产或其他法律客体不被侵害之义务。[⑦] 由此可见,保护义务即契约履行情形防止固有利益受到损害的义务。

② 加害给付中违反保护义务的两种情形

依附随义务的违反是否与给付义务的违反相伴随而生,可作如下区分。

第一,与给付义务的违反相伴随的保护义务之违反。

不良给付情形可发生固有利益的附带损害(或瑕疵结果损害)。此种损害与履行利益虽可由同一瑕疵给付引起,但不应将此种损害的发生归因于给付义务的违反,而应归因于保护义务的违反。

---

① 王泽鉴:《债法原理》(第 1 册),北京:中国政法大学出版社 2001 年 7 月第 1 版,第 35—41 页。

② 王泽鉴:《民法学说与判例研究》(第 4 册),北京:中国政法大学出版社 1998 年 1 月第 1 版,第 99 页。

③ 详可参见姚志明:《积极侵害债权与不完全给付之研究》(下),载《法学丛刊》第 176 期,第 34—35 页。

④ 王泽鉴:《民法学说与判例研究》(第 4 册),北京:中国政法大学出版社 1998 年 1 月第 1 版,第 100—101 页。

⑤ 所举例子采自王泽鉴:《民法学说与判例研究》(第 4 册),北京:中国政法大学出版社 1998 年 1 月第 1 版,第 101 页。

⑥ 参见王泽鉴:《民法学说与判例研究》(第 4 册),北京:中国政法大学出版社 1998 年 1 月第 1 版,第 101 页。

⑦ Palandt/Heinrichs, Büergerliches Gesetzbuch (Kommentar), 51, Auflage, 1992, §276Rn. 116; Koepcke, Typen der Positiven Vertragsverletzung, 1965, S. 79。转引自姚志明:《积极侵害债权与不完全给付之研究》(下),载《法学丛刊》第 176 期,第 36 页。

关于给付义务与保护义务，Esser 及 Larenz 认为是从功能上进行划分的。给付义务的功能在于实现债权，而保护义务的功能在于确保债权人之人或财产上的固有利益，不因债务人之故意或过失行为而受到损害。[①] 上述认识坚持了原《德国民法典》第 241 的传统作法，即在给付义务违反情形只给予履行利益之保护。

为了呼应积极侵害债权理论，理论上债之关系之义务群的发展，不过是于给付义务外依诚实信用原则发展出附随义务的概念，使得可依附随义务中的保护义务，对固有利益给予契约法上的保护。因此，不良给付之情形，只有因违反保护义务发生固有利益上损害的，才可以依积极侵害债权赔偿，否则只能依侵权法赔偿。若将固有利益上的损害归因于给付义务的违反，则债之关系上之义务群，不但表现为附随义务的引入，亦将表现为依给付义务保护的利益范围由履行利益扩大到固有利益，这种扩张在现代民法学上是不存在的。

第二，单独发生保护义务的违反。

③ 违反保护义务之债务不履行模式的建立

自逻辑而言，保护义务的概念提出后，其与给付义务同为契约之债之关系上的义务，则对其的违反可归为积极债务不履行（相对于消极债务不履行）。至于针对固有利益之保护义务，是否适于作为契约上之义务，则系另外一回事。而从 Staub 氏提出积极侵害契约理论之目的来看，固有利益之保护，亦得纳入契约法保护，系因为当时德国的侵权行为法不能对债权人提供周全保护。[②]

（2）立法上对违反保护义务之债务不履行模式的确认

① 我国台湾地区民法

我国台湾地区现行“民法典”第 227 条第 2 项规定：因不完全给付而生前项以外之损害者，债权人并得请求赔偿。该项规定的就是加害给付。立法理由书中除提及“加害给付外”，举例说，出卖人未告知机器之特殊使用方法，致买受人

---

① 转引自黄茂荣：《债法总论》（第 1 册），北京：中国政法大学出版社 2003 年 1 月第 1 版，第 60 页，注[91]。

② Staub 氏的主要理由有两点：（1）依德国民法第 823 条规定，侵权行为之成立，原则上须以权利（尤其是绝对权）受侵害为前提条件，单纯义务之违反，并不构成侵权行为。（2）依德国民法第 831 条规定，雇主得证明其于选任受雇人及监督其职务之执行已尽必要注意而免责。参见王泽鉴：《民法学说与判例研究》（第 3 册），北京：中国政法大学出版社 1998 年 1 月第 1 版，第 72 页。

因使用方法不当引起机器爆破,伤害买受人身或其他财产的,被害人得依不完全给付请求损害赔偿。王泽鉴先生认为,出卖人未告知机器之特殊使用方法,属附随义务的违反,并据此推论,立法者亦认为附随义务的违反得构成不完全给付。[①]

② 德国立法

接着,德国2002年开始生效的《德国债法现代化法》走得更远。首先,给原《德国民法典》第241条增加一款作为第2款,明白规定了保护义务(Schutzpflichten)[②],谓:"依据其内容,债之关系可以使得合同任何一方负有对另外一方照顾其权利、法益及其利益的义务。"[③] 其次,第280条第一款通过选择违反义务(Pflichtenverletzung)这个更高一级的上位概念,将所有的给付障碍形态都归结到该概念的范畴之中,如果债务人违反的是由债务关系产生的义务(Verletzung der Pflicht aus einem schuldverhaeltnis),不论是给付义务,还是附随义务,均可适用该条。[④] 该款规定:"债务人违反由债务关系产生的义务的,债权人可以请求赔偿因此发生的损害。违反义务不应归责于债务人的,不适用此规定。"[⑤]

3. 依积极侵害债权理论保护固有利益的正当化理由

(1) 正当化问题的提出

积极侵害契约(债权)理论提出后,在固有利益的保护上,相较于侵权责任,受害人依契约责任所享有之有利之处在于举证责任及消灭时效上。加害人则于其上增加之不利益,至为明显,由前文可见。这种作法使得民法中的侵权责任及契约责任的各自职掌范围的原有划分,即契约责任仅保护履行利益,由侵权责任保护固有利益,遭到破坏。德国学者Fikentscher即认为这是一种体系违反(Sys-

---

① 参见王泽鉴:《债法原理》(第1册),北京:中国政法大学出版社2001年7月第1版,第43页。

② 参见朱岩(编译):《德国新债法:条文及官方解释》,北京:法律出版社2003年1月第1版,第82—85页;杜景林、卢谌(编著):《德国债法改革——〈德国民法典〉最新进展》,北京:法律出版社2003年2月第1版,第64页。

③ 该译文系引自朱岩(编译):《德国新债法:条文及官方解释》,北京:法律出版社2003年1月第1版,第82页。

④ 参见杜景林、卢谌(编著):《德国债法改革——〈德国民法典〉最新进展》,北京:法律出版社2003年2月第1版,第38页。

⑤ 该译文引自同上书,第196页。

temwirdigkeit)。[①]

然而,法律因应现实生活需要,常在否定与创新中不断突破既有体系,是个历史事实。重要的是正当化理由何在?即相对于原有的侵权法,为什么要在举证责任及时效上给受害人以更多的保护呢?亦即,从根本上说,为什么契约法上之保护义务相比较于侵权法上之不为侵害的注意义务,给受害人以更多的优待呢?这种优待至少是通过时效及举证上的好处贯彻的。而在举证上的好处是通过将保护义务作为附随义务吸纳为契约之债之关系上的义务,进而通过类推适用[②] 给付义务违反情形的举证逻辑(即由债务人就不可归责事由负举证责任)完成的。从这个切入点来说,Staub 氏在提出积极侵害契约理论时未给予回答。

(2) Esser 及 Schmidt 的理论

德国学者 Esser 及 Schmidt 提出理论:缔约上过失与积极侵害债权中的保护义务,都是以升高之社会接触(der gesteigerte soziale Kontakt)引入之接近机会中存在的危险为其发生依据,与给付无关。[③] 该理由论较有说服力,现笔者按自己的理解略说明如下:

所谓升高之社会接触,即指双方超出一般人之间的关系,而是进入特定关系,这在积极侵害债权情形,就是当事人之间契约关系。[④]该身份之提升在固有利益之保护上的意义为:契约当事人在契约履行过程中存在许多密切接触,甲方基于契约当事人身份常接近乙方管领之危险源(如有瑕疵的标的物,对人身或财产有侵害危险的给付行为),乙方有防止甲因接近于该危险源而受到损害的保护

① 参见刘孔中:《积极侵害债权之研究的总论部分》(上),载《法学丛刊》第 120 期,第 77 页。

② 之所以称为类推,是因为笔者认为保护义务与给付义务本质上不同,其仅在被视为契约义务上有一致性。不同是因为:给付义务常常是由约定产生,旨在实现履行利益,经常表现为对待给付的交换形式,蕴含着当事人意思自治、风险承担之精义;而保护义务系由侵权法上的注意义务强化而来,依法律等规定而生,旨在维护消极利益(固有利益),与当事人之契约目的无关,本不应纳入意思自治主导的契约法领域。

③ 参考 Esser/Schmidt, Schuldrecht BandI, Allgerneiner Teil, Teilband2, 8. Aufl., 2000, §29Ⅲ, S—142, 157, 163f. 转引自,黄茂荣:《债法总论》(第 2 册),北京:中国政法大学出版社 2003 年 1 月第 1 版,第 210 页,注[11]。

④ 参见黄茂荣:《债法总论》(第 2 册),北京:中国政法大学出版社 2003 年 1 月第 1 版,第 184 页。

义务。[①] Esser及Schmidt认为,缔约过失情形,缔约人之一方进入或接近于相对人管领之空间,接近或接触相对人之身体,该空间上的靠近增加了彼此损害对方的机会。[②] 相类似,笔者认为履约情形,当事人间一方接近上述由对方管领之危险源,也就增加了彼此间损害对方的机会。因此,对应的应课以个别保护义务的规范需要,以保护相对人之固有利益。[③]

(二)"附保护第三人作用之契约"理论引起的竞合

德国判例及学说"附保护第三人作用之契约"系指"特定契约一经成立,不但在当事人间发生权利义务关系,同时债务人对于与债权人具有特殊关系之第三人,亦负有照顾、保护等义务。债务人违反此项义务时,就该特定范围之人所受之损害,亦应依契约法之原则,负赔偿责任。"[④] 该情形,违反保护义务从而侵害固有利益,符合侵权行为构成要件的,理论上亦将发生契约责任(债务不履行责任)与侵权责任的竞合。[⑤]

"附保护第三人作用之契约"理论的确立,自逻辑而言,是首先以积极侵害债权理论为基础和前提[⑥],然后进一步通过突破契约关系之相对性来完成的。所以,该理论引起的竞合实际上包含于积极侵害债权引起的扩张型竞合,没有单独讨论的必要。

---

① 参见黄茂荣:《债法总论》(第2册),北京:中国政法大学出版社2003年1月第1版,第182页。

② Esser/Schmidt, Schuldrecht BandI, Allgerneiner Teil, Teilband2, 8., Aufl., 2001, S. 147,转引自,黄茂荣:《债法总论》(第2册),北京:中国政法大学出版社2003年1月第1版,第182页。

③ 黄茂荣:《债法总论》(第2册),北京:中国政法大学出版社2003年1月第1版,第182页。个别的保护义务相对于一般的保护义务而言,前者指对于与自己有特定关系之人,且因该关系所负的防止损害他人之固有利益的义务;后者指一个人对于一般人所负的防止损害他人之固有利益的义务。参见黄茂荣:《债法总论》(第2册),北京:中国政法大学出版社2003年1月第1版,第184页。

④ 王泽鉴:《民法学说与判例研究》(第2册),北京:中国政法大学出版社1998年1月第1版,第34页。

⑤ 李永军持同样见解。参见李永军:《合同法原理》,北京:中国人民公安大学出版社1999年7月第1版,第587页。

⑥ 王泽鉴先生持此见解。参见王泽鉴:《民法学说与判例研究》(第4册),北京:中国政法大学出版社1998年1月第1版,第102页。

第五章　契约责任与侵权责任竞合的法律效果之确定——请求权基础的确定

一、法律效果确定问题的化约——探求具体规范背后的法律目的

(一) 前提性立论:一个生活事实仅产生同一给付目的上的一个请求权

黑尔维希(Hellwig)对请求权的发生提供的学理上的大原则是:“一个法律构成要件产生一个请求权。”[①] 民法上之请求权,其产生之原理系一法律构成要件产生一请求权。[②] 完全法条的逻辑结构上之法律效果部分被认为内在地包含了立法者的价值判断。立法者藉对完全法条之法律构成要件进行要素限定,并将一定的法律效果系以该构成要件,可确保对相同之生活事实给以相同的法律上评价。因而,法律适用上之逻辑上的三段论法成了保证贯彻立法上价值判断的工具。

在法条或法律规定适用范围重叠的情形,同一生活事实将充分数个法律上的请求权的构成要件,而这些请求权的法律效果可能不完全相同,如发生竞合的违约损害赔偿请求权与侵权行为损害赔偿请求权。然而,此种情形不能认为法律既认可其中的一个法律效果,又认可不完全相同的另一个法律效果。因为对同一生活事实给出法律效果不同的评价,是自相矛盾的。实际上,在经过正当性考虑之后,一个生活事实仅应被赋予唯一的法律效果,即同一给付目的上的一个请求权。即有一个损害事实时,仅应产生一个损害赔偿请求权。

(二) 确定竞合情形请求权基础的方法——赞同请求权规范竞合说

从竞合的理论学说上看,法条竞合说遵循了一个生活事实对应法律上的一个请求权的基本原理。但因其前述理论上的弱点而逐渐失去支持。历经请求权竞合说后,请求权规范竞合说重新回归生活事实和法律上的请求权一对一的基本原理。该说通过在请求权基础上允许契约法规范和侵权法规范竞合的方式,吸收了请求权相互影响说的合理内核,即不使契约法或侵权法上的法律的特别

---

① 陈荣宗:《民事程序法与诉讼标的理论》,台北:1977 年 5 月初版,第 249 页。

② 同上书,第 364 页。

目的落空。即是为了使契约法和侵权法的规定上的考虑在规范竞合之处理中,可以获得系统整合的机会,而有更完满的发展。[①] 此做法当为确定竞合情形请求权基础的合理方法,本文亦采之。

(三) 化解法条间规定不一的途径——探求具体规范蕴含的法律目的

如前所述,契约责任与侵权责任的竞合表现为法律规定(或规整)间的竞合。在法规范之下,具体表现为主观构成要件、举证责任、赔偿范围、抵销、免责等方面的法条适用上的竞合。若各该竞合法条的适用,导向同一法律效果,则援引契约法规范或侵权法规范作为请求权基础,并无差别。棘手的是,当契约责任与侵权责任在上述方面的规定不一时,就产生了何种责任的规定让步,或者如请求权相互作用说或请求权规范竞合说所揭示的,一种责任上的特殊规定是否限定另一种责任上的相应规定的问题。

这在法律上(如德国民法典)是没有专门规定的。从法学方法论上看,法条间相互竞合,且法律效果不相同的情形,处理原则是:法条的位阶不同的,优位法优于劣位法;位阶相同的,后法优于前法或特别法优于普通法。[②] 然而诚如竞合的学说所指出的,契约法与侵权法在德国民法典或我国台湾地区“民法典”的债编体例之下位阶相同,且无特别法与普通法的关系。

解决此种问题的方法之一或许是立法者专门制定出相应规定给予调整。但是,德国民法典在制定之初,立法者对此并未预设规定,而有意让此一问题之最终解决之道加以保留。[③] 这说明,立法者当初对竞合现象应如何处理是没把握的。在仅适用既有的法律规定之前提下,德国主请求权规范竞合说的学者采取的方法是:探求具体法律规范(即发生竞合的法条)背后蕴含的立法目的或价值判断,何者优先,前有所述。

拉伦茨先生对上述方法的表达是:“当某案件事实与两规范的构成要件相合致,前述问题又再次发生:两种法律效果应同时发生,或其中之一排除他者的适

---

① 参见黄茂荣:《债法总论》(第2册),北京:中国政法大学出版社2003年1月第1版,第266页:“应让积极侵害债权与侵权行为的或规定可以竞合,以便这些规定之考虑在规范竞合之处理中,可以获得系统整合的机会,而有更完满的发展。”笔者以为,该说法亦适用于固有型竞合。

② 参见黄茂荣:《法学方法与现代民法》,北京:中国政法大学出版社2001年10月第1版,第169—178页。

③ 请参见本文“导言”部分,二(二)的注释。

用。于此仍取决于各该规范的意义、其目的及其背后的价值判断。基于某些特殊的理由,法律可能想将特定事件作一致而终局的规定。假使因为部分这类事件也符合其他规范的构成要件,因而将其他规范也适用于此,则前述作特别规定的目标,就此部分就不能达成了。因此,应排除其他规范的适用。"①

从而,在既有的契约法规范与侵权法规范之下,确定损害事实所生之请求权的规范基础时,须处理的问题就转化为:就相竞合且法律效果不一的契约法该当规范及侵权法该当规范,探求其背蕴含后的立法目的或价值判断,并判断哪一法条包含特别的立法目的或优先的价值判断,从而优先于另一相竞合法条适用。

二、确定请求权基础时当事人的意思优先之原则及其限制

当事人的意思优先的原则,是指契约责任与侵权责任竞合之情形,当事人对责任之主观构成要件、赔偿数额、诉讼时效等预为安排的,法律应优先尊重此种安排。这是意思自治的应有之义。

(一)固有型竞合情形契约责任之规定的优先性及限制

1. 契约责任之规定的优先性及其理由

这里讨论的契约责任之规定的优先性不及于扩张型竞合。因为扩张型竞合情形下的债务不履行责任实质上是一种强化的"法定侵权责任",此责任一般没有被纳入契约中的利益关系进行衡量,基本上不涉及当事人的预先安排。

在固有型竞合,如前所述,即对固有利益的保护成为契约上的给付义务之情形,义务的违反造成履行利益损害(也表现为固有利益损失)应按契约责任之规定赔偿,受害人不得另行主张侵权责任之规定规避契约责任。尤其是在主张侵权责任之规定有利时,例如契约约定或依契约法债务人仅就故意或重大过失负责,或契约约定的赔偿额少于实际损害。

本文所述的固有型竞合情形下,原则上应以契约责任之规定作为请求权基础。理由如下。

首先,在该情形,侵权法上对固有利益不为侵害的注意义务一般情况下为契约中保护固有利益不受损害的给付义务所覆盖或强化。从而,违反该义务可能承担

① 〔德〕卡尔·拉伦茨(Karl Larenz):《法学方法论》,陈爱娥译,台北:五南图书出版有限公司出版 1996年12月初版,第166页。

的损害赔偿责任已被作为考虑因素之一,纳入契约上的利益衡量。在典型的双务契约,如前举寄托(保管)、仓储、物品运送等契约中,该给付义务已被纳入特殊的意思自治领域——契约关系。双务契约的契约关系中,当事人间的利益安排及利益平衡,是通过一方的给付义务与另一方的对待给付义务间的交换来完成的。在这种情况下,一方当事人愿以什么样的条件,提出多大的对价(给付义务),以换取对方的对待给付,甚至于额外附上怎样的免责条款,约定一方于何种主观过错条件下方承担违反义务的损害赔偿责任,对此均应认为当事人完全有自主判断和决定的机会与自由。而任何一方以一个承诺换取对方的承诺,成立契约,应认为是当事人在综合考虑契约情形的利益关系之后,依意思自治所作的利益上的安排。

当然,我们不应要求当事人间的利益或义务交换在价值上完全相等。首先,在缔结契约时,是订立了一个盈利(相对于市价)还是不利的契约,是很难精确衡量的。这有时是因为关于市场(例如其他能以更低价格提供同样的服务的供应商)的信息不充分,有时是因为当事人的主观价值上的判断促使其作出缔约决定。然而,只要契约符合法律规定的生效条件,契约就是有效的,契约中的利益交换关系应给予维护。其次,有时候当事人并非从精确计算利益的交换出发,而是基于其他原因,如报答、感情投资、帮忙等动机订立契约。这时他可能以较高值的给付换取较低值的对待给付。只要是自愿的,又不存在诈欺、胁迫、错误等情形的,就意味着该当事人完全有机会作利益衡量。况且他是在有意识的情况下订立契约的,这种自愿的利益安排当然也应给予维护。一言以蔽之,诚如梅迪库斯指出的,"在通常情形之下,法律不可能对这些决策是否具有合理的动机进行监控"。[①] 梅迪库斯还引肯德根(Köndgen)的话说:"私法主体的动机是一种禁忌。对这些行为的后果,主体充其量是对自己承担责任。"[②]

因此,结论是,在固有型竞合情形,如果以侵权责任之法律规定,排除契约责任之法律规定的适用,将使当事人原有契约上的利益安排落空(例如主张侵权责任可获得大于契约责任的赔偿额)。因此应确立契约责任的规定优先的原则。

---

① 〔德〕迪特尔·梅迪库斯:《德国民法总论》,邵建东译,北京:法律出版社 2000 年 11 月第 1 版,第 8 页。

② 载德国《民法实务档案》第 184 卷,1984 年,第 600 页,第 602 页。转引自〔德〕迪特尔·梅迪库斯:《德国民法总论》,邵建东译,北京:法律出版社 2000 年 11 月第 1 版,第 8 页。

受害人如果认为相较于侵权责任,契约责任将产生对其不利的结果,他原本可以选择在契约中,通过约定相关条款保护自己。而契约责任之规定的优先性,也应仅限于侵权责任之规定的适用将排除契约上已有的特别安排(典型地表现为利益安排)之情形:即在该情形,只有贯彻契约责任之规定的优先性,才不会使法律保护意思自治的目的落空。

2. 限制

主要表现为侵权法对抵销有禁止性规定时,不得以契约上的约定排除。下文另作讨论。

(二) 侵权责任上当事人的意思优先的原则及限制

1. 当事人的意思优先的原则

侵权责任是法定之债。一般情形下,与当事人的意思完全无关。例外情形下,当事人的意思也起作用,主要表现为如下两个方面。

其一,如王泽鉴先生指出的:"因侵权行为而生的损害赔偿责任,原则上得预先合意排除或限制。此项合意得由当事人明示或默示为之。在无偿搭便车的情形,例如甲明知乙无照驾驶,搭其便车发生车祸时,系自甘冒险,应适用过失相抵的原则(笔者按:指我国台湾地区现行'民法典'第217条)。"①

其二,如史尚宽先生指出的:对侵权责任的损害赔偿额,台湾地区民法上虽无明文规定,原则上得预定。② 此预定亦属当事人的意思。

在固有型竞合情形,当事人以合意明示或默示排除、限制针对固有利益的侵权责任的,一般在契约中作出约定。这实际上可视为对契约责任的排除或限制,而不是对侵权责任的排除或限制。③ 因此,本文认为,当事人对侵权责任进行限

---

① 参考王泽鉴:《侵权行为法》(第1册),北京:中国政法大学出版社2001年7月第1版,第65页。

② 史尚宽:《债法总论》,北京:中国政法大学出版社2000年1月第1版,第323页。

③ 王泽鉴先生认为,当事人在其契约的关系上为责任的免除或限制时,得否及于侵权责任,应依解释认定。他举1996年度台上字第3043号判决及1998年度台上字第2835号判决,这两个判决的推定完全相反。前一个认为:"除双方另有特别约定,足认其有排除侵权行为责任之意思外,债权人自非不得依'债务不履行'或依'侵权行为'之法律关系,择一向债务人请求损害赔偿。"后一个则认为:债权人于依侵权行为之规定请求赔偿时,除另有约定外,仍应受关于契约债务人履行的特别规定限制。参见王泽鉴:《侵权行为法》(第1册),北京:中国政法大学出版社2001年7月第1版,第65页,注[1]。本文认为,在本文所论之固有型竞合情形,除非当事人另有约定,应以后一判决为准。理由是如正文所提到过的,此种责任限制构成契约上利益关系的一部分;在扩张型竞合情形,积极侵害债权之损害实际上是一种法定加强(相较于一般侵权责任)的"侵权责任",因此契约上的特约实际上是对侵权责任的特约。

制或排除，或者预先约定损害赔偿额的，一般发生在扩张型竞合上，不论其是在契约上还是契约外作出。

2. 限制

当事人在侵权责任上的合意不得违反法律的强行规定。以我国台湾地区现行"民法典"为例，主要表现为：以合意排除侵权责任，不得违反公共秩序或善良风俗(第72条)，亦不得违反法律强行规定(第71条)；故意或重大过失之责任不得预先免除(第222条)。①

(三) 小结

契约责任与侵权责任竞合情形，原则上当事人的意思应给予尊重。这表现为：(1) 固有型竞合上契约责任与侵权责任的规定不同的，对于属于契约上意思自治的事项的，契约责任的规定优先；(2) 在扩张型竞合的侵权责任上，当事人对其合意限制或排除的，不论该合意在契约上还是契约外作出，该合意应优先尊重。作为上述原则的限制是：法律的强行规定仍应得到遵守。

三、依请求权基础竞合之方法对主观构成要件、举证责任、消灭时效、抵销、赔偿范围问题的处理

(一) 契约责任与侵权责任的固有型竞合

1. 主观构成要件

(1) 冲突之所在

原则上契约责任与侵权责任均以故意或过失为主观构成要件。发生冲突情形有两种。其一，当事人约定较低的注意义务，如约定仅就故意或重大过失负责任。其二，契约法对债务不履行损害赔偿请求权的成立，要求加重的有责性，即要求较低的注意义务。如原德国民法典第690条(相当于我国台湾地区现行"民法典"第590条前段)规定：无偿承担保管的，保管人只对与其通常处理自己事务同一之注意负责。类似的规定是，依我国《合同法》第374条，保管是无偿的，保管人证明自己没有重大过失的，不承担损害赔偿责任。又如我国台湾地区现行"民法典"第434条规定：租赁物因承租人之重大过失致失火而毁损灭失者，承租人对于出租人负损害赔偿责任。

① 参考王泽鉴：《侵权行为法》(第1册)，北京：中国政法大学出版社2001年7月第1版，第65页。

(2) 分析

① 契约约定较低的注意义务。例如当事人合意有重大过失才负损害赔偿责任。如果违反义务的债务人构成轻过失或具体的过失,债权人可否依侵权行为法请求损害赔偿? 依上文分析,债务人仅就重大过失负责之约定构成当事人进行契约上利益平衡的一部分。若允许债权人依侵权责任请求损害赔偿,将破坏契约上的利益平衡。而如果没有契约上对过失程度之限制的存在,债务人可能就不会缔约,也可能从要求更多对待给付上谋求利益平衡。即使在没有相应对价的情况下,债权人同意债务人的责任限于以重大过失为起点,法律也应优先尊重当事人间的利益安排。因为该限制责任的约定亦可能构成债务人缔约的基础,而无特殊情形,债权人不得违反约定。此时,侵权责任之规定的适用只会破坏契约当事人的整体利益安排,因而是不应允许的。

② 契约法要求较低的注意义务。就德国民法典及我国台湾地区"民法典"的规定而言,可区分为下述两种情况。

其一,契约的无偿性要求较低的注意义务。

如关于上述原《德国民法典》第 690 条的规定,拉伦茨指出:"在这种情况下根据今天大多数人的观点,只有当债务人违反合同的行为同时构成侵权行为,债务人才对此负责,而且根据这种观点,债务人只对同一种过错程度负责。"① 他的解释是:如果同时适用侵权行为法,将严重妨害契约规范原拟追求的规整。② 而"当契约法规定加重的有责性时,其同时包含立法者下述决定:在欠缺此种有责任时,根本不应有损害赔偿请求权发生。假使于此还是坚持要适用侵权行为法的规定,那么立法者的决定就会因此付诸流水了。在此种情形,这两类规整(笔者按:指侵权行为法与契约法)陷于矛盾,通说采取有利于(依 Esser 及 Schlechtriem 之见,首先应限缩解释的)契约法规定的方式来解决。方法论上,这是为达成立法者在契约法上的决定,对侵权行为法规定的适用范围所作的目的

① 〔德〕卡尔·拉伦茨:《德国民法通论》(上册),王晓晔、邵建东、谢怀栻译,谢怀栻校,北京:法律出版社 2003 年 1 月第 1 版,第 354 页。

② 〔德〕卡尔·拉伦茨:《法学方法论》,陈爱娥译,台北:五南图书出版有限公司出版 1996 年 12 月初版,第 166 页。

论的限缩。”[①]

那么立法者为什么要在原《德国民法典》第690条中，加重构成责任的有责性要求呢？原因就在于该情形保管契约的无偿性。这里体现了契约法上，契约利益对当事人的注意义务程度，从而对契约责任的成立的影响。丁玫在研究罗马法上的契约责任时指出，在确定责任类别和等级时，罗马人遵循的是“利益与注意义务相一致”的原则，即债务人从债务关系中获取的利益越大，应尽的注意义务就越多，承担的法定责任也就越重；反之，债务人从债务关系中获取的利益越小，应尽的注意义务就越小，承担的法定责任也就越轻。[②] 大陆法系现代民法几乎完全照搬了罗马法依据利益原则制定的过失判断体系。[③] 上引第690条无疑就是利益原则适用的产物。一种交换的观念影响着无偿契约，即无偿获得给付只能对应于相对方较低的注意义务程度，法律借此表达公平观念。

其二，立法目的要求较低的注意义务。

关于台湾地区现行“民法典”第434条的规定，史尚宽先生认为该条的目的在于保护承租人。[④] 如果允许出租人依该法典第184条负债权行为损害赔偿责任，第434条将成具文，故通说认为第434条至少相对于第184条有优先适用的地位。[⑤]

(3) 结论

由此可见，在主观构成要件上，不论契约还是契约法要求较低之注意义务时，均应以契约的约定或契约法的规定作为统一请求权的请求权基础。否则契

---

① 〔德〕卡尔·拉伦茨(Karl Larenz)：《法学方法论》，陈爱娥译，台北：五南图书出版有限公司出版1996年12月初版，第167页。关于“目的论的限缩”，拉伦茨在其著《法学方法论》中的解释是：“之前已经将隐藏的漏洞解为：法定规则——违反其字义——依法律的目的应予限制，而法律本文并未包含此项限制时。填补此等漏洞的方式系添加——合于意义要求的——限制。借此，因字义过宽而适用范围过大的法定规则，其将被限制仅适用于——依法律规整目的或其意义脉络——宜于适用的范围，质言之，其适用范围即被限缩，因此，吾人称之为目的论的限缩。”参见〔德〕卡尔·拉伦茨：《法学方法论》，陈爱娥译，台北：五南图书出版有限公司出版1996年12月初版，第300页。

② 丁玫：《罗马法契约责任》，北京：中国政法大学出版社1998年10月第1版，第39页。

③ 同上书，第40页。

④ 史尚宽：《债法各论》，北京：中国政法大学出版社2000年1月第1版，第193页。

⑤ 黄茂荣：《法学方法与现代民法》，北京：中国政法大学出版社2001年10月第1版，第179页。关于这里的“通说”，黄茂荣先生引用下列文献为证：郑玉波：《民法债编各论》，1973年版，第217页；史尚宽：《债法各论》，1973年版，第181页至182页；1933年台上字第1311号判例。

约目的或立法目的将落空。

2．举证责任

(1) 依举证责任的一般原则，对于侵害行为、损害的发生、损害与侵害行为间存在因果关系，均由债务人或加害人负责举证。对此，契约责任或侵权责任的规定并无不同。

(2) 关于故意或过失的举证责任，应该按契约责任的规定，由债务人就不可归责事由负责举证。因为当事人之间，侵权法上对固有利益不为侵害的注意义务已经上升为契约上对固有利益进行保护的给付义务，所以债权人当然有权主张契约责任上举证责任的规定。

3．消灭时效

因为只存在一个统一的请求权，这个请求权适用一个时效。如果契约责任或侵权责任关于时效的期间的长短规定不一，如何处理？这里仍应区分为两种情况，分别讨论如下：

(1) 在允许约定消灭时效的立法之下，如当事人依现行《德国民法典》第202条[①] 约定减轻或加重消灭时效的，不论该约定是对侵权行为损害赔偿请求权还是针对债务不履行的损害赔偿请求权，应依约定确定统一的请求权的时效。一般情况下，当事人系对债务不履行的损害赔偿请求权进行约定。在存在契约的情形下，当事人于契约外针对侵权行为损害赔偿请求权进行时效约定是不合常理的。

(2) 当事人未对时效作约定的，将发生较短时效是否因适用较长时效而被架空的问题。这个问题在请求权的竞合的情形，引发困难。原德国民法典对此缺乏相应规定。2002年生效的现行德国民法典不再区分契约请求权与非契约请求权，原则上一切请求权均应受3年普通时效期间的限制。[②] 这个规定不同于原德国民法典区分契约请求权与非契约请求权进行规定的作法，有利于减少契约责任与侵权责任竞合时存在长短不同的两个时效。但是新法典没有规定发

---

① 现行《德国民法典》第202条系由原第225条修订而来的。第202条规定："在因故意而造成的责任时禁止通过法律行为事先减弱时效。禁止通过法律行为加重时效至从法定时效开始起算超过30年。"译文系引自朱岩(编译)：《德国新债法：条文及官方解释》，北京：法律出版社2003年1月第1版，第27页。该条规定了协议减轻或加重消灭时效的自由及期间上的界限。

② 参见《德国债法现代化法》第195—198条。

生请求权规范竞合时,假如时效的长短不同,如何调和。

从理论上说,此时仍应考察法律规定背后的立法目的,权衡有关时效的两个法律规范,决定应赋予何者以优先性,即应探究是否较短时效规定所追求之目的因其他较长之时效规定而受到破坏。[①] 这大概是为什么前述梅迪库斯认为"无法就全体请求权而言予以一般性的回答","法律规定个时效期间时的目的才具有决定性的意义"的原因。

4. 抵销

在抵销上,契约责任和侵权责任的规定发生冲突。因债务不履行而负担的损害赔偿之债,债务人可以以之对债权人的同种类债权进行抵销。但是,大陆法系民法,如现行《德国民法典》第393条、台湾地区"民法典"第339条规定,因故意侵权行为而负担之债务,债务人不得主张抵销。关于如此规定的理由,史尚宽先生指出,如果允许债务人主张抵销,则有反于正义,而有诱致侵权行为之嫌。[②] 鉴于此立法上的目的,此项限制当然及于统一的请求权。

5. 赔偿范围

(1) 如前所述,损害赔偿范围属于典型的契约上意思自治的事项,契约责任的规定应优先适用。尤其是当事人在契约上预定损害赔偿额,或者说是约定违约金的,这种约定常常是当事人进行契约上利益平衡的方式之一。对此当然不得依侵权责任的规定规避。

(2) 另外,当事人可能就侵权行为的损害赔偿额预为约定。当事人之间既然已存在契约,而于契约外另外约定,这种情况是很少见的。假如有约定,约定当然有效,不得另以契约法上关于赔偿范围的规定排除。否则约定的目的将落空。不过,如上文所述,这种约定实际上可视为是对侵权责任的约定。

6. 总结

首先,在契约责任与侵权责任的固有型竞合情形,假如当事人没有特别约定的,契约责任的规定在总体上相对于侵权责任的规定具有优先适用的地位。究

---

① 参见郭丽珍:《瑕疵损害、瑕疵结果损害与继续侵蚀性损害》,台北:1999年5月初版,第168页。黄茂荣在其著《法学方法与现代民法》中表达了同样的思想,请参见黄茂荣:《法学方法与现代民法》,北京:中国政法大学出版社2001年10月第1版,第179页。

② 史尚宽:《债法总论》,北京:中国政法大学出版社2000年1月第1版,第855—856页。

其原因,笔者认为,这是因为契约作为意思自治的领域,要么包含了当事人的自主安排,要么包含契约法上的利益平衡(表现为无偿性对契约上注意义务的影响),这些都是法律应优先考虑的。

其次,例外情况。其一是消灭时效。消灭时效作为法律的强制性规定,除非当事人约定减轻或加重,一般不是当事人意思自治的事项。所以应探究时效规定别后的立法目的,衡量何者优先。其二,抵销上侵权法的强制性规定仍应适用。

(二) 契约责任与侵权责任的扩张型竞合

1. 主观构成要件

(1) 冲突之所在

原则上加害给付与侵权行为均以故意或者过失为主观构成要件,两者于此不存在差别。较有疑问的情形是,与契约责任和侵权责任的固有型竞合类似,法律对违约损害赔偿请求权的成立,要求加重的有责性的,如原《德国民法典》第521条、第599条。其中原《德国民法典》第521条(类似的规定是我国台湾地区现行“民法典”赠与契约第410条、我国《合同法》赠与合同第189条)规定:赠与人只对故意和重大过失负责。第599条(类似的规定是我国台湾地区现行“民法典”使用借贷第466条)规定:(使用借贷的)出借人只对故意和重大过失负责。此种情形之下契约法的规定是否仍应优先适用?

(2) 分析

以上所列举的法条完全是继受前述罗马法“利益与注意义务相一致”原则的产物,典型地表现为契约无偿性对当事人注意义务的影响。这种注意义务旨在维护对方当事人的履行利益。较有疑问的是,其契约无偿性是否也影响到对固有利益的保护义务,即是否也影响以加害给付中的主观构成要件?

仅从原德国民法典的规定来看,似乎尚无充分理由作肯定性的推论。因为如前所述,依原《德国民法典》第241条,契约法限于保护履行利益,只有债法分则(如原《德国民法典》第618条)才零星地规定保护义务,即规定对固有利益的保护。① 史尚宽先生则认为,赠与契约上加害给付之赔偿责任,惟就故意或重大

---

① 参见朱岩(编译):《德国新债法:条文及官方解释》,北京:法律出版社2003年1月第1版,第83页。

过失负责,而就轻过失则可不负责。① 亦即认为契约法中履行利益上减轻责任的规定,亦适用于加害给付。

笔者认为,史尚宽先生的观点值得商榷,理由如下。首先,一方当事人为无偿给付的,其在履行利益的实现上仅须负较低的注意义务,由此已经获得利益上的平衡。其次,依 Esser 及 Schmidt 的观点,加害给付的正当化理由在于契约的履行增加了一方当事人处于危险之下的机会,而该危险由另一方当事人管领。这个理由与契约的有偿无偿并无关系。再次,因契约的无偿性而降低一方对另一方固有利益之保护上的注意义务,并不一定能实现利益平衡。例如,加害人因轻过失造成的另一方当事人固有利益上的损害,可能远远大于无偿获得的对待给付,此时不给予固有利益上的保护难谓公允。相反,在履行利益情形,违约一方因轻过失造成损害的,无须赔偿。因为此时债权人被损害的限于其本可无偿获得之履行利益。最后,在契约情形,履行利益之外的固有利益一般来说没有进入当事人意思自治的领域,当事人没有特别约定放弃对固有利益的一般性保护的,损害赔偿责任仍应以故意或过失为主观构成要件。

综上,契约上的无偿性不应降低契约履行过程中履行利益之外固有利益保护上的注意义务,亦即特定契约法条文(如原《德国民法典》第 521 条、第 599 条、第 690 条)上减轻责任的规定,不构成对加害给付情形债务不履行责任的限制。这也就是 Esser 及 Schlechtriem 所持的观点。于契约责任与侵权责任竞合情形,他们认为:假使债务人的行为所影响的,是债权人保有其他法益的利益(笔者按:指固有利益),换言之,假使受影响的是他的保护利益,即不得于侵权行为请求权中,亦主张应减轻责任。亦即,在违反契约上的保护义务(笔者按:即加害给付)时,对于任何有责行为均应负责。②

(3) 结论

总的结论是,统一的请求权应适用侵权责任的规定,以故意或过失为主观构成要件。

① 史尚宽:《债法各论》,北京:中国政法大学出版社 2000 年 1 月第 1 版,第 127 页。

② 参见〔德〕卡尔·拉伦茨:《法学方法论》,陈爱娥译,台北:五南图书出版有限公司出版 1996 年 12 月初版,第 167 页。

2. 举证责任

(1) 依举证责任的一般原则，对于侵害行为、损害的发生、损害与侵害行为间存在因果关系，均由债务人或加害人负责举证。对此，契约责任或侵权责任的规定不存在冲突。

(2) 关于故意或过失的举证责任。根据前面对扩张型竞合的分析，依积极侵害债权中的加害给付对固有利益进行保护，正是为了给债权人以举证上的便利，而侵权法上的一般保护义务上升为契约上的个别保护义务，也已经获得理论上的正当化说明。所以应依契约法，由债务人就不可归责事由负责举证。

3. 消灭时效

当事人约定减轻或加重消灭时效的，依约定。未约定的，仍应如固有型竞合情形一样，考察法律规定背后的立法目的，权衡有关时效的两个法律规范，应赋予何者以优先性。即应探究是否较短时效规定拟实现之目的因其他较长之时效规定而受到破坏。

现行德国民法典在消灭时效的规定上不再区分契约请求权与非契约请求权。这种作法减少了竞合情形下，侵权法与积极侵害债权在时效期间规定上的冲突。

4. 抵销

因故意侵权行为所负担之债务，债务人不得主张抵销。此项侵权法上的强制性规定适用于统一的请求权。否则侵权法上的立法目的将落空。况且，依加害给付产生的损害赔偿责任实质上是强化了的“侵权责任”。

5. 赔偿范围

可资认同的是，契约当事人对履行利益之外固有利益上的损害赔偿数额作出约定，是极少数的情况。有约定的，应依约定。无约定的，实际上依加害给付或依侵权行为主张的赔偿额并无区别。因为加害给付所违反之保护义务，不外是比侵权法上不为侵害之注意义务更强的义务。两者保护的利益范围并无区别。

因此，侵权法上所给予的保护，依加害给付亦应给予。无论是非财产上损害

(精神损害)的赔偿请求[①]（如我国台湾地区现行“民法典”第194条、第195条），还是不法侵害他人致死时，被害人负有法定扶养义务之第三人的赔偿请求（我国台湾地区现行“民法典”第192条第2项），均应支持。然而，如果认为加害给付情形之债务不履行责任与传统违反给付义务的契约责任具有同一性质，那么依上引第192条第2项之契约外第三人的损害赔偿请求权，依第194条、第195条的非财产上之损害赔偿请求权，将被认为违反契约之相对性，或违反各国合同法大都确认的合同责任不允许对精神损害予以补救的原则。[②] 这实在是一种误认，完全不考虑加害给付之“侵权行为的本质”。但是，1999年我国台湾地区“民法典”的债编修订特增订第227条之1，规定第227条之不完全给付准用侵权法第192至第195及第197条，这种做法既有利于防止滋生上述错误认识，又回归加害给付之本质，颇值赞同。

6. 总结

首先，契约责任与侵权责任的扩张型竞合，从总体上说，应适用侵权责任的规定。本文认为，其原因是：该竞合是由加害给付引起的，而加害给付不过是契约法中规定的，给债权人以更优保护（相对于侵权行为）的“侵权行为”。所以，我们不应把传统的契约责任（即救济履行利益的契约责任）的规定，想当然地套用到加害给付情形的损害赔偿责任上。准此，侵权法上关于抵销的强制性规定、关于精神损害赔偿的规定，仍应适用。

其次，例外情况。其一，如果竞合的法条所规定的事项，涉及的正好是契约责任（积极侵害债权责任）旨在对固有利益提供的更优保护，那么契约责任的规定优先。例如举证责任上应适用契约法的规定。其二，消灭时效上，应探究时效规定别后的立法目的，衡量何者优先。

① 正确地认为精神损害赔偿应纳入积极侵害债权的观点，可参见桂菊平：《论出卖人瑕疵担保责任、积极侵害债权及产品责任之关系》，载梁慧星（主编）：《民商法论丛》（第2卷），北京：法律出版社1994年版，第405页。

② 参见王利明：《违约责任论》，北京：中国政法大学出版社2000年2月修订版，第433页。

结　论

一、竞合的法律效果

契约责任与侵权责任的竞合,引起的问题就是:如何确定法律效果?请求权规范竞合说正确地认为:其一,竞合情形只存在一个统一的请求权,而不是两个;其二,应允许契约法和侵权法上的相关法条竞合,以确定统一的请求权的规范基础;其三,相竞合的契约法上的法条与侵权法上的法条不一致时或者说存在冲突时,应通过探求和衡量相竞合法条背后的立法目的或价值判断,从而使蕴含特别立法目的或优先立法目的之法条获得适用。

在确定统一请求权的规范基础时,请求权规范竞合说主张采取有利于债权人的原则及包含法律优先考虑的目的之法条优先适用的原则。对此本文认为,前一个原则不从正当化考虑出发,却在法律上预设有利于债权人的价值偏向,有悖于法律上的平等精神,是站不住脚的。后一个原则,虽然是可取的,但是缺乏一种原则性的观点,指导人们去确定相竞合的法条中究竟何者优先。

本文则认为,应对契约责任和侵权责任的竞合现象进行划分和进行类型上的归纳。而不同的类型,在确定法律效果时,应区别对待。本文将竞合现象划分为固有型竞合和扩张型竞合。在固有型竞合中,本文归纳出来的类型是:因契约上对固有利益进行保护或维护的给付义务与侵权法上不为侵害的注意义务发生交叉或重合,而产生的竞合。扩张型竞合中,本文归纳出来的类型是:在加害给付情形下,违反保护义务的债务不履行责任与侵权责任的竞合。在上述两种类型中,竞合发生的内在机理是不一样的,这就影响到法律效果的确定。相应地,本文通过分析,总结了如下确定请求权规范基础时总体上具有指导性的观点。

其一,在本文所归纳的固有型竞合类型的情形下,总体上契约责任的规定(即契约法上的法条)应优先适用,以贯彻意思自治的原则。但是至少有两个例外。第一,侵权法上对于故意侵权禁止加害人主张抵销的规定,仍应适用。第二,在时效适用上,仍应具体衡量立法目的,决定何者优先。

其二,在本文所归纳的扩张型竞合类型的情形下,总体上侵权责任的规定

(即侵权法上的法条)应优先适用。因为加害给付实质上不过是在契约法中规定的,旨在给受害人提供更优保护(相对于侵权法)的"侵权行为"。但是至少有两个例外。第一,依积极侵害债权理论所旨在给受害人提供的更优保护,例如举证责任,应适用契约法的规定。第二,在消灭时效上,仍应进行立法目的上的衡量,决定取舍。

二、对我国《合同法》第122条的批评

我国《合同法》第122条在立法上明确规定,契约责任与侵权责任竞合时,应采取请求权自由竞合说的做法,即允许受害人自由选择契约责任或侵权责任中的任一种责任请求赔偿。此种作法完全不顾较进步的请求权相互影响说或最进步的请求权规范竞合说在理论上的发展,这必然会使契约法规范或侵权法规范上的特别立法目的落空,其不合理之处昭然若揭,略说明如下。

首先,第122条的适用,可能产生于不利于受害人的情形。

(1) 在加害给付造成人格权损害的情形下,受害人选择契约责任时,将无法再依侵权责任请求精神损害赔偿。[①]

(2) 受害人选择侵权责任时,在举证责任上只能依较不利(相对于契约法的规定)的侵权法上的规定。而实际上,如本文的分析,无论是本文所归纳出来的固有型竞合中的竞合类型,还是加害给付引起的扩张型竞合,举证责任均应适用契约法上的规定。

(3) 加害人故意造成损害发生的,受害人如果选择了契约责任求偿,加害人则可主张契约法上的抵销。如此,侵权法上加害人不得以因故意侵权所负债务主张抵销的规定[②] 将成为具文,而受害人也将因此遭受本不应发生的不利益。

其次,第122条的适用,也可能给受害人规避本应适用的法律提供了机会。

(1) 依《合同法》的某些条文,如保管合同第374条规定无偿保管的保管人

---

① 就算承认我国《合同法》第122条明文规定了加害给付。我国《合同法》或其他法律,仍然欠缺类似于我国台湾地区现行"民法典"第227条之1的配套规定。该条规定允许加害给付情形,准用侵权法上侵害人格权的条文,亦即,受害人可依加害给付引起的债务不履行责任,请求精神损害赔偿。因此,目前在我国法律上,依契约责任仍无法请求加害给付情形的精神损害赔偿。

② 我国现行法上尚欠缺类似于我国台湾地区现行"民法典"第339条,原《德国民法典》第393条关于故意侵权情形,禁止抵销的规定。这在立法上显然存在缺漏。

仅就故意或重大过失负损害赔偿责任。如果赠与人或保管人仅有轻过失的,契约责任虽然不成立,但是,允许受害人主张侵权责任的,将使上述契约法条文的立法目的落空。

(2) 合同约定的违约金(即预定损害赔偿额)低于实际损害时,允许受害人主张侵权责任,将使当事人一方不受契约上的约定的限制,亦即契约上的意思自治遭到破坏。

由此可见,《合同法》第122条考虑欠妥。

三、关于责任竞合的立法建议

首先,本文亦认为,对于契约责任与侵权责任的竞合,立法上应持一种谨慎保守的态度,即目前还不宜直接在法律上作明文规定。理由是:对于竞合引起问题,理论上尚未厘清,如何处理,学说上也没有定论。且从德国及我国台湾地区的立法上来看,法律没有明文规定竞合,正是因为立法者认为此问题仍应留待学说上进行进一步的讨论和解决。

其次,将来我国制定民法典时,如果真的要采取《合同法》上明文规定竞合的立法态度,则应舍弃《合同法》第122条的做法,而或许可以这么规定:"契约责任与侵权责任发生竞合时,应当允许契约法和侵权法的相关法条相互竞合,并且综合考虑契约法与侵权法的整体立法旨向,以及各该竞合法条的立法目的,以优先照顾特别立法目的为原则,确定竞合情形损害赔偿请求权的规范基础。"

侵权行为法规范模式比较研究

曾江波*

内容摘要：侵权行为法的主要任务在于平衡行为自由和权益保护的冲突，而在私法领域，赋予某种利益以优越地位，则意味着另一种利益的退让；所以，各国侵权行为法选择不同的规范模式，必然折射出不同的经济、政治、文化等底蕴。

英美侵权法基于令状制度的法律渊源、判例法的历史传统等因素的考虑，选择了列举式的规范模式。列举式规范模式的优点在于侵权行为的类型具体、明确，便于司法操作；但由于缺少侵权行为法的一般条款，必然对权益的保护不甚周全；虽然可由判例法的灵活性予以弥补，但英美法系固有的"遵循先例"与"打破先例"的矛盾，必然使侵权行为法缺乏稳定性与不可预见性。且从我国大陆法系的历史传统及法规的素质来看，英美侵权法的列举式规范模式，不能为我所采，但是其将侵权行为加以列举，便于司法操作的做法，可以为我所用。

法国民法典为罗马法的忠实继承者，但在侵权行为的规定上，它抛弃了罗马法的列举式模式，而首创了侵权法的概括式规范模式。概括式规范模式中，一般条款的存在使侵权法具有一定的包容性，符合法典编撰的目的——稳定性的要求；但是由于法国侵权法未将一般条款类型化，引起法官造法的普遍，而使法律具有不可预见性。另外，在法国，虽然出现了合同法向侵权法渗透的现象，但是通过分析，我们可以发现这些现象的产生并不是因为侵权法采取概括式规范模式，而是法国侵权法具体制度存在缺陷所致，所以，一般条款的存在，不仅使侵权法具有包容性，还使债法体系清晰。

法国民法典的规范模式虽风行一时，但受到德国民法典的摒弃。德国民法典的编撰者认为，法国侵权法的抽象性规定，将本应由立法机关解决的问题，交

* 曾江波，男，硕士，宁波大学法学院教师。

由司法机关解决，只是掩饰了问题的困难性，不足所采；且由于历史法学派、康德哲学、优越法益、罪刑法定主义等思想的影响，及基于德国法官作用的考虑，其开创了侵权法折中式规范模式的先河。德国侵权法折中式的优点就在于为法律提供了较为精确的构成要件，缺点就在于侵权法的保护范围过于狭窄。为弥补这一缺陷，一方面德国司法部门创设了“营业权”、“一般人格权”等难以理解又易造成法律内部冲突的概念，另一方面，又不得不以诚实信用为基础，创设了诸多制度，用合同法弥补侵权法的缺陷，造成法律体系混乱。故折中式规范模式不堪为我所采。

各种规范模式均有利弊，我国侵权行为法究竟应何去何从？我们认为，“一般条款加类型化”的规范模式将是我国侵权法的最佳选择：一般条款的存在可以使侵权法具有包容性，而对一般条款的类型化，则便于司法实践。

关键词：侵权行为法　列举式　概括式　折中式

Abstract: The main mission of the tort law is to balance the clash of behavior freedom and the right protection, but in the realm of private law, giving a certain benefit with superior position, then means that another benefit yields. So, what norm mode is chosen by different country's tort law, usually reflects the different value, such as economy, politics, culture, etc.

Tort law of English and America based on the history tradition of the law origin、case law of writ system, etc., choose the stipulation by samples mode. The advantage of the stipulation by samples mode consists in the type of the law concrete, clear and definite; it is easy to operate judicially. But being in need of the general clause of tort law, the inevitable protection toward rights is not very thoughtful; although this weakness can be made up be the vivid case law, the common law's traditional antimony—"stare decisis doctrine" and "break the precedent", makes tort law unstable and unforeseen. And from our country's historical tradition of the civil and judge's quality to see, the stipulation by samples mode can't be accepted by our country, but the method of making tort typical can be used.

Civil code in France is the loyal successor of Roman law, but on the tort law, it abandoned the stipulation by samples mode of Roman law, and founded the generalized norm mode of tort law. The existence of general clause, makes the tort law contained, meets the request of the law—stability. But the tort law of France did not make the general clause typical, which made judge make law widely. Moreover, in France, although such phenomenon appear that the law of contract penetrate the law of tort, through analysis, we can discover these phenomenon is not caused by the norm mode of the tort law, but by the defect of concrete tort system. So the existence of general clause, not only makes the tort law contained, but also makes the law of obligation system clear.

The norm mode of the tort law in France became vogue of the time, but it is abandoned by German civil code. The German civil code edits think the abstract of the generalized norm mode hands over the questions that should be settled by legislative body to judicial organ, just covering up the difficulty of the problems.. The advantage of the compromise settlement mode consists in providing accurate constitutive requirements for law; the weakness is that its scope of Protection is too narrow. For making up this, the German judicial branch established such concepts as "trade right", "general personal right", which not only make people elusive, but make law conflict; on the other hand, it has to regard bona fide doctrine as foundation, established many system, used the law of contract to make up the weakness of tort law; these systems make law system confusion.

Each norm mode of tort law has advantages and weakness; so which one can be chosen in our country? We think "the general clause adds typical tort" norm mode would be the best one: the general clause can make tort law contained, and through making the general clause typical, not only is easy to right protection, but to judicial practice.

Key Words: Tort Law, Stipulation by Samples Mode, Generalized Norm Mode, Compromise Settlement Mode

绪　论

（一）一般条款内涵的界定

从比较法的角度观察，侵权行为法的规范模式，主要存在三种类型：其一为法国的概括式；其二为德国的折中式；其三为英美的列举式。其实就三种规范模式的争议而言，其往往围绕一个主题，即是否在侵权法中规定个一般条款，使其可以为全部或者大部分侵权行为提供请求权基础；而笔者以为我国未来的侵权行为法应规定一个一般条款，以便使侵权行为法具有一定的开放性，可以不变应万变。所以侵权行为法一般条款的内涵究竟为何，必须首先予以界定。

关于侵权行为法一般条款的内涵，目前学术界主要有两种观点：第一种认为，所谓侵权行为法一般条款是指在成文侵权行为法中居于核心地位，作为一切侵权请求之基础的法律规范，其具有两个功能：其一为全部侵权请求之法律基础；其二，它决定了民法典侵权行为法的框架和基本内容，民法典中侵权行为法的各个部分实际上都是这个一般条款符合逻辑的展开。[①] 第二种认为，所谓侵权法的一般条款并不是关于概括所有的侵权行为的条款，而只是关于一般侵权行为的概括性条款，是为自己行为负责的侵权行为条款。[②] 笔者以为这两种观点均有一定的合理性，但亦存在不足。就第二种观点而言，其论述过程存在以下缺陷：

首先，以德国法系侵权行为法立法模式作为论证其观点之基础，使人怀疑其是否对德国侵权行为法的立法模式有一定的了解。该文认为证明"侵权行为的一般条款就是规定一般侵权行为的条款"的最典型、最具有说服力的例子就是我国台湾地区民法典关于侵权行为的规定[③]；众所周知，我国台湾地区民法典侵权行为法的规定，系直接移植德国民法典侵权行为法的立法模式，而由于诸多原因

① 张新宝：《侵权行为法的一般条款》，载《法学研究》2001 年第 4 期。

② 杨立新：《论侵权行为法的一般化和类型化及我国侵权行为法的立法模式选择》，载《河南省政法干部管理学院学报》2003 年第 1 期，第 3 页。

③ 同上文，第 2 页。

的影响，如历史渊源、立法的哲学指导思想、优越法益思想、罪刑法定主义思想及法国侵权行为法实施过程中的弊端等，德国民法典的制定者并没有采取法国的概括式立法模式，而是另辟蹊径，开创了折中式立法模式的先河，认为只有绝对权是侵权法的保护对象，其他权利并不是侵权法的保护对象，而法益只有在违反保护他人法律或者故意违背善良风俗遭受侵害时，始受侵权法的保护。台湾地区民法典虽然对德国民法典的保护范围有所扩展，与德国民法典相比，"最有特色者，乃是其所指的权利不以绝对权为限，乃指一切权利"①；但台湾地区民法典仍为德国立法模式的典范。因此该文以折中式立法模式为论据，论证概括式立法模式一般条款的内涵，其论点自然不攻自破。退一步而言，就算台湾地区"民法典"第184条第一项规定的是侵权行为法的一般条款，但亦不能以台湾地区民法典为例来证明侵权行为法的一般条款是"关于一般侵权行为的概括性条款"；因为台湾地区"民法典"已于2000年进行了修订，并新增191条第三款②，其中第191条第一款规定了产品责任，第二款规定了道路交通事故责任，特别是第三款规定了危险责任的一般条款③；而该文却断章取义，不顾台湾地区民法典的新发展④，依此研究态度得出的结论难能令人信服。

其次，在以法国民法典侵权行为法之规定论述"侵权行为法的一般条款是指一般侵权行为的概括性条款"时，犯了逻辑混乱与先入为主的错误。其一，逻辑混乱；该文作者已明明知道在法国民法典中，第1382条及1383条是对于一般侵

① 邱聪智：《现行侵权行为法修正之基本问题》，载《民法研究》(一)，北京：中国人民大学出版社2002年版，第58页；另外还有学者认为台湾地区"民法典"第184条所指之权利应作扩大解释，即"只要具实质意义上之私法体系所保护指之法律上的利益，即为"民法典"第184条第一项所指的权利，但不包括所谓之反射利益；所以目前在台湾学术界出现了两种观点，即一般条款说和类型规定说；但就台湾地区的通说及司法实务上看，第184条第一项所指的权利仅应指一切权利，而不应包括利益在内。参见邱聪智：《新订民法债编通则》(上)，北京：中国人民大学出版社2003年版，第99—100页。

② 台湾地区"民法典"第191条第3款规定："经营一定事业或从事其他工作或活动的人，其工作或活动之性质或方法有生损害他人之危险者，对他人之损害应负赔偿责任。但损害非由于其工作或活动或其使用之工具或方法所致或于防止损害之发生已尽相当注意者，不在此限。"参见吴庚等：《月旦六法全书》，台北：元照出版社2001年版，第311页。

③ 台湾学者多认为其规定了危险责任的一般条款，参见黄立：《民法债编总论》，北京：中国政法大学出版社2002年版，第327页；邱聪智：《新订民法债编通则》(上)，北京：中国人民大学出版社2003年版，第152页。

④ 须知台湾地区"民法典"修订于2000年，而杨先生的文章完成于2002年。

权行为的概括规定,而 1384 条是对准侵权行为的概括规定[①],而仍然以法国民法典为例来证明自己的观点,岂不是"以子之矛,攻子之盾"吗? 令人哑然。也许在其潜意识里认为侵权法的一般条款应仅仅以一个条文予以规定,若有两个或两个以上条文,则除其中一条之外,其余的就不是一般条款的组成部分了! 不然怎么会如此论证自己的观点呢? 其二,先入为主;该文作者认为法国民法典侵权行为一章的章名为"侵权行为和准侵权行为",其中一定是包括侵权行为一部分和准侵权行为一部分;这自然无可指责,然其却依此得出结论:"如果将这个法律观点侵权行为的前三个条文(指 1382、1383 及 1384 条第 1 款,笔者注)都认定为侵权行为的一般条款,那岂不是没有准侵权行为的地位了吗?"[②] 却令笔者百思不得其解,因为如果认为侵权行为的一般条款是包括一般侵权行为和特殊侵权行为的概括性条款,那么在法国民法典中为何会没有准侵权行为的地位呢? 笔者以为,该作者之所以得出如此结论是因为其已将"侵权行为的一般条款是指一般侵权行为的概括性条款",作为论证的前提,犯了先入为主的错误。

最后,该文作者在研究过程中,数犯法学研究之大忌。除前文的逻辑混乱及先入为主外,还有如下弊端:其一,前后矛盾。既然认为侵权行为的一般条款是指一般侵权行为的概括性条款,那么在设计其侵权行为法的规范模式时即应以此为基础,然令人诧异的是,其认为设计侵权行为法应"规定全部侵权行为请求权的一般条款";其二,主观臆断,捏造数据。该文作者为便于读者理解,将其观点列为公式,即"百分之九十的一般侵权行为加上百分之十的特殊侵权行为等于全部侵权行为"[③],笔者实在不知道该文作者所言的百分之九十及百分之十的数据如何得出,难道是其对司法实务中所有的侵权案件统计出来的结果? 抑或是主观臆断? 且该文作者又在后文中写道"一般条款无论在各国表现得怎样不同,但它都概括了百分之三十九以上的侵权行为"[④],不知此处的百分之三十九如何得出,与前文的百分之九十是何关系,殊值研究。

就第一种观点言之,其在法学研究的方法上主要犯了"只见树木,不见森林"

---

① 杨立新:《论侵权行为法的一般化和类型化及我国侵权行为法的立法模式选择》,载《河南省政法干部管理学院学报》2003 年第 1 期,第 2 页。

② 同上。

③ 同上。

④ 同上文,第 9 页。

的形而上学的错误。因为在侵权法采取一般条款规范模式的国家中,有的认为侵权行为法的一般条款仅仅是指一般侵权行为的概括性条款,如日本民法典、阿尔及利亚民法典;《日本民法典》第709条是自己过错行为责任的一般条款规定,第710—713条是对适用第709条所作的规定或解释性规定,第714—718条都是对几种准侵权行为责任的列举性规定;而没有关于无过错责任的一般规定[①];《阿尔及利亚民法典》第124条规定了自己侵权行为的一般条款,第125—133条都是对一般条款的解释和适用所作的规定,第134—137条是对他人致人损害应承担责任的各种情况的规定,包括监护人的责任和雇主责任;第138—140条虽然以"事件所生之民事责任"为题,实际上规定的是物件致人损害和动物致人损害的责任,没有关于无过错责任的一般规定。而有的国家的民法典却认为是包括一般侵权行为和特殊侵权行为的概括性条款,如埃塞俄比亚民法典、荷兰民法典等;如埃塞俄比亚民法典通过第2027条规定了自己加害行为和准侵权行为(对危险活动的责任、对物造成损害的责任以及对他人造成损害的责任)的一般条款[②];《荷兰民法典》第162条规定了侵权行为的一般条款,不仅规定了过错责任而且规定了无过错责任。[③] 而其只注意到了部分国家侵权行为法之规定,而忽略了采取"一般条款是指一般侵权行为概括性规定"侵权行为法规范模式的国家,其所得出的结论自然具有片面性。

行文至此,笔者所持观点不言而喻。笔者以为在论述侵权行为法一般条款的内涵时,不应局限于部分国家侵权行为法的规范模式,而应采取比较法的研究方法,着眼于全局,区别不同国家的侵权法以理解其内涵,故所谓侵权行为法的一般条款或是指概括一般侵权请求基础的条款,或是指概括全部侵权请求基础的条款。但需要注意的是一些新近的民法典多采取了"侵权行为法的一般条款是指概括全部侵权请求权根据的条款",如俄罗斯民法典、埃塞阿比亚民法典、荷

① 《日本民法典》第710—718条,参见《日本民法典》,王书江译,北京:中国法制出版社2000年版,第126—127页。

② 《埃塞俄比亚民法典》第2027条,参见《埃塞俄比亚民法典》,徐涤宇译,北京:中国法制出版社2002年版,第370页。

③ 《荷兰民法典》第162条规定:1. 对他人实施了可归责的不法行为的人,必须对他人因此遭受的损害进行救济。2. 除有正当合法理由者外,以下行为被认定为不法行为:侵害权利,以作为或不作为方式违反法定义务或违反旨在维护正常社会管理的不成文法规则。3. 不法行为可以因行为人的过错而归责于行为人,也可以归责于依据法律规定或社会共同观念应由其承担责任的人。

兰民法典等,可以说采取“侵权行为的一般条款是指概括全部侵权请求权的条款”已经是立法的趋势所在.故本文认为在设计侵权法的一般条款时亦采此种观点。另外,就一般条款的条文而言,有的国家将其抽象为一个条文,如荷兰民法典、埃塞阿比亚民法典等,有的国家以两个或两个以上条文予以规定,如法国民法典、阿尔及利亚民法典等。

(二)本文的研究方法

本文主要采取两种研究方法:其一,比较法的研究方法。侵权行为法的规范模式有多种,但由于历史、文化、经济等诸多因素的影响,各国各取所需,分别采取了不同的规范模式,从这个角度看似乎符合历史法学派的观点:法律是民族精神的体现。但法律所调整的社会关系却具有共同性,这就为比较各国侵权行为法的规范模式的优劣提供了一个平台;因此从比较法的角度研究各国侵权行为法规范模式的优劣,从而有益于我国侵权行为法的制订,是本文最重要的研究方法,也是本文写作的目的。其二,体系研究方法。笔者以为侵权法并不是孤立的一个部门,其与合同法共同作为债法的最重要组成部分,二者之间必然相互影响。因此在采取不同的规范模式下,合同法和侵权法究竟是如何相互影响的,颇值研究。如一般认为折中式立法模式保护范围比较狭窄,因此其侵权法不得不借助合同法,利用合同法的规定来弥补侵权法的不足,从而使“侵权法披上了合同法的外衣”;但在法国采取概括式立法模式下,侵权法保护范围非常宽泛,却也出现了“合同法向侵权法渗透”的现象,令人诧异!原因何在?为解决这些问题,笔者采取了体系研究方法,将侵权法放在私法体系里进行研究(限于篇幅,笔者只研究不同规范模式下合同法对侵权法的影响,而不研究不同规范模式下侵权法对合同法的影响,及侵权法与不当得利、侵权法与无因管理的相互影响)。

一、英美侵权行为法规范模式研究

(一)一般化的努力与失败

侵权法一直以来被视为普通法的脊髓,这是因为作为普通法最古老的组成部分，侵权法几百年来绵延不绝的判例就像一块块活化石，详细地记录了英美法系在商事习惯、法律思想、社会风俗上的演变，正如研究美国法律史的权威 William Nelson 所言："从来没有其他任何法律能像侵权法这样一直受到法学家的关注。"① 尽管如此，英美法系的学者至今仍未给侵权法下一个明确的定义，究其原因，乃在于英美法系的侵权法采取列举式的规范模式，其并没有形成一个适用于一切案件的一般规则，而是各种相对孤立的规则的聚合。② 另一方面侵权法还是一个不断发展变化的领域，而这一发展还远远没有结束，故英国学者萨尔蒙德认为："侵权法是不存在的，存在的只是一些特殊的、互不相关的侵权行为，就像一堆鸽巢，每个鸽巢都有自己的名字，不同的侵权行为被分门别类地放入这些不同的鸽巢里面。"③

英美侵权法采取列举式的规范模式，所以在英美侵权法中，正像各种刑事犯罪有自己的罪名一样，也存在诸多的有名侵权。但由于在两大法系呈现融合趋势的大气候下，英美侵权法也受到大陆法系一般条款模式的影响，规定了过失这种"无名侵权"；英国学者 Rutton 先生对各种有名侵权进行了列举，总共有 72 种，但是他还不能确定他的列举是否完全。④ 在英美法中，最重要的一种侵权是过失，此处所指的过失指的并不是其他有名侵权的构成要件，而是被上升为一种独立的侵权；所以仍称其为过失，有名不副实的嫌疑。过失成为一种独立的侵权行为，始于英国上诉法院 1883 年的 Heaven V. Pender 一案。⑤ 过失作为一种独立的侵权行为在英美法系的确立，使英美法系的侵权行为法产生了质的飞跃，但法律是一把双刃剑，有利亦有弊，问题相应而生：其一，注意义务的内涵究竟为何？有何判断标准？其二，过失与遵循先例是什么关系？过失侵权行为与《法国民法典》第 1382 条是否类似？就第一个问题而言，英美法系提出了诸多学说，如

① 转引自李响（编著）：《美国侵权法原理与案例研究》，北京：中国政法大学出版社 2004 年版，第 7 页。

② 张新宝：《中国侵权行为法》（第 2 版），北京：中国社会科学出版社 1998 年版，第 7 页。

③ 转引自李亚虹：《美国侵权法》，北京：法律出版社 1999 年版，第 3 页。

④ Rutton, Tul. civ. law Forum 6/7(1991—1992)，第 105，101—120 页；转引自〔德〕冯·巴尔·克雷斯蒂安：《欧洲比较侵权行为法》（上），张新宝译，北京：法律出版社 2001 年版，第 338 页。

⑤ Heaven V. Pender, Trading as west Indian Graving Dock Company(1883)11 QBD. 503。转引自〔德〕冯·巴尔·克雷斯蒂安：《欧洲比较侵权行为法》（上），张新宝译，法律出版社 2001 年版，第 356 页。

邻人原则、二阶段检验法、三阶段检验法等[①],由于该问题与本文写作目的关联不大,故为节约篇幅,在此不作讨论。至于第二个问题,则涉及到本文的实质,况且我国有学者认为“英美法系的侵权行为法始终沿着类型化的方向发展,从来没有偏离过这个方向”[②],真的如此吗? 颇值研究。

遵循先例制度是英美法的基石,“依循先例的规定是法院判决为未来案件法源之制度的精髓,是基于‘所有人在类似的情形下皆应受到类似的待遇’的目的而设立”[③]。按照传统的案件解释方式(遵循先例制度),只有已决的案件对某种注意义务提供了先例的时候,一种注意义务才能被确认;而过失侵权行为的发展却对此项原则造成了巨大的冲击;Lord Reid 在 Dorest Yach 诉案中观察到,“过失法依赖于原理的一个稳定的发展趋势”,以至于“在一个新争议出现时,人们不应该提出其是否包含在先例中的问题,而应该提出其是否有受到确认的原理适用于它的问题”[④]。即过失侵权行为已经成为一个原理,在认定注意义务时,无需以以往案例中既存的注意义务为前提,而这一观点在 1977 年的 Anns V. Merton 一案中被发挥到极致,在该案中,原告与一幢公寓大楼的所有者 Walcroft 签订了公寓的长期租赁合同,但在 1970 年 12 月,原告所租的公寓出现裂缝,起因是 Walcroft 在所建地基未达到根据 1936 年《公共健康法》制订的细则中所规定的标准,而这种缺陷在被告对公寓大楼进行检查时未能发现,原告对 Walcroft 和被告提起了共同诉讼[⑤],在该案中,Lord Willberforce 提出了检验注意义务的两阶段法:

> “现在欲于一个特别情形下确认注意义务,已不再需要从一个过去确认注意义务的案例中寻求相类似的案件事实作为判决基础了。相反

---

① 关于英美法中的注意义务,可参见毛大春、王枫:《英国侵权法中的注意义务述评》,载梁慧星(主编):《民商法论丛》第 21 卷,香港:金桥文化出版(香港)有限公司 2001 年版,第 448—498 页。

② 杨立新:《论侵权行为法的一般化和类型化及我国侵权行为法的立法模式选择》,载《河南省政法干部管理学院学报》2003 年第 1 期,第 5 页。

③ William Burnham:《英美法导论》,林利芝译,北京:中国政法大学出版社 2003 年版,第 47 页。

④ Dorest Yacht Co. Ltd. V. Home office [1970] AC 1004—1027,转引自〔德〕冯·巴尔·克雷斯蒂安:《欧洲比较侵权行为法》(上),张新宝译,北京:法律出版社 2001 年版,第 362 页。

⑤ R.E. Heuston and R.A. Buckley, *Salmond & Heuston on the Law of Torts*, Sweet& Maxwell, 14th ed., 1998, pp. 329—330,转引自李昊:《论纯经济上损失》,载梁慧星(主编):《民商法论丛》第 28 卷,北京:法律出版社 2004 年版,第 568 页。

地，问题系由两方面加以解决，首先吾人必须询问，在加害人与被害人之间是否具有密切关联性，使加害人得以合理的预见因其不注意将会造成被害人之损害，从而可初步确认注意义务之存在，其次，如果对第一个问题的回答是肯定的话，必须考虑，是否有其他因素之作用，而应否定、减少或限制注意义务之范围、义务相对人之层次或损害之种类”。①

简言之，在过失侵权模式下，已不需要以先前确认注意义务的案例为基础，法官完全可以发挥主观能动性，去发现注意义务是否存在，并假定加害人负有注意义务，而被害人只需证明其所受之损害系加害行为之结果即可，而加害人欲求免责，必须证明其不存在注意义务或没有违反注意义务。如果英国侵权法将此案例确认为先例，则英国侵权法将可能确立类似于法国侵权法的一般责任理论，因为该案不仅确立了注意义务的存在不以先前确认注意义务存在的案例为基础，而且该案还对过失致他人纯经济上损失提供了保护。但是，令人遗憾的是，英国上议院违背了这一原则，通过 1991 年的 Murphy V. Brentwood B.C. 一案所做的判决正式推翻了 Anns 案的结果，并在 Capara 一案中确立了三阶段检验法，即在检验注意义务时要注意考察以下三个要素：(1) 被告能否合理预见到原告会遭受和已经发生的损失相同的损失，即所谓的预见可能性；(2) 当事人之间是否有足够密切的关系；(3) 让被告承担注意义务是否合理、公平。② 在该案中，还标志着以一条一般性的原则确认注意义务是否存在的尝试的终结，即上议院并不打算赋予三阶段检验法任何实质性的内容或精确的定义，而只将其视为对已有判例中注意义务的描述手段，在具体判断注意义务时，上议院采用的类型化的方法，即以既有判例为基础将之类型化作为决定现决案件中注意义务是否存在的指引。③

综上，英美法系虽然尝试过将过失侵权行为发展成为一种类似于法国侵权法的一般条款，但囿于侵权法列举式的传统规范模式，及基于纯经济上损失的保

---

① 转引自邱琦：《过失不实陈述之研究》，台北：台湾大学法律学研究所 1992 年硕士论文，第 35 页。

② 同上书，第 63 页。

③ Karen M. Hogg, p. 18，转引自李昊：《论纯经济上损失》，载梁慧星（主编）：《民商法论丛》第 28 卷，北京：法律出版社 2004 年版，第 568 页。

护,英美法系放弃了这一努力,转而回归于传统,认为在过失侵权中,“一种注意义务必须源于以前的判例之判决理由,而不能源于一个无所不包的一般侵权责任理论”[①]。但并不能就此否定英美法系的努力,甚至认为“英美法系从没有偏离过类型化的规范模式”。

(二)英美侵权行为法采取列举式规范模式的原因分析

一个深受大陆法系侵权行为法熏陶的学者往往习惯于从权益保护的角度来观察本国的侵权行为法,即遵循某人侵害了他人的权利或法益,无论故意或者过失,都对他人负有损害赔偿责任的一般原则。所以当其看到以自己的方式表现出来的英美侵权行为法,他往往会联想到本国的刑法分则。[②] 之所以会产生这样的感觉,是因为英美法系侵权行为法采取列举式的规范模式,没有适用于一切侵权行为或大部分侵权行为的一般条款。英美侵权行为法为何会采取列举式的规范模式,原因有二:

其一,令状制度的存在,是英美法系侵权行为法采取列举式规范模式的历史原因。

令状制度在英美法系中具有举足轻重的地位,其在某种意义上,“就像十戒或十二铜表法那样,逐渐被视为法律本身赖以产生的基本渊源”[③]。作为英美法系重要组成部分的侵权行为法,自不例外。开始,在对他人身体造成损害或妨碍他人对财产的占有时,只有在使用暴力或武器破坏国土安宁时,才能申请签发令状,但不久就出现这样的案件:原告的损害不是由被告对他身体的直接攻击造成的,而是由于被告的特殊行为或者疏忽大意间接所致;大约从1350年开始,大法官就借助于《维斯敏斯特条例》中关于同类案件的条款,确认了“间接侵害之诉”或“令状注明案情之诉”,这不仅及时区分出不同类型的事实,它们不仅对现在的

① 〔德〕冯·巴尔·克雷斯蒂安:《欧洲比较侵权行为法》(上),张新宝译,北京:法律出版社2001年版,第363页。

② 参见 Uniken Venema, Van Common en civil law, p.98. 另外,英国学者萨尔蒙德也认为正像刑法包括特定犯罪一样,侵权行为法也应包括特定的伤害,参见徐爱国:《英美侵权行为法》,北京:法律出版社1999年版,第3页。

③ 〔英〕S.F.C.密尔松:《普通法的历史基础》,李显冬等译,北京:中国大百科全书出版社1999年版,第27页。

侵权行为提供了救济，而且还为后来的契约法提供了基础[①]；由此可见，令状制度为英美侵权法的历史基础，而令状制度决定了其侵权行为法的列举式规范模式，之所以如此说，有两个原因：第一，一个救济需要一个令状，而且为保护特定利益不受特定方式的侵犯，又产生了不同的诉讼方式[②]；故使令状具有具体性，最终导致侵权行为法是以一个个鲜活的、具体的侵权行为类型出现的；第二，令状的诉讼方式，使英国的法律实务者更多地注意诉讼类型，而不注重实体权利，他们更感兴趣的是那些可以归属于不同诉讼或令状的具体事实，而不是以某种合理方式为基础将实体法精制成一个体系[③]；在这种“程序的思考”所主宰下的侵权行为法，自然不会形成一个类似法国侵权行为法的“权益保护”的一般条款模式。然而令状制度亦有其弊端，即原告在提起诉讼时必须宣布他的请求基于哪种诉讼形式，而这种选择至关重要，决定着将来会依据哪种令状制度判决案件，以及如何提出证据及如何执行判决，而原告并非法律方面的专家，故常会出现选择错误而面临因这种纯技术原因而败诉的风险；为有利于权利的保护，英国于 1873 年通过《司法法》废除了令状制度。令状制度虽然被废除，但是它作为发展和整理实体法的方法的功能却被保留下来，正如梅特兰所言：“令状方式虽被废除，但仍从坟墓中支配着我们”[④]。

其二，法官地位的崇高及判例法的历史传统是英美法系侵权行为法采取列举式规范模式的实质原因。

在生活在英美法系国家的人们的眼中，法官是有修养的人，“甚至有着父亲般的尊严”[⑤]。在英美法系，法律的承担者是法官而不是法学家，也不是立法者，即使对议会的制定法，法官也掌握着通过解释适用赋予其现实效力的权力，而且在法官们面临棘手的难题时，他们也不会求助于学者，因为在他们看来，学说即空洞的理论，且英国的学者们，既不像法国的学者那样著书立说，亦未构筑出德

① 〔德〕K. 茨威格特、H. 科茨：《比较法总论》，潘汉典等译，北京：法律出版社 2003 年版，第 278 页。

② 王泽鉴：《侵权行为法》（第 1 册），北京：中国政法大学出版社 2001 年版，第 50 页。

③ 〔德〕K. 茨威格特、H. 科茨：《比较法总论》，潘汉典等译，北京：法律出版社 2003 年版，第 290 页。

④ Glamville Williams and B. A. Hepple, *Foundations of the law of Tort*, 2nd edition, 1984, p. 27f, 转引自王泽鉴：《侵权行为法》（第 1 册），北京：中国政法大学出版社 2001 年版，第 50 页。

⑤ 〔美〕约翰·亨利·梅利曼：《大陆法系》，顾培东等译，北京：法律出版社 2004 年版，第 34 页。

国学者严谨的理论体系；在这种情形下英美法系的法官除了依靠自己外别无所求[①]；这也是英美法系被称为法官法的原因，而法官地位的崇高，则可以使法官在面临不同的案情时，运用其聪明才智，创造出不同的判例，而如果规定一个侵权法的一般条款，则限制了法官发挥作用的能力。

法官地位的崇高是英美法采取判例法的前提，而判例法是英美法系的基石，在这一点上，"侵权法比其他法律部门更加明显"[②]；判例法在侵权法中的重要性决定了，想用几条一般性的原则来描述普通法的侵权行为法是异常困难的。这是因为判例法的最大特点是灵活性，它可以因社会现实的变迁而改变，从而适用于不同的现实；而侵权法的一般条款是稳定性，虽然学者们认为一般条款有很大的弹性，使法官可以通过判例来充实一般条款的内容，但其必须在一般条款的前提下进行扩充，这也是英美法系的法官想使过失成为一般条款但最终付诸东流的重要原因。所以一般条款的稳定性与判例法的灵活性的不相容性，决定了英美法系的侵权行为法除了采取列举式的规范模式外，别无选择。

（三）列举式规范模式之检讨

单纯地去判断一个国家立法模式的优劣，本身就是一种非常愚蠢的行为，这是因为"法律植根于文化中，它在一定的范围内对特定的社会在特定的时间和地点所出现的特定需求做出回应"[③]；不同的立法模式有不同的历史文化政治经济背景。然而就比较法的角度而言，对不同的国家立法模式的优劣比较的目的是为我国侵权行为法的制定提供一定的指引，所以从我国立法的角度观察，列举式规范模式存在以下弊端：

其一，缺少一般权益规定的侵权行为法，对权益的保护必然不周全。

英美法系的侵权法的渊源是令状制度，而以令状制度催生的侵权行为类型，需要具备两个方面的要件：一是令状的取得，二是该种行为在现实中的普遍性；后者是前者的前提条件之一，而前者则取决于发布令状者的认同，无论是中世纪以来的英国王室，或是现代诉讼程序中的法院，一定程度内的精力都是有限的，

---

① 〔日〕大木雅夫：《比较法》，范愉译，北京：法律出版社 1999 年版，第 308—309 页。

② 徐爱国：《英美侵权行为法》，北京：法律出版社 1999 年版，第 10 页。

③ 〔美〕约翰·亨利·梅利曼：《大陆法系》，顾培东等译，北京：法律出版社 2004 年版，第 155 页。

并且其对新型侵权行为的认同需要一个过程;这样在新的侵权行为开始出现时,令状是不可能取得的,因为就是在古代法的形成过程中,"立法者是按照野蛮生活中某一事件发生次数的多少分配其工作比重的"①,一种新的侵权行为在其出现次数很少或者还没有普遍性时,就不可能得到令状的承认,更不用说还没有出现时的前瞻性规定了②。在现代英美侵权行为法,令状制度虽然被废除,但情形并没有好转,如在过失侵权行为中,在判断注意义务内涵及注意义务的内容是否存在时,必须以以往的判例确认的注意义务的存在为前提,而在一项注意义务还没有被以往的判例所确认,某人违反该项注意义务,致他人权益遭受侵害时,该项权益该如何保护呢?由此可见缺少侵权行为法一般条款的侵权行为法,虽然有判例法的灵活性弥补其不足,但由于一项侵权行为必须反复出现,引起司法实务的重视时,该项权益方能得到有效保护,所以列举式的侵权行为法规范模式对权益的保护并不周全。

其二,判例法的灵活性,决定了其必然缺乏稳定性,并导致判例的前后矛盾,使法律具有不可预见性,从而使自然人(法人)不能按照预定的规则去安排自己的活动,不利于其权益的保护。

首先,就缺乏稳定性而言,从大陆法系的角度观察,稳定性是法律的生命所在,而英美法系对此却不以为然,在他们看来,灵活性才是法律生生不息的动力。然而灵活性却容易导致判例的前后矛盾性,以英国侵权法对纯经济上损失的保护为例加以说明;英国法在过失引起纯经济上损失的赔偿问题的态度上,可以用"一波三折"加以概括。在1931年前英国法一直坚持的是一条排除性规则,1932年的Donoghue一案后则突破了这一规则,确立了众多可诉赔偿的新类型,特别是以1964年的Hedley Byrne一案为标志确立了过失不实陈述案型。此后英国法又经历了一个漫长的不确定的发展时期,排除性规则又被重新确认,已出现的案型纷纷被否认,特别是1973的Spartan Stell案和1981年的Murphy案否认了"电缆案型"、"产品责任案型"、"公共机构案型"中的原告对其遭受的纯经济上损

① 〔英〕梅因:《古代法》,沈景一译,北京:商务印书馆1959年版,第207页。

② 参见麻昌华:《侵权法的独立与独立的侵权行为法——兼论侵权行为法在我国未来民法典中的地位》,武汉:武汉大学2002年博士论文,第96页。

失的赔偿请求,使得英国法院只承认过失不实陈述案型。[①] 这种判例的前后矛盾性是否又与英美法系“遵循先例”的原则所确立的宗旨,即“所有人在类似的状况下皆应受到类似的待遇”相违背呢?

其次,就缺乏预测性而言,侵权法之所以在整个私法体系中具有举足轻重的地位,就是因为其主要牵涉到行为自由和权益保护如何进行利益衡量的千古难题:如果法律对权益保护过分重视,则公民可能动辄得咎;如果法律过分重视行为自由,则可能置他人利益于不顾;所以必须进行利益衡量。这就需要法律设置一些规定,使公民可以预知其行为的后果,从而恰当地安排其活动;而英美法系的判例法却以灵活性著称,其可能根据不同的案情确立不同的先例对权益进行保护,这样一个根据先前的判例确定的义务从事活动的人,亦可能因为法院的新判例而承担侵权责任,从而可能形成英美法系的公民面对以灵活著称的判例法而茫然不知所措的情形。这自然更加重了行为自由与权益保护的冲突,从而不利于权益的保护。

(四)列举式规范模式下合同法对侵权法的影响

英美法系并不存在债法的抽象概念和体系,而是将合同法、侵权行为法视为独立的法律部门,这是因为英国历史上曾使用各种不同的诉讼程序来规范不同的债法关系[②],但是一个国家的法律制度通常是一个整体,每个领域都以变化无穷的方式影响着相邻领域的法律,而就其自身的内容和体系涉及而言,它也受到相邻法律领域的影响;特别是以合同外责任称谓的侵权行为法领域更是如此[③];那么在采取类型化的英美侵权行为法的规范模式下,合同法是如何影响侵权法呢?主要如下:

1. 限制竞合制度

就英美侵权行为法的保护范围而言,其是宽是窄,还是一个颇有意思的问题:一方面判例法的灵活性使其侵权法充满活力,当一项权益屡遭侵害,殊值侵

① 李昊:《论纯经济上损失》,载梁慧星(主编):《民商法论丛》(第28卷),北京:法律出版社2004年版,第577页。

② 余延满:《合同法原论》,武汉:武汉大学出版社1999年版,第5页。

③ 〔德〕冯·巴尔·克雷斯蒂安:《欧洲比较侵权行为法》(上),张新宝译,北京:法律出版社2001年版,第504页。

权法的保护时,其就可以通过判例确认一项法律制度,给予该权利以适当的保护,从这个角度而言,其保护范围不是有限的,而是无限扩张的,随着社会的需要而拓展其保护范围[①];另一方面,遵循先例制度的存在,既使一项权益的保护必须以既存的判例确认的判决理由为依据,又使英美法系的法官面临先例的权威性而缩手缩脚,不敢创新,且英美法系法官地位崇高,又使其可能安于现状,具有极强的保守性[②],从这个角度而言,英美法系侵权法的保护范围是狭窄的。正是英美法系侵权行为法保护范围的模糊性,才使其在处理责任竞合的问题上,即没有采取宽泛的侵权行为法下的禁止竞合制度(法国),也没有采取狭窄的侵权行为法下的允许竞合制度(德国),而是采取了限制竞合制度。

2. 利益第三人担保责任制度存在的原因分析

约因理论的束缚,使英美法系的合同法严格遵守"合同相对性"原理[③],不易像德国法下的合同法那样,可以随便扩充其范围,发展出庞大的附随义务群,并保护合同当事人以外的第三人。但是1972年修正的《美国统一商法典》第二编买卖下的第2-318条突破了合同相对性原理,创设了"利益第三人担保责任"。该条设计了三个方案,各州可任选其一:第一个方案是出卖人明示或默示的担保及于买受人之家族、共同居住者、其家中之客人,若可合理期待此等自然人会使用、消费或受商品之影响,而其人身因担保义务之违反而遭受损害。出卖人不得排除或限制本条之适用。第二个方案是出卖人明示或默示的担保及于任何可合理期待使用、消费或受商品之影响,而其人身因担保义务之违反而遭受损害之自然人。出卖人不得排除或限制本条之适用。第三个方案是出卖人明示或默示的担保及于任何可合理期待使用、消费或受商品之影响,因担保义务之违反而遭受损害之自然人。出卖人不得排除或限制本条之适用。[④] 就第三人的保护范围而言,第一种方案仅及于买受人的家族、共同居住者及客人;第二种方案对受益人的范围有所扩张;而第三种方案的受益人范围最为广泛,采取侵权行为法编所指

---

① 正是这个原因使英美法系的侵权行为法专家甚感头痛,无法给侵权行为下一个精确的定义。

② 〔德〕K. 茨威格特、H. 科茨:《比较法总论》,潘汉典等译,北京:法律出版社2003年版,第312页。

③ 关于英美合同法下的合同相对性原理,可参见杨丽君:《论英美合同法相对性原则》,载梁慧星(主编):《民商法论丛》第22卷,北京:法律出版社2002年版,第352—454页。

④ 参见王泽鉴:《契约关系对第三人之保护效力》,载《民法学说与判例研究》第2册,北京:中国政法大学出版社1998年版,第45—46页。

出的现代判决趋势,将此项规则扩展适用于任何人;就第三人的权益保护范围而言,第一种方案及第二种方案仅及于人身利益,而第三种方案所保护的权益范围包括人身利益及财产利益,该财产利益所受到的损害和瑕疵担保责任下买方所受到的财产损害相一致,包括了纯经济损失。①

美国法早在1963年的 Greenman V. Yuba Product Inc 确立了产品责任的严格责任制度,并且在1965年的《侵权法重述》中正式在产品责任中引入了严格责任理论,可以说已经对买卖合同的第三人的利益提供了一定的保护,那么利益第三人担保责任的存在又有什么作用呢? 笔者以为,在美国法制下,之所以会出现利益第三人担保责任和产品责任中的严格责任并存的现象,原因有四:其一,美国是一个判例法国家,先前的判例如果没有被后来的判例所推翻,那么该判例仍然可以发挥其应有的作用,所以就美国的产品责任制度而言,虽然经历了由合同责任到侵权责任的巨大转变,但是在这个转变过程中,所形成的诸多制度如合同责任、过失责任、担保责任、严格责任等,因为都是由判例所确认,并且没有被推翻,所以这些制度仍适用,当事人可以任选其一作为其请求权基础。其二,就《美国侵权法重述》(第二次)中关于产品责任的保护范围而言,其受保护的利益为最后使用者或者消费者的人身权及其财产权,而此处所谓之财产权系指商品以外其他物之所有权②,即严格责任中的产品损害赔偿范围限于受损害之利益,主要包括人身伤害和财产损害,纯粹经济上损失原则上不得主张,对此美国联邦上诉法院于 Two Rivers Co. v. Curtiss Breeding Serv. 一案中认为,就本案原告因被告出售有瑕疵精子造成原告出售的牛市场价格减少之损害,法院明文否认赔偿纯粹经济上损失,并认为产品责任与商业损害应予以区分。③ 而《美国统一商法典》第2-318下关于利益第三人担保责任,所设计的第三种方案保护的范围则及于纯经济上损失。其三,产品责任中的严格责任和利益第三人担保责任的举证

---

① 李昊:《论纯经济上损失》,载梁慧星(主编):《民商法论丛》第28卷,北京:法律出版社2004年版,第577页。

② The Restatement (seconds) of Torts 第402条规定:(1)One who sells any product in a defective condition unreasonably dangerous to the user or to his property is subject to liability for physical harm thereby caused to the ultimate user or consumer, or to his property; 可参见王泽鉴:《商品制造人责任与纯经济上损失》,载《民法学说与判例研究》第8册,北京:中国政法大学出版社1998年版,第240页。

③ 624 F.2d 1242, 1998. 参见林世宗:《消费者保护法之商品责任论》,第189页,转引自刘文琦:《产品责任法律制度比较研究》,北京:法律出版社1997年版,第70—71页。

范围不同。在严格责任下,原告要承担以下的举证责任:(1) 被告实际上制造了该商品或将该商品投入了商业的流通渠道;(2) 该商品实际上是有瑕疵的;(3) 产品的瑕疵是引起该伤害的真实原因;(4) 产品还在被告(制造商或销售商)手中时,瑕疵就已经存在,而这点通常难以证明,因为当产品多次转手后,实在难以证明该瑕疵何时开始存在。[①] 而在利益第三人担保责任制度中,原告要证明合同关系的存在、被告违反担保责任、被告之行为产生损害结果及损害与违反担保有因果关系。[②]两种制度举证责任的不同,可使原告依据不同的情形,选择不同的制度,以适用不同的举证责任,从而有利于自己权益的保护。其四,产品责任中的严格责任制度,适用范围有一定的局限性,如药品制造商、香烟制造商及二手车的出卖人不适用严格责任[③],等等,而利益第三人担保责任则没有如此限制。

(五) 小结

各国侵权法采取不同的规范模式,从某种意义上来说,并不是立法者个人主观的偏好,而是各国经济、历史、文化发展的必然,因此不同的规范模式往往沉淀着不同的法律文化底蕴。就英美法系而言,以令状制度为渊源的侵权法,使其没有形成一个保护权益的一般性规定,而是形成了有着不同构成要件的各种有名侵权,虽然也进行了一般化的努力与尝试,想使过失这种无名侵权发展成一种类似于《法国民法典》第 1382 条的概括式规定,但是基于各种因素的考虑,如诉讼泛滥的担心、合同法与侵权法的分野、优越法益思想等等,放弃了这种努力,又回归于传统。令状制度使英美法系形成了程序型的法律思考方式[④],使英美法系

① 李亚虹:《美国侵权法》,北京:法律出版社 1999 年版,第 143—144 页。

② 参见《台湾地区产品行销美国市场有关法令之研究》,1992 年 3 月,台湾东吴大学研究报告,第 42 页。

③ 在美国,药品制造商之所以不适用严格责任是因为药品具有不可预测的危险,且药物的研究开发有利于社会公共利益;另外在美国严格责任的成立以产品具有不合理的危险为前提,若单纯具有危险性的产品如剪刀、斧头等则不适用,而香烟的危害性已举世皆知,故不应适用严格责任(623Supp. 1189. 1985.)。

④ 从这个角度而言,学者们说虽然 19 世纪德国的学说汇纂派曾明显地师承罗马法的传统,但在法律技术方面,英国的法学家比前者更类似罗马法学家。参见〔德〕K. 茨威格特、H. 科茨:《比较法总论》,潘汉典等译,北京:法律出版社 2003 年版,第 279 页。

的侵权法没有权益保护的一般规定，从而造成了权益保护不周全性，虽然有着崇高地位的法官及判例法的历史传统，可以依据判例法的灵活性弥补这一缺陷，但是英美法系包含着自身的悖论：一方面，法官必须忠实地遵循先例，在这种意义上，司法系统必须保护既定的期待；另一方面，进步和发展要求打破以前的先例，确立新的期待，这就要求法院彻底扫清障碍以确保权益和自由得到平等的保护。因此，法律保守主义忠实地保存现状和法律激进主义打破传统之间的对立，必然造成判例的前后矛盾性，使法律缺乏可预见性和稳定性。故从这个角度而言，列举式的规范模式存在着难以弥补的缺陷。另外我国没有判例法的历史传统，且法官素质的低下众所周知，因此，列举式的规范模式必定为我国所不采。就列举式规范模式下，侵权法与合同法的关系而言，在英国由于合同法严格遵循“合同相对性原则”，没有出现合同法向侵权法渗透的现象，为了保护弱势一方，反而出现了依据侵权法规避合同法中免责条款的现象[①]；但是 1972 年的《美国统一商法典》规定了利益第三人担保制度，打破了合同相对性原则的束缚，从而与产品责任中的严格责任相结合，使受害人多了一个选择的机会，为合同中的第三人提供了充分的保护。

二、法国侵权行为法规范模式研究

（一）一元论到二元论的嬗变

在罗马法中，侵权法的产生早于契约法[②]，罗马法区分了私犯和准私犯，但是没有对私犯或者准私犯进行概括和抽象，以提炼出包含一切侵权行为和准侵权行为基本要件的一般条款，而是以列举规范了诸多赔偿请求的诉权，如盗窃、

---

① 比如一名乘客乘坐客轮的头等舱旅行，购买的船票上有免除航运公司对人身伤害，纵然是因过失所致的人身伤害的一切责任的免责条款，法院认为乘客仍然能够对该航运公司雇员的过失侵权行为提起诉讼，参见 Gore v. Dickson[1955]1 QB 158，转引自〔英〕P. S. 阿狄亚：《合同法导论》，赵旭东等译，北京：法律出版社 2002 年版，第 399 页。

② 麻昌华：《罗马法上的侵权行为法》，载吴汉江（主编）：《私法研究》（第 3 卷），北京：中国政法大学出版社 2004 年版，第 227 页。

强盗、非法侵害、对人身的侵犯等[①],所以有学者将罗马法的侵权行为法规范模式和英美法系侵权行为法规范模式并列,共称为列举式规范模式。[②]

法国民法典以罗马法为历史渊源之一,但其侵权行为法的规范模式却没有采取列举式规范模式,而采取了概括式。这是因为在古罗马,原告只能通过诉讼程式从一个非司法官员那里获得权利请求书,其权利才能得到保护,这种诉讼程序使罗马的法律实务者更多地注意诉讼类型,而不注重实体权利。在这种思想的影响下,他们更关注的是可以归属到不同诉讼的具体事实,而不是一个概括式的一般条款,这与英美法系的思考方式非常相似[③];而法国民法典的立法者基于自然法的理念,更热衷于永恒真理的追求[④],故形成了概括式的规范模式。

1804 年的法国民法典对侵权行为的规定甚为简练,仅有五条,是世界上条文数目最少的立法,但就是这区区五条,却足以使法国民法典彪炳史册! 其原因在于:法国民法典开创了侵权行为法概括式立法模式的先河! 而条文数目的精练,必然使条文内容具有极大的包容性、伸缩性,使民法典的规定足以应对实际生活的需要;而这种包容性必然使条文的形式意义(字面上的意义)与条文的实质内涵(适应社会生活变迁后的条文内涵)产生巨大的反差,无怪乎有的法国学者感叹:"如果法国民法典的起草人可以实际阅读法国民法典有关侵权责任条文的话,他肯定会说,他们规定的侵权责任的条文一点没变;但是如果他愿意做一点探询,他就会发现他的观点完全是虚假的,因为他们所规定的侵权行为责任已经发生了重大的改变。"[⑤] 法国侵权行为法条文的形式含义与实质含义的反差使学者们产生了认识上的分歧,如有的学者认为"法国民法典中一般条款的内涵是关于一般侵权行为的请求权基础的概括性规定",也有学者认为法国民法典中"一般条款的内涵是关于所有侵权请求的概括性规定",孰对孰错? 甚或都错? 要回答这一问题,需对法国侵权责任根据的演变作一深入研究。

---

① 参见〔英〕巴里·尼古拉斯:《罗马法概论》,黄风译,北京:法律出版社 2004 年版,第 225 页。

② 参见史尚宽:《债法总论》,北京:中国政法大学出版社 2000 年版,第 110 页。

③ 〔德〕K. 茨威格特、H. 科茨:《比较法总论》,潘汉典等译,北京:法律出版社 2003 年版,第 279 页。

④ 〔德〕冯·巴尔·克雷斯蒂安:《欧洲比较侵权行为法》(上),张新宝译,北京:法律出版社 2001 年版,第 19 页。

⑤ Genevieve viney, Traite de Droit civil, 2e edition, L. G. D. J. P. 23, 转引自张民安:《法国侵权责任根据研究》,载吴汉东(主编):《私法研究》(第 3 卷),北京:中国政法大学出版社 2004 年版,第 341 页。

在法国民法典颁布以后的大约100年间,法国侵权责任完全建立在以民法典第1382、1383条为基础的过错责任根据上,虽然法国民法典为有利于受害人利益的保护,例外地规定了在1385条及1386条的情形下,侵害人的过错可以由法律推定,但过错推定仅仅是过错的表现形式之一;所以在法国民法典制定之初,其侵权责任根据只有一个;但如果就此认为法国侵权行为法没有任何准侵权行为的规定,则未免又过于武断,这是因为无论在任何时代,都有当时社会环境所认为的危险活动和危险事物,19世纪的法国社会亦不例外,其中"最显著者,则为动物及工作物的占有及所有,所以动物占有人的责任及工作物占有人的责任,至今仍被视为古典型的危险责任"①。另外《法国民法典》第1384条第1款的规定为后来法国最高法院通过判例确定无过错责任埋下了伏笔。

在《法国民法典》第1384条第1款创设之初,立法者并没有打算将其作为请求权的基础,该款存在的唯一目的是在于说明侵权行为法并非"止于损害的造成者,而是走得更远,为了更多地保障受害人得到救济,它授权受害人向加害人所依赖的人和对被救济损害负有保障义务的人主张权利"②;但是到了19世纪末,为了应对工业时代初期层出不穷的新的责任问题,法国法院认为利用第1384条第1款的时候到了。1896年在Teffaine一案中法国最高法院确立了危险责任。③ 在该案中,被告Guisses及Cousin所有的蒸气拖船的锅炉爆炸,致使原告Teffaine在船上服务的丈夫当场死亡,原告以其导管的融接有瑕疵,对Guisses及Cousin提起损害赔偿之诉,第一审法院以原告无过失而驳回起诉,原告上诉,第二审法院类推适用民法典第1386条(即建筑物所有人责任)判决被告负赔偿责任;被告认为其无过失,提起第三审上诉。法国最高法院则更进一步,放弃了类推适用民法典第1386条的做法,而是创设了危险责任的法则,其判决理由是:"事故之原因,即为机械构造之瑕疵,则锅炉所有人及制造人,依第1384条规定

① 参见K. Larenz, Schuldrecht, 10Aufl., 1976, s77f. f.,转引自邱聪智:《法国无生物责任法则之发展》,载《民法研究》(一),北京:中国人民大学出版社2002年版,第138页。

② 〔德〕冯·巴尔·克雷斯蒂安:《欧洲比较侵权行为法》(上),张新宝译,北京:法律出版社2001年版,第150页。

③ 其实在此以前,法国下级法院如1892年格鲁诺布法院、1895年布吉尔法院的判决,已经开始适用第1384条第1款的规定作为判决理由了,但由于其是下级法院且又处于草创阶段,所以不敢急进,往往又在判决中陈明,即使适用建筑物所有人责任(民法典1386条)的规定,也可以获得相同的结论,作为判决理由的旁证,似乎显得美中不足。

意旨观之,仅于损害系出于偶然事故或者不可抗力者,始得免责;被告纵然证明损害系出于制造者之过失或其瑕疵隐秘难见,亦应负损害赔偿责任。”① 法国最高法院的这一判决,为后来同类案件的判决所推崇,具有很强的法律拘束力,在法国侵权行为法的历史上具有打破传统、开拓创新的意义:其一,打破传统,突破民法典1384条第一款不可作为侵权请求权基础的传统观点的束缚,确立该条为侵权行为法上的独立规范,并赋予其一般原则的地位;其二,开拓创新,创设无过错责任,使其与过错责任并列,共同支撑起侵权法的大厦。

综上,正确答案已经水落石出:如果单看法国民法典立法者之本义及条文的文义,而不顾及法国最高法院在19世纪以来的一系列开创性活动,则“认为侵权行为的一般条款是指一般侵权行为的概括条款”的观点无疑是准确的;如果单看法国侵权行为法的现实,而不顾及法国侵权请求根据的历史变迁,则“认为侵权行为法的一般条款是指概括全部侵权请求权的概括式条款”的观点自然也是准确的。

(二)法国侵权行为法采取概括式规范模式之原因分析

就逻辑结构而言,法国民法典有一个极为重要的特色,即法典的文字非常简洁、精确而单纯,而且又深具社会生活的经验性与中庸性;被认为适用上具有适用性,而足以充分因应社会实情之变迁②,而民法典侵权行为法的规定则为这种精神的集中体现,虽区区五条,但条文的包容性却使其面对社会生活的变迁而应对自如。是什么原因使法国民法典放弃了罗马法列举式的侵权行为法规范模式,而首创概括式的规范模式呢?笔者以为原因有三:

首先,就法国民法典立法的哲学思想而言。

与英美法系相比,大陆法系的民法对于哲学影响格外开放,其最重要的原因之一是,优士丁尼的《法学阶梯》以《民法大全》的残章断节和属地法学为依据,为法律提供了一个简明的说明理由,这就为哲学家了解法律提供了帮助,再说法学

---

① Von mehern, p.381, 转引自邱聪智:《法国无生物责任法则之发展》,载《民法研究》(一),北京:中国人民大学出版社2002年版,第152—153页。

② 参见〔日〕福井勇二朗译:《现代法国民事法之精神》,岩波书店1938年版,第31页,转引自邱聪智:《法国无生物责任法则之发展》,载《民法研究》(一),北京:中国人民大学出版社2002年版,第132页。

理论鲜明的体系也呼吁哲学家的帮助，同时法学理论体系中许多一目了然的错误也诱发了哲学家求全责备之心[①]，因此在大陆法系常有"哲学优先于法律，哲学精神战胜了法的传统"一说，作为民法法系最重要组成部分的法国民法，哲学思想自然对其民法产生了重要影响。

在1804年法国民法典制订时，法国大革命已经结束，此时法学家的任务是将哲学家提出的理想加以具体化，故实际上自然法思想的影响开始减弱，例如草案第1条曾规定"作为一切实在法之渊源的乃是一种普遍而不变的法律，这只能是主宰全人类的自然理性"，而这一条在编撰过程中已被废除[②]；尽管如此，却不能否认法国民法典以自然法的思想为其哲学基础，"毫无疑问，这部民法典若不是在整体上有来自于自然法的编撰思想，那么它在思想史上就会是不可想象的"[③]，其民法典的起草者之一——波塔里斯在以编撰委员会全体的名义发表的引言中，受命公开承认了自然法的权威并重申了其作用。[④] 而自然法学派的支配地位，要求其民法典的制订者不能满足于中世纪注释法学派和评论法学派的研究方法，不能仅仅对各种具体制度进行注释或评注，而应对各个具体制度进行抽象和归纳，提升出更加原则和抽象的规定，而这种思想体现在侵权法中，"则为使一般性、普遍性的过错侵权责任根据成为可能，而这种原则在自然法学派出现之前还掩埋在过去几个实际所累积的各种具体案例中和法学家的学说中"[⑤]。

其次，就法官在法国的地位而言。

在英美法系的学者眼中，"大陆法系的法官就是由立法者所设计和建造的机械操作者，是一个执行重要的而实际上无创造性任务的文职官员"[⑥]，但是如果以此观点来评价法国的法官，则可能与实际情形大相径庭。早在法国大革命前

---

① 〔美〕艾伦·沃森：《民法法系的演变与形成》，李静冰译，北京：中国政法大学出版社1992年版，第120—121页。

② 〔日〕大木雅夫：《比较法》，范愉译，北京：法律出版社1999年版，第179页。

③ 〔德〕K. 茨威格特、H. 科茨：《比较法总论》，潘汉典等译，北京：法律出版社2003年版，第136页。

④ 参见〔法〕阿·布瓦斯泰尔：《法国民法典与法哲学》，钟继军译，载徐国栋（主编）：《罗马法与现代民法》（第3卷），北京：法律出版社2003年版，第290页。

⑤ Francesco Parisi, *Liability for Negligence and Judicial Discrction*, second edition, University California At Berkeley, p. 151, 转引自张民安：《法国侵权责任根据研究》，载吴汉东（主编）：《私法研究》（第3卷），北京：中国政法大学出版社2004年版，第335页。

⑥ 〔美〕约翰·亨利·梅利曼：《大陆法系》，顾培东等译，北京：法律出版社2004年版，第37页。

夕,法国的法官制度已成为民众抨击的目标,这是因为欧洲大陆的法官自罗马法以来,一直是一种朴实、谦恭的职业,但曾几何时,法国的法官已经失去了这种传统形象:他们正在脱离传统大陆法系司法工作的模式而仿效英国法官的活动,他们创造性地解释并创建地方习惯法,来同巴黎中央政府的法律相对抗,甚至发展了他们自己的"遵循先例"原则。[①] 在以孟德斯鸠分权思想为指导的大革命的冲击下,革命者坚持主张,法律只能由代议制的立法机关制订,这就意味着法官不能直接或间接地创制法律,并在1790年通过法律规定:"当法院认为有必要解释一项法律或制订一项新法时必须请求立法会议。"幸运的是,法国民法典是在大革命以后制订的,革命思想的影响已大大减弱,法典编撰委员会对这一程序曾特别提出反对:"立法者的任务是制订一般的行为规则,假使它在解释问题中介入个别私人间的争讼,那么就会造成立法者尊严受影响、立法工作负担加重、法律制作的质量下降以及诉讼过程延长等结果。"[②] 所以《法国民法典》特别在第4条规定:"法官借口法律无规定、规定不明确或不完备而拒绝审判者,得以拒绝审判罪追诉之"[③],从而以立法的方式赋予了法官造法的权利。法国法官可以放心大胆地创造法律还有另外两个原因:其一,职业法官阶层的存在;其二,法院的观点是作为一个综合性的判决发布的,且决议通常不记载法官之间的异议,也不揭示哪个意见是由哪个法官提出的。[④]

最后,就法典编撰委员会的指导思想而言。

1804年法国民法典的起草者,是由1800年设立的民法典编撰委员会的成员,即特隆歇、比戈-普雷亚美纽、波塔里斯和弥维尔四人所组成,在被任命为编撰委员会成员时,他们分别担任最高法院院长、最高法院附设政府委员、俘获审查委员及最高法院法官,且在此之前,他们均从事过很长时间的律师职业;这种长期的法律实务生涯,必然对他们的法典编撰思想产生影响。[⑤] 他们清楚地意识到,立法者就是尽其最大的想象力也不能认识到所有的案件类型并予以判断,

---

① 〔日〕大木雅夫:《比较法》,范愉译,北京:法律出版社1999年版,第291页。

② 〔德〕K.茨威格特、H.科茨:《比较法总论》,潘汉典等译,北京:法律出版社2003年版,第138页。

③ 参见《法国民法典》,罗结珍译,北京:中国法制出版社1999年版,第1页。

④ 〔美〕艾伦·沃森:《民法法系的演变与形成》,李静冰译,北京:中国政法大学出版社1992年版,第249页。

⑤ 〔日〕大木雅夫:《比较法》,范愉译,北京:法律出版社1999年版,第266页。

因而必须给司法判决留有余地，波塔里斯的论述是这种思想的最典型的代表，他认为，“法律的作用是从客观上规定法的最普遍原则，建立一些可以引申出很多结果的原则，而不是深入到可能出现在每个领域之问题的细枝末节”[①]，“立法机关的任务是要从大处着眼确立法律的一般原则，而法律的适用乃属于法官和律师的事情，那些没有纳入合理立法范围内的异常少见的和特殊的案件，那些立法者没有时间处理得太过于变化多样、太易引起争议的细节，以及即使是努力预见也于事无补、和轻率预见则不无危险的一切问题，均可留给判例去解决”[②]。而法国民法典侵权行为法的规定则是这种立法思想的结晶。

（三）概括式规范模式之检讨

法国侵权行为法条文奇少，仅 1382—1386 五条规定却为全部法国侵权请求提供了基础，即使条文数目仅及法国民法典数目一半的奥地利民法典，其侵权行为法条文也达 40 条之多；自 1804 年法国民法典颁布至今已近两百年，社会生活发生了巨大的变化，而这五条却依然有效，“任你风吹雨打，我却闲庭信步”；但如果我们悄悄揭开法国侵权行为法优雅的面纱，却会发现游刃有余的背后是法国法官们辛勤而又极富创造力的工作。至此，疑问就会产生：法国民法典的编撰者们在这里是否有点过度？笔者以为，弊端有三：

其一，缺乏对称性。法国民法典侵权行为法模式所具有的包容性，对于条文本身来说是一个优点，但是对于侵权行为法本身却是一个缺点，因为它缺少对称性，即与民法典中其他法域的内容相比缺乏对称性。法国侵权法仅五个条文，占整个法典条文数目的 0.22%，在民法典第三编（取得财产的各种方法）关于债的规定的条文中，侵权法的条文占到 0.42%，而契约法的条文数目却占到了 85.6%。而根据大陆法系的传统观点，债的发生原因有四：合同、侵权行为、无因管理、不当得利，其中合同与侵权行为并称为债法的两大支柱，并且在现实社会中，侵权行为所引起的债也不在少数，而在法国法中，一个支柱如此粗重，一个支柱如此细小，似乎与传统理论不符。另外，法国民法典将侵权行为法的规定纳入

① 参见〔法〕阿·布瓦斯泰尔：《法国民法典与法哲学》，钟继军译，载徐国栋（主编）：《罗马法与现代民法》（第 3 卷），北京：法律出版社 2003 年版，第 290 页。

② 〔德〕K. 茨威格特、H. 科茨：《比较法总论》，潘汉典等译，北京：法律出版社 2003 年版，第 138 页。

到第三编"取得财产的各种方法"(第711—2281条)中,似乎认为侵权损害赔偿请求是一种特殊的所有权取得方式,也值得商榷。

其二,侵权法采取概括式规范模式,其条文的内容具有极大的包容性,而要使这种包容性发散出来,往往采取两种方法,一是充分发挥法官的主观能动性,通过个案创造判例,使条文本身外貌不变而足以应对变化了的现实;二是通过制订单行法规,即在民法典外制订单行的侵权行为法律或者法规解决某一领域的问题。笔者以为这样的释放方式有很大弊端。

首先,通过判例使侵权行为法的内容得以释放将造成司法混乱,并引起大量的法官造法现象,即"制定法国家中的法官造法的普遍性和频繁不可避免的造成法律适用的混乱"①。虽然在两大法系融合的趋势下,制定法和判例法已不是两大法系的主要区别,从法国民法典制定者的指导思想及法官在法国的地位看,法官并不是机械的执行法律的工具,而是富有创造性的改革者;另外法国法官在造法时并不是凭空捏造,而必须以法典为依托,即在"法律命题的构造上,仍以成文法规定本身为最后根据,判例也者,仍系依附于法典规定命题之产物,本身不具有独立于法典的地位"②。在法国由于有一般条款的存在,似乎法官造法并不会引起司法的混乱。但我们知道一般条款的包容性要得到恰当的释放,必须有高素质的法官,法官必须深刻领会概括式立法模式的基本含义,掌握适用侵权行为法的高度创造性和对一般条款的忠实遵循。且不论法国的法官是否均有超乎其他国家法官的素质,即使有,由于每个法官可能对一般条款的理解不同,必然导致相同的案件在不同的法官手下将会出现不同判决的现象,而这种判例的前后矛盾必然与编撰法典的目的相悖,并使法律具有不可预见性。

其次,通过单行法释放的方式可能会引起法律体系的混乱。举例而言,法国最高法院于1896年的Teffaine一案中,确立了无过错责任,但就是在这个案例两年后,法国于1898年制定了《劳工保险法》,该法典确立了一种独立的对工业事故的无过错请求权,且该法典第2条明确规定:"关于受害人正在工作中发生

① 参见麻昌华:《侵权法的独立与独立的侵权行为法——兼论侵权行为法在我国未来民法典中的地位》,武汉:武汉大学2002年博士论文,第81页。

② 邱聪智:《法国无生物责任法则之发展》,载《民法研究》(一),北京:中国人民大学出版社2002年版,第132—133页。

的事故，雇员只能援引本法律之规定。”① 排除了民法典第1382—1384条规定的适用；我们知道，在法国侵权行为法概括式规范模式下，所有侵权请求必须以一般条款为基础，符合一般条款的要求，而且最高法院已于1896年认为民法典1384条可以作为独立适用的法律规范，且使其成为涵盖一切无过错责任的一般条款，而《劳工保险法》却排除了该条的适用，这必然造成法律体系的内部冲突，也不符合一般条款的要求。

其三，法国民法典制定时的经济条件决定了法国民法典不可能规定无过错责任的一般条款，故在民法典制定之初，第1384条第1款并不能作为请求权的基础。而随着社会的发展，民法典的规定已不能适应新的环境，而由于民法典在法国地位的崇高，几乎被看作法国文化的标志，故废除民法典的建议必然遭到法国人民的强烈反对；而《法国民法典》第4条又规定了法官不能因为法律没有规定而拒绝裁判；法国法官在这种情形下迫于无奈，通过判例确立了1384条的一般条款地位；而这样以来问题相应而生：第一，由于1384条第1款存在一个监管人的概念，而监管人究竟为何，在法国众说纷纭，主要有三种学说：(1) 经济利益说。该说认为决定某人是否为物的管理人，其标准是某人对于某物是否有经济上的利益，至于该人是否具有法律上的权源则在所不问。(2) 法定支配权说。该说认为是否具有管理人的地位，不能单以事实上是否持有或使用该物而定，而应以该人在法律上是否具有命令、指示或支配之权能为标准。(3) 折中说。该说认为应将保管之概念与经济上的利益相结合，必须具备事实上的支配力及经济上的利益两个要件，方能成为管理人。② 而《法国民法典》第1384条第1款没有规定管理人的内涵，并且在司法实践中没有形成统一的标准，因此法官在实践中可能以不同的学说为依据，这不仅引起司法适用标准的不统一，亦限制了无过错责任的适用范围，如在产品责任中，由于无法确认谁为监管人，就不能适用民法典1384条第1款作为请求权基础，从而使法国法院不得不借助于合同法来保护产品责任中的第三人。第二，造成民法典第1384条内部的冲突。第1384条

① 〔德〕冯·巴尔·克雷斯蒂安：《欧洲比较侵权行为法》(上卷)，张新宝译，北京：法律出版社2001年版，第152页。

② 参见邱聪智：《法国无生物责任法则之发展》，载《民法研究》(一)，北京：中国人民大学出版社2002年版，第161—162页；张民安：《现代法国侵权责任制度研究》，北京：法律出版社2003年版，第184—185页。

第1款被认为是无过错责任的一般条款,而该条第3款规定的监护人的责任、第四款规定的教师与学生、手艺人与学徒的责任,均为过错推定责任,无过错责任的一般规定与过错推定责任的特别规定并存于一条,必然产生逻辑上的混乱。第三,与法官创设无过错责任的目的相违背。在1384条第1款成为一般条款的情形下将不可避免的造成诉因竞合问题,因为1384条第4款及第3款的规定也符合第1384条第1款的构成要件,而在一般规定与特殊规定相竞合的情形下将适用特殊规定,即仍适用过错推定责任,而不能适用无过错责任,从而与法国最高法院想"降低责任门槛的初衷恰恰相反"[①]。

其四,法国侵权行为法的保护范围过于宽泛,在对行为自由与权益保护进行利益衡量时,更偏重对权益的保护,与德国民法典刚好相反,法院的主要任务是限制侵权行为法的适用范围,但在此过程中亦出现不少问题。如法国侵权法所认为的损害范围非常广,将损害认定为利益丧失,原则上任何利益丧失均属一种损害;且对利益的性质不加区分,无论利益是否具有财产上或经济上的价值,其丧失均属一种损害。[②] 而损害概念的广泛促使法国法院在实践中不得不限制可赔偿性损害的范围,往往适用损害的直接性标准来加以限定,而这种直接性标准和所谓的因果关系问题具有同质性,而法官在判断因果关系时又多参考德国学者的理论,在实践中并没有形成一个统一的标准,这必然引起司法实践的混乱,亦不利于权益保护。

(四)概括式规范模式下合同法对侵权法的影响

法国侵权法采取概括式规范模式,而概括式规范模式的最大特点就是侵权法的保护范围非常广泛,而合同法的保护范围相对较少,如果依此逻辑推下去,那么在法国将会出现侵权法向合同法的大举进攻,正如在德国折中式的规范模式下,侵权法的保护范围过于狭窄,从而出现"侵权法向合同法逃避"的现象,然而令人大跌眼镜的是,在法国也出现了合同法向侵权法渗透的现象,如"暗含的为第三人利益契约"理论、"可转移的瑕疵担保责任"理论等,这些制度为何会在

① 〔德〕冯·巴尔·克雷斯蒂安:《欧洲比较侵权行为法》(上卷),张新宝译,北京:法律出版社2001年版,第159页。

② 陈忠五:《法国侵权法上损害之概念》,载《台大法学论丛》第30卷第4期,第116页。

侵权法采取概括式规定的法国出现则殊值研究。一般而言,在法国,合同法对侵权法有如下影响:

1. 诉讼不竞合制度

在法国当合同责任与侵权责任发生竞合时,在理论上采取的是法条竞合说[①],在法律对策上采取的是诉讼不竞合制度;笔者以为法国之所以采取禁止竞合制度,最重要的原因是因为其在侵权法中采取的是概括式的立法模式,侵权法的保护范围非常宽泛,依据《法国民法典》第 1382、1383 条的规定,则任何违反民事义务的行为,均可以构成侵权行为,如果允许违约之诉和侵权之诉发生竞合,则民法典中对合同责任的规定将形同虚设。因此,在选择诉讼非竞合方面,"法国判例法不过是作出《法国民法典》有关侵权责任一般条款的必然结论"[②]。

2. 缔约过失责任制度的冷落

被称为"法学上发现"的缔约上过失[③],在法国并没有大放异彩,反而受到了冷落。也许在法国学者看来,创设缔约过失责任不过是无谓之举;因为在法国侵权行为法采取一般条款模式下,缔约过失所保护的范围可以归属于民法典第 1382、1383 条的调整范围;缔约过失的核心涉及到纯经济上损失[④],而纯经济上损失的保护在法国并不成问题,即使是过失引起的纯经济上损失在法国也可以得到赔偿,而这与德国及英国采取"一般排除、例外保护"的原则刚好相反[⑤],因此在法国没有必要设立缔约过失制度,缔约过失被认为是一般侵权行为的适用:"即使是合同上的要约也是有非合同法进行调整的,一方当事人在合理期间结束之前撤回要约也构成侵权法上的过错;一方当事人不诚实地停止谈判交涉因而

---

① 王泽鉴:《契约责任与侵权责任之竞合》,载《民法学说与判例研究》(第 1 册),北京:中国政法大学出版社 1998 年版,第 377 页。

② 〔德〕冯·巴尔·克雷斯蒂安:《欧洲比较侵权行为法》(上卷),张新宝译,北京:法律出版社 2001 年版,第 529 页。

③ 王泽鉴:《法学上的发现》,载《民法学说与判例研究》(第 4 册),北京:中国政法大学出版社 1998 年版,第 9 页。

④ 〔德〕冯·巴尔·克雷斯蒂安:《欧洲比较侵权行为法》(上卷),张新宝译,北京:法律出版社 2001 年版,第 576 页。

⑤ 李昊:《论纯经济上损失》,载梁慧星(主编):《民商法论丛》第 28 卷,北京:法律出版社 2004 年版,第 603 页。

使对方丧失信赖利益也显然构成了基于缔约上过失之侵权。”[①]

3. 暗含的为第三人利益契约存在的原因分析

依据法国传统合同法理论,为第三人利益契约的有效成立除了符合法律行为的一般条件外,还必须具备两个要件:其一,订约人必须具有为他人利益订立契约的意图,并且此种意图不能推定而必须明定;其二,受益第三人同意接受他人契约所创设的权利。然而在现实中,订约人和允诺人可能并没有创设为第三人利益契约的主观意图,或者虽然有此主观意图,但并没有反映在他们所订立的契约中;为有利于第三人利益的保护,法国法院创设了暗含的为第三人利益契约制度。在1932年的一个案例中,原告的丈夫坐火车时丧生,当时无其他任何证据证明铁路方面有过失,也就不存在第1382、1383条下的侵权行为;根据有关旅客运输合同的规定,铁路对死者负有安全注意义务,但若原告依据合同提起诉讼,也会遭到拒绝,因为其并非合同的当事人。但法国最高法院认为原告的丈夫在购买车票时已默示订立了一个为第三人利益条款,允许原告提起违约诉讼。[②]依据此案例,法国最高法院以民法典第1121条为基础创设了暗含的为第三人利益契约理论。依据该理论,在某些源于契约关系的问题上,尽管合同当事人之间并没有为他人设定权利的意图,且第三人也没有根据他人契约受领权利的意图,但法国法院还是根据意图问题并非法律问题而是事实问题的理念,通过自由裁量权的行使,在当事人之间虚拟此种意图并将其作为第三人取得他人契约规定的权利的依据。[③]

然而,依据法国传统民法理论,只有在没有合同关系存在的前提下才产生侵权责任,在违约场合只能寻求合同补救方法[④],而在本案中,原告与被告之间并没有合同关系,则只能依据侵权法提起诉讼,且法国的侵权法保护范围如此广泛,为何法国最高法院违背传统理论而创设暗含的为第三人利益契约理论呢?笔者以为原因就在于,在本案中如果不创设暗含的为第三人利益契约理论,则原告只能依据民法典1382条提起侵权之诉,而在侵权诉讼中,原告就必须对被告

---

① 〔德〕冯·巴尔·克雷斯蒂安:《欧洲比较侵权行为法》(上卷),张新宝译,北京:法律出版社2001年版,第578页。

② Civ. 6. 12, 1933.

③ 张民安:《现代法国侵权责任制度研究》,北京:法律出版社2003年版,第47—48页。

④ 崔建远:《合同法》,北京:法律出版社1998年版,第240页。

的过错承担举证责任,如果原告不能证明被告的过错,将承担败诉的风险;而如果依据合同法提起诉讼,则在合同责任中实行过错推定原则,亦即可以根据被告不履行债务的行为这一单纯事实推定其有过错[①],则原告的举证责任大大减轻。所以正如德国侵权法专家冯·巴尔所言:"采用合同法的方法扩大严格责任的适用范围乃法国默示接受的保护第三方之义务理论发展起来的内在原因。"[②]

4. 可转移的瑕疵担保责任理论产生的原因分析

在19世纪以后,法国最高法院已经承认,产品的再买人可以对那些与自己没有契约关系的先前的卖主就所出卖的隐藏瑕疵产品提起瑕疵担保责任中的直接诉讼,并且在1979年,法国最高法院明确承认:瑕疵产品的再买人对与自己没有契约关系的前卖主提起的直接诉讼为契约性的诉讼,不允许侵权责任与契约责任的竞合[③];为了使该制度与民法典第1165条的契约相对性理论相融合,法国学者提出了"依附性权利"理论,即购买人对前出卖人所直接提出的诉讼是一种契约性诉讼,该种诉讼权利依附于瑕疵产品上,此种权利随瑕疵产品的流转而流转,一旦购买人因瑕疵产品受有伤害,其就可以行使此种权利,直接起诉瑕疵产品的前出卖人。另外,还有一点需要说明的是,在瑕疵担保责任制度中,往往存在两种第三人,其一是与受瑕疵产品损害的买受人有密切关系的第三人,如买受人的父母、子女和其他家庭成员、家中客人等;其二为与瑕疵产品的买受人签订有买卖关系,受让该瑕疵产品并受其损害的人。在现代法国民法中,对于第二种第三人的损害,适用可转移的瑕疵担保责任制度予以保护,而第一种第三人的损害,其仅能以民法典第1382、1383条为请求权基础。[④]

法国最高法院为何超越传统理论,在没有合同关系且侵权法保护范围宽泛的情形下,给予第三人以合同法的保护呢?其实法国最高法院的做法也是无奈之举。这是因为法国的产品侵权责任制度存在缺陷,当第三人因瑕疵产品受到伤害时,其仅能根据《法国民法典》第1382、1383条提起诉讼,第三人必须证明瑕疵生产者或批发商的过错,及损害与过错之间的因果关系,而生产商在证明第三

① 参见尹田(编著):《法国现代合同法》,北京:法律出版社1995年版,第291页。

② 〔德〕冯·巴尔·克雷斯蒂安:《欧洲比较侵权行为法》(上卷),张新宝译,北京:法律出版社2001年版,第585页。

③ 张民安:《现代法国侵权责任制度研究》,北京:法律出版社2003年版,第38—39页。

④ 刘静:《产品责任论》,北京:中国政法大学出版社2000年版,第84页。

人的损害系出于意外事件、第三人的行为或过错的时候,即可免责,而要第三人证明生产商在制造产品时的过错是个极为艰深的专业问题,所以第三人的利益在民法典第1382、1383条下很难得到适当保护;虽然有学者提出在此情形下可适用民法典第1384条第1款的无过错责任,但若适用该款亦存在问题,因为根据民法典第1384条第1款的责任构成的说明,民法典第1384条第1款实际上是物的管理人的责任,而此种责任的重要特点是在于物的管理人能够对物予以使用、管理或控制,在生产商或批发商交付瑕疵产品之前,他们可以对产品予以使用、管理或控制,符合该款的特征,但是一旦该产品交付给顾客,则丧失了对物的管理权;虽然现在法国的学者为解决此一难题,提出了行为管理人和结构管理人一说,即认为那些对物占有管理的人对物的行为负责,而制造者应该对物的内部结构管理和负责[1],一旦受害人因为产品的内部结构存在缺陷而受到损害,则生产商作为瑕疵产品的结构管理人应当根据民法典第1384条第1款承担损害赔偿责任;该学说提出后,在司法实践中得到一定的适用,但是范围毕竟有限,法国法官仅将其适用于那些封闭在容器中的液体产品或气体产品所引起的爆炸、泄漏和损失中[2];且该理论本身也存在诸多问题:其一,物的结构管理人理论实际上是关于产品的隐藏瑕疵所致损害的负担理论,那么受害人在请求赔偿时,是否应当证明瑕疵的存在呢?其二,不符合物的管理人的概念,另外,产品的批发人很难用物的结构管理人的概念加以解释;将导致产品的批发人不适用第1384条第一款的无过错责任。其三,在存在多个制造人时,究竟谁才是物的结构管理人?由此可见产品侵权责任制度的缺陷导致了法官不得不创设可移转的瑕疵担保责任制度。

(五) 小结

1804年的法国民法典以自然法为其哲学基础,而自然法思想要求其民法典的制定者不能满足于罗马法侵权行为法的列举式规范模式,而应对各个具体制度进行抽象和归纳,提升出更加原则和抽象的规定,加之法官在法国已经有一定

---

① Howells, *Comparative Product Liability*, Dartmouth 1993, p.109,转引自刘静:《产品责任论》,北京:中国政法大学出版社2000年版,第86页。

② 张民安:《现代法国侵权责任制度研究》,北京:法律出版社2003年版,第205页。

造法的历史传统，且民法典的制定者在思想上认为法典的任务是制定出原则性规定，至于如何适用这些原则性规定，则是律师和法官的事情，所以法国民法典首创了概括式的侵权法规范模式。由于经济条件的限制，1804 年的法国民法典仅仅规定了过错责任的一般条款，但是在不同的经济条件下，均有当时社会所认为的危险行为或危险物，故法国民法典规定了 1385、1386 条，且规定了 1384 条第 1 款为法国法院创设无过错责任埋下了伏笔，随着工业的发展，当过错责任已不堪适用时，法国最高法院通过案例，以 1384 条第 1 款为基础，创设了无过错责任的一般条款，从而完成了一元论到二元论的嬗变。概括式规范模式有极大的包容性，可以适应社会的变迁，从而保持法典表面的稳定性，但是没有类型化和细化的一般条款需要判例和单行法予以释放，而制定法国家判例的普遍性，必然引起司法实践的混乱，从而使法律具有不可预见性，与法典编撰的目的相悖。在法国民法中，侵权法采取概括式规定，保护范围非常宽泛，因此学者们一般认为应该对其保护范围加以限制，但令人诧异的是居然也出现了合同法向侵权法渗透的现象，如默示的为第三人利益契约制度、可转移的瑕疵担保责任制度等。其实，只要我们加以分析就可以清楚地知道，这些制度之所以产生并存在，不是因为法国侵权行为法规范模式存在问题，而是因为法国民法中具体侵权制度存在缺陷所致，如默示的为第三人利益契约制度的产生是因为侵权责任与违约责任的举证责任不同，故为保护第三人利益，特创设该制度以减轻受害人的举证责任；而可转移的瑕疵担保责任制度之所以产生，是因为法国的产品侵权责任制度存在缺陷，无法适用民法典第 1384 条第 1 款所规定的无过错责任，故为保护产品责任中的再买人利益，法国最高法院创设了可转移的瑕疵担保责任制度对其加以保护。由此可见，在法国的概括式模式下，由于法国民法典没有对一般条款加以类型化，从而引起大量的法官造法现象，引起司法实践的混乱，但是一般条款的存在可以使侵权行为法具有一定的包容性，可以应对社会生活的变迁，并且一般条款的存在，可以避免在德国折中式规范模式下合同法向侵权法大量渗透的现象，从而使债法体系清晰。故在制定我国未来侵权行为法时，有必要采纳法国侵权法的一般条款。

三、德国侵权行为法规范模式研究

(一) 折中式规范模式简介

德国民法典的起草者有一种严重的反法国倾向,甚至认为法国民法典的起点都是不可接受的:“将应当由立法解决的问题交给法院,既不符合草案的本义,而且从德国人民对法官的职能之一般观点来看也是不可接受的。”① 故另辟蹊径,创设了侵权行为法的折中式规范模式。德国民法典采取了概括列举和递进补充相结合的规范模式,将侵权行为法分为三个层次分别以两个条文予以规定,而三个侵权行为类型间呈现出递进补充的关系,现简介如下:

1.《德国民法典》第823条第1款的规定

《德国民法典》第823条第1款规定:“因故意或过失不法侵害他人生命、身体、健康、自由、所有权或者其他权利的,对他人因此而生的损害承担赔偿责任。”② 该款对所要保护的权利加以列举,首先是人身权,主要包括生命权、身体权、健康权及自由权;其次是所有权;另外该款还规定了所谓的“其他权利”,而这些权利的内涵究竟为何,费人思量。从体系上解释,应该指与人身权、所有权性质相同的绝对权,如地役权、土地负担等物权、姓名权、专利权以及由其他单行法规规定的工业产权等,即第823条第1款所规定的其他权利仅指绝对权,而不包括相对权。

一般认为第823条第1款的规定弊端有三:其一,遗漏了对个人名誉、荣誉和隐私的保护;其二,保护的范围过于狭窄,仅限于绝对权,而不及于一般财产上利益,对于作为整体的钱财,人们不享有《德国民法典》第823条第1款的那种“其他权利”,经济损失只有伴随着该款所规定的合法权益受到损害时,才可以基

① Prot.11(1898)第771页,转引自〔德〕冯·巴尔·克雷斯蒂安:《欧洲比较侵权行为法》(上卷),张新宝译,北京:法律出版社2001年版,第21页。

② 《德国民法典》,郑冲、贾红梅译,北京:法律出版社2001年版,第204页。

于该款请求赔偿，而纯经济上损失的赔偿则不得以该款为请求权基础[①]；其三，没有为不作为侵权提供请求权基础。为了弥补第一点缺陷，德国法院创设了一般人格权制度；为了对纯经济上损失提供保护，在该款的前提下，德国法院通过扩大所有权的范围及创设了营业权的概念；而为了给不作为侵权提供请求权基础，德国法院提出了交易安全义务理论。

2.《德国民法典》第823条第2款的规定

《德国民法典》第823条第2款规定："违反以保护他人为目的的法律者，负有相同义务，如果根据法律的内容无过失也可能违反此种法律的，仅在有过错的情况下，始负赔偿义务。"[②] 一般而言，此款所指的保护他人为目的的法律，系指"任何以保护个人或特定范围之人为目的之公私法规，但专以保护社会公益或社会秩序为目的的法规则不包括在内"[③]。本款与823条第1款仅保护绝对权不同，在本款规定的侵权行为类型下，损害的形式，即健康的损害、财产的损害，或者纯经济上损失同样具有某种重要性[④]；即本款所保护的客体不以权利为限，还包括利益，但是只有当损害是由保护性法律所旨在防范的危险引起时，才能获得赔偿，如果有关的保护性法律只是旨在防止人身伤害或财产损害，那么就不能基于《德国民法典》第823条第2款产生任何针对纯经济性损失的赔偿责任。

在现代法国侵权法中，如果在没有特别正当事由存在的情形下，仅违反制定法规就自动构成过错，如果单从《德国民法典》第823条第2款的表面上看，似乎其与法国民法存在本质区别。但是实质上并非如此，德国立法者从一开始就试图澄清，民法典第823条第2款中规定的过错仅仅涉及保护性法律，并不涉及对权利或者受到法律保护的利益之侵犯，也不涉及受害人实际遭受的损失。[⑤] 德国通说也认为此处所指的过失，系针对保护他人的法律而言，即违反保护他人法

① 参见〔德〕罗伯特·霍恩等：《德国民商法导论》，楚建译，北京：中国大百科全书出版社1996年版，第162—163页。

② 参见《德国民法典》第826条，郑冲、贾红梅译，北京：法律出版社2001年版，第204—205页。

③ 参见王泽鉴：《违反保护他人法律之侵权责任》，载《民法学说与判例研究》（第2册），北京：中国政法大学出版社1998年版，第188—189页。

④ 参见〔德〕罗伯特·霍恩等：《德国民商法导论》，楚建译，北京：中国大百科全书出版社1996年版，第171页。

⑤ 〔德〕冯·巴尔·克雷斯蒂安：《欧洲比较侵权行为法》（上卷），张新宝译，北京：法律出版社2001年版，第46页。

律的过失,被害人是否违反预见保护他人法律会造成损害,在所不问。[①] 德国法院也采取此种观点,并进一步认为在违反法律被确认情形,在一个制定法规定了具体的行为标准时,推定行为人有可以反证的过错。[②] 由此可见,该款规定的是过错推定责任,而我国有学者认为其规定了无过错责任[③],这显然是错误的。

3.《德国民法典》第 826 条规定的侵权行为类型

《德国民法典》第 826 条规定:"以违反善良风俗的方式故意对他人施加损害的人,对他人负有损害赔偿义务"[④]。该条乃有社会道德上升为法律规范,通过概括式规定以维持社会伦理秩序,就其所保护的范围而言,除了权利外,利益亦包括在内;但是若要以本条为请求权基础,必须符合故意违背善良风俗这一要件;就故意而言,德国法院为了避免其限制该款的适用范围,认为被告不一定实际上表现出具有造成损害的故意,只要他在意识上默知损害有可能发生就够了,并且还有将故意扩张及于轻率或肆无忌惮等重大过失等情形[⑤];就善良风俗而言,学者们认为其乃高度抽象且不确定的概念,可随社会生活的变迁而变迁,具有灵活、适应、发展及引入法律外道德规范的功能[⑥],可适当修改德国侵权法保护范围过窄的缺陷。对此条款,史尚宽先生有一个恰当的比喻:"违背善良风俗之加害,犹如侵权行为之蓄水池,大有取用自如之妙"[⑦]。

(二) 德国侵权行为法采取折中式规范模式的原因分析

在德国民法典制定之时,大部分国家对法国侵权行为法的规范模式顶礼膜拜,鲜有突破,即便德国亦受到一定影响,《德国民法典》第一草案第 704 条第 1 款规定:"因故意或过失通过作为或不作为的方式不法侵害他人致生损害者,对

① 参见王泽鉴:《违反保护他人法律之侵权责任》,载《民法学说与判例研究》(第 2 册),北京:中国政法大学出版社 1998 年版,第 198 页。

② 〔德〕冯·巴尔·克雷斯蒂安:《欧洲比较侵权行为法》(上卷),张新宝译,北京:法律出版社 2001 年版,第 46 页。

③ 张新宝:《侵权行为法的一般条款》,载《法学研究》2001 年第 4 期,第 45 页。

④ 参见《德国民法典》第 823 条第 2 款,郑冲、贾红梅译,北京:法律出版社 2001 年版,第 205 页。

⑤ Larenz/canaries Schuldrecht, S. 454,转引自王泽鉴:《侵权行为法》(第 1 册),北京:中国政法大学出版社 2001 年版,第 288 页。

⑥ 邱聪智:《新订民法债编通则》(上),北京:中国人民大学出版社 2003 年版,第 113 页。

⑦ 史尚宽:《债法总论》,北京:中国政法大学出版社 2000 年版,第 162 页。

该已预见或应预见的损害负赔偿责任,无论该损害的程度是否被预见。”[①] 然而德国民法典的立法者最终却抵制了法国概括式立法模式的诱惑,首创了折中式的规范模式。原因何在? 殊值分析。

其一,就德国侵权行为法的历史渊源而言。

在19世纪末,自然法思想的影响已经逐渐减弱,代之而起的是历史法学派。历史法学派认为通过自然法的推论来创制德国民法典的做法是错误的[②],法律并不是不能更改的理性产物,而是复杂的经验环境的结果。一个民族的法律,是这个民族发展的历史所决定的产物,因此对现存德国法及其历史发展作彻底的研究,是编撰合乎传统的德国法典的必要前提。虽然萨维尼等深知在德国运用的法律是多重的,既有日耳曼法,又有罗马法,但萨维尼等却总是醉心于罗马法的研究[③],这似乎与历史法学派的理论有些相悖,因为历史法学派认为所有在德国法律上产生过作用的力量都应有同样的地位。历史法学派对罗马法的崇拜使他们产生了绝对非历史的观点:即罗马人所创造的法律形式和制度属于一种较高及较纯的概念,并且具有永恒的效力[④],这种思想当然影响到了侵权行为法的制定。罗马法的侵权行为并没有形成一个概括式的一般条款,而是采取了个别列举的方式,这自然构成了德国侵权行为的规范采取三编式的历史根源,这其中最典型的代表莫过于民法典第826条的规定,学者们认为其起源于罗马法上的恶意诉权制度。[⑤]

其二,就哲学基础而言。

德国民法典的制定者深受康德哲学的影响,康德认为,道德的命令是内在的、自觉的,而法律是外在的、强制的;道德涉及内在动机,法律只管外在行为,而不问内在意图如何。道德是肯定的,推动人们的行为,法是否定的,限制人们的行为,但法这种限制与强迫,又是扩充理性的自由。强制与自由在这里是完全意

① 李昊:《论纯经济上损失》,载梁慧星(主编):《民商法论丛》第28卷,北京:法律出版社2004年版,第605页。

② 〔美〕约翰·亨利·梅利曼:《大陆法系》,顾培东等译,北京:法律出版社2004年版,第30页。

③ 〔美〕艾伦·沃森:《民法法系的演变与形成》,李静冰译,北京:中国政法大学出版社1992年版,第181页。

④ 〔德〕K.茨威格特、H.科茨:《比较法总论》,潘汉典等译,北京:法律出版社2003年版,第214页。

⑤ 〔德〕冯·巴尔·克雷斯蒂安:《欧洲比较侵权行为法》(上卷),张新宝译,北京:法律出版社2001年版,第51页。

志的,因为人们自愿放弃其不容约束的自由,以服从具有集体意志和权力的法,这样个人才能获得真正的自由。[①] 深受康德哲学影响的德国民法典的编撰者认为,侵权行为法旨在规范不法侵害他人权益所生损害的赔偿问题,涉及到两个问题:一为被害人权益的保护;一为加害人行为自由。而采取一般条款模式的法国则过分注重于权益的保护,使侵权行为法的保护范围过于宽泛,而严重地限制了行为人的行为自由,妨碍了个人的人格形成和经济活动,对社会发展亦非有利;因此德国民法典的制订者认为要有效保障行为人的行为自由,就不能仅仅以一个利益或行为标准被违反就认定构成侵权行为,还应使受到侵害的利益归属于行为标准的保护范围之内;而这一行为义务,必须以制定法明确规定;制定法在规范行为义务时,不仅要着重保护一方的利益,也要注重行为人的行为自由。正是在这一协调行为自由和权益保护理念的指导下,德国法抛弃了一般条款的立法模式,确认了违法性的概念,并采用列举加概括的方式对违法性的各种特征加以区分,进而将侵权行为分为三个类型。[②]

其三,优越法益思想的影响。

法律制度的目的在于保护人类的各种利益,而基于经济或道德上等因素的考虑,各种法益可能并不具有同等价值,有轻重缓急之别。这样就形成一个自上而下的价值体系,使得某些法益优于另外一些法益。德国立法者据此认为,侵权行为法不能对一切法益一视同仁,必须有所区别,一般而言,"人的保护最为优先,所有权的保护次之,经济性利益又次之,后者只能在严格的条件下,始受保护"[③];德国学者 Canaris 认为:"法律秩序以促进人格自由为最主要目标,自然不能对纯经济性利益这种不具有透明性的利益,提供如同人身权或所有权同样的保护,只有在纯经济性利益转化为所有权时,才具备皆应尊重的性质"[④]。在这种优越法益思想的影响下,德国民法典才制定出一个给予权利、法益不同待遇的侵权行为法的规范模式:即绝对权在故意或过失的情形下,均受保护,而利益只

---

① 李泽厚:《李泽厚哲学文存》,合肥:安徽文艺出版社 1999 年版,第 343—344 页。

② 参见程啸:《侵权行为法中"违法性"概念的产生原因》,载《法律科学》2004 年第 1 期。

③ 参见王泽鉴:《挖断电缆的民事责任:纯经济上损失的保护》,载《民法学说与判例研究》(第 6 册),北京:中国政法大学出版社 1998 年版,第 88 页。

④ Canaris, schutgesetze-Verskehrsplichten—Schutzplichten, a. a. O. (Fn. 29), S. 3off, 转引自林美惠:《侵权行为法中的交易安全义务所保护的客体——亦纯粹经济性损失为主》,载《政大法律评论》第 70 期。

有在违反保护他人法律或故意违背善良风俗的情形下，才受侵权法的保护。

其四，罪刑法定主义思想的影响。

侵权行为法与刑法历史上的同源性（刑法是从侵权法中分离出来的）和现实中的同一性（某一加害行为常常既是侵权行为也是犯罪行为），使得侵权行为法或多或少地受到刑法理论的影响；罪刑法定主义原则作为刑法的一大基本原则，对德国侵权行为法的制定产生了很大影响。在法国，由于侵权行为法采取一般条款的立法模式，因此流行这样的观点："即使加害人的行为符合具体规则，并不使其免于民法典第1382、1383条的责任，要求某人遵循适当行事的规则比法律或法规之规定的要求更高。"① 因此，在法国的一般条款实际上排除了罪刑法定主义原则。而在19世纪，法律实证主义对德国民法典的制定影响很大，在法律实证主义看来，罪刑法定主义不仅适用于刑法领域，而且至少就民事违法行为和民事制裁行为，在民法领域也是通行的。② 因此侵权行为法必须是违反法律明确规定的行为，行为人才承担民事责任。

其五，法国民法典的弊端及法官在德国地位低下的影响。

法国侵权行为法采取一般条款的立法模式，且没有将一般条款类型化，这就不可避免地出现法官造法和判例前后矛盾的现象，引起司法的混乱，使法律的可预见性大大减弱，"而法国的法律家把明确视为法典永久性基础的属性"③，这样又与法典编撰的目的相悖。因此德国民法典第二次起草委员会认为："概括性侵权行为法条款只是掩饰了问题的严重性，构成要件的抽象化将会扩大受救济的对象，导致诉讼的泛滥"④。且在当时的德国，法官的地位是非常低下的，进行审判的官员无非是编在官僚机构中的专司审判职务的公务员而已，法官处于行政官的下风，比如行政官可以接受骑马训练，而法官则不可以，犹太人可以担任法官职务，却不可以担任政府官员。⑤ 而法官地位的地下导致了民众对法官的不

① 〔德〕冯·巴尔·克雷斯蒂安：《欧洲比较侵权行为法》（上卷），张新宝译，北京：法律出版社2001年版，第41页。

② 〔奥〕凯尔森：《法与国家的一般理论》，沈宗灵译，北京：中国大百科全书出版社1996年版，第57页。

③ 〔美〕詹姆斯·戈德雷：《欧洲各国法典和美国的法律重述：一些难以解决的悖论》，晏峰译，载吴汉东（主编）：《私法研究》（第1卷），北京：中国政法大学出版社2001年版，第24页。

④ See Erwin Deutsch, *Pure Economic Loss in German Law*, translated by Tony Weir, p.76.

⑤ 〔日〕大木雅夫：《比较法》，范愉译，北京：法律出版社1999年版，第298页。

信任，故不能采取概括式的侵权行为法的规范模式，必须对法官造法的权力予以限制。

（三）折中式规范模式之检讨

德国民法典中侵权行为法的规定，并没有像德国民法典那样受到广泛推崇，甚至被公认为德国法系典型代表的日本民法、希腊民法及瑞士民法中的侵权行为规定也没有采取折中式的规范模式，反而转向了一般条款。[①]这种现象似乎表明德国侵权行为法的规范模式存在不妥之处。笔者以为，弊端如下：

第一，就侵权行为在德国民法典中的位置而言。关于侵权行为的责任，是由民法典第823—852条规定的，是被规定在第二编最后一节中，即第25节；从这个结构体系似乎可以看出，在德国民法典制订者眼中，侵权行为法并没有独立地位，仅能与合同法中的诸多有名合同，如买卖合同、委托合同等相提并论，这样的说法也许还提高了侵权行为法的地位，因为德国法中关于买卖合同的条文从433到514条，远比侵权法的条文多。而自罗马法以来，侵权法一直被视为债法的两大支柱之一，而其在德国民法典中如此受冷落，似乎不妥吧！

第二，就德国侵权法的内部结构而言。德国侵权法规范将各种诉因类型化，并且民法典第823条第1款、第2款及第826条还呈现出一个递进式的规则序列："基本规范规定于民法典第823条第1款这个最详细的条文中，如果一个案件没有达到第823条第1款的要求，仍可对该案件的事实适用第823条第2款和第826条规定的为数很少的规范，或者适用更后面的规定中的补充性规则。"[②] 由此可见，民法典第823条第1款、第2款及826条并不存在相互包容关系，而是各个独立存在的侵权行为规范。从表面上看，德国侵权行为法的规范模式似乎甚为合理，当某个人的权益受到不法侵害，其很快就可以知道适用那个条款，并以此为请求权基础。但笔者以为表面上的合理性难以掩盖实质上的混乱性，因为一个违反保护他人的法律（《德国民法典》第823条第2款）或故意违背

---

① 《日本民法典》第709条规定："因故意或过失侵犯他人权利者，负因此而生损害的赔偿责任。"《希腊民法典》第914条规定："一个人因过错以违法方式对他人造成损害的，负赔偿责任。"《瑞士债务法》第41条规定："个人无论故意或过失对他人造成不法损害的，对此等损害负赔偿责任。"

② 〔德〕冯·巴尔·克雷斯蒂安：《欧洲比较侵权行为法》（上卷），张新宝译，北京：法律出版社2001年版，第22页。

善良风俗致他人绝对权遭受侵害的行为(《德国民法典》第826条),亦符合故意或过失不法致他人权利遭受损害的侵权行为的构成要件(《德国民法典》第823条第1款),而这三个条款并非一般规范和特别规范的关系,不产生特别规范优先适用的问题,在此情形下,即发生请求权基础的竞合,是否允许被害人选择适用呢?从表面上看,似乎应该适用民法典823条第2款或者826条;但若从三种类型的设计目的主要在于筛选适合的赔偿义务人与权利人来考虑,则违法侵权、背俗侵权与823条第1款的最大不同,"就在特定化保护对象时仍保留一定的抽象性,但若抽象违法或背俗侵权的结果已经具体到特定权利时"[①],权利侵害所生的责任原因就应该比违法或背俗所生的责任原因更接近侵权制度的保护目的,毕竟法律和风俗本身并不是侵权法保护的对象,权益才是!故此时适用民法典第823条第1款更具有合理性。

第二,德国侵权行为规范的编撰思路与民法典的编撰思路相悖。德国民法典的起草人认为:"民法典在必要的时候必须超越出自身、超出包含它的法律体系进行扩充。民法典不是容纳一团相互纠结、僵化的法律原则的大杂烩,而是内在联系的规范组成的一个有机结构;作为民法典基础的各项原则本身就承载着进一步发展的基因。"[②] 然而这一思想在德国侵权法规范中却没有得到贯彻;德国侵权法采取折中式的立法模式,既给利益的保护设置了重重障碍,又极大地限制了法官造法的权力,迫使法官超越法律进行法的续造,既不利于权利的保护,又引起了法律体系的混乱。

第四,德国民法典的制定者认为在法国一般条款的模式下必然造成司法混乱;但与法国相比,德国法院的做法可谓"有过之而无不及";因为在法国,法官在造法时[③],往往千方百计地使人们感觉到其适用了某项制定法,故从表面上看还是以制定法为依托的。但在德国,却出现了诸多的"超越法律的法的续造"[④] 现象,而这种现象在侵权法领域中尤为突出,以一般人格权的创设为例加以说明。

① 苏永钦:《再论一般侵权行为的类型:从体系功能的角度看修正后的违法侵权规定》,载《政大法学评论》第69期,第183页。

② 〔美〕詹姆斯·戈德雷:《欧洲各国法典和美国的法律重述:一些难以解决的悖论》,晏峰译,载吴汉东(主编):《私法研究》(第1卷),北京:中国政法大学出版社2001年版,第25页。

③ 〔德〕K.茨威格特、H.科茨:《比较法总论》,潘汉典等译,北京:法律出版社2003年版,第193页。

④ 〔德〕卡尔·拉伦茨:《法学方法论》,陈爱娥译,北京:商务印书馆2003年版,第286页。

有学者甚至认为一般人格权制度是法官公然反对、不服从法典的突出表现，该案例已经超出了德国民法典第一草案所鼓励的方式推动法律发展的权能，是法官造法发展法律失败例子的典型代表。① 在德国民法典制定之时，基于三项原因没有规定一般人格权制度：其一，不可能承认一项对“自然的原始权利”，否则就会得出存在一项“自杀权”的结论；其二，债的产生以财产受到损害为前提；其三，人格权的内容和范围无法予以充分明确的确定。② 但是后来随着科技的进步和社会的发展，急需对人格提供一般的保护，所以联邦最高法院于1954年的读者来信案中，以《基本法》第1条和第2条为基础确立了一般人格权制度，认为一般人格权属于民法典第823条第1款中的“其他权利”，后来在1958年的骑士案中，确立了在一般人格权制度中即使没有法律的明确规定，在人格权受侵害时亦可提起精神损害赔偿。③ 德国法院所创设的一般人格权制度虽然有利于自然人人格的保护，符合法治社会的要求，但亦受到学者们的批评，原因有四：其一，动摇了民法典第823条第1款存在的基础。一般人格权制度是一个框架性的权利，必须通过个案将其具体化，这必然突破以确定不法表现构成要件所组成的体系，而此种体系正是民法典第823条第1款的基础所在，基于这一点，拉伦茨认为“联邦最高法院于此进行的绝非法律内的，而是一种超越法律的法的续造”④；其二，使民法典诸多保护人格权的规定形同虚设。如《德国民法典》第12条对姓名权的保护、第823条第2款对荣誉名誉的保护、民法典第824条对信用的保护及826条对名誉、荣誉的保护等，均将因为一般人格权制度的适用而闲置；其三，与民法典第253条规定相冲突。民法典第253条规定：“损害为非物质上的损害时，仅在法律有规定的情形下，始得要求以金钱赔偿损害。”而在德国民法典中除847条规定的情形外，均不得请求金钱赔偿。而德国司法实务却屡屡突破这一限制；其四，以公法规定作为私法裁判的基础，是否得当，值得研究。

---

① 〔德〕罗尔夫·克尼佩尔：《法律与历史：论德国民法典的形成与变迁》，朱岩译，北京：法律出版社2003年版，第169页。

② 〔德〕霍尔斯特·埃曼：《德国民法中的一般人格权制度》，耿建华译，载梁慧星（主编）：《民商法论丛》第23卷，香港：金桥文化（香港）出版有限公司2002年版，第413页。

③ 关于读者来信案及骑士案的具体内容，可参见〔德〕罗伯特·霍恩等：《德国民商法导论》，楚建译，北京：中国大百科全书出版社1996年版，第183—185页。

④ 〔德〕卡尔·拉伦茨：《法学方法论》，陈爱娥译，北京：商务印书馆2003年版，第297页。

第五，德国侵权法的保护范围过于狭窄，纯经济上损失，仅在严格条件下，即在违反保护他人的法律或故意违背善良风俗时始受保护，这极不利于当事人利益的保护；而在德国合同法中，合同的成立不以对价为要件，且在合同法中存在一般条款（第242条规定的诚实信用原则），而诚实信用原则的存在则为“侵权法向合同法逃避”提供了便利，在德国侵权法不能对法益提供充分保护的前提下，德国司法实务界以诚实信用原则为基础，创设了许多著名的理论，如缔约上的过失理论、附保护第三人作用契约理论，将本应由侵权法保护的权利交由合同法保护，这虽然弥补了侵权法的不足，但却使债法的体系发生混乱，使侵权法和合同法的界限更加模糊，加重了侵权行为法灭亡的危机。

（四）折中式规范模式下合同法对侵权法的影响

德国民法典的制定者认为，民法典不应该是一个僵化的体系，而应该是一个开放的体系，以便在必要时能够超越其自身而适应社会的发展。正是在此思想的影响下，德国民法典规定了诸多一般原则，信赖保护原则就是其中之一。“在德国民法典看来，只有当人与人之间的信赖至少普遍能够得到维持，信赖能够作为人与人之间关系的基础的时候，人们才能和平地生活在一个哪怕是关系很宽松的共同体中”①，信赖保护原则在德国民法中有不同的表现方式，最重要的是合同法的诚实信用原则。该原则乃合同法中的一般条款，内容具有极大的包容性，既是契约关系伦理化的突破口，又是民法的安全阀，防止德国民法典那僵硬但却精确的文体被社会变革的压力所冲破。② 诚实信用原则在德国侵权法存在缺陷的情形下大发异彩，以其为基础产生了诸多制度，如缔约上过失、附保护第三人作用契约等，成为侵权法的避难所。这不禁使人产生疑问，如果在侵权法完备的情形下，这些制度是否有存在的必要？

1. 诉讼竞合制度

德国民法认为，合同法与侵权法不仅适用于典型的违约行为与侵权行为，而且共同适用于双重违约行为，受害人基于加害人的双重违法行为而产生两个请求权，受害人既可以提起违约之诉，也可以提起侵权之诉。如果一项请求权因违

① 〔德〕卡尔·拉伦茨：《德国民法通论》（上卷），王晓晔等译，北京：法律出版社2002年版，第58页。

② 〔德〕K. 茨威格特、H. 科茨：《比较法总论》，潘汉典等译，北京：法律出版社2003年版，第230页。

约而被驳回时，还可行使另一项请求权。由此可见，德国法院在实践中允许诉讼竞合。[①] 德国法为何允许诉讼竞合呢？德国学者冯·巴尔认为，德国侵权法的保护范围狭窄，纯经济性利益在德国法中历来是合同法保护的对象，侵权法仅在严格情形下才给予保护，且在德国法中，"契约必须严守"这一原则太不精确，不符合《德国民法典》第823条第2款的保护他人法律的内涵，所以在这样一个侵权法调整范围狭窄、不涉及绝大多数违反合同的法律体制下，诉讼的自由竞合自然是该制度的起点，如果不这样的话，它将可能导致对债权人必不可少的保护的排除。[②]

2．缔约过失责任理论产生的原因分析

在1898年的德国民法典中并没有缔约过失责任的一般规定，其仅规定了缔约过失责任的几种表现形式，如民法典第122条第2项、第307条及第179条第2项的规定，反而被1946年的希腊民法典拔了头筹。《希腊民法典》第197条规定"从事缔结契约磋商行为之际，当事人应负遵循诚实信用原则及交易惯例所要求的义务"，从而确立缔约过失的概括式立法；德国民法为何没有缔约过失责任的一般规定？其原因在于耶林在1861年创设缔约过失理论时，并没有将缔约过失与诚实信用原则相结合，他认为缔约过失的根据在于"从事契约缔结的人，从纯粹消极义务的领域，跨入属于契约范围——负积极义务的范围"；直到1923年海因里希·施托米尔将缔约过失与信赖原则相结合，才使缔约过失以具有说服力的方式表现出来。[③] 由于德国民法没有缔约过失责任的一般规定，但法官基于实际需要常常以缔约过失理论为其判决的依据，因此德国学者将其称为"鉴于法伦理性原则的超越法律的法的续造"[④]，而正如德国学者拉伦茨所言："法律漏洞的存在，使得法院为了完成其任务，往往不得不超越法律条文。"[⑤] 为了弥补这

① 张新宝：《中国侵权行为法》，北京：中国社会科学出版社1998年版，第204页。

② 〔德〕冯·巴尔·克雷斯蒂安：《欧洲比较侵权行为法》（上卷），张新宝译，北京：法律出版社2001年版，第514页。

③ 〔德〕卡尔·拉伦茨：《法学方法论》，陈爱娥译，北京：商务印书馆2003年版，第286页。

④ 同上书，第293—295页。

⑤ 〔德〕卡尔·拉伦茨：《德国民法通论》（上卷），王晓晔等译，北京：法律出版社2002年版，第106页。

一缺陷,《德国债法现代化法》特别新增第 241 条第 2 款、第 311 条第 2 款[1],从而确立了缔约过失的一般规定。

自耶林提出缔约过失理论以来,关于其性质的讨论从未停止;学者们见仁见智,众说纷纭。笔者以为众多学者往往就事论事,犯了法学方法论错误,而忽略了一个本质问题,即缔约过失制度为何在德国法创设并备受推崇,而在法国却遭到冷落呢,更在英国法中没有一席之地呢?故笔者以为要界定缔约过失的性质,正本清源之道在于查明缔约过失制度在德国法中产生的原因。笔者以为原因很简单,就是因为侵权法规定存在缺陷所致。对此笔者将从缔约过失在德国法中的保护范围予以证明。

其一,就缔约过失对人身权、所有权等绝对权的保护而言。虽然很多学者认为缔约过失的保护范围以信赖利益为限,但缔约过失在德国法中的实际运用却远非如此,已经扩张到人身权及所有权,如:由于百货商场的职员铺放地毯不熟练而使一名女顾客受到伤害(见《帝国法院民事裁判集》,1968 年第 124 页);一名为成年女孩陪伴自己的母亲去自助商场,并在商场因蔬菜叶而滑倒(见《联邦最高法院民事判例集》第 66 卷,第 51 页);一位意欲购买汽车者在试车时使代售的汽车毁损(见《联邦最高法院民事判例》第 78 卷,第 239 页)。[2] 在这些案例中,所致的损害或者是人身权的损害或者是所有权的损害,均属于民法典第 823 条第 1 款所保护的对象,但是德国法院却没有适用该款规定,而是充分发展了缔约过失制度,其原因在于德国侵权法保护不足,如在"地毯案"中,由于雇主责任在德国法中适用过错推定责任,而不适用严格责任,百货商场的所有人可以根据第 831 条第 1 款第二句,即证明自己在挑选辅助人时已尽到注意义务而免责;如在"蔬菜叶案"中,侵权行为的请求权已经羁于时效,而由于德国法(债法现代化前)对基于缔约过失请求权的消灭时效没有作特别规定,所以应该适用 30 年的普通消灭时效(195 条),故其消灭时效远比侵权行为请求权的消灭时效长(民法典第

---

① 德国新《债法》第 241 条第 2 款规定:依据其内容,债之关系可以使得合同任何一方负有对另外一方照管其权利、法益及利益的义务。第 311 条第 2 款规定:本法第 241 条第 2 款所规定的负有义务的债之关系亦可通过如下方式成立:1. 开始合同磋商;2. 合同一方当事人之于一种类似法律行为的关系而赋予或信赖合同另外一方当事人影响其权利、法益及利益的机会时的合同准备;3. 其他类似的交易关系。参见朱岩(编译):《德国新债法》,北京:法律出版社 2003 年版,第 121 页。

② 参见〔德〕迪特尔·梅蒂库斯:《德国债法总论》,杜景林等译,北京:法律出版社 2004 年,第 96 页。

852条规定的消灭时效仅为3年)。但德国学者们多认为将缔约过失适用于对人身权或所有权的保护,德国法院的做法有点过头了[1]!

其二,就缔约过失对信赖利益的保护而言。我国学者在论述缔约过失制度的保护对象时,众口一词:均认为信赖利益是其最主要的保护对象,然而德国学者克里斯蒂安在论述缔约过失时,几乎就没有提到信赖利益,却反复地出现了纯经济性损失[2]一词,并认为"在德国法中缔约过失制度的核心在于纯经济上损失的保护"[3];为何我国学者与德国学者在论述同一制度时,却出现了不同的用语?故纯经济性损失与信赖利益究竟是什么关系,颇值研究。何为纯经济上损失,在目前学术界并没有准确的定义,可谓众说纷纭[4],但是无论学者们如何界定其内涵,一般均不否定一个事实:纯经济上损失一般是被害人整体财产所遭受的不利益,可以用损害中的利益说加以解释,其并不是因为被害人的人身或有形财产遭受损害而引起的,或者它并非是被害人所享有的人身权或物权遭到侵犯而间接引起的。所谓信赖利益是指当事人相信某种法律行为有效成立,而因某种事实的发生,该法律行为不成立、被撤销或无效而产生的损失;其又被称为消极利益

---

① 参见〔德〕冯·巴尔·克雷斯蒂安:《欧洲比较侵权行为法》(上卷),张新宝译,北京:法律出版社2001年版,第581页;〔德〕迪特尔·梅蒂库斯:《德国债法总论》,杜景林等译,北京:法律出版社2004年,第96页。

② 在德国法中,纯经济上损失被称为"纯粹财产上损害"(reines vermogenschaden),参见王泽鉴:《侵权行为法》(第1册),北京:中国政法大学出版社2001年版,第98页。

③ 〔德〕冯·巴尔·克雷斯蒂安:《欧洲比较侵权行为法》(上卷),张新宝译,北京:法律出版社2001年版,第529页。另外如在葡萄牙民法典中,其侵权行为法的规定与德国甚为相似,所以学者们认为其对侵权行为的规定很保守,但是对其为保护纯经济上损失,而将缔约上的过失规定进民法典的做法,却认为反应了现代民法的发展趋势。参见〔德〕冯·巴尔·克雷斯蒂安:《欧洲比较侵权行为法》(上卷),张新宝译,北京:法律出版社2001年版,第34页。

④ 关于纯经济上损失的概念,主要有以下几种观点,如王泽鉴先生认为,其是指"被害人直接遭受财产上不利益,而非因人身或物被侵害而产生"(参见王泽鉴:《挖断电缆的民事责任:经济上损失的赔偿》,载《民法学说与判例研究》第7册,北京:中国政法大学出版社1998年版,第70—80页)。潘维大先生认为,"纯经济上损失,非人身之损害,亦非财产遭受直接之侵害,而系指财产上所遭受之不利益"(潘维大:《中美侵权法中不实表示民事侵权责任之比较》,台北:瑞兴图书公司1995年版,第174页);如克里斯蒂安认为,在欧洲各国虽然对什么是纯经济上损失各国规定有很大区别,但仍可以从中总结出两个流派:其一是指"那些不依赖于物的损害或者身体及健康损害而发生的损失",其二是"非作为权利或受到保护的利益侵害结果存在的损失"(参见〔德〕冯·巴尔·克雷斯蒂安:《欧洲比较侵权行为法》(下卷),焦美华译,北京:法律出版社2001年版,第34—35页)。

的损害[1],在缔约之际,一方当事人因过失致对方当事人信赖利益受到损害,其可得请求赔偿的范围主要包括订约费用、履约费用、受害人支付订约费用及履约费用所失去的利息、另订合同机会的损失等,在这些损失中,如果依据所失损害和所失利益的角度进行分类,则前三种损失属于所失损害,而后一种损失属于所失利益,但是无论如何分类,这些损失都不是因为合同相对人的人身权或所有权等有形财产的损害为前提。所以说纯经济上损失是信赖利益的上位概念,如果从合同法的角度观察,则在合同法中,纯经济上损失包括信赖利益和履行利益;因此信赖利益的损失在本质上是一种纯经济上损失。而纯经济性损失在德国侵权法中并不能得到充分的保护,其保护受到很严格的限制,仅在违背保护他人法律,且该法律还以保护纯经济上损失为目的,或故意违背善良风俗的情形下才受侵权法的保护,而保护他人的法律毕竟有限,虽然违背善良风俗的外延很宽,但是其又以故意为要件。所以在很多情形下,纯经济上损失并不能在侵权法中得到有效的保护,这也是学者们反对将缔约上过失界定为侵权行为的重要原因之一。[2]

综上,缔约过失制度在德国之所以产生,或是因为侵权法规定过于苛刻(如雇主责任的规定),或是因为侵权法的保护范围狭窄(如对纯经济上损失的保护需要严格的条件)。总之是因为侵权法的缺陷导致了缔约过失制度的产生。而在法国,由于雇主责任采取严格责任,且侵权法采取概括式的立法模式,对纯经济上损失的保护以"一般保护,例外排除"为原则,所以很容易将缔约过失责任归属于侵权行为,依《法国民法典》第1382、1383条调整。由此可知,如果德国侵权法规定合理的话,将缔约过失归属于侵权行为,应该不成问题。笔者以为,在德国债法现代化后,随着附随义务的法定化[3],可以将缔约过失归属于侵权行为,并且可以民法典第823条第2款为请求权基础,原因有二:

---

① 参见韩世远:《违约损害赔偿研究》,北京:法律出版社1999年版,第47—48页;王泽鉴:《信赖利益之损害赔偿》,载《民法学说与判例研究》(第5册),北京:中国政法大学出版社1998年版,第212页。

② 参见王泽鉴:《缔约上过失》,载《民法学说与判例研究》(第1册),北京:中国政法大学出版社1998年版,第90页。

③ 在德国债法现代化前,由于缔约过失所违反的义务是先合同义务,而先合同义务是判例法的产物,不能视为第823条第1款的保护他人法律所规定的义务,因此,必能将其视为侵权行为。参见〔德〕迪特尔·梅蒂库斯:《德国债法总论》,杜景林等译,北京:法律出版社2004年版,第107页。

其一,就缔约过失制度所适用的消灭时效而言,在德国债法现代化前,之所以出现侵权责任向缔约过失责任逃避的原因之一,在于缔约过失是判例法的产物,民法典没有规定其所适用的消灭时效,故适用第195条的30年的普通时效。所以有学者认为,"如果德国民法典将第195条规定的30年时效期间降至符合情理的水准,并促使合同期限与侵权行为期限同步,在德国法中的缔约过失制度将脱离合同法而成为侵权法的一部分"①,而在这次德国债法现代化中,果真进行了如此修改,将第195条所规定的30年时效降为3年②,与侵权行为请求权的消灭时效一致,避免了侵权责任因时效过去的原因而求救于缔约过失责任。

其二,就民法典第823条第2款所规定的侵权行为的构成要件而言,必须满足两个要件,一为被害人须属于法规所欲保护的人的范围,一为请求赔偿的损害,其发生必须是法规所欲防止者。③ 而就新债法第311条第2款而言,其性质为保护个人利益的法规,符合民法典第823条第2款所说的"保护他人为目的的法律"的性质,故其所保护的人当然属于法规所保护的范围。就第2款所保护的对象而言,不以权利为限,利益也属于其保护范围,故违反第311条第2款所致的纯经济上损失,肯定为第311条第2款所防止,符合第二个要件。所以,在现代德国法中,缔约过失已成为侵权责任的组成部分。

3. 附保护第三人作用契约存在的原因分析

附保护第三人作用契约是德国法学家的发明,一般而言,附保护第三人作用契约要在一国合同法中存在必须满足三个要件:第一,合同法允许存在合同相对性原则的例外;第二,合同法的保护范围及于相对人的人身权和财产权;第三,侵权行为法存在缺陷。④ 而第三个原因则是德国法院创设附保护第三人作用契约的最重要原因。在1930年的安装煤气表案中,承租人M太太委托修理行安装煤气表,由于修理行雇员的重大过失(其中一个螺丝没有拧紧),而酿成了重大事

① 〔德〕冯·巴尔·克雷斯蒂安:《欧洲比较侵权行为法》(上卷),张新宝译,北京:法律出版社2001年版,第551—552页。

② 朱岩(编译):《德国新债法》,北京:法律出版社2003年版,第18页。

③ 参见王泽鉴:《违反保护他人法律之侵权责任》,载《民法学说与判例研究》(第2册),北京:中国政法大学出版社1998年版,第189页。

④ 〔德〕冯·巴尔·克雷斯蒂安:《欧洲比较侵权行为法》(上卷),张新宝译,北京:法律出版社2001年版,第583—585页。

故,造成 M 太太所雇女佣身体上部重伤,若该女佣依据侵权行为法起诉修理行,则依据《德国民法典》第 831 条的规定雇主可通过证明自己在选任受雇人及监督其职务之执行已尽必要的注意义务而免责,对女佣非常不利。正因为如此,德国帝国法院依据民法典第 328 条关于为第三人利益契约的规定,认为 M 太太与修理行之间的承揽契约构成默示的为第三人利益之契约,受害女佣可依据民法典第 278 条的规定请求作为雇主的修理行负债务不履行的责任,修理行不得以已尽必要的注意义务而免责。[①] 该项见解为其后的联邦最高法院所接受,但其以民法典第 328 条的为第三人利益契约为基础,受到拉伦茨的批评,拉伦茨认为第三人利益契约以给付义务为内容,该第三人对债务人有给付请求权,反之,在此项新创设的制度中,债务人对特定范围的第三人负一定之注意及保护义务,而该第三人除于债务人违反此项义务时得依契约原则请求赔偿外,并无契约上的给付请求权。因此,拉伦茨称其为"附保护第三人作用契约"[②]。

附保护第三人作用契约的创设弥补了德国成文法的不足,被适用于旅客运输契约、房屋租赁契约等,后来被用来保护纯经济上损失,被认为是该制度的新发展;此种特殊保护始于 1965 年 7 月 6 日的遗嘱无效案。在该案中,甲意欲订立公证遗嘱,将其女乙列为唯一继承人,而仅将其部分遗产给其孙儿丙(其女儿的侄子)。为此甲与律师丁签订委托代理协议,并于在其女儿乙在场的情况下,同律师丁进行讨论,丁摘记其遗嘱内容。由于丁尚未被任命为公证员,他承诺尽快安排公证员与遗嘱人甲见面,以便用公证方式记定最终遗嘱。然而尽管乙多次催促,律师丁迟迟未予办理;不久甲去世,根据德国继承法其女儿乙与孙儿丙将各得遗产的一半。于是乙诉诸法院,要求律师丁赔偿其本应作为唯一继承人所得遗产的差额,联邦法院最终判决乙胜诉。由于此案中的损失是纯经济上损失,不能以侵权法为请求权基础,且乙并非甲与丁契约的当事人。然而就本案而言,首先,乙与甲和丁的合同关系重大,律师丁的债务不履行将直接导致乙的不利益;其次,契约债权人甲与原告为父女关系,依据《德国民法典》第 1626 条规定,甲对乙享有亲权照顾权,因此甲对乙显然享有保护其利害关系;最后,律师丁

---

① 王文钦:《德国法上附保护第三人作用契约的新发展》,载《中外法学》1994 年第 2 期。

② Larenz aaO. S.166,转引自王泽鉴:《契约关系对第三人之保护效力》,载《民法学说与判例研究》第 2 册,北京:中国政法大学出版社 1998 年版,第 35 页。

明知甲与乙是父女关系，且根据一般社会见解，作为律师丁应该知道债务不履行会给乙带来不利益。因此本案完全符合附保护第三人作用契约的适用条件。[①]此案不仅扩大了负保护第三人作用契约的适用范围（对纯经济上损失提供保护），而且改变了学者们的传统观点。学者们在此之前一直以为合同上第三人的损害仅限于债务人给付义务的不良履行，而不履行则不构成，而本案则确立了给付义务的不履行亦可成为第三人请求赔偿的原因。[②] 在此以后，法院频频适用该制度为当事人纯经济上损失提供请求权基础，如将其适用于过失不实陈述案件[③]，并且不断扩大了特定第三人的范围，如法院不再认为受保护的第三人应当预先确定，特别是不再坚持第三人必须与债权人之间存在紧密的人格法上的关系。此外，也不再要求债权人对第三人的祸福具有保护的利害关系。第三人范围的扩大，招来了诸多非议，如拉伦茨认为，此一制度的萌芽，其目的在于弥补侵权法的不足，但发展至今却形成“契约肥大症”，出现本质上为侵权责任却以契约责任加以规范的现象。[④]

综上可知，在现代德国法中，被适用于对纯经济上损失提供保护，主要是“遗嘱无效案型”及“第三人过失不实陈述案型”中。其在德国法中是为弥补侵权法的不足而生，是侵权法的安全阀，是用合同法的方法来填补侵权行为制度的缺陷，对此德国司法部门也公然承认：“对第三人有保护效力的合同……是因为德国侵权行为法不足而发展起来的，它（指侵权行为，笔者注）限制了替代责任的范围并且不对财产权提供充分的保护”[⑤]。

---

① 肖厚国：《契约对第三人保护效力之研究》，载《河北法学》1995年第6期。

② 参见〔德〕迪特尔·梅蒂库斯：《德国债法总论》，杜景林等译，北京：法律出版社2004年，第96页。

③ 1956年，上诉法院在一个案例中就一会计师事务所所作的过失误述所承担的民事责任问题作出了说明，在该案中，公司聘请一个会计师事务所就公司的财务状况作出说明。被告知道，他们就委托人的财务所作的报告将要交给某一商事银行作为银行对委托人借贷的根据。报告准备好后交给了银行，银行因此而同意对公司提供贷款。后来，银行发现事务所因过失对公司的财务状况作了不实陈述。为此，银行以该事务所为报告提起诉讼。法院认为，他们有权得到赔偿，根据诚实信用原则及会计师们在现实社会中的特殊地位，其在作出陈述时必须对原告承担注意义务，并且此种注意义务是契约性义务。参见OLG Munchen, BB1956, 866. 转引自张民安：《过错侵权责任制度研究》，北京：中国政法大学出版社2002年版，第218—219页。

④ 转引自邱琦：《过失不实陈述研究》，台湾大学法律学研究所1992年硕士论文，第56页。

⑤ 参见科隆上诉法院的判决，载RIW1993年，第1023, 1024页，转引自〔德〕冯·巴尔·克雷斯蒂安：《欧洲比较侵权行为法》（上卷），张新宝译，北京：法律出版社2001年版，第583—585页。

(五) 小结

在德国民法典制定时,虽然有法国侵权行为法的规范模式可以借鉴,但德国民法典的制定者们认为法国侵权行为法概括式规范模式的抽象性规定,只是掩饰了问题的困难性,将本应由立法解决的问题交给了司法部门。加之历史法学派、康德哲学、优越法益、罪刑法定主义等诸多思想的影响,及基于德国法官在德国地位低下等因素的考虑,立法者抛弃了法国的概括式规范模式,而首创了折中式的规范模式。德国的折中式规范模式区别权利、法益进行保护,避免了诉讼泛滥的现象,但其本身也存在诸多问题,如侵权行为规定在债法第25章,与买卖合同等有名合同处于同一地位,似乎与大陆法系的传统观点不符。且三编式模式是一个递进式的关系,民法典第823条第1款、823条第2款及826条是并存的请求权基础,而不是一般与特殊的关系,因此必将发生请求权竞合现象,因此德国民法典侵权行为法虽然表面上为受害人提供了明确的请求权基础,但实际上却存在内部逻辑混乱现象。另外在折中式规范模式下,侵权行为法的保护范围过于狭窄,迫使法官不得不超越法律进行法的续造,如一般人格权的创设等,从而与制定法相悖,造成法律体系的混乱,因此与法国的法官在侵权行为法一般条款模式下所从事的法官造法现象相比,德国的法官可谓"有过之而无不及"。在德国法中,合同法存在一般条款的规定,即诚实信用原则,它成为德国民法典的安全阀,使德国民法典不会因社会的变迁而无法应对,而诚实信用原则也为德国法中侵权法向合同法逃避提供了基础;为了弥补侵权法保护范围狭窄的缺陷,德国司法部门以诚实信用为基础创设了诸多制度,如缔约过失、附保护第三人作用契约等。这些制度之所以产生,是因为侵权法的缺陷所致,是德国司法部门的无奈之举,而并不像学者们所说的那样,是契约社会化的产物,如缔约过失制度之所以产生或是因为侵权行为法的规定过于苛刻(如雇主责任采取过错推定责任),或是因为侵权行为法保护范围过于狭窄(对纯经济上损失保护不足),而附保护第三人利益契约也是因为这两项原因才产生,并且在现代德国法中,缔约上过失及附保护第三人利益契约主要是用来保护纯粹财产上利益。由此可见,在德国所发生的合同法向侵权法渗透的现象,与法国法有所不同:法国法是因为侵权法的具体制度存在缺陷所致,而德国法却主要是因为侵权法规范模式所致,因此,在德国法的折中式规范模式下,将导致合同法与侵权法界限的模糊,加重了侵权行为法灭亡的危机。

四、我国未来侵权行为法规范模式的选择

(一) 我国侵权行为法立法历史的回顾

1911 年修订法律大臣俞廉三和刘若曾奉旨提交的《大清民事草案》第二编第八章是关于侵权行为的规定。从体例上看,侵权行为法规定在第二编债权之中,从第 945 条到第 977 条,这种体例显然是借鉴《日本民法》;在具体安排上,共分成四个部分,第一部分是原则规定,从第 945 条至第 947 条,共 3 条;第二部分是特殊侵权行为,从第 948 条到 956 条共 9 条;第三部分是规定侵权损害赔偿的具体方式,从第 957 条到第 975 条共 19 条;第四部分规定的是侵权损害赔偿的诉讼时效,从第 976 条到第 977 条共 2 条。① 其中第 945—947 条涉及到该侵权行为法的立法模式:第 945 条:"因故意或过失侵害他人之权利而不法者,于因加害而生之损害负赔偿之义务。"第 946 条:"因为故意或过失违反保护他人之法律者,视为前条之加害人。"第 947 条:"以背善良风俗的方法故意加害于他人者,视为第 945 条的加害人。"从表面上,这 3 条非常类似于《德国民法典》第 823 条第 1 款、第 2 款及第 826 条的规定,但如果仔细推敲,仍可发现不同之处:其一,没有对所要保护的权利进行列举,这可能借鉴了《日本民法典》第 709 条的规定;其二,从逻辑上看,这 3 条并不是递进的关系,第 946 条及 947 条并不是独立存在的请求权基础,而是对第 945 条规定的加害人的扩张性解释,只是第 945 条的组成部分,而在《德国民法典》中第 823 条第 1 款、第 2 款及第 826 条均是独立存在的请求权基础,并且这几个条款之间呈现递进补充的关系。因此,不能将大清民律草案的侵权法规范模式纳入德国的折中模式中。1925 年的《民国民律草案》中侵权行为法的规范模式与大清民事草案大致相同,唯一的区别是将第 947 条的"善良风俗"改为"故意以有伤风化的方式侵害他人权利者,亦同"。国民党政

---

① 参见杨立新:《侵权法》,北京:人民法院出版社 2004 年版,第 92 页。

府成立后即着手民法典的制定，于1929年公布了民法债编的规定，其中侵权行为法规定的模式与德国大致相同，但也有两点区别：其一，第184条第1款没有对所要保护的权利进行列举，这沿袭了《大清民事草案》的规定；其二，对于第184条第2款仅仅是过错推定责任的推定，还是可以作为独立的请求权基础，学者间存在争议，但是目前台湾地区学者的通说似乎认为该款可以作为独立的请求权基础。这与我国台湾地区法学主要受德国法学影响有关。

从以上三项法案可以看出，在中华人民共和国成立之前，我国侵权法的立法模式受德国法影响很大，都没有规定侵权法的一般条款，但是我国侵权法并没有对德国模式简单照搬，还是进行了一些改动，如三部侵权法规都没有对受到保护的权利进行列举，且《大清民事草案》也许看到了德国侵权行为法递进式规定存在的内在逻辑混乱的弊端，从而没有将第946、947规定为独立的请求权基础，而将其视为第945条的补充规定，尤为可贵；但遗憾的是由于深受德国民法的影响，后来的两部法典都没有继承这一优点。

（二）现行侵权法规范模式的检讨

1986年的《中华人民共和国民法通则》在我国民事立法中具有里程碑的意义，其中侵权责任被规定于第六章中，民法通则总共才156个条文，而关于侵权责任的规定就达17条之多，说明立法者对侵权法还是比较重视的。就我国侵权法的规范模式而言，多数学者认为我国侵权法采取的是法国侵权法的一般条款模式①，并以《民法通则》第106条第2款、第3款为依据。第106条第2款规定："公民、法人由于过错侵害国家的、集体的财产，侵害他人财产、人身的，应当承担民事责任。"第106条第3款规定："没有过错，但法律规定应当承担民事责任的，应当承担民事责任"。笔者以为如果单从《民法通则》第106条第2款、第3款的规定来断定我国侵权法的规范模式，则认为我国属于法国的一般条款模式无疑是正确的；但如果我们从整个侵权法的规定来断定，并把我国侵权法的规定放在整个债法体系来界定我国侵权法规范模式的归属，即如果我们以体系解释的方法进行研究，则"我国侵权法属于法国一般条款规范模式"的准确性却值得商榷。

① 张新宝：《侵权行为法的一般条款》，载《法学研究》2001年第4期，第48页。

理由有三：

其一，就民法通则中侵权责任规定对人格权的保护而言。第106条第2款对人格利益的保护没有限制，也没有进行列举，因此从表面上看，民法通则对一般人格利益提供保护。但第120条却对受到保护的人格权进行了列举，即公民的姓名权、肖像权、名誉权、荣誉权，法人的名称权、名誉权、荣誉权受到该条的保护。那么该条没有列举的其他人格权益是否受到侵权法的保护呢？如自由权、隐私权及其他一般人格利益等，是否也是保护对象呢？这必然引起司法实践的混乱，不利于人格权益的保护。正是基于这一原因的考虑，最高人民法院于2001年通过了《最高人民法院关于确定民事侵权精神损害赔偿责任若干问题的解释》，采取了列举式和概括式相结合的方式[①]，对一般人格权提供了充分的保护，从而与世界立法的发展趋势相适应。但是司法解释与法律毕竟不同，其没有制定法的效力，因此笔者以为在制定民法典时，必须对此予以修改，以消除这种混乱现象。

其二，就民法通则中侵权责任规定对经济损失的保护而言。第106条规定的保护对象是财产，并没有以所有权等物权进行限制，所以从表面上看，一般财产利益均受民法通则的保护。但从民法通则侵权责任编的相关规定来看，对经济上损失提供保护的仅有两种情形：第一种是第117条第3款“受害人因财产损害而遭受的其他重大损失的”的规定，学者们认为此处的财产应该指“财产所有权”[②]，而纯经济上损失的产生不是因所有权的侵害而产生，所以在该条下纯经济上损失不受保护；第二种是第118条的规定，侵害公民的身体造成伤害的，可以请求赔偿“医疗费、因误工而减少的收入、残废者生活补助费”；致人死亡的，包括“丧葬费及死者生前扶养的人的必要的生活费用”；而这两种情形都不包括纯经济上损失。但在法国采取一般条款模式下，纯经济上损失的保护以“一般赔

---

① 《最高人民法院关于确定民事侵权精神损害赔偿责任若干问题的解释》第1条规定：“自然人因下列人格权利遭受非法损害，向人民法院起诉请求赔偿精神损害的，人民法院应当依法予以受理：(一) 生命权、健康权、身体权；(二) 姓名权、肖像权、名誉权、荣誉权；(三) 人格尊严权、人身自由权。违反社会公共利益、社会公德侵害他人隐私或者其他人格利益，受害人以侵权为由向人民法院起诉请求赔偿精神损害的，人民法院应当依法予以受理。”

② 王泽鉴：《〈中华人民共和国民法通则〉之侵权责任：比较法的分析》，载《民法学说与判例研究》(第6册)，北京：中国政法大学出版社1998年版，第286页。

偿,例外限制”为原则。

其三,就债法中其他规定而言。正如本文第三部分对法国侵权法概括式规范模式的研究结果所示,在侵权法采取一般条款模式下,由于侵权法保护的范围过于宽泛,故为防止债法体系的崩溃,在侵权责任和违约责任竞合时,法国在司法实务中往往采取诉讼不竞合原则;且将缔约过失亦归属于侵权法,以民法典第1382、1383条加以规范。而我国民法通则虽然没有诉讼竞合的规定,但是1999年的合同法却规定了诉讼竞合制度,并且将缔约过失责任以《合同法》第43条加以规定。所以从整个债法体系角度观察,似乎我国侵权法的规范模式并不属于法国的一般条款式。

综上所述,笔者以为我国侵权法在表面上采取了法国侵权法的一般条款模式,但是如果从体系解释的角度看,我国民法通则中侵权责任的规定对人格权及纯经济上损失的保护并不周全,且从整个债法体系看亦规定了诉讼竞合制度及缔约上的过失制度,所以笔者以为我国侵权法在实质上非常类似于德国民法典的折中式规范模式。

(三)我国未来侵权行为法规范模式的选择

侵权行为法的规范模式目前主要有三种:英美的列举式、法国的概括式、德国的折中式,而这三种模式各有利弊。列举式的优点在于侵权行为的类型清楚、直观、具体、明确,其作用就像刑法分则一样,各种侵权行为类型一目了然,既便于公民权益的保护,也便于法官操作;其缺点在于没有侵权行为法的一般条款,不能使法律有前瞻性规定,且使法律具有不可预见性。虽然英美法系有判例法的历史传统,可以依据判例的灵活性弥补这一缺陷,但判例的灵活性亦可能导致判例的前后矛盾性,可能与英美法系的遵循先例制度相违背,从而与“给予所有人在相同情形相同待遇”这一判例法存在的法律依据相矛盾。概括式的优点在于规定了侵权行为的一般条款,而一般条款的包容性可以使侵权法以不变应万变,以法条本身不变面对社会的变迁而应对自如,游刃有余。所以一般条款的存在既克服了法典编撰的弊端——时滞性①,即法律滞后于时代的发展,也达到了

① 关于法律的时滞性弊端,可参见〔美〕E.博登海默:《法理学:法律哲学与法律方法》,邓正来译,北京:中国政法大学出版社1999年版,第402—403页。

法典编撰的目的之一——稳定性,给予相同历史条件下的人以相同待遇,符合实质正义的要求;另外一般条款的存在使侵权法的保护范围非常宽泛,也符合权利本位立法的民法理念;并且从合同法与侵权法的关系来看,在一般条款的立法模式下,很少发生合同法向侵权法渗透的现象,从而使债法体系清晰,不致混淆合同法与债法的界限;但在法国一般条款模式下,立法者没有对一般条款进行细化、类型化,而过于抽象的规定不仅可能导致诉讼泛滥,亦可能导致法官造法现象,而过于频繁的法官造法,即使在两大法系日益融合、判例法和制定法不再是两大法系区分的主要标准的情形下,亦可能不符合制定法的目的,从而引起司法混乱;所以德国学者认为法国概括式的规范模式只是掩盖了问题的困难性,将本应由立法解决的任务交给司法,是极其不合理的。折中式立法模式的优点就在于其将诉因类型化,给权利、法益提供了不同的保护方式;但是一般而言,折中式立法模式的缺点却大于优点,因为在此模式下,侵权法的保护范围过于狭窄,迫使法官不得不超越法律造法,使法律内部体系不和谐,也不符合法典编撰的目的;另外侵权法保护范围的狭窄使侵权法不得不求救于合同法,如德国司法实践中所创设的缔约过失理论及附保护第三人利益契约理论,都是因为侵权法的不足而产生,从而使侵权法披上了合同法的外衣,造成了债法体系的混乱,加重了侵权法灭亡的危机,因此有学者认为:“德国民法典的侵权行为法的规定是比较混乱的,或者说,它根本就不注意侵权行为法的结构构造,加上其列举所带来的封闭性,从某种意义上说,它比法国民法典中的规定还要落后。”①

综上所述,三种规范模式各有利弊,我国未来侵权行为法规范模式究竟应何去何从?“前事不忘,后事之师”,笔者以为,我国侵权法不应再走各国已经走过的老路,而应另辟蹊径,博采众家之长,并顺应侵权行为法发展的新趋势来构建我国未来侵权行为法的规范模式。在这种情形下,“一般条款加类型化”的规范模式无疑将是最好的选择。一般条款的存在可以使侵权行为法具有包容性,并能够避免在折中式模式下诸如德国法院所创设的“附保护第三人作用合同”、“缔约过失责任”、“营业权”、“一般人格权”等艰深而又可能不符合法律逻辑的现象,使侵权行为法独立发挥其保护权益的功能,不用再寻求合同法的庇护,从而使债

① 麻昌华:《侵权法的独立与独立的侵权行为法——兼论侵权行为法在我国未来民法典中的地位》,武汉:武汉大学2002年博士论文,第93页。

法体系清晰。同时,用一个统一的检验标准(要件体系)对一切可能的侵权行为或者准侵权行为加以检验,可以有效地避免司法实践中因适用不同标准而产生的自相矛盾现象。如果一个国家完善的司法体系下,所有的法官专业修养都令人敬佩,并且所有的高素质的法官对一般条款的理解都惊人地一致,那么仅仅一个一般条款的存在就足以应对一切侵权行为,法国侵权行为法的立法者也许就是基于这种想法,才仅仅规定了一个一般条款(虽然其对准侵权行为进行了一定的列举,但这毕竟仅有区区两条),而没有对一般条款进行类型化。但是实践证明这仅仅是一种理想,因为在一个国家中所有的法官不可能都是水平绝高的,即使所有的法官素质都绝高,但他们对一般条款的理解也不可能统统一致,因为人毕竟是有自己独立思想的动物,这也是人类思想界精彩纷呈的原因所在,因此,从这个角度而言,规定一个一般条款就足以应对一切侵权行为的想法仅仅是一种令人向往的理想境界,其必然造成司法的混乱,不利于权益的保护。所以,必须对一般条款加以类型化、加以细化,通过对一般条款的类型化,既可以加深民众对侵权法的了解,使他们可以以侵权法为武器维护其权益,又便于法官的司法操作,从而达到"对所有人在相同情形下同等对待"的理想境界。

结　语

学者们一般认为,债权虽晚于物权产生,却比物权发达。其理由就在于人们依据物权关系所形成的财产关系、仅以物权作为财产客体的时代,可以说只能生活在过去和现在;但是债权制度的产生并存在,可以使将来的给付变为现在的给付对价价值,即债权的产生,不仅可以使人类享有过去和现在的财产,还可以增加将来的财产。[①] 这种观点无疑是正确的,但是如果我们仔细推敲一下,可以发现如果将此处的债权改为"因合同而产生的债权"将更为合理,因为侵权行为虽然是债权产生的原因之一,但是恐怕很少有人将侵权行为作为取得财富的一种

① 〔日〕我妻荣:《债权在近代法中的优越地位》,王书江、张雷译,北京:中国大百科全书出版社 1999 年版,第 6 页。

方法吧![1] 也许正是因为利益驱动的原因,在大陆法系,合同法在近代以来一直大放异彩,而侵权法却备受冷落,往往栖居于民法典的一个狭窄的角落。作为大陆法系组成部分的我国民法,自然也受到该种观点的影响,侵权法一直没有得到应有的重视。但是侵权法虽然不是财富取得的方法之一,却是取得财富的有力保障! 侵权行为法以确认主体的权益为方法,当主体的权益受到他人侵害时,通过诸多制度的设计使受害一方得到公平的补偿,并且这种补偿并不是以限制另外一方的行为自由为代价,而是对行为自由与权益保护进行利益衡量后的补偿。在侵权法的保护下,行为人可以放心大胆地创造财富而无后顾之忧。因此作为财富创造有力保障的侵权法,应该得到应有的重视。我国目前正在制定民法典,在合同法已经先行颁布的情形下,侵权行为法的制定将是重中之重,而在编撰侵权行为法时,其规范模式的选择将是首当其冲的问题,笔者不揣弊陋,在本文中对侵权行为法规范模式作了一个粗浅的探讨,以期对侵权法的制定有益。

① 虽然法国民法典将侵权行为法规定在“取得财产的各种方法”一章中,但是几乎所有学者均认为这是一种错误的做法。

论违反制定法义务的侵权的新类型*

〔英〕K. M. Stanton** 著 李满奎*** 译

导 论

对"违反制定法义务"进行界定并非易事。这一术语在诸多意义上被用以描述不同事物。在传统意义上讲，它描述的是一种为我们所熟知的侵权类型。在这种侵权类型中，刑法或公法上的制定法义务在侵权法上被认为是可诉的，以保护那些因违反上述义务而受损的人(为了本文论述的方便，这种侵权在下文中将被称为"传统"侵权①)。这种侵权的典型例证当数行业安全立法和规定的可诉性。② 然而，"违反制定法义务"这个术语也在更宽松的意义上适用，用来描述任何对由制定法所创制的侵权法上的义务的违反。这些侵权可能有很多存在形式。有些制定法对侵权责任的轮廓，包括所要求行为的标准和抗辩事由做出完整的规定。其中有些侵权是为我们所熟悉的。比如，尽管在使用后并未发生任何损害，但根据 1957 年的《占有者责任法》和 1987 年的《消费者保护法》第 1 条提出的请求经常被指称为因违反由这些法律所创设的制定法义务而提出的请

---

* 原载于《法律评论季刊》第 120 卷(2004 年 4 月)，第 324—341 页。本文的翻译取得了原文作者 Stanton 教授和该文编辑 Reynolds 教授的同意，特此致谢——译者注。

** 布里斯托大学法学教授。在此我要感谢 Roderick Bagshaw 和那些参加我在布里斯托就该主题所举办的研讨会的同事，他们对论文的早期草稿提出了有益的评论。

*** 李满奎，西南政法大学民商法专业硕士研究生。

① 这种侵权在 Lord Browne-wilkinson in X v Bedforshire County Counci[1995]2 A.C.633 案中被称为"绝对意义上的违反制定法义务的侵权"(breach of statutory duty simpliciter)。

② Groves v Lord Wimborne[1898]2 Q.B.402.这个例子从严格意义上讲用在这里不再合适，因为 1974 年的《工作健康与安全法》第 47 条使得推定此种侵权适用行业安全立法的传统程序成为多余。其影响是现代规定都是明确可诉的。

求。此种法定侵权还包括根据1961年的《航空运输法》、1965年的《核设施安装法》和1985年的《商船运输法》而生的侵权,可能它们对我们而言比较陌生。在这些例子中,有关这种侵权的运作的细节大部分由相关立法所依据的国际公约所规定。

此外,随着时间的推移,议会也创设了数量繁多的、不太著名的侵权责任。在多数情况下,议会是明确地创制一种侵权责任,但与上述第二种侵权形成鲜明对比的是,议会同时也将这种侵权的一些(如果不是大部分)特征留由司法上的发展来决定。本文的目的在于对这些侵权的一些例子和违反制定法义务侵权的传统形式的特征移植到这些侵权上的程度——这种移植是通过对违反制定法义务侵权的传统形式的参考而进行的一种起草形式而完成的——进行思考。考虑到在现代立法中所能发现的这种例子的数量,以及由于违反欧洲共同体条约而生的侵权责任的主要领域现在被英国法院归为违反制定法义务的一个例子,因此就产生了同样的问题。这种思考就显得尤为重要。

传统侵权的式微

近年来所判定的案例可被视为尽力排除违反制定法义务的侵权在英国侵权法上发挥重要作用的任何可能性。要言之,上议院在 Hague v Deputy Governor of Parkhurst Prison[①]和 X v Bedfordshire County Council[②] 案中的判决,通过主张只有在违反被认为其通过意在授予因其被违反而受损的当事人以损害赔偿诉讼中的可执行权利的制定法的相关规定时,才能作出可诉性的推定,使这种侵权的范围日益限缩。如果议会意图使这种权利得以存在,那么很难理解它为什么不采取为大家所熟悉的机制来明确地创设这种权利。如果它未曾采用这些机制,那么我们就不得不接受这种推理即这种可诉性并非议会的意图所在。这种侵权的传统形式并未销声匿迹。最近高等法院的判决承认了侵权的传统形式,这是

① [1992]1 A.C.58.

② [1995]2 A.C.633.还可参见上议院在 Calveley v Chief Constable of Merseyside Police[1989]A.C. 1228 和 Pickering v Liverpool Daily Post[1991]2 A.C.370.两案中的判决。

有据可查的。[①] Kirvek Management and Consulting Services Ltd v Attorney General of Trinidad and Tobago[②]一案与违反依 1980 年的《Trinidad and Tobago 法庭基金投资法》所生的制定法义务有关。这就要求以存款的形式支付给法院款项。然而,在此之前形成的做法是将钱存入国库,结果是没有产生任何利息。枢密院认为对该规定的违反就构成了损害赔偿诉讼的诉由。这样做很明显意在赋予特定的一类人即向法院支付金钱的诉讼参与人以一定的利益,并且由于上述法律没有规定执行程序,故而推定此种侵权的存在以便为此种义务的违反提供损害赔偿救济并无不当。在 Roe v Sheffield City Council[③]一案中,上诉法院认为,作为被告的电车轨道操作员应对因将轨道与高速公路的平面持平而违反 1870 年的《电车轨道法》中的法定要求而导致的损害负责。然而,这些案例都是特殊的,并且没有任何迹象表明法院正准备作出与大量的刑事法律和管理性法律有关的可诉性的推断:这个过程仍将是特殊判决中的一种,这种特别的判决会例外地导致对一种救济手段的认同。确实,原告在 Roe 一案中的胜诉恰恰提出了这样一个问题:为什么这个特殊范畴的道路事故受害者能够享受严格责任的利益,而其他绝大多数此种受害者却不能享受。

我们很难对此种侵权的传统形式的衰落表示遗憾。违反制定法义务的侵权在工业损害赔偿之外的领域的作用微乎其微。在英国法上,没有一个公认的概括性原则来规定违反制定法的行为对于因违反而受害的人是可诉的;也不存在一个相对具体的原则来规定因违法行政行为所致损害会产生损害赔偿请求权。这种侵权的传统形式是作为一种仅在少数案件中提供救济的技巧而存在的。它既没有与特定类型的损失相联系,也不依附于特定的行为。

---

① 注意在其最新判决即 Cullen v Chief Constable of Royal Ulster Constabulary 中,上院的多数似乎认同将对违反 1987 年的《北爱尔兰(紧急情况规定)法》的行为视为违反制定法义务的侵权而提供损害赔偿救济(该规定以 1984 年的《警察与刑事证据法》为模本)。尽管事实上另外持不同意见的多数基于不同的原因认为并不存在责任。

② [2002]1 W.L.R.2792.

③ [2003]2 W.L.R.848.

复兴的领域

但这并非事物发展的全部图景。违反制定法义务的侵权正在其他类型上表现着复兴的势头。本文将对这种侵权的新类型以及传统类型的特征能够为新类型所承继的程度进行探究。现代侵权有两种不同的类型。第一种源自于立法中所适用的起草技巧,而第二种则来源于那些将因违反欧洲共同体立法而提起的赔偿请求归为违反制定法义务的侵权的一种的司法判决。前者的历史要更久远些。这两种类型的侵权都会引出许多基本问题,比如违反制定法义务的传统侵权的特征以及相关的旧理论传统对新类型侵权发展的影响程度。

现代侵权类型之一:由议会技巧所创侵权

现代侵权的第一种类型可以从议会创设侵权责任形式所采取的技巧中得到说明。标准的创设技巧是通过比照、参考违反制定法义务的侵权而创设新的法定侵权类型。[①] 这种方法的类似形式可以远溯到1975年的《反性别歧视法》第66条。[②] 一个(比较)重要的现代例证可以参见2000年的《金融服务与市场法》第150条的规定。[③] 该规定通过下面的术语来表述的:

> "150(1) 被授权人对一个规则的违反行为,在因该违反行为受损的当事人提起的诉讼中是可诉的,这也受到适用于违反制定法义务的诉讼中的抗辩事由和其他条件的限制。"

这种立法形式通常被认为创设了一种典型的违反制定法义务的侵权的典型

---

① 可以追溯的最早的例子是1956年《版权法》第43条第8款的规定,它并未采用类比的方式创设权利。它仅仅规定"任何违反行为……应该因为违反制定法义务而具有可诉性"。

② 同一时期的其他例子还有:1976年《再销售价格法》第25条的规定;1976年《限制性交易行为法》第35条第2款的规定;1976年《种族关系法》第57条和1978年《消费者安全法》第6条第1款的规定;值得一提的是1975年《石油与水下管道法》第30条并未采取此种形式,而是以"违反制定法义务的民事责任"为标题。

③ 该条是1986年《金融服务法》第62条的后续规定,后者也是通过类比违反制定法义务的侵权而创制的。

代表。一种更标准的理解方式应该是说,它创设了一种独立的侵权类型,只不过要符合既有侵权的特征而已。然而,考虑到新型侵权的特征,和在违反制定法义务的名义下会出现一系列不同的责任形式,上述理解似乎又是站不住脚的。

应该注意的是,并非所有创制新型侵权的立法都采取与上述《金融服务和市场法》第150条同样的套路。在不同立法所采取的创制方式上并不存在高度的协调一致并且也不可能对各种不同用法背后所隐藏的逻辑进行区分。例如,2000年的《金融服务和市场法》通过两种不同的方式创制了可以获得金融赔偿(在中性意义上使用)的救济。第20条第3款、71条第1、2款和150条通过比照违反制定法义务的行为来创制救济,而第26、27和90条则采取一种较为直接的方式,即直接创制一种可获得赔偿的权利。[①] 在其他立法中,往往仅通过使某种行为具有"可诉性"这样的方式来创制一种侵权类型。因此1990年的《环境保护法》第73条第6款规定与废物的处理有关的特定行为无须比照违反制定法义务的侵权即"应具有可诉性"。[②] 1998年的《人权法》第7条规定,只有该法第8条将损害赔偿金的支付作为程序的一种可能的救济时,该程序才允许被提起。经修正的1998年的《竞争法》[③] 仅规定了因违反具体规定之一而请求"损害赔偿"的人所使用的一种程序。在1998年,议会在房产法领域创制了两种侵权类型:《房东与租户关系法》第4条通过比照违反制定法义务的行为而创制了一种侵权类型;然而《房屋法》第27条则仅通过将因违法驱逐而导致的支付赔偿金的责任规定为具有"侵权责任的性质"而达到同样的目的。[④] 对合同交易的法定控制是另一个以不同方式创制各种侵权类型的领域。1988年的《地方政府法》第19条规定了针对允许其合同交易受非商业因素影响的当局的救济措施。这些救济措施被认为产生赔偿请求权,而1992年的《商会与劳动关系(合并)法》[⑤] 则部分程度上是通过比照违反制定法义务的行为而规定的一种侵权类型,实现了对所

---

① 就特定的立法而言,可能会有人认为不尽相同的表述暗示了后一种救济类型具有恢复原状(的)性(质)而非侵权赔偿性,因为这种侵权产生于当事人之间的协议被确认为不具有执行力之时。然而,根据这些规定,由上述侵权导致的损失是可获得赔偿的,并且这种性质上的区分能否适用于其他立法也不甚明了。参见由1988年的《地方政府法》第19条和1998年的《数据保护法》第13条所创制的侵权类型。

② 还可参见1984年的《建筑法》(现已失效)第38条。

③ 《竞争法》第47A条为2002年的《企业法》所吸收。

④ 《房屋法》第27条第4款。

⑤ 参见第145和187条,这些规定最早见之于1982年的《就业法》。

有雇主的同等的控制,即不能利用合同来强迫商会对自己的认可或者满足会员的要件。通过比照违反制定法义务的行为而创制新类型侵权是现代立法的一个众所周知的特征,但这种技术在许多重要的案例中却未被运用。

现代侵权类型之二:“欧共体法律意义上的侵权”(“EUROTORT”)

前一部分讲述的过程并非违反制定法义务的侵权勃兴的唯一方式。这种侵权也被用来将个人、组织、成员国对欧共体法律的违反行为的可诉性纳入国内主流侵权理论之中。

它的这种特征始于英国法院对此种侵权的存在的最早认同。在 Garden Cottage Foods v Milk Marketing Board①一案中,有种主张认为,作为被告的董事会决定将其大量黄油仅售给 4 家分销商违反了欧洲经济共同体条约第 86 条(现 82 条)的规定。而本案中原告公司虽然以前其对该种黄油需求量的 90%都是从前述董事会处购买,却并未成为 4 家分销商之一。欧洲法院(European Court of Justice)一直认为,第 86 条禁止在共同市场或其实质性部分中滥用垄断地位,这就给个人创设了各国内法院必须确保的直接权利。②鉴于此,上议院认为对第 86 条的违反使得因此受损的当事人有权在英国法院请求损害赔偿。Diplock 勋爵发表了一篇演讲,受到他的三个同事的赞同和响应,他将时下所认同的救济方式的特征表述为:

> “对第 86 条(现在的 82 条)关于不得在共同市场或其实质性的部分上滥用垄断地位的义务的违反因此在英国法上被归为对制定法义务的违反,这种制定法义务不仅是为了促进共同体市场的总体经济繁荣,也是为了保护因对该义务的违反而遭受损失或损害的私人的利益。”

---

① [1984]A.C.130.

② Belgische Radio en Televisie&Société belge des auteurs, compositeurs et editeurs v S.V.SABAM and N.V.Fonior[1974]E.C.R.51; Guerin Automobiles v European Commission[1997]E.C.R.I-1503.

这个附带意见被英国法院在接下来的许多场合所采纳。[①] 最近在 R v Secretary of State for Transport, ex p. factortame(No. 7)[②]一案中,Q. C. 的 John Toulnin 法官被认为应当考虑一个在国内法院提起的,试图侵犯欧共体法律所赋予的权利为由要求成员国予以赔偿的诉讼是否构成"基于侵权的诉讼"并进而受 1980 年的《时效法》第 2 条所确立的时效制度的约束。尽管受到一些质疑,法官还是遵从了 Garden Cottage 案中的先例,并且认为如果成员国同时违反《欧共体条约》第 52 条(现在的 43 条)和 1972 年的欧洲共同体法案第 2 条第 1 款,就构成了违反制定法义务的行为。因此,此种诉讼应受普通的国内诉讼时效制度的约束。

Diplock 勋爵究竟是在一种广义的、非技术层面上来使用"违反制定法义务的行为",还是用它来明确地指称传统侵权,对这个问题进行探讨是很必要的。评论家认为应该是后者[③],但是在 Toulnin 法官所采用的方法中并没有任何反对前一种解释的意思,反而有对其有利的论据。如果前一种解释是正确的,那么 Diplock 勋爵的意思不过是指应将欧共体法律意义上的侵权作为侵权责任的一种纳入英国国内程序,而不是指那种承继了传统的违反制定法义务的侵权的特征的侵权类型。如下文所述,可能有些观点认为将"违反制定法义务的行为"用来指称传统侵权的做法相对于由国内法创制的侵权行为而言是很重要的。这种指称被认为能够使议会用简洁的语言来立法,因为他们相信法定侵权能够围绕共同原则的核心而得以发展。然而,相对于由欧洲法院(European Court of Justice)所创制和发展的一系列法律而言,上面的讨论都是没有意义的。尽管欧洲法院已经正式地将实施过程中的实体性和程序性问题交由各成员国的法律制度

---

① 参见 Mann 法官在 Bourgoin v Ministry of Agrculture, Fisheries and Food ([1986]A.C.716 第 733 页)案中的意见;Hobhouse 勋爵在 R v Secretary of State for Transport, ex p. Factortame(No.5)的意见。该案载于 1997 年 9 月 11 日的泰晤士报。还可参见爱尔兰高等法院的法官 Carroil 在 Tate v Minister for Social Welfare ([1995]1I.R.418)案中所采取的方法。评论家也认为最好将欧共体法律意义上的侵权视为一种独立的类型,而非违反制定法义务的行为的一种。参见 Craig, *The Domestic Liability of Pubic Authorities in Damages: Lessons from the European Community* 和 Hoskin, *The Rebirth of the Innominate Tort* 以及 Beatson 和 Tridimas, *New Directions in European Public Law*(Hart Publishing, 1997)中的第 6 章和第 7 章。

② [2001]1 W.L.R.942.

③ 参见 Craig 和 Hoskin 的著作。

加以规定,然而所有的证据表明,由国内法院审理的案件均受到欧共体法律理论的支配和影响。我们很难想象,欧洲法院会因为 Diplock 勋爵对救济的界定而去调查传统的违反制定法义务的侵权,以便决定成员国未履行欧洲条约所规定的义务的后果。因此就有一种压倒性的观点认为 Diplock 勋爵的观点应从最广泛、最空洞的意义上来理解。欧共体法律意义上的侵权只须简单地归为国内程序中的一种侵权,而无须反复参照违反制定法义务的行为。下文有关传统侵权的特征的论述也为这种方法提供了支持,这里的传统侵权可能通过参考旧形式的方法而为新型侵权所吸纳。

违反制定法义务的侵权的特征

对于这种初看起来比较怪诞的,以另外一个比较陈旧的并且在很大程度上已经过时的侵权为标准来划分新型侵权的决定,我们应该如何评估它的重要性?尽管通过比照违反制定法义务的行为来创制侵权类型的做法已不鲜见,然而,对于这种比照通过何种方式影响新型侵权的特征的问题,却很少有判例法涉及。①

正如在本文前一部分所揭示的那样,对这种用法的最显而易见的可能的解释就是意图使新型侵权具有传统侵权的特征。确实,它可能提供了一个原则的内核作为一般理论来强化所有法定侵权。有一种有力的观点认为,议会应该不大情愿去创设独立类型的民事责任,因为它们很有可能导致滥讼。②

然而,认为传统侵权的一系列特征能够为新型侵权所承继的观点简直就是一种误解。事实恰好相反。传统侵权并无可以为新型侵权所承继的稳定的特征,并且对一种没有多少特征的东西的参考使得新型侵权不受束缚。最常见的

① 针对这些侵权的判例法主要是关于因歧视而导致的侵权。也有一部分判例法(authority)是关于1986年的《金融服务法》第62部分(2000年的《金融服务与市场法》第150部分的前身)。

② American Express Co. v British Airway Board([1983]1 W.L.R.701)案和 R v State for Transport, ex p. Factortame(No.7)([2001]1 W.L.R.9[2001]1 W.L.R.942)案都是法院不得不对民事责任的新形式的特征进行界定以使它们符合立法的规定。在前一个案例中,《民事航空法》规定的责任被认为是一种侵权责任,然而在后一个案例中,法院更进一步,认为欧洲共同体法律意义上的侵权是违反制定法义务的侵权的一种。在后者中,认为欧洲共同体法律意义上的侵权是一种侵权的判决结果就足以将其纳入《时效法》的调整范围。

结果可能是这种用法使这种新型侵权摆脱了公认的权威观点的限制，特别是过失的影响。

有许多特征被认为是传统的违反制定法义务的侵权所具有的。很明显，这些特征或许为前述现代的用法提供了一种原因。然而，这些特征主要是建立在侵权在工业伤害中的角色的基础上的。尽管这种角色支配了传统侵权，然而事实上除了工业事故外，侵权还有很多其他类型。同时，在试图将调整人身伤害严格责任的政策取代其他有关（正如现代形式所为）经济损失和其他形式损失的政策时，也存在很大的困难。

我们还需要知道，法定侵权这个主题的内涵要广于传统的违反制定法义务的侵权。法定侵权的一些特征，比如由议会所规定的义务是不可转让的这样的事实，确实通常被认为也是传统侵权的特征，然而他们实际上的适用范围要宽泛的多。这对于正在讨论的问题很重要，因为它意味着，一种由制定法新创制的侵权，不管是否采用了对传统侵权进行类比的方法，将以自己的名义拥有这些特征。

法定侵权责任的许多可能的特征或许会被认为是通过参考违反制定法义务的行为而创制出来的。

1. 违反制定法义务的侵权是一种严格责任侵权①

违反制定法义务的侵权通常是在英国侵权法中起作用的严格责任标准的一个重要例证。

毫无疑问，大多数侵权都属于严格责任的范畴并且以侵权为基础的工业事故案件是英国人身伤害法中的严格侵权责任的最常见的例子。然而，认识到这种最常见的严格侵权责任的情形所证明的问题的局限性并且洞悉将典型的情况误认为是绝对不变的情况所引致的风险，是非常重要的。

由违反制定法义务的侵权所确立的标准是由制定法自身所创设的。对工业

---

① 在 London Passenger Transport Board v Upson[1949]A. C. 155 一案中，Wright 勋爵认为违反制定法义务的侵权“依据制定法的目的判断是一种普通法上的诉讼，属于绝对或严格责任的例子的范畴”。然而，必须指出，“绝对(absolute)”责任与“严格(strict)”责任这两个术语被不同的评论家在不同意义上所使用。就本文而言，采用了 Stanton, Harris, Skidmore 和 Wright 在《论法定侵权》(2003)中所使用的模式：当一个对未作特殊要求的义务的违反行为本身导致责任的话，这种责任就是“绝对”责任；即使对某种义务在某程度上有特殊要求，而尽了合理的注意义务的证据并不构成免除责任的事由时，这种责任为“严格”责任。在实践中，几乎所有的责任都在不同程度上都有特殊的要求，因此根据这种模式而被归入“严格”责任。参见 Craig 关于严格责任的非常特别的用法。

安全案件的有限的考察揭示了不同的制定法规定所确立的标准的多样性和复杂性。这些案例可能会引起对“可实行”的警示与“可合理实行”的警示之间的区别的充分的考虑。[①]仅安全生产过程的要求这一问题就会引致大量的讨论。[②]这些特征不能套用在那些通过参照传统侵权而创制的侵权上。它们并非传统侵权的一般特征,而是来自于将传统侵权所要求的要件用准确的细节表达出来的具体言辞。从这个角度讲,要对适用于传统侵权领域的注意义务标准进行类比只会引起这样的回应,即“究竟是这么多标准中的哪一个?”

这种看法还可以用另外一种替代方式表达,即严格责任是违反制定法义务行为的通常特征的事实对于确定那些通过参照传统侵权而创制的侵权的特征并无帮助。这是对上述复杂观点的简单表述。过失既作为一种独立的侵权存在,又作为一种责任的标准存在。通过参照传统侵权而创制的侵权是依据一种常见的理论而创制的。在严格责任之外,并不存在其他与之相对等的责任。由于在Rylands v Fletcher[③]案中试图确立英国侵权法的严格责任的一般原则的努力归于失败,严格责任侵权并无一般的范式。严格责任的观念只能通过反面界定:如果一种责任并不因与事实有关的所有注意义务都已尽到这样一种事实上而被排除,这种责任就是严格责任。这种限制性规定涵盖了从事实上的绝对责任到一些非常接近过失责任的责任的一系列不同的标准。标准的多样性意味着它们不能作为那些通过对它们进行类比而创制的侵权的一般模式。

关于严格责任的争论,最后要说明的是,关于传统的违反制定法义务的侵权确立过失的注意义务标准的例子,虽然很少,但并非完全不为人知。[④]因为可得出如下结论:即使严格责任是该种侵权最常见的特征,但它并非一个永恒不变的特征。

同样明确的是,欧共体法律意义上的侵权已经形成了自身独特的责任标准:

---

① 参见 Coltness Iron Co. Ltd. v Sharp[1938]A.C.90 和 Boyton v Willment Bros Ltd.[1971]1 W.L.R.1625.

② Larner v British Steel Plc.[1993]I.C.R.55.

③ (1868)L.R.3H.L.330.时下可参见 Transco Plc v Stockport Metropolitan BC[2003]UKHL 61.[2003]3W.L.R.1467.

④ 参见 Hammond v Vestry of St. Pancras(1874)L.R.9 C.P.316; Read v Croydon Corporation[1938]4All E.R.631 和 Ministry of Housing and Local Government v Sharp[1970]2 Q.B.223.

其中核心要素是违反欧共体法律规则的行为已经“足够严重”。[①]这是一个比较高的标准,要构成该种侵权,必须跨越这个门槛,但这是一个与可否发现过错[②]相独立的问题。在这种意义上讲,这种侵权被认为具有一种严格责任的性格。然而,这种结果与英国的法学理论没有任何关系。[③] 英国法院通过参照国内法的某条规定而作出的对侵权进行分类的决定对由欧洲法院所发展的一系列法律不会产生影响,这丝毫不奇怪。我们需要问的问题是英国法院认为通过他们选择的对特征的界定能够达到什么样的效果。

顺理成章地,将一种新型侵权界定为违反制定法义务的侵权中的一类,并不自然而然使它具有了严格责任的特征(和甚至是这些特征的更一般的形式)。但是所有这些并不意味着由制定法所创制的侵权不能具有严格责任的特征。我们需要对责任的每一领域进行考虑以便弄清楚究竟创设了什么责任。例如 2000 年的《金融服务和市场法》第 150 条并非空白条款。相反,它是一条使违反由金融服务当局规定的贸易规则的行为具有可诉性的规定。具体而言,这其中的许多义务,较之于那些源自同一背景下的普通法上的合理注意义务,要具体明确的多。因此,这种结果可以被认为是一种新的严格责任侵权的重要例证。[④]

2. 违反制定法义务的行为是一种区别于过错行为的侵权

在英国法上,违反制定法义务的行为本身构成一种独立的侵权,而与过错行为相区别。[⑤]它一直拒绝遵从加拿大法院在 The Queen in the right of Canada v Saskatchewan Wheat Pool[⑥]一案中所采取的“法定过错行为”做法。

---

① Brasserie du Pêcheur v Germany 和 R v Secretary of State for Transport, ex p. Factortame(合并审理案件 C-46/93 和 C-49/03)[1996]ECR I-1029, ECJ 和 R v Secretary of State for Transport, ex p. Factortame (No.5)[2000]1 A.C.524.

② 抑或一个故意违反欧共体法律所规定的义务的行为。

③ 值得注意的是,在 Culler v Chief Constable of the Royal Ulster Constabulary[2003]1W.L.R.1763 案中, Cornhill 的 Bingham 勋爵和 Steyn 勋爵在他们一起作出的不同意见中,似乎准备采取截然相反的方法并且要将欧洲的标准引入英国法。

④ 尽管在前述关于合理注意义务标准被提出的情况下,关于规则的这些规定很明显在确定合理注意义务的构成时起着核心的作用,然而这种差别可能至多体现在免去了诉讼当事人证明合理的行为标准的麻烦。可进一步参见 McMeel“The Liability of Financial Advisers in the Wake of the Pension Mis-selling Scandal”(1997)13P.N97(该文的依据是以前的规定即 1986 年的《金融服务法》第 62 条的规定)。

⑤ Bux v Slough Metals Ltd.[1973]1W.L.R.1359.

⑥ [1983]1 S.C.R.205.

从某种意义上讲,我们应该为英国法的做法喝彩。过错侵权的“霸权主义”性格,已经渗透并扭曲了侵权法的众多领域,这样已经威胁到侵权法的许多重要技巧的存在。将违反制定法义务的行为纳入过错侵权的框架,会导致将许多过错侵权的特征强加给违反制定法义务的行为。

由此引致的最明显的问题是纯经济损失的总体上的不可补偿性。许多类似的侵权和大多数欧共体法律意义上的侵权都是与保护经济利益有关的,并且违反制定法义务的侵权的现代用法或许会避免上述纯经济损失的问题所产生的风险。许多最重要的传统违反制定法义务的侵权的案例都是与这种形式的损失有关,但很明显,诸多判决中并无对该事实作出反应。在 Cutler v Wandsworth Stadium Ltd,[①]Lonrho Ltd v Shell Petroleum Co.[②]和 Booth&Co.(International)Ltd v National Enterprise Board[③]案中的主流意见均认为传统违反制定法义务的侵权应该为商业损失提供救济。这些案例中的推理仍然是采用传统的方法。它关注的是立法机关的意图,却忽视争议的损害的性质。尽管这种类型的主张有可能被拒斥,但它是建构在议会的推定的意图的基础上的。如果由于一种障碍的存在而使得此种侵权无法成为对经济损失进行赔偿的机制,可能有些人会基于这种规则在过失侵权领域的重要性,认为到目前为止经济损失的不可补偿已经成为既定事实。实际上,Harwich 的 Bridge 勋爵在 Pickering v Liverpool Daily Post Plc[④] 一案中的附带意见恰好为相反的结果提供了权威的支撑,而且上文提及的 Kirvek Management and Consulting Services Ltd. v Attorney General of Trinidad and Tobago[⑤]一案也为枢密院允许传统的违反制定法义务的侵权对纯经济损失进行补偿这样的事实提供了一个最新的例证。[⑥] 我们所能说的至多不过是时不

---

① [1949]A.C.398.

② [1982]A.C.173.

③ [1978]3 All E.R.624.

④ [1991]2 A.C.370,第420页.见下文。

⑤ [2002]1 W.L.R.2792.

⑥ 需要注意的是,在 Hedley Byrne v Heller 案以后,在过失侵权领域对这种补偿不再完全禁止。毫无疑问,Kirvek 案中的事实表明一定程度的近因的存在,这足以导致对过失侵权中的注意义务的认同。在该案中,一方当事人于合同关系之外对另一方当事人的财产进行了不利于该方当事人的处理。这与 Henderson v Merett Syndicates Ltd [1995]2A.C.145 案中的案件事实非常接近。

时出现的附带意见表明：在涉及健康和安全这些问题时，[①]作出传统的违反制定法义务的侵权的推断是可能性比较大的，然而这绝不意味着确立一个不变的规则即该种侵权不允许对经济损失进行补偿已为时不远。

然而，这并不是一幅关于该问题的完整图景。许多明确创制的法定侵权的例子，诸如上文提到的 1988 年的《房东与租户关系法》，1992 年的《商会与劳动关系（合并）法》，2000 年的《金融服务与市场法》和 2002 年的《企业法》中所包含的侵权，都非常明确地旨在保护财产利益。很明显，必须将过失侵权方面的考虑从这些案子中排除出去，而参考违反制定法义务的侵权可能有利于实现这种目的。这不仅仅是一个理论上的风险。在许多案例中，立法对可补偿的损失的形式的问题一直保持一种开放的态度，而由国际公约在没有参考违反制定法义务的侵权的条件下所创制的严格责任法定侵权在纯经济损失 的可补偿性的范围上受到限制。1965 年的《核设施安装法》[②]和 1995 年的《商船运输法》[③]都使由它们所创设的侵权类型以这种方式受到限制。

因此，这些新型侵权是在不受过失侵权的影响下创制的。在很大程度上讲，这可能并没有太大的意义。法定侵权是一种与众不同的法律创造物，有着自己特有的内容，即使不将它们界定为违反制定法义务的侵权，过失侵权也不大可能影响到它们的发展。然而，如果将这些新型侵权视为违反制定法义务的侵权的一种的话，这种对经济损失进行限制的日益严重的风险就可能得到缓解。

3. 违反制定法义务的侵权限于特定形式的损失

就传统侵权下可予赔偿的损失的形式而言，对经济损失的赔偿问题，只是由传统侵权引起的问题之一。有一种日益形成的共识认为，只有在以人身伤害、财产损害和经济损失为由申请赔偿的情况下，才可能构成传统侵权，因此就将诸如隐私的保护和其他权利等领域排除在外。

---

① Richardson v Pitt-Stanley[1995]Q. B. 123.

② Merlin v British Nuclear Fuels Plc[1999]2 Q. B. 557.

③ Landcatch Ltd. v International Oil Pollution Compensation Fund[1992]2 Lloyd's Rep. 316（参见 Stanton, "Strict Environmental Tort Liability: Defining Damage", (2000)8 *Tort L. Rev*. 99）; Algrete Shipping Co. Inc. v International Oil Pollution Compensation Fund (The Sea Empress) [2003] EWCA Civ656, [2003]1 Lloyd's Rep. 372.

这种方法源于 Bridge 勋爵在 Pickering v Liverpool Daily Post Plc① 一案中的附带意见：

> “据我所知，没有任何一位权威根据制定法认为，通过适用 Diplock 勋爵的原则，在法定义务或禁止并非那种对其违反即会导致对其旨在确保的社会阶层的某个成员的利益或受保护的状态造成人身伤害、财产损害或经济损失的情况下，应该赋予一个针对此种违反制定法义务的行为的诉由。”

上议院在 Cullen v Chief Constable of the Royal Ulster Constabulary②一案中遵从了这种方法。这些案例的结局都是使得传统侵权无法为侵犯法定隐私权③的行为和因未能向被拒绝受拘监的人会见初级律师提供理由而违反 1987 年的《北爱尔兰(紧急规定)法》第 15 条④ 的行为提供救济。

这种对违反制定法义务的侵权的可能的限制是很重要的，因为法定侵权的现代形式在事实上上通常都试图保护比它所能容许的范围的更广泛的利益。由 1997 年的《保护当事人免受骚扰法》第 3 条第 1 款和 1998 年的《数据保护法》第 13 条所创制的侵权即是明证。值得一提的是，那些通过 参考传统侵权而创制的歧视性侵权通过作出明确规定，允许对感情所受的损害进行赔偿⑤而避免了上述问题的出现。

4. 违反制定法义务的侵权受到侵权法上一些而非全部的标准抗辩事由的约束

有关对抗因违反制定法义务而生的请求的抗辩事由的规则值得我们考虑。在很大程度上讲，违反制定法义务的侵权受到侵权法领域的标准抗辩事由的约束。而且通过对传统侵权进行类比而创制新型侵权的立法技巧通常都作出明确规定，适用于违反制定法义务的侵权的抗辩事由均可适用于这些新型侵权。根据该规定，诸如同意和违法性这样的抗辩事由很明显也适用于这些新型侵权。

---

① [1991]2 A.C.370，第 420 页。

② [2003]1 W.L.R. 1763.

③ 该案中，因原告被指认曾参与了精神健康法庭的相关诉讼程序，而被认为违反了 1983 年的《精神健康法庭规则》第 21 条第 5 款的规定。

④ 该条规定与 1984 年的《警察与刑事证据法》第 58 条大同小异。

⑤ 1975 年的《反性别歧视法》第 66 条第 4 款；1976 年的《种族关系法》第 57 条第 4 款；1995 年的《反残疾歧视法》第 25 条第 2 款。

混合过错的作为一种抗辩事由的地位也是由1945年的《法律改革(混合过错)法》中的条文所规定的。

(a) 混合过错

1945年的《法律改革(混合过错)法》第4条作出明确规定,在根据违反制定法义务的侵权提起的诉讼中可以适用有关责任减免的规定。该事实表明,这种责任减免的规定也适用与被视为该种侵权形式之一的任何新的侵权责任类型。然而,因为第4条将有关责任减免的规定既适用与违反制定法义务的侵权,又适用于侵权法上的其他责任形式,故而它也将适用于任何形式的新的侵权责任种类,除非法院意在将其视为一种独立的、非侵权性的责任。根据这种推理,因欧共体法律意义上的侵权而生的请求也应该受到该法案中关于责任减免的约束。然而,在实践中我们实在很难想象在因成员国或共同体自身对条约义务的违反而导致损失,而作为原告的个人也对这种损失负有责任的情形。该抗辩事由可能也会被认为对共同体法律在英国的执行造成了不可接受的障碍。

(b) 基于同意的抗辩

基于同意所生的抗辩,包括从危险引受到免责条款、告示的一系列事由,都不能作为违反制定法义务的侵权的抗辩事由。这种主张的依据似乎是一个适用于所有法定侵权的总的原则,即一个人的因议会规定的义务而产生的责任,不因取得了另一个人的旨在免除他因该义务而生的责任的同意而免除。这个原则的权威性支撑完全来自于工业事故的大背景。在这种背景下,对于因违反普通法上的提供一个安全的工作环境的义务[①]的过失行为而提起的请求,同意通常情况下并不构成一个抗辩事由。Baddeley v Earl Granville[②]案和 Wheeler v New Merton Board Mills Ltd[③]案中的判决认为,如果承认雇员免除雇主的严格法定义务的默示协议有效,这种作法会违背公共政策。[④] 明示协议或免责条款的适用,

① 这里有两个相互重合的原则在起作用:其一是一个人不应该被允许订立一个旨在规避法定义务的私法上的契约;其二是雇员通常都是在强大的经济压力下工作的并且不应该因为他们在了解危险存在的情况下继续工作就认定他们对工作场合的危险表示自愿接受。

② (1887)19 Q.B.D.423.

③ [1933] 2 K.B.669.

④ 值得一提的是,一些法定侵权作出明确规定,此种默示协议可以作为抗辩事由存在。参见1957年的《占有人责任法》第2条第5款;1971年的《动物法》第5条第2款;1984年的《占有者责任法》第1条第6款和1990年的《环境保护法》第76条第3款b项。

几乎可以肯定地讲,会受到同样的处理。[①]

(c) 非法性

通说认为非法性是基于违反制定法义务的侵权而提起的诉讼请求的一种抗辩事由。现代的最主要的例证是 Clunis v Camden&Islington Health Authority[②]一案。在该案中,原告为提起一个与他住院期间所接受的精神病治疗有关的请求而需要认同对他的非谋杀罪的判决的事实意味着违法行为抗辩使该请求不能成立。这丝毫不令人奇怪,因为这种抗辩是基于公共政策的考虑并且其适用不局限于过错行为。然而,由于这种抗辩的最初形态使得它可以适用于任何法定侵权,故而将一个侵权作为违反制定法义务的侵权的一类来看待并不会对该结果有任何影响。

(d) 诉讼时效

同样确定的是,所有的法定侵权,不管是否被归为违反制定法义务的侵权的一种,为了使它们受到诉讼时效的约束,都将被作为侵权来看待。Toulmin 法官在 R v Secretary of State for Transport, Ex p. Factortame(No. 7)[③]一案中的判决,使欧共体法律意义上的侵权受到 1980 年的《时效法》第 2 条的约束,这样做的基础是将诉由视为违反制定法义务的侵权的一种,因为基于违反制定法义务的行为而提起的诉讼是一个"基于侵权的诉讼"。

5. 由违反制定法义务的侵权所规定的义务是不可转让的

各种法定侵权所涉义务的不可转让性得到了广泛赞同。[④] 从源头上讲,这可能来源于 19 世纪的一种理论,即将公共当局对地方所负的义务视为主要是合

---

① 尽管许多制定法作出明确规定,禁止此种抗辩事由的适用,参见 1987 年的《消费者保护法》第 7 条、第 41 条第 4 款和 1974 年的《工作期间健康与安全法》第 47 条第 5 款的规定,但是究竟这些规定是作为一种警示,还是(与此相反)表明如果不被明确禁止,这些手段都可以作为抗辩事由,尚无定论。

② [1998]P.N.L.R.262.原告声称,作为被告的卫生与社会服务当局因违反制定法义务和有过失行为,应对他承担支付赔偿金的责任。他在接受被告的治疗期间杀死了一个人,并且随后依据他不断丧失的责任能力已排除使他负谋杀责任的可能性的事实,将他定为非谋杀罪。上诉法院认为原告的请求不应该得到支持,理有是他有违法行为在先。

③ [2001] 1 W.L.R.942.

④ *Clerk and Lindsell on Torts* (18th ed., 2000)一书的第 5.50 段将这一点应用到法定义务的不履行和未尽合理注意义务的履行中。似乎没有理由将缔约方未达到严格责任标准的要求的情形排除在适用范围之外。

同义务。[1]然而,自从 Groves v Lord Winborne[2]一案将违反制定法义务的侵权作为违反工业安全立法行为的侵权救济并由此创设了一种不得以惯常作法(common employment)作为抗辩事由的侵权以后,一种更具普适性的理论就占了上风。如果说议会选择通过制定法施加给某人一项义务,他就不可能通过将该义务的履行转由另外一个人而免于承担议会所配置的责任。义务的履行或许可以移转,但是责任是不能移转的。[3]

这是所有法定侵权的一个特征。它是有关工业事故立法一个常见的特征,但决不限于传统的违反制定法义务的侵权。因此,通过类推适用违反制定法义务的侵权来创设新型侵权的立法对这种特征并无影响。这些新型侵权的义务不可转让性来自于它的创设模式,而非来自于类推。欧共体法律意义上的侵权在这一点上并无太大的不同。将其作为一种违反制定法义务的侵权来对待毫无疑问会使这种因违反公约规定而产生的侵权责任具有了不可转让的特性。然而,如果通过 1972 年的《欧洲共同体法》第 2 条而将公约纳入英国法的,那么公约的规定就被视为是国内法的组成部分。由这些规定而产生的义务若被视为是可转让的,同样是不可想象的。

6. 损害赔偿金

在很大程度上讲,根据违反制定法义务的侵权而获得的损害赔偿金都是按照一般的侵权原则来计算的。因此,通过参照违反制定法义务的侵权来创制一种新型侵权,与一般的直接创制新型侵权的方法并无原则上的差异。

那些有关事实因果关系的标准性的原则对于基于传统的违反制定法义务的侵权而提起的请求也是适用的。的确,这方面的许多主要的案例,如 Bonnington Castings Ltd v Wardlaw[4], Fairchild v Glenhaven Funeral Service Ltd[5]和 Holtby v

① 参见 Hole v Sittingbourne and Sheerness Railway(1861)6 H&N488;Gray v Pullen(1864)5 B & S 970;Hardaker v Idle D.C.[1896]1 Q.B.335;Robinson v Beaconsfield R.D.C.[1911]2 Ch.188.

② [1898]2 Q.B.402.还可参见 Lochgelly Iron&Co. v M'Mullen[1934]A.C.1.

③ 其他情况下的例子,可参见 Razzel v Snowball[1954]3A11E.R.429 和 Ministry of Housing and Local Government v Sharp[1970]2Q.B.223;参见 Rivers v Cutting[1982]1W.L.R 1146。在该案中,制定法被认为授予了警察自由裁量权,可以转让他们对义务的履行和在履行过程中因过失引起的责任。

④ [1956] A.C.613.

⑤ [2003]1 A.C.32.

Brigham&Cowan(Hull)Ltd[①] 等,至少在部分程度上是该种侵权的例证。上院在 Bonnington Castings Ltd v Wardlaw[②], McWilliams v Sir William Arrol&Co. Ltd.[③]和 Fairchild v Glenhaven Funeral Serveces Ltd.[④]等案中,对于认为已证明的对严格工业安全义务的违反行为会导致对因果关系的举证责任移转到雇主一方的观点予以拒斥。[⑤]

对于一种损失的合理可预见性的过失标准已经扩展适用于滋扰[⑥]和根据 Rylands v Fletcher[⑦]一案中的规则所产生的责任领域,然而,对于适用于违反制定法义务的侵权的远隔性规则,却几乎没有相关的例子。[⑧] 很明显,在那些败诉的案例中,有关远隔性规则的问题不会产生,因为法院认为这种违反行为是不可诉的。另外,对于议会的界定制定法所保护利益的意图的强调,也使得那些在其他情况下被认为是损害的远隔性问题,通过这种方式得到了有效地解决。[⑨]由此导致的结果是所有的法定侵权都将受到严格审查以确定它们旨在对何种损失提供保护。[⑩] 从这个角度讲,法定侵权可以与过失行为区别开来,但是我们不大可能按同样方法对传统的违反制定法义务的侵权和其他法定侵权进行区分。

除了惩罚性赔偿金这个可能的例外,法定侵权案件中损害赔偿金数额的计算与其他侵权案件并无不同。然而,将一种侵权纳入违反制定法义务的侵权的范畴可能意味着有机会适用惩罚性赔偿金,因为在司法判决中有种权威意见认

---

① [2000] P.I.Q.R.第293页。

② [1956] A.C.613.

③ [1962]1 W.L.R.295.

④ [2003]1 A.C.32.

⑤ 值得一提的是,一些法定侵权对因果关系问题作出了明确规定。1990年的《环境保护法》第73条第6款第a项对那种损害完全是由受害人的过错所导致的侵权责任规定了一种抗辩事由。而1995年的《商船运输法》。第155条作出了不同规定,即对于那种完全由第三人的行为导致的损害,船舶所有人享有有限的抗辩权。

⑥ Overseas Tankship(U.K.)v Miller Steamship Co Pty(The Wagon Mound)(No.2)[1967]1 A.C. 617.

⑦ Cambridge Water Co v Eastern Counties Leather Plc[1994]2 A.C.264.

⑧ Essa v Laing Ltd.,载2004年1月29日的《泰晤士报》。

⑨ 例如,Gorris v Scott(1874)L.R.9 Ex.125;Nicholls v F.Austin(Leyton)Ltd.[1946]A.C.463.

⑩ Merlin v British Nuclear Fuels Plc[1990]2Q.B.557 和 Landcatch Ltd. v International Oil Pollution Compensation Fund[1992]2 Lloyd's Rep 316 或许可以被视为例证。

为这种赔偿金只有在相关的制定法明确规定可以适用的情况下才被允许适用。[①] Clashfern 的 Mackay 勋爵和 Foscote 的 Scott 勋爵在 Kuddus v Chief Constable of Leicestershire Constabulany 一案的总结陈词中都采用了这种观点。[②] 如果此种观点被采纳,在绝大多数法定侵权的案例中都排除了适用惩罚性赔偿金的可能性。严格来讲,传统侵权会因缺乏足够的明确性而使这种惩罚性赔偿金请求无法得到支持,并且那些通过参照传统型侵权而创制的侵权也不大可能包含有满足上述标准的足够细节。上诉法院曾在 City of Bradford Metropolitan Council v Arora[③]一案中作出判决,认为在根据歧视性立法而提起的诉讼请求中可以适用惩罚性赔偿金,而前述方法则排除了该判决被重新适用的任何可能性。然而,这样的附带意见出现在 Kuddus 案中多少让人有些惊讶,因为该案的判决理由表明诉由的性质与可否适用惩罚性赔偿金并无联系。但是,不管这场讨论的结果如何似乎都不会对一种法定侵权是否作为违反制定法义务的侵权的一种这个问题产生影响。

结　语

本文中详列的创设侵权的技巧所提出的显而易见的问题就是为什么议会的法案起草人和法院用一种至少在含义上特别模糊的方式来创设新的基于侵权的诉权。这种用法很常见但又并非固定不变的事实又增加了理解的难度,特别是因为在个案中所使用的措辞又无明显的逻辑基础。可以想象,这不过表明了不同法案起草者之间的不同偏好而已。然而,如果实际情况确实如此的话,那么会导致这样一种结果,即不同的特征可能会基于负责向议会提供议案者的身份这种偶然因素而随意地与新型侵权联系起来。

① 此种损害赔偿可能也不在 Bridge 勋爵在前述 Pickering 案中对侵权救济所保护的损失形式的限制之列。

② [2002]1 A.C.122. 另一方面,Hutton 勋爵却更倾向于等到实践中有案例直接提出这种问题时再寻求解决之道。还可参照 Hobhouse 勋爵在 R v Secretary of State for Transport. ex p. Factortame(No.5)。见,1997 年 9 月 11 日的泰晤士报。

③ [1991]I.R.L.R.165.

然而,对传统侵权的特征的回顾告诉我们,在创制新的侵权责任领域时采取的参照违反制定法义务的侵权的做法除了使新型侵权的特征完全开放外。初看起来,这种将新型侵权与传统侵权捆绑在一起的技巧具有将一系列现存的知识引入新型侵权的优点,但实际情况恰恰相反。如果这种观点是正确的,那么对于在不同制定法中所采取的创制侵权的方法的变化就不会有太多反对和否定。

实际情况是我们很难确定在哪些案例中,具有违反制定法义务的侵权特征的侵权所达到的结果与那种直接创制的侵权所达到的结果是不同的。仅存的可能性在于对违反制定法义务的侵权的参考可能会限制受补偿的损失的种类,同时还可能避免将过失侵权的特征强加于法定侵权上。第一种可能性源于最近的有关传统侵权特征的司法陈述,并且一个通过参照传统侵权来作出明确立法规定的起草者似乎可能需要作出具体的规定以避免这种因特征的选择而引起的后果。第二种可能性来自于这样一种观点即传统侵权较之于过失侵权为纯经济损失的赔偿提供了一种更宽松的方法。

这种惯常用法潜藏着一种危险,这远不止是对笔墨的些许浪费。议会和法院为那些粗心的人设置了一个陷阱。这种危险就在于会错误地将传统的违反制定法义务的侵权的特征,在不合适的情况下,套用到这些新型侵权上来。

限制物权的概念和种类

〔俄〕E. A. 苏哈诺夫　著　张建文　译*

内容提要：在目前的俄罗斯民法学中物权学说也处在发展之中，如何在物权学说（包括限制物权理论）的形成和完善的过程中参考符合俄罗斯民法传统和精神的古典思想和国外成就，这个课题对于俄罗斯民法学来说也是一个新东西。本文从比较法的角度阐明当代俄罗斯民事立法中限制物权立法的特点和不足，揭示了当代俄罗斯从社会主义民法向市场经济下的民法转型过程中限制物权立法和理论所面临的争论和困惑。作者以德国法学中的限制物权理论为标准，批判性地研究和分析了当前俄罗斯民法学关于限制物权理论的研究成果。本文的另一个特点在于它以革命前的俄罗斯帝国时代的民法学研究成果为参照，对当代俄罗斯民法学中种种关于限制物权的所谓创新观点提出了自己的批评性意见。

关键词：俄罗斯民法学　限制物权　公共役权　经营权　业务管理权

Abstract: Real right theory is developing in Russian civil law recently. Such a subject as how to refer to classical thoughts and foreign achievements tallying with Russian tradition of civil law in the shape and perfection of real right theory including ius in re aliena, is a new one toward Russian civil theory. This article illustrates legislative traits and shortage of ius in re aliena in a comparative aspect and opens out the disputes and perplexities facing in legislation and theory during its transition

---

* 作者简介：E. A. 苏哈诺夫，法学博士、教授，著名的俄罗斯当代民法学家；译者简介：张建文，民商法博士研究生，西南政法大学民商法学院教师，西南政法大学市场交易法律制度研究基地研究人员。本文原发表于《莫斯科大学学报》（法学版）2002 年第 4 期，第 3—36 页。本文经苏哈诺夫教授授权翻译为中文。

from socialist to market economy. The author studied and analyzed its research achievements in a standard of German theory critically. In addition, this article referred to achievements of ius in re alienain in pre-revolution's Russian Empire and brought forward its critical suggestion toward some new ideas.

Key Words: Russian Civil Jurisprudence, Ius in re aliena, Public Easement, Right of Management, Right of Operation

通常,民法(私法)上的制度的产生和发展都受到具体的社会经济需求的直接影响。物权的范畴也完全可以归入此类。И.А.波柯洛夫斯基在自己的时代写道:“一个所有权仅可以满足也许是最简单的经济生活。”① 正是资本主义商品流转的发展和复杂化,注释法学者为之奠定了法律基础的分层所有权思想遭到了一致否定,它允许存在几个人对同一个物的所有权[首先这涉及到对土地占有的封建领主权(сюзерена)和附庸权(вассла)]。它在形式上为德国潘德克吞法学者提出的允许从法律上保障一个人对他人的所有权的必要参与的限制物权理论所替代。②

此时应当指出,限制物权的范畴是在大陆法系中,首先是在德国法中被接受的,在英美法中不存在,因为英美法遵循自己的保守传统,用财产权的体系取而代之。后者通常被作为“权利的集束”(bundle of rights)来看待,其某些要素可以同时在不同的范围和不同的组合上存在于数个被认为是所有人的人手中。因此,比如在大陆法中被视为债权的租赁人的权利在普通法国家就属于所有权了。③ 易言之,在该坐标体系中各种财产(民事)权利是物权还是债权的法律评价是没有任何意义的。

在1922年通过的苏俄民法典中规定了限制物权,而在60年代所进行的苏维埃民事立法法典化中被完全废除绝不是偶然的(为了计划经济的需要人为地创造了体现国家法人的相对财产独立的经营权构造是个例外)。该时代国家对

---

① 参看波柯洛夫斯基·И.А.:《民法基本问题》,莫斯科,1998年版,第207页。

② 相关内容参看维涅吉克朵夫·А.В.:《社会主义国家财产》,莫斯科,1948年版,第114—120页。

③ 参看马杰伊·У.:《所有权的基本原则》,载马杰伊·У.、苏哈诺夫·Е.А.:《所有权的基本地位》,莫斯科,1999年版,第115—116、123、129页。

土地的专有权、简化的和被合并的"计划——组织式的"财产流转对于自己的法律形式来说不需要像限制物权这样复杂的法律范畴。这种情形直到20世纪90年初期随着由于财产市场流转的需要而产生了物权范畴的所有权法,以及后来的新民法典的通过才得以改变。

这种状况消极影响了国内的经济理论,许多现代经济理论的代表直到现在还深信,财产经济关系在法律上的形成不外是借助于所有权。在法律科学中,由于该概念的资产阶级性质而对该概念的长期否定,和因此而导致的对该问题的专门的理论研究的缺失,到目前为止还体现在对物权的各式各样的阐释中(直至对该范畴本身的必要性的怀疑)① 和缺乏在基本相同的前提下的统一的物权理论。指出在不久前出现的观点就足以说明这一点,"任何的有权占有"② 就是物权,还有得到了一定传播的认为物权的清单不是穷尽的,封闭的③,且不说不同的作者所认同的具体的物权的种类。考虑到所有权"本身"目前已经不再拥有作为较宽泛的物权范畴的种类的"自满的"意义,所有这一切都要求分析限制物权制度。

一、限制物权的概念和特征

首先,应当强调,作为共同的物权范畴之一种的限制物权,具有所有的为物

① Ю.К.托尔斯泰、А.П.谢尔盖耶夫(主编):《民法》(第1部分)(教科书),莫斯科,1996年版,第291页。该理论的被遗忘在国内法学文献中有一个后果就是不断地出现的向"复式所有权模式"转变的建议,也就是,依其实质,是向分层所有权的回归,英美观念的巨大影响在诸多方面推动了这一点(参看波格丹诺夫·Е.А.:《俄罗斯联邦民事立法中的所有权模式》,载《国家与法》2000年第11期;撒维利耶夫·В.А.:《罗马的复式所有权模式和俄罗斯的所有权》,载《古代法》2001年第1期)。

② Г.И.伊拉里沃诺娃、Б.М.恭嘎罗、В.А.布列特涅夫(主编):《民法》(第1部分)(高等学校教科书),莫斯科,1998年版,第297页(该章的作者是В.А.布列特涅夫)。也可参看契列特尼柯娃·М.В.:《俄罗斯联邦民法典中的物权》,载О.С.阿列克谢耶夫(主编):《民法现实问题》,莫斯科,2000年版,第119—120页。

③ 提出该观点的Г.А.卡德惹耶夫将其前提植根于《宪法》第35条的普遍允许性特点,依照其观点,宪法完全允许为民事立法所不知的物权出现(参看卡德惹耶夫·Г.А.、别里亚耶夫:《企业家——纳税人——国家:俄罗斯联邦宪法法院的法律立场》(教学参考书),莫斯科,1998年版,第115页);В.А.布列特涅夫援引民法典第8条第1款第1小节的规则也得出此种观点[Г.И.伊拉里沃诺娃、Б.М.恭嘎罗、В.А.布列特涅夫(主编):《民法》(第1部分),第297页]。

权所必需的特征。通常，物权，包括所有权，其特点在于：第一，确立虽然相应的权利的内容是有限制的，但却是直接的人对物的支配（而不是对他人，对债务人的行为的支配，这是债权的特征）；第二，带有绝对性的特点；第三，受到物权诉讼的保护（也就是享有可对抗所有的第三人的绝对的权利保护）；第四，以单独特定的物为客体。[①]

限制物权赋予了一个人以不同的方式使用属于别人的，也就是他人的物的，而且是基本上不依赖于拥有物的所有人的同意（意愿）的法律上的权利。后一种状况是一个可以把物权和债权（合同债权）区别开来的标准之一，因为依照所有权人的同意使用他人的物，如租赁合同，就不需要确认其为物权的利用人。因而物权依照通常规则不是依照双方的合同（协议）而产生的，而是由于其他的，法律直接规定的法律事实而产生的。[②]

除此之外，根据《俄罗斯联邦民法典》第 274 条第 3 款，地役权是专门依照要求设立地役权的人和邻地的所有人之间的通常是在有偿基础上达成的协议而设立的（《民法典》第 274 条第 5 款；《土地法典》第 23 条第 6 款）。这种状况也被认为是国内法律秩序的一个特点。

因此，说到“对他人的物的权利”（在罗马私法中是“jure in re aliena”）——这个概念，从现代观点看，是不完全准确的，因为“对他人的物的权利”，任何一个有权源的（合法的）不是物的所有人的物的占有人都现实地拥有。由于现行俄罗斯法与罗马私法不同，没有区分“占有”和“持有”的范畴。所以依照定作人的定作，使用其材料制作某种物的承揽人，甚至还有承运人和保管人或者受托管理人都享有此种意义上的“对他人的物”的权利。此际它们的所有人，作为有权源的占有人，都享有借助于（《民法典》第 305 条）物权诉讼保护自己的占有的权利。在此基础上难道可以把上述所有的人都宣布为物权的主体吗？B. A. 布列特涅夫就是这样做的。由于在这种情况下，任何一种直接或间接地以物为自己的客体

① E. A. 苏哈诺夫（主编）：《民法》（两卷本教科书，第 2 版，第 1 卷），莫斯科，1998 年版，第 475—476 页。

② 构成该规则的例外的是抵押权，正相反，其产生于抵押人和抵押权人之间的契约（而且也不提供给后者对处在抵押中的财产的任何利用权）。很显然，这个情形成为催生关于抵押权是物权还是债权的性质的百余年争论的原因（比较什尔申涅维奇 Г. Ф.：《俄罗斯民法教科书》（1907 年版本），莫斯科，1995 年版，第 240 页，以及赫沃斯托夫 B. M.：《罗马法体系》（教科书），莫斯科，1996 年版，第 329 页）。

的主观民事权利都成了“物的”,因而民事权利的物权和债权的划分本身也就丧失任何意义。

为了避免混淆,因而使用一个较为准确的来自德国法学的术语“限制物权”就很有意义。除此之外,它指出了,与所有权相比较,物权的有限性以及因此而产生的相对于该主物权的派生性。此种情形构成了任何一种限制物权的最重要的特征之一,限制物权,作为对所有权而言的派生性和依赖性,不能脱离所有权而存在。因此,不可能存在对没有所有人的无主物的任何限制物权。

对于已经有事实上的占有人的物,占有人善意地、公开地和不间断地将其作为自己的物进行占有,在任何情况下,说的都是不动产(正如后面将要提到的,它可成为限制物权的客体,抵押权除外),不可能对之设立限制物权。因为在《民法典》第234条第1款规定的取得时效届满前,被授权的市政财产管理机关可以提出对该物的请求(《民法典》第225条第3款),而登记机关也可以其他理由拒绝登记,这将导致其他的司法争议。因此上面提到的获得对自己的占有的物权保护的事实占有人,不仅不能与所有人相比,而且依照上述理由甚至也不能被认为是任何一种限制物权的主体。因此,决不能认同在文献中提出的善意占有属于限制物权的观点。①

与此同时,限制物权使所有权本身承受了负担并受到限制。它们常常也被称为“物上负担”② 不是偶然的,因为在一定的意义上好像是具体的物(准确地说是作为所有权人拥有的所有权的权利)承受了负担。由此就出现了确认“追及权”作为限制物权的构成部分的必要性,依照一般规则即便是承受负担的物的所有人被更换了,追及权也不终止自己的(限制所有权)的效力,而且追随着物(《民

---

① Г.И.伊拉里沃诺娃、Б.М.恭嘎罗、В.А.布列特涅夫(主编):《民法》(第1部分),莫斯科,1998年版,第299页(该章的作者是В.А.布列特涅夫);А.Г.卡尔宾、А.И.马斯里亚耶夫(主编):《民法》(第1部分)(教科书),莫斯科,1997年版,第249页(相应章节的作者是А.И.马斯里亚耶夫)。在这种情况下可以将关于占有的本质是权利还是事实的长期的理论争议搁置一旁(详参斯柯洛夫斯基·К.И.:《民法中的所有权》,莫斯科,1999年,第272—292页)。依照现行俄罗斯法,善意占有毫无疑问有法律意义,但不是特别的主观民事权利,而占有权能既可以作为物权的,也可以作为债权的(如物的所有人和租赁人的权利的)构成。

② 在捷克民法中“vecna bremena”直接被作为对不可动物的所有权人的权利的限制,在这种情况下所有人就承担了“为了某人的利益而忍受、不作为或者作为的义务”(经1998年修订现行捷克1964年《民法典》第151条第1段——obcansky zakonik a souvisejici predpisg. Uplne Zneni. c. 144. s. 19.)。

法典》第216条第3款)。

但是限制物权在一定的界限内是必要的和有益的,同时对所有权来说也带了一定的危险,因为常常是实质性地束缚,使所有人承受极为漫长的,有时甚至是无期限的负担(限制了他对物的管理支配)。正如 И.А.波柯洛夫斯基所指出的那样:“每一个类似的对他人的物的有限权利的真正价值,是被割裂的,道德上和经济上被损害的所有权。”① 而由于这些所有权的限制(负担),法律只能在存在特定的理由的情况下才允许,而且他们的具体种类也由立法直接规定,那时“私的自治只能体现在对它们的选择上”②。

以上所述使得可以区分出,如果不是决定性的也是极端重要的限制物权的特征:其清单应当被法律直接地和穷尽地(numerus clausus)规定,同时法律也要规定其内容。民事法律关系的参加者无权以自己的意愿(协议)扩大或者缩小具体的限制物权的内容,也不能设定新的法律没有直接规定的限制物权。比如,因此,就不能将依赖于具体租赁合同内容的租赁人的权利视为物权(特别是,租赁合同可以规定也可以不规定承租人的转租权、转借权,甚至在作为财产综合体的企业租赁时的移转权)。③

在以古典的潘德克吞限制物权学说为基础的现代德国民法学中,事情的其他方面也得到了强调:由于自己的绝对性,限制物权可以针对所有的第三人而且应当为所有的第三人所遵循。后者因此应被明白地告知上述权利的内容和种类。此外,这也提高了这些权利作为独立的财产的(民事)流转价值,因为在这里购买人早就清楚地知道他所获得的是什么。因此契约关系的各方,首先,被禁止创设新的限制物权的种类,因为所有的这类权利的种类都被以穷尽的方式在法律中规定了。其次,法律严格地规定了现有限制物权的内容,这就排除了双方变更的可能性。因而,对基本的民法原则合同自由设立了两个限制,一个在德国法

① 波柯洛夫斯基·И.А.:《民法基本问题》,莫斯科,1998年版,第210页。《民法典》第276条第2款的规范在国内法中可预防或减少这种危险,据此,如果,由于他的地块负担地役权而导致土地不能依照指定用途利用,地块的所有人可以向法院要求终止地役权。

② 波柯洛夫斯基·И.А.:《民法基本问题》,莫斯科,1998年版,第210页。

③ 土地所有权人的权利的以承租人可以不经出租人——所有权人的同意将租赁物转租,或者将租赁权抵押,或作为法人的注册资本的投资的限制,是以前从未见到的,对正常的法律秩序来说是不可思议的。《土地法典》第22条第5款所规定的,根据该规范,可以具体的租赁合同排除。所以在这样完全没有先例的情况下土地承租人的权利的范围还是直接依赖于租赁合同双方的意愿,而不是法律的内容。

中被称为“Typenzwang”(逐字逐句即为“强制类型化”,或权利种类的强制类型化),第二个即“Typenfixierung”(“类型化的固定”,或者固定的、法律直接规定的权利内容的类型化)。[①] 上述限制也同样构成了物权法的两个基本原则。

此外,上述物权法原则对于自己后来的实现不可避免地还要求执行一个极为重要的规定:限制物权的正式固定(登记)。第三人可以了解的固定的必要性被称为公开性原则(Publizitaetsgrudsatz)。该原则以对限制物权在土地登记簿(对不动产的,因为在德国法中只有土地及其“构成部分”(附属物)才是不动产,属于构成部分的首先是处于土地上的建筑物)[②] 中的强制记录(登记)的方式实现。

综上所述,可以说,限制物权,第一,是作为对(所有人已经拥有的)他人的物的权利,具有派生性和对所有权的依赖性;第二,产生于法律直接规定的法律事实,而不是依照所有人的意志(少数法律直接规定的情况例外);第三,作为所有权的“物上负担”包括了对财产(所有权)的追及权;第四,法律以穷尽的方式既规定了权利的种类,也规定了单独权利的内容;第五,通常应当在国家统一登记簿中正式登记(通常说的是不动产权利)。

因此,限制物权应当被理解为依照法定的程序登记了的在某些方面受到限制的,由法律明确规定的对他人的,通常是不动产的为了自己的利益且无须借助于所有人(包括不依其意志)的具有绝对性的利用权。

---

① Wolf M. Szchenrecht: 16. Aufl. Muenchen, 2000. S. 11; Baur F. Lehrbuch des Sachenrechts: 6. Aufl. Muenchen, 1992, SS. 3—4. 这种观点在奥地利民法学文献中也被区分和接受(参看:Koziol H, Welser R. Grundriss des buergerlichen Rechts: 11. Aufl. Wien, 2000, B.1. SS. 208—209.211.)。

② Schwab K. H. Prutting H. Sachenrecht: Ein Studienbuch: 26. Aufl. Muenchen, 1996, SS. 14—15; Shreiber K. Sachenrecht: 3. Aufl. Stuttgart, 2000, SS. 26—27. 对于不动产来说该原则实现的形式是交付物(占有)的协议,因为依照《德国民法典》第929条规定的一般规则物权本身只有在事实上将可动物交给购买人时才视为移转给他人。因此对于可动物这个原则事实上是“很有限地”适用(Jäuerning O. etc. Buergerliches Gesetzbuch. Mit Gesetz zur Regelung des Rechtas der Allgemeinen Geschaeftsbedingungen: 9. Aufl. Muenchen, 1999, S. 956.)。

二、限制物权的客体

关于限制物权的客体的问题需要专门研究,因为错误的解决将会不可避免地导致对物权和债权的混淆。首先上述权利如同整个所有的物权一样,就其本质来说,其客体是单独特定的物。[①] 绝不是抽象的100公斤谷物或5公顷土地的所有人或抵押权人,尽管他们完全可能是依照债的获得方式(如依照买卖合同)[②] 授权的人。

在德国民法中甚至认为,所有权,和其他(限制)物权一样,不能以任何物的集合(集合物)为客体,比如企业财产,包括了物、权利和其他财产价值(客户关系、商标等),因为在"《德国民法典》(ГГУ)第903条意义上的财产"只涉及属于上述集合中的单个的物。这种观点被称为确定原则或特定原则(Speziaetsgrundsatz)。[③]

在奥地利民法中,"不能存在任何人对集合财产的绝对权利"并且"所有权应当给予每个单独的物"的特定原则,适用于物法,但不适用于债法,比如,在债法中,允许整个地出售财产,特别是出售企业。[④]企业通常在这里被视为复杂物(集合),其中占优势的是非财产优势,因为对于确定其价格具有决定性意义的是"公司的盈利"(goodwill)。因而占优势的观点就认为是企业是动产。尽管在债法中它通常被认为是不动产(参看:《奥地利民法典》第933、1075和1082条)。[⑤]

---

① 只有与大陆法系法律秩序尚不甚一致(但在任何情况下都是德国法分支)的奥地利民法典,在《奥地利民法典》(АГУ)第285条中指出:"……所有的与人身脱离可以为人们所利用的一切,在法律意义上被称之为物。"由此,在这里区分有体物和无体物(权利)。但在文献中已经指出了所有权和物权法规范的对象只能是有体物。"无体物"的概念只是在于强调"特定的权利属于特定的人"(Koziol H, Welser R. Op. cit. SS.256—257.)。实质上借助于这种解释奥地利民法学家试图脱离明显不成功地而且早已过时的在19世纪初期通过的在"自然法"理论影响下《奥地利民法典》第285条。

② 正是因此在流通中的商品抵押的情况下,必须是抵押的客体特定化(通过依照《民法典》第357条第3款在登记簿中登记、编制记录等等),否则抵押权人的权利就变成了没有对象的权利并会被剥夺实现的法律保护,对他来说抵押权就丧失了任何意义。

③ Wolf M. Op. cit. S.28; Jäuerning O. etc. Op. cit. S.956.

④ Koziol H.; Wekster R. Op. cit. S.209.

⑤ Ibid., S.224.某些德国法学家也提出了类似的观点(参看:Schreiber K. Op. cit. S.22)。

与此不同在现行俄罗斯法中,企业作为一个财产综合体,相反,被认为是统一的权利的客体,而且总是属于不动产(《民法典》第 132 条第 1 款),而且由于依照一般规则作为该企业构成的不仅有物,还有权利(债务),专有权等等(《民法典》第 132 条第 2 款第 2 小节),就有可能说到作为物权的客体的权利。对于该立法规定的传统解释是有必要引入统一的财产综合体的概念以便实施整个地与之有关的法律行为。但是法律一方面允许与企业的一部分有关的法律行为(《民法典》第 132 条第 2 款第 1 节),包括与构成企业的单个的物、权利的法律行为等等,而从另一个方面——责成(出让人)在实施法律行为时要对企业财产进行完全的登记清点,编制作为企业组成部分的债务的清单(《民法典》第 561 条第 2 款第 1 节),也就是说还是要把该财产综合体的所有构成部分特定化。

由于在自己最初的基础上限制物权不是以简单的物,而是以不动产为客体:土地和位于其上的建筑物和构筑物。目前为(包括国内的)不同法律秩序所承认的这些权利大部分也都是以不同的不动产为客体。除了土地之外又增加了住宅和非住房屋,而在俄罗斯法中又增加了上面提到过的财产综合体。在不进入我们的文献围绕不动产的概念所展开的争议的前提下,应当强调,所说的只是“法律”范畴,而不是“物理(技术)”范畴。现代的技术水平早已允许“移动”包括建筑物、构筑物甚至土地在内的任何客体。因而试图把不动产的概念专门与作为自然客体的土地捆绑在一起是没有意义的(尽管应当承认,在《民法典》第 130 条第 1 款第 1 节中的不动产的传统定义与本解释是相冲突的)。

因而在德国民法学文献中地块的定义是极为成功的,在那里地块被视为“在土地登记簿上作为地块被登记的地表的一部分”[①]。由此明确地追寻到了该客体的法律上的(而不是一个仅仅物理上的)本质。因此也把构筑物视为“构成部分”,也就是地块的附属物(《德国民法典》第 94 条)。在此种观点下地块不仅是法律意义上的不动产,而且总是主物,而地上的构筑物——依照著名的罗马私法原则“Superficies solo caedit”是追随地块命运的附属物。曾经由于土地被宣布为国家(公共)财产的专有客体而退出了流通,而且实质上,也没有考虑到构筑物移转的情形,而拒绝了该原则的我们的立法,现在又足够胆怯地试图借助于在《民

---

① Baur F. Op. cit. S. 10.; Schreiber K. Op. cit. S. 186. 比较《德国民法典》第 890 条(德国法:第 1 部分,民法典。莫斯科,1996 年,第 203 页)。

法典》第271—273,552和553条中规定的规则接近该原则。遗憾的是,土地依照俄罗斯法作为不动产到目前为止相对于地上的建筑物和构筑物还不是主物。附带说明的事实,该原则在其他东欧国家,特别是在当时接受了社会主义发展道路的巴尔干国家也遭受了同样的命运。随着对社会主义发展道路的放弃"不动产的法律统一"原则直接地在他们的新的立法中恢复了。[①]

与此同时,把地块和地上的建筑物视为统一的不可分物,排除对这些客体出现不同的所有人的建议明显地是错误的,这不仅违背了传统的观点也违背了广为接受的秩序(建筑物常常建筑在建筑人通过租赁或其他法律规定的权源所获得的土地上,这在法律适用实践中没有导致任何困难)。[②]

谈到不动产的其他种类,则应指出仅仅是作为相应的建筑物或其他构筑物的一部分的单独的住宅用房和非住宅用房的出现。对于该观点的重大"贡献"是由住宅私有化立法所作出的,"拜"其所赐,不仅成套住房,还有单个的房间也成了独立的不动产客体。[③] 最终甚至技术上不能独立使用的大厦和其他建筑物的部分也成了某些限制物权的客体。

而且从技术(物理)的角度,而不是从法律的角度分析不动产概念还产生了一个误解。在现实中通常的住宅用建筑(或非住宅用建筑)是一个统一的,单独特定的物——法律上的不可分客体。其技术上的对单独的楼层、房间或房屋、地下室和阁楼等的划分,在通常存在为所有人共同的承重结构、机械的、电力的、休闲设施的或其他的设备的情况下就排除了对它们的独立的分割利用(如果不说所谓的,就其最初的建筑意图是完全独立的被利用的客体,"在原有建筑物旁添建的房屋"的话)。

在上述情形中只允许对整个客体的按份共有(并依照单独的所有人对共有财产的份额的大小划分对相应的房屋的使用),但对该客体的一部分的独立化的

---

① 参看 Гавела. Н. Новото хрватско стварно право// Зборник во чест на Асен Групчев. Скопје. 2001. С. 32.

② 参看亚历山大洛夫·А. А.:《不动产法律制度中的矛盾:建筑物和土地所有人的权利》,载《商法公报》2001年第6期,第19页。该作者甚至认为"在二十世纪土地将变成构筑物的一部分,而不是相反"(第16页),这很明显地解释了所提出的新东西的实质。

③ 详参卡尔涅邪夫·С. М. 卡拉申尼恩柯夫·П. В.:《住宅基金私有化:立法与实践》,莫斯科1996年版,第21—25页。

所有权是不可能的。在相反的情况下就产生了一些逻辑上无法解决的争议：邻居中的哪个人是共有墙的所有人并有权在墙上钻孔以便挂篮子，或者说，邻居中的哪个人是地板（对于居住在下面的邻居来说是天花板）的所有权人或者天花板（对于居住在上面的邻居来说是地板）的所有权人并且他们的所有权的客体由什么构成？且不说房间抵押或在现代商业活动中经常遇到的对大厦的一部分的抵押（比如占到 99%的公用面积抵押），当居住人变成了市政住宅单个房间的所有权人时，情况就更加严重了。[①] 此时，可能的争议就涉及确认对相应的客体的物权而不是债权，所以后者（如以租赁形式）就可以任何独立的房屋为客体，因为它们只是在相关条件下交付暂时使用。

的确，对居民楼来说，借助于强制所有人建立"住宅所有人协会"的区分建筑物的组织可以排除很多类似的争议，尽管对转交上述法人管理的财产的权利不明确（《民法典》第 290 条第 1 款）。但是这导致了一些新的不动产客体的出现：作为财产综合体的区分建筑物共用部分属于在该大厦中的居住者和其他的住宅的所有人按份共有（《民法典》第 290 条第 1 款）[②]。此时对区分建筑物的权利的份额不得与住宅的所有权脱离单独移转（《民法典》第 290 条第 2 款），因为后者与共管建筑物不同，不构成按份共有权的客体，对上述份额也就不存在优先购买权。所以在这里就发生了对传统的物权制度（在这种情况下就是对按份共有权制度的基础）的强行偏离。

保加利亚在 20 世纪 30 年代就已经成为了规定这种制度（作为特别的制度"楼层所有权"）的少数国家之一。"楼层所有权"是对居民楼或者其他建筑物的现实部分（楼层或者单独的住房或者其他的包括非居住用的单独的房屋的一部分）的专有权和依靠所有人大会及其选举出来的管理人（或管理委员会）管理的

---

① 比较联邦法律《抵押（不动产抵押）法》第 5 条第 1 款第 1 节第 3 项（《俄罗斯联邦立法汇编》（C3）1998 年第 29 期，第 3400 条）。

② 参看《俄罗斯联邦住宅政策纲要法》第 1 条第 8 部分（《俄罗斯联邦最高委员会公报》1993 年第 3 期，第 99 页；《俄罗斯联邦立法汇编》1996 年第 3 期，第 147 条；1997 年第 12 期，第 1913 条）。比较《荷兰民法典》第 5 卷第 9 编第 2 章规定强制建立"所有人协会"法人以便居民楼各单独的住房的所有人管理其财产（第 124—126 条）。

整个建筑物的公共部分的共有权的结合(法律关系的结合)。[①] 此时对建筑物的“共有部分”的共有权就导致了附属物和主物不同的法律制度的产生,而本质上统一的不动产客体在法律上就不存在了。[②]

因此在奥地利法中使用的“住宅所有权”的概念比较成功,根据《住宅所有权法》第1条第1节,被理解为“不动产所有人使用和处分单独的住房或其他单独房屋的限制物权”。易言之,说的不是对大厦之一部的所有权,而是对大厦的共有权,并附有每一个所有权人所获得的对一定房屋的使有和处分物权。在这种逻辑上无可责难的方案之下,相应地涉及与(包括通过建立住宅所有人的有限的权利主体协会的方式)保持大厦的必要状况的问题和与住宅移转(让渡)有关的问题都解决了。[③]有趣的是,1963年进入瑞士民法典的“分层所有权制度”仅仅赋予了土地所有人特别的“使用和改造位于该土地上的建筑物的特定部分”的权利,包括其中有单独的入口和独立的辅助用房的单独的楼层或其用作住宅的部分,而建筑物的为其他房屋服务的部分和设备仍是共有财产。[④]

(的确,“暂时”只在国内土地法中)承认“土地份额”所有权不仅不属于任何具体的(单独特定的)地块,还可与民法方式不同,由自己的所有人无须遵守优先购买权进行移转甚至还可以成为租赁的客体,还允许对上述权利[⑤] 的多方租赁,就是现行国内立法对所研究的问题所规定的“逻辑上”的独具特色的框架。

---

① 参看维涅吉柯夫·П.:《新物权法》(第2版),索非亚,1999年版,第116—117页;瓦西里耶夫·Л.:《保加利亚物权法》(第2版),索非亚,2001年版,第254—258页。马其顿新立法也采用了与此种类似的解决方案(参看达波维奇-安娜斯达索夫斯卡·J.:《Етажна сопственост》,载《阿辛·格鲁普切夫纪念文集》,第221页)。

② 在德国文献中在评价实质上类似的“住宅所有权”制度(参看现行德国法律1951年《住宅所有权和住宅利用权法》第1条第2节)时,应特别注意后一种情形,其与《德国民法典》第93和94条相矛盾,以便最快解决战后住宅危机(Schreiber K. Op. cit. SS. 82—83)。

③ Koziol H.; Welser R. Op. cit. SS. 264—268.

④ 参看《瑞士民法典》第712a和712b条(Schweizerisches Zivilgesetzrechtbuch vom 10. Dezember 1907. Bern. 1999. S. 173)。《荷兰民法典》第3卷“物权”第9编也规定了同名但毫无共同之处的住宅权(《荷兰民法典》第106和107条,第2、3、5、6和7卷,莱顿,1996年,第268—269条)。

⑤ Г. Е. 贝斯特洛娃,М. И. 柯兹利亚(主编):《农业法》(大学教科书),莫斯科,1998年版,第97、238—240页(相应章节的作者——Б. Д. 柯留金和Г. В. 丘布柯夫)。的确,土地份额有时“依照现行俄罗斯联邦土地立法被看作是属于拥有收益权的人的农业用地所有权的一部分”(《实施土地份额法律行为参考书》,莫斯科,1999年版,第26页)。换句话说,对于土地份额到底是权利还是实物财产的问题缺乏一个统一的意见。

因此对于古典观念的“不小”的偏离就很快导致对包括依照其基本客体民事权利被划分为物权和债权的基本原则的破坏。

在发达的财产流转中在极个别的情况下，某些权利可以成为物权的客体。现在谈谈权利抵押。众所周知，1922年《苏俄民法典》就允许债权请求权和建筑权抵押(第87条)。在现行民事立法中也规定了权利抵押(《民法典》第336条第1款)。实质上类似的规定在现代德国和奥地利法中也存在，在那里允许权利抵押，还有对请求权的用益权。这种见解也规定在《瑞士民法典》中，它承认权利作为抵押和用益的客体(第889条第1部分、第745条第1部分)。抵押在其他大陆法律秩序中也被视为其客体可以为物，也可以为权利的物权(参看《捷克民法典》第151h条第1部分和《爱沙尼亚物权法》第227条第1款)。[①]

但是这两种例外(权利抵押和权利用益)，公认并未动摇物权的客体只能是物而且依照一般规则只能是不动产的基本地位。在德国法中所有的限制物权中只有抵押和用益可以动产为客体。说到权利用益，则在这里它完全是个例外或在各种情况下远不是最为通行的用益权种类。[②]

依照俄罗斯法抵押也是一个唯一的其客体既可以是不动产也可以是动产的物权(当然，如果不算留置权的话，其物权的本质在现代俄罗斯文献中的争议不少于对抵押权的物权性质的争议)。此外，与其他的大多数限制物权不同，抵押常常是依照合同，也就是和物的所有人的协议而不是依照法律产生(《民法典》第334条第3款)。[③] 所以，在我们这里，抵押也是一个颇具特色的限制物权，但是其存在并未动摇物权的一般原则。

① (爱沙尼亚——译者加)《物权法》，塔林，1998年，第84页。

② Koziol H.; Welser R. Op. cit. S. 319. 令人感兴趣的是，《瑞士民法典》30多个规定用益权的条文中，只有两个提到权利用益权的可能性，其他条文都是专门规定有体物的用益。与此类似，宣布了用益权为物权的现代《魁北克民法典》(第119条)在后来的任何地方都没有提到权利用益的可能性(《魁北克民法典》，莫斯科，1995年，第184页)。

③ 其实，在现代国内文献中流行的是对抵押权的物权性质的争议，认定其为混合权利，“物——债”权(参看布拉金斯基·M.И.、维特里亚斯基·B.B.:《合同法总则》(第1卷，第2版)，莫斯科，1999年，第501—504页)，上述情形没有意义，但最终只认定一个一般规定(属于限制物权之列的只有那些其客体为不动产的权利)。

三、限制物权的个别种类

自从罗马私法以来传统上把役权(包括用益权)、建筑权(地上权,superficies)和可继承占有权(永佃权,emphyteusis)归入限制物权之列。它们都是以不动产首先是以土地为客体。

在俄罗斯民法中,在1917年之前是世袭租户权(чиншевое право),在现行立法中(仅仅针对公民的)地块可继承终生占有权和(针对公民和法人的)土地永久(无期限)使用权(《俄联邦民法典》第265和268条,比较:《土地法典》第20和21条)构成了众所周知的永佃权的相似物。[①] 这两种权利都是仅以为国家或自治市所有的(也就是公共的)地块为客体。此时法律指明了永久使用权产生的两个条件:1) 被授权提供此种土地利用的国家或者自治市机关的行政文件;2) 对于位于他人地块上的大厦、建筑物或构筑物的所有权(《民法典》第271条第1款),依其内容可继承终生占有权和永久使用权在许多方面是重合的,如果不认为,永久使用权的主体须得土地所有人的同意方可对地块实施有限的处分权的话(《民法典》第266、267和269、270条)。它们的不同除了产生的原因之外,首先就是主体的构成。

俄罗斯的新土地立法为何对上述两种制度持否定态度,禁止向公民和(除了国家和自治市机构和国家企业以外的)法人提供永久(无期限)使用土地,也禁止向公民提供终生可继承占有土地(《土地法典》第20条第2款、第21条第1款)。与此同时公民和法人在2001年10月30日(新土地法典生效)之前所取得的上述权利仍然保留,尽管是在(与民事立法的规范相比较)被限制的形式上:对于相应的限制物权的主体来说,事实上排除了任何处分这些地块的可能性(《俄联邦土地法典》第20条第3、4款,第21条第1、2款以及《民法典》第265、267、268和270条)。

---

① 详参柯贝洛夫·A.B.:《土地物权》,莫斯科,2000年版。依照该作者的理由充分的观点,建筑权,依照现行俄罗斯法(《民法典》第263条第1款)还不是一种独立权利,而是其他物权的单独权能(第159—160页)。

同样水立法规定了特别的既作为在法定条件下对之占有和使用权能,也包括了在《俄联邦水法典》第41和42条列举的情形下对该客体的处分权能的对水体的长期和短期使用权。[①] 上述权利专门针对为国家所有的不动产而产生,且具有严格的目的性(《水法典》第42条),而且其内容直接地和穷尽地被法律规定了(《水法典》第41条第2、3部分)。由上所述其物权性质不应当引起任何疑问。

说到役权,依照现行法它们既可以地块(《民法典》第27条,《土地法典》第23条),也可以"与土地的使用没有关联的"但又有必要有限使用的建筑物、构筑物和其他不动产为客体(《民法典》第277条)。此外水立法和森林立法(《水法典》第41、42、43条和《森林法典》第21条)也规定了"私人役权"。[②] 的确,在两个法典中役权不知为何没有被视作限制物权,而是作为对水体和林地利用者的权利的合同上的和其他的限制(很明显,是与所有人的权利相比)。此外,依照法典注释者们的意见,水体和林地作为国家专有财产,并允许不限制范围的利用者在一系列情形下接近它们(公共役权),这种情形使得水和森林役权与古典的役权概念不同。[③]

在现实中两个法典中都规定了某些"古典"役权和其他的对相应客体的利用法律制度。这样,《水法典》第43和44条就规定了对具体水体的限制物权形式的利用权(对取水的权利、饮畜权、摆渡权和运送权等等)。遗憾的是,在上述法典中,役权并不总是被明确地表述的。因而与对林地的有限使用权(在森林法典中被称为"私人役权")一样,具有严格的目的性的"短期森林使用权"(《森林法典》第43条)也是"森林役权"。

在德国民法中役权不仅可以在对他人的地块的有限使用权中存在(积极役权),也可以在对负担役权的地块所有人实施一定行为的禁止中存在(非经地役权权利人同意禁止建筑和禁止在地块上搭建一定的构筑物——《德国民法典》第1018条)(消极役权)。但在任何情况下役权不能体现为请求负担役权的供役地占有人实施某些对需役地占有人有利的积极行为。[④]在《瑞士民法典》第730条

---

① 《俄罗斯联邦立法汇编》1995年第47期,第4471条。

② 《俄罗斯联邦立法汇编》1997年第6期,第610条。

③ C.A.波果留波娃(主编):《俄罗斯联邦水法典注释》,莫斯科,1997年版;C.A.波果留波娃(主编):《俄罗斯联邦森林法典注释》,莫斯科,1997年版。

④ Schwab K.H., Prütting H.Op.cit. SS.386—388; Koziol H., Welser R.Op.cit. SS.374—375.

第1部分中也有类似的规定，据此"地块可以这种方式负担对另一地块的便利，其所有人应当忍受另一地块的所有人一定的干涉或者为其便利在一定方面无权行使自己的所有权"。禁止实施一定行为的役权在这里就获得了证明其重要的经济意义的应用。

令人感兴趣的还有，根据《德国民法典》第889条，对他人地块的有限权利(役权)，在地块所有人获得上述权利的情况下也不终止，而且在役权的主体成为地块的所有人的情况下也同样。易言之，地块的所有人也成了上述不动产限制物权的权利人，因而获得了"对自己的物"的限制物权。[①] 这是有意地反对罗马的"一体化"原则(consolidatio)，依照该原则在对同一物的所有权与役权同归于一人的情况下，后者终止。[②] 该规则的实际意义首先在于所有人有机会在物被追索的情况下以一般顺序加入对他的物享有不同权利的主体之列。

在俄罗斯私有化立法中也出现了"公共役权"的范畴[③]，最初为自然资源立法，后来为城市规划立法，最后为土地立法所采用。在现实中所有的"公共役权"，包括"公共土地役权"(《土地法典》第23条第2、3款)、"公共水役权"(《水法典》第43和44条)、"公共森林役权"(《森林法典》第21条)和"公共城市规划役权"(《城市规划法典》第64条)，都不是役权类型的限制物权，而是对相应自然客体所有人的权利的限制，因为没有具体的权利人而是授予无限制的(不特定的)人在某方面利用上述客体的可能性。因为作为不动产权利的役权，应当进行强制性的国家登记(《民法典》第274条第3款，《土地法典》第23条第9款和25条第1款)，在文献中已经有人正确地指出，由于权利人不确定"公共役权"不应当被作为限制物权，而是"作为对以不动产为客体的所有权的限制"而登记。[④] 设

① 参看Baur F. Op. cit. S.21. 该观点在奥地利文献中是有争议的，指出不可能"对自己本身拥有权利"(Koziol H., Welser R. Op. cit. S.376.)。

② Jäuernig O. etc. Op. cit. S.987. 因此，Ю.К.托尔斯泰就毫无争议地和无预先说明地认为不可能有"对自己的物的役权"(Ю.К.托尔斯泰，А.П.谢尔盖耶夫主编：《民法》(第1部分)，第287—288页)。

③ 参看1994年7月1日后的(由俄罗斯联邦总统1994年7月22日第1535号令确认的——《俄罗斯联邦立法汇编》1994年第13期，第1478条)俄罗斯联邦国家和自治市企业私有化国家规划总则第4.10款，在那里"公共役权"被宣布为"无偿地和不受阻碍地使用人行公路和车行公路和位于地段上的工程构造客体的权利，在其上设置界标和地理测量标志的权利和为维护它们而接近地块的权利"。

④ Г.В.丘布柯娃，М.Ю.吉洪米洛娃(主编)：《俄罗斯联邦土地法典注释》，莫斯科，2001年版，第122页(注释者——Ю.В.吉洪米洛娃)。

立公共役权必须强制性地“考虑社会听证结果”的规则(《土地法典》第 23 条第 2 款)证明了这种公共役权法律上的特点,这对于普通的民法(私法)制度来说简直是不可思议的。而且,根据《土地法典》第 23 条第 1 款“私人役权依照民事立法设定”,因此也就是一个私法(民法)上的制度,而所有的“公共地役”都毫无例外地规定在土地立法、自然资源立法和行政立法的规范中,也就是公法规范中,因此就失去了民法的性质。

同样在外国法中所有权人忍受任何人通过属于他的森林,有限地利用属于他的水库等等义务都被视作为了公共利益而对所有人权利的限制。[①]

在现代法中上述某些古典的限制物权不但以土地领域中的不动产,而且还以住宅领域中的不动产作为自已的客体。在此基础上俄罗斯法中也出现了这样一些限制物权,诸如住宅所有人的家庭成员在住宅立法规定的条件下利用住宅的权利(《民法典》第 292 条第 1 款)和依照终身赡养合同定期金的权利人对住宅的终生利用权(《民法典》第 602 条第 1 款)。[②] 有时有人把内容上与上述两种权利相近的住宅(或其他消费者)合作社成员在完全交纳股金以前对住宅、别墅的权利(《民法典》第 218 条第 4 款)宣布为物权。这种观点是 Ю. К. 托尔斯泰提出来的,民法,第 1 部分/主编:Ю. К. 托尔斯泰,А. П. 谢尔盖耶夫,第 288 页,Н. П. 安吉波夫追随其后(俄罗斯民法,第 1 部分,教科书/主编:З. И. 兹布连柯,莫斯科,1998 年,第 329 页)。但就其法律性质来说,它不是物权,而是基于在相应的合作社中公民——入股者的成员地位而产生的合作社社员权(参看:苏哈诺夫 Е. А. 所有权法讲义,莫斯科,1991 年,第 202 页)或依照遗赠的遗赠人对住宅的终生利用权(《民法典》第 1137 条第 2 款)。对大厦或其部分住宅(套房)的利用权在瑞士民法典中也被视为物权(《瑞士民法典》第 776 条第 1 部分)。

与此同时,试图把承租人对国家和自治市住宅基金大厦中住宅的权利[③],也

---

① Koziol H., Welser R. Op. cit. S. 248; 瓦西里耶夫 Л. 保加利亚物权法,第 376 页。所有这一切都使得不可能把“公共役权”看作现代国内立法的最好的“创造”。

② Е. А. 苏哈诺夫(主编):《民法》(两卷本,第 2 版,第 2 卷)(教科书),莫斯科,1999 年版,第 365—366 页(该章作者——В. С. 叶姆)。

③ 参看欣尼科娃·Л. В.:《俄罗斯民法中的物权》,莫斯科,1996 年版,第 18、105 页。在那里把所有的水役权毫无例外地归入物权是不完全正确的。还有 А. И. 马斯里亚耶夫也把“公共役权”列入限制物权(А. Г. 卡尔宾,А. И. 马斯里亚耶夫主编:《民法》(第 1 部分),第 261 页)。

就是住宅社会租赁合同双方的权利宣布为物权远远不是毫无争议。第一,这样的权利在任何地方都没有被法律直接认定为物权。而且物权的清单封闭原则(numerus clausus)在俄罗斯民法中也是适用的;尽管该清单未为《民法典》第216条的内容所囊括,但为民法典的一般内容所穷尽了。第二,在苏维埃时代的文献中所提出的将住宅承租人权利视为物权的建议,是基于对以前的确实是赋予了住宅承租人极为宽泛的权限的住宅立法的规范的分析。① 现行《民法典》第35章的规定,正如所看到的,已经没有为此提供无可争议的理由,而旧的住宅法典,依照共识,应当尽快终止自己的效力。

住宅利用物权就其基础来说是传统用益权的不同种类(在瑞士民法典中关于住宅利用权的规范直接放置在用益权一章中不是偶然的)。用益权在大陆法的德国分支中(《德国民法典》第1030、1068条;《瑞士民法典》第745条第1部分;《奥地利民法典》第509条)是一种特别的独立的利用可动物或不可动物或权利获得利益的物权。在这种身份下它极大地限制了所有人的权限和可能性,因此实际上被利用的是极少的,只在特别的情况下(主要是在继承法中)被使用。因而在德国法中依照遗赠而产生的生存配偶对其自己不是所有人的遗产的利用权,也就是形式上不涉及其他继承人如孩子的权利的利用权,就被视为用益权。②

作为一种特别的物权,用益权并不为现行俄罗斯立法所知悉。但这并不排除在将来的立法中承认这类权利。那时它应成为一个统一的物权,受遗赠人或所有人的家庭成员对住宅的利用权将成为其单独的种类。

在俄罗斯法中限制物权的客体还可以被认为是处于国家(公共)所有权中的某些"综合财产"(非所有人的法人,也就是单一制企业和机构的组成财产),为此

---

① 这种观点在分析1981年住宅立法纲要时被广泛地认同(参看柯拉撒夫契科夫·О.А.:《住宅立法纲要:调整对象与法律实质》,载《苏维埃住宅立法纲要》(跨高校学术著作文集),斯维尔德洛夫斯科,1981年版,第22页;巴鲁·М.И.,普希金·А.А.,西比列夫·М.Н.:《住宅权的概念和法律实质》,载上述著作第60页)。该作者在大谈所有权法讲义(第202、203页)中的住宅承租人权利的物权性质的同时,还为自己的建议辩护,要求依照以前曾经有效的捷克斯洛伐克住宅立法的模式承认其为较为宽泛的物权性的"个人利用权"的组成部分,这种建议部分地在俄罗斯所有权法中实现了,但没有进入现行俄罗斯联邦民法典。

② Schwab K.H., Prütting H.Op.cit. S.393.在奥地利法中有对可动物的用益权,以及对权利,包括在合作社的权利的用益权(Koziol H., Welser R.Op.cit. S.379)。

就不得不人为地创造一种以前任何人都不知道的限制物权对综合财产的经营权和业务管理权(《民法典》第294、296条)。这是由于国有化经济的需要而产生的,其中国家作为整个庞大的财产的统一的和唯一的所有人,现实中不能实现对财产的“经济支配”,但同时又不愿意将之交给独立的甚至是处于完全监督之下的法人所有。因而在当时就有条件地人为地设立和发展了民事流转中的同样是人为的主体——其财产独立性实质上只是“预算上的”纯粹形式上的法人。这种情况下国营企业最初是在20年代末30年代初获得了法人权①,而在内容上相当狭隘的对国家财产的业务管理权是在1961年《民事立法纲要》第21条中规定的,也就是说总共经历了30年左右。这种初看上去很奇怪的规定之所以成为可能是因为,当时的国营企业完全不是客观上需要参与财产流转和需要独立的权利主体性的生产者,而是具有非常大的重要的纯粹技术目的——生产某种产品,已经预先计划好的销路已经不构成其任务的生产技术组织。A.B维涅吉克多夫在评价国营企业的地位时,直接指出,它作为“国家机关”为了产生民事法律关系而被授予了一定的占有、使用和处分国家财产的权能,这些权能的实现是“依照直接的业务管理的方式,而不是拥有的方式”和“非依自己的权利和为了自己的利益,而是依照国家授予的权力和为了国家的利益”,这不是偶然的。② 在稍后的“经营权”的追随者的著作中“国家机关”的构造转化为“其所有的经济和法律利益都服从国家利益的经济机关”的构造(这是由于后来对私法出路的放弃而产生的)。

业务管理权进一步划分为(针对企业的)在内容上比较广泛的“完全经营权”和(针对预算机构的)受到了极大限制的 “业务管理权”,众所周知,是发生在1990年俄罗斯苏维埃联邦社会主义共和国“所有权法”第5条中,实际上是在社会——经济重组的“最紧张时刻”(该区分在后来的1991年《民事立法纲要》第47和第48条中也有规定)。类似的区分目的在于给予在社会主义计划经济体

① 在文献中通常把它与处在信托结构中的具有划拨的流动资金的国营企业和(1929—1930年开始的)“信贷改革”联系起来。此时直接确认国营企业为法人的规则在当时的立法中是不存在的;此种结论是由法学家们根据对一系列的党和政府法令的综合分析而得出的(参看维涅吉克多夫·A.B.:《国家社会主义财产》,莫斯科,1948年版,第759页;诺维茨基·И.Б.:《苏维埃民法史》,莫斯科,1957年版,第167—168页)。

② 维涅吉克多夫·A.B.:《国家社会主义财产》,莫斯科,1948年版,第590—591页。

系中对经常性地改善自己活动的结果没有利益的“国家生产者”以最大的经济自由。但在出现了与私的部门的“混合经济”的条件下(在该时期出现的合作社、小企业和联合企业)这种自由遭到了众多的试图动摇最有价值的国家财产的上述部门的滥用。这就要求对国家企业的权利进行新的限制(再次表明了在规范的市场流转条件下,上述构造的人为性)。所以在俄罗斯《联邦民法典》中第1部分中的“经营权”无论是在名称上还是内容上都已经不再是“完全的”了(《民法典》第294、295条)。

与此同时这些权利的区分继续进行,在《民法典》第298条第2款中针对机构规定了对从事所有人允许的实质上的经营活动中获得的收入(和依靠这些收入而购置的财产的)“独立处分权”。应当提醒的是,在1991年《民事立法纲要》第48条第2款中该权利被宣布为经营权。民法典的上述规范导致了对“独立处分权”本质的经常的理论上的争议。一部分作者认为其是经营权,另一部分认为是新的独立物权,还有一部分认为是业务管理权的扩展做法。①

在发展规范的市场流转的条件下,“新”的实质是以前的法律秩序的残余物,人为的物权的出现是极为不情愿的。“独立处分权”实际上是国家(公法组织)对其设立的机构的不充分拨款的直接后果,而且只有在我们的现代条件下才有现实意义,这些法人作为非商业组织,实质上被自己的设立人以各种办法怂恿在《民法典》第120条第1款规定的符合其设立目的的活动范围之外活动(提供通常是与具体机构的活动特点没有关系的有偿服务;将从设立人处获得的财产出租给第三人等),也就是,违反了他们的特殊权利能力(此外这引起了在理论文献中经常提到的对民法典将法人划分为商业组织和非商业组织的不彻底性的责难)。较为典型的是,依照司法仲裁实践的证明,涉及诸如业务管理权的争议都是专门针对国家或自治市机构的,而且不知为何任何时候都没有产生对私的所有人拨款的机构的此类争议。

---

① 第一种观点为这些作者所坚持(《针对企业家的对俄罗斯联邦民法典第1部分的学术实践注释》(第2版),莫斯科,1999年版,第376—377页);第二种观点为Ю.К.托尔斯泰,所坚持(Ю.К.托尔斯泰,А.П.谢尔盖耶夫主编:《民法》(第1部分),第357页),步其后尘者——А.И.马斯里亚耶夫(А.И.马斯里亚耶夫 主编:《民法》(第1部分),第249页),В.А.布列特涅夫(Г.И.伊拉里沃诺娃、Б.М.恭嘎罗、В.А.布列特涅夫主编:《民法》(第1部分),第299页),Н.П.安吉波夫(《俄罗斯民法》(第1部分)(教科书),莫斯科,1998年版,第329页);第三种观点为В.В.维特梁斯基所坚持。

可以想到,以上所述说明了,从传统的民法的观点出发不可能分析此类人为的“物权”的内容和实质。足以说明:上述所有关于机构的“独立处分权”的特征的观点,都是从法律对那个事实的承认,即机构的财产同时处于两种不同的法律制度的基础之上(狭义的“业务管理权”和较为宽泛的“独立处分权”)而且甚至应当分开进行会计核算(因为对第二种财产来说《民法典》第 298 条第 2 款直接要求列入单独的资产平衡表),这对于普通法人来说是不必要。

在目前的情况下争议的事实方面归结于因为履行应直接由预算拨款的活动而产生的机构债务的债权人能否追索依靠从事“独立”活动而带来的收入所取得的财产。司法——仲裁实践已经得出结论:(由于拨款不足)可以依照预算机构对能源供应组织的债务而追索机构独立地“挣来”的预算外资金。[①] 因此也达到了公共权力所追求的结果:国家的机构或市政的机构即使在预算资金不足的情况下也要支付自己的债务,此时也不引起机构的设立人的补充责任(比较:《预算法典》第 254 条第 6 款)。[②]

另一种基于《民法典》第 120 条第 2 款的规则的观点认为,机构财产的所有人要对机构的任何债务,也就是说无论是否与预算拨款的实现的活动有关,都要承担补充责任。由此得出,所有人对其所设立的机构的“预算外”债务也要承担补充责任,在机构缺乏预算资金,但存在依靠独立的收入取得的财产的情况下,也产生补充责任(因为《民法典》第 120 条第 2 款没有作出对上述规则的任何例外)。而因此预算机构的与获得收入有关的债务的债权人有权追索划拨给机构的预算资金,或者要求所有人——设立人承担补充责任(也就是追索作为其国库主要部分的相应的预算资金),机构依靠预算外资金而取得的财产就成了免于债

① 参看 1995 年 7 月 14 日俄罗斯联邦最高仲裁法院主席团第 45 号“关于追索机构的财产”的公开信,俄罗斯联邦最高仲裁法院主席团 2001 年 5 月 29 日第 1184/01 号和 2001 年 7 月 3 日第 1514/00 号决议。参看库斯朵夫·A.A.库斯朵夫·M.B.:《与追索国库财产有关的民事争议的审理》,载《西北区司法仲裁实践》(依照“仲裁争议”杂志 1998—2001 年的材料),圣彼得堡,2001 年版,第 114 页(而且预算法典违背《民法典》第 298 条第 2 款,要求机构在财政部中有统一的账户,在那里其资金实际上就失去了特点——第 215 条、第 254 条第 4 款)。

② 在文献中已经公正指出,预算法典规定的将机构从独立的经营活动中所获得的收入列入相应的预算“实际上就意味着对该种收入的独立处分权的废除”,而且与此同时对国家来说也保障了其机构活动资金的补充渊源(参看塞留柯夫·A.Д.:《预算机构的预算外收入》,载《立法》2002 年第 6 期,第 53—54 页)。

权人追索的保留财产了。在类似的情况下设立人实质上要为自己给予机构从事营利活动的许可负责。结果上述物权之间的差异就被遮盖了,混淆了,而且事实上也失去了实际意义。

将抵押归于物权也引起了争议,尽管几乎所有的作者都认同不动产抵押的物权性质。毫无疑问,依照一系列的指标抵押是一种极具特色的物权。它通常是依照与抵押财产的所有人的合同而产生;可以不动产也可以动产甚至权利为客体;最后,它,依照Г.Ф.谢尔申涅维奇的精辟的意见[①],是唯一的一种其后来的实现可以导致所有权人自己对抵押财产的权利丧失,也就是由所有权派生出来的抵押权可以终止所有人的基本的主权利的效力的限制物权。

所有这些抵押的特点,正如所示,与抵押权在财产流转中的特殊功能相联系。它一开始就不是为保障对于大多数限制物权来说所发生的对他人的财产的利用(因为抵押权人在一系列情况下如土地抵押的情况下,相反,其利益在于土地的所有人——抵押人对抵押财产的持续利用),而是保障对于现实的,包括土地贷款在内的贷款的需求,也就是返还由对物的权利所担保的贷款。后来流转的需求也对生活提出了要求这些抵押权本身流通的可能性。为此,就要制作抵押证券;某些已经成为了具有绝对性的有价证券("物权票据"),其内容归结于获得定期支付的权利。[②] 从这里到承认以其他的一次性支付(或多次支付)请求权为抵押标的只有一步之遥。这样,权利抵押就成为抵押制度发展的自然结果。法律将抵押归于保障债的适当履行的方式(众所周知,最初的这种做法是由于20世纪60年代初期的民事立法法典化的结果,其中与1922年苏俄民法典不同,基本上放弃了物权范畴的区分)本身并不能决定抵押权的法律本质。因此,比如,违约金也被我们的法律确认为一种保障债的适当履行的方式(《民法典》第330条第1款),但并未妨碍其同时也是广为承认的民事责任的手段。

---

① 谢尔申涅维奇·Г.Ф.:《俄罗斯民法教科书》(1907年版本),莫斯科,1995年版,第240页。

② 详参波柯洛夫斯基·И.А.:《民法基本问题》,莫斯科,1998年版,第213—219页;卡柯·Л.А.:《现代法中的抵押概念》,莫斯科,1999年版,第147—169页。正如И.А.波柯洛夫斯基所指出,抵押的发展是通过确认所有人以自己的名义制作抵押证券的权利的方法,也就是说,实质上以所有人对自己所有的物设立不动产抵押的方式来完成的。依照其观点,结果就出现了"对包含在物中的一定价值的抽象权利",它可以从财产中分离出来并成为流转的独立客体。"物的使用价值和交换价值的划分在这里达到了自己的最高张力"(波柯洛夫斯基·И.А.:《民法基本问题》,莫斯科,1998年版,第219页)。

留置权就其法律本质来说极其接近抵押权。[①] 某些国家的立法直接将留置权归入限制物权(如《瑞士民法典》第895条和《捷克民法典》第151s—151v条)。在《德国民法典》第1000条中它被规定为合法占有人可能的对抗所有人的所有物返还之诉的抗辩之一。[②] 与此同时《荷兰民法典》(第3卷第10编第4章)也没有将之列入物权,而且《魁北克民法典》第1592条也认其为保障债务适当履行的方式,而且对某些法律秩序来说一般是不知道的。在俄罗斯民法中留置和抵押同样被法律归入债务适当履行的担保方式(《民法典》第359条),这使得可能否认其物权性质。

但是用谈论抵押权的物权性的方法为留置权的物权性辩护显然是可能的。所研究的留置权的客体通常是可动物(而不是权利),这构成了其重要的特点之一,而且也使得对之适用对限制物权来说很典型的"公开原则"变得更加困难。但它完全符合上述权利的所有其他特征,包括"追及权"(比如在公民合法地留置物之后发生继承的情况下,或在行使该权利的法人改组的情况下,留置也不终止),法律也直接地和同义地规定了留置权的内容。

正如И.А.波柯洛夫斯基所指出的那样,在德国、瑞士和奥地利法中所谓的"物上负担"(Reallasten)和"土地债务"(Grundschuld),"定期金债务"是作为独立的物权出现和发展起来的(《德国民法典》第1105—1112条和第1191—1203条)。上述关系的实质归结为(在"物上负担"的情况下)地块"负担"了从地块中获得"定期收益"的权利和(在设立了"土地债务"或"定期金债务"的情况下)所有人依靠土地的价值为着权利人的利益支付一定数额款项的义务。权利人在地块"物上负担"的情况下获得的"收益"可以体现为金钱、物或服务(如定期提供一定数量的水、能源、农产品)。这样,"物上负担"就赋予了权利人要求地块的所有人实施一定积极行为的权利,这基本上与役权的构造不同。"土地债务"也被看作是一种最为重要的地块抵押权,但它与通常的抵押(不动产抵押)不同拥有独立性而不是附属性。[③]

---

① 详参撒尔巴什·C.B.:《作为保障债的履行方式的留置权》,莫斯科,1998年版,第177—182页。

② Baur F. Op. cit. S. 92; Schwab K. H.; Prütting H. Op. cit. S. 248. 德国民法典注释者由是称之为"拒绝履行债务权"(Jäuernig O. etc. Op. cit. S. 1073)。

③ Jäuernig O. etc. Op. cit. S. 1170. 然而,正如德国民法典的注视者所说,定期金债务在目前"实际上没有任何作用"(Ibid. S. 1177)。

"土地负担"(Grundlasten)也为瑞士法和奥地利法所知悉。根据《瑞士民法典》第782条第1部分,由于上述"负担",地块的所有人有义务为着权利人的利益提供一定的好处,"它是专门以地块来负责的"。依照奥地利《土地登记簿法》第12条,地块所负担的对所有人来说的以租金、交付部分收成、提供一定的服务等方式向权利人定期履行的义务,就是"物上负担"。令人感兴趣的是,类似的限制物权目前也直接规定在传统上受到奥地利法和德国法以及瑞士法的强烈影响下的巴尔干国家的一些立法中。1996年10月2日克罗地亚《所有权与他物权法》第246条和2001年2月20日马其顿《所有权和他物权法》第236条都规定了"不动产负担"制度。①

所有上述不是役权的"负担"是独立的限制物权的种类,И.А.波柯洛夫斯基追随革命前的俄罗斯民法典草案,称之为"世袭领地供给"(вотчиные выдачи)。②在现行俄罗斯法中由于被保留下来的国家对土地的(公共)所有权的统治地位已不存在,这不能成为在将来随着规范的土地流转的发展而出现物上负担的障碍。因此,如在奥地利建筑权(对在他人地块表层上或表层下从事建筑的物权性质的可移转和可继承的权利)在1912年以前只涉及公共土地和教会土地,而后来它的实际意义就消失了,这种状况是值得注意的。伴随着上述限制的衰落它就获得了较大的发展。③

最后,应当指出,对物(包括对物的权利的份额)的优先购买权以前总是归入限制物权的。④ 该权利在《德国民法典》和《爱沙尼亚物权法》中是被作为物权看待的,在《德国民法典》中它被视为土地的负担(第1094条)或与土地一道出售的附属物(第1096条),而在爱沙尼亚法律中直接涉及到不动产或不动产权利的份额(想象的份额)(第256条)。与优先购买债权不同,优先购买物权即使在承受

① Narodne novine, 1996, Бр. 91; Служен Вестник на Република Македонија, 2001, Бр. 18. 详参卡维拉H.上述著作,第71—78页.

② 参看波柯洛夫斯基·И.А.:《民法基本问题》,莫斯科,1998年版,第211页。

③ Koziol H., Welser R. Op. cit. SS. 387—388. 令人好奇的是,在2002年5月联邦法律草案"物上负担法"提交俄罗斯联邦杜马审议。根据该草案第1和2条,"物上负担"是一种"由为了公共利益而有限处分不可动物的权能(也就是公共权力的权能,而不是民事流转参加者的权能)所构成的"物权,而且其实施意味着对其占有人来说设立了"选择债务(物上负担)"的不可动物负担。此种现代俄罗斯法所具有的法律高特技动作明显地证明了试图恢复该项物权制度的(总是不很成功的)企图。

④ 参看波柯洛夫斯基·И.А.:《民法基本问题》,莫斯科,1998年版,第208页。

负担的地块的所有人变更的情况下仍可实现，此外也可以为不是一种而是数种或任何出卖情形而设定(《德国民法典》第1097条)。[1]很显然对于在俄罗斯承认(以不动产为客体的)传统的优先权的物权性质没有任何重大障碍。

《民法典》第564条第3款的规则从物权学说的角度看规定了一个极为令人好奇的情形。依照该规则企业(综合财产)的购买人在上述客体的所有权移转给他之前(完全支付价金或合同规定的其他情形到来之前)就已经有权"在为了购买企业的目的所必要的限度内处分作为构成被转让作为企业组成的财产和权利。"该规则的意义很明显：企业在所有人变更的情况下仍可正常地持续活动。但不是该企业的所有人的占有人又是在何种法律上的权原中处分它的财产？

法律直接给予了购买人以"处分权"，却没有认定其法律本质。令人感兴趣的是，在德国法律实践和理论中通常被解释为购买人有一种被称之为"Anwartschaftsrecht"(期待权，ождаемое право)的特别权利。它是物的购买人在合同签订后价金完全支付前，不言而喻，是在买主将物事实上交付给购买人的条件下以一定方式使用或处分物的权利。[2] 的确，与此同时总要预先说明，这种认定是法律所不知道的，而且是纯为实践需要而提出来的。但是这种"期待权"不可改变地被视为物权，在一定程度上该制度具有在立法上发展的某些前景。从上所述，可以解决《民法典》第564条第3款规定的"处分权"的认定问题。

四、限制物权的分类

限制物权在传统上遭遇不同的理论的体系化。И.А.波柯洛夫斯基把这些权利划分为三个主要类别：① 对他人的物的使用权(役权、建筑权和永佃权，或"可继承佃户占有")；② 从他人的物中获得一定价值的权利(他特别将抵押权，以及"世袭领地供给"，在德国法和瑞士法中的"土地债务"和"定期金债务"，也就

① 关于德国民法典中优先购买物权和优先购买债权的差异，参看：Jäuernig O. etc. Op. cit. S. 1111.

② Wolf M. Op. cit. S. 289; Baur F. Op. cit. SS. 21—23. 比较：Koziol H., Welser R. Op. cit. 372. 这种独立的物权可以让渡给第三人，在某些情况下甚至可以成为抵押的标的(Schweiber K. Op. cit. SS. 181—185.)。

是从土地所有人处获得一定东西的权利归入此类);③ 获得一定的物的权利(包括优先购买权和某些规定从被利用的财产中获得孳息所有权的役权)。[①]

在现代德国法中,通常把限制物权分为实质上类似的三种:① 排除了移转物的可能性的对他人物的利用权(Nutzungsrecht)(役权、用益权、建筑权);② 与在没有支付一定数额款项的情况下不依所有人的意志移转物的可能性有关的对他人的物的"变卖权"(Verwertungsrechte)(抵押和"物上负担"——Reallasten 即属此类);③ 获得他人的物的权利(Erwerbsrechte),包括优先购买权,由于享有相应的役权而"拥有某些果实的权利"和对土地占有人要求在土地登记簿中办理"预登记"的权利(德国民法典第 883 条)。[②]

这种巧合决不是偶然的。正如上述,在现代德国民法学中,包括限制物权学说在内的古典潘德克吞思想得到了连续的体现。俄罗斯民法学由于前已述及的原因在半个世纪前偏离了这些思想,而在目前在现行的民法法典化中又试图恢复它们。但由于基础理论的缺失,暂时还无法完全做到这一点。抵押的物权性质在我们这里遭到了怀疑,作为物权的优先购买权实质上被遗忘,这种状况极大地影响了在国内法中限制物权的体系化。此外还出现了人为创造的为发达的法律秩序所不知悉的也不符合传统的民法学思想的限制物权"经营权"和"业务管理权"。

而因此限制物权的"增加"和依照俄罗斯法的体系无论如何也不符合上述传统的体系化。从上述三种分类中现行俄罗斯立法无可争议地所知道的只有第一种,因此限制物权的体系化应当依照与传统不同的标准在该种分类内部进行。因为上述绝大部分权利都涉及赋予权利人

利用别人的财产(不可动物和综合财产)的可能性,而抵押(和留置)被视为"担保物权",其划分的基本标准是相应权利的客体。

从此角度可以将限制物权分为四类:① 经营所有权人的财产的权利(经营权和业务管理权),其客体为综合财产(依照《民法典》第 132 条第 1 款第 1 段的直接规定只有企业作为综合财产而被承认为不动产);② 利用基本的不动产客体——地块的权利(终生可继承占有权、永久无期限利用权以及土地役权、水役

① 参看波柯洛夫斯基·И.А.:《民法基本问题》,莫斯科,1998 年版,第 207—208 页。

② Wolf M.Op.cit. S.4.;Baur F.Op.cit. SS.19—21.

权和森林役权);③ 对他人住宅的利用权(所有人的家庭成员对被出租的住宅的利用权和依照终生赡养契约或遗赠而享有的对他人的住宅的终生利用权);④ 用以担保的对物的抵押权和留置权(在现代国内文献中将之归入物权是有广泛争议的)。①

不无遗憾地说,在现代国内的大多数著作中,包括学术著作,作者们一般都没有谈及限制物权的体系化问题。

整个地所有这一切都说明,在目前的俄罗斯民法学中物权学说还没有处于自己发展的起点上。同时上述状况也使得可能在其形成和完善的过程中参考符合俄罗斯民法的传统和精神的古典思想和国外成就。

① 参看E.A.苏哈诺夫(主编):《民法》(两卷本,第1卷)(教科书),莫斯科,1993年版,第284—295页;E.A.苏哈诺夫(主编):《民法》(两卷本,第2版,第1卷)(教科书),莫斯科,1998年版,第592页。他提出了该种体系的简化方案(参看奇列特尼柯娃·M.B.:《俄罗斯联邦民法典中的物权》,载O.C.阿列克谢耶夫(主编):《民法现实问题》,莫斯科,2000年版,第123—124页)。

房屋承租人优先购买权制度之反思

杨　会*

内容提要：无论怎样构建房屋承租人行使优先购买权的合理模式，都无法克服阻碍商品流通、侵害出租人和第三人利益、额外优惠承租人、出租人与第三人勾结使优先保护承租人的规定流为具文等弊端；因此应当废除此制度。取而代之的是承租人先行购买、承租人与第三人不同时出现的新的制度。

关键词：租赁房屋　优先购买权　形成权　公平原则　效率价值

Abstract: No matter how hard we set up the reasonable mode of Leased house renter's exertion initiative to purchase, it can't overcome the problems such as baffling merchandise to circulate, infringement upon interests of lessor and the third people, extra favor to renter. Therefore this system should be abolished, the substitute is a new system which entitles the renter to purchases Leased house in advance, and avoids the renter and the third people appear at one time.

Key Words: Leased House, Initiative to Purchase, Right of Formation, Fair Principle, Efficiency Value

房屋承租人优先购买权制度如果从罗马法算起[①]，现在已有较长时间的历

---

* 作者简介：杨会(1979—)，男，安徽省宿州市人，法学硕士，天津师范大学法学院讲师，主要从事民商法研究。电子邮件地址：yanghui1980_2000@sina.com。

① 蔡福华和周自康都认为优先购买权制度起源于罗马法，参见蔡福华：《民事优先权研究》，北京：人民法院出版社2000年10月第1版，第60页；周自康：《浅谈我国优先购买权制度的重构》，载《行政与法》2004年第3期。但他们都是笼统地讲优先购买权，不知是否包括承租人的优先购买权，因此本文加上个"如果"。

史。国外的立法有对此的规定，我国也有这方面的规定。因此可以说，该制度历久而弥坚、愈千年而不衰，其强大的生命力似乎表明了该制度的合理性。但由于法律规定缺乏可操作性和欠科学性，不仅在理论上引起混乱，在司法实践中也带来了很大的困难。[①] 许多学者发挥其聪明才智提出一些建议，试图用自己的神来之笔使该制度更加完善。笔者不揣浅陋，也参与这一问题的讨论，提出自己的一孔之见，以求教于学界。

本文思路如下：第一部分先是对房屋承租人优先购买权的性质进行了界定；第二部分在假定房屋承租人优先购买权制度合理的基础上提出了承租人行使其优先购买权的最佳模式，这是为下文的批判树立靶子；接下来的第三部分对该制度进行了批判，指出了其五个弊端，从而建议废除该制度；文章第四部分从四个方面论证了废除房屋承租人优先购买权制度的可行性；第五部分则提出了一个取代房屋承租人优先购买权制度的一个新的制度设计。

一、房屋承租人优先购买权的性质

关于房屋承租人优先购买权的性质，这本不是一个重要的问题；但由于对其定性不同而会出现不同的法律后果。因此，本文首先分析承租人优先购买权的性质。

关于承租人优先购买权的性质，学界对此的认识呈现出众说纷纭、莫衷一是的局面。有人认为是形成权，有人认为是附条件的形成权，有人认为是请求权，有人认为是期待权，有人认为是机会权，有人认为是物权或债权，有人认为是物权取得权，有人认为是买卖契约的订立请求权，有人认为是财产请求权，有人认为是附强制缔约义务的请求权。[②]

上述各种学说中，像机会权、期待权等都只是对房屋承租人优先购买权的简

① 在笔者有限的阅读范围内，凡关于承租人优先购买权制度的文章都对现行的法律规定提出了自己的批评和改进的建议。

② 参见宁红丽：《承租人的优先购买权》，载易军、宁红丽：《合同法分则制度研究》，北京：人民法院出版社 2003 年 7 月第 1 版。之所以单独把宁红丽博士的观点列出，是因为她的观点只有她一个人提出，而前述的各种观点广为所见，故没有将出处列出。

单描述，只有请求权和形成权才正确揭示其本质。因此，我们将视野限定在请求权和形成权上。

对于承租人的优先购买权的性质，我们可以界定为形成权，也可以界定为请求权；但我们不能不思考，这样称呼这样定性的目的何在。我们之所以称某某为张三称某某为李四称某某为王五，是为了分辨不同的人，不至于一堆人在一起时喊“喂”时没有人理会或所有的人都理会。我们给承租人优先购买权定性的目的是什么？当承租人行使权利后，在他和出租人之间产生什么后果？仅仅是出租人负有强制缔约的义务还是使出租人与承租人之间成立买卖合同？从这个意义上，给承租人优先购买权定性才有意义。也正是在这个意义上，笔者认为，应当将其定性为形成权而不是请求权，哪怕是附强制缔约义务的请求权：因为法律创设承租人优先购买权制度的目的就是为了保护承租人让他可以优先于其他人购买租赁房屋从而继续使用，如果承租人行使优先购买权后仅仅是使出租人负有强制缔约的义务，那么出租人就能违反此义务（尽管要承担违约责任）而使法律目的不能实现；只有将其定性为形成权，承租人行使优先购买权后使出租人与承租人之间成立买卖合同，“承租人优先于其他人购买租赁房屋从而继续使用”的法律目的才能实现。

如果说此中的强制缔约义务为直接的强制缔约①，当承租人为购买房屋的意思表示后，出租人拒绝的，承租人可以诉请公权力介入，强制出租人同意出卖房屋从而可以实现“承租人优先于其他人购买租赁房屋从而继续使用”的话，那么此法律目的的实现的完全比形成权辛苦：采形成权直接可以根据承租人的意思表示而实现；而采附强制缔约义务的请求权则不仅需要承租人的意思表示，还需要公权力的介入——公权力是市民社会所不太欢迎的。可见，附强制缔约义务的请求权的“终局性和目的性”② 完全不如形成权那样到位。何况，附强制缔约

① 宁红丽博士把强制缔约义务分为直接的强制缔约和间接的强制缔约两类，对前者而言，当负有缔约义务的一方不接受他方要约时，要约人得诉请公权力介入，强制要约人为承诺的意思表示。并且承租人的优先购买权可以划入直接的强制缔约之中。参见宁红丽：《承租人的优先购买权》，载易军、宁红丽：《合同法分则制度研究》，北京：人民法院出版社 2003 年 7 月第 1 版。

② 宁红丽：《承租人的优先购买权》，载易军、宁红丽：《合同法分则制度研究》，北京：人民法院出版社 2003 年 7 月第 1 版。

义务的请求权和形成权还存在一个"义务人能否对权利人进行抗辩"[①] 的区别。

至于用"形成权不能成为侵权行为的客体"来批评形成权,理由不甚充分。民法中的每个制度和原则性规定几乎都有例外[②],承租人优先购买权作为一种特殊的形成权,其在能否被侵害上完全可以是"形成权不能成为侵权行为的客体"的一个例外。

二、房屋承租人行使优先购买权的最佳模式

我国对房屋承租人的优先购买权的规定有 1983 年国务院发布的《城市私有房屋管理条例》、1984 年最高人民法院发布的《关于贯彻执行民事政策法律若干问题的意见》、1988 年最高人民法院发布的《关于贯彻执行〈民法通则〉若干问题的意见(试行)》、1994 年建设部的《城市公有房屋管理条例》、1999 年的《合同法》等法律作出了规定,但由于过于抽象而缺乏可操作性(如提前三个月通知中的三个月到底是什么?其作用何在?),以至于承租人如何行使其权利成为了一个较为争议的问题。笔者认为,承租人行使其优先购买权的最佳模式应当是这样的:

A. 在租赁合同的期间内,出租人有意出卖其房屋,便寻找第三人[③] 并与之协商,双方经过一段时间的讨价还价之后[④],订立了房屋买卖合同,合同的价格、支付方式等条款已经确定;B. 房屋出租人在合同成立后的合理期限内通知承租

① 宁红丽:《承租人的优先购买权》,载易军、宁红丽:《合同法分则制度研究》,北京:人民法院出版社 2003 年 7 月第 1 版。

② 现举一例:一般的动产可以被善意取得,占有脱离物则是一个例外不能被善意取得;但在公开市场等三个地方的占有脱离物又可以被善意取得(哪怕是变相地),这又是例外中的例外。可见,原则性规定中的例外在民法中太正常了。

③ 此第三人是从抽象意义上讲的。因为出卖人为了卖一个更高的价格,往往会与多个潜在的买受人接触、协商,最终才确定一个具体的买方。

④ 现在的市场经济条件下,买卖价格的最终形成往往呈现出一个复杂的过程;但超市中的买卖就没有买方的讨价还价。现实生活中的房地产开发公司新建的大量楼房的确像超市一样很少有还价的可能,但本文讨论的是租赁房屋的出卖即二手房的出卖,二手房市场中由一方定价而不许对方对此协商的情况实为变态。所以,从这个意义上来说,戴孟勇博士的从"买卖条件由卖方自定"和"买卖条件由第三人提出"出发得出的行使优先购买权的规则的前提就不具有代表性,其所设计的规则也就值得商榷。戴孟勇博士的关于行使优先购买权的规则的详细论述见戴孟勇:《先买权的若干理论问题》,载《清华大学学报(哲社版)》2001 年第 1 期。

人,告知合同价格、支付方式等条款,并询问其是否行使优先购买权;C. 承租人接到出租人的通知后有权行使优先购买权,并且必须在一定的合理期限内为之;D. 如果承租人无意购买或不能达到同等条件,出租人与第三人之间的房屋买卖合同可以得到履行;如果承租人在同等条件下行使了优先购买权,那么承租人与出租人之间就成立了租赁房屋买卖合同,并且此合同会得到履行,出租人与第三人之间的房屋买卖合同予以解除;E. 如果出租人未履行通知义务擅自将房屋卖于第三人的,承租人可以以侵犯自己优先购买权为由诉至法院,请求撤销出租人与第三人之间的房屋买卖合并确认自己与出租人之间成立房屋买卖合同。

以上的 A→B→C→D→E 流程是笔者在承认承租人的优先购买权制度合理的前提下根据民法理论对承租人如何行使优先购买权所做的诠释。为了证明该诠释是最优的,现作如下说明:

1. 优先购买权的行使是建立在同等条件的基础上的,如果没有同等条件的出现,此权利自然无法行使;而要想出现同等条件,必须有出租人与第三人之间关于价格、支付方式等条款的确定[①];易言之,只有等到出租人与第三人成立买卖合同,出租人优先购买权的行使条件才成就。

论者或曰,可以将承租人行使优先购买权的开始时间界定为出租人与第三人已经确定了所有的合同条款但订立合同的前一刻。这样的想法未尝不可,且《合同法》第 32 条提供了技术上的支持,即出租人与第三人约定采用书面形式,双方在价格、支付方式等条款已经确定但没有签字或盖章之前通知承租人;且理性的第三人也会因承租人的优先购买权为法定权利而配合出租人采用此做法。

但笔者认为,这样的解释和笔者的诠释并无区别,如后面将会提到的,天上不会掉下馅饼,要有合同条款的确定必须有当事人之间的协商,这就需要付出交易成本,此种解释也是如此。此解释和我的诠释的区别就是承租人优先购买权的行使给第三人造成的损害后出租人承担的是缔约过失责任还是违约责任;但如后面将会叙述的,由于不存在善意取得,承租人优先购买权的行使为出租人违

① 王泽鉴先生、魏秀玲副教授、戴孟勇博士等人也持同样的观点,他们的观点分别参见王泽鉴:《优先承买权之法律性质》,载王泽鉴:《民法学说与判例研究》(第 1 册),北京:中国政法大学出版社 1998 年 1 月第 1 版;魏秀玲:《出租房屋承租人优先购买权法律问题之探讨》,载《政法论坛》2003 年第 3 期;戴孟勇:《先买权的若干理论问题》,载《清华大学学报(哲社版)》2001 年第 1 期。

约的法定免责事由,不论何种解释,承租人优先购买权的行使给第三人造成的损害后出租人都不承担责任。所以说,这样的解释和我们的诠释看上去有区别,但实际上并无不同。

那么《关于贯彻执行〈民法通则〉若干问题的意见(试行)》规定的"出租人出卖租赁房屋的,应当在出卖之前的三个月内通知承租人"就显得有些不合理:如果将此处的"出卖"理解为一个买卖的开始,那么出卖之前通知承租人通知的内容就只能是"自己要卖房的意图或想法"而并非"同等条件",因为此时出租人并未与第三人成立合同,无同等条件。既然无同等条件,承租人也就不能行使优先购买权,那么此时的通知就没有意义了。[①] 如果将此处的"出卖"理解为一个买卖的结束,即出租人与第三人已经成立了合同,那么提前三个月的通知义务将迫使出租人与第三人订立合同的过程至少要长达三个月,因为如果出租人与第三人没有经过三个月的缔约过程,出租人将无法完成"在出卖之前的三个月内通知承租人"的义务,强制一个合同的缔结必须经过三个月,这明显不是良法的做法——《合同法》规定的"合理期限",因为和"三个月"同质,是五十步和八十步的区别,同样不妥。

2. 出租人与第三人成立房屋买卖合同之时为承租人优先购买权行使的条件成就之时,承租人本可以在此时行使权利,但由于合同成立的时间不会为承租人所知晓,所以,从可行性的角度出发,承租人可以行使优先购买权的开始时间为接到出租人通知之时。出租人在与第三人成立合同后有义务通知承租人,此通知义务本该立刻行使,但考虑到一些现实因素,如工作时间等,允许出租人在合同成立后的合理期限内履行此通知义务,但此合理期限与我国《合同法》规定的与三个月同质的合理期限有本质区别,应为1—3日。

3. 承租人在接到出租人的通知后一段合理期限内必须做出是否行使优先购买权的意思表示,这是保护出租人与第三人利益的需要。在当今市场活跃行情变动较大的情形下,要出租人等待承租人三个月的时间,时间显然过长。我国台湾地区"土地法"规定的土地承租人行使优先购买权的合理期限为10日。国内学界有人建议为1个月,有人建议为15日,但这已经属于立法技术问题。总

---

① 因此,所有迁就现行立法的学者都只有将通知内容界定为"具体的出卖条件"。但我们知道,出卖条件并非同等条件,除非我们把租赁房屋看成超市里出卖的物品。

之，在三个月显然过长的情况下规定一个平衡承租人和出租人、第三人利益的合理期限。

4. 出租人将房屋出卖于第三人并履行一直没有告诉承租人的，承租人事后发现的，他有权主张出租人与第三人之间的房屋买卖合同无效。此主张的另一个隐含的主张是要求与出租人成立买卖合同。理由如下：优先购买权对承租人来说只是一个机会权，并不含有实质利益，所以出租人未尽通知义务而侵犯承租人优先购买权，在承租人无意购买或不具备同等条件的情况下讨论起来没有意义，因为此时承租人未受任何损害。只有承租人试图购买租赁房屋并具备同等条件的情况下，承租人被剥夺了优先获得租赁房屋所有权的机会的情况下，承租人主张自己的优先购买权被侵犯才有意义；否则，承租人主张自己的优先购买权被侵犯而自己又无意购买或不具备同等条件，这样的主张属于权利滥用行为，不应得到法律的支持。所以，承租人诉之法院后法院一方面要判决出租人与第三人之间的房屋买卖合同无效，同时要判决承租人与出卖人之间成立租赁房屋买卖合同，承租人持此判决即可到房产部门办理过户手续。所以，一些人所担心的“出租人和第三人并不惧怕宣告无效：‘这次你宣告无效，下次我重新成交’”、“你宣告我买卖无效，我就不卖房了”的现象就不会再出现了。

当然，如果承租人主张出租人与第三人之间的房屋买卖合同无效后又反悔自己并不购买的，这就侵犯了出卖人的利益，使其陷入“竹篮打水一场空”的境地，应当为法律所不允许。这样的反悔行为构成了违约，出租人可以主张违约责任或继续履行。

5. 这样的诠释并不会出现有些人所担心的承租人的优先购买权和第三人善意取得之间的冲突：在不动产物权变动实行强制登记的模式下，买受人在购买不动产之前有义务查询不动产登记簿了解不动产物权的权属情况，而我国《房地产管理法》第53条又规定了房屋租赁合同的登记备案制度；那么尽管房屋租赁并不会导致物权变动，但当第三人准备购买出租人的租赁房屋时，他仍会在登记簿上发现租赁关系的存在，由于承租人的优先购买权为法定的权利，所以第三人就知道或应当知道买卖标的物上承租人的优先购买权的存在，由于他的知情，所以不存在善意取得问题。当然如果承租人没有将自己的房屋租赁合同登记备案的，第三人就无从得知承租人优先购买权的存在，就会出现两者的冲突；此时的承租人因没有履行法定的义务而有瑕疵，无法对抗第三人的善意取得，法律应优先保护善意第三人的利益。

可见，由于租赁权的公示（登记备案可以理解为公示的一种，因为它达到了公示所要求的效果），再加上承租人的优先购买权为法定的权利，所以承租人的优先购买权无须专门的公示而当然具有对抗力、追及力。所以有些人的“承租人的优先购买权需要公示才具有对抗力”[①] 是没有把握住“法定的权利无须专门的公示”这一点——破产制度中的工资、劳保费用等债权也无须公示也当然具有优先普通债权清偿的效力也佐证了此点。

三、房屋承租人优先购买权制度的弊端

尽管笔者对承租人优先购买权制度作出了最大合理化的解释，但并不能就认为该制度是合理的，因为这种制度所暴露出来的弊端是触目惊心的。

（一）阻碍商品流通，违反效率原则

如前所述，承租人优先购买权的行使起于出租人与第三人订立房屋买卖合同之时，那么当承租人接到出租人的通知后主张优先购买权时，出租人与第三人之间房屋买卖合同归于无效，此合同无法得到履行，出租人都必须把租赁房屋的所有权转让给承租人。第三人与出租人经过艰苦的协商之后订立的合同并不能得到履行，这实在是一个资源浪费。因为合同从一开始双方当事人的接触到最后的成立，往往都经历一个艰难的双方妥协过程，双方都付出了一定的交易成本（如谈判费用、查询物权登记簿的费用、实地勘探费用等）。本来交易成功即合同成立后得到履行情况下付出交易费用是有效率的，因为交易双方都得到了自己想要的东西（即卖方得钱买方得货），实现了资源的优化配置，实现了帕累托最优，体现了法律所追求的效率原则；但半路杀出了个程咬金即承租人行使优先购

---

① 参见王泽鉴：《优先承买权之法律性质》，载王泽鉴：《民法学说与判例研究》（第1册），北京：中国政法大学出版社1998年1月第1版；戴孟勇：《先买权的若干理论问题》，载《清华大学学报（哲社版）》2001年第1期。

买权，使得这一切都打破了：交易成本是付出了，但合同却不能得到履行，双方并无任何收益；异言之，出租人和第三人为订立合同而付出的费用和努力都付之东流，社会财富的浪费是不可避免的，法律所追求的效率原则也遭到践踏。

论者或曰，可以将承租人行使优先购买权的开始时间界定为出租人与第三人已经确定了所有的合同条款但订立合同的前一刻，双方并不急于使合同成立而是通知承租人后等待承租人的态度（即是否行使优先购买权），这样会在一定程度上避免资源的浪费。[①]

应当承认，这样的想法未尝不可，《合同法》第32条也提供了技术上的支持。但这样的解释仍不能拯救承租人优先购买权制度于水火之中，因为将行使优先购买权的开始时间界定为出租人与第三人已经确定了所有的合同条款但未签字或盖章之时，出租人与第三人从开始接触到达成价格、支付方式等所有条款时，双方已经付出了的努力，尽管合同没有成立，但双方当事人已经投入了巨大的交易成本[②]，半路杀出的程咬金仍是使所有努力付之东流，社会资源仍是浪费，民法的效率原则仍是遭到破坏。

承租人优先购买权制度一是限制了出卖人对买受人的选择，这限制了市场经济中的商品流通；它又通过赋予承租人以优先购买权，强行从第三人手中抢走租赁房屋的所有权，这就不可避免地给租赁房屋的买卖带来冲击，使第三人在购买租赁房屋时心有所忌，不能毫无顾忌地在租赁房屋的买卖中放手一搏，限制了商品流通。所以说，承租人优先购买权制度给正常的商品流通制造了二道屏障，使得商品流通程序繁琐。

（二）额外优惠承租人，违反公平原则

公平原则为民法乃至所有法律的最高价值追求，公平原则也当仁不让地成

① 应当说明的是，学界还没有人明确提出这一观点，戴孟勇博士（其观点参见戴孟勇：《先买权的若干理论问题》，载《清华大学学报（哲社版）》2001年第1期）和蔡福华（其观点参见蔡福华：《民事优先权研究》，人民法院出版社2000年10月第1版，第220页）只是模糊地流露出这种意思。还应当指出的是戴孟勇博士对此问题的观点有犹豫摇摆之嫌疑。他先说“出卖人与第三人订立买卖合同为行使条件”，在同一文章中又说“依笔者之见，可考虑确立一定的规则，以便在出卖人与第三人订立合同之前即确定先买权人是否愿意购买”，这两句话请参见戴孟勇：《先买权的若干理论问题》，载《清华大学学报（哲社版）》2001年第1期的第56页和第57页。

② 此“巨大”是拿已经投入的交易成本和签字盖章所需费用相比的。

为民法的一项基本原则，所有民法中的制度设计都不能违反公平原则，承租人的优先购买权也不能例外。遗憾的是，承租人优先购买权制度却破坏了公平原则。

学界也有人说承租人优先购买权制度破坏了公平原则，其理由是“商品交易价高者得已成为基本市场法则，而优先购买权的存在却使得在相同的条件下第三人不能公平地参与市场交易，作为平等的市场主体，其他购买人似乎要比优先购买权人低一等，完全违背民事活动中公平、合理、平等原则”。[①] 笔者并不赞同这种观点。因为优先购买权本来就是一项特权，它使得承租人在同等条件下有优先于其他购买人的购买机会，出于种种原因的考虑[②]，法律仍赋予承租人此项特权，这就说明这种表明上的不公平其实是深层次的公平。我们要批评此项制度，就不能从此点入手，就像我们批评占有改定不能以“占有改定情况下占有人无直接占有标的物因而无公示的效力”一样，而应该从其他方面入手。笔者认为，此制度的不公平之处在于增加了第三人的交易成本从而减轻了承租人的交易成本，使承租人的交易成本转嫁到第三人身上，从而毫无道理地、额外地优惠了承租人。

我们知道，在第三人力尽艰难的谈判付出一定的交易成本后由于承租人行使优先购买权，他并不能取得租赁房屋的所有权，法律对他并无任何救济，因为承租人行使优先购买权为出租人不履行买卖合同的法定免责事由。如前所述，第三人在交易之初就知道或应当知道承租人优先购买权的存在，他仍与出租人订立合同，这表明他自愿冒着日后出租人行使优先购买权使得自己“竹篮打水一场空”的危险。从这个角度来说，第三人付出交易成本并无回报是未可厚非的。

但如果我们从承租人这个角度来观察，我们可以发现承租人在出租人与第三人经过艰难的谈判过程之中并无任何付出，等到出租人与第三人合同成立之后他只须行使自己的优先购买权即可与出租人订立合同。也就是说，承租人在与出租人订立租赁房屋买卖合同过程中并没有经过一丝努力，也没有付出交易所应付出的成本。他是怎样不劳而获的呢？答案是：法律强行剥夺第三人的劳动果实，第三人辛苦努力后与出租人确定的合同条款被承租人直接拿去用，将本应该由合同当事人的承租人所负担的交易成本转嫁到第三人身上。如果说出于

---

① 周自康：《浅谈我国优先购买权制度的重构》，载《行政与法》2004 年第 3 期。

② 如同后文将会提到的，该制度在某些方面有其合理性。

一定政策的考虑,赋予承租人优先购买权(只是此一项权利)并没有违反公平原则的话,那么赋予承租人以参与交易却无须负担交易成本的特权就肯定是违反了公平原则。

(三)缺乏对承租人行使权利的限制,易致承租人滥用权利的现象

笔者此处所说的承租人滥用权利的行为,并不是某些人所说的主张出租人与第三人之间的房屋买卖合同无效后又反悔自己并不购买(此时的行为属违约行为,已为法律所明文调整),而是指以下三种行为:

1. 在现实生活中,出租人在出卖租赁房屋(即开始接触)之前往往都会询问承租人是否购买,因为自己与第三人订立合同后因承租人行使优先购买权又要与承租人订立买卖合同,这样的折腾对出租人并无益处只能徒增烦恼。面对出租人的询问,如果承租人想购买的话[①],由于知悉自己享有法定的优先购买权,所以理性的承租人为了节省自己的交易成本都不会对出租人明确表示不予购买,他往往是不置可否使出租人认为他不会购买。而等到出租人与第三人已经订立了租赁房屋买卖合同后,承租人这个时候才主张出租人与第三人之间的买卖合同无效。在承租人不愿出具书面意见的情况下,有些出租人就不敢与第三人订立买卖合同。[②] 这样的滥用权利的行为为该制度所无法制止。

2. 在出租人与第三人在买卖租赁房屋的协商过程中,不论自己是否想购买租赁房屋,恶意的承租人还可以告诉第三人自己享有优先购买权,从而向第三人勒索一笔钱作为自己日后放弃优先购买权的代价。

3. 承租人本不想购买租赁房屋却声称愿意购买,但假筹款等名义一拖再拖,不与出租人订立租赁房屋买卖合同。这样来耽误出租人出卖租赁房屋的商机,最后迫使出租人同意减免房租或低价买房等无理要求。[③]

优先购买权制度本来是一项优惠承租人的法律制度,但是由于缺乏对权利行使的限制,致使出现承租人滥用权利从而损害他人利益的现象,而这是我们所

---

① 如果承租人不想购买,那日后也不会出现行使优先购买权及造成与第三人利益冲突的局面了,那讨论就没有意义了。所以,此处只讨论承租人想购买这一种情况。

② 参见刘毅勤:《房屋优先购买权制度及其存废之我见》,载赵中孚(主编):《民商法理论研究》(第1辑),北京:中国人民大学出版社1999年9月第1版。

③ 参见苑敏:《房屋优先购买权论析》,载《政法论丛》1997年第2期。

不愿意看到的。

(四) 提供出租人与第三人勾结的激励机制,使保护承租人的规定流为具文

现实生活中,经常可以听到有人抱怨承租人优先购买权制度无法规制"出租人与第三人勾结以抬高房价为手段,迫使承租人放弃优先购买权然后再低价卖于第三人或出租人与第三人订立租赁房屋买卖合同后故意不告知承租人而是等到租赁合同期满后出租人与第三人再履行合同"① 等不良现象。虽然双方恶意串通损害第三人利益的合同效力存在瑕疵,但由于承租人无法知晓或无法举证而使得出租人与第三人的阴谋总是能够得逞。所以,法律意图优先保护承租人的优先购买权规定也流为具文。

于是有人建议,在房屋租赁合同结束后的一段时间内,承租人仍然对租赁房屋享有优先购买权。② 姑且不论此建议是否属于"头痛医头,脚痛医脚",它也是欠妥的。因为承租人之所以享有优先购买权,就在于他先前已经使用租赁房屋、与租赁房屋有一定的紧密联系、继续使用能提高租赁房屋的有效利用等③,而当租赁合同结束后,前述的"联系""利用"等等都已经消失,即赋予承租人优先购买权的基础已经消灭,又有何理由再赋予已经不是租赁房屋的现在使用人的原承租人以优先购买权?

笔者之所以称上述建议是"头痛医头,脚痛医脚",是因为它没有意识到出租人与第三人勾结损害承租人利益的行为是不可避免的,因为现行承租人优先购买权制度给出租人与第三人勾结提供了一种激励。对第三人来说:由于承租人优先购买权的行使,自己投入的努力都付之东流,为了保护自己利益,他会试图与出租人勾结,甚至不惜给出租人一定的经济利益(比如在正常的房价上再加一点)。对出租人来说有三个激励:一个激励是第三人给予的经济利益;第二个激

① 众多学者在论述出租人与第三人勾结时往往还会提到"出租人解除租赁合同或合同期满后不予续订",而本文中并未将其列入。因为笔者认为此种情况并未损害承租人的利益:出租人解除租赁合同,他要承担违约责任,承租人的利益会受到保护;租赁合同期满后出租人不和承租人续订是出租人的权利,他没有义务继续与承租人订立房屋租赁合同,所以此举不能说损坏了承租人的利益。当然有人可能会说第二种情况侵犯了承租人的优先承租权。关于优先承租权及其是否合理,则超出了本文的研究范围。

② 参见侯艳:《浅议加强对房屋承租人优先购买权的立法保护》,载《国家检察官学院学报》1999 年第 3 期。

③ 关于承租人优先购买权制度的合理化支撑,详见本文第四部分。

励是在现实生活中,出租人在出卖租赁房屋(即开始接触)之前往往都会询问承租人是否购买,如果承租人想购买的话,理性的他往往为了节省自己的交易成本都不会说自己会购买从而立刻与出租人协商的,而是会等到出租人与第三人成立租赁房屋买卖合同使得同等条件成就后通过行使优先购买权与出租人成立买卖合同,这样背信弃义的行为一定程度上可以称为戏要了出租人[①],这无疑会促使出租人与第三人勾结起来。激励之三是承租人的优先购买权为一法定权利,它是租赁房屋所有权上的一个负担,因为它可以追及至第三人处排除第三人取得的所有权,再加上"买卖不破租赁"对租赁房屋所有权的限制,它们使得第三人在购买租赁房屋时往往都压价,使得出租人被迫接受较低的价格[②],出租人因蒙受这种不利益也往往原意与第三人勾结起来。[③]

由此可见,承租人优先购买权制度由于损害了出租人与第三人的利益,从而提供了出租人与第三人勾结规避法律损害承租人的激励机制。这样一来,理性的出租人与第三人都会勾结起来,那么法律对承租人的优先保护的目标就无法实现,法律规定就流为具文,法律的尊严和权威都遭到践踏。

(五)限制出租人的处分权,违反意思自治原则[④]

此处笔者所指的是我国《关于贯彻执行〈民法通则〉若干问题的意见(试行)》、《合同法》规定的"出卖提前三个月通知承租人"对意思自治原则的破坏,并不是某些人所说的"所有权意味着所有人对其所有物的最充分、最完全的支配,

① 之所以称为"一定程度上",是因为出租人有义务知道承租人的优先购买权,他对此应当有心理准备。但无论如何,先不说买后又买的行为的确戏要了出租人。

② 这两个限制对租赁房屋的所有权的影响是很大的,比如,现实生活中某些房屋所有权人为了保护对房屋的自由处分权,不受租赁权的限制,宁愿牺牲出租房屋带来的收益,让房屋空着。参见唐雪平:《私房买卖中的优先购买权若干情形研究》,载《湖南省政法管理干部学院学报》2002年第2期。

③ 还有人发现了第四个激励,"现实生活中,出租人与承租人因房屋维修、租金收取、相邻关系等多种因素,往往导致关系不睦,出租人即使出卖租赁房屋也不想卖于承租人"。参见刘毅勤:《房屋优先购买权制度及其存废之我见》,载赵中孚(主编):《民商法理论研究》(第1辑),北京:中国人民大学出版社1999年9月第1版。但本文并不赞成其观点,现实生活中出租人与承租人是否关系不睦,笔者认为缺乏实证研究,不能轻易下结论。

④ 上文所接露的承租人优先购买权的负面效应都是文章第二部分所阐释的模式,而此处所揭露的"违反意思自治原则"并不是文章第二部分所阐释的模式的负面效应,而是我国立法规定的不足之处。这样体系的混乱或矛盾一方面是为了印证我文章第二部分所阐释的模式的正确,而更重要的是为了通过揭露起弱点从而给那些为我国立法规定唱颂歌的人泼一盆冷水,使其更能清楚地看出我国立法的不科学。

是典型的支配权。而现行的优先购买权制度下,作为所有者的房屋的出租人却由于相对人的优先购买权的存在而不能充分行使自己的处分权,而必须依照法律规的强制性规定将其出让物在同等条件下优先出让于优先购买权权人,这不仅违背了所有权人的意志,同时也侵犯了所有权人的所有权,是对作为完全权能的所有权的一种限制"[①],因为这种对出租人所有权的限制有着合理化支撑,表面上是违反了意思自治原则,但它实现了更高层次的公平正义。

但让此制度设计者和拥护者始料不及的是,承租人行使优先购买权会产生另一种对出租人处分权的限制,即对出租人出卖房屋的时间进行限制。所有权神圣的市民社会里,所有权主体有权根据自己的需要决定在何时出卖自己的所有物而无须经过他人的同意,承租人优先购买权制度的设计者肯定也不会限制出租人这方面的所有权。他有权经过长期思考后决定出卖租赁房屋,也有权临时起意出卖[②],他与买受人协商的时间可能需要两个月三个月,也可能不过两三天内就与买受人达成协议,这些都是他自主决定的市场行为,任何外在的限制都是不合理的。但是"出卖提前三个月通知承租人"的规定却使得要么出租人要想出卖房屋就必须经过三个月的思考(把"出卖"理解为与买受人就出卖事宜进行接触,即开始卖房),因为临时起意的情况下出租人根本不可能履行此通知义务,只有提前三个月的准备卖房才能履行此提前三个月的通知义务;要么出租人必须与买受人经过至少三个月的协商谈判过程才能成立合同(把"出卖"理解为与买受人就出卖事宜协商完毕,即订立房屋买卖合同),因为如果双方两三天内就合同所有条款达成协议的话,出租人还是无法履行此通知义务,只有经过至少三个月的协商谈判过程才能在出卖之前履行通知义务。[③]

由此可见,"出卖提前三个月通知承租人"的规定对出租人(即出卖人)的处分权产生了一种荒唐[④] 的限制,不论出于何种政策考量,这样的限制都是不允

① 周自康:《浅谈我国优先购买权制度的重构》,载《行政与法》2004 年第 3 期。持同样观点的还有刘毅勤,其详细论述请参阅刘毅勤:《房屋优先购买权制度及其存废之我见》,载赵中孚(主编):《民商法理论研究》(第 1 辑),北京:中国人民大学出版社 1999 年 9 月第 1 版。

② 一些偶发事情的出现使得出租人临时起意出卖租赁房屋仍为理性行为,如生病。

③ 《合同法》规定的是"合理期限"和《关于贯彻执行〈民法通则〉若干问题的意见(试行)》规定的三个月,是五十步和八十步的区别。关于此点,前文已经说明。

④ "要想出卖房屋就必须经过三个月的思考"和"必须与买受人经过至少三个月的协商谈判过程才能成立合同"两个结果的荒唐性无须多言。

许的。而这恰恰是房屋承租人依据法律规定行使优先购买权所出现的局面。[①]

四、废除房屋承租人优先购买权制度：一个可行性的证明

如果承认笔者上述的对承租人行使优先权的负面效应的分析是有道理的话，那么承租人优先购买权制度就是一项不合理的制度，在实践中也发挥不了它意欲实现的作用。因此，应该废除该制度。建议废除该制度不难，难的是如何应付该制度被废除后所遗留的烂摊子？用什么途径去实现该制度所追求的价值目标？[②] 本部分将具体一一分析该制度的目标，通过制度替代或去掉不合理目标的分析，从而给废除该制度提供一个可行性的证明。

（一）目标之一：秩序价值

承租人优先购买权制度的价值之一是秩序。有人说，在租赁关系中承租人一般对租赁房屋形成一定的使用关系，在出租人出卖租赁房屋时，如果使承租人享有优先购买权，则不会出现因租赁房屋被第三人购买而使已经形成的对物的使用关系遭到破坏，这样可以维护和稳定既有的物的使用关系。[③]

笔者认为，这样的价值追求不足以支撑承租人优先购买权制度，因为有两个

① 认为"只要附上同等条件，出租人的合法权益就会得到绝对的保障，不至于因优先购买权的行使而遭受损害"的学者可能没有发现仅仅一个同等条件并不能完全保护出租人的利益。在论述该制度使，忽视出租人利益的绝非鲜见，如有人说："如果因房价太高，承租人难以购买而其他人愿意购买，承租人又确实需使用该房的，可以根据'买卖不破租赁'的原则，由出租人、承租人、买受人共同协商，加以解决。"参见苑敏：《房屋优先购买权论析》，载《政法论丛》1997年第2期。这种为了保护承租人利益而不管其他人死活的观点，连"同等条件"的底线都敢突破，仅仅因为"承租人又确实需使用该房"！真不知道三个人能协商出什么结果！？

② 学界已经有人建议废除承租人优先购买权制度，参见王崇敏：《不动产优先购买权探析》，载《行政与法》2002年第6期。但他就是只废除了之，并没有顾及到废除后的善后处理。

③ 参见戴孟勇：《先买权的若干理论问题》，载《清华大学学报（哲社版）》2001年第1期；刘文娟：《优先购买权的法律性质及其制度价值》，载《贵州民族学院学报》2003年第5期；蒋人文：《论优先购买权》，载《社会科学家》2001年第3期。

规定与此价值追求相矛盾：一是合法转租下的次承租人不享有优先购买权。[①]次承租人实际地使用租赁房屋，是他而不是承租人对租赁房屋形成了一定的使用关系；按“稳定使用关系”的价值追求，那么就应当由次承租人而不是与租赁房屋并无使用关系的承租人对租赁房屋享有优先购买权。[②] 二是房屋同住人不享有优先购买权。需要说明的是此处的“同住人”是指非共有关系的同住人。一个常见的例子是夫妻同住一间房屋，但此房屋为丈夫婚前从父母处继承来的，那么妻子就是本文所指的同住人。在笔者有限的阅读范围内，尚未见到法律规定和学者主张房屋同住人享有优先购买权的[③]，这就不能不让人对该制度所标榜的“稳定使用关系”产生怀疑。承租人和其同住人都在使用着租赁房屋，法律在面对同样的使用租赁房屋的两个当事人不同等对待，违背了“同等事物为相同处理”之法律基本原则。

抛开上述两个问题不谈，“稳定使用关系”的价值追求也可通过“买卖不破租赁”制度来实现。现代民法已经考虑到租赁房屋所有权人的变化可能会破坏承租人对租赁房屋的使用，为了秩序，为了稳定此使用关系，法律特创设“买卖不破租赁”制度来实现此目标。因此，即使废除了承租人优先购买权制度，承租人对租赁房屋的使用关系仍然能得到稳定。因此，在秩序这一目标上，废除承租人优

① 参见史尚宽：《债法各论》，北京：中国政法大学出版社 2000 年 1 月第 1 版，第 246—249 页；戴孟勇：《房屋承租人如何行使优先购买权》，载《清华大学学报（哲社版）》2004 年第 4 期。当然这只是主流观点，学界还是有人认为次承租人也享有优先购买权，参见王卫国：《承租人转租房屋是否也转让了房屋的优先购买权》，资料来源：http://www.law-lib.com/lw/lw_view.asp? no=4332；访问时间：2005 年 1 月 17 日；更新时间：2005 年 4 月 5 日；张斌：《房屋转租合同效力及转租承租人优先购买权解析研究》，资料来源：http://timeslaw.363.net/new_page_653.htm；访问时间：2005 年 1 月 17 日；更新时间：2005 年 4 月 5 日。

② 从这个角度说，戴孟勇博士主张次承租人不享有优先购买权的理由之一“次承租人与出租人之间并无租赁合同关系”是不科学的，因为“秩序”“稳定使用关系”价值追求下的民法所保护的是实际使用租赁房屋的使用人而不管他和出租人之间是否有合同。在此顺便对其另一个理由进行评析，他说，“出租人并不能从转租合同中获益，若允许次承租人也享有优先购买权，将会增加出租人的负担，有失公平。”其实不论是谁享有优先购买权，不论有几个人享有优先购买权，对出租人来说并无不同。因为一个优先购买权就已经限制了出租人对交易对象的选择，多个优先购买权的存在限制的也只能是出租人对交易对象的选择；几个优先购买权的同时存在影响的只是几个优先购买权人之间的利益冲突，对出租人来说毫无关联。戴孟勇博士的理由详见戴孟勇：《房屋承租人如何行使优先购买权》，载《清华大学学报（哲社版）》2004 年第 4 期。

③ 唯一一篇提到同住人优先购买权的文章也是否认其享有优先购买权的，参见毛慧芬：《房屋买卖中的优先购买权》，载《法治论丛》2002 年第 6 期。

先购买权制度是可行的。

(二) 目标之二:效率价值

该制度的拥护者们认为承租人优先购买权制度具有效率价值,决定资源的有效配置,促经物尽其用,节约交易成本。具体说来:(1) 承租人通过行使优先购买权获得租赁房屋的所有权后,就不必在市场上寻找相同功能的房屋,从而节省了去市场上另寻同功能之房屋的费用,节约了交易成本。(2) 此制度能对物之利用人起到激励作用,因为基于优先购买权的期待,承租人会对租赁房屋尽最大的注意和爱好责任,从而能使物发挥处最大的效益。① (3) 承租人优先购买权制度的设立是为了是租赁房屋的所有与使用尽可能地归于同一人,从而促进承租人对房屋的妥善使用、维护和管理,使得物尽其用。② (4) 承租人已经实际使用了租赁房屋,了解租赁房屋的情况,知道如何有效地利用该房屋;而第三人未必了解租赁房屋的情况,如果其取得房屋所有权也不一定能有效地利用。③

不得不承认,承租人优先购买权制度散发着一定的效率的光芒,但有些情况下的效率是不能作为其价值理念的(因为其严重损害了生活公平),有些效率是可以通过其他途径来实现的。现详述如下:

理由(1)说此制度可以节省了承租人去市场上另寻同功能之房屋的费用,如前所述,他所节省交易成本的代价是让第三人承担了此交易费用。异言之,体现的效率的承租人优先购买权制度破坏了公平原则。因此,此效率不可取。

理由(2)和理由(3)是从不同方面描述了租赁房屋所有人与使用人合一后带来的效率,不可否认的是,这样的确会有助于物的充分、有效利用。但使两者合二为一并不一定非要通过承租人优先购买权制度,完全可以通过其他制度设计来实现——关于这一点,本文第五部分将会有详细叙述。

理由(4)的"第三人未必了解租赁房屋的情况,如果其取得房屋所有权也不一定能有效地利用"过于武断,因为在市场经济下,市场会自发地合理地有效地配置资源,所以当某商品从甲处流转到乙处时,法律就推定该商品在乙处比在甲

① 参见刘文娟:《优先购买权的法律性质及其制度价值》,载《贵州民族学院学报》2003 年第 5 期。
② 参见李荣、万国凡、郭晓伟:《房屋优先购买权制度新探》,载《中国西部科技》2003 年第 6 期。
③ 参见刘文娟:《优先购买权的法律性质及其制度价值》,载《贵州民族学院学报》2003 年第 5 期。

处更能有效地被利用。之所以有这样的法律推定，是出于帕累托最优的考虑：乙之所以原意舍弃价金的所有权而去取得该商品的所有权，因为他能更有效地利用该商品获得更多的收益[①]，至于事实真的是否如此，则非法律所关注。但理由(4)看到了承租人和第三人在其他条件一致的情况下由于更熟悉租赁房屋而更能有效利用租赁房屋这一点，这是其可取之处；但这种效率也是可以通过其他途径来实现的——关于此点，本文第五部分将会有详细叙述。

如果从第三人的角度来看，我们会发现，承租人优先购买权制度蕴含着一个巨大的不效率：将第三人拉进来，允许其参与交易，但在其付出交易费用后又不让其得到其所想得到的东西。这样的允许第三人参与交易只是允许其参与付出，而使其并无所获。这种资源的浪费是一种不效率——也正是这种不效率构成了对第三人的不公平，也成为废除该制度的一个最重要的理由。

(三) 目标之三：保护弱者

承租人优先购买权制度的一个重要价值追求是对弱势群体的利益的特殊保护。因为承租人与作为所有权人的出租人的对话中通常处于弱势地位，其利益极易遭损害，需要后天的规则予以支持，承租人优先购买权制度正是这样的后天规则。[②] 有学者这样表述：“长期使用他人之物不免使承租人产生寄人篱下、仰仗他人鼻息之感，因为‘求人不如求己’，故法律通过优先购买权制度消除承租人的心理负担。”[③] 还有人从维护社会安定的高度(其实就是保护弱者)论述，“房屋的承租人一般都是因为无房住或住房十分紧张才不得已承租房屋的，在他们承租期间房屋所有人出卖房屋，如果不允许他们在同等条件下有优先购买权，就会使他们面临住房的困难，生活处于一种不安定的状态，以致影响社会安定；法律规定承租人在同等条件下享有优先购买房屋的权利，就可以避免这种情况不

---

① 王利明和王轶隐约地表达了此观点，他们说，“这一法律目标(即使受让人取得标的物的所有权——笔者注)隐含着这样的假设：受让人对物的直接利用优于原权利人对物的利用。”参见王利明、王轶：《动产善意取得制度研究》，载《现代法学》1997年第5期。

② 参见李荣、万国凡、郭晓伟：《房屋优先购买权制度新探》，载《中国西部科技》2003年第6期。

③ 戴孟勇：《先买权的若干理论问题》，载《清华大学学报(哲社版)》2001年第1期。笔者在引用此句时对其原话进行了个别字词语序的调整，但愿我的文字改动没有改变他的原意。

出现或少出现。[①]

该制度创设之初时的承租人可能为弱者，但现代社会中的租赁关系与过去的租赁关系不同，现代工商社会中很难在出租人与承租人之间区分谁为弱者了。因为现代社会很少有房地产公司投入大量的资金盖房专门去出租[②]，因而也就不会出现新房买卖中的消费者个人力量无法对抗实力雄厚的房地产开发公司的局面，再说承租人为弱者可能不太妥当了；“产生寄人篱下、仰仗他人鼻息之感”恐怕有夸张的成分。

即使承租人为弱者，“保护弱者”、“维护社会安定”也不能正当化承租人优先购买权制度。因为民法不是社会救济法，民法不是社会保障法，保护弱者的任务应当由国家承担，“他们面临住房的困难，生活处于一种不安定的状态，以致影响社会安定”的情况出现后，应当由国家、政府拨款盖房让那些面临住房的困难、生活处于一种不安定的状态的人免费入住。当然民法在进行制度设计时也不妨考虑到保护弱者，但前提是保障制度的正常运转；遗憾的是，承租人优先购买权制度恰恰是侵犯出租人和第三人利益，尽管它实现保护弱者的目标[③] ——关于此点，前文已经详细叙述。

还有，此观点有混淆主体的嫌疑。他们说承租人为弱者，是相对于出租人而言的，那么为了保护弱者而创设的优先购买权制度就只能牺牲出租人利益。如同前文所指出的，该制度给出租人造成的损害仅是小量的，而给第三人造成的损害却是巨大的。承租人和第三人相比并不是弱者，但承租人优先购买权制度却通过牺牲第三人利益来优惠承租人，这明显是混淆“弱者”概念所对应的主体。

---

① 杨善明：《论房屋买卖中的优先购买权》，载《政治与法律》1994 年第 2 期。

② 房地产公司投入大量的资金盖了新房肯定是用于出售而不是出租，因为出售和出租相比更能迅速收回投资和获利——现在火爆的房地产市场也印证了此点。

③ 值得注意的是，这位学者并未论证“如果不允许承租人在同等条件下有优先购买权”与“就会使他们面临住房的困难，生活处于一种不安定的状态，以致影响社会安定”之间的因果关系。在笔者看来，两者之间并无因果关系。因为即使承租人行使了优先购买权，他也并非就可以达到国家社会保障制度所实施的“免费（或低价）入住”的程度，同等条件迫使承租人付出和第三人一样的价金（一般为市价）。优先购买权制度并不能给承租人带来什么实质性的利益，“含金量”甚低，故这位学者夸大了该制度的社会作用。

(四) 目标之四:保护依赖关系

该制度的拥护者们认为,“承租人在出租人出卖租赁房屋之前就已经处于某种利害关系中,这集中表现在承租人对租赁房屋的依赖上。如果承租人能够优先他人购得此房屋,会使这种利害关系继续下去,不会因被他人购去而构成危害或麻烦。”① 况且,“承租人对租赁房屋的依赖存在着许多特殊利益,如承租人使用出租房屋产生的居住、使用投资、与工作生活联系等,一旦出租人将房屋卖与他人,这些利益就难以继续维持。”②

租赁关系的存在就一定意味着存在承租人对租赁房屋的依赖?这恐怕要进行类型化分析。较长时间的租赁关系也许会出现承租人对租赁房屋的依赖的现象,但短期(如一个月)房屋租赁和不定期房屋租赁,则就很难产生承租人对租赁房屋的依赖。而现实生活中,随着人口流动加剧,解一时之需的短期房屋租赁和不定期房屋租赁情形绝非鲜见——从这个意义来说,“将享有优先购买权的主体限定为6个月以上的定期租赁合同的承租人”③ 的构想是十分科学的。

即使承租人已经依赖了租赁房屋,笔者认为,也不能就理所当然地对该依赖进行保护,因为该依赖未必都是合理的。租赁合同是有期限的,所以在租赁期限内的承租人可以使用租赁房屋,可以产生对租赁房屋的依赖,此依赖在合同租赁期限内是合理的,超出租赁期限内的依赖就很难再说是合理的了,因为此时他已无依赖的基础(即租赁合同),此时的依赖只是由于惯性而形成。承租人在订立租赁合同时就应当考虑自己使用租赁房屋会产生居住、使用投资、与工作生活联系等特殊利益,他就应该据此确定一个对自己较为合适的租赁期限;所以当日后租赁合同期满后,承租人这些特殊利益的丧失是当然的结果。这样的依赖就不值得法律的特别保护了。

另外,当承租人出价没有第三人高即不具备同等条件时,他并不能行使优先购买权,他就得不到租赁房屋的所有权,他对租赁房屋的依赖和因此而产生的居住、使用投资、与工作生活联系等特殊利益也就不能得到保护。但法律却容忍了

① 王福祥:《论优先购买权》,载《法制与社会发展》1995年第2期。
② 蒋人文:《论优先购买权》,载《社会科学家》2001年第3期。
③ 李荣、万国凡、郭晓伟:《房屋优先购买权制度新探》,载《中国西部科技》2003年第6期。

此种情形,并不认为这有何不妥。这也从另一个侧面说明了承租人对租赁房屋的依赖未必都要保护。

抛开上边不谈,单纯从保护承租人的依赖的角度考虑,也没有必要创设承租人优先购买权制度,因为让承租人取得租赁房屋的所有权即可实现此目标。"让承租人取得租赁房屋的所有权"和优先购买权制度的"让承租人较其他人优先获得租赁房屋的所有权"是两回事。本文下一部分将会叙述一种让承租人取得租赁房屋的所有权而非让承租人较其他人优先获得租赁房屋的所有权的制度。

五、承租人先行购买:一个新的制度设计

通过上述分析,我们会发现,承租人行使优先购买权会造成损害第三人利益、破坏公平原则等不利后果,并且该制度的种种目标要么可以替代要么不合理;因此废除该制度不仅是理所当然,而且无后顾之忧。但上述的"租赁房屋所有人与使用人合一""承租人已经实际使用了租赁房屋,了解租赁房屋的情况,知道如何有效地利用该房屋"等的确是该制度的合理之处,因此我们就应该创设一种既能保护上述的合理之处又没有继承承租人优先购买权制度弊端的新的制度。

承租人优先购买权制度的最大不合理之处在于把第三人拉进来允许其参与交易但在其付出交易成本后因承租人行使权利而遭受损害,因此新的制度设计就应该,只让承租人成为所有人(这样才能达到"租赁房屋所有人与使用人合一"),而不能轻易让第三人介入交易中。在这样的精神指导下,新的制度应当是这样的:

A. 在房屋租赁期限内,出租人有意出卖房屋,他必须先告知承租人自己欲出售租赁房屋的想法;如果出租人未告知承租人而直接将租赁房屋卖于第三人的,承租人可以主张其买卖合同无效[①],且按照第三人的出价与出租人成立租赁

---

① 应当说明的是,"出租人与第三人之间的买卖合同无效"是迁就我国现行物权变动模式的结果;如果像德国、我国台湾地区那样采物权行为说,出租人与第三人之间的买卖合同就不是无效了。当然,关于物权变动模式的选择,则非本文所研究的。

房屋买卖合同,此权利为形成权。B. 承租人在接到出租人欲卖房的通知后的一定的合理期限内必须做出自己是否准备予以购买的表示,此合理期限为10—15日。C. 如果承租人表示不予购买,后来的任何时间里承租人都不得主张购买,出租人则可放心与第三人接触、协商、订立直至履行房屋买卖合同。D. 如果承租人有意购买租赁房屋,他必须立刻就与出租人进行协商关于租赁房屋买卖的事宜,而出租人也不得与第三人联系有关租赁房屋的出卖事宜。E. 如果出租人与承租人就买卖租赁房屋的价格、支付方式等所有条款都协商一致从而使租赁房屋买卖合同成立,那么双方就应当按照合同的约定履行。F. 如果出租人未能就价格、支付方式等条款与承租人协商一致,此时出租人可以联系第三人将房屋出卖于第三人,但出租人与第三人之间的房屋买卖合同的价格必须高于承租人的出价。G. 如果出租人违反价格义务低价或等价将租赁房屋出卖于第三人,承租人可以主张其买卖合同无效且按照承第三人的出价与出租人成立租赁房屋买卖合同,此权利也为形成权。

应当承认的是,此制度设计仍然不能避免出租人与第三人勾结"名义上高价,实际是低价"损害承租人利益的行为。但不能就简单地否定了此制度:(1)新的制度绝对保证出租人利益不受损害,也没有损害第三人的利益;由于没有提供激励机制,出租人与第三人合谋损害承租人行为发生的可能性就很小。(2)出租人与第三人勾结"名义上高价,实际是低价"目的是为了不让承租人获得租赁房屋的所有权,而此制度设计就是在废除承租人优先购买权制度后仍实现"租赁房屋所有人与使用人合一"的效率价值的;两者目的上的冲突就表明了任何以"租赁房屋所有人与使用人合一"为价值追求的制度都不可能解决出租人与第三人合谋损害承租人行为的问题。

相反的是,新的制度具有以下优点:(1) 它强制出租人在和第三人接触前就与想购买租赁房屋的承租人就买卖租赁房屋进行协商,从而保证在同等条件下承租人优先获得租赁房屋的所有权,使得租赁房屋所有人与使用人合二为一,从而实现了效率价值。(2) 它使承租人承担了交易(即买卖租赁房屋)所必需的交易成本,不再转嫁到第三人身上,体现了民法上的公平原则。(3) 它把第三人介入的时间限定在承租人未能与出租人协商一致之后,这样一来,第三人从事交易之时再也不用担心优先购买权的行使从而使自己的努力白废,从而促进了当事人的交易信心,促进商品流通。(4)出租人在与第三人协商买卖租赁房屋之时因没有了承租人的权利主张,也减少了限制,也就不会出现第三人故意压价或出租人故意空着房屋不出租等损害出租人利益的现象,保护了出租人的利益。总之,该制度设计既保证了房屋承租人获得租赁房屋的所有权又让第三人总是在承租人退出之后才出现,避免了原制度的不公平、不效率等缺陷。

六、结　　语

经由上述分析,我们可以发现,承租人优先购买权制度存在的主要价值在于效率。但有的学者研究发现,"从先买权制度产生发展的历史看,其产生的理由不是为了物的价值的充分发挥,也并非出于经济秩序的考虑"。[①] 如果他的结论是正确的话,该制度的"历久而弥坚,愈千年而不衰"并不能正当化其本身。

况且,随着社会经济的发展,国外关于优(先)买权的规定,有加以限制的趋势,制定在后的法典相对于制定在前的法典在优(先)买权制度的适用范围有明显的限制。[②] 再加上本文的上述理由;因此笔者有信心展望,若干年后,世界各国的立法和学说彻底肃杀承租人优先购买权制度,取而代之的是承租人先行购买、承租人与第三人不同时出现的制度。

① 刘云升:《先买权制度法律价值等诸问题的探讨》,载《河北法学》2000年第5期。

② 参见刘云升:《先买权制度法律价值等诸问题的探讨》,载《河北法学》2000年第5期;杨华:《优先权类型化研究及法理分析》,载《江苏广播电视大学学报(哲社版)》2003年第3期。

信托制度产生的历史分析

冯兴俊*

内容提要：信托产生的最初目的在于规避土地的封建负担，最初不为普通法所承认和保护，是衡平法赋予了受益权强制执行力。可是，代表国王利益的大法官为什么要违背国王的意志这样做呢？学者们始终没有回答这个问题。对此，本文提出了三个理由：第一，基督教教会是最大的受益人，如果用益得到法律承认，那么教会可以获得巨大的经济利益；第二，衡平法的大法官对用益设计享有最直接的物质利益，赋予受益权强制执行力，就是给予自己的利益以法律保障；第三，大法官们作为上帝在人间的代表，必须出面制止和惩戒违背基督教教义的行为，这样才符合“正义”和“良心”。因此，与其说衡平法院拯救了信托而信托也拯救了衡平法，毋宁说是基督教拯救了信托，而信托拯救了衡平法院。另外，本文提出了一个被现有研究所忽视的重要因素，即宪政方面的原因。由于1215年的“大宪章”确立了国王服从法律的原则，议会权力的扩大限制了王权，国王无力制止大法官承认信托，于是信托终于得以逃出生天。

关键词：信托　用益　土地所有制　土地分封　衡平法　基督教　大宪章

Abstracts: In middle age of England, people invented trusts to avoid the feudal charges and restriction imposed on the land by the lord. The Common Law treated it as normal land deal and didn't accept and protect the rights of beneficiary. It was the Equity Law who gave the beneficiary the power of enforcement. But why the Chancellor who acted on the behalf of the King did so? People say that the Chancellor did that for justice and conscience, but such argument is weak and in-

* 冯兴俊，女，法学博士，中南财经政法大学讲师。

convincible. From my points of view, there are three reasons. Firstly, the Christianity was the beneficiaries of many trusts and could get enormous economic interests if the law protected the rights of beneficiary. Secondly, the Chancellor could enjoy the interests from trusts directly and to protect beneficiary's right was to protect his own right. Lastly, the Chancellor was the representative of God and should stop and punish the behavior against the doxies of Christianity. So it is more rational to say that Christianity saves Trusts and Trusts saves Equity Law rather than Equity Law saves Trusts and Trusts saves Equity Law in turn. Otherwise, constitutionalism is another important factor that contributed to the rise of Trusts. The Magna Charta (1215) established a constitutional principle that the King must obey the law, so the King couldn't stop the Chancellor to accept trusts. Then the system of Trusts established finally.

Key Words: Trusts, Use, Ownership System of Land, Fief, Equity Law, Christianity, Magna Charta

现代信托的前身为英国13世纪所流行的用益权(Use)。中世纪英国的人们之所以发明并热衷于使用Use这种财产处分方式,很大程度上是为了摆脱封建法律对处分土地而设置的种种限制。中世纪的英国还是个封建农业国,土地是国家和社会最主要的生产资料,更是大多数劳动者生活资料最主要的来源,竭尽全力要保护的最重要的财富。于是,在国王、教会、封建领主以及普通老百姓之间,为争夺土地难免常常发生冲突。国王以及封建领主为了永久享用土地利益,利用世俗统治者的身份制定了种种限制土地处分、增加土地负担和风险的法律,包括禁止将土地捐献给教会、禁止长子或独子以外的其他继承人继承土地、土地继承必须缴纳高额的继承税以及法律规定的没收土地的情形等。[1] 为了规避这些土地处分的限制、土地负担以及风险,人们甘愿冒着受托人背信弃义的道德风

① 参见 Paul Todd, *An Introduction to the Law of Trusts*, Blackstone Press, 1986, p.7; Jesse Dukenimier & Stanley M. Johnson, *Wills, Trusts, and Estates*, sixth edition, 北京:中信出版社2003年版, pp. 553—554. 史尚宽:《信托法论》,台北:商务印书馆1972年版,第1—2页;徐国香:《信托法研究》,台北:五南图书出版公司1986年版,第4—7页;张淳:《信托法原论》,南京:南京大学出版社1994年版,第2—4页;周小明:《信托制度比较法研究》,北京:法律出版社1996年版,第77—79页。

险,将土地的所有权转让给他,从而产生了用益权。我国学者认为,用益权在很大程度上是规避法律的产物。[①] 但是,正因为用益和信托是产生于规避法律的动机,所以得不到普通法法院的承认,受益人的利益是否能够得以实现,完全是由受托人的道德和良心所决定。如果受托人甘愿把良心喂狗,受益人也无可奈何。在这种情况下,受益人只好向衡平法法院的大法官们求助,请求强制受托人履行为受益人利益持有财产的承诺。结果我们已经知道,大法官果然不负众望,赋予了受益权以强制执行力。问题是,代表国王利益的大法官为什么不想办法阻止用益这一损害国王利益的行为,反而一而再再而三的保护满足受益人的要求呢?

同所有其他现存法律体系相比,英国法更强调探究它的历史源流。[②] 因此,要解决这个疑问,准确理解英国法上的信托,只能从最初信托产生的历史文化背景入手,探求信托法产生的规律。

一、摆脱封建土地负担是发明信托的动因之一

用益制作为英国信托制度的雏形,它的产生和发展与英国财产所有权,特别是土地所有制有着直接的联系。[③]

在进入封建社会之前,由于一个强有力中央政权的缺席,英格兰人对土地拥有绝对所有权。[④]这种情况随着诺曼底公爵威廉一世的到来而结束。公元1066年,诺曼底公爵威廉征服苏格兰,即英国历史上的诺曼征服(Norman Conquest)。[⑤] 威廉宣布整个英格兰的土地都为他所有,除留下大量土地作为王田外,还将许多没收来的反对者的土地分给他的追随者和亲贵。为了维护其统治,

① 张淳:《信托法原论》,南京:南京大学出版社1994年版,第4页。

② 〔德〕K.茨威格特、H.克茨:《比较法总论》,潘汉典、米健、高鸿钧、贺卫方译,北京:法律出版社2003年版,第272页。

③ 余辉:《论信托法律制度的源流》,中国人民大学2002年博士学位论文,第40页。

④ Paul Todd, *An Introduction to the Law of Trusts*, Blackstone Press, 1986, p.3.

⑤ Norman 按其字义是"北方人",是北方日耳曼人的统称,可分为三大支:丹麦人、瑞典人和挪威人。991年,丹麦人在诺曼底定居下来,直到1066年,诺曼公国很多方面还是原始落后的,比如没有成文法,只有诺曼法(即习惯法)。蒋孟引:《英国史》,北京:中国社会科学出版社1988年版,第80页。

他在苏格兰推行法兰克的骑士占有制，以服兵役为条件给骑士分配封地，骑士对封地拥有占有权、使用权而没有所有权。起初，骑士封地只能享用终身，以后逐渐变为世袭。这样一种以土地分封为媒介，把维护封建政权的义务在各级土地所有者之间层层分割，以造成政治统治权与土地使用密切结合的政治体制，随着威廉征服的到来，从欧洲大陆移植到了英国。[①] 这些威廉的直属封臣除宣誓效忠，必须每年为他提供一定数量的骑士，为他服 40 天的骑士役(knight service)。直属封臣留下部分土地直接经营，把其余部分再次分封出去，形成新的次一级的封君封臣关系，如此层层封受，形成了以封建土地为基础的等级制人身依附关系。这种土地占有制度在西欧通称为采邑制。一般认为，这就是英国封建社会的开始。[②]

在中世纪的英格兰，任何一个封建主都可以把受封得来的土地再转封出去。领主把土地分封出去以后，享有该土地上封臣(tenant)提供的军役，这种军役不久就转为金钱义务或名义上的义务。此外，领主可以对封臣收取协助金、继承金，并对封臣的土地享有先占权、监护权和婚姻权、没收权等封建附属权利(feudal incident)。[③] 协助金指封臣在领主需要时有义务对领主提供财政援助，于是，领主尤其是国王利用各种借口向下级勒索钱财。继承金是指当封臣死后其继承人继承封土时，应向领主缴纳一笔继承金。当封臣死后未缴纳继承金，领主可以行使先占权，先行占有土地。领主往往会滥用先占权，损害继承人的利益，如宰杀大量牲畜，毁坏永久性建筑等。监护权(right of wardship)是指骑士领地的封臣死后领主对其未成年的继承人施行监护的权利，在监护期间，领主管理封臣的产业并取得全部收入。婚姻权是指领主在被监护人长大成人后，拥有决定其婚姻配偶的权利。领主在实行监护时，往往会利用这种权利尽量榨取，更利用其对继承人的婚姻设法侵吞臣下的产业。没收权是指领主将其封给封臣的土地又收

---

① 钱乘旦、许洁明：《英国通史》，上海：上海社会科学院出版社 2002 年版，第 41 页。

② 封建制度的概念有广义和狭义的区分，狭义封建制度指作为领受土地的条件和军役——骑兵兵役，广义封建制度指领受的附带有义务和隶属关系的土地本身，亦即采邑制的含义。狭义封建制的着眼占是动乱年代中的战争，广义封建制的着眼点在于以占有土地为社会等级之根本的时代对土地的保有和使用。〔英〕阿萨·勃里格斯：《英国社会史》，陈叔平译，北京：中国人民大学出版社 1991 年版，第 65—66 页。

③ 余辉：《论信托法律制度的源流》，中国人民大学 2002 年博士学位论文，第 45—48 页。

归己有的一种封建附属权利。

除了上述领主对土地的封建附属权利以外，封建法律对土地的继承还有诸多限制，例如长子继承制(primogeniture)。在1540年遗嘱法(Statute of Wills)以前，英国封建法律规定，土地不能通过遗嘱继承，只能根据长子继承制的规则进行继承，从而使所有土地权利都归长子拥有。[1]通过英国作家奥斯汀的名著《傲慢与偏见》的描述，封建继承制度的不合理性可见一斑：

> 班纳特先生的全部家当几乎就是一宗年进两千镑的地产。这宗地产，说起来真是他几个女儿的不幸。因为他没有儿子，按规定只得遗赠给一个远房亲戚……[2]

最后，封建法律禁止将土地捐赠给教会。在英国中世纪早期，由于宗教狂热所致，教徒将其土地的全部或一部分捐赠给教会的现象在社会生活中经常发生，并逐步发展成为一种习惯。[3] 由于教会的土地享有永久免税的特权，而土地大量集中于教会直接导致国家和领主的税收锐减，使其利益受到了损害。因此，1279年，爱德华一世(Edward I)颁布"永久产业管理法"(Statute of Mortmain，也称"死手法")，禁止将土地让渡给一切法人团体，从而试图防止教徒将土地转让给教会和修道院。[4]

于是，13世纪中后期，为了规避封建法律强加于土地的负担及对土地处分的限制，人们，准确地说应该是律师，开始使用用益这种设计，从而达成"以Use之名而达破除此种法制之目的"[5]。用益权大约产生于1230年，最初是为了圣芳济修士(St. Francis of Assisi)的利益而采用这种财产处分方式。[6]对于这种土地处分方式，普通法法院仅把它当作土地所有权转移而已，不承认受益人的权利具有法律上的强制效力。所以至15世纪为止，Use仅为社会的一般习惯，受益人的权利也只是单纯的道德上的权利。到了15世纪中叶，衡平法院的大法官以

---

① J.E. Penner, *The Law of Trusts*, second edition, Butterworths, 2000, p.10.
② ［英］简·奥斯汀：《傲慢与偏见》，刘锋译，广州：花城出版社1996版，第29页。
③ 张淳：《信托法原论》，南京：南京大学出版社1994年版，第2页。
④ 何勤华：《英国法律发达史》，北京：法律出版社1999年，第16页。
⑤ 史尚宽：《信托法论》，台北：商务印书馆1972年版，第1页。
⑥ Paul Todd, *An Introduction to the Law of Trusts*, Blackstone Press, 1986, p.7.

衡平和良心为标准，承认了受益人的权利。[①] 受益人的权利得到衡平法的承认以后，用益设计得到广泛使用，从而导致了两方面的结果：一是土地大量被教会所拥有，世俗权力受到威胁，二是用益设计可以规避土地上的封建负担，对领主及国王来说，就是直接损害了他们的经济利益。因此，1535年，国王亨利八世(Herry VIII)颁布了用益法(Statute of Uses)。该法的部分目的是：区分受让人的财产和将它转让给受益人，由于受益人成为普通法的所有人，并承担普通法所有人的责任，废除以前的双重所有权，进而阻止规避普通法。它并没有废除Use体系，只是大部分Use视受益人为法律上的所有权人，从而使收益权成为普通法上的权利。[②] 我们看到，在与亨利八世及其所代表的利益阶层的这一斗争中，人民的智慧再次发挥其强大的威力，17世纪以后，他们发明了双重用益(Use upon a Use)。其构造为：甲将土地转让给乙，规定乙为丙的用益、丙又为丁的用益而占有土地。因为普通法院并不承认双层用益，只对第一层用益适用"用益法"，丁的用益则不受普通法保护，于是，再次给了衡平法法院介入的机会。由于双层用益的出现，为了加以区别，衡平法遂称"第二层用益"为"Trust"，即信托。[③] 这就是今天我们所看到的信托。

通过考察用益权、信托制度与封建社会土地所有制的关系，笔者认为，信托之所以在英国的封建社会中产生，是因为封建社会的财产关系依附于人身关系，人身关系变更将直接导致财产关系的变更，并因个人在封建等级社会中的地位而直接产生了对各种财产限制和财产负担。所以，为了摆脱财产关系对人身关系的依附，保全财产，人们发明了信托。从表面看起来，信托似乎是分离了财产的所有权和受益权，但是，信托的实质在于使财产与人身相分离，从而达到规避因人身关系而引起的财产限制和财产负担的目的。

我们知道，大部分国家都是从原始社会、奴隶社会、封建社会、资本主义社会这样一步一个脚印走过来的，无须调查就可以推断，在有封建法律存在的社会，就一定存在法律上的各种财产负担和财产限制。这些负担与限制，不论其合理

---

① 史尚宽：《信托法论》，台北：商务印书馆1972年版，第3页。

② 张天民：《失去衡平法的信托——信托观念的扩张与中国〈信托法〉的机遇和挑战》，北京：中信出版社2004年版，第13页。

③ P. V. Baker and P. St. J. Langan, *Snell's Equity*, Sweet & Maxwell Ltd., 1990, p.105. 转引自周小明：《信托制度比较法研究》，北京：法律出版社1996年版，第82页。

与否，根据私有制社会中人类趋利避害的天性，一定会有人试图规避它们。事实上，在不同国家的不同历史阶段都曾萌芽过类似于英国用益和信托的变通办法，如罗马法的遗产信托(Fidei Commissum)、古埃及的遗嘱托孤[①]，日耳曼法上的Salmen等。那么，为什么偏偏只有英国的用益设计产生以后，不但没有被封建势力扼杀在摇篮中，反而一路茁壮成长，最终成为英国人为之骄傲、大陆法系国家为之心仪的信托法律制度呢？回答这个问题，我们必须进一步考察英国中世纪宗教势力对信托的影响。

二、基督教的需要和保护是信托产生的关键因素

耶林说过，罗马帝国曾经三次征服世界，第一次是军队，第二次是宗教，第三次是法律。罗马基督教庭的势力染指大不列颠诸岛，始于公元6世纪末。公元585年后不久，贵族出身的格列高里(Gregory)在罗马奴隶市场看见许多金发白肤的男奴，人们告诉他这些人是从苏格兰来的盎格鲁人，还是异教徒，格列高里就萌发了去不列颠传教的念头，可惜当时的教皇不予准许。公元594年，格列高里当上了教皇，另外，当时的肯特异教国王艾塞伯娶了高卢的一个基督徒公主，机会非常难得，于是立即实行他长久喜爱的计划，命令奥古斯都率四十名罗马教士去不列颠。他们如愿以偿，一年之后，艾塞伯接受了洗礼，并在首都坎特伯雷建立了坎特伯雷大教堂。[②] 6世纪末，盎格鲁人、撒克森人征服不列颠，局势逐步稳定，基督教会以引进罗马法、设修道院帮助新统治集团巩固统治，从此教会、修道院大批设立起来。[③] 到了公元663年，英格兰东南部永远皈依了基督教[④]。英格兰北部的基督教源于苏格兰克尔特人的基督教会，当英格兰南部的盎格鲁——

① 公元前2000年左右，古埃及就有人设立遗嘱，让他的妻子继承自己的遗产，并为儿女指定监护人，还设有立遗嘱的见证人。这种以遗嘱方式委托他人处理财产并使继承人受益的做法是现今发现的一种最早的信托行为。

② 〔美〕克莱登·罗柏兹、大卫·罗柏兹：《英国史》(上册)，贾士蘅译，台北：五南图书出版公司1986年版，第51—52页。

③ 杨真：《基督教史纲》(上册)，北京：三联书店1979年版，第139—140页。

④ 〔美〕克莱登·罗柏兹、大卫·罗柏兹：《英国史》(上册)，贾士蘅译，台北：五南图书出版公司1986年版，第52页。

萨克森人皈依罗马基督教之时，克尔特人基督教连同其特有的修道院制度已在英格兰北部占主导地位。[①] 诺曼征服之后，威廉一世在改革英格兰政治的同时，也从诺曼底带来了大批罗马教廷的传教士，对英国教会进行了重要改革。在人事方面，他任命了一个娴熟的教会法学者、意大利人兰弗朗克(Lanfranc)担任总主教，并从诺曼底选拔许多教士担任英国教堂主教或修道院院长。[②] 在司法方面，他命令主教退出地方法院，另设专门处理宗教和与教会有关案件的宗教法院，给予重要的司法权。[③] 从此，基督教伴随着英国封建社会在中世纪一起成长、鼎盛进而衰落，它对英国社会的影响长久而且深远。这一点可以从历史学家的著述中窥见一斑：

> "也许没有任何一个国家的宗教信仰能像在英国那样被掌握过、而且至今还拥有着那么多的权威……它们在人们的品德、幸福、感情上起着巨大的影响……"[④]

中世纪英国基督教对法律的影响可以归纳为两个方面。一方面，教会法得到世俗法的承认，而对英国人民具有约束力。另一方面，英国中世纪早期的法官绝大部分都是在教会学校接受教育，很多法官本身就是教士。

恩格斯告诉我们，在中世纪的欧洲，僧侣们获得了知识教育的垄断地位，因而教育本身也渗透了神学的性质。政治和法律都掌握在僧侣手中，也和其他一切科学一样，成了神学的分支，一切按照神学中通行的原则来处理。教会教条同时就是政治信条，圣经词句在各法庭中都有法律的效力。[⑤] 英国也不例外。在英格兰征服者威廉时期，天主教会的全部法规被认为具有约束力。[⑥] 12 世纪时，重新被欧洲人发现的罗马法传入英国，促进了天主教会法的成长和系统化，其内容涉及到婚姻、遗嘱、契约、异端邪说、伪证、性犯罪等事项，它也涉及了全体英国

---

① 钱乘旦、许洁明：《英国通史》，上海：上海社会科学院出版社 2002 年版，第 22 页。

② 同上书，第 49 页。

③ 蒋孟引：《英国史》，北京：中国社会科学出版社 1988 年版，第 89 页。

④ 〔法〕基佐：《法国文明史》，沅芷、伊信译，北京：商务印书馆 1993 年版，第 12 页。

⑤ 恩格斯：《德国农民战争》，载《马克思恩格斯全集》第 7 卷，中共中央马克思、恩格斯、列宁、斯大林著作编译局译，北京：人民出版社 1959 年版，第 400 页。

⑥ 〔英〕沃克(编著)：《牛津法律大辞典》，第 132—133 页。1054 年，基督教发生了大分裂，东部教会自称为正教(即东正教)，西部教会称为公教(即天主教)，英国基督教属于天主教。

人民的生活。[①] 这种状况一直延续到宗教改革（1501年—1600年）。伯尔曼在其著作中也提到，教会的一套名为《矛盾教规之调谐》被有关英国法、德国法、法国法和其他地方世俗法律体系的权威论著奉为楷模[②]，"教会的婚姻法、继承法、侵权行为法、刑法、契约法、财产法、衡平法、诉讼进入到西方世俗法律制度之中"[③]。

在中世纪的欧洲，修道院是基督教的西方古典文化的学习和教育的中心。教育是教会的独占事业，主教及其代表有权许可学校的设立。[④] 国王与诸侯们只能从教会里招聘他们所需的法官、秘书和"书吏"，换言之，国王和诸侯们只能从教会里招聘他们行使职权所必需的一切有文化的成员。从9世纪到11世纪，政府的全部都掌握在教会手里，在政府事务中，正如在艺术方面一样，教会占有优势。[⑤] 在13世纪，法官还不是训练有素的专业法律人员，而是王廷官员或地方政府官员，其中多数出身教士或兼任教职，这大概是因为教士文化素质高，熟悉法律，精通法庭通用的拉丁语和法语所致。[⑥] 这一点在史学家的描述中有充分的体现：

> 在朝廷上为国王服务的，是聪明的传教士而非不识字的贵族。这些传教士熟习拉丁文，懂得罗马法及教会法。[⑦]

以上两个方面只是宗教对封建法律的一般影响，信托作为封建法律的一个部分，自然也受到宗教法规的影响。对信托而言，这种影响则是信托产生与发展

---

① 〔美〕克莱登·罗柏兹、大卫·罗柏兹：《英国史》（上册），贾士蘅译，台北：五南图书出版公司1986年版，第138页。

② 〔美〕伯尔曼：《法律与宗教》，梁治平译，北京：中国政法大学出版社2003年版，第152—153页。

③ 同上书，第56页。

④ 〔美〕克莱登·罗柏兹、大卫·罗柏兹：《英国史》（上册），贾士蘅译，台北：五南图书出版公司1986年版，第135页。

⑤ 〔比〕亨利·皮朗：《中世纪欧洲经济社会史》，乐文译，上海：上海人民出版社2001年版，第11—12页。

⑥ 程汉大：《12—13世纪英国法律制度的革命性变化》，载《世界历史》2000年第5期。例如，亨利任命的最高司法官罗杰拉波（Roger Le Poer）即为萨耳斯伯利的主教，原为诺曼底坎因（Caen）一个无名的教士，他也是第一个派巡回法官到州郡执行的司法官。〔美〕克莱登·罗柏兹、大卫·罗柏兹：《英国史》（上册），贾士蘅译，台北：五南图书出版公司1986年版，第116页。

⑦ 〔美〕克莱登·罗柏兹、大卫·罗柏兹：《英国史》（上册），贾士蘅译，台北：五南图书出版公司1986年版，第135页。

的关键因素。可以说,如果没有英国中世纪的基督教,就不会有今天的信托。因为,宗教需要是创造信托制度的直接动因,而宗教势力的庇护,是信托得以确立和发展的根本原因。

首先,最初产生的信托直接源于教徒的宗教需求。这一点在许多著述中都有提及。1224年,圣芳济(St. Francis of Assisi)的信仰者来英国布教,他们传教行善但拒绝拥有财产,到1270年,英国出现了47院圣芳济修道士。[1] 为了维持他们的生活,最早于1230年,信徒将土地让与城市以充这些修士Use之用。[2] 另外,如前所述,由于人们大量将土地捐赠给教会,损害了国王的利益,于是国王爱德华一世(Edward I)于1279年颁布"永久产业管理法",禁止一切将土地捐赠给宗教组织的行为,从而用益设计更加风行。

其次,信托之所以得到大法官的支持,与大法官个人的宗教背景有着最直接的联系。

我们知道,用益权在产生之初,并不为普通法法院所承认,而是在衡平法法院大法官的一再介入之下,用益权和信托才得到法律的保护。在中世纪的英国,衡平法法院代表着王权,大法官代表的是国王的利益,而用益与信托是有损于国王的利益的,按理说,大法官不应该做出与国王利益相违背的裁判。但令人费解的是,大法官一次又一次地保护与国王利益相悖的用益权和信托。究竟是为什么?要回答这个问题,必须从衡平法法院的历史以及大法官的出身开始。

衡平法法院的前身是大法官法庭。在"忏悔者爱德华"[3] 时期,国王礼拜堂所属的教士草拟特许状,并颁发国王所需的文书。征服者威廉一世延用并充实了这一办法,后来这个书写文书的礼拜堂被称为王室文秘署(Chancery)。1078

① 〔美〕克莱登·罗柏兹、大卫·罗柏兹:《英国史》(上册),贾士衡译,台北:五南图书出版公司1986年版,第182页。

② Paul Todd, *An Introduction to the Law of Trusts*, Blackstone Press, 1986, p.7; Jesse Dukeminier & Stanley M. Johanson: *Wills, Trusts, and Estates*, sixth edition, 北京:中信出版社2003年版, p.553;〔英〕阿萨·勃里格斯:《英国社会史》,陈叔平译,北京:中国人民大学出版社1991年版,第78页。史尚宽:《信托法论》,台北:商务印书馆1972年版,第1页;张天民:《失去衡平法的信托——信托观念的扩张与中国〈信托法〉的机遇和挑战》,北京:中信出版社2004年版,第10页。

③ 爱德华是英国历史上最后一位盎格鲁—撒克逊血统的国王,阿尔弗雷德大帝的后裔,年轻时流亡诺曼底,隐居在修道院,成了虔诚的教徒,所以被称作"忏悔者爱德华"。他于1043年登基,1066年驾崩。他死后不久,即因王位之争而发生英国历史上著名的诺曼征服。

年，人们开始把写文书的办公室首长称作秘书大臣(Chanceller 或 Chancellor)。在15世纪，王室文秘署发展成为大法官法院(the Court of Chancery)，秘书大臣也就成了大法官。16世纪之前，大法官的职位一直由教士担任。[①] 英国直到1529年才产生第一任世俗大法官托马斯·莫尔(Thomas More)，最后一位教士大法官是1621—1625年的威廉姆斯主教(Bishop Williams)。主教们仍旧首先是忠诚的官员，不仅接受咨询，任国王的特使，还主持大法官法庭。

弄清楚了大法官的个人背景，对为什么他们作为国王利益的代表却做着违背国王利益的事，就不难理解了。笔者认为，大法官之所以赋予受益权以强制执行力，有以下三个原因：

第一，基督教教会是最大的受益人，如果用益得到法律承认，那么教会可以获得巨大的经济利益。是否承认用益和信托的法律问题，直接反映的是以国王为代表的世俗权力和基督教的宗教势力争夺土地财富这一社会现象。如前所述，虔诚的信徒把土地捐赠给不用缴纳税赋的教会，直接损害了国王的利益。于是，国王利用其世俗权力，制定了"永久产业管理法"，禁止人们将土地捐赠给教会。这样一来，教会要获得土地的相关利益，只能通过间接的方式，而用益和信托正好满足了这一需要。但是，根据令状类型提起诉讼的制度，注定了普通法法院的法官无法接受受益人的请求，尽管他们大多数也是教士，也想维护教会的利益。这样，是否维护教会利益的任务落到了有权增加令状种类的衡平法法院大法官身上。如果承认受益人权利的合法性，则教会可以获得大量土地利益，从而达到与拥有土地相同的实际效果；如果不承认，则教会失去享受这些土地利益的法律保障。大法官们会作何选择？毫无疑问，大主教作为英格兰基督教教徒中的佼佼者和精神领袖，保护上帝的利益是他必须尽到的责任。虽然没有直接的资料证明当初大法官是为了维护教会的利益才承认用益，但从伯克特大主教的

① 〔德〕K.茨威格特、H.克茨：《比较法总论》，潘汉典、米健、高鸿钧、贺卫方译，北京：法律出版社2003年版，第290页。

故事,笔者认为得出这样的结论并无不妥之处。[1]

第二,衡平法的大法官对用益设计享有最直接的物质利益,赋予受益权强制执行力,就是给予自己的利益以法律保障。中世纪的欧洲,教会实际上是一个很大的封建领主,其财富来源于三个方面:一是修道士们不分白天黑夜的辛苦劳作所创造,二是宗教垄断的商品交易,三是信徒的捐赠。另外,英国的宗教状况与欧洲还有所不同,由于世俗国家权力的强大,从征服者威廉一世时起,罗马教廷丧失了对英国教会的"人事权"。[2] 因此,相对欧洲大陆的教会,英国教会具有相当程度的独立性。于是,这些财富可全部由各教堂主教们直接支配。也许早期的主教们还不像15、16世纪的主教们那样腐化堕落,将这些财富享受挥霍。但是,占有财富越多,越能够最大限度地救济贫困,保护弱小,越能最大限度地实现宗教理想或个人抱负,这是不争的事实。那么,面对国王的利益和自己教堂的利益,大法官们将作何选择就是一目了然的事了。

第三,大法官们作为上帝在人间的代表,必须出面制止和惩戒违背基督教教义的行为,这样才符合"正义"和"良心"。《圣经》旧约摩西十诫的第八条要求不可偷窃,第九条要求不可做假证陷害他人,第十条要求不可贪恋他人所有的一切。这些都是基督教对其信徒诚实不妄的要求,成为了基督徒的一个重要行为准则。诚实与不诚实,撒谎与不撒谎,对于一个没有宗教信仰的人来说,并非什么大不了的事,但是对于一个宗教信徒来说却是极其严重的事,如果撒谎不诚实,他欺骗的并不是别人,而是他自己的心灵以及更高的存在——上帝。[3] 试想,如果上帝受到了信徒的欺骗,大主教们能坐视不理吗?所以,当受托人见利忘义,把为受益人持有及管理财产并将收益交付受益人的承诺抛诸脑后时,大主教们运用国王授予的权力,宣布受托人受"托"而不守"信"的行为是违背"正义"与"良心"的,强制他履行对委托人的承诺,从而纠正欺骗上帝的行为。

---

① 伯克特1154年被国王亨利二世任命为法务大臣,为亨利管理朝廷,并成为亨利二世的好朋友,在所有亨利与都会的争执上都支持亨利。所以,亨利相信他作为都会首领将对朝廷有利,于是于1162年提名他出任坎特伯雷大主教。然而,伯克特作为法务大臣,是国王真诚的仆人,但作为主教,他则成了都会的保护者,甚至在每一件事上与国王作对。参见〔美〕克莱登·罗柏兹、大卫·罗柏兹:《英国史》(上册),贾士衡译,台北:五南图书出版公司1986年版,第144—145页。

② 参见钱乘旦、许洁明:《英国通史》,上海:上海社会科学院出版社2002年版,第50页。

③ 萧瀚:《宗教信仰是诚实信用原则最为牢固的道德基础》,载于法律思想网,"思想究竟",资料来源:http://mylaw.myrice.com/sixiang/sixiang0009.htm。

第四，中世纪虔诚的基督教信仰以及违反教义的精神威胁促使英国人更加信守承诺，这是信托产生必需的道德条件。在委托人和受托人之间，必须存在高度的信任关系，这也是信托之所以被称为信托(Trust)的原因。这是因为在用益权产生之初，受益人的权利得不到法律的认可，受托人是否履行为受益人利益持有财产的诺言，完全由他自己是否诚实守信这一因素来决定。如前所述，诚实与不诚实，撒谎与不撒谎，对于一个宗教信徒来说却是极其严重的事，因为他欺骗的并不是别人而是上帝。如果信徒不能遵守诫命，认错悔改，那么他将面对神的末日审判。因此，在这种精神保证之下，委托人才有把握和信心将财产转移给受托人占有，也正是在这种精神威胁之下，大多数受托人也能恪尽职守，诚实地为受益人服务。

第五，教会法规定，实行一夫一妻制，并严禁离婚[①]，这在一定程度上促进了信托的传播和推广。基督教认为，婚姻是一个神圣的、终生的、委身的誓约，为的是互为伴侣，与另一个像自己一样并不完全的人保持交流，互相为着对方的最好的利益而活。因此，基督教主张婚姻的专一性和不可拆散性，认为多夫多妻制违反了男女平等的人格尊严，以及夫妻之爱的特质，因为夫妻之爱是专一的、排他的。[②]《圣经》从一开始就强调一夫一妻制。圣经中，上帝取亚当的一片肋骨，制造了女人夏娃，并把她带到他面前，在属于天堂的伊甸园里享受神仙眷属的日子。[③] 这个故事很清楚地表明，上帝对婚姻的本意是：一夫一妻、至死不分。教会反对多妻主义，提倡一妻主义，可以说是古今一致的。[④] 绝对的一夫一妻制不仅仅是基督教的理想，也是婚姻的规范。教会不仅无条件地反对同时的、甚至有先后的一切多夫多妻的形式。[⑤]

> “你看基督教的国家，不会像中国那样，当了皇帝以后娶一千个老婆。他不敢，为什么，因为他相信圣经上说的要一夫一妻，违背了这个要下地狱”。[⑥]

---

① 参见由嵘(主编)：《外国法制史》，北京：北京大学出版社 1994 年版，第 118 页。
② 《天主教教理》第二卷，“基督奥迹的庆典”，资料来源：http://www.cathlinks.org/fl1601.htm。
③ 参见《创世记》2:20—2:25。
④ 杨昌荣：《基督教在中古欧洲的贡献》，北京：社会科学文献出版社 2000 年版，第 120 页。
⑤ 〔俄〕特洛依茨基：《基督教的婚姻哲学》，吴安迪译，石家庄：河北教育出版社 2002 年版，第 71 页。
⑥ 杨小凯：《基督教与宪政》，载《天则》第 2 辑，北京：法律出版社 2003 年版。

基督教提倡婚姻的神圣性和永久性，所以，离婚就成了基督教徒的禁忌。从9世纪起，教会提出了有关婚姻不能解除的理论，此后离婚就越来越受到制约。[①]婚姻变成了圣礼，因此是一辈子不能改的。在这种宗教法要求之下，英国男人如果对自己的婚姻不满意，既不能像中国封建社会的男人那样公然三妻四妾，也不能离婚另娶。一旦另有所爱或别有所出，他们对自己的财产没有任何权利，生活也得不到保障，因为当时的习惯法和教会法甚至不允许私生子继承。[②] 用益和信托的出现解决了这个棘手的问题，由自己信任的第三人持有某项信托财产，其收益秘密用于意欲供养的人，既不违反宗教信仰，又满足了自己的愿望，可谓两全其美。从这个意义上来讲，宗教对信托制度在世俗社会的推广和传播起了相当的作用。

三、王权受到限制是信托得以产生的政治保证

如前所述，15世纪初期，信托因基督教的庇护而得到衡平法的承认。但是，以我们中国人的思维惯性，还是会产生这样的疑问：国王为什么不去制止呢？要知道，在中国的封建社会，皇帝握有无限的权力，居于至高无上的地位，口含天宪，言出法随。如果这事发生在中国，我们几乎可以想象，皇帝一道圣旨，天牢即向与国王作对的官员招手了。要回答这个问题，必须了解中世纪英国的政治体制。

由于国王约翰(1199—1216年在位)的专制、贪婪和残忍，不仅损害了基督教会的利益，也损害了众多贵族和平民的利益，于是，大主教蓝顿(Stephen Langton)率领英国贵族开始了与国王的斗争。1215年6月，约翰迫于无奈在“大宪章”(Magna Charta)上用了印。“大宪章”明确了国王服从法律、国王权力有限的原则。即是说，国王也必须受法律的约束，万一国王不肯守法，人民有权强制国

---

① 〔德〕汉斯-维尔纲·格茨：《欧洲中世纪生活》，王亚平译，北京：东方出版社2002年版，第39页。

② 〔美〕克莱登·罗柏兹、大卫·罗柏兹：《英国史》(上册)，贾士蘅译，台北：五南图书出版公司1986年版，第118页。

王遵守。[①] 这种强制机制来自一个二十五个贵族组成的委员会，在全境人民的支持下，当国王任何违反“大宪章”时，扣押其财产，并逼使其遵守“大宪章”[②]。“大宪章”第39条还规定，任何自由人，若未经其同级贵族之依法裁判，或经国法判决，皆不得被逮捕、监禁、没收财产、流放、剥夺法律保护权及受其他任何损害。[③] 在这种政治背景之下，衡平法作为英国法律渊源的一种，国王当然受到它的约束，不得任意推翻大法官的决定。而且，在信托得到承认的15世纪初期，英国国会的权力慢慢扩大，国王的权力进一步受到限制。结果，虽然眼看着信托在大法官的庇护下日益茁壮，国王也有心无力只好放之任之，于是信托制度得以逃出生天。

① 〔日〕木下太郎：《九国宪法选介》，康树华译，北京：群众出版社1982年版，第2页。

② 〔美〕克莱登·罗柏兹、大卫·罗柏兹：《英国史》(上册)，贾士衡译，台北：五南图书出版公司1986年版，第162页。

③ 引自何勤华：《英国法律发达史》，北京：法律出版社1999年版，第75页。

理想的冲突规则设计与现实的法院地法约束

——评《关于合同义务法律适用的罗马公约(1980)》

李　玲*

内容摘要:冲突规则以及统一的冲突规则被认为是解决不同法域间法律冲突的一个捷径,但是在现实世界中,这条通向法律一统的道路充满阻碍,使得这一主张更像是一个在现有法律命题中发展起来的理想化的法学理论衍生物。在现实条件的制约下,冲突法不得不不断扩张其弹性以求生存,但这个弹性越大,这个制度距离其所服务的目标也就越远。

关键词:冲突规则　法院地法　最密切联系原则　罗马公约

Abstract: The rules of conflict of laws and the unification of the conflict of laws are considered a shortcut towards the solution of the conflict of laws among different jurisdictions. In the real world, though, this preposition is simply too idealistic to be realized due to the restraints of the selective favoritism towards *lex fori*. Under this circumstance, conflict of laws has to extend its flexibility. However, the more flexible the conflict of laws is, the further it is from the aims it is supposed to serve.

Key Words: Conflict of Laws, *lex fori*, Principle of the Most-closely-connected, Rome Convention

---

* 作者简介:李玲,西北政法学院讲师。

一、本文的目的

冲突法的核心即解决法律适用问题,也就是究竟应该适用法院地法还是一个可能由一套公式化的冲突规则指向的外国法。统一冲突规则被认为是实现判决一致、消除法律冲突的重要一步,但是这个目标的成就必须满足一个条件,那就是外国法在任何国家都不会受到与法院地法不同的区别对待。本文试图证明即使在《关于合同义务法律适用的罗马公约(1980)》(以下简称《罗马公约》)于欧共体[①]成员国内部生效后,法院地法仍将最大限度地适用于跨国商事合同纠纷。只要法官仍旧存有对法院地法的选择偏好,并且现有法律体系愿意为此提供一个使得法院地法能够得以适用的"服务"机制,那么这个企图通过建立一套类似《罗马公约》的统一冲突规则来间接达到判决一致、消除法律冲突的愿望就无法实现。

二、冲突规则是如何运作的

巴托鲁斯(1314—1357)是冲突法理论的一个重要人物。他除了对《民法大全》进行评论编纂并因此成为14世纪罗马法复兴时期后注释法学派的代表人物之外[②],也是第一位对法律冲突问题进行系统思考的法学家。以他为首的"法则说派"(statutists)[③]或"巴托鲁斯学派"(Bartolists)主张将当时罗马帝国各城邦的法则分为两大类,一类是物法,一类是人法。物法有强烈的属地性,只能在颁

① 关于"欧共体"与"欧盟"两个称谓间的区别可参见:Paul Craig & Grainne de Burca, *EU Law, Text, Cases, and Materials*, 3rd Edition, Chapter 1, Oxford, 2003, 或曹建明:《欧洲联盟法——从欧洲统一大市场到欧洲经济货币联盟》,杭州:浙江人民出版社2000年版,第一、二章。

② Ruben Alvarado, *A Common Law—The Law of Nations and Western Civilization*, The infrastructure of Liberty, Pietas Press, 1999, p.56.

③ 我国学者根据其学说的主要内容普遍采用"法则区别说"这一名称。李双元教授称之为"意大利的'法则区别说'或'法则说'",见李双元:《国际私法(冲突法篇)》,武汉:武汉大学出版社2001年版,第102页。

布该法则的地区适用;而人法除在当事人所臣属的城邦内适用外也允许在该城邦之外适用。[1] 但是如何区分什么是物法,什么是人法,巴托鲁斯并未给出令人满意的答案。根据他的想法,区分人法和物法的标准是看该法则语法结构中主词的性质,如果主词是人,那么该法则就是人法;如果主词是物,那么这个法则就是物法。[2] 这一理论也是日后巴托鲁斯屡遭同行诟病之处。[3]

萨维尼(1779—1861),这个19世纪德国最伟大的法学理论家之一,就是对巴托鲁斯这一理论进行冷嘲热讽的人物。[4]萨维尼认为巴托鲁斯的理论不合理更不科学,与此相对他创立了一套革命性的理论[5]——法律关系本座说[6],以解决法律冲突的问题。首先他不是像巴托鲁斯那样对法则进行分类,而是将现实存在的各种法律关系进行分类[7], 如合同关系、财产关系、亲属关系等;然后他提出每个法律关系都有一个自己的"座",这个"座"可能是法院地,也可能是法院地之外的地区;不同的法律关系都应适用与它对应的"座"所在之处的法律,无论这个"座"在内国还是外国。至于如何确定这些法律关系的"座",他给出了一些公式,如财产法律关系的"座"是该财产所在地;合同法律关系的"座"是合同缔结地,侵权行为的"座"是侵权行为地等等。萨维尼认为如果各国都根据这一套理论对不同的法律关系分类然后按照这些确定的"座"的公式来寻找案件应适用的法律,那么这个案件无论在哪一个国家审理,法官最终所找到的法律一定是同一部法律,由此他所追求的"判决一致"的目标就能轻松实现。[8]萨维尼的这一学说很快得到广泛响应,从欧洲到美国,甚至至今它仍是各个法律体系中冲突法理论的基本建立模型,略有不同的只是在根据什么来确定某一类具体法律关系的

---

① Gary B. Born, *International Civil Litigation in United States Courts, Commentary & Materials*, Kluwer Law International 1996, 3rd edition, p.546, 也可参见李双元:《国际私法(冲突法篇)》,第103—107页。

② 李双元:《国际私法(冲突法篇)》,武汉:武汉大学出版社2001年版,第102页。

③ Friedrich K. Juenger, *The Problem with Private International Law*, Centro di studi e ricerche di diritto comparato e straniero; Saggi, ecc.37, Rome, 1999.

④ Ibid.

⑤ Ibid.

⑥ 李双元:《国际私法(冲突法篇)》,武汉:武汉大学出版社2001年版,第115—131页。

⑦ 同上书,第125页。

⑧ Friedrich K. Juenger, *The Problem with Private International Law*, Centro di studi e ricerche di diritto comparato e straniero; Saggi, ecc.37, Rome, 1999, p.4.

"座"的位置这一问题上,各国规定稍有出入罢了。同时这一"萨维尼模式"也正是《罗马公约》的基本设计样板,《罗马公约》的目标也就是萨维尼对他的法律关系本座说的期望。《罗马公约》的起草者认为欧共体成员国内部的法律差别阻碍了人、物、服务和资金流动的自由,加上欧共体成员国1968年在布鲁塞尔签订的《关于民商事案件管辖权和判决执行的公约》(以下简称《布鲁塞尔公约》)赋予当事人的协议选择法院的权利①更加助长了"挑选法院"之风。因此如果各成员国能够将冲突法统一,一个案件无论在哪个成员国审理,其最终适用的法律却都一致,那么"挑选法院"现象存在的基础也就会随之自然消失。欧盟委员会曾公开表示,这样一个公约会促成在上一个千年曾盛行于欧洲的 *ius commune* 这样一部统一欧洲法的重现。它会提高法律确定性,坚定人们对法律关系稳定性的信心,推动管辖权冲突的协调,加强对私法权利的保护。②这一目标也正是近二百年前萨维尼对他的法律关系本座说的期望。遗憾的是,他的这一梦想永远只能停留为梦想,二百年后的一部《罗马公约》也不能使这一现实得到实质性的改变。

三、不受欢迎的外国法

法官很少会热衷于适用外国法。在很多法律体系中,特别是普通法系,适用外国法通常由当事人自己提出,法官没有主动提出适用外国法的义务。一旦法院取得管辖权,法官当然适用的便是法院地法。③而当事人对适用外国法保持沉默或不能够对外国法证明的情况也相当常见。这可能是因为当事人的律师不称职,未能意识到他所接手的案件是一个涉外的案件并且可能需要适用外国法;也可能是这个律师虽然意识到了法律适用的问题,但他并不清楚该外国法是如何规定的以及这个规定是否对他的当事人有利;还有一些情况,律师不希望适用外国法也不主动提出法律适用问题,是因为他存在一些侥幸心理,以为对方律师可

---

① Conventions on Jurisdiction and the Enforcement of Judgments in Civil and Commercial Matters (1968 Brussels), Article 17.

② T. Vogelaar, "On The Reasons for The Need for A Convention", *O.J.C.* 282/4-282/5.

③ Albert A. Ehrenzweig, "The lex fori—Basic Rule in The Conflict of Laws", *Michigan Law Review*, vol.58, March 1960, p.637.

能未意识到法律适用的问题并希望将它就此一直掩盖过去，使案件被当作一个内国案件审理[①]；再者，律师希望外国法的问题能够由对方提出，那么举证责任就会落在对方身上；最后，律师不提出法律适用的问题也可能是出于更单纯的理由，那就是他认为当事人承受不起证明外国法的昂贵经济负担。在这些情况下法官没有理由不适用法院地法，除非有特别的事实要求适用另一国的法律，并且这个事实必须显著充分地表明该案件与另一国有特别的联系以至不得不排除法院地法的适用[②]，也就是说适用外国法是一个绝对的例外。之所以如此，一个主要的原因是外国法的适用将对法官形成极大的挑战，因为他将可能面对来自于一个陌生国家的陌生法律体系的使用陌生语言的另一套规则，这个困难对法官来说是相当大的，但它的重要性却常常被低估。具体来说，法官不愿适用外国法的原因包括：

首先，适用外国法会大大增加法官错误判案的机会。[③]这个错误包括对案件识别的错误、冲突规范选择的错误、准据法选择的错误、对外国法证明的错误以及外国法适用的错误等等。试想如果适用外国法并非法官的强制性义务同时当事人对此也保持缄默，法官为什么要使自己陷入一个无法预见后果的困局中呢？

其次，适用外国法在技术上也是一个很难操作的选择。在普通法系，外国法被认作事实需要证明，这个证明并不是如同搬出一本教科书或一本法典那样简单，它需要专家的证词，并需要当庭质证。[④]这些额外的程序必然导致诉讼成本的增加因而降低当事人提出适用外国法的积极性，而法官此时更缺少动机将案件复杂化。即使在大陆法系国家，如中国，证明外国法被认为同时是法官的权利

① Rudolf B. Schlesinger, "A Recurrent Problem in Transnational Litigation: the Effect of Failure to Invoke or Prove the Applicable Foreign Law", *Cornell Law Review*, 59, 1973, pp.1—26.

② Ibid.

③ Friedrich K. Juenger, *The Problem with Private International Law*, Centro di studi e ricerche di diritto comparato e straniero; Saggi, ecc.37, Rome, 1999, p.21.

④ J. -G. Castel, *Introduction to Conflict of Laws*, 3rd edition, Butterworths: Toronto and Vancouver, 1998, pp.51—54.

和义务[1]，但却少有配套规则为此提供进一步的现实保障，如法官不能就此强制专家出庭作证，也不能强制要求有关权威机构对此出具法律意见。[2] 更重要的是，相应的财政支出由谁来负担并不清楚。根据中国《关于贯彻执行〈中华人民共和国民法通则〉若干问题的意见》第 193 条，外国法证明的途径包括① 当事人；② 与我国订有司法协助条约的对方缔约方的中央机关；③ 中国驻该国的使领馆；④ 该外国驻中国的使馆；⑤ 中外法律专家提供证明。首先从逻辑上讲，这五个选项间的关系模糊，这五个途径在效力是否有优先次序，如果经不同途径证明的外国法内容不一致如何确定其效力；以及证明的方式，如当事人可以提供什么样的证明，当事人自己的口述？一份从外国法典中摘抄的法律条文？还是必须找到有公信力的机构或个人如③、④、⑤中规定的特定机关或人来提供。以上问题均没有具体的可操作的规定。其次，如果当事人未能提供任何证明，是否可理解为法院有义务通过后三条中规定的证明途径来寻找相应的机构或法律专家作证。如果是，费用由谁承担，以及这些机构是否有义务承担这些的证明责任。如果依照"法官知法"的原则，就像法官不能就对国内法的查明向当事人要求金钱补偿一样，法官查明外国法同样没有理由向当事人主张额外费用的补偿。即使依照我国最高人民法院 1989 年《人民法院诉讼收费办法》第 2 条及 1999 年《〈人民法院诉讼收费办法〉补充规定》第 1 条将这部分支出转移给当事人承担，还有下面的问题。其一，上述法律规范中规定的证人出庭费用支付的是证人出庭当日的差旅费及误工费，这恐怕无法补偿外国法专家的高级法律服务费用。其二，既然费用由当事人承担，那么当事人能否自己决定专家证人或机构的人选或者当事人能否拒绝适用外国法以避免这部分额外费用的支出。以上问题从现

---

① 虽然中国法律对此无正面规定，且最高人民法院在《关于适用〈涉外经济合同法〉若干问题的解答》以及《关于贯彻执行〈中华人民共和国民法通则〉若干问题的意见》中提及的五种外国法查明的途径中并未提及法院依职权查明，但学者普遍认为我国兼采法官依职权查明和当事人提供证明的做法。其根据是我国《民法通则》第 64 条：当事人及其诉讼代理人因客观原因不能自行收集的证据或者人民法院认为审理案件需要的证据，人民法院应当调查搜集。见章尚锦：《国际私法》，北京：中国人民大学出版社 2000 年版，第 102 页；或张仲伯：《国际私法》，北京：中国政法大学出版社 2002 年版，第 86 页。

② 中国《民事诉讼法》第 65 条规定：人民法院有权向有关单位和个人调查取证，有关单位和个人不得拒绝。但这一条是否能应用于外国法查明的情况，实践中没有成例，理论上也少有探讨。并且即使该条能应用于外国法的证明，实践上仍有障碍。因为外国法的证明不同于一般的对已发生事实的证明，它需要相对更多的智力和物力投入，这一部分费用由谁来负担？

有的立法以及司法实践中都难以找到答案。之所以鲜有成例,原因很大程度上在于从司法经济的角度来说,法官没有必要在自己的司法成本增加,错案风险增加的情况下,放弃同样代表公平正义的法院地法而选择一个连当事人都不愿选择的陌生的外国法。这样的结果必然导致法院地法的适用,既然外国法的适用都还没有涉及,外国法如何证明的问题也就更少显现。由于这些实际情况的限制,外国法适用理论研究多于实践应用,这可能也是理论学说在冲突法这门学科中如此突出的原因之一。但是我们必须同时承认虽然这些主观上的消极动机会限制外国法被提起及适用,但它并不会完全导致适用外国法的问题永远不被提起。如果当事人真的提出了适用外国法或冲突规则指向了外国法呢?通过下面的分析我们可以看到当事人的理性选择以及冲突法本身的法律机制使这样的疑问很难成为现实。

四、相辅相成的冲突法机制

(一)当事人意思自治

当事人自治是现代合同法律关系中的一个基本原则。它表现在冲突法上则是当事人协议选择原则,也就是说在一定的限制条件下,当事人可以自主选择争议适用的法律。的确,在许多跨国商事合同中都含有法律选择条款,合同缔结方希望以此来增加自己对合同的预期,降低日后为法律适用进行争执的经济成本,并指定一个对己有利的实体法以从中获益。[①]这一原则被纳入《罗马公约》的第3条。

协议选择允许当事人通过协商自己指定争议适用的法律,这个法律可以是本国法也可以是外国法。表面上看,这将无法避免外国法的适用。但是从经济和效率的角度考虑,如果当事人选定一个外国法来管辖他们的争议,他们通常也会选择该外国的法院来行使管辖权。或者更通常的情况是,当事人之所以选择

① Gary B. Born, *International Civil Litigation in United States Courts*, *Commentary & Materials*, Kluwer Law International, 1996, 3rd edition, p.653.

外国法是因为他们选择了这个国家的法院为管辖法院。在这种情况下,尽管他们所选择的法律可能不是当事人任何一方的本国法,但对于法院地来说,却是法官的本国法,也就是法院地法。当事人这样做的原因在于:首先,当法律赋予当事人选择法律的自由的同时,也会同时赋予当事人协议选择法院的自由,这是法院地法盛行的客观条件。这种规定可以在很多国家的冲突法中找到依据,它同时也是欧盟的《布鲁塞尔公约》[①]和《罗马公约》所体现出的基本精神。其次,当合同争议双方有共同国籍或住所地时,他们多数会选择其共同国籍地或住所地为管辖法院,并选择法院地法为合同的准据法。[②] 即使由于某些原因,双方对其共同本国法或本国法院不信任,他们可以选择外国法,但必然会选择法院地与适用法律一致。很少有两个英国当事人在合同中约定由法国法院管辖合同争议但适用德国法。当事人意思自治的目的是为合同缔结方提供对合同后果的最大的确定性和可预见性。如果当事人选择了一个与法院地不同国家的法律作为适用法的话,这种确定性和可预见性就会被割裂。事实上,实践中拥有共同国籍或住所的当事人间缔结的合同无论是当事人自己还是法院在很多情况下都将其视为内国争议,在这种情况下法律冲突只是一个夸大了的理论假设。真正的法律选择分歧大多出现在当事人国籍或住所地不同的情况下。在合同谈判中,不同国籍或住所的当事人为平衡双方的谈判力量,决定由一方选择法院地,另一方选择适用法,因而导致其分别选择自己的国籍国或住所地为法院地和准据法所属国。但是其后果只可能给双方带来更多的不利,因为如果这样做,决定法院地的一方无法像其对内国法一样熟知另一方选择的另一国的法律,而另一方也不清楚自己选择的法律会不会得到合同相对方所选择的外国法院法官的承认以及能否被正确适用。因此这种情况下,意思自治所追求的确定性和可预见性都会落空。此时,理智的选择有三种,其一,在合同中纳入也是如今跨国商事合同中所广泛使用的仲裁条款,在仲裁中他们可以获得相当大的自由来挑选仲裁员,来选择自己喜欢或熟悉的实体以及程序规则;其二,在一方的极力坚持下选择其所属国法

① Conventions on Jurisdiction and the Enforcement of Judgments in Civil and Commercial Matters (1968 Brussels), Article 17, and also in Council Regulation (EC) No 44/2001, On Jurisdiction and the Recognition and Enforcement of Judgments in Civil and Commercial Matters, Article 23.

② 这里要附带说明的一点是,进入诉讼程序的多数涉外争议是来自于主体涉外的合同。正是不同国籍或位于不同住所的当事人在法律适用上的选择偏好不同才导致了法律选择的冲突。

院地管辖并适用该法院地法，而另一方做出策略性的让步，在合同其他条款比如价格、交货条件等上讨价还价。[①] 其三，选择由一个中立的第三国法院管辖并选择适用该第三国法律。这样理性选择的结果仍是法院地和准据法所属国的一致。

综上所述，我们可以看出理智的当事人总会选择一个与法院地一致的法律，而更加理性的法官对当事人选择适用法院地法也会支持默认，因此适用法院地法也就不可避免地成为跨国商事合同当事人协议选择的自然结果。

（二）最密切联系原则

最密切联系原则是《罗马公约》确立的基本原则之一。灵活性是“最密切联系”这个“软”化的连结点的基本特征。1955 年该原则出现在法国巴黎法院在 Soc. Jansen v. Soc. Heurtey[②]一案的判决中，但这种通过软化连结点来处理法律选择冲突问题的实质方法在美国得到了理论和实践上的空前发展。1963 年美国纽约州联邦上诉法院在 Babcock v. Jackson[③]案中，由 Fuld 法官第一次将这个原则于法庭中正式采用。其后，各州竞相效仿。在该案中，法官放弃了传统冲突规则侵权依侵权行为发生地法指向的安大略法，而通过最密切联系以及政府利益等主观分析选择适用了当事人共同住所地同时也是法院地的纽约州法。这个最密切联系原则使得法官适用法院地法更加得心应手，因为他不必再像以前那样求助于反致、识别、公共秩序保留等冲突法总则提供的手段了。[④]最密切联系原则能够被广泛接受源于其灵活性，这个灵活性使得法官可以在考察冲突规则之前就做出适用什么法律的决定，然后再根据对最密切联系成分的分析来证明自己所选择的这个法律是与案件有最密切联系的法律。[⑤]这时对于法官来说，还有什么其他法律比法院地法更合适，风险更少的呢？因此，最密切联系原则为法

---

① 参见韩健：《现代国际商事仲裁法的理论与实践》，北京：法律出版社 2000 年版，第 86 页。在该书中，作者的观点针对国际商事仲裁，但相同的逻辑对本文所涉及的跨国商事合同争议的民事诉讼同样适用。

② Rev. crit., 1955, p.330，转引自 Giuliano Lagarde Report on Rome Convention.

③ 240 N.E. 2d 279 (N.Y. 1963).

④ Friedrich K. Juenger, *The Problem with Private International Law*, Rome, 1999: Centro di studi e ricerche di diritto comparato e straniero; Saggi, ecc.37, p.14.

⑤ Ibid.

官适用法院地法提供了更高效更隐蔽的工具。

《罗马公约》方便地引入最密切联系原则毫不意外,因为只有在最密切联系原则的灵活性下,公约才能包容各成员国之间的分歧,特别是当成员国中包含了来自于有着不同法律渊源、不同法律术语、不同法律原理、不同法律风格、不同法律方法以及不同法律语言的两个不同的法律体系的国家时[①],只有像"最密切联系"这样的连结点才能使各成员国充分求同存异。同时为了使得最密切联系不致不着边际,《罗马公约》第4条引入了特征性履行原则,并通过五个子条款来将最密切联系地具体化。尽管如此,它们也不能扼制法官对法院地法的偏好,更不能阻止法院地法最广泛地被适用。

《罗马公约》第4条规定:当事人未作选择时,合同应适用与其有最密切联系地点的法律。同时,《罗马公约》将合同分为若干类分别确定其最密切联系地的推定方法。总的来说,排除消费者合同以及雇佣合同外,最密切联系地就是合同中特征性履行方缔结合同时的惯常居所地。[②]《罗马公约》在第4条第3款和第4款又分别对不动产合同以及货物运输合同作出了特别规定。

第4条第2款关于特征性履行的具体规定是:"……合同特定义务履行方缔结合同时的惯常居所,或如该方为公司或非公司组织时,其管理中心机构所在地,为与合同有最密切联系的国家。但如合同在当事人进行交易或执行职业性职务的过程中订立,则与之关系最密切的国家应为主营业地所在国家,或根据合同条款,合同的履行地是主营业地以外的其他营业地,则应为其他营业地国家。"根据这一条款,合同的最密切联系地应是以下地点之一,即合同特征性履行方的惯常居所地(自然人)、管理中心所在地、主营业地或者此外的合同义务得以履行的其他约定营业地点。值得注意的是,以上地点通常也是当事人协议或原告自主选择的法院地,也就是说,法院地实际上也是所谓的"最密切联系地"。

我们以货物销售合同为例。在这类合同中,卖方通常被认为是特征性义务履行方,因为买卖合同中买方的义务一般只是付款,而卖方的义务相对复杂,可

---

① William Tetley, "Mixed Jurisdictions, Common Law vs Civil Law (codified and uncodified)," from http://www.unidroit.org/.

② A. Giardina, "The Impact of The EEC Convention on The Italian System of Conflict of Laws", in *Contract Conflicts*, P.M. North (editor), North-Holland Publishing Company, 1982, Ch. 11, p.240.

以作为该类合同的特征与其他合同区别开来。当买方作为原告、卖方作为被告时,根据《布鲁塞尔公约》第2条以及《欧共体第44/2001号条例》第2条规定的被告住所地法院行使管辖权原则,卖方住所地法院行使管辖权。同时,根据《罗马公约》第4条卖方是合同特征性履行方,他的住所地同时也是最密切联系地,因此最密切联系地与法院地竞合,适用法院地法顺理成章。当然有时在买方是原告的情况下,买方也可能为省去跨国诉讼之周折而直接在本国法院起诉,在这种情况下,买方住所地法院仍有机会适用法院地法。因为根据《布鲁塞尔公约》[①] 以及《欧共体第44/2001号条例》[②] 规定的特殊管辖原则,如果法院地不是被告住所地,只有在法院地为"诉争义务的履行地"时,具体到货物买卖合同中就是交货地时,该法院才可依照特殊管辖原则行使管辖权。如果在一个合同中列明买方住所地为交货地,也就是合同履行地为买方住所地,那么买方作为合同的主导方也可被解释为合同特征性履行方。如果上述理由能被成功论证,买方住所地同时也是法院地将被确立为最密切联系地,法院地法仍旧是法官的首选。

当卖方是原告、买方是被告时,根据《布鲁塞尔公约》第2条以及《欧共体第44/2001号条例》第2条买方住所地法院拥有普通管辖权。但是,同样出自于这两份法律文件的特殊管辖权也赋予被告住所地以管辖权,条件是能够证明被告住所地是"争诉义务的履行地",同时《欧共体第44/2001号条例》第五条第二款进一步明确在货物买卖合同中,该地为"货物交付或应该交付的地点"。在货物买卖合同中,除非合同中明确有相反规定,货物交付地一般为卖方住所地。这样,即使在卖方作为原告的案件中,卖方也可选择在其本国法院进行起诉,而这时根据《罗马公约》第4条最密切联系原则找到的准据法仍为卖方住所地法,法院接受管辖并选择适用法院地法可谓水道渠成。在合同中明确规定买方住所地为交货地的个别情况下,卖方将不得不到买方住所地起诉。这种情况一般出现在买方具有优势商业和谈判地位的场合中。如此有谈判实力的买方多数会在合同中约定好管辖法院和准据法,并由于上文所述的原因,该约定会使管辖法院与准据法所属国一致,因此通过最密切联系原则确定准据法的场景也就根本不会出现。即使不幸,一个如此有实力的买方不巧缺乏足够的冲突法意识未能在合

---

① 《关于民商事判决的管辖权和执行公约》(布鲁塞尔)第5条(1)。
② 《欧共体第44/2001号条例》第5条(1)。

同中对准据法和管辖法院作有效约定,适用法院地法也仍有很大可能。根据《罗马公约》第 4 条第 2 款的后半句,如果卖方的主营业所位于买方住所地,或卖方在买方住所地有营业所,虽然该营业所并非卖方的主营业所,但根据合同,该合同是通过该营业所履行的,那么该卖方营业所所在地,也就是买方住所地,也可被认为是最密切联系地。在跨国商事交易中,卖方在其客户买方住所地设有营业所并通过该营业所完成合同的履行的情况并不鲜见,那么在这种情况下,买方住所地同时也是法院地将被确认为最密切联系地,法院地法仍然可以得到适用。

在以上情形之外,《罗马公约》第 4 条第 1 款还规定了准据法在合同中的分割适用,即合同的不同部分可适用不同的准据法。同时该公约第 4 条第 5 款又规定了除外条款,即法官可以排除第 4 条第 2、3、4 款的规定,适用另外的由法官认定的合同“最密切联系地”法律。在这些重重保障条款之下,即使还存在法院地与准据法所属国不一致的情况,这种情形出现的可能已被限制在极其有限的范围之内了。

因此,只要法官有这样的意愿,法院地法总是法官最方便也最现实的选择。因为无论合同争议具有怎样的性质,无论合同的特征性履行方为哪一方,法院地一定是下列地点之一,即① 卖方所在地(通指惯常居所地,管理中心所在地或主营业所或其他营业所所在地);② 买方所在地;或③ 任何其他合同义务履行地;④ 与案件无密切联系的中立第三国。以上各连结点第①和第③项都是《罗马公约》第 4 条第 2 款指定的最密切联系地,而第②项买方所在地在《布鲁塞尔公约》的配合下,通过对合同义务履行地及合同最密切联系地的重新认定同样可以被纳入第 4 条第 2 款中。第④项,当事人选择与案件无密切联系的第三国法院进行管辖,一般会出现于两种情况之下。一种是双方协议选择中立的第三国法院。此时当事人一定也会同时选择该法院的本地法作为适用法,否则法院地与准据法所属国不一致,当事人对法律确定性的预期就得不到满足;另一种情况是原告单方面选择一个对己有利的第三国法院,此时被告可以以《布鲁塞尔公约》第 5 条 1 款抗辩,提出管辖权异议。法官也永远可以以不方便法院为由来拒绝行使管辖权。因此无论在何种情况之下,无论对当事人还是对法官,法院地法都是一个合情合理的选择。

《罗马公约》第 4 条第 3 款针对不动产合同。它规定:如合同标的为不动产财产权或不动产使用权,应推定与合同有最密切联系的国家为不动产所在地国家。[①] 毫不意外,对于此类合同各国包括《布鲁塞尔公约》[②] 以及《欧共体第 44/2001 号条例》[③] 都规定不动产所在地,也就是这个最密切联系地对案件拥有专属管辖权。因此法院地法会毫无例外地得以适用。

《罗马公约》第 4 条第 4 款对货物运输合同做了特别考虑:"……在此种合同中,如在订立合同时,承运方主营业所所在地亦为装运地或卸货地或为发货方主营业所所地,应推定合同与该地有最密切联系"。对于此类合同,由于该类行业的特殊性,货运合同多数是承运方拟好的格式化合同文本。在这些文本中,法律选择条款以及管辖法院选择条款多已被纳入,或者是仲裁,或者是适用与管辖法院一致的法院地法律。

最后,《罗马公约》第 4 条第 5 款为法官灵活适用最密切联系地原则提供了明确的行使自由裁量权的工具。它规定:"如果特征性履行地不能确定,第 4 条第 2 款将不再适用。如果一个合同与另一国的法律比其与根据第 2、3、4 款推定的国家的法律有更加密切的联系,那么也应适用该另一国的法律。"

这一条款的出现是因为《罗马公约》起草者认为仅仅将消费者合同和雇佣合同从第 4 条的限制中豁免似乎并不足够。只要有事实能够证明与一个合同有最密切联系的法律是另一国的法律,而不是《罗马公约》第 4 条第 2、3、4 款推定的法律,那么《罗马公约》应赋予法官足够的自由裁量权来排除适用《罗马公约》第 4 条第 2、3、4 款的推定。此时,我们很难想象还有什么其他法律能像法院地法那样给予法官充分的意愿和动机去抛弃第 4 条确定的基本原则而诉诸第 5 款这一例外规定。

(三) 安全阀

为了使各成员国在公约涉及范围内事项保留一定的各自的国内法属性,《罗马公约》还为法院地法的适用提供了进一步的保障。首先是强制性规则。《罗马公约》第 7 条第 2 款允许各成员国取代任何其他可能的法律来适用法院地的强

① 肖永平:《欧盟统一国际私法研究》,武汉:武汉大学出版社 2002 年版,第 480 页。
② 《关于民商事判决的管辖权和执行公约》(布鲁塞尔)第 16 条第 1 款。
③ 《欧共体第 44/2001 号条例》第 22 条第 1 款。

制性规则。至于什么是强制性规则,《罗马公约》未做说明。第二个措施是公共秩序保留。虽然《罗马公约》第16条强调只有在根据《罗马公约》所要适用的准据法明显与法院地公共秩序不符时,才可以排除该外国法的适用,但是如本文上文所述,如果当事人理性行事,并且更重要的是如果有最密切联系原则这样开放灵活的规则存在,法官根本不用诉诸公共秩序保留条款就可达到适用法院地法的目的。

五、结　　论

《罗马公约》之所以在欧共体成员国受到广泛欢迎就在于它的"灵活性"。这个"灵活性"从另一角度来说也就是保守和中庸。《罗马公约》设计的规则充满弹性导致法院地法永远占据法院所选法律的主导地位。这与《罗马公约》签订前的局面并无不同。如果一个案件在不同成员国的法院审理,那么各管辖法院仍会适用各自的法院地法,《罗马公约》对原有的法律冲突并未提供新的有效的解决方案。要真正解决法律冲突,达到判决一致,不如在平行管辖上多做协调(正如《布鲁塞尔公约》和《欧共体第44/2001号条例》所做的那样),以及致力于实体规则的统一。这个实体规则的统一可能进程缓慢,但它被证实确实有效可行,并且即使是这样的局部的片断式的努力其效果也会大大胜于类似《罗马公约》的泛理想化的"统一"冲突法。①

① Juenger 教授曾对此评论:《布鲁塞尔条约》是一个各国可以效仿的冲突法的榜样,而《罗马条约》是一个大家可以借鉴加以避免的榜样。见 Friedrich K. Juenger, *Two European Conflicts Conventions*, Revue juridique polynésienne N°4 (1998);关于对《罗马公约》的其他评价也可参见肖永平:《欧盟统一国际私法研究》,武汉:武汉大学出版社 2002 年版,第132页。

失控的烟草业

——FDA 为何受挫，现在又该如何应对

〔美〕Margaret Gilhooley* 著 王 博** 译

《一个关于意图的问题：美利坚民族向致命工业展开的激战》，David Kessler* 著，出版者：纽约公共事务，2001 年版，共 492 页。**

该书的内容极具戏剧性。David Kessler，美国食品药物管理局前任局长，被认为讲述了一个"极其扣人心弦的侦探故事"，一个关于"善良与邪恶"、"道德勇气"的故事。这些"失利的英雄"是 FDA 为与"致命"的烟草工业展开决战而聘请的雇员小组成员。Kessler 本人亦扮演了与 James Stewart 公司的 Smith 先生同样的角色。

这是发生在现实生活中的真实事件，然而那些正义之士并未获成功。在对烟草工业进行调查的基础上，FDA 回答了"意图的问题"——烟草生产者是否旨在积极地制造能对人体产生类似于药物成瘾作用的尼古丁。这一发现意味着，对 FDA 而言，烟草是一种药物，因此烟草业也就自然而然地落入了 FDA 的管辖范围之内。该组织依据其法定授权宣布了许多旨在减少青少年吸烟的规则。这

---

* 法学教授，Seton Hall 法学院法学博士，就职于哥伦比亚大学。1975 年至 1987 年，我担任 FDA 首席顾问办公室律师，但并未涉及烟草事务。我亦担任过以下报告的评论员：Inst. of Med. of the Nat'l Acad. of Scis., Clearing the Smoke: Assessing the Science Base for Tobacco Harm Reduction (2001)[下文中的 IOM 报告]，我将对该评论做进一步讨论。参见下文第三章 D 部分第一节。George Conk, Howie Erichson 以及 Dan Solove 此前的草案对我颇有裨益。在此我同样要对 Jaenne O'Connor 的研究帮助表示感谢。

** 王博，华中科技大学民商法学专业硕士研究生。

*** 耶鲁大学药学院院长。

些规则,举例而言,包括限制对象是未成年人的交易,禁止在学校附近张贴烟草广告,且几乎禁止所有文本广告出现在青少年可接触到的印刷出版物中。①然而,高级法院考虑到国会没有将烟草管辖权授予该组织的意图,因此,否定了这些规则。②

当然,尽管 FDA 制定烟草规制的计划以失败告终,但 FDA 的斗争并不是毫无效果的。其调查所得的信息,揭示了生产商为控制产品中的尼古丁含量所采取的机制。机构所获的文件资料清楚地显示了香烟产品是如何被设计成"传递尼古丁,一种具有多种生理作用的潜在毒药的"。③ 该机构的证据印证了,正如高级法院评述的那样,"烟草消费,尤其儿童和未成年人的烟草消费,可能成为美国公众健康唯一且最大的威胁"。④总之,FDA 组织在调查过程中取得的信息"永久性地改变了社会公众的观念"。⑤这些调查也促使国会听证会在电视上被公开播出,在这该会议上,有些烟草执行官否认香烟具有使人上瘾的属性。这一行为加深了公众对于烟草企业的不信任感。⑥ Kessler 领导之下的努力,简言之,通过承诺继续进行改革这一方式,将烟草改革提上了公众议事的日程。

但是,事实仍然是:FDA 试图控制烟草业的努力失败了。本评论的目的之一是解释其失败的原因。我坚持认为 Kessler,可能是受其黑白分明的正义感的驱使,这个小册子试图主张的授权太多。他主张一个本质上无确定目标的、无限制的管辖权。如果他能够在该组织现有授权范围内选择一个较为有限的视角,如——限定在控制青少年吸烟的角度,不论如何,只要其角度与 FDA 组织建议的规则具有主题相关性,那么,高级法院就可能会支持该组织的建议。

当他公开其所做的规制努力时,克林顿总统称:"香烟公司仍然有权向成年

① See Regulations Restricting the Sale and Distribution of Cigarette and Smokeless Tobacco To Protect Children and Adolescents, 61 *Fed. reg.* 44, 396, 44, 616—18(1996).

② See FDA v. Brown & Williamson Crop., 529 U.S. 120(2000).虽然这一判决以及 FDA 制定的规则都涉及淡烟和普通香烟,但本评论通常仅指普通香烟,因为它是主要相关的产品。

③ David Kessler, A Question of Intent: a Great American Battle with a Deadly Industry 260 (2001)引用 Claude Teague, 一位 RJR 执行官的备忘录。

④ Brown & Williamson Tobacco Crop., 529 U.S. at 161.

⑤ Kessler, at 383.

⑥ 同上,第 170—174 页。只有 RJR 的 Jim Johnston 回答认为,烟草没有成瘾作用,因为它不能使人喝醉。

人出售他们的产品，但是现在我们将把禁止儿童吸烟作为烟草市场开放的最后底线。"[①]FDA 宣布的限制性规则实质上是针对青少年吸烟行为而言的。然而，FDA 的管辖权主张，是建立在烟草中含有的尼古丁对人体会产生上瘾作用的基础之上。这一主张的范围过于宽泛。对于 Kessler 来说，获得管辖权"远远重要于"通过任何具体规则；因为任何具体规则"都显得相对节制，至少最初是这样"。[②]该论断和其他评论[③] 均暗示着 Kessler 力图使 FDA 最终获得对成人吸烟的控制权，以及在尽可能获得降低香烟中尼古丁含量的一般权力。这一宽泛的管辖权主张，将使对烟草的管制上升到让人难以接受的严格程度。烟草商反驳道，该组织关于尼古丁的有害性结论可能导致对香烟生产的绝对禁止，但是这种禁止是国会并未主张的。FDA 是否有权控制成人吸烟是极具争议的，但是如果该组织希望保留这种控制的可能性的话，它应通过制定更加深入的独立司法审查制度来实现。例如通过排除任何事实上禁止的可能性，来建构其最初的司法管辖权。在讨论无限制的管辖权主张的过程中，Kessler 极其讽刺性地使烟草企业摆脱了他自己关于意图问题的回答，这一意图看起来不是关于烟草生产者的意图，而是关于国会立法者的意图。

本评论的前两部分详细介绍了这一观点。第一部分对 Kessler 关于其组织接管烟草业的决定，以及为支持其司法管辖权所搜集的证据进行了总结。这一总结指出了 FDA 的发现，并且着重介绍了 Kessler 如何将控制青少年吸烟作为令人同情的诱饵，进而试图获取更加广泛的司法权力。第二部分审视了高级法院的使 FDA 规则归于无效的决定，法院的决定仅仅对 Kessler 的讨论作了简要的肯定，而以它是冲突的直接结果为由使之下课。无论法官们的动机是什么，他们的意见回应了一些基本问题——关于国会意图和机构代理权限的问题。我对于法院意见的分析表明，如果授权一个机构为适应新的情势而根据已生效法律的法定目的来调整其法律权力，机构(FDA)有可能在狭窄的司法管辖权基础上，为控制未成年人吸烟的规则进行辩护。不管怎样，多数人意见以及由机构自由

---

① Remarks Announcing the Final Rule To Protect Youth from Tobacco, 1996 PUB. PAPERS 1332, 1334(Aug 23).

② Kessler, at 269.

③ 例如，同上书，第 268 页(对"逐次减少香烟中尼古丁含量的可能性、同时观察那些最终成功戒掉这种成瘾物质的吸烟者状况"的讨论进行评论)。

裁量权争议(包括在一般领域和烟草领域范围内)引发的反对意见之间,形成了相互冲突的解决途径,这些冲突的解决方式使(FDA)决定其未来在烟草控制领域中的角色时面临一个十字路口。

第三部分直接考虑了未来的烟草政策问题,与本书的(斗争性)基调相吻合,Kessler做出了一个彻底的建议:他建议烟草公司从其母公司中分离出来,转而加入能够刻尽工业产品责任义务的国会授权的公司,且在销售时使用灰色包装。[①]如果引用一个烟草业律师的话,本工业现在必须"从社会公众那里获得其继续生存的许可",那么,Kessler 似乎不愿给予这种许可。[②] 我认为这种方式因有太多不确定因素而漏洞百出,并且(该方式)也遭到了宪法上的非难,因为宪法第一修正案关于保护商业的规定,一般地禁止了对产业发展进行整体性的限制。

而且这一建议忽视了新的降低风险的香烟产品——"较安全"的香烟的出现,这种香烟可帮助那些不能或者不打算戒烟的人。最近的一个由 FDA 出资、由药物协会委员会(IOM)在国家科学研究院(National Academy of Science)研制的报告指出,这些"降低危险"产品可能是有益的,如果辅助以适当的规制计划,万宝路公司(Philip Morris 公司)正在发明一种无烟香烟,其发表的一篇新论文认为有必要对 FDA 控制烟草业的法律权力进行限制。[③] 在第三部分的剩余篇幅中,我同意给予(FDA)对降低风险产品的控制授权。而且,即使没有被授予更多权力,该机构的既有授权也可自行授权其这么做的。虽然高级法院拒绝了 FDA 无限制的管辖权请求,但法院是对一般的烟草产品, 并非那些降低风险的特殊产品做出处理。

在总结部分我建议应为烟草公司设定一项义务,由于烟草的成瘾性,烟草公司不仅应减少吸烟者的风险,并且应帮助那些希望戒烟的人(戒掉)。最可能的途径是,依靠工业的发展,开发出逐次降低尼古丁含量的产品,将这种产品作为等级性戒烟计划的一部分。诸如此类的措施可以将因 "上瘾"作用而被剥夺的

---

① Kessler, at 392.

② 同上,参见 383 页(引自 Steve Parrish, 万宝路公司的总顾问处)。

③ Press Release, Philip Morris, FDA & Tobacco: Why Philip Morris U. S. A. Supports Passage of Legislation in the 107th Congress Granting FDA Regulatatory Authority over Tobacco Products (Mar. 22, 2001), http://philipmorrisusa.com/companly_newscosompany_news.asp? press_id = 76; 参见下文第三章 D部分第 2 节。

选择权交还给吸烟者。

Ⅰ FDA 规制的基础

A. 接管烟草业

Kessler 宣称他并非是在进入 FDA 时就持有规制烟草业的打算，相反，这一目标起源于一位职员关于"接管烟草业"的建议。①吸烟与健康联盟(简称联盟)提出的请求规制烟草的申请又为此提供了进一步的动力。在机构回应该申请的信件中，Kessler 提出的证据"'表明卖主有明显的意图——意图使许多人为满足人体对尼古丁的成瘾作用之依赖而购买香烟'"，从而为规制烟草行业开辟了道路。② 信件指出如果搜集的资料充足的话，"它将具备一定的法律基础"将烟草产品作为药物加以控制。③ Kessler 相信这封信将会迫使国会采取行动——决定 FDA 该如何应对，或者支持其(授权申请)，或否定之。④

然而，当国会议员 Waxman，一个曾经的吸烟者得知这封信时，他坚持立刻召开听证会使 FDA 对规制的情形加以展开。⑤ Waxman 的回应为 FDA 施加了压力——迫使它首创性地为一项具有争议的规制计划建立支持。Kessler 未曾料到这一要求，并且对于在如此短时期内建立(规制)框架感到措手不及。随后的一系列事情使 Kessler 的任务变得更加复杂。FDA 的信件所依赖的最重要的(信息)来源之一是一位告密者"Deep Cough"，在与该机构交谈后不久，这个人又出现在 ABC 电台的 Day One 电视栏目中，指责烟草公司利用尼古丁的成瘾机

---

① Kessler 认为 Jeff Nesbit，Dan Quayle 的前任助手，是首位提议 Kessler"接管"烟草业的人。参见 Kessler，at 26.

② 同上书，第 87 页(引用该信件)。

③ 同上。

④ 同上书，第 88 页。FDA 也提醒纽约时报和华盛顿邮报注意该信件。纽约时报用在前版刊登了此事，邮报在中间版面刊登了此事。见同上，第 94 页。Sidney Wolfe，公共市民健康研究小组主管，私人性地极力促使 Kessler 拒绝联盟的请求。值得争议的是，Wolfe 认为立法相对于规制来讲是更加有希望的路线，因此它希望看到联盟向国会开展努力。

⑤ 同上书，第 97—98 页。

理“巩固”其产品。[①] 当万宝路公司(Philip Morris)以诽谤起诉该电台时,ABC电台也向其道歉并达成和解。[②] 这一巩固理论十分重要,因为故意添加一种有成瘾作用的物质,将导致对生产者意图的情形设定变得更加直接。但是,Kessler还必须进行细致深入的努力——搜集进一步的证据,证明生产者意图使烟草发挥和药物类似的作用。

在Kessler的叙述中FDA的关于香烟生产和销售过程的调查占有很大篇幅,这就是那本小册子中的“扣人心弦的侦探故事”,这个故事,用文章本身的话说,是以许多“间谍性”的(惊险、神秘)因素为特征的。[③] 虽然,调查的细节性内容与这一评论的目的并不相关,然而该机构调查取证所采用的方式却是值得注意的,因为它表明了对烟草工业获取信息的难度,进而也就证明了进行足够的规制授权的必要性。Kessler雇用的职员都具有特殊的背景,这一点显著区别于传统的FDA检查员。[④] 这些新职员曾经在美国联邦调查局和联邦经济情报局工作过,可以进行测谎议测试。FDA为告密者设定了化名以保护他们的身份。[⑤]告密者需要这种保护,因为他们曾经与其雇主签订了保密协议,他们担心如果其违约行为曝光,将会导致诉讼以及更加极端的后果发生。[⑥] 机构坚持认为,与雇主签订的保密协议中规定的保密义务,其效力不能延伸到法律的强制性调查,(FDA)根据同样的理由也成功地抵制了工商业主强迫其公开告密者身份的企图。[⑦]

Kessler局长积极地、亲自性地涉入了调查,他通过话筒设备听取了机构官

---

① 参见Kessler, at 104。

② 同上书,第104—105页,第156页,第375页。

③ 同上书,第184页(写道当Kessler会见告密者Jeffrey Wigand时,Kessler的日程记录中并未透露Wigand的真实姓名);参见同上书,第134—135页(描述了FDA如何在公共场合会见告密者,而在这些场合同时能够按照请求执行证人保护程序)。

④ 参见同上书,第26,75,79,81,100,233,406页。

⑤ 这些告密者的化名包括“Deep Cough”,参见同上书,第128—129页;“Veritas”,参见第174页;“Research”,参见第183页;“Cigarete”,参见第115页;“Saint”,参见第237—238页;以及“Philip”,参见第115页。用“Philip”这一名称可以减少风险, See John Schwartz, “Reengineering the Cigarette”, *Wash. Post. Mag.*, Jan. 31, 1999, at 8.

⑥ Kessler, at 134—135(声称公司律师将会使他们进入“活地狱”,如果告密者一旦违约的话)。

⑦ 同上书,第223页,第290页。

员询问告密者的谈话[①],还参加了其他的电话采访。[②] 还有一个告密者 Jeffrey Wigand,是他亲自接见的。[③] Kessler 的关于该任务的深入涉入超出了调查本身,当规制人员、法律人员为 FDA 的建议起草管辖权时,他扮演了一个角色,用他自己的话说,即“研究助手”。[④] 当 FDA 对其建议规则的评论进行审查时,他经常在该仓库之外“野营”。[⑤] 这些从某种程度来讲,是 FDA 及其委员们的非正统的努力,这些努力使他们获得了大量关于烟草产品生产及销售的证据。下一部分将介绍这些证据,以及该证据支持下的法律理论。

B. 缺乏明示主张(expressed claims)的意图的建构

为了获得对烟草业规制的授权,FDA 必须证明烟草符合药物的法定含义:一种“意图”防止或治疗疾病、或“意图”影响身体结构或任何功能的物质。[⑥]这些意图通常是由生产者在商品上的标示、广告及其他途径中的明示而得建立的。[⑦]

但是这些直接的主张并不是意图建立的唯一途径,意图的建立也可依赖于一些外部因素,其中最重要的因素之一是消费者用途(consumer use)。[⑧]依据消费者用途的方法,只要消费者将某种物质用作药物,且生产才能够合理预见消费者将有此意图,那么该物质就会满足意图的要求。然而,在实践中 FDA 建立消费者用途还存在许多的困难。[⑨]FDA 第一次与烟草业交锋,是 1977 年应市民对香

---

① Kessler, at 138—139.

② 同上,第 116—117 页。

③ 同上,第 183—190 页。

④ 同上,第 271 页。

⑤ 同上,第 337 页。

⑥ 21 U.S.C. § 321(g)(1)(1994).

⑦ See, e.g., Kordel v. United States, 335 U.S. 345(1948)(规定生产者意图可通过由生产者授权向消费者发放的宣传册得以表现);United States v. Sudden Change, 409 F.2d 734.793(2d Cir. 1969)(记录了其他关于生产者意图的相关资源);Alberty Food Prod. V. United States, 194 F.2d 463(9th Cir. 1952)(同上)。

⑧ Judge Friendly, 例如,在一个案件中考虑某些维他命和矿物补充物是否应被划归药物时,认为 FDA 不应受生产者主观声明的约束,而同样应运用一些类似消费者用途这样的“客观证明”。Nat'1 Nutritional Foods Ass'n v. FDA, 504 F.2d 761, 789(2d Cir. 1974). 然而,只有治疗方面的用途“远远超过”其他方面用途时,才可作为客观证明用于证实其属于药物。Nat'1 Nutritional Foods Ass'n v. Mathews, 557 F.2d 325, 336(2d Cir. 1977).

⑨ Mathews, 557 F.2d at 337—338.

烟进行药物管理的请求作出的回应,这一回应使消费者用途的进路被边缘化了,机构拒绝了这一请求,理由是缺乏生产者关于烟草影响身体的明示主张,DC. Circuit 对机构的决议表示支持,但是保留了即使在缺乏生产者明示主张的情况之下,也可通过消费者用途的方法建立意图的可能性。但是法院为之设置了一个很高的门槛:消费者用途的方法必须存在于"是显著的、且事实上几乎是仅有的意图证明方式"的情况下(才可被采用)。[①]更严重的是,FDA 在过去曾承认消费者吸烟只是为了获得"快感",那么吸烟就内在性地为意图问题提供了否定的回答。[②]

在 Kessler 的指引之下,FDA 重新考虑了消费者用途的方法。鉴于在缺乏生产者明确主张的情况下推断生产者意图,无疑需要强有力的证据,FDA 虽然面临迅速结束调查的时间压力,仍成功地获取了支持其管辖权的令人难忘的资料记录。该机构通过大量的科学研究证明,烟草不仅会带来"吸烟的快感",同时也会通过引发和维持成瘾性,对人体和大脑构成影响。[③]FDA 认为,既然一个合理的生产者能够意识到烟草的成瘾性质至少会部分地刺激消费者用途,那么,这些研究就归到意图的问题上来了。[④]该机构是通过一些内部文件支持这一论点的,这些文件表明生产者了解烟草含有成瘾性作用,并且利用了这些作用进行产品设计。[⑤]

FDA 尤其依赖于 Brown & Williamson(B&W)的内部文件资料,该文件是被 Merrell Williams,一位服务于产品责任法律事务所的律师助理剽窃的,而其法律事务所是(烟草)公司的代理人。[⑥]Williams 将把这些文件用于因其个人心脏疾病而对公司提起的个人损害之诉中,但是由其复制文件行为违背了律师——事主特权(attorney-client privilege)而遭到司法限制令的限制。纽约时报通过国会

---

① Action on Smoking & Health v. Harris, 665 F.2d 236, 240(D.C. Cir. 1980).

② Kessler, at 51(citing William k. Hubbard, Associate Commissioner for Policy Coordination, FDA).

③ Nicotine in Cigarettes and Smokeless Tobacco Is a Drug and These Products Are Nicotine Delivery Devices Under the Federal Food, Drug, and Cosmetic Act: Jurisdictional Determination, 61 *Fed. Reg.* 44,620, 44,690—793(Aug. 28, 1996)[下文将谈到的司法裁决];FDA v. Brown & Williamson Tobacco Corp., 529 U.S. 120, 127(2000).

④ Jurisdictional Statement, at 44,632—36.

⑤ 同上,第 44687 页。

⑥ Kessler, at 251.

途径从被泄漏者那里获取了这些文件。[1] 这些文件在 FDA 证明过程中的重要地位可通过文件中的一句引言得以说明，Addison Yeaman，公司在 1963 年的前任总顾问的备忘录中(有这么一句话)："那么我们，正在从事销售尼古丁，一种具有成瘾作用的物质的买卖……"[2]

RJR 的内部文件记录着，在一则法院已封存的产品责任案中，也表示过要注意尼古丁的成瘾性作用以及成瘾性作用在消费者用中扮演的角色。最为重要的是由 Claude Teague，一位 RJR 执行官所建立的备忘录，该备忘录中声称：

"尼古丁是一种能够使人形成依赖的生物碱……

那么，烟草产品，从本质上讲，是输送尼古丁的传播工具……

……

如果……尼古丁是香烟中必不可缺的物质，并且如果我们温顺地接受危机论的主张且采 取措施减少或消除产品中的尼古丁，那么，我们的企业将最终破产。

烟草产品极大地含有和传播尼古丁，一种含有多种生理作用的潜在药物。"[3]

FDA，为获得 RJR 的文件，利用了 FDA 职员和一些产品责任律师之间的友好关系。[4]虽然产品责任诉讼在提供信息过程中扮演何种角色超出了本评论的

---

① Kessler, at 252—254.关于这些文章的下文，尽管 Kessler 并未作讨论，还是引起了人们的兴趣。See Stanton A. Glantz Et Al., The Cigarette Papers 6—11(1996)，该资料记录了 B&W 企图通过法庭传票揭露泄密途径和阻止信息公开的努力归于失败的情况。Glantz 在旧金山的加州大学办公室里收到一份由发件人主动提供的邮件，之后，他使这些文章成为可得信息，诉讼之后，又将其公开在学校图书馆中以及图书馆的主页上。他的书对这些文章进行了分析。See also Tucher S. Player, "Note, After the Fall: The Cigarette Papers, the Global Settlement, and the Future of Tobacco Litigation", 49 *S.C.L.Rev*. 311, 322—32(1998)(叙述了导致这些文章被公开的事件)。

② Kessler, at 252.

③ 同上，第 259—60 页(引用 Teague 的备忘录)。Teague 的备忘录被法院决定所引用，at 44, 867—71. FDA 同样依赖于万宝路的内部备忘录，这些资料是机构在位于休斯敦的一个昏暗的档案室中找到的。这些备忘录记载了关于尼古丁药理作用的研究。Kessler, at 256.

④ Kessler, at 258.

范围[①],该机构调查和诉讼努力之间存在的共生关系却是值得关注的。Kessler会见了 Mike Moore, 密西西比州的首席检察长,以及 Dick Scruggs,从事由州政府向烟草公司提起的关于索取与吸烟有关的联邦医疗补助制度费用补偿的诉讼律师。FDA 的活动“鼓励他们”的诉讼行为,且 Kessler 发现他们在相关的战斗中结为了同盟。[②]

机构提供的证据证明,工业者不仅注意到了尼古丁的成瘾作用,而且在设计香烟时利用了这点。Kessler 担心尼古丁在烟草产品中的含量,可能只是植物生物性支配下的“简单自然产物”。[③] 这将使机构证明生产者意图(利用)尼古丁的成瘾性作用变得更加困难。调查结果表明,FDA 实际上发现了不同类型的烟草含有不同比重的尼古丁,并且生产者可以通过在产品中进行混合以控制尼古丁含量标准。[④]机构的一个实验室证实出,同一商标产品中尼古丁的(含量)水平具有同一性,这一同一性与药物中的同一性是一致的,而与农产品显现出的多样性不一致。[⑤]烟草工业的代表坚持,天然状态中的烟草,其尼古丁与焦油含量是1:15 的比率,且这种不变性证明公司未操纵尼古丁的含量标准。[⑥] 但 FDA 发现,在 Merit 香烟中尼古丁与焦油比率,最低达 1:10[⑦],且在 Merit 香烟系列产品

① See Peter Pringle, Cornered: Big Tobacco at the Bar of Justice 270—71(1998)(记录称,所发现的文件表明,在侵权诉讼中,业主对陪审团隐瞒了相关的健康信息,并因此影响了他们的决定);Robert L. Rabin, “Reassessing Regulatory Compliance”, 88 *GEO. L.J.* 2049, 2069—70(2000)[认为侵权诉讼中的发现可以给我们起到教育作用——我们应该公开健康风险信息,无论对于已被规制或未被规制的行业(均应如此)]。

② Kessler, at 304.

③ 同上,第 118 页。同一性可以在农产品中得到证实,参见 Eric Schloosser, Fast Food Nation 131 (2001),该资料显示麦当劳总是在法式油炸食品中添加或滤取相同的糖分,从而保持食品相同的味道和外观。

④ Kessler, at 148—49。See Jurisdictional Statement, at 44, 950—94, and FDA v. Brown & Williamson Tobacco Corp., 529 U.S. 120, 127(2000),该资料详细记载了一些信息,这些信息是 FDA 用以表明生产者在涉及香烟时加入的尼古丁剂量是足以对消费者产生药理作用的。See Kessler, at 63, FDA 的律师 David Adams 分析道:“烟草生产商本可以滤出一些尼古丁,但是他们把它遗留在产品中。这就回到关于意图的问题上来了。”

⑤ Kessler, at 132.

⑥ 同上,第 143—144,152—153 页。

⑦ 同上,第 147 页。

中,尼古丁与焦油含量是呈反比变化的。[①]在规则的制定过程中,FDA解释道,低焦油香烟中尼古丁含量的增加是源于这样一个事实——尼古丁含量只有在每支烟低于0.5:0.8毫克时才可满足消费者的需求。在低焦油香烟逐步减少焦油含量的过程中,当尼古丁的比率降低到该标准以下,生产者就会逐步提高尼古丁含量以达到药理能够发挥作用的标准。[②]

为了支持其规则,FDA也鉴别出了生产者为加强尼古丁作用所采用的一些特殊人工方法。[③] Kessler从未查明来源的B&W公司秘密文献"Handbook for leaf Blenders"中获得了一些情报,该书声称阿摩尼亚,当被添加到烟草之中,即"释放出尼古丁"[④],这样以来,就会制造出尼古丁含量更大的烟。[⑤]FDA也致力于寻找基因操纵尼古丁含量的文献,尽管最终该机构只找到一个例子,即B&W培育的经基因修改的高尼古丁作物Y-1,此作物生长在南美洲,目前这一项目正处于实验阶段,但是其中的一些基因修改烟草已被应用在于美国销售的香烟之中。[⑥]

FDA的努力旨在说明香烟并非是只是重新包装的烟草,它被设计成了向公众传播可控数量的尼古丁的器械。所有引人注目的证据都证实了烟草中尼古丁的成瘾性是可以预见的,暗示了生产者意图(利用)尼古丁的成瘾作用,指出香烟

---

① Kessler, at 152;参见 Jurisdictional Statement, at 45,067—75(记载了机构对生产者在焦油—尼古丁比例问题上的反对意见)

② Jurisdictional Statement, at 45,068—69.

③ Jurisdictional Statement, at 45,076—82, 44,970—75. 在规则制定过程中,FDA在其秘密摘要中放置了一份附加材料,该材料反映了生产过程中的商业秘密方法。机构反对工业者的以下观点:这份材料的秘密性可以禁止对该材料加以评论。

④ Kessler, at 188。(记录了B&W公司的"Handbook for leaf Blenders"文献)。

⑤ 同上,第188—189,246页。当烟草公司承认在烟草制作过程中加阿摩尼亚时,他们,尤其是万宝路公司,坚持认为这种化学反应不是用来加强成瘾性,而是使产品味道更佳。无论如何,成瘾性引起的潜在健康风险表明,对烟草成分进行毒药学审查的规制授权是必要的。See IOM REPORT, at 224—25.

⑥ Kessler, at 194—96,214—25,239—44. 这是具有讽刺性的,Kessler鼓吹的观点认为,对烟草进行基因改良是人工操纵该产品的证明。然而,在Kessler担任委员期间,机构曾发表观点认为,基因改良食品可以假定为和其传统替代产品一样安全,这一观点使合成食品在上市前不需要获得安全批准。See "Statement of Policy: Foods Derived From New Plant Varieties", 57 *Fed. Reg*. 22,984(May 29,1992); See also Alliance for Bio-Integrity v. Shalala, 116 F. Supp. 2d 166(D.D.C. 2000)(支持Statement of Policy反对程序性和实体性的变革). FDA的政策认为,基因改良食品有时会将某种成分的剂量加大到过高的程度,此时就会触及到相关的规制, See "Statement of Policy: Foods Derived From New Plant Varieties", 57 *Fed. Reg*. 22,990; 基因改良的烟草为这种可能性提供了显著的例子。机构提供了一项规则来控制基因工程食品中的尼古丁。See "Premarket Notice Concerning Bioengineered Foods", 66 *Fed. Reg*. 4706(prop. osed Jan. 18,2001)(将编入21C.F.R. pts. 192,592).

是药物和仪器的混合物,因此也就与 FDA 的管辖息息相关。

C. FDA 的"仅针对儿童的规则"

FDA 将其规制努力的方向定位在反对青少年吸烟上,尽管在进行推理论证的过程中,该机构的管辖范围被扩大化了。该组织提出的建议规则在烟草产品面向青少年的取得、促销以及标识方面做出了限制。取得规则,连同其他规定,禁止向低于 18 岁的购买者销售香烟,要求零售商核查附照片的身份证件以证实所有 27 岁以下购买者的年龄,限制成人场所自动售货机的存在。促销规则要求印刷出版物上的广告仅能以文本、黑白文字的形式出现,除非该出版物只排他性地拥有成人读者,禁止在离学校或操场 1000 英尺以内的地方设置户外广告,并且要排除烟草品牌对运动活动的赞助。标识规则要求向 18 岁及 18 岁以上的吸烟者声明香烟是传播尼古丁的工具。[①]以青少年为要旨的限制性规则起源于 Kessler 的观点:烟草消费首先引起的是儿科疾病。他强调这样一个事实:绝大多数的吸烟者往往在 18 岁以前就已成为常吸者,而且如果一个人在青少年时期未吸烟的话,他以后也不太可能开始吸烟。[②] 他的观点认为,在长期范围内要想减少烟草的成瘾性危害,只能在儿童和青少年开始吸烟之时就加以禁止。

FDA 规则并未针对成人吸烟这一现象。也未试图对尼古丁含量进行管制,尽管对尼古丁含量的操纵构成了机构管辖争议中的重要组成部分。然而,这本书表明,如果 FDA 规则能通过司法审查,机构将会考虑制定超出青少年吸烟范围之外的更多的限制性规定。Kessler 及其 FDA 职员讨论了"分次逐步减少香烟中尼古丁含量,关注烟龄不长的吸烟者最终摆脱这种上瘾剂"的可能性。[③] 当 Kessler 于 1994 年首次在国会面前证明其原始管辖权时,他也发现 FDA 也许会运用其规制权,最终实现"将含有尼古丁的香烟从市场上驱逐出去的可能性,将

---

① See FDA v. Brown & Williamson Tobacco Corp., 529 U.S. 120, 127—30(2000); "Regulations Restricting the Sale and Distribution of Cigarette and Smokeless Tobacco To Protect Children and Adolescent", 61 *Fed. Reg*. 44,396, 44,616—18(1996).

② Brown & Williamson Tobacco Corp., 529 U.S. 127—28(2000); Kessler, at 319—20(记录了他在哥伦比亚大学的演讲,演讲主题为"吸烟的性质如同儿科疾病")。

③ Kessler, at 268。Kessler 写道他考虑过戒烟战略实施的可能性,但是他把这些问题放在一边,因为他不确信关于该战略的有效性是否有充足的科学依据。同上。这意味着,如果能够获得支持,FDA 将会适用其管辖权将尼古丁控制在许可标准之内。

香烟中的尼古丁的含量限制在不造成上瘾的范围之内,或者限定香烟的取得途径,除非工业者能够证实含有尼古丁的香烟是安全和有效的。"[①]

虽然只是对有关儿童规制的范围加以限定,然而,FDA 却极大地提高了其政治吸引力。克林顿总统的顾问,Dick Morris,把这些规则看作是为总统窃取国会支持以及为其改选宣传提供的大好机会。[②] Morris,在进行民意测验之后,进一步确定唯一能够幸存的规制路线是仅针对儿童制定规则;而涉及成人吸烟的更加宽泛的改革将可能是"政治自杀"。[③] 最后,克林顿表示对机构制定规则的努力持支持态度,并在白宫宣称 FDA 将提出议案及最终规则对烟草业加以控制。[④] 在宣告中,他描述说这些规则是针对青少年吸烟提出的、并澄清道这些规定不会有关成人吸烟的交易。[⑤] 伴随这些规则在行政执行中的失败,FDA 关于管制烟草业的管辖权的斗争则交由法院去完成。

Ⅱ 最高法院和国会的意图

A. Kessler 的评价

Kessler 的书主要介绍了机构对(烟草)规制的发展,简单提及了证明这些规制的诉讼,最终得出(其规制)还存在欠缺。在作粗浅分析时,Kessler 向高级法院提供了一个案例,该案例促使高级法院作出使其规则归于无效的决定,这就是 FDA V. Brown & Williamson Tobacco Corp 案[⑥],他集中于其所参加的口头辩

---

① Kessler, at 161. FDA 通过规制努力获得广泛管辖权的雄心在 Kessler 的建议中也可略见一斑,他建议国会拒绝其所签署的世界性烟草协议,尽管这一协议会迫使烟草生产者接受许多 FDA 规则中的条款。Kessler 十分关注协议规定的侵权豁免条款,以及其对 FDA 烟草管辖权所造成的限制。

② 同上,第 304—305 页。其他的总统职员认为再选中烟草问题是一个十分危险的问题,必须稳住立场。相反,烟草规制应该等到第二次任期开始后再做打算。同上,第 305—306 页。

③ 同上,第 322—323 页。

④ 同上,第 333,353—354 页。

⑤ see also Peter L. Strauss, "Presidential Rulemaking", 72 *Chi.-Kent L. Rev*. 965, 965—66, 984 (1997)[批评克林顿在宣布烟草规制等机构决定时所扮演的个人角色,认为由此以来,这些宣布不是意味着机构得到了授权,而是(克林顿)自己获得了发布规则的授权]。

⑥ 529 U.S. 120(2000).

论,且仅附带性地介绍了法官的推理意见。[①] Kessler 指出,他知道机构是在回答法官在、口头辩论中所提的问题时而惨遭失败的,因为这些问题暗示了他们不懂得那些证据的力度和重要性。该证据是机构找来表明生产者意图利用尼古丁的成瘾作用的,而这种(利用)方式使得香烟落入了药物的法定含义之内。[②] 他认为失败可归因于多数人对规制所持的态度,更加笼统地说,可归因于意识形态问题。[③] 司法决定理所当然地反映了法官的哲学见解。但是这是一个很难的案例,而且是一个包含以下基本问题的案例,即国会意图(采取)的决定,以及机构为适应新的情况和政策而自行调整国会授权的能力。决定也对严密的分析表示赞赏,因为它是决定机构对烟草规制授权所保有范围的基点。

B. 未被处理的生产者的意图

O' Connor 法官,在给多数人的信件中(的观点)显然不同意烟草工业者的论点,即无论产品的作用多么容易预见,亦无论用以证明意图的详细证据是多么强有力,在缺少生产者关于(烟草具有)类似药物功能的明示主张的情况下,产品将不能够落入药物的法定含义之内。法院认为没有必要强调这种主张,因为即使 FDA 关于意图的理论是正确的,其规则在其他方面也会导致失败。[④]那么,FDA 对于生产者意图采取的宽泛的路径,意即将生产者认识的证据与可预见的消费者用途合并的做法,并不会归于无效,而且可能在烟草背景之外找到(合理依据)。[⑤]法院的倾向为机构对意图的广义理解提供了更多的支持,这一倾向为

① 有 5 页篇幅是在讨论口头辩论的内容, Kessler, at 379—83, 不到一页的篇幅是在讨论裁决,同上,第 384 页。Kessler 花费了更少的篇幅记叙区法院审判的过程(3 页记述口头辩论,1 页半记述裁决),同上,第 355—58 页,以及上诉(4 页记录口头辩论,一段介绍裁决),同上,第 361—66 页。

② 同上,第 381—383 页。

③ 同上,第 384 页。

④ Brown & Williamson Tobacco Corp., 529 U.S. 131—32.

⑤ 广泛的意图理论,举例而言,可以使 FDA 有权去规制药学期刊的医生的再版行为,而这一行为是新的"超出声明范围"的用途。See Richard M. Cooper, "The WLF Case Thus Far: Not with a Bang but a Whimper", 55 *Food & Drug L.J.* 477(2000)(批判了这一理论)。高级法院的决定只是并未使 FDA 关于意图的理论规于无效,而区法院至少是部分赞成这一理论的。法院赞成机构以烟草药物作用以及类似作用在消费者用途中的可预见性为基础建立管辖权,但是,法院认为内部文件中执行人员的观点并不能为建立意图提供足够的"客观"基础。Coyne Beahm, Inc. v. FDA, 966 F. Supp. 1374, 1391—92(M.D.N.C. 1997), rev'd sub nom. Brown & Williamson Tobacco Corp. v. FDA, 153 F.3d 155(4th Cir. 1998), aff'd, 529 U.S. 120(2000).

近年来法院所采用的用字典释明文本含义的做法。[①]在这里,字典对意图的定义包含"心中怀有某种目的"并且"按照特定目的对其进行设计",从而为FDA提供了支持。[②]

C. 国会意图及其后果

最后,对法庭而言,关键性的争议不是生产者意图而是国会意图:FDA的规则是否与机构管辖章程中、以及围绕烟草颁布的既有法律规章中所宣布的国会意图相一致?在管理机构背景中进行法律解释的起点是Chevron U.S.A., Inc. v. Natural Resources Defense Council. Inc.[③],该案的两步测试法首先询问是否已经存在针对该问题的直接的国会言论,然后对于国会保持缄默或模棱两可的问题,(其解决)将尊重机构的决定。[④] 我的讨论,在进行Chevron测试之后做了粗略定型,可分为两部分。首先,我分析了法官对国会意图的不同处理方式及其在烟草背景下产生的后果。接着,从更一般的角度审视了机构代理权的争议:在什么情况下,法院可以推断机构获得了国会授予的、为适应新形势而调整其法律的自由裁量权?

1. 成文法构架

法庭在调查FDA的法律授权和与烟草有关的各种联邦法律的基础上,得出了一个形式化的简单结论:如果FDA获得了对烟草的管辖权,机构的法律构架将迫使FDA对所有烟草产品加以禁止。然而,在机构的授权法律之后颁布的、由国会制定的烟草特别法明确指出,国会并未意图采取这种禁止。[⑤] 现在对这一观点重新加以说明:机构的规则中对青少年吸烟的限制依赖于它这样一个结

---

① Note, "Looking It Up: Dictionaries and Statutory Interpretation", 107 *Harv. L. Rev.* 1437 (1994).

② Brown & Williamson Tobacco Corp., 153 F.3d 177—78(Hall, J., dissenting)[引用Webster's Ⅱ New Riverside University Dictionary (1984)]; see also Cass R. Sunstein, "Is Tobacco a Drug? Administrative Agencies as Common Law Courts", 47 *Duke L.J.* 1013(1998)(写道FDA关于意图的理论获得了很多文义理解上的支持)。

③ 467 U.S. 837(1984).

④ 同上,第842—43页。

⑤ Brown & Williamson Tobacco Corp., 529 U.S. at 134—43。法院单独指出,不管FDA是否有权制定补救措施或者全面禁止,许多制定法都表明国会意图保留对烟草的管辖权。同上,第143—59页。我没有单独审查过这一主张,虽然我在分析过程中引入了一些法院的推理。

论——“除此之外(不可能)还有其他途径能够合理确保(烟草)的安全和有效。”[①]法院分析说,如果考虑FDA的关于烟草危险性的结论,机构如果获得了对烟草业的管辖权,我们将不得不把烟草产品划入“第三类装置”。第三类装置是不能够被销售的,除非它们被证明是“安全的”。[②]既然烟草产品,按照FDA的逻辑,在预定用途下是不安全的,那么,机构除了禁止它们之外别无他途。

FDA争论说,鉴于禁止将会导致“更加危险的黑市”的产生[③],因此,机构在规制种应该采用不那么极端的方式。O' Connor法官承认,FDA是在一个相对的基础之上对药物进行规范地评价,在其产生的利益大于损害时就对其加以认可。举例而言,在评判治疗癌症的有毒药物的案例之中,机构就采用了这种“有风险的利益”的分析方法(risk-benefit analysis)。[④] 然而,多数人并不认为这种方法可类推适用于像烟草这样缺乏任何治疗学和药理学利益的产品。FDA不能够认为,其好处不是来自于该药物本身的特定用途,而是来自于对其特定的有害用途加以排除的失败。黑市的进路是存在问题的,因为它依赖于一个不合理的观念,即“继续使用”烟草是“有益”的,以及“(FDA试图)为之斗争的罪恶行为是‘对健康有好处的’”。[⑤] Breyer法官对此提出了异议,并为FDA的分析进行了辩护,他争论道,机构的安全性决定不能够孤立地、仅停留在使用产品的角度上,而应该将采取禁止措施导致的有关风险都纳入考虑范围,比如滋长了对其他更具危险性的替代品的产生。[⑥]在他看来,机构的管辖权章程可被认为赋予了FDA对于第三类装置权力的修正权,只要(机构)所选择的措施能够提供“……对‘安全’的合理保障”。[⑦]

食品和药物法先例似乎支持O' Connor法官争论中所持的观点。在药物的规制架构中,FDA在传统上往往会关注预期用途,而且一般认为其不具有处理

① 21 U.S.C. § 360 J(e)(1)(B)(1994).

② Brown & Williamson Tobacco Corp., 529 U.S. at 136(引用21 U.S.C. § 360e(d)(2)(A)). 类似的分析,参见Richard A. Merrill, “The FDA May Not Regulate Tobacco Products as ‘Drugs’ or as ‘Medical Devices’”, 47 *Duke L.J.* 1071, 1075(1998).

③ Brown & Williamson Tobacco Corp., 529 U.S. at 139.

④ 同上,第142页。

⑤ 同上,第141页。

⑥ 同上,第178—79页(Breyer, J., dissenting)

⑦ 同上,第176页(21 U.S.C. § 360 c(a)(1)(A)—(B)).

其他用途的授权。那么,举例而言,只要美沙酮在对海洛因进行解毒这一预期用途中是安全的,FDA 就不能针对其潜在的误用危险而对它施加限制,即使从理论上看误用是可预见的。[①]机构已经发展了与药品误用有关的选择理论[②],然而,黑市理论与之不同,并且比误用理论更加棘手。在误用的情况下,被考虑的药物会直接导致损害。在黑市情形之下,被考虑的药物不会导致损害,而且根本就未被使用;是其他的药物导致了损害。此外,在这种程度上来讲,黑市造成的损害并非是因采用了被考虑的药物,因此我们就不能够说药物的生产者意图产生这种损害。

黑市的理论基础也是存在问题的,因为它为公众提供了一个决定药品规制范围的、一个前所未有的角色。如果 FDA 必须考虑到消费者将通过创造黑市来抵抗禁止措施的事实,那么 Breyer 的关于安全应该如何被有效确定的观点,则为消费者提供了"选择的自由"。虽然 FDA 相信,从科学和药学的角度来讲,药物在预期用途中所包含的危害超出了其所带来的益处,然而,消费者的反对,如果达到十分剧烈的程度,甚至于在禁止的情况之下转而选择黑市,那么这种反对将会阻止 FDA 发出禁令。这一政策应该是合理的。但是,并不能认为,是眼前的现实将 FDA 限制在科学和药学的标准之内。如果自由选择成为食品和药物管理中的相关因素被(FDA)所考虑,那么应通过更加审慎和综合的程序使之得以确立,该过程应规定消费者偏好的作用,并为实现充分的信息披露做好准备。[③]

从更加基础的角度(来说),Breyer 的黑市理论基础存在这么一个问题,即尽管现实因素排除了绝对禁止的可能性,但是并未在理论层次上否定机构具有禁止的权利。如果,举例而言,FDA 能有效杜绝烟草黑市的出现,那么根据机构观点中的逻辑,将会导致 FDA 对烟草产品的绝对禁止,因为(对烟草产品的)继续

---

① Am. Pharm. Ass'n v. Weinberger, 377 F. Supp. 824(D.D.C. 1974), aff'd per curiam, 530 F.2d 1054(D.C. Cir. 1976).

② See Margaret Gilhooley, "When Drugs Are Safe for Some but Not for Others: The FDA Experience and Alternatives for Product Liability", 36 *Hous. L. Rev*. 927, 940—45(1999).

③ See Margaret Gilhooley, "Herbal Remedies and Dietary Supplement: The Boundaries of Drug Claims and Freedom of Choice", 49 *Fla. L. Rev*. 663, 715—22(1997)(提出如果进行立法需要考虑的因素,应采取相应途径对有潜在有害性的药物实行风险披露)。

使用将不再能够提供超出其损害的利益。机构简洁地评论道,如果判断得出烟草业不存在合理的安全保障,机构将会禁止其继续存在。①

黑市原理的不足之处恰好支持了法院的观点,即如果国会并未意图对烟草产品进行绝对禁止,这一产品就不应被纳入 FDA 的规制范围。法院列举了一些法律,这些似乎暗示着承认烟草业的生存权利。法院认为,举例而言,在规定烟草标识应包含卫生部部长的警告时,国会假定香烟将继续在市场上存在,而且将不会因规制行为而被禁止。② 这段文字的内在合理性为健康教育和福利组织的秘书长(如今的健康与人类服务部的秘书长)的观点所赞同。在标识条款制定前的立法会议上,他发表了证词,竭力主张国会不要修改法律授予机构对烟草的管辖权。考虑到烟草产品存在的相关风险,他警告说,该条款"可能至少会彻底地将烟草产品界定为非法",这一结果,"……我们认为……与我们打算的或者……美国人民能够接受的……完全相反"。③

秘书长的证词不仅暗含着国会对完全禁止的反对,而且,更一般地,它否认了 FDA 对烟草的管辖权。国会对于这一观点的同意是通过援用联邦法优于州法的条款实现的,该条款规定,禁止任何联邦机构做出任何针对香烟的关于吸烟及健康问题的主张。④既然标识规定是 FDA 药物和器械规制的"基本方面",法院认为该项条款是决定国会不考虑授予 FDA 规制权的"重要因素"。⑤当然,联邦法优于州法的条款可能被解释为仅仅是用来指导标识声明的,秘书长的证词可能被理解为这样一个判断:香烟,按照当时的可得证据,不是药物。但是,我们可以合理地认为,在秘书长的批准之下,国会剥夺了 FDA 对香烟的规制权力,而

---

① Brown & Williamson Tobacco Corp., 529 U.S. at 159.

② 同上,第 138—39 页。

③ 同上,第 146 页。(引用 Cigarette Labeling and Advertising: Hearings Before the House Comm. On Interstate and Foreign Commerce, 88th Cong. 18(1964))(Secretary Celebrezze). Edward 委员辩称"烟草规制是国会考虑范围内的事","标记或禁止烟草只能由国会决定"。同上,第 152 页(quoting Public Health Cigarette Adments of 1971: Hearings Before the House Comm. On Interstate and Amendments of 1971: Hearing Before the Commerce Subcomm. On S. 1454, 92d Cong. 239, 243(1972))(Edward 委员的观点)。

④ Federal Cigarette Labeling and Advertising Act, Pub. L. No, 89—92, § 5(a), 79 Stat. 283 (1965). 优先权后来被固定下来,且载入 15 U.S.C. § 1334(a)(1994).

⑤ Brown & Williamson Tobacco Corp., 529 U.S. at 148—49.

该权力原本很有可能会落入其管辖范围之内。[①] 在这种背景下，法院认为国会围绕烟草建立的法律框架暗示着它已经“有效确认了 FDA 先前的、无烟草规制管辖权的地位”。[②]

Breyer 法官，分析了同样的过程，发现在 FDA 的烟草管辖权的问题上存在“严重的矛盾心理”。[③] 当国会的法律被理解为国会将自己保留对烟草领域的控制权时，很容易的，它也可被理解为国会将继续“不干涉 FDA 拥有何种授权”。[④] 既然国会并未明确表示要把烟草排除在机构的管辖之外，Breyer 争辩道，后一种理解应是符合要旨的。[⑤] 虽然 Breyer 的反对理由是有说服力的，他并未触及法院的观点——国会并不打算禁止(烟草页)，并且，如果被授予管辖权，FDA 除了实施禁止外不能采取其他任何措施。对这一观点的挑战必须从法律文本中跳出来，对更加广泛的、关于国会授权和机构自由裁量权的问题进行考察。

2. 确定国会的授权范围

如果授予 FDA 管辖权就意味着对烟草进行禁止，那么，既然国会明确表示它不打算禁止，法院反对管辖权的观点就具有说服力了。对 FDA 授权法律的严格的逐字理解实际上意味着 FDA，如果被授予烟草管辖权，只能对其进行禁止。但是情况被代理原则复杂化了。在形成时期，FDA 可能被给予了足够的管辖权。然而，那个时候，可得的证据将烟草排除在其管辖权之外。据 FDA 所称，新的证据表明，烟草满足了药物的法律定义。法院并未拒绝这种观点，它仅仅反驳说烟草之所以不能规入 FDA 的管辖，是由于(规入之后)将会采用禁止的补救方式，考虑到国会的意图，这种方式显得过于激进。但是国会可能根据改变后的法律环境——烟草出现的新状况，明确授予机构通过发展不那么激进的补救措施来保护公共安全的权力。

机构可以在多大范围内自行调整其法律授权以适应新情况的出现，取决于

① 然而，还可将优先权条款理解的稍狭窄些，以便于当治疗意图建立在明确声明或其他证据基础上时，可以不被适用。

② Brown & Williamson Tobacco Corp., 529 U.S. at 156. 法院还引用了以下故事：机构否认在缺乏明确的治疗学声明的情况下拥有对烟草的管辖权。

③ 同上，第 182 页(Breyer, J., dissenting)。

④ 同上。

⑤ 同上。

问题的重要性以及该调整与机构法定目的之间的关系。机构在国会的默许之下,针对那些未被明确规定的情形而调整其授权法律,(这种做法)并不值得注意。①FDA,举例而言,早在上个世纪初期和中期就已依法将基因改良食品进行规制了,远远早于目前生物工程技术的发展。②法律解释所面临的挑战是,认定什么情况下机构对于新问题的解决远离了其法定目的,即使根据国会默认机构有权针对新情况调整其法律、除非该调整与特殊条款相冲突,机构的创新仍被认为是未被授权的。这一挑战性在新政后时代的到了进一步增强了,因为有关因素导致一些重要的授权条款进一步被削弱了。

多数人以及持反对意见的人均未提出一套满意的方法解决这一最困难、最基本的问题。多数人认为,FDA 授权条款之后的立法发展排除了将烟草纳入机构管辖权的可能性。再者,法院认为,作为"常识"③,"国会不能意图把如此具有政治经济影响的决定权以如此隐秘的方式授予一个机构"。④ 如果法庭对于影响的关注意味着,任何对重要工业产生重要影响的规制都需具备明确的法律基础的话,该决定将会使机构根据推定授权应对突发事件时受到很大程度的限制。⑤ 然而,较为妥当的是,法院适用了一种非常合理的法律解释原则:关于十分重大的决定,推断其代理授权将是更加困难的。⑥ 但是法院几乎没有对如何

---

① See Sunstein, at 1019, 1059—63.

② See Premarket Notice Concerning Bioengineered Foods, 66 *Fed. Reg.* 4706(Jan. 18, 2001 提出)(载入 21 C.F.R. pts. 192, 592).

③ Brown & Williamson Tobacco Corp., 529 U.S. at 133.

④ 同上,第 160 页。法院将这一案例归为"特殊案例","在得出国会倾向于授权的结论之前,有理由对此表示拒绝。"同上,第 159 页。据推测,大量吸烟者的存在让人很难相信,国会会授权禁止吸烟或者采取作用等同于禁止的限制措施。

⑤ See The Permian Basin Area Rate Cases, 390 U.S. 747(1968). 支持联邦权力委员会授权业内产者能够根据其成文法授权对运输自行定价。

⑥ See United States v. Nova Scotia Food Prods. Corp., 568 F.2d 240(2d Cir. 1977), 此案对重要性预测进行了简单说明。在这一案件中,第二巡回法院认为 FDA 可以要求食品工厂(采取措施)转移白鲑中的肉毒中毒物质。机构根据其法律授权强调食物处于"'不卫生的条件'之下,将会对人体产生危害。"同上书,第 245 页。引自 21 U.S.C. § 342(a)(4)(1994)(emphasis added)。问题是在进入工厂之前白鲑体内就已经含有肉毒中毒物质。但是,法院认为,制定法的字面意思包括,如果其公认的"瑕疵",不仅构成了工厂的"不卫生的条件",而且"无法采取卫生条件进行预防。"同上,第 247 页。毫无疑问,法院的字面上的大体意思是,至少在某方面,可以推断出国会给予了机构少量的授权,诸如前例所述的这种授权。

适用这一原则给予指导。[①]

反对派提出了关于广泛授予代理权的经典观点。[②] Breyer 观察得出 FDA 形成于 1938 年二次新政期间，那时国会和总统崇尚宽泛的授权观念。[③]尽管他承认国会在那个时候不可能期望烟草落入机构的管辖权之内，他仍相信"广泛授权的内在属性"使机构可以根据法律目的，在新的证据和情形使其正当化时，对已存在的商品适用一般条款。[④] 对 Breyer 来说，明示的国会授权会受到那些影响私权和"有重大社会后果"的规则的限制，而且其效力不能延伸到诸如烟草规则中减少进口的规定上。[⑤] Breyer 当然承认烟草规制是一个非常重要的问题。具有讽刺意味的是，然而，它的重要性使它更适合代理。尽管代理将降低立法责任，选举过程具有的透明度可以确保行政责任的落实，因而最终将会有"对于任

---

① 多数人关于解释方法的讨论并未对成文法目的达成明确的认识。人们认为成文法功能是解释其意义的重要指导因素，但是，功能不是由当时立法者在法律中表达的意图决定的，也不是通过猜测他们将来在新形势下会有怎样的意图来决定，而是通过相关的法律条文和随后的立法来在广阔的背景之下考察成文法。Brown & Williamson Tobacco Corp.，529 U.S. at 132—33.（写道"成文法的文字必需放在相应背景之下理解，立足于总体的立法规划去考察"，并且"一则法律的意思可能受到其他法案的影响，尤其是国会随后发表的意见以及在此前后专门对此问题的看法"）。

国会的观点似乎反映出对早期法律程序理论者方法的注意，他们认为法律解释者应该判断"制定法的目的"，进而进行文义解释以执行这种目的。Henry M. Hart & Albert M. Sacks, *The Legal Process 1374* (Foundation Press 1994)(1958)；参见同上书，第 1378 页（促使法院"想象立法者的观点"）；Louis L. Jaffe, *Judical Control of Administrative Action* 572—73, 576(1965)（将制定法的目的作为法律解释的基础）。法律程序方法在 United States v. klinger 一案中 Learned Hand 法官的观点中有明确表述：当我们问道国会的"意图"是什么时，通常我们将找不到答案，因为每个人及每个群体实际上都已有自己的观点。我们可能会回避，我们要做的、必须做的是自己尽可能周全的站在那些使用该文字的人的角度，想象他们将会如何处理这些具体情形。谁认为自己始终能够确切地知道结果，谁就离结果更远。199 F.2d 645, 648(2d Cir. 1952).这种观点辨别目的的能力看起来是"有些天真"的。Daniel R. Rodriguez, "Jaffe's Law: An Essay on the Intellectual Underpinnings of Modern Administrative Law Theory", 72 *Chi.-Kent L. Rev*. 1159, 1182(1987). Justice Scalia，特别指出，这种确定制定法目的的方法过于主观。See Antonin Scalia, "Judicial Deference to Administrative Inerprettions of Law", 1989 *Duck L.J.* 511, 517（认为"寻找'真正'的立法者目的就像追寻野鹅一样"漫无边际，因为这种目的本身就是"虚构的，臆断"的）；Cass R. Sunstein, "Justice's Democratic Formalism", 107 *Yale L.J.* 529, 540(1997)认为诉诸于目的，按照 Scalia 的观点，似乎"过于主观意识化"，这种做法与其说是寻找意图，不如说是在"虚构"。

② Brown & Williamson Tobacco Corp.，529 U.S. at 161—62(Breyer, J., dissenting). See also James T. O'Reily, "Tobacco and the Regulatory Earthquake: Why the FDA Will Prevail After the Smoke Clears", 24 *N. Ky. U. L. J.* 529, 540(1997)（记述了司法与 FDA 在有关健康问题上的不同之处）。

③ Brown & Williamson Tobacco Corp.，529 U.S. at 165—66(Breyer, J., dissenting).

④ 同上，第 166 页；同样参见上书 179 页（争论道，FDA 应该被允许考虑"消费者行为的现状"）。

⑤ 同上，第 190 页。

何民主都最为关键的公众审查”。①

Breyer 的关于行政授权的行使指向了他的广泛授权方法的基本难题。代理权授予的含义是依照成文法向机构分配立法权。对机构决定的服从原本侵犯了国会的立法地位,除非机构决定是在成文法规定的范围之内,依赖于行政责任(而建立的代理权授予)使这种服从被正当化了。一般来讲,法院根据对成文法含义的独立判断来解释成文法,从而严格控制机构的自由裁量权,这种做法使这一问题趋向缓和。然而,Breyer 虽然正直地承认了法律目的在决定意图问题上的重要性,他却将 FDA 授权法律的目标表达为“国会对于保护健康的总体性要求”,而且他宣称愿意对成文法进行解释,只要这一目标“在语言上容许(他这么做)”。② Breyer 因此主张一项如此宽泛的命令,以至于宽泛到足以排除进行有意义的司法审查的可能性。③

而且,Breyer 的广泛授权理论没有充分考虑到 FDA 管辖权主张的开放性。借用 Learned Hand 法官的一个隐语,Breyer 评论说,对成文法的解释,即使它“对字面意思的掌握是正确的”,却可能“缺乏对其‘旋律’的领会”。④ 在烟草领域,这一分析印证了 FDA 对其未来的打算保持缄默(的做法)。如果机构获胜的话,他们将会开启未来的规制之门。然而,机构没有能够清楚地表述界定其规制计划的方向和目标的政策原则。广泛授权的一个正当化理由是,机构可以运用其经验发展公众一致意见并引导其形成合理政策以满足突发性需要。⑤ 但是,如果机构面对疑难问题可以保持缄默的话,它就会延迟共同意见的形成过程。确实,机构逐次向新问题靠近的做法通常是合理的。然而,除非一个机构至少粗略地建立起未来的目标,它才能够在狭小试验范围内建立管辖权的立足点,从而

① Brown & Williamson Tobacco Corp., 529 U.S. at 190.

② 同上,第 181 页。

③ See Cynthia R. Farina, “Statutory Interpretation and the Balance of Power in the Administative State”, 89 Colum. L. Rev. 452, 487—88(1989)(认为赋予机构自由裁量权将削弱司法审查代理权限的权力,而且在根本上与法院协调各机构间关系的宪法程序以及分权理论不一致)。

④ Brown & Williamson Tobacco Corp., 529 U.S. at 189[引自 Helvering v. Gregory, 69 F.2d 809, 810—11(2d Cir. 1934)(“成文法的内在精神可能超出了其字面意思,就如同一首乐曲的意义超越了其一个个音符本身一样”)]。

⑤ Jerry Mashaw, Greed, Chaos, and Governance: Using Public Choice to Improve Public Law 156 (1997)(认为专门机构的代理权“为形成一致意见提供了形式,不是通过政治途径之作出决定,而是为政策选择提供了模式,在这种模式下,潜在的共同意见可能被发现,而且其好处可以被发觉”)。

把将来的权力归入到机构中来,然后再将授权范围扩大到更重要的领域。在本案中,这种可能性尤其令人担忧,因为青少年吸烟正在被考虑作为当前规制的主题,而成人吸烟是关于未来规制的一个潜在主题,这二者之间存在关键性的差异。[①]

FDA的沉默也削弱了作为Breyer服从理论基础的行政责任。[②] 如果机构进能够在更具说服力的案例中使其授权被正当化,而不对其授权还包含其他哪些内容做清楚地阐释,公众将不能够对其后来的政策推断追究行政责任。这一论点在烟草案件中尤其切题。上文曾提到,克林顿总统,在公众场合下同意机构的规则,把其认为该规则是以(控制)青少年吸烟为目标,并且宣布"香烟对于成年人来说是合法商品",成年人"拥有完全权利决定自己是否吸烟"。[③]总统这里的观点对机构宽泛的管辖权主张和其狭窄得多的规制范围之间的巨大差距决口不提。

的确如此,如果FDA将来采取进一步措施规限制成人吸烟,那么,当时的在任总统将会对此承担责任。然而,这一结论并不确定;总之,总统不会作前摄性的努力,而仅仅会同意机构实施其广泛的司法管辖权,这一宽泛的管辖权只是的得到了原则上的支持。公众的反对将会减轻,因为机构并未作出新的管辖权主张。司法审查将会被集中在狭小的范围内——机构是否是在合理地行为。

考虑到FDA的开放性主张,法院没有适用代理的一般观念是正确的。在提到"FDA主张的管辖权的宽泛性"时[④],法院实际上似乎是在暗示FDA如果主张一项较为狭小的授权将可能会获得成功。如果机构澄清它只是寻求对青少年吸烟的规制,并声明放弃禁止成人吸烟的任何权力,它可能已经胜利了。机构应该在表明生产者期待烟草的成瘾性作用的基础上建构其管辖权主张,然而应该更

---

① 如果FDA获胜了,关于广泛管辖权争论的基础将会要求对所有香烟中尼古丁含量逐步减少并加以规制,只要这种减少不至于引起更加危险的黑市产品的出现。尽管有争议认为这种(减少)相当于禁止,规制仍会有效,因为它会提供安全方面的"合理保障"。

② Brown & Williamson Tobacco Corp., 529 U.S. at 190(Breyer, J., dissenting)。从这种程度来看,决定规制烟草反映了某个行政管理机构的政策,这一决定意味着该机构,以及通过政治选举产生的支持该机构的官员,必须(而且)应该对此负行政责任。

③ Remarks "Announcing the Final Rule To Protect Youth from Tobacco", 1996 *Pub. Papers* 1332, 1334(Aug 23).

④ Brown & Williamson Tobacco Corp., 529 U.S. at 160.

加强调以青少年为对象的这种的意图的表现,如通过 Joe Camel 和类似广告对青少年进行烟草促销。① 机构在说明其规制为何不延伸到成人吸烟时,不应在面对有争议的黑市问题时退却。相反,机构应该承认,根据对授权条款的一般理解,根据后来的立法授权,禁止超出了其现有的权力。

法院的决定确定 FDA 不能够以烟草的成瘾性作用为基础,把它"作为习惯性地建立市场"加以规制。②烟草当然会继续制造损害。其他途径必须被考虑。许多 FDA 针对青少年吸烟的倡议被包括在烟草工业者和州检察长之间订立的协议中。③产品责任诉讼是强大的不可预言的公众健康改革的动力。④但是,立法过程显然是重要的,并且可能是最恰当的构建烟草未来的机制。⑤ 本评论的下一部分考虑了处理烟草风险的可能立法途径,从 Kessler 的建议入手然后转入降

① See "Regulations Restricting the Sale and Distribution of Cigarettes and Smokeless Tobacco To Protect Children and Adolescents", 61 *Fed. Reg.* 44,396, 44,509, 44,467—86(1996)(介绍了 Joe Camel 及其他广告对青少年吸烟的影响)。

② Brown & Williamson Tobacco Corp., 529 U.S. at 155—56.

③ 许多州要求工商业主赔偿发生在其辖区的、用于治疗吸烟者疾病的联邦医疗补偿的费用,而且这些疾病明显地是由生产者未在商品上设置合理的警告而导致的,在这种情形下,产生了一种协议。按照这种协议,公司同意定期向各州支付上十亿的费用,建立一个基金会致力于减少青少年吸烟,停止在广告中使用卡通形象,以及限制其他形式的面向青少年的广告形式。See W. Kip Viscusi, "A Postmortem on the Cigarette Settlement", 29 *Cumb. L. Rev.* 523,537—43(1999).对该协议有关事项的分析,参见"The Multistate Master Settlement Agreement and the Future of State and Local TobaccoControl" (Graham Kelder & Patricia Davidson eds., 1999), http://www.tobacco.neu.edu/msa/index.html.

④ See Robert L. Rabin, "The Third Wave of Tobacco Litigation", in *Regulating Tobacco* 176, 204 (Robert L. Rabin & Stephen D. Sugarman eas., 2001)(认为诉讼在减少烟草消费中是"高度一致的力量不可估量的同盟").

⑤ 许多评论者认为,应该为建立以民主为基础的诉讼进行立法。See, 例如, Martha L. Derthick, *Up in Smoker: From Legislation to Litigation in Tobacco Politics* 5(2002)(认为应该从关注立法转变到解决诉讼中的民主"问题"上来); Hanoch Dagan & James J. White, "Governments, Citizens and Indurious Industies", 75 *N.Y.U.L. Rev.* 354, 424—29(2000)(认为此协议实质是一项税收,该税收违背了各州经民主方式建立的税法); see also Robert B. Reich, "Regulation Is out, Litigation Is in", *Usa Today*, Feb.11, 1999, at 15A(认为以诉讼代替规制是普遍趋势)。但是 Hubert H. Humphrey Ⅲ, "State Attorney General Litigation: Regulation Through Litigation and the Separation of Powers", 31 *Seton Hall L. Rev.* 598(2001)(认为该协议与美国律师协会根据法律授权促进法的实施和案件解决这一角色是相符合的); Jason Lynch, "Note, Federalism, Separation of Powers, and the Role of State Attorneys General in Multistate Litigation", 101 *Colum. L. Rev.* 1998(2001)(结论认为烟草协议,更普遍地说各州诉讼,并没有违背联邦主义和分权原则)。

低风险产品的可能角色。特别地,对这类产品在FDA规制范围之内这一观点进行了讨论。法院的决定并未阻止FDA能够,即使在缺乏新的立法的情况下,以它们被意图用于治疗疾病为根据,对降低风险的产品进行规制。

Ⅲ 烟草政策的未来

A. Kessler的瓦解方案

在那本书的结尾,Kessler提出了他对于烟草政策发展方向的见解。他得出产品责任诉讼,而非规则制定,是与工业者权力抗衡的"最强大武器",但他指出诉讼同样会激励公司为偿还产品责任债务而继续运转。[①]涉入烟草问题解决的州政府也希望保持烟草业继续运转,以获取向其承诺的费用。[②] Kessler对这些刺激因素提高警惕,因为他相信,只要烟草工业是营利性的,吸烟行为就不可避免地被鼓励。因此,Kessler倡导通过立法使烟草公司脱离烟草工业。而其非烟草工业将会长期存在,并且拥有由烟草诉讼引起的责任审判的豁免。非营利性的政府团体将接管对烟草业的控制。考虑到已上瘾的吸烟者的存在,Kessler允许政府销售香烟,但是只能用"棕色纸包装"。[③] 这将会帮助剥夺对产品的残留的社会认可。[④] 出售香烟获得的利润将被用来满足审判的开支。

如果Kessler的建议被慎重考虑的话,取消计划将会遇到逻辑上及法律上的双重问题,这些问题有待进一步说明。如果那些熟悉的品牌都不再被销售的话,吸烟者是否会转向黑市,并且,如果是这样,政府又应如何应对呢?应建立何种公众参与及司法审查条款,如果存在的话,迫使独占的非营利性决策的产生?使

① Kessler, at 393.
② 同上,第392页。
③ 同上。
④ 同上,第388页。

烟草公司的非烟草业务免受侵权责任审判是否可行和合理?[1]如果非营利性导致赔偿消费者的经费不足会怎么样呢?[2] 第一修正案甚至限制了国会为保护潜在的青少年吸烟者,而对在成年人可接触范围内进行广告加以约束的能力,朴素的棕色包装如何满足第一修正案的要求?[3]

B. 低焦油香烟以及淡烟:"降低风险是误解"[4]

显而易见,Kessler的观点中没有提到像淡烟这样的降低风险产品的作用。而且未说明理由。低焦油产品和淡烟已经存在近五十年了,且目前已占有极大的市场份额。[5] 有些来自国家癌症协会(NCI)和科学机构的人员曾一度认为,烟草的致癌风险将会随这类产品普及率的上升而降低[6],这一希望似乎在后来的经验中被证明是令人失望的。IOM委员会发现"最近的估计……表明低含量产

---

① See Lynn M. LoPucki, "The Death of Liability", 106 *Yale L.J.* 1, 1—3(1996)(认为另外采取技术使公司获得检验证明没有必要,因为潜在的诉讼是控制人类行为最有力的途径); James J. White, "Corporate Judgment Proofing: A Response to Lynn Lopucki's The Death of Liability", 107 *Yale L.J.* 1363, 1406—07(1997)(认为在表述上欺诈转移法的模糊性将会影响公司作出以下决定:决定不会生产出副产品);see also Charles W. Mooney, Jr., "Judgment Proofing, Bankrupcy Policy, and the Dark Side of Tort Liability", 52 *Stan. L. Rev.* 73, 76(1999)(认为关于侵权主张的效力将会成为新的争点,当这些效力被放在侵权法的基本目标,fraudulent transfer law,以及破产政策范围内进行考察时)。相关的案例是以 silicone breast implant 为背景的。报告记载了一项挑战,破产法院的法官允许向其母公司提起得独立的侵权诉讼责任转移,see "Dow Appeals Ruling on Implant Cases", *Chi. Trib.*, Jan. 7, 2000, at N4.

② 过去解决集体侵权诉讼的经验显示,在这种情形下在受害人之间实现平均分配是困难的,这一点并不惊奇。See Frank J. Macchiarola, "The Manville Personal Injury Settlement Trust: Lessons for the Future", 17 *Cardozo L. Rev.* 583(1996)(讨论了考虑其他替代赔偿方案的必要性)。

③ See Lorillard Tobacco Co. v. Reilly, 121 S. Ct. 2404(2001). 州管制规则对禁止Lorillard在离学校1000英尺之内张贴展板广告表示反对。这种做法的形成与FDA规则有关,它否定了FDA v. Brown & Williamson Tobacco Crop., 529 U.S. at 120(2000)中确立的成文法基础。宪法陷阱包括,在限制烟草广告方面,例如,参见Lorillard, 121 S. Ct. at 2426,该案写道,成人的香烟消费是"合法行为",而且生产者和零售者有兴趣传播、成年人也愿意接受那些真实的信息。Kathleen M. Sullivan, "Cheap Spirits, Cigarettes, and Free Speech: The Implications of 44 Liquormart", 1996 *Sup. Ct. Rev.* 123, 150—156, 158—160,识别出严格审查和采用宽松标准的困难。关于第一修正案的问题可以被避开,只要不将立法理解成是针对促销,而是针对(烟草)这一客体而限制其获得途径。

④ John Slade & Jack E. Henningfield, "Tobacco Product Regulation: Context and Issues", 53 *Food & Drug L.J.* 43, 50(1989).

⑤ 同上,第52页(据报道淡烟品牌"控制"了市场,在1995年焦油含量在12或者12毫克以下的香烟占据了53.6%的市场份额)。

⑥ Kessler, at 247. 关于NCI计划更详细的信息,参见Glantz Et Al., at 155—62; 以及Slade & Henningfield, at 52.

品对健康的有益性,如果存在这种有益性的话,比预计中要少得多,这种预计是建立在引用联邦贸易委员会收益理论,对降低的毒性气体释放进行估计的基础之上”。[①]预计中的有益性与实践出现了不一致,其部分原因是由于联邦贸易委员会的“吸烟机器”是通过测量焦油释放量的减少这种方式计算出预计(的有益性的)。[②] 实践中的减少比预计中要小,因为吸烟者因吸入更深而付出了代价,亦因为当吸烟者增加吸入量时,香烟包装纸中过滤嘴上的小孔将被堵住。[③] 这种令人失望的结果也可能归因于消费者对淡烟中固有风险的忽视。[④]

具有较小误导性的测试和市场程序应该出现。为了说明吸烟者之间的吸入量存在差异,例如,香烟的过滤嘴可以包含一种带有有色指示灯的带状物以表明联邦贸易委员会的吸烟机器所测量的吸入方式,还可以设置一种邻近的清晰的带状物使吸烟者可以比较她自己的吸入方式。[⑤]联邦贸易委员会可以通过其对误导性广告[⑥] 拥有的权力纠正在低焦油产品宣传中产生的混淆性认识。

FDA 也可在证实降低风险的产品有充足的科学支持方面中起到某种作用。为获得司法管辖权,FDA 可以发展一种理论说明低焦油产品和淡烟有防治疾病和阻止吸烟的作用,这一理论进而可构成关于治疗学的管辖主张,而这一主张是

① Iom Report, at 2.

② 同上,第 67 页(“有证据显示低焦油和低尼古丁含量的香烟槟没有降低疾病的发病率,部分原因在于吸入了更多的尼古丁抵消了其作用,还有部分原因在于这种产品本身具有更高含量的某些治癌物质”)。

③ See Jurisdictional Statement, at 44, 963—70(认为香烟的过滤和换气装置可以将尼古丁含量增加到比量帮贸易委员会机器测量的结果高); KESSLER, at 147—48(描述了机器的设计构造和它可能产生的失误)。

④ IOM REPORT, at 2. 记述了淡烟如何鼓动消费者吸烟因为存在低含量产品的风险很小这种认识。

⑤ 联邦贸易委员会很久以来一直在考虑,现在的测试方法可能会是误导性的,但是认为需要专业的科学专家来加以改进。它还请求健康和人权服务部门审查 FTC 方法,并且建议国会将烟草测试的权力授予一个公共健康科技机构。Fed. Trade Comm'n, Report to Congress for 1997(1999); http://www.ftc.gov/os/1999/9907/1997/cigarettereport.pdf.

⑥ 15 U.S.C. § 45(1994)(授予联邦贸易委员会关于误导广告的管辖权)。

在 FDA 规制范围之内的。[①] 在低焦油产品被出售的半个世纪以来，这一路径随着机构以治疗学为由规制低释放量产品主张的落空而变得问题重重。[②]机构或许可以利用新出现的关于试验和现实存在巨大差异这一共识来证明其重新评价标识主张的合理性。[③]然而，如果降低风险的产品被划分为药物，由这种分类而导致的试验和被认可的要求将会制造一些障碍性因素阻挠对降低风险产品的提供。[④] 而且，任何禁止对低焦油香烟进行欺骗性标识声明的努力都因联邦法优于州法条款而变得复杂，这一条款阻止任何联邦机构对有关吸烟和健康问题做出标识主张。[⑤] 这些困难使得制造新的、更加灵活的框架来实现 FDA 对烟草的规制显得十分必要。

C. 新的降低风险的产品

明确低风险产品的地位在未来烟草政策中显得尤为重要，因为新的、可能更为有效的低风险产品正在继续涌现。RJR 和 Philip Morris 正在发展一种无烟的类似于香烟的产品，这种产品不是燃烧香烟而是将其加热，它拥有比香烟中存在的数量要少的致癌物质。[⑥]Vector，Liggett 的母公司，计划制造出一种不含尼古

---

① See Iom Report, at 70(引用 1993 年盖洛普民意测验，该测验显示 56% 的吸烟者认为“低焦油”、“低尼古丁”、“低吸入”意味着对健康有益)；同上，第 71 页。(引用了 1998 年的研究，该研究表明 39% 的淡烟消费者和 58% 的超淡烟消费者他们只吸自己原有品牌的香烟就可以不用戒烟)。FDA 根据法律授权拥有的治疗管辖权主张，see 21 U.S.N. § 321(g)(1)(B)(1994)，介绍了药物；21 U.S.N. § 321(h)(2)，介绍了器械。See also Joseph A. Page, “Federal Regulation of Tobacco Products and Products That Treat Tobacco Dependence: Are the Playing Fields Level?”, 53 *Food & Drug L.J.* 11, 40—41(1998)(解释道，如果它能帮助戒烟的话，对低焦油产品主张管辖可以考虑从疾病预防角度提出，但是如果仅仅只是能够降低风险而将其规入治疗角度则是有问题的)。

② See Page, at 39—40.

③ See IOM REPORT, at 2. FDA 关于生产者意图的广泛理论可能为之提供额外支持。See Section Ⅱ.B.

④ See Page, at 93—95; see also 同上，第 34—35, 39—41 页。(建议将其规入器械分类可能会更具灵活性)。

⑤ 15 U.S.C. § 1334(a)(不要求香烟包装上标明“关于吸烟与健康关系的声明”[除非按照成文法需标明的警告])联邦贸易委员会依据吸烟机器测试出的风险标准也可能影响 FDA 的规制权。See Iom Report, at 87—88，讲述了机器操作情形，另可参见 Fed. Trade Comm'n, Tobacco Products (1992), http://www.ftc.gov/bcp/conline/pubs/products/baccy.htm，讲述联邦贸易委员会对烟草的管辖权。

⑥ Iom Report, at 93—95.

丁的经基因改良的香烟,这种香烟可减少烟草中的致癌物质。[①] B&W 有兴趣发展一种新的调制过程,这种过程可以生产出比烟草中的含量较少的亚硝胺——亚硝胺是一种众所周知的致癌物质。[②]

根据其市场定位,这些产品至少会被归入三种规制体系中的一种。如果直接明确声明产品可以防止疾病,如 RJR 在其市场实验阶段提出其产品是无烟香烟[③],那么 FDA 就可根据其治疗学管辖权主张而拥有对该产品的规制权力。[④]如果厂家以低焦油和其他物质含量较低为基础进行市场定位,而不做出任何明确的健康性声明,那么将会适用前文中所讨论的第一代低风险产品的处理方案。如果产品被定位为“无烟的”,生产者可以声明说它们的主张只涉及(吸烟能带来)快感,那么就在 FDA 的管辖之外。[⑤] FDA 在这一领域的规制权力尚未得到解决[⑥],这一开放性的问题会因新的低风险产品在市场中更广泛的存在而变得更加紧急。

在转向讨论具体建议在烟草改革中的地位之前,很重要的一点是要指出低风险产品的一般价值是具有争议的。有人认为这些产品的作用是适得其反的,因为它们鼓励那些原本将要戒烟的吸烟者继续吸烟,并且诱惑那些不打算吸烟的人去吸烟。[⑦]尤其是新一代的产品因为复吸者被减少而大大提高了其社会认可程度。所有这些问题都是令人担忧的,因为低风险的产品尽管是比传统烟草

---

① Gordon Fairclough, “Vector Produces Nicotine-Free Cigarette Using Genetically Modified Tobacco”, *Wall St. J.*, Jan. 16, 2001, at A2; Andrea Knox, “Nicotine-Free Tobacco Product Opposed by Industry, Health Advocates”, *Phila. Inquirer*, Apr. 15, 2001, at 1.

② Iom Report, at 91—92.

③ 同上,第 94 页(“这种香烟对人们担心的、与吸烟有关的疾病,包括癌症作出回应”)。

④ 21 U.S.C. § 321(g)(1)(B)(1994); see Page, at 40. 一种通过加热烟草而不是燃烧烟草的新一代产品虽然不能以治疗学为基础提出主张,但是仍然归 FDA 管辖,因为这种产品不属于“建立习惯性市场”的烟草产品,而“建立习惯性市场”的烟草产品是唯一被国会认为 FDA 无管辖权的一类。FDA v. Brown & Williamson Tobacco Corp., 529 U.S. at 120, 129(2000)。这种情形,又回到关于意图的问题上来了:FDA 在缺乏明示的有关药物的意图时,是否还有规制权?

⑤ 例如,参见 Iom Report, at 65.(记载道了这样一则广告,该广告承诺其产品“味道细腻可口,烟雾较少,味道不会持久逗留在口腔内,没有烟尘”); Chrisopher Hitchins, “We Know Best”, *Vanity Fair*, May 2001, at 92(批评了法庭禁止吸烟以及白宫的无烟性规定,这种规定迫使 Vaclav Havel, Lech Walesa, 以及后来的 Yizhak Rabin 在办公来访期间必需出去吸烟。

⑥ See Page, at 38—40; Kessler, at 38—40; see also Kessler, at 28—29(报道了 FDA 在 Premier,一种无烟香烟投入市场失败之前,对其规制条款的讨论)。

⑦ Iom Report, at 2.

产品安全,但还是很难避免对健康造成风险。① 但是,低风险产品不可否认对于那些不打算戒烟以及无论如何都要继续吸烟的人是有好处的。政策选择将是困难的,或者立足于适用主义的基础,根据低风险产品对公众健康的综合性影响进行决策;或者立足于个人主义的基础,以某种方式向可能的消费者介绍他们有哪些选择,并允许他们进行选择。②立法建议应该考虑低风险产品的这种双重属性。

D. 对立法的规划性建议

当多种立法和烟草改革的建议涌现出来时③,讨论主要集中在下文中介绍的两种与低风险产品有关的建议以及 Kessler 所提出的政策争议上。

1. IOM 的报告

IOM 委员会最近发表了一份长达六百页的报告,介绍低风险产品的发展历程以及关于吸烟的科学。委员会发现低风险产品具有“潜在的有益性”。④然而,因为其公众影响是“未知”的,对这类产品的规制“是为判断其作用提供科学根据的必要前提”。⑤ 对低风险产品作用的评估存在困难,这一困难部分取决于难以

① 参见 Iom Report, at 2。(IOM 委员会避免用“安全香烟”来形容降低风险的产品,为了避免给人们留下一种印象—该产品目前被认为是“安全”的)。

② 关于父权主义伦理问题的评论,参见 Thaddeus Mason Pope, “Balancing Public Health Against Individual Liberty: The Ethlics of Smoking Regulation”, 61 *U. Pitt. L. Rev.* 419(2000).

③ See, e.g., S. 190, 107th Cong. (2001). (建议修改 Food, Drug, and Cosmetic Act,赋予健康与人权服务部长规制烟草产品的权利);H. R. 1043, 107th Cong. (2001)(建议修改 Food, Drug, and Cosmetic Act,赋予 FDA 对烟草的管辖权);Leonard Glantz & George J. Annas, “Tobacco, the Food and Drug Administrative, and Congress”, 343 *New Eng. J. Med.* 1802(2000)(批判了 FDA 的烟草规制,提倡成立一个除 FDA以外的新的机构,目的在于保障降低风险); Joe D. Hanson & Kyle D. Logue, “The Costs of Cigarette: The Economic Case for Ex Post Incentive-Based Regulation”, 107 *Yale L.J.* 1163(1998)(批评了规制,提议建立赔偿计划或者持续的侵权责任赔偿方案); “Hanson and Logue and an Alternative Approach to Costs of Cigarettes”, 33 *Ga. L. Rev.* 693, 694—95(1999)提议该领域的改革需要组合“各种回应意见的长处,并且利用渐进的、试验—错误程序,使各种经验被谨慎地吸收到理论中来”。

④ Iom Report, at 6.

⑤ 同上。委员会将产品分为两类:可能的降低风险的产品以及 PEPs, IOM 委员会同时也审查药物产品,比如尼古丁胶,同上,第 95—116 页,但是,由于这些产品已经被作为药物加以管制了,这一部分主要集中讨论与烟草产品有关的建议。

确定烟草中含有的有毒物质的数量，而每种产品所含有的数量是不同的[①]，另外这一困难还部分取决于我们目前对烟草对心血管病的准确影响还不得而知。[②]委员会得出了一个谨慎的结论：降低风险是“可能的”，但是低风险产品“并没有被综合而充分（包括时间上的充足性）地评估，不足以为得出以下结论提供科学依据——与使用传统烟草产品相比它们具有较低的患病风险。”[③]

为了确保对烟草产品的充分规制，委员会建议那些声明降低了烟草中有害成释放量的产品和降低了健康风险的产品应先进行机构审查，以保证其释放量存在实质性的降低而且其具体的健康性声明存在科学依据。[④] 委员会建议授予一个像 FDA 这样科学而专业的机构广泛的代理权，为旧的和新型的此类产品制定执行标准和标识规则。[⑤] 机构同样应被授予对现存产品的成瘾性作用进行毒药学审查的权利。[⑥] 被建议的规制结构是建立在现有食品和药物法的基础之上，并且“考虑到烟草产品的独特历史和有毒性”而作出一定调整。[⑦]

委员会承认低风险产品可能导致烟草气体释放量的增加。他们最终的价值取向将依赖于“个人以及社会团体关于使用的反应”。接下来，传染病学对于低释放量产品的健康性作用研究，以及产品投入市场之后的足够的监督体系的建立都是有必要的。必须由一个联邦机构来监视这些数据。如果低风险产品使用的增加导致与烟草有关的疾病呈上升趋势，机构就应该动议“适当的公众健康干涉”。规制改革的重要性显得更加紧迫，因为新的低风险产品存在一个“已形成的市场”。

2. Philip Morris 的论文

Philip Morris 也持有这种大众性的观点，支持通过立法回应烟草业的“唯一

---

① Iom Report, at 214；另参见第 215 页（提出有些产品含有数量较少的亚硝胺，但是其致癌物的数量却未减少，另外一些产品含有较少的致癌物质，但是其含有的一氧化碳的数量却增加了）。

② 参见同上书，第 252—53 页，第 470—71 页。

③ 同上书，第 5 页。

④ 同上书，第 10 页，208 页。

⑤ 同上书，第 11 页，第 201—30 页。委员会认为关于设定样品标准的授权并不包括禁止产品中含有尼古丁。同上书，第 225 页。

⑥ 同上书，第 11 页，第 224—225 页。这将使机构有权对烟草生产过程中使用氨作出回应，如果 FDA 在其调查过程中发现这种现象的话。

⑦ 同上书，第 8 页。

挑战”,给予 FDA“有意义的,强硬而有效的规制权力”。[1]生产者,在 Philip Morris 勾画的蓝图中,将被要求向科学机构提供在发展低风险产品过程中实施的动物和其他实验的资料。[2] FDA 不能够强迫工业者从事传染性研究,但是可以自己进行这方面的实验。[3] 在对 FDA 调查过程中信息获取的困难和机构关于像阿摩尼亚这样的成瘾性物质作出明确回应时,论文认为应赋予机构获得必要信息的权力,包括评价健康风险的信息,以及要求被添加的物质不增加风险或加大成瘾性作用的信息。[4] FDA 有权向消费者提供淡烟及其他香烟中焦油和尼古丁含量的信息。[5]

虽然 Philip Morris 的论文拥有众多的来自于反吸烟组织和竞争性企业的批评[6],它和 IOM 的规制计划在许多方面都存在相似之处。[7] 最值得注意的是,该组织认为,烟草是会使人上瘾并且是有害的,而且“从健康角度的最佳选择是戒

---

① Philip Morris.

② 同上。

③ 同上。

④ 同上。

⑤ 同上。

⑥ 反吸烟组织怀疑公司所提建议的诚意,而与其竞争的烟草公司认为这是为万宝路公司提供“竞争优势”的手段。Gordon Fairclough, “Philip Morris Pushes for FDA Tobacco Regulation”, *Wall ST. J.*, Apr. 11, 2001, at A2. 万宝路公司指出和各州签订的烟草协议是根据 FDA 的规制作出的政策调整。Philip Morris. 公司也会被有关新产品规制的法律确认所激励。有一种产品的法律地位尤其不确定,这是一种仪器,与传统的手指夹烟的方式不同,该仪器采用手拿式。See Nova: Search for a Safe Cigarette(PBS 电台 2001 年 10 月 2 日的广播,介绍了手拿示产品的操作),这种仪器是不是“形成习惯性市场”,则落入了 FDA v. Brown & Williamson Tobacco Corp., 529 U.S. at 120, 129(2000)案形成的规则中,该规则否定了 FDA 对这些产品具有管辖权,因此这个问题是个开放性问题。第三种激励公司改变其初衷的因素是侵权责任。万宝路公司认为法律规制是降低产品责任的同盟,因为遵守了适当的法律规则和条文可以在判断其产品是否有缺陷时会被“充分考虑”。Restatement(Third) of Torts § 4(b)(1997); see Michael D. Green & William B. Schultz, “Tort Law Deference to FDA Regulation of Medical Devices”, 88 *Geo. L.J.* 2119 (2000)告诫道,产品遵守(法律和规则)不受个人观点的影响; Robert L. Rabin, “Reassessing Regulatory Compliance”, 88 *Geo. L.J.* 2049, 2084(2000)(为遵守抗辩需采取“谨慎的方式”提供了理由)。遵守可能会阻止采取惩罚性损害。See N.J. STAT. ANN. § 58C-5(c)(West 2000)(禁止对 FDA 规制的药品、仪器、食物实施惩罚性损坏)。但是参见 Teresa Moran Schwartz, “Punitive Damages and Regulated Products”, 42 *Am. U.L. Rev.* 1335(1993)(认为禁止惩罚性损害是不合适的); cf. rabin, at 2073 n.108(对缺乏损害数据的惩罚性损害采取不可知论的观点)。

⑦ 这并不否认其存在重大差别。这些差别存在于,例如,传染病测试领域,see supra text accompanying Note 169, 关于降低风险和降低危险主张的早期机构审查,参见 compare supra text accompanying Note159(记录了 IOM 对机构审查的建议), Philip Morris, (认为不提供机构审查的形式)。

烟或者从一开始就不要抽烟。”[①]在这方面,论文向批评者介绍了工业者过去采用的“拒绝战略”。[②] 然而,Philip Morris 仍坚持“成人拥有吸烟的权利”,并且呼吁,只要社会“继续尊重容忍和自由的价值,关于是否吸烟的问题就应该留给成年人个人抉择。”[③]因此,企业将会反对任何禁止吸烟的立法,亦反对“通过系统地强制实施非常低的焦油和尼古丁含量,致使成年吸烟者认为其味道极差,从而构成的事实上的禁止”。[④]

Ⅳ 结 论

FDA 的规制尝试失败之后,在描述未来烟草政策的发展方向时,本评论集中对低风险产品进行了讨论。吸烟者降低风险的最有效方式就是戒烟。当然,问题是,一方面,正如 Philip Morris 所述,决定吸烟是“成年人的(自由)选择”[⑤],另一方面,又如 Kessler 认为的那样,尼古丁的成瘾性作用往往会“剥夺人们的选择权”。[⑥] 尽管有些吸烟者在多次尝试后能够戒掉。[⑦] Philip Morris 认为(生产

---

① Philip Morris.

② Kessler, 391。Kessler 归纳了对该战略英明之处展开的众多讨论。同上书,第 252 页(报道了 Addison Yeaman, B&W 公司总顾问的建议,建议公司将吸烟的害处公开,以便于公开地进行科学研究,致力于减少香烟中的有毒物质);同上书,第 228—29 页(介绍了 S.J Green, 一位英国烟草执行官的观点,“最好是将私下的观念在公开场合表达出来”);同上书,第 370—71 页(指出了烟草律师的“窘境”,承认吸烟的害处将回导致承担产品责任,甚至是刑事指控);同上书,第 367—70 页(讨论了法律道德性理论),美国律师协会最近建议有必要扩大律师披露其客户秘密信息的责任,以避免“可能的死亡和实质性伤害”,这一建议因其在烟草背景下适用缺乏确定性而遭到批评。这是一个开放性的问题,例如,如果客户改变尼古丁的含量标准“致使 30 年内死亡人数增加了 3 人”,这一信息是不是应该被披露。Sarah Boxer, “Lawyers Are Asking, How Secret Is a Secret?”, *N.Y. Times*, Aug. 11, 2001, at B7(引自 Lawrence J. Fox 律师)。

③ Philip Morris.

④ 同上。

⑤ 同上。

⑥ Kessler, at 155. 尼古丁成瘾性的定义和范围均是值得争议的问题。关于不同的成瘾性定义,请参见 Jurisdictional Statement, at 44, 719—27; 以及 KESSLER, at 120, 160, 172。

⑦ 尽管工业者提出戒烟成功率达 50%,但是这一数据并未考虑一个成戒烟者需要的时间期限以及尝试的次数。See Hanson & Logue, at 1195. Breyer 法官引用了 FDA 的数据表明每年仅有 2.5 的吸烟者成功戒烟,尽管有 70% 的人表示要戒烟,以及 34% 的人事实上正试图戒烟, see also Kenneth E. Warner, “Reducing Harm to Smokers: Methods, Their Effectiveness, and the Role of Policy”, in *Regulating Tobacco*, at 111, 115(每年有不到 3% 的人戒掉烟,而其中完全戒掉的人的比重只有 10%)。

者)有义务遵照“社会对合理烟草生产者的期待”的方式行为。①烟草工业者,作为一种成瘾性商品的合格的市场主体,应该为那些要求戒烟的吸烟者提供适当的帮助。如果吸烟的可接受性是源于这是一种成年人的选择的话,生产者应该通过阻止对不吸烟选择的排斥,而保证这种选择能够存续下去。

激进的禁止措施的价值性是存在争议的②,且面临着更具风险的黑市产品出现的威胁。较慢的且较小的措施可能更具前途。医药公司发明出许多有效的尼古丁替代产品用于治疗,例如,尼古丁胶,膏药,过滤器,同时在无尼古丁的药物治疗方面也取得了进展。③ 吸烟者应该对这些替代品多加注意。在论文中,Philip Morris 也表示赞成其他的一些戒烟政策。例如,企业可以要求 FDA 开展多种戒烟技术研究,利用这些技术帮助那些希望戒烟的吸烟者。④论文亦授权 FDA,要求烟草产品在包装中标明焦油和尼古丁的含量。⑤ 这一信息可以帮助消费者制定自己的计划减少或结束吸烟。然而,后一进路存在的问题是,虽然低焦油和低尼古丁的香烟存在,但是它们的含量并没有低到足以使吸烟者能够轻易戒烟的程度,而且戒烟这一明确声明的目标并不能够伴随整个交易过程。因此,一个存在希望的可能是,发展出一种分步骤的减少(吸烟的)计划。生产者将制造出有不同尼古丁含量的香烟,把它们作为戒烟的辅助物进行销售。⑥

随着 Kessler 领导的 FDA 争取烟草一般管辖权努力的失败,烟草改革也随之接近尾声。相反,机构的尝试,通过引起公众对烟草危险性的警觉以及对工业者施加压力,加速了改革的步伐。烟草改革应该在两个领域取得发展。通过对戒烟产品和计划的继续研发和销售,使那些希望戒烟的人得到帮助和鼓励。对

---

① Philip Morris.

② See Warner, at 136 报道一个彻底消除尼古丁的建议受到了批评,原因是会导致补偿吸烟(的替代行为)的产生。

③ 同上,第 155—156 页。

④ Philip Morris.

⑤ 同上。优先权条款否定了 FDA 此时具有这种授权。

⑥ 这种定位的香烟,当然,需要为保证其有效性而进行测试。See Page, at 16—19, 33—36(讨论了作为药物销售的戒烟产品,其规制地位以及测试标准)。可以确切地说,鉴于吸烟者的行为,新产品在公众健康上的一系列问题,包括其将面临的未被回答、或者可能是根本无法回答的问题。See Warner, at136(指出有些问题“可能不存在确切的答案”); 也可参 Kessler, at 236—37(去除尼古丁的香烟被称为 Next,对于这种香烟,有人认为它有助于戒烟,多数人只是通过吸更多这种香烟使其作用被抵销,而最终彻底放弃了吸 Next 香烟)。

于那些不愿戒烟的认，应介绍他们使用低风险产品。FDA 应该同时保证这两个领域举措的功效。为此，新的拓展其管辖权的立法是必需的。虽然缺乏这种立法，最高法院在 FDA V. Brown & William Tobacco Corp. 一案中，认为 FDA 能够根据其既有授权对有关疾病防治事项主张管辖，而极具争议性地同意机构对降低风险产品进行控制。FDA 宏伟的管辖权主张的失败并不能够阻止烟草改革，它只是迫使我们在改革中将降低风险和鼓励戒烟的目标更坚定地确立起来。

评论

问题域下的英国普通法

——读李猛先生的《除魔的世界与禁欲者的守护神：韦伯社会理论中的"英国法"问题》

汪正飞[*]

一、做一个思考者

20世纪80年代，国内学术界开始研究德国社会学家马克斯·韦伯的思想。随着韦伯的著作被越来越多地引进，研究也不断趋向深入。研究领域也从最初的宗教社会学转向支配社会学和法律社会学，出现了一些颇有分量的研究成果。这些研究大大丰富了我们对韦伯法律思想的认识。当然，就方法而言，这些研究大多还是力图还原韦伯著作的观点，还只是停留在绘制韦伯的思想肖像的阶段。且不说韦伯思想本身的复杂性，是否存在前后一致的结论尚存疑问。例如，在新教伦理与资本主义精神之间应当建立什么联系？《马克斯·韦伯》一书的作者帕金就认为，韦伯是在强论点和弱论点两种论证思路之间徘徊。即使是韦伯对一些问题的回答是一致的，这样的研究成果也只是更接近韦伯的观点是什么而已。

由于各自的价值评判立场不同，不同研究者就必然会对韦伯著作的观点作出不同的解读。怎样才能真正理解韦伯的思想，进而创造性地阅读其著作呢？李猛先生《除魔的世界与禁欲者的守护神：韦伯社会理论中的"英国法"问题》一书（单从字数上看，只是一本几万字的薄书）提出了从韦伯的问题域出发的阅读方法。在研究韦伯思想的学者中，最早提出这一方法的是德国学者腾布鲁克。

---

* 汪正飞，北京大学法学院03级博士生。

他在1975年针对主流的研究观点的提出了韦伯的核心问题是什么这样一个挑战。李猛先生认为腾氏的方法具有两方面的启示：首先要从韦伯的整体思路着眼，从构建韦伯的问题域入手。另一方面，又必须清醒地认识到，韦伯本人对他关注的这些问题的回答，并未构成一个结构完整、无懈可击的著述体系。[①] 既要进得去，又要出得来。正是基于这样的学术自信，李猛先生提出“真正追随韦伯的人并不是要去创建韦伯学派，而是要和韦伯一起提问”、“需要和韦伯一起，甚至要走得更远，站得更高”。

当然，要回应腾氏的挑战，仅仅有这样的学术热情是远远不够的。只有学术功底达到、至少是在接近韦伯本人的研究者才有能力做到。那么，李猛先生是怎么回答的，能不能令人满意？这正是本文所要关注的。

二、问题域下的英国普通法问题

(一) 为什么从英国法问题开始？

李猛认为韦伯著作的核心问题就是理性化与自由的问题。在西方历史理性化也即除魔的过程中，如何解决理性化与自由的紧张关系是韦伯一直所研究的问题。在诸社会领域中，解决的前景是不一样的。在宗教社会学中，理性化与自由的关系是通过伦理理性化来实现的。伦理理性化体现在新教徒的天职这一观念中。个人在完成天职的惯习中，保持了社会理性化和个人自由的张力。但在支配社会学中，在政治社会秩序内，却没有这样能解决理性化和自由紧张关系的“新教伦理命题”。在这个领域内，隐含着“专家没有精神，纵欲者没有心灵”的危险。

正是秉承和韦伯一起思考的宗旨，李猛发现了韦伯体系中的薄弱环节：在政治领域内无法解决理性化和自由的关系。即使是韦伯煞费苦心提出的类似天职的克里斯玛观念也仍然面临因例行化而失去作用的危险。正是在韦伯感到绝望

---

① 李猛：《除魔世界与禁欲者的守护神：韦伯社会理论中的“英国法”问题》，载李猛(主编)：《韦伯：法律与价值》，上海：上海人民出版社2001年第1版，第116页。

的地方，李猛先生看见了希望："是否有可能从韦伯社会理论的基本思想出发，探寻一种自由的可能性：在政治领域中，既无需将自由看一种天赋的权利、占有的财产，或者自然的秩序，而是在一种不断努力的自由行为，通过斗争赢得的自由空间，一种自由的生活风格，而同时又不会流于德国历史揭示的两种现实危险。"[①] 于无声处听惊雷，正是在韦伯多少感到不解和轻视的英国普通法中，李猛先生发现了解决政治秩序中理性法和自由的出路。而这样的视野大大超出了韦伯思想研究者一直所讨论中对"英格兰问题"的理解。

（二）法律社会学中英国法问题

韦伯思想研究者之所以提出"英格兰问题"，是与韦伯对法律类型的划分联系在一起的。在韦伯看来，如同其他领域所发生的理性化过程一样，法律的理性化也是西方所特有的。具体说来，韦伯理性化包含两方面的因素：形式性和理性。形式化即使用内在于这种法律制度之中的决策标准。这决定了它的系统自治程度。理性：即按照统一的决策标准来处理所有类似案件。根据前一种标准：法律可以分为形式法和实质法。根据后一条标准，法律又可以分为理性法和非理性法。这样，人类历史上的法律可以划分为四种类型：形式理性法、形式非理性法、实质理性法和实质非理性法。

如同李猛所指出的那样，韦伯的比较历史分析实际上是一种"现在史"，即通过历史研究来理解我们何以成为我们现在的样子。由于韦伯所受的法学教育是继受了罗马法的欧洲大陆法系，在韦伯心目中完美的形式理性法应该是德国符合理性的四种含义的潘顿克吞法学的"学理"法（有关这种法律体系有哪些具体的特征，可参照郑戈的分析[②]）。按照这样的法律类型划分，英国的普通法无论是在哪种标准看，理性化的程度都不高。研究韦伯思想的学者所说英格兰问题就是，在形式理性法和资本主义之间的确存在某种内在关联吗？英格兰现象的确是一个例外，那么韦伯的社会理论能否解决这一例外呢？郑戈博士通过对韦伯文本的仔细、深入的解读，指出我们发现的"英格兰问题"实际上是没有透彻理

---

① 李猛：《除魔世界与禁欲者的守护神：韦伯社会理论中的"英国法"问题》，载李猛（主编）：《韦伯：法律与价值》，上海：上海人民出版社 2001 年第 1 版，第 140 页。

② 同上书，第 80 页。

解韦伯思想的情况下产生的一个假问题。①

不可否认,韦伯确实认识到了英国的普通法是法律理性化,经济和法律也是两个不同且各自独立的领域。对于理性资本主义只可能在欧洲产生这一基本结论来说,“英格兰问题”在韦伯的著作中是确实一个假问题。但这样的阅读的后面还是假设了韦伯的著作是无懈可击的体系、并且已经回答了所提出的所有问题,从而阻碍沿着韦伯的思考探寻深层次的理论问题。而这正是前面提到的腾布鲁克所反对的方法。只有从韦伯所思考的核心的问题出发,韦伯的困境和英国普通法的意义才能得以凸现。在李猛先生这里,英国法问题的意义早已超出了上述文本争论的范围。

三、重新理解普通法:司法理性的视角

(一) 法律理性的两种传统

尽管不存在上面所说的“英格兰问题”,但英国法在韦伯所带来的困惑是不争的事实。在韦伯看来,英国普通法并不是能促进资本主义发展的理想法律体系:“在任何案例中,英国的显贵的裁判基本上是经验性,程序也复杂、昂贵。这样的法律大大地妨碍了英国资产阶级的利益。确实可以断言:在众多国家中,英格兰取得了资本主义优势,不是因为而是尽管有这样的法律体系。韦伯认为资产阶级一般倾向于对理性的司法系统特别感兴趣,对于英国而言,建立这样的系统化、没有分歧、专门化的法典尚需时日。”②李猛认为,英国法律之所以在韦伯的法律社会学乃至整个社会理论中找不到一个恰当的位置,原因在于普通法与在政治哲学和社会理论中占主流的“立法理性”的法律治理观念不相符合。

从霍布斯到边沁所主张的立法理性希望能够从有关人类与社会本性出发找到建立社会秩序的一般原理,根据这种理性的原理出发建立一套完美无缺的法律制度。而普通法的律师和法官寻找的司法理性是一种弱意义上的理性,一种

① 李猛:《除魔世界与禁欲者的守护神:韦伯社会理论中的“英国法”问题》,载李猛(主编):《韦伯:法律与价值》,上海:上海人民出版社 2001 年第 1 版,第 89 页。

② Max Weber, *Economy and Society*, Volume Two, University of California Press, 1978, p.814.

类似常识的推理能力。李猛在立法理性和司法理性二者之间所做的区别与哈耶克在政治哲学领域所做的,建构理性主义和进化理性主义之间的区别是一脉相承的。当然,前者关注的是更为具体的法律制度。

作为一个接受了严格罗马法教育,学识渊博的思想家,韦伯熟知英国的先例制度和法官造法对法律规范的形成起的作用。但在除魔后,诸神相争的政治秩序中,如何解决理性化和个人自由的问题,韦伯实际上还是借助了德国18世纪30年代后形成的"法治国"治理模式。"法治国"就是"理性国",其特点在于法律的性质与国家具有不可解脱的关系。在强调国家万能的立法理性治理下,如何调整理性化与个人自由的关系成为韦伯的困境。一方面,"法治国"的实质化倾向中蕴涵着"总体性"的危险;另一方面,法律的形式理性化又会像科层制理性化一样吞噬着个人的自由。正是在理性化和自由二难困境这一新教伦理命题的引导下,李猛先生把视线转向了韦伯所忽视的英国普通法,开始为普通法正名。

(二)普通法理性的特点:技艺理性和司法理性

李猛从两个不同角度分析了普通法作为司法理性与立法理性的差别。首先是,从内在视角看,英国普通法是一种技艺理性。这样的理性不同于"自然理性"之处在于它不是通过封闭的逻辑形式体系建立的,而是通过开放的法律技术完成的,需要通过运用和练习才能习惯。在普通法的技艺理性中,例行案件的审判与疑难案件的审判担负了不同的角色,共同构成了普通法的程序技术。普通法是如何解决了除魔条件下理性化与自由的紧张关系的?李猛认为这有赖于普通法的程序技术。这里区分了对实践权利的技术的管理和对权利本身的管理。在普通法法官看来,任何权利要求都可以是正当的,只要不影响其他人的权利要求。而法官所要做的并不是在不同权利要求间作道德判断,而是面对价值冲突时的实践技术所作的程序判断。正是普通法中带有"反身"色彩的法律程序,使普通法的法律理性能够适应现代社会复杂的价值多元格局,从而巧妙地化解了理性化与自由之间的紧张关系。

这样一种不同于德国"法治国"的司法理性是如何形成的?这个问题是与前面的问题紧密相关的。普通法为何形成了能容纳不同权利要求的程序技术?换言之,冲突的诸神怎么能在普通法治理下相安无事?这里的关键在于,普通法发展过程的理性化过程本身就是一种“司法理性”意义上的理性化。李猛先生在回顾了11世纪以来英国法律发展史后认为，正是通过各种法律之间的并存和竞争，普通法逐渐吸收了地方习惯法、教会法、罗马法与自然法等各种法律中的学说、技术。从而形成了普通法强调理性均衡，强调多种法律渊源的技艺理性。[①]对于普通法而言，除魔的过程就是诸神互相竞争的过程。当然，英国之所以形成独特的普通法，是与当时的政治状况和法律职业教育等等诸多因素分不开的。而对于解决理性化与自由的二难困境来说，清教与圣公会之争的意义更为重要。双方争论的焦点是如何治理良知。圣公会的强调习惯的“良知治理”被普通法的采用使普通法在治理“良知”时，针对的焦点是个人的外在行为，而将“良心”问题留给上帝和个人自己。这样的良知观体现在普通法上恰好能化解理性化与自由的紧张关系。

四、超越韦伯：在英国普通法问题之外

（一）普通法：后进者的自由之路

在韦伯原有法律社会学的框架内，我们无法很好地理解英国的普通法。通过研究方法的转变，李猛先生提出韦伯著作所要解决的核心问题是社会理性内化和个人自由。由此出发，李猛对韦伯立法理性为基础法律社会学进行了修正，提出了司法理性的法律社会学。基于问题域的研究方法，李猛先生不仅成功地对英国普通法进行了解读，而且还试图超越韦伯，在世界各国争取自由的运动赋予英国普通法一普遍意义。李猛在其著作的最后告诫后来的发展中国家，基于立法理性的法律移植注定是要失败的。只有向普通法一样具备了自由的条件和自由技术，后进国家才能建立真正的法治国家。

（二）问题域后的绝望：什么是韦伯的局限

尽管在英国法问题上，李猛先生成功地解决了（至少在我看来）韦驳著作中

① 李猛：《除魔世界与禁欲者的守护神：韦伯社会理论中的“英国法”问题》，载李猛（主编）：《韦伯：法律与价值》，上海：上海人民出版社 2001 年第 1 版，第 199 页。

所没有很好回答的问题。但对于韦伯理性化和自由后面所蕴涵的价值问题,李猛先生并没有认真考虑。作为价值的实证研究的提倡者,韦伯尽量在研究中保持了"价值无涉"或"价值中立"。但无论是在宗教社会领域,还是政治、法律的支配社会学领域,理性化和自由的关系背后的价值问题都是无法回避的。事实上,追求自由背后代表的是市民阶级的利益。即使普通法如李猛先生所言,并不比大陆法更精英化,我们也无法断定这样的治理模式能解决所有人的自由问题。作为清醒的自由主义者,韦伯认识到经济的自由并不等同于政治的自由。但韦伯也并不期望马克思主义全人类解放的乌托邦。一方面,韦伯认为个性是我们的最高价值,因此,需要为此斗争,建立真正的法治国家。另一方面,韦伯又极力反对托尔斯泰式对世界和平观念,提倡大国的使命感。或许,在这样重压之下的现代人的绝望正是韦伯所期望的:始终要在斗争中塑造自己的个性。当然,在这样斗争中实现人的自由问题已超出了社会科学讨论的范畴,是一个涉及意义的美学观念。

财产本身就是一种幸福

——财产权的三维价值结构与意识形态的终结

易继明

财产本身就是一种幸福!

从规范的语法意义上讲,这一表达是不准确的。因为财产是一种可以被叫做"物"的东西,属于客体范畴,而幸福则是主体的一种主观感受。客体自然不可能等同于主体的主观感受,怎么能说"财产本身就是一种幸福"呢?说句实在话,我最初的意思是想说,拥有财产本身就让人感到某种幸福。这种朴实的情感,深刻地嵌入人类心灵的深处,也体现在无数具体的表象之中。

博丹(Jean Bodin,1530—1596年)将国家定义为由多数家族成员和共同财产组成的一个团体;这个团体拥有最高权力(a sovereign power),并为理性(reason)所支配。为了排除罗马教皇和封建势力的干预,他将"最高权力"和"理性"作为国家存在的基本要素。支持博丹这一理论的,是罗马法中关于国家管理权也不得进入私人住宅的原则。这种逻辑推论,有些类似于中国传统社会中"家"→"国"的理论。由于"家庭"、"家族"及"宗族"是国家的基础,因而,宗法社会治理模式中,家庭伦理、家族治理便受到较大的重视,甚至衍生出许多皇权政治的理论基础。同样的逻辑起点,古希腊和古罗马社会延续下来,西方国家享有主权的理论,实际上建立在私有财产权利理论之上;而在这个意义上,国家主权自然也是要受到限制的,不是因为权力(power),而是源于个人私权的基础与理性所赋予的克制。在古罗马时期,与这种国家公权力相对抗的,是一种"对物的最一般的实际主宰或潜在(potenza)主宰"。这种实际或潜在的主宰,在土地所有权早期观念中就是一种"地域主权"。在早期的"划界地"(ager limitatus)上,有着神圣的边界(limites),就像城邦有自己的城墙和城界(pomerio)一样。私人土地的管领者可以采取任何方法维护这种私的“主权”，国家管理权也要止步于此。甚至更有甚者，拥有这种土地的所有权，是应当免除土地税的。[①] 由此我们可以发现，在地域主权的观念之下，人们享受自我空间，财产成为了人生幸福的源泉。这种地域主权的概念，与日耳曼法中“支配权”（Gewere）意义相近似。[②] 当然，在那个时代，并非人人生而平等，能够拥有财产而享有这种幸福人生空间的，毕竟只是少数人。因此，当罗马人说“这个东西是属于我的”，或者说“这个东西是我的”（res in bonis meis est, res mea est）的时候，无论他是从何种角度或何种层面上（如永佃权或用益权）进行表达，其实都带着某种自豪和幸福的情感在内。这种表达可以追溯自古希腊人的情感中。亚里士多德（Aristotle，公元前384—前322年）说：“在财产问题上我们也得考虑到人生的快乐〔和品德〕这方面。某一事物被认为是你自己的事物，这在情感上就发生巨大的作用。人人都爱自己，而自爱出于天赋，并不是偶发的冲动〔人们对于自己的所有物感觉爱好和快意；实际上是自爱的延伸〕。”[③] 资产阶级革命肇始于文艺复兴（Renaissance），事实上就是古希腊人和古罗马人这种幸福情感的“复活”或“再生”（rebirth）。

边沁（Jeremy Bentham，1748—1832年）发挥了近代启蒙运动的成果，他提出了立法的根本原则就是为最大多数人谋求幸福。他说：“一切法律所具有或通常应具有的一般目的，是增长社会幸福的总和。”[④] 联系到财产问题，他认为财产权与法律同生共死，法律的目的就是保护私有财产权。在边沁看来，财产不仅是人们可以“从特定的物中获取这样或那样一种利益的预期”[⑤]，而且“从一开始就

① 在早期罗马人的所有权观念中，所有权是应当免除土地税的，因为这种税收被看成是具有为使用或占有支付补偿的性质。只不过在当时，获得这种税收豁免的权利的，只是属于那些被授予“意大利权”（ius italicum）的土地，而对于罗马行省的土地，因为它们的所有主被看成是罗马皇帝或元老院，因此也就不享有这种豁免。这种豁免权直到戴克里先时代（公元292年）才终止。参见〔意〕彼德罗·彭梵得：《罗马法教科书》，黄风译，北京：中国政法大学出版社1992年9月第1版，第194—197页。

② 人们以往经常将“Gewere”与罗马法上的占有（Possession）相提并论，但实际上Gewere所表达的对财产或物的事实支配权超过了近代“准所有权”即占有的管领力。参见〔日〕末川博（主编）：《民事法学辞典》，东京：有斐阁1960年（昭和35年）版，第462—464页。又参见易继明：《论日耳曼财产法的团体主义特征》，载《比较法研究》2001年第3期。

③ 〔古希腊〕亚里士多德：《政治学》，吴寿彭译，北京：商务印书馆1965年8月第1版，第55页。

④ 〔英〕边沁：《道德与立法原理导论》，时殷弘译，北京：商务印书馆2000年12月第1版，第216页。

⑤ J. Bentham, *Theory of Legislation* 68, Ocean Pub. Inc., 1975.

有，并总会存在着这样一些情况，就是人们可以以自己的方式享有某些物”①。财产给人带来永恒而坚实的生活预期，又可以让人自由地享用，因财产而产生的幸福，洋溢在边沁功利主义法学理论之中。科恩(Felix S. Cohen)则用一个简单的标签刻画了私有财产的本质，认为贴着这种标签的东西就是财产——这个标签对世人宣称：

> 非经许可，概莫入内；许可与否，概由我出
> 被签名者：私有公民
> 被背书者：政府②

私有财产权的这种个体宣言，获得政府权力的背书即保障。权利(right)与权力(power)的一致性，只有在这一时刻才是一种完美的结合。显然，这不仅仅是一种宣言，它更多的是体现在一些具体规则与制度之中。例如，在传统侵权法理论中，主人或者管理人对于因其土地、房屋等领地的危险造成他人损害的案件中，区别了三种不同类型的侵害对象——入侵者(trespassers)、被许可进入的人(licensees)和被邀请者(invitees)，由此也产生三种不同的侵权责任。③一般来说，对于造成入侵者的损害，是不承担侵权责任的。④ 近代革命如此重视财产所有权，以致《权利宣言》中关于所有权条款一经提出，就立即被大多数议员们赞同而通过：“所有权神圣不可侵犯。任何人，非经合法认定为公共利益所必需且受到正当的事先补偿时，都不得被剥夺其所有。”因为在这一条文背后，我们看到了启蒙时期的人们是如何将财产看成一种稳定而永恒的幸福的。

在边沁看来，财产带来的幸福不仅体现为一种“拥有之乐”，而且还体现在一

---

① J. Bentham, *Theory of Legislation* 68, Ocean Pub. Inc., 1975.

② Felix S. Cohen, “Dialogue on Private Property”, *in Rutgers Law Review*, Vol. 9 No. 2, 1954, p. 374. 原话表述如下：

To the world:

Keep off X unless you have my permission, which I may Grant or withhold.

Signed: *Private citizen*

Endorsed: *The state.*

③ *See* Marc A. Franklin & Robert L. Rabin, *Tort Law and Alternatives*, 7th Edition, New York: Foundation Press, 2001, pp. 191—192.

④ 即使到了现代，对于入侵者的侵权责任仅仅表现在两种情况：一是主人或者管理人对入侵者进行故意侵害导致入侵者受到严重损害如枪杀等；二是对于作为未成年人的入侵者。

种“获取之乐”上。他说:“财富之乐可以指一个人易于从拥有物品的意识中引出的快乐,该物品是获得享受或安全的手段之一;在他适才获取之际尤其如此,其时此乐可称作得益之乐或获取之乐,而在别的时候可称作拥有之乐。”

当然,在边沁的眼中,“拥有之乐”和“获取之乐”并没有绝对的界限。但是,大致而言,二者还是可以在“过程”和“结果”之间加以区分的。从人类的普遍情感上讲,“获取之乐”过程的存在,需要建立在对“拥有之乐”的合法性认识和合理性认同的情绪上。比如,如果某个东西你本身就没有认同感,甚至让你感到恶心的话,尽管在客观结果上它会为你带来一些利益,但你在探求它的过程中就不会有边沁所论述的那种“适才获取之际”的幸福和快乐。20世纪兴起的社会主义运动理论视财产如仇寇,在阶级斗争哲学中摒弃人性的基本点,强调人的社会化和阶级性,财产也就不再具有个体人生体验的意义。新中国成立初期所进行的社会主义改造,以对民族资产阶级进行思想改造为基础。这种“思想改造”就是从两个方面进行的:一是财富的原罪论;二是财产的社会功能。2004年宪法修改引起世人瞩目,并受到较好评价,主要在于提出了“私有财产不受侵犯”和“尊重和保重人权”这两点。[1]而对于财产权观念来说,这两点是一致的。因为人们对财产的权利也是人权的一种,并直接体现在人性的基本特征方面。

从历史的角度看,人们对财产的幸福感和认同感,事实上产生于近代财产理论之中。启蒙主义思想的最显著的特征之一是,批判现实的封建乃至绝对主义的国家和社会,以最大的努力对“国家　社会”本来的存在方式和存在理由进行逻辑追问。逻辑性考察的出发点,几乎都是共同地寻求“自然”以及自然之律的“理性”。17世纪的格劳秀斯(Hugo Grotius,1583—1645年)论述了这个问题,得出所有权并非自然权(开始一切都是共同的,后来只不过是通过万人合意认可的各个人的所有)。18世纪法国的启蒙思想几乎一致立足于所有权——自然权论。这不是法国法自己的成果,而是受到了洛克(John Locke,1632—1704年)自

① 2004年3月14日第十届全国人民代表大会第二次会议通过、并于当日由全国人民代表大会公布施行的《中华人民共和国宪法修正案》第22条将《宪法》第13条修改为:“公民的合法的私有财产不受侵犯。”第24条在《宪法》第33条中增加第三款为“国家尊重和保重人权。”

然权利学说的深刻影响。[①]

也许有的学者认为，考察这些权利合法性或正当性基础问题是没有意义的。这种观念，在时下国内学者(特别是民法学者)中，还有很大的市场。尽管已经出现了一些积极的研究成果，但不少部门法学者认为，这是法理学研究的范围而不去关注它，仅仅津津乐道于财产法规则与知识的介绍，忘记了规则与知识体系形成时所包含的历史的、社会的以及思想观念上的意义。[②] 但正如 Stephen R. Munzer 教授所说："如果说，存在着不同的财产制度，而这有时引发人们的热情，导致革命的话，那就有必要探究一下什么样财产制度才是正当的，并且对现存的财产制度进行批判性地评价。"[③]从历史经验的角度看，由财产而产生的幸福，往往成为社会变革的急先锋和内在动力。正因如此，一直以来人们对私有财产权问题都是争论不已。但近代财产权理论的普遍看法还是认为，至少有五种理论为"私有"财产的正当性提供依据：第一，占有说，即基于财产的占有或拥有的简单事实，为占有者或拥有者对物主张权利提供法律保护以正当性；第二，劳动说，即一个人有就他或她的劳动生产出来的或获得的物进行占有或所有具有道德上的权利；第三，契约说，即"私有"财产是个人与共同体契约的结果；第四，自然权利说，即自然法则宣布对"私有"财产的承认；第五，社会实用理论，即法律应该最大限度地满足人的需要和欲求，"私有"财产的法律保护实际上就是对这种需要的满足。[④]

近代资产阶级革命张扬这种财产权利，目的是要将人类从封建特权生存状态中解放出来。当政治文明达到一定程度，公权力相互制约机制建构起来之后，这种神圣的私有财产权过分强调，似乎就没有多大的意义了。实际上，它引发出

① 参见〔日〕稻本洋之助：《近代所有权的成立过程》，载〔日〕甲斐道太郎等(编著)：《所有权思想的历史》，东京：有斐阁 1979 年版，第 79 页。关于洛克财产权劳动学说，参见易继明：《评财产权劳动学说》，载《法学研究》2000 年第 3 期。

② 这里，没有丝毫否定概念、知识和规则的介绍在部门法及其制度建设中的作用的意味，只是强调对这些进行介绍只是一个简单的初步。在引进规则与概念的时候，要更多地分析这些规则与概念所产生的历史背景、现实的社会生活基础以及它们本身所面临的问题。同时，对这些概念与规则在我国实践中的运用，要进行更多的实证分析。由此，所抽象出来的东西，才是具有生命力的。总之，形象地说，知识更多的是"立体几何"，它不只是一个"平面几何"问题。

③ Stephen R. Munzer, *A Theory of Property*, Cambridge University Press, 1990, p.2.

④ *See* Roger A. Cunningham, William B. Stoebuck, Dale A. Whitman, *The Law of Property*, St. Paul, Minn.: West Pub. Co., 1984, p.2.

了一种相反的论调：财产和财产权有可能成为人类不平等或罪恶的根源。我们无法去考察这一论调产生的历史，只能大致地臆测它有可能产生于财产的贫富分化及其不同的生活境遇上。由此出现的社会问题及不平等现象，很容易激发一般民众的普遍的不满情绪。特别是，在早期缺乏社会衡量与调节机制的情形下，大多数财产总是掌握在极少数人手里。总之，个人所有权危及到了公共福利及目标，批评和相应的社会变革也由此产生了。

事实上，我们可以将这种批评理论追溯自很早以前，如柏拉图（Plato，公元前427—347年）和莫尔（Thomas More，1478—1535年）等放弃“私有”财产而实行“公共”财产制的主张。[①]但对近代法的批评，建立在劳动价值论和社会主义运动基础上，我们可以简单地称之为政治经济学批判。比较典型的理论是认为财产充当了阶级剥削的工具，认为它们实际上是“不变资本”，而创造“剩余价值”的则是“可变资本”——工人。因为这种剥削是在资本主义生产过程中产生的，所以自然地，生产资料的私人所有制度就成为了罪恶的根源。社会主义国家刮起的“生产资料”归国家所有的旋风就是在这种理论背景下产生的，也反映在当时的民法典制定中。《苏俄民法典》第93条明确区分了社会主义所有和个人所有两种所有权形式，也是对生产资料和生活资料不同所有权形式的确认。该条第1款规定：“社会主义所有包括：国家（全民）所有；集体农庄、其他合作社组织以及它们的联合组织所有；社会团体所有。”当然，这种所有权客体范围是非常宽泛的，并且当然地包括生活资料。该条第2款规定：“个人所有是满足公民需要的一种手段。”那么，什么样的财产可以成为“满足公民需要的手段”呢？该法第105条规定了3款。第1款概况地规定：“用以满足公民物质文化生活需要的财产，可以属于公民个人所有。”这种提法，建立在对资本主义基本矛盾的认识上，即资本主义生产资料的个人所有和劳动人民不断增长的物质文化生活需要之间的矛盾。第2款对可以作为公民个人所有权的客体进行了列举式规定：“每个公民可以作为个人所有的有：劳动收入和储蓄、住宅（或部分住宅）和家庭副业、家务和日常生活用具、个人消费和使用的物品。”但是，毕竟生产资料和生活资料的区分并不是绝对的，此时之“生活资料”可能在彼时就成为了“生产资料”。于是，又有了第3款限制性规

---

① *See* Plato, *Republic*; *see also* T. More, *Utopia*.

定,即:"公民个人所有的财产,不得用以谋求非劳动收入。"① 这些规定,虽然意在区分"社会主义个人财产"与"资本主义私人财产"之间的不同,但其实是在压制或否定个人所有权。② 而由此形成的意识形态之下,财产成为一种耻辱,富有就是一种罪恶。因为它们都被打上了"阶级剥削"的烙印。

这种对财产的解构,虽然同样建立在"劳动"价值论上,但它实际上是属于政治经济学的批评,并不具有建构性。在这种批判之后,财产权利与国家公权力高度一致,从而,也失去了财产权利产生之初与"国家—社会"结构中公权力的对抗意义。在这种情形之下,尽管边沁所言"拥有之乐"是一种可能的客观存在,但所谓的"获取之乐",自然就荡然无存了。没有了"获取之乐","拥有之乐"也就成了无源之水,没有了存在的基础。显然,二者也互为因果。

现代西方财产权理论并没有沿着这种政治经济学批判的路线走下去,而是固守着自古希腊和古罗马开启的传统,只是对所有权绝对观念进行了限制——它既不是压制,更不是否定财产权本身。即使是一些激进的修正理论如经济分析方法、法律社会化理论,也从未试图颠覆这种传统。就拿并不受美国律师界欢迎的波斯纳(Richard A. Posner)的一些主张来说,波斯纳提出的经济分析方法,主张"对财产权利的法律保护具有非常重要的经济功能:产生对资源有效利用刺激"③,虽然旨在强调对资源的利用和效率,但同样以传统财产权范畴中的"产权"为基础。反映在民法理论中,也成为一种近代民法向现代民法转换的普遍看法:从近代所有权绝对原则到现代社会对所有权进行限制。更进一步地分析,我们会发现,这种看似对所有权的限制,但实际上却是在更深层次地将私权与公共利益进行同构。简单地说,财产社会化理论是以对财产权设计的重心从"拥有"到"利用",即从强调"所有"的观念到强调"运用"即发挥社会意义。在这方面的论述中,过去较多的是从有体物的利用开始的。这里,我们以美国为例,从无体财产权的角度进行说明,思路可能会更加开阔一些。

20 世纪 80 年代以前,美国对政府资助完成的专利,按照"谁投资谁受益"原

① 参见中国社会科学院法学研究所民法研究室(编):《苏俄民法典》,马骧聪、吴云琪译,王家福、程远行校,北京:中国社会科学出版社 1980 年 9 月第 1 版。

② 参见〔苏〕库德利雅夫采夫(主编):《苏联法理辞典(第一分册):民法部分选译》,法律出版社 1957 年 3 月第 1 版,第 10 页。

③ *See* R. Posner, *Economic Analysis of Law*, Little, Brown and Company, 1972, pp.10—13.

则,大多数归政府所有,这极大地抑制了科研人员申请专利和进行技术转移的积极性。美国政府虽然拥有不少科研成果,但这些智慧财产却不能转化为现实的生产力。1980年通过《拜杜法案》[①] (*University and Small Business Patent Procedure Act, 1980*,简称 *The Bayh-Dole Act*),形成了一种新的所有权观念,即:首先,个人的想象力和创造力是一种重要的国家资源;其次,专利体系是促进这一资源服务于公众的有效途径;再次,由大学和小企业管理基础研究成果更加有利于公众利益的实现;最后,也是最重要的是,在知识产权和发明创新日益成为对外关系基础的时代中,原来的联邦专利政策[②] 使美国处于不利地位。《拜杜法案》重新审视了原来的智慧财产政策(特别是联邦专利政策),在政府与大学之间的关系中迈出了"谨慎的"一小步,同时预示了智慧财产产业化中新型关系即将形成。因而,从客观效果来说,该法案及其后发布的一系列法规和文件在建立"大学—企业—政府"三者关系方面迈出了一大步。在这一新的专利政策之下,联邦政府只是在形式上对发明享有"特权",即在政府需要的情况下,可以无偿地利用这些发明,而主要是赋予了大学及其教授实施和转让技术的权利。就高校受到该法案影响来说,高校拥有专利的数量有了大幅度增长,专利开发和授权活动也急剧增加,为美国经济增长作出了较大贡献。[③] 1999年8月13日,日本颁布《产业活力再生特别措施法》[④],在促进科技成果从"拥有"向"利用"转化方面,

---

① 该法案于1981年7月1日生效。在此之前,也于1980年通过了《史蒂文森法案》(*The Stevenson-Wydler Technology Innovation Act, 1980*,又称 *The Stevenson-Wydler Act*)。这部法案的初衷是为了促进国家实验室研究成果的转化和应用,但由于该法案只是进行了原则性规定,缺乏具体的措施和手段,未收到预期成效。《拜杜法案》实施后,1986年对《史蒂文森法案》进行修改,通过了《联邦技术转移法》。2000年10月17日,美国参众两院通过《技术转移商业化法案》(*Technology Transfer Commercialization Act of 2000*, H. R. 209),同年11月1日总统克林顿签署该法案。该法案又修改了《史蒂文森法案》和《拜杜法案》部分规定,主要是为了简化归属联邦政府的成果运用程序,并增加透明度。

② 在原有专利政策之下的技术转移固定模式是,政府将全部或部分资助的由小企业、大学和其他非营利机构开发的发明项目的专利权由政府向合约方转让。

③ 受到该法案的影响,高校拥有专利数量在美国专利总量从1980年1%增加到目前的3%(这个数据不包括一些非营利机构的专利数量);据高校技术管理者协会的调查,截至1996年底,高校上报了10487个许可证或授权,其中授权比上年增长了12.9%;1996年有关活动创收365200万美元,比上年增长22.1%。依照高校技术管理者协会调查进行估计,高校专利授权活动给美国经济增加了248亿美元的收入。参见〔美〕霍华德·W.布雷默:《大学技术移转:发展与革命》,王晓惠、袁苇、夏继红译,载《科技与法律》1999年第1期。

④ 我国台湾地区一般翻译为《产业活力再生特别措施法》。该《特别措施法》共6个部分,正文39条,附则14条。

该法被称为日本版的“拜杜法案”。[①] 在这里，个人的创造力和公共目标是一致的。在这种私权保护理念中，已经不再是对个人财产权利的简单阐述，它在更高层面上体现了某种全社会的共同利益与个人财产权(智慧财产权)的同构。在这个意义上，传统私权保护的意义已经不仅存在于对个人财产权利的维护方面，更多地是在促进利用与转化中提高全社会福利的基础：个人发明创造及其成果利用同样是社会进步的支撑要素。

至此，我们发现，财产(包括智慧财产)并不仅仅表达了一种“拥有”的幸福，或者是“获取之际”的快乐，而且也包括对财产的“利用”而产生的某种幸福；同时，在增进人类福利的过程中，我们个人也获得了快乐。从这个视角去观察，时下争论纷纷的人格与财产孰轻孰重问题，以及由此衍生的漂移于社会历史基本经验之外的讨论，就不成其为问题了。在人生及社会进步意义上，二者本来就没有绝对的区分。

看来，财产之于我们，已经不仅仅是拥有财产而感到幸福的问题了。

——事实上，财产本身就是一种幸福！

易继明

2004 年 8 月 5—6 日草成于北京

次年 10 月修订于哥伦比亚大学

附言：

1. 本文原为应常鹏翱博士之邀，为其编辑的一本关于财产法的论文集作序。后因故未刊。这里，修订之后，作为《私法》总第 10 卷编后记刊发，以纪念 2005 年以《中华人民共和国物权法(草案)》为主进行的各种立法与学术讨论活动。

2. 从我国物权立法草案以及各种学术讨论来看，尽管近两年几乎没有任何学术增量的法学研究值得我们每一个民法学者深刻反省，但立法实践中所面临

① 参见姜小平：《从〈产业活力再生特别措施法〉的出台看日本的技术创新和产业再生》，载《科技与法律》1999 年第 3 期；又参见蔡淑华：《日本国有专利等智能财产权向民间开放——〈产业活力再生特别措置法〉第 4 章》，资料来源：http:/OU = www.houko.com/OU = 00/OU = 01/OU = H11/O = 131.HTM；最后访问时间：2004 年 8 月 6 日。

的问题可能更为复杂和严重。在我们乐观地看到立法机关工作人员法律知识增长的同时,也令人担忧地发现,这些显然还亟待进一步提高的法律知识的增长,有效地抵御了两个方面的影响:一方面是传统的执政党政策的变化;另一方面是法学家的建议。改革开放初期的立法,能够很敏锐地捕捉到政策变化所具有的积极意义,并能够充分考虑到法学家的建议。但从此次物权立法来看,立法机关显然已经失去了这种政治敏感,甚至可以说他们几乎对政策的变化无动于衷;而且对于法学家们的建议,则更多的表现出为某种"利用"。例如,我们原本以为,经过执政党修改宪法的建议,2004 年全国人大通过的宪法修正案关于"私有财产不得侵犯"和"尊重和保护人权"的修改,会促进物权立法向更加尊重个人财产权利、向更加人性化的方向发展,但恰好相反的是,在立法理念上我们却更多地看到了某些后退的迹象。当然,至于对待法学家们的态度问题,本也无可厚非。更何况,你们法学家也是意见纷纭,莫衷一是。我们应该承认,自 20 世纪 90 年代中后期开始,出现了法学家群体自身分化的现象。随着知识的深化以及价值的多元化,这种分化现象会成为一种趋势。但是,如何重新形成法学知识的共同话语和交流平台,加快知识的积累进程(而不是简单地重复研究)并更好地服务于社会,则是需要进一步思考的问题。

3. 本文完成之后的 2005 年 11 月 11 日晚(纽约时间),在 Fordham Law School 听完 George W. Conk 教授讲授的美国侵权法课程之后,我们一同来到位于阿姆斯特丹大道 112 街(Amsterdam Avenue W112 Street)的"哥大小馆"(Columbia Cottage)。吃完浓厚中国特色的"麻婆豆腐",闲聊起中美两国政治理论,这勾起了这位政治学硕士出身的律师兼法学教授的兴致。George 谈到美国社会的政治权力理论,认为它来自于最早的"不得非法侵入"(trespass)法律思想。在这一思想中,假设了社会资源稀缺,人人都在争取获得这一稀缺资源。获得资源的人,享有了对这一资源自在自为的权利(Rights),并用这一权利可以抵御(defense)任何人——当然也包括政府。因此,"权利"(Rights)和"抵御"(defense)构成了政治权力理论的核心思想。这一说法,与本文所论国家主权理论形成路径以及财产权观念意旨,实际上也是一致的。

4. 关于财产权的三维价值构造以及在财产法领域意识形态终结的讨论,显然不是一篇学术随笔所能够承载的问题。它需要一篇更加具体的研究和论述。

另外，由于这篇学术随笔草成之际与修订之时，本人身处北京和纽约两地，对于同一资料的查找和引征，有些中译本可能有不同的文献出处，但却不能加以对应和说明。这里，特别说明。

5. 由于编辑部的疏漏，致使《私法》2005 年第 1 卷即总第 9 卷两篇通过初审的稿件在最后专家审定和编校过程中，一篇冯兴俊的《信托制度产生的历史分析》文延迟至本卷刊发，另一篇未及时通知专家评审结果。这里，特别向两位作者（包括另一篇不便说明姓名的作者）致歉。

2005 年 11 月 11 日交稿之际补记

注释体例

一、文章采用脚注，每页重新编号；编号序号依次为：①，②，③，……。

二、统一基本规格（包括标点符号）

◆〔国籍〕主要责任者【两人以上用顿号隔开；以下译者、校订者同】编或（主编）：《文献名称》，译者，校订者，出版地点：出版社与出版年代及版次，第××页。

三、注释例

（一）著作类

●〔英〕F. H. 劳森、B. 拉登：《财产法》（第2版），施天涛、梅慎实、孔祥俊译，北京：中国大百科全书出版社1998年4月第1版，第89—90页。

● 魏振瀛（主编）：《民法》，北京：北京大学出版社、北京：高等教育出版社2000年9月第1版，第90页。

（二）论文类

● 易继明：《评财产权劳动学说》，载《法学研究》2000年第3期。

● 梁慧星：《制定中国物权法的若干问题》，载梁慧星（主编）：《民商法论丛》2000年第1号/总第16卷，香港：金桥文化出版（香港）有限公司2000年8月第1版，第342页以下。

（三）报纸类

● 沈宗灵：《评"法律全球化"理论》，载《人民日报》1999年12月11日，第6版。

（四）文集和选集类

● 王泽鉴：《物之瑕疵与不当得利》，载王泽鉴：《民法学说与判例研究》（第3册），台北：三民书局1996年11月版，第109页。

●〔美〕哈罗德·拉斯韦尔：《政策分析研究：情报与评价功能》，载〔美〕格林斯坦、波尔斯比（编）：《政治学手册精选》（上卷），竺乾威、周琪、胡君芳译，王沪宁校，北京：商务印书馆1996年4月第1版，第557页。

● 参见〔前苏联〕列宁:《关于司法人民委员部在新经济政策条件下的任务——给德·伊·库尔斯基的信》,载〔前苏联〕列宁:《列宁全集》(第42卷),北京:人民出版社1987年10月第2版,第424—429页。

(四) 古籍、辞书类

●《管子·牧民第一》卷一。

● (清)沈家本:《沈寄簃先生遗书》甲编,第43卷。

●《辞海》,上海:上海辞书出版社1979年9月第4版,第983页。

(五) 网络资料

● 顾昂然:《关于〈中华人民共和国民法(草案)〉的说明——2002年12月23日在第9届全国人民代表大会常务委员会第31次会议上》,资料来源:http://law-thinker.com/detail.asp? id = 1501;更新时间:2002年12月26日08:28:35;访问时间:2003年4月1日。

(六) 英文类

1. 外文著作

● Robert Gilpin, *Economy of International Relations*, Princeton: Princeton University Press, 1986, p.5.

● *See* G. Gordon & P. Miller (ed.), *The Foucault Effect: Studies in Governmentality*, Hemel Hempstead, England: Harvester Wheatsheaf, 1991, pp. 32—35.

2. 文集中的论文

● K. J. Leyser, "The Polemics of the Papal Revolution", *in* Berly Smally (ed.), *Trends in Medieval Political Thought*. Oxford: Oxford University Press, 1965, 3rd ed., p.53.

3. 期刊中的论文

● Alessandro Giuliani, "The Influence of Rhetoric of the Law of Evidence and Pleading", *in Judical Review*, 62(1969), p.231.

四、其他外文文种

从该文种注释体例或习惯。

五、其他说明

（一）引自同一文献者，同样应完整地注释，不得省略为“见前注”或“前引”等。

（二）非引用原文，注释前加“参见”；如同时参见其他著述，则再加“又参见”。

（三）引用资料非原始出处，注明“转引自”。

稿　约

一、《私法》系一个具有广泛参与性的开放的法学学术园地，旨在为了加强私法领域内的各学科及其整合性研究，以便进行私法理论的抽象和私法文化的提炼，从而倡扬乃至于形成一种权利文化。

二、本刊刊载著述、大家文章、新锐作品，广采博收。主要栏目包括“主题研讨”、“论文”、“评论”、“案例研究”、“书评”、“杂文”和“学术动态”等。

三、来稿语种、篇幅不限，唯求能充分表达深刻而真灼之学术观点为要。本刊对来稿一律采取匿名评审，并实行责任编辑初审、学术顾问委员评议和编辑部会议审定三级评审制度。

四、来稿要求附有作者简介、联系方式；论文和评论还要求附有中英文内容提要与关键词；打印稿要求附有磁盘或发来电子邮件。文章采用注释体例参见另页所附。

五、本刊所采用稿件一律不付稿酬，只赠送本卷2—4册。

六、来稿请寄：北京市海淀区颐和山庄云锦园22楼222室易继明收（邮政编码：100094）；

联系电话：010-6248 8859（传真）

E-mail：yijiming@263.net　　privatelawreview@hotmail.com